编 委 会

嘉庆灵州志迹

光绪灵州志

全注全译

灵武市委党史和地方志研究室　整理

黄河出版传媒集团
宁夏人民出版社

图书在版编目(CIP)数据

（嘉庆）灵州志迹 （光绪）灵州志：全注全译 / 灵武市委党史和地方志研究室整理．-- 银川：宁夏人民出版社，2021.12

ISBN 978-7-227-07611-7

Ⅰ．①嘉… Ⅱ．①灵… Ⅲ．①灵武 - 地方志 - 清代
Ⅳ．① K294.34

中国版本图书馆 CIP 数据核字(2022)第 025637 号

（嘉庆）灵州志迹 （光绪）灵州志 全注全译　　灵武市委党史和地方志研究室 整理

责任编辑 管世献
责任校对 陈 晶
封面设计 陈 董
责任印制 马 丽

黄河出版传媒集团 宁夏人民出版社 出版发行

出 版 人 薛文斌
地 址 宁夏银川市北京东路 139 号出版大厦(750001)
网 址 http://www.yrpubm.com
网上书店 http://www.hh-book.com
电子信箱 nxrmcbs@126.com
邮购电话 0951-5052104 5052106
印刷装订 宁夏银报智能印刷科技有限公司
印刷委托书号 (宁)0023120

开 本 889 mm × 1194 mm 1/16
印 张 37
字 数 520 千字
版 次 2022 年 2 月第 1 版
印 次 2022 年 2 月第 1 次印刷
书 号 ISBN 978-7-227-07611-7
定 价 180.00 元

序

地方志被称为一地之全史，在赓续传统、传承文明方面发挥着重要作用，是我国文化遗产的重要组成部分，在人类文明的历史长河中，也是中华民族对世界一份独有而重要的贡献。地方志可以说是一座宝库，它分门别类，贯通古今；横陈百科，包罗万象，蕴藏其中的各个地区不同时代的自然、资源、社会、政治、经济、军事、文化、历史、地理、科技等多方面的丰富资料，具有无可替代的价值。国家明确要求各级党委、政府要“加强修史修志”工作，保存、传播珍贵的典籍文献，充分挖掘、合理利用旧志资源，古为今用，推陈出新，鉴往昭来，是对旧志最好的保护。对于延续地方历史文脉，推动文化教育的传承，服务地方经济社会发展，促进爱国爱乡，从而达到存史、资治、教化的目的，具有重要意义。

古灵州自汉惠帝四年（前191）设立县治以来，迄今已有二千二百多年的历史，现共存世两部旧志书，分别是（嘉庆）《灵州志迹》和（光绪）《灵州志》（残卷），可谓弥足珍贵。这次对其重新进行校勘、标点、注释、翻译、整理，按照规定和要求，既要坚持“整旧如旧”，注重旧志的原汁原味，又要做到“古为今用”，使新版旧志与时俱进。在具体工作过程中，本着求真、准确、实用的原则，严格把握新版旧志的质量，力求整理出一部完善、通俗的版本。求真，就是忠实于原著，保留原貌，即使改动一个字、一句话，也必须说明原因和出处。准确，即无论原文，还是标点、注释、译文，力求准确无误，坚决杜绝常识性错误，让使用者无须再查找原著就可直接引用。实用，指不仅对古奥繁难、未标点断句的古文进行简化字转换，还对生僻字、词的含义和读音，以及重要历史人物、地名古语、名物典故进行比较详细的注释，同时对除诗词外的文献，全文进行白话文翻译，让具有中等文化程度的读者，不需要借助工具书，就可以无障碍地阅读。

这次重新整理出版旧志，灵武市委、政府高度重视，市财政予以大力支持。原灵武档案局局长、地方志办公室主任黄向泰同志，多方筹划，积极与地方志编审委员会办公室联系沟通，争取落实经费，努力做到有组织、有计划、有步骤地推进此项工作，对新版旧志的整理出版付出了诸多心血，表现出极强的工作责任心和文化价值追求。继任的灵武市档案馆馆长、党史和地方志研究室主任马忠海同志，灵武市党史和地方志研究室负责人马伟东同志，尽心竭力，不辞劳苦，不厌其烦，全力以赴为新版旧志的最终完成及出版而奔忙。

宁夏师范学院副院长田富军教授，受邀担任审读，对书稿多有指正，提出了很好的修改意见，他的专业素养和认真细致，使这部新版旧志有了基本的质量保证。

可以说，这部新版旧志能够最终得以完成并出版，与上述诸位的策划、组织、把关有莫大关系，在此谨致谢忱！

当然，旧志整理艰巨繁难，系统性、专业性要求很高，也是一项十分严肃、科学性极强的工作，对整理者本人的敬业精神、专业素养要求很高，限于水平，其中的谬误、疏漏等在所难免，敬请读者和专家斧正。

整理说明

这次对（嘉庆）《灵州志迹》、（光绪）《灵州志》（残卷）重新整理，主要是在1994年工作的基础上，广泛汲取他人研究成果，对原书重新标点、校勘、注释，并进行白话文翻译，力求整理出一个更完善、通俗的版本，以方便读者，为本地区的经济文化服务。（嘉庆）《灵州志迹》以甘肃省图书馆藏清嘉庆三年（1798）刊本为底本，（光绪）《灵州志》以甘肃省图书馆藏蓝德昌抄本《重修灵州志》（简称“国图本”）、甘肃省图书馆藏国立兰州图书馆1947年抄藏本《重修灵州志》（简称“甘图本”）为底本，以张建华、苏昀《嘉庆灵州志迹校注》和蔡淑梅《（嘉庆）〈灵州志迹〉（光绪）〈灵州志〉》及《乾隆宁夏府志》为主要参校本。其中（嘉庆）《灵州志迹》、（光绪）《灵州志》国图本部分，参考、借鉴了蔡淑梅的部分研究成果。另外还参照了《正统宁夏志》《弘治宁夏新志》《嘉靖宁夏新志》《万历朔方新志》《银川小志》以及中华书局二十五史标点本。对（光绪）《灵州志》（残卷）的整理，主要选取对（嘉庆）《灵州志迹》有后延和补充意义的内容，进行标点、校勘、注释、翻译，其完全同于（嘉庆）《灵州志迹》的内容，则弃而不录。

本书在整理过程中，在力求保持原书原貌的基础上，对有关问题做如下处理：

［一］主要进行标点、校勘、注释、翻译工作。

［二］旧史籍常表现出封建社会统治阶级的立场、观点，按古籍整理要求，必须保存原貌，因此不作改动，读者当能分析批判。对加在个别少数民族族名上带有侮辱性的偏旁，一律除去。

［三］在保留原有体制和目录的基础上，新编一份详细目录置于正文前，以便查阅。

［四］为使读者阅读方便、醒目，在原文中适当之处加小标题作分类，用［ ］标注。如《忠孝义烈志第十五》《艺文志第十六上》《艺文志第十六下》等部分加标题“忠”“孝”“义”“烈”“奏疏”“赋”“颂”“记”“诗”等。

［五］原本中双行并列小字，改为单行小字。若小字内容可能与正文串行引起歧义，则用（ ）将小字内容圈住，如《兵额营汛驿递志第十二》中的小字内容。对某些行文格式如凡遇有关国朝（清朝）、清皇帝、钦命等词语都转行抬头出格，以及遇某些神、圣词语（如关圣、城隍等）和某些人物尊称前空一格等情况，作必要的修改，不再转行和空格。

［六］译文一般放在各门类后，因部分门类如丁税赋额、宦迹、乡献、艺文较长，其译文放在每一小类、朝代或每一篇文章之后。

［七］原文中的干支纪年和人名、字、号，除去少数注释外，一般只在译文中用（ ）括注皇帝年号、公元纪年和人名、字、号。原文中用干支纪月、纪日、纪时之处，因为有些篇目缺乏必要因素，无法进行推算，因此在译文中一概保留原貌，不做推算和翻译，以免造成新的错误和混乱。

［八］注释部分放在原文之下，以①②③等排序。

［九］注释、译文中，凡引古代文献，只注明书名、卷次、篇目等，其作者、版本等详见《参考文献·古代文献》。凡引现当代文献，只注明作者、书名或论文篇名，其出版社、刊物名、出版、发表时间等详见《参考文献·现当代文献》。

［十］译文是对原文文言文进行的白话文翻译，放在原文之后，用【 】标出，同时改变字体以示区别。为使上下文逻辑层次清楚，明白畅达，使读者更好地理解原文，凡整理者在必要处加入的语句用［ ］

标出。

［十一］为保持文章的气脉，尊重读者的阅读习惯，使其对某一类、某一朝代或某一篇文章有个总体的把握和了解，译文一概保留类目、朝代名或文章题目、作者官衔、姓名。

［十二］《灵州志迹》原艺文志部分，若连续收录同一作者两篇（首）以上作品，习惯于只在第一篇（首）署作者姓名，现为避免歧义，方便读者，则在每一篇（首）均署作者姓名，署名方法同第一篇（首），译文也同此处理。部分佚失作者的篇目，经考证后用［ ］标署作者姓名。

［十三］艺文志中诗词分段独立排印。为保持古典诗词的特点和底蕴，本书对原书艺文志中的诗歌、部分文章篇末的铭箴、颂辞，未做白话文翻译，只做必要注释，以方便读者理解。

［十四］原本为繁体字，其中还夹杂许多异体字、俗体字、通假字、古字，为方便读者阅读，按出版要求，直接改写为现通行的标准简化字，不再一一注出。个别专用名词、固定写法以及改动后容易引起歧义的词，则保留原貌。

［十五］原本中个别数目写法基数与大写混杂，现统一为基数表示法。

［十六］复制（嘉庆）《灵州志迹》原刊本中的《灵州志》书影、《星野图》《灵州州境图》以及《灵州州城图》等图画文献，按原刊本顺序，排在原书目录之后，使读者对原刊本及古灵州疆域、州城有一个直观、形象的了解。

［十七］根据原刊本重新绘制《灵州州境图》《灵州州城图》，附在原图之后，以方便读者使用。

目　录

灵州志迹卷二

灵州志迹卷三

灵州志迹卷四

（光绪）灵州志　国家图书馆藏本

重修灵州志卷二

（光绪）灵州志 甘肃省图书馆藏本

重修灵州志卷三

重修灵州志卷四

（嘉庆）灵州志迹

（清）丰延泰　捐修
（清）杨芳灿　监修
（清）郭　楷　纂修
东方既白　译注

［修志姓氏］

捐修　署知州事丰延泰，满洲正白旗人，廪膳生员[①]。

监修　前任知州杨芳灿，江苏金匮人，拔贡生[②]。

纂修　奎文书院长[③]郭楷，凉州武威人，乙卯[④]科进士。

校阅　学正[⑤]梁楚翘，陕西耀州人，庚寅[⑥]举人。

校对　吏目[⑦]查菖，江苏人，监生[⑧]。

校录　宁夏府学廪膳生员阎光敏，本州人。

文生[⑨]张禄，本州人。

---

①廪膳生员：明、清时由官府供给粮食、俸禄的生员。

②拔贡生：《六部成语注解·礼部·拔贡》："从秀才中选其文学拔萃者作为贡生，曰拔贡。"清代科举制度中选拔贡入国子监生员的一种。由学正选拔秀才中文行兼优的人，贡入京师，称为拔贡生，简称拔贡。待会试、廷试及格后，入选者依成绩优劣分成一、二、三等，以七品京官、县官、教职任用之。余者罢归，称为废贡。初定六年选拔一次，自乾隆七年（1742）改为十二年（即逢酉年）一次。

③长：山长，犹今之院长或校长。

④乙卯：原文为己卯。查相关资料，郭楷生于庚辰年，即清乾隆二十五年（1760），己卯年是乾隆二十四年（1759），郭楷尚未出生，如何参加科举？其准确的科分是乾隆六十年（1795）乙卯科进士。

⑤学正：中国古代文官官职名。宋朝国子监置学正与学录，掌执行学规，考校训导。元朝除国子监外，礼部及行省、宣慰司任命的路、州、县学官亦称学正。明、清两朝国子监沿置。明学正秩正九品，清初不改，乾隆初升为正八品。清朝州学官亦称学正。

⑥庚寅：清乾隆三十五年（1770）。

⑦吏目：中国古代文官官职名。元中、下州参佐官有吏目，明知州下有吏目掌文书，清知州下吏目佐理刑狱并管理文书。在清朝之位阶为从八品、从九品或不入流。

⑧监生：国子监学生的简称。国子监是明、清两代的最高学府，照规定必须贡生或荫生才有资格入监读书。

⑨文生：文库生员的简称。文库指清朝设立的各级公立学校，各府、州、县均有。通过府、州、县公立学校考试，能进入学校读书的人叫文库生员，简称文生，也叫生员。生员最通俗的解释就是秀才。

【译文】

［修志姓氏］

捐修　代理知州丰延泰，满洲正白旗人，廪膳生员。

监修　前任知州杨芳灿，江苏金匮人，拔贡生。

纂修　奎文书院院长郭楷，（甘肃）凉州武威人，乙卯科（1795）进士。

校阅　学正梁楚翘，陕西耀州人，庚寅（1770）举人。

校对　吏目查萲，江苏人，监生。

校录　宁夏府学廪膳生员阎光敏，本州人。

秀才张禄，本州人。

序

陕之境北极鄜[①]延，由鄜延而西为庆环，而银夏[②]实树之障；甘之境北极银夏，迤[③]银夏而东且南为平庆，而灵武实当其冲。盖朔郡[④]统属有五，灵邑独限大河，具喉唇襟带[⑤]之势，故选吏常重于他处。

嘉庆戊午秋，长白丰公岐东以边俸报满[⑥]来此署篆[⑦]，余时适主讲是邦，课士之暇，间与余语曰："灵邑为近塞要区，地势极为廓远[⑧]，今欲稽核旧章[⑨]，厘剔庶务[⑩]，而典文散佚，志迹不存，某窃惜之。且夫

①鄜：地名，在今陕西富县。《史记·司马贞索隐》："鄜，地名，后为县，属冯翊。"

②银夏：银州、夏州。银州，北周保定三年（563）置，治所在今陕西横山县东，辖境相当今陕西横山、米脂、佳县以北地。唐天宝元年（742）改为银川郡，乾元元年（758）复为银州。唐末为党项族首领拓跋思恭所有。夏州，晋时赫连勃勃称夏王，筑统万城（在今陕西省靖边县红墩界镇白城则村）都之。431年，北魏灭其国，先改统万城为统万镇，不久即改为夏州。隋改置朔方郡于此，唐复为夏州，唐末拓跋思恭镇夏州，子孙继之，遂为西夏重要的政治、军事、经济、文化中心。这里专指甘肃省宁夏府。

③迤：逶迤，曲折延伸的样子。

④朔郡：朔方郡。西汉元朔二年（前127）置。治所在朔方，今内蒙古自治区杭锦旗北。此处引申为甘肃省宁夏府。《旧唐书·关内道》：夏州都督府，隋朔方郡。贞观二年（628），讨平梁师都，改为夏州都督府……天宝元年，改为朔方郡。

⑤喉唇襟带：比喻险要的地理形势。喉唇，喻指宫廷中与帝王亲近的重要职位，这里引申为要害之地。襟带，衣襟和腰带，谓山川屏障环绕，如襟似带。

⑥边俸报满：边俸，边地官员的俸禄；报满，指官员任期已满，由所在部院堂官或所在地方督抚咨报吏部、兵部等，等候升转或调补。

⑦署篆：署印。因官印皆刻篆文，故名。

⑧廓（kuò）远：广大，空阔。

⑨稽核旧章：稽核，查核、查考；旧章，昔日的典章、古代的文献篇章。

⑩厘剔庶务：厘剔，清理剔除，革除，整理修订；庶务，各种政务，各种事务。

监成宪、整纲维①，政之大体也。至于簿书期会②，以次振举要③，皆在所后焉而已。今天子圣德覃敷④，拓疆万里之外，凡新造小邑，尚莫不抉幽阐隐⑤，以纪一方之政教。矧⑥灵邑自汉初建置，至今几二千载，昔人之经画详矣，顾乃听其荒废湮没而弗顾，则岂特官斯土者之责，亦是方荐绅⑦、先生之耻也。搜罗补缀，勒成一书，某有志焉，愿为我成之。”余曰：“斯事体大而关系尤重，缘非著令⑧之所督，故人率置焉不讲。今公之莅斯土也，百务丛冗，蚓结猬集⑨，而先以整纲维、监成宪为事，岂不真知轻重、识大体哉！”

先是，梁溪⑩杨公蓉裳官是邑，有心是事，勤加搜辑，嘱余补订之。未及成书，而杨公去任，是事旋废。今复承公之命，幸旧本犹在，遂取而整齐之，删其烦复，益其疏漏，按《文献通考》体例分为十八门类，类以小序冠之，俾览者提纲挈领，豁然心目。凡再易稿，而书始成。

既又复于公曰：“夫事创之难，成之尤难。昔之典文散佚、荒废湮没者，非杨公创之于前，则考稽诚无由也。创之矣，使逾数载而无人焉以成之，亦仍归于湮没荒废而已，其与夫未创之先相去几何？今公能毅然任其所难，使一州之文物经制⑪历汉初至今几二千载者，一

①监成宪、整纲维：监，督查；成宪，原有的法律、规章制度。整，整理、整治；纲维，事物的总要、法度。引申为符合法度。

②簿书期会：谓官署文书的实施。

③举要：举其大要，陈其主旨大略。按：此句“振”“举”二字间疑脱一字。

④覃敷：广施。覃，延及；敷，布、施。

⑤抉幽阐隐：剖析奥秘，阐发隐微。

⑥矧（shěn）：况且，何况。

⑦荐绅：荐，通“搢”，插；绅，大带。也作搢绅、缙绅。古代仕宦者搢笏重绅，指有官职或做过官的人。

⑧缘非著令：缘非，本来并非；著令，书面制定的规章制度。

⑨蚓结猬集：像蚯蚓那样屈曲、像刺猬身上的硬刺那样聚在一起。比喻事情非常繁杂。

⑩梁溪：水名，为流经无锡市的一条重要河流，其源出于无锡惠山，北接运河，南入太湖，历史上为无锡的别称。

⑪文物经制：文物，旧为礼乐、典章制度的统称；经制，治国的制度，经理节制。

旦于公之手而焕然大备①，不惟州人士庶引领以仰庶政之维新②，而后之官兹土者，稽核旧章，厘剔庶务，俱于是乎赖，则公之举坠修废③，为功甚巨，余故曰公诚知轻重、识大体者也。若夫核订之未精，裁取之未当，此则余之谫陋④，而无所辞其责也夫。”

时嘉庆三年，岁次戊午⑤，嘉平⑥月谷旦⑦。

赐进士出身、候铨⑧知县、武威郭楷⑨雪庄氏敬叙。

---

①大备：一切具备；完备。

②维新：维，语助词；维新即新。后称变旧法而行新政为“维新”。

③举坠修废：举坠，擎起衰微；修废，兴复废业。

④谫（jiǎn）陋：浅薄。

⑤岁次：也叫年次。古代以岁星（木星）纪年。古人将天空的赤道部位分作十二等分，每等分中以某些恒星为标志。木星正好每年走一等分，十二年走一周。每年岁星所值的星次与其干支称为岁次。

⑥嘉平：腊月的别称。

⑦谷旦：晴朗美好的日子。吉日的代称。

⑧候铨（quán）：听候选授官职，犹言候选或铨选。清选用官吏的制度。凡京官郎中、外官道员以下，凡经考试、捐纳或原官起复具有资格的人，须到吏部听候铨选。

⑨郭楷（1760—1840）：字仲仪，号雪庄，凉州府武威县（今甘肃武威市）人。清乾隆六十年（1795）乙卯科进士。清代教育家、文学家。曾任河南原武县知县，在知县任内，政绩卓著，县民称颂。但因不愿曲意奉上，愤而辞官归里。从此，绝于仕进，设帐授徒，终身从事教育工作。先后任灵州（今宁夏灵武市）奎文书院、凉州天梯书院山长。郭楷任奎文书院山长时，曾和灵州知州杨芳灿唱和，交谊深厚，他以西汉教育家文翁为榜样，决心办好奎文书院，辛勤教读，以期灵州能像“修鳞”“翙凤”的潜在人才赶快兴起。同时，与杨芳灿合作，修成灵州州志一部，嘉庆三年（1798），由新署知州丰延泰捐资刊行，名为《灵州志迹》。这部四卷本的志书是灵武现存最早的一部志书，它从汉唐一直写到清嘉庆初，使一州地里、人文、经制备载其中，具有重要的参考价值。有《梦雪草堂诗稿》八卷、《梦雪草堂续稿》三卷传世，另有《梦雪草堂读〈诗〉录》《梦雪草堂读〈易〉录》等著述散佚。

【译文】

序

陕西的边境北到鄜县、延安，由鄜县、延安向西则为（甘肃）庆阳、环县，而银州、夏州（银州、夏州特指宁夏）就是竖起的屏障；甘肃省界北极银州、夏州，自银州、夏州逶迤而向东南则为平凉、庆阳，而灵武确实地处冲要。宁夏府共统属五个州县，唯独灵州受黄河天险的阻隔，山川屏障环绕，地势险要，所以选任官吏通常要比其他地方慎重。

嘉庆三年（1798）秋季，长白丰延泰公（字岐东）在边疆官期任满，来此代理灵州知州，我当时正在这里主持书院，丰公在考核士子学业的余暇，间或对我说："灵州为近塞要区，地势极为辽阔，现在想查核昔日的典章，整理修订各类政策，而典籍散佚，没有方志可资参考，我暗中深为惋惜。况且督查执行法律规章制度、整顿社会秩序，是为政的纲领大要。至于推行官署文书的实施，以此体现官府的主旨大略，则是次要的问题了。今天天子圣德广布四方，拓疆万里之外，凡新设置的小县，也在剖析奥秘，阐发隐微，以记录一方的政治教化。何况灵州从汉初设置，到现在近两千年，前人的经营筹划已很详备了，反而任其荒废湮没而不管，这不止是任职官员的责任，也是本地缙绅、读书人的耻辱啊。搜罗补缀，编成一书，这是我的心愿，希望你为我完成。"我说："修志涉及面广而关系尤为重要，本来并非朝廷明令要求的事情，所以人们都弃置不顾。现在您莅临这片土地，百务丛冗，政务繁杂，而先以督查执行法律规章制度、整顿社会秩序为要务，岂不真是知轻重、识大体的长官啊！"

在此之前，无锡杨芳灿公（字蓉裳）任知州，有心编撰灵州方志，勤加搜辑，嘱托我补充修订。还没有成书，杨公离任他就，这件事也就此作罢。现在又承奉丰公的指示，幸好旧底本还在，遂取而修订整理，删除繁复，增益疏漏，据《文献通考》体例分为十八门类，每个门类前加写小序，以便读者提纲挈领，开卷豁然。凡再三修改，书稿终于完成。

办成了这件事，我又对丰公说："大凡开创一件事难，彻底办成就更难。旧时散佚、荒废湮没的文献典籍，如果不是杨公在此之前收集起来，那么查考核校文献则无从着手。即使已经开了头，过了数年而没有人续成其事，也仍归于湮没荒废而已，这与没有开头之前没什么区别。现在您毅然任其所难，使从汉初到现在近乎二千年岁月积累的灵州地理、礼乐、典章制度和治国文献，已然在您的手中焕然完备，不只能引领本州官绅、平民仰望各种政务推陈出新，就是今后到这块土地上任职的官员，查核昔日的典章，整理修订各类政策，都要依赖这部志书。如此说来您起衰微、兴废业的功劳，实在是太大了，所以我说您确实是知轻重、识大体者。至于文献核订不精审，材料裁取不妥当，这是我的浅薄鄙陋所致，无可推卸责任。"

时在嘉庆三年（1798），年次是戊午年，腊月吉日。

赐进士出身、候选知县、甘肃武威郭楷（号雪庄）敬叙。

灵州志序

盖闻作史莫难于志，而志地里①为尤难。州、县之志，其例当准诸史，则地里不可不考也。班氏云："先王之迹既远，地名又数改易。"颜师古云："中古以来，说地里者竞为新异，妄有穿凿②，颇失其真，后之学者莫能寻其根本。"此其所以难也。如地里之沿革既了如指掌，凡人物、职官、户口、赋役胥③准诸此矣。

灵州为《禹贡》④雍州之域。《太平寰宇记》云：春秋及战国时属秦，及始皇时置北地郡。《汉书注》云：惠帝四年，置灵州，属北地郡。有河奇苑，又曰河奇。《括地志》云：薄骨律镇城在河渚之中，随水上下，未尝陷没，故号曰灵洲。历代以来，废置不一，或置镇将，或置总管，或改都督府，或属关内道。元置州牧，属宁夏路。明设千户，属宁夏卫。我朝定鼎之初，犹沿明制。雍正二年，改为灵州，隶宁夏焉，州故无志。

丁未岁，余奉简命⑤来牧兹邑，竿牍⑥余暇，网罗史籍，搜采方志。每苦记载繁多，见闻互异，五阅寒暑，未能卒业⑦。乙卯，延武威郭君雪庄主讲席，时与商榷，又得《一统志》，溯历代之沿革，考证极为精

---

①志地里：记识事物。记事的书或文章也叫志。后代的地方志、天文志、墓志、人物志等，即沿此称。地里：土地、山川等的环境形势；指地理之学；区域、区划。古方志中地里兼有这三层含义。

②妄有穿凿：毫无根据地牵强解释文字或生编硬造作品。

③胥：皆，都。

④《禹贡》：《尚书》中的一篇。用自然分区方法，记述当时我国的地理情况，把全国分为九州，假托为夏禹治水以后的政区制度，详细记载了黄河流域的山川、土壤、物产、贡赋、交通等，是我国最早的一部科学价值很高的地理著作。

⑤简命：简任，选派任命。

⑥竿牍：书札。这里意同案牍，指官府文书。

⑦卒业：毕业、结业。引申为完成未竟的事业或工作。

当。曰："此册府[①]之巨制也，洵[②]足据依矣。"因参之朔方志及郡志所载，粗立条理，抄撮[③]成编。适余奉檄假守[④]高平[⑤]，摄州篆者，为长白岐东丰公，甫下车，即慨然以斯事为己任。爰[⑥]偕郭君取旧所蒐辑者，搴[⑦]其萧稂[⑧]，剟[⑨]其瑕砾，凡两阅月而勒成一书。条分件系，厘然[⑩]井然，不但疆域形胜如画沙[⑪]聚米，而一方之文献、历朝之掌故，备载无遗，其通博为何如也！

丰公能以儒术饰[⑫]吏治，郭君又淹贯[⑬]群雅，以予积年未竟者一旦成之，人之才力相去宁可数计耶？二公复谦抑自居，不没余创始之意，如习礼之绵蕞[⑭]、造车之椎轮，益滋余弇陋[⑮]之愧矣。

时嘉庆三年，岁次戊午，嘉平月谷旦。

---

① 册府：古代帝王藏书的地方；帝王册书的存放处；文坛、翰苑。

② 洵（xún）：诚然、确实。

③ 抄撮（cuō）：摘抄；描摹。

④ 假守：古时称权宜派遣而非正式任命的地方官。

⑤ 高平：高平县，西汉元鼎三年（前114）设置，治高平城（今固原市原州区城关），为安定郡治。因地在原上，既高且平，故名。这里指代固原。

⑥ 爰：于是。

⑦ 搴（qiān）：拔取；取。

⑧ 萧稂：凋零的禾粟的瘪子。此喻记载不确实者。

⑨ 剟（duō）：删除，删改。

⑩ 厘（lí）然：形容有条理。

⑪ 画沙：比喻画家的画技高明，内涵丰富。

⑫ 饰：整治，修整。通"饬"。

⑬ 淹贯：渊博而贯通；深通广晓；深通广晓的人。

⑭ 绵蕞（zuì）：汉初，叔孙通创定朝仪时，于野外画地为宫，引绳为绵，立表为蕞，用以习仪。此与下文"椎轮"（原始的无幅车轮）都比喻事物的草创。

⑮ 弇陋（yǎn lòu）：见识浅陋，浅薄。弇，狭隘。

奉直大夫①、知灵州事、金匮杨芳灿②蓉裳氏敬叙。

【译文】

灵州志序

一般来说历史类书籍中最难编撰的是方志，而记叙地里尤其难。州、县之志，其编写体例应当符合史书的规范，那么地里就不能不研究了。班固说："过去君王的遗迹很邈远，地名又多次改易。"颜师古说："中古以来，解释地里者竞为新说、异说，牵强附会或生编硬造，与实际情况完全背离，使后之学者无法探寻其本源。"这是困难的原因。假如地里沿革已经了如指掌，那么人物、职官、户口、赋役就都可以依此安排了。

按照《尚书·禹贡》记载，灵州属于雍州。《太平寰宇记》记载：春秋及战国时属秦，及始皇时置北地郡。《汉书注》记载：汉惠帝四年（前191），置灵州，属北地郡。有河奇苑，又曰河奇。《括地志》记载：薄骨律镇城在河渚之中，随水上下，未尝陷没，故号曰灵洲。历代以

① 奉直大夫：官阶名，属文散官。金、元时为从六品文散官，明、清时为从五品文散官。

② 杨芳灿（1753—1815）：清金匮（今江苏无锡）人，字蓉裳，乾隆四十二年（1777）拔贡生。廷试，钦取一等第三名，特用知县，从此步入仕途。先后署理甘肃陇南西和县知县、庆阳府环县知县，实授甘肃巩昌府伏羌县（今甘肃甘谷县）知县。乾隆五十二年（1787）升授甘肃宁夏府灵州（今宁夏灵武市）知州。后又先后署理甘肃平凉知府、宁夏水利同知。共计在甘肃、宁夏任职20年。后徙官京师，任户部员外郎，被推举为会典馆纂修官，参与修纂《大清会典》，旋为会典馆总纂修官。辞官归里后，先后主讲浙江衢州正谊书院、陕西关中书院、四川锦江书院，受聘重修《四川通志》。著有《真率斋初稿》《真率斋词》《芙蓉山馆诗稿》《芙蓉山馆词稿》《荆圃唱和集诗》《荆圃唱和集词》《芙蓉山馆词》《拗莲词》《移筝词》。《灵州志迹》的草创者，在诗词、骈体文等方面都有很高的造诣，诗文华瞻，世谓盈川（唐代文学家杨炯别名）复生，是清乾嘉时期著名的文学家。

来，废置不一，或置镇将，或置总管，或改都督府，或属关内道。元朝置州牧，属宁夏路。明朝设千户，属宁夏卫。大清朝定鼎之初，一直沿袭明朝制度。直到雍正二年（1724），才改为灵州，归属宁夏府管辖，所以没有灵州州志。

丁未年（1787），我被选派任命为灵州知州，公务之余，网罗史籍，搜采方志。让我苦恼的是记载繁多，说法互相矛盾，经过五年，也未能修成州志。乙卯年（1795），聘请武威郭楷（字雪庄）先生担任书院山长，经常与他商榷，又得到《大清一统志》，此书追本溯源，对历代地理之沿革考证极为精当。让人不由得感叹："这部书真是皇家的鸿篇巨制，确实足以作为修志的依据。"于是又参考《宁夏府志》及朔方志所载内容，粗立条理，摘抄成编。恰好我奉命到固原代理职务，代理灵州知州者，是长白丰延泰（字岐东）公，刚到任，即慨然以修志为己任。于是协同郭楷先生对我搜集的志书资料进行整理，剔除其中的糟粕，删改其中的瑕疵，总共用了两个月就编成了一部州志。该书条分件系，脉络井然，不但疆域形胜好像画沙聚米，而一方之文献、历朝之掌故，也都备载无遗，其通大渊博谁能相比呢？！

丰延泰公能以儒家学说修整地方的政风和治绩，郭楷先生知识渊博而能贯通众贤学说，一朝完成了我多年未竟之功，人的才智差距岂可简单以数字来计算？丰、郭二公又谦逊自守，不埋没我创始灵州志的辛苦，就如同肯定经营创建朝仪典章、造车还没有安装好车轮辐条的功劳，更增加了我见识浅陋的愧疚之情。

时在嘉庆三年（1798），年次是戊午年，腊月吉日。

奉直大夫、灵州知州、江苏金匮杨芳灿（字蓉裳）敬叙。

灵州志迹目录

［书 影］

長白崚東氏豐 揚廉修輯

靈州誌

嘉慶戊午季冬

［星野图］

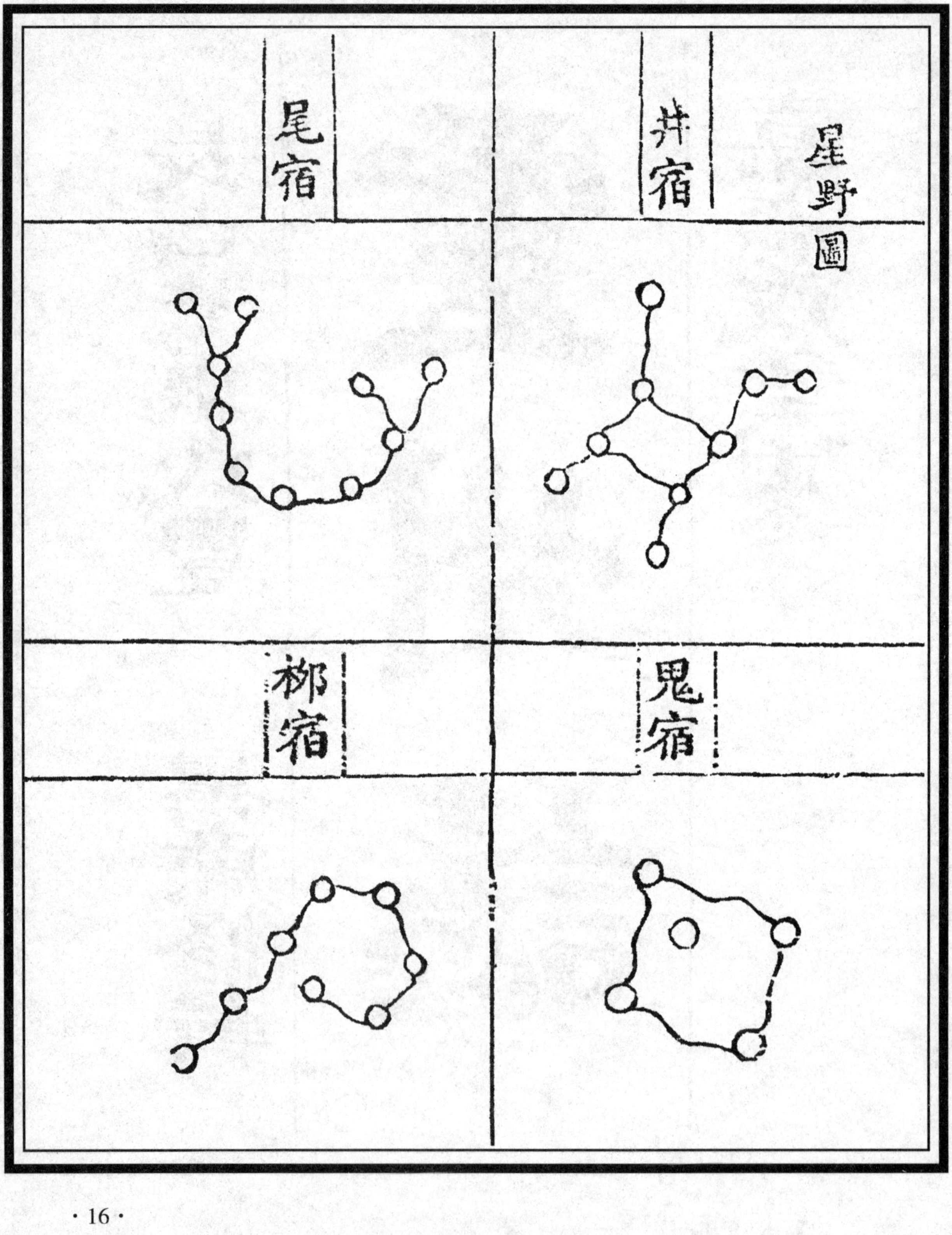

［灵州州境图］

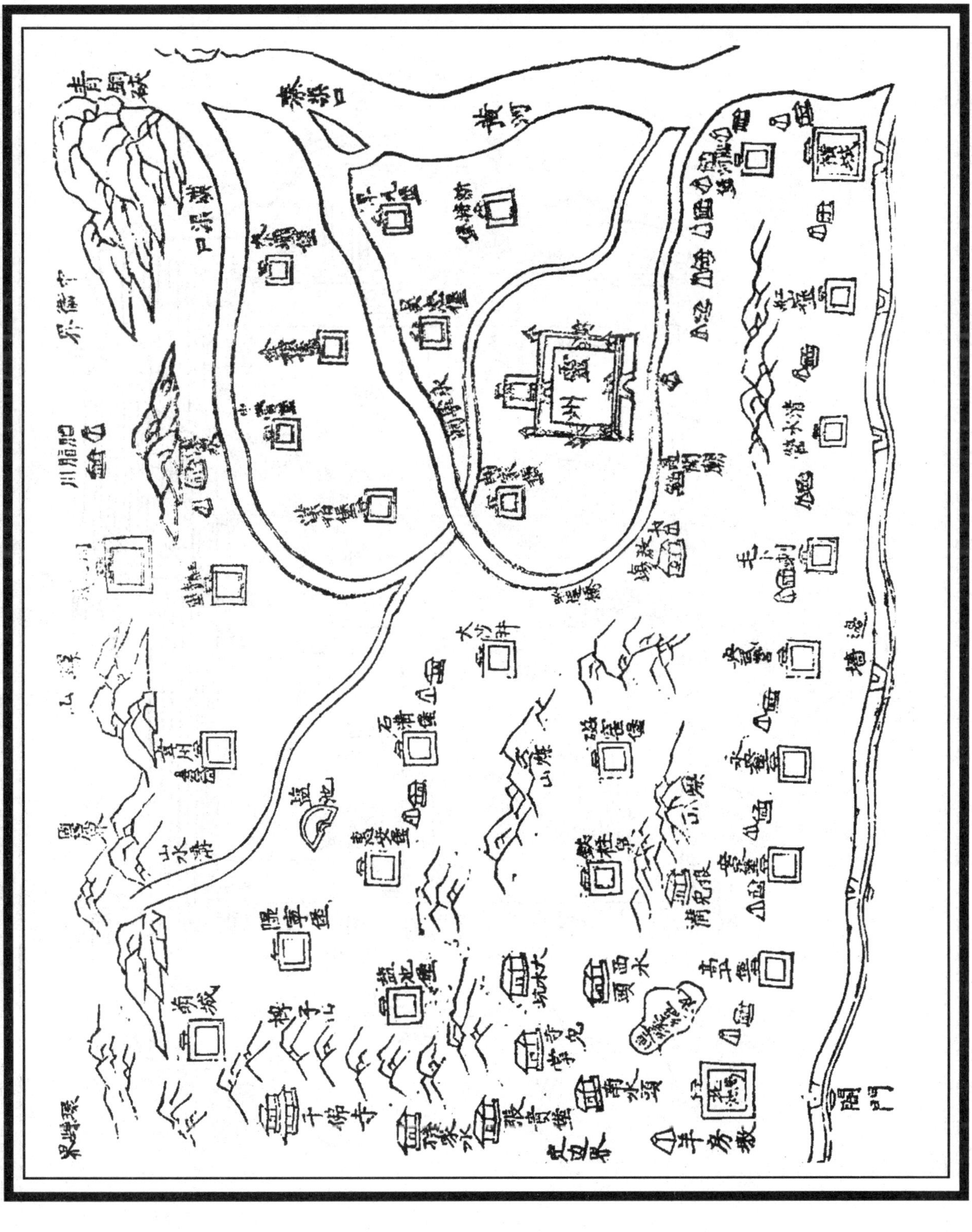

[灵州州城图]

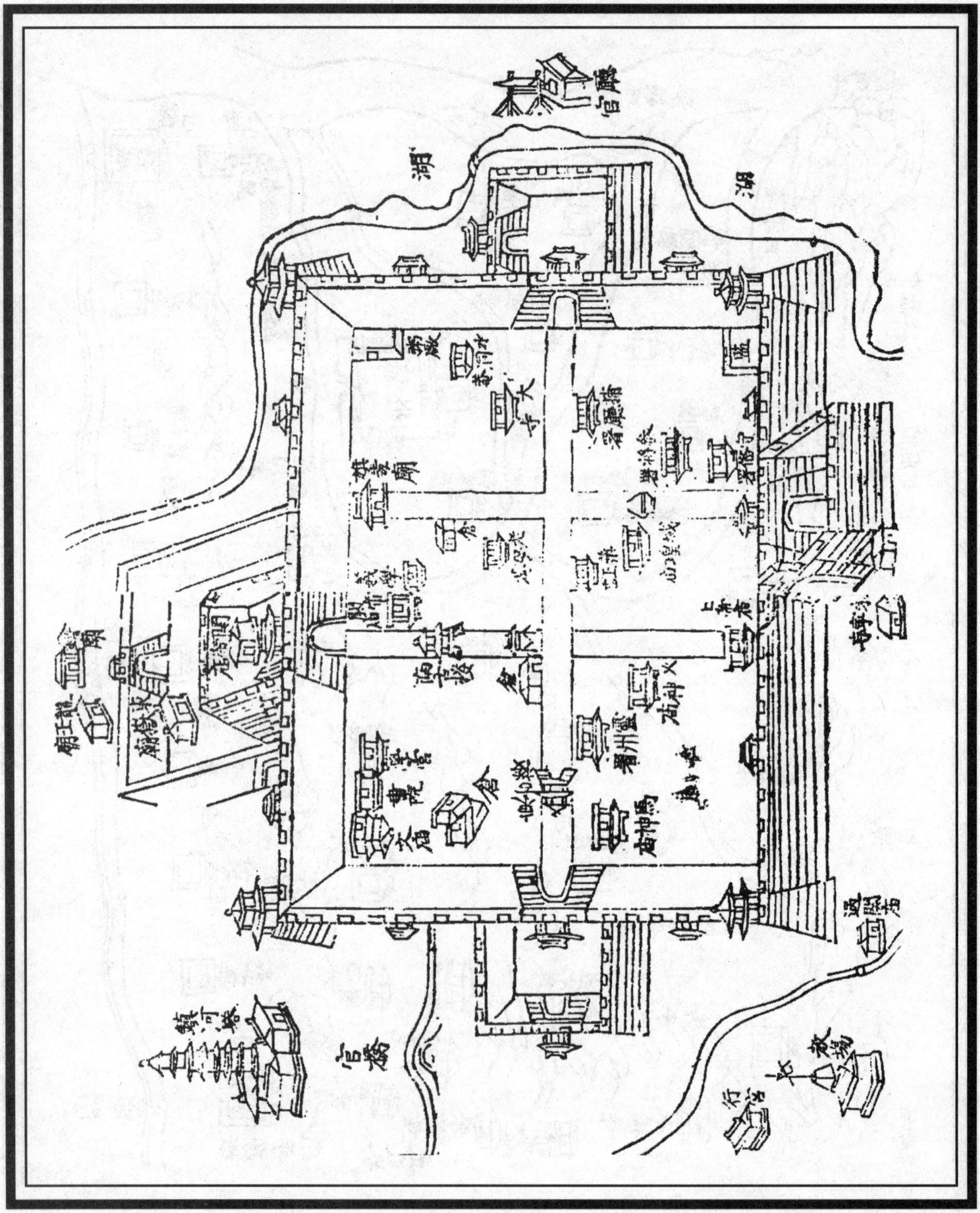

［新绘灵州州境图］

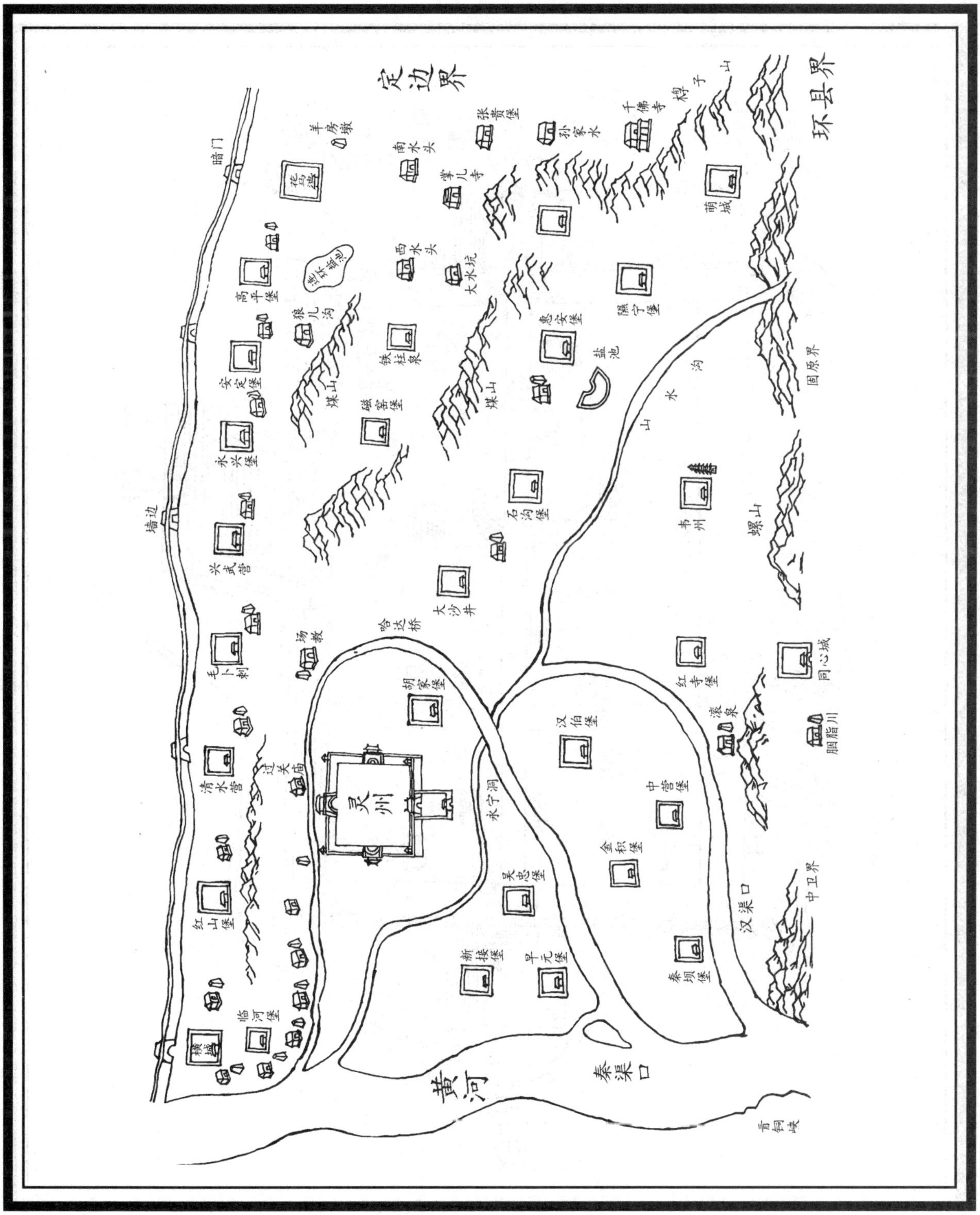

绘图：王立夫　杨蕙宇

［新绘灵州州城图］

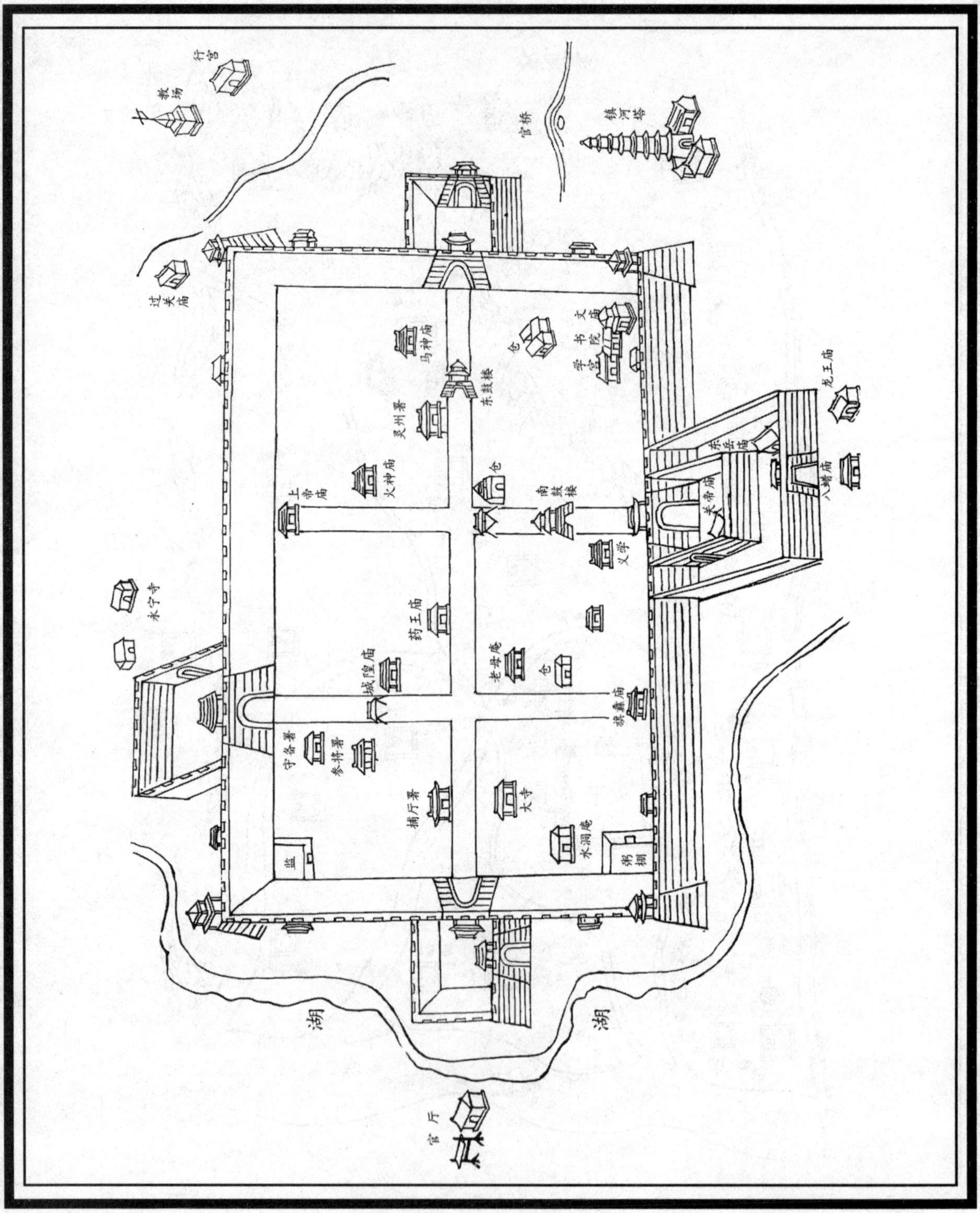

绘图：王立夫　杨蕙宇

灵州志迹卷一

历代沿革表志第一

史之有表，犹星辰之有躔纪①，衣服之有冠冕②也，振纲挈领③、条绪斯分④。灵州自汉初建置，中更变易不恒，今取历代沿革始末，标为表识⑤，庶几⑥观者如列眉⑦焉。

①躔（chán）纪：日月星辰运行的轨道。
②冠冕：古代皇冠或官员的帽子。
③振纲挈领：义同“提纲挈领”。比喻善于抓住问题的关键与要害。
④条绪斯分：义近“条分缕析”。比喻剖析得深入细致，有条有理。
⑤表识：标识。
⑥庶几：或许可以。
⑦列眉：两眉对列。谓真切无疑。

[宁夏郡沿革表]

	秦	汉	后汉	晋	魏	南北朝	隋	唐	五代	宋	元	明
宁夏郡	北地郡。始皇攘却匈奴,得河南北地千里,徙民充之,名曰新秦中。	北地郡,朔方郡。元朔二年,卫青逐匈奴白羊、楼烦王,取河南地,又置朔方郡,使平陵侯筑朔方城,属并州刺史①。	北地郡,凉州刺史。朔方郡,并州刺史。	北地郡。惠帝后,赫连勃勃据统万城,曰夏州,又曰忻都②。	化政郡。太和十二③年置,属夏州。西魏置弘化郡。后周置怀远郡。	夏州。后魏始光四年,为统万镇。	朔方郡,灵武郡。开皇初废宏化、怀远,分置二郡。	灵武郡,属灵州④。朔方郡,属夏州。僖宗时,拓跋思恭镇夏州,世有其地。		咸平中,西置兴州,寻建国,升兴庆府,又曰中兴府。	宁夏路。至元八年立西夏中兴等路行省。二十五年,改置路,寻罢行省,属甘肃行省。	宁夏卫。初置府,洪武五年府废。九年改置卫,隶陕西都司。

①按：西汉元封五年（前106），汉武帝置十三州刺史部，据清钱坫撰、徐松集释《新校注地理志集释》卷一三和谭其骧《中国历史地图集》卷二：北地郡属朔方刺史部。朔方郡治所朔方（今内蒙古杭锦旗北），辖境相当今内蒙古自治区西部的黄河以南地区。东汉移治临戎（今内蒙古磴口县北）。汉朔方郡县实与宁夏境无涉，旧志往往误列入其地，本志沿误。以下及其它如“古迹”“宦迹”“艺文”等门类所录汉朔方故实皆相因致误，笔者不再一一作注，参此。

②按：北地郡，东汉末因羌族起事南徙关中，宁夏北部沦入羌胡，无郡县设置，南部属雍州之安定郡。故晋代宁夏与北地郡无涉，此误。赫连勃勃所建大夏国据有宁夏全境，但建置不详。统万城：今陕西靖边县红墩界镇白城则村。夏州：此误。夏州之称为后魏事。

③十二年：原文为十一年，据蔡淑梅《（嘉庆）〈灵州志迹〉（光绪）〈灵州志〉》征引《魏书·地形志》卷一零六改。按：据《元和郡县图志》卷四、《太平寰宇记》卷三七：北魏始光四年（427），太武帝灭夏置统万镇，孝文帝太和十一年（487）改置夏州。西魏置弘化郡。至隋开皇初复为夏州，炀帝初复为朔方郡。唐贞观二年（628），平梁师都为夏州治所。北魏太平真君六年（445）更名岩绿，县属化政郡，隋开皇三年（583）废化政郡，以岩绿县属夏州，唐贞观二年改为朔方县。夏州、朔方郡在今陕西横山县西，其辖境唐时相当今陕西大理河以北的红柳河流域及内蒙古杭锦旗、乌审旗等地，皆不至宁夏境，此沿旧志误以宁夏为其地。本书“沿革”“古迹”“宦迹”“艺文”等多录夏州、朔方郡故实，皆相因致误，笔者不再一一作注。此条当与“南北朝”条为一栏，所载皆为北魏事。

④按：唐灵武郡与灵州无隶属关系。据《旧唐书·地理志》卷三八、《元和郡县图志》卷四、《太平寰宇记》卷三六：隋灵武郡，唐武德元年（618）改为灵州。天宝元年（742），改灵州为灵武郡。至德元载（756），肃宗即位于灵武，升为大都督府，乾元元年（758），复为灵州。灵武郡原本作“灵州郡”，据此改。

续表

	秦	汉	后汉	晋	魏	南北朝	隋	唐	五代	宋	元	明
宁夏县		富平、廉、灵武三县地，属北地郡。				岩绿县，后魏置，属化政郡。怀远县，后周置。建安县，后周置。	岩绿县，属朔方郡。又为怀远、灵武、宏静三县地，属灵武郡。	朔方县，贞观三年改名，属夏州朔方郡。怀远、灵武、保静属灵武郡。	怀远县，保靖县。	怀远镇。	属宁夏路。	宁夏卫。
宁朔县		富平县。				怀远县。宁朔县，后周置[1]。	怀远县、宁朔县，属朔方郡。	怀远县、宁朔县，属夏州朔方郡。		怀远镇[2]。	属宁夏路。	宁夏右卫。
平罗县		北地郡北地。										平罗所。洪武初置，属宁夏卫。
灵州		朐衍县[3]，灵洲县[4]，属北地郡。			盐州大兴郡。西魏改五原郡，置西安州[5]。	灵州。回乐县及带普乐郡治。	灵武郡，大业元年改置回乐县。盐川郡，五原县。	灵州灵武郡，属关内道。盐州五原郡。贞元初陷吐蕃，九年收复。回乐县，五原县，白池县。	灵州，盐州。回乐县，五原县。	灵州。咸平五年，陷于西夏，改西平府，又改翔庆军。	灵州复名，属宁夏路。盐州废，为环州[6]地。	灵州所。初改置所，属[7]宁夏卫。宣德三年移治。

①按：据《元和郡县图志》卷四、《太平寰宇记》卷三七：周置宁朔县，属化政郡。《太平寰宇记》作“属北政郡”，北政郡当为化政郡之误。参见正文“魏”“隋”栏。

②怀远镇：原本脱，据《宁夏府志·地理·沿革》卷二补。

③朐衍：《汉书·地理志》卷二八下作“昫衍”，《汉书·五行志》卷二七作“朐衍”。下同。

④灵洲：《汉书·地理志》卷二八下、《元和郡县图志》卷四、《太平寰宇记》卷三六作“灵州”。

⑤西安州：原本作“安西州”，据《隋书·地理志》卷二九、《太平寰宇记》卷三七改。

⑥环州：原本脱“州”字，据《宁夏府志·地理·沿革表》卷二、《元史·地理志》卷六〇补。

⑦属：原本作“为”，据《宁夏府志·地理·沿革表》卷二改。

续表

	秦	汉	后汉	晋	魏	南北朝	隋	唐	五代	宋	元	明
中卫县		眴卷县，属安定郡[①]。			灵州地。周置会州，寻废。		鸣沙县，开皇十九年置，属灵武郡。丰安县[②]，开皇十年置，属灵武郡。	鸣沙县，神龙后移置于废丰安城。威州[③]。	鸣沙县。	鸣沙县，入西夏。	应理州，初置，属[④]宁夏路。鸣沙州，属宁夏路。	宁夏中卫。洪武初废州，三十二年移建卫，属陕西都司。

［灵州建置沿革］

灵州，汉惠帝四年置。初曰灵洲，以洲在水中，随水上下，未尝沦没，故号曰灵洲。后魏置薄骨律镇。孝昌中，改置灵州。西魏又为盐州地。后周置带普乐郡及回乐县。隋大业三年，改灵武郡。唐为灵州，亦曰灵武郡。开元中，置朔方节度使。天宝初，复改州为灵武。五代为朔方军治。咸平时入西夏，改西平府，又名翔庆军。元复曰灵

---

①安定郡：原本作“安定县”，据《汉书·地理志》卷二八下、谭其骧《中国历史地图集》卷二改。

②丰安县：原本作“丰乐县”，据正文“唐”栏与《隋书·地理志》卷二九改。

③威州：据《新唐书·地理志》卷三七、《太平寰宇记》卷三六：唐咸亨三年（672），于鸣沙县境内置安乐州，安置吐谷浑部，仍领鸣沙县。神龙二年（706），突厥攻陷鸣沙县，移置于废丰安城。大中三年（849）收复后，改安乐州为威州，领鸣沙、温池二县。州治据鲁人勇、吴忠礼、徐庄《宁夏历史地理考》谓在今同心县韦州镇南。

④属：原本作“所”，表意不明，据正文《［大清］一统志·灵州沿革表》和《明史·地理志》卷四二改。

⑤弘治：原本为避清高宗弘历讳改为“宏治”，凡属此种原因，笔者都将“宏”径直改回“弘”，不再一一注明。十三年，原文为“十五年”，据蔡淑梅《（嘉庆）〈灵州志迹〉（光绪）〈灵州志〉》征引《明史·地理志》卷四二、《明太祖实录》卷一五七、《明孝宗实录》卷一六六、《弘治宁夏新志·灵州守御千户所》卷三等改。参见鲁人勇、吴忠礼、徐庄《宁夏历史地理考·明朝》卷十四“灵州千户所”条。

⑥按：鲁人勇、吴忠礼、徐庄《宁夏历史地理考》认为灵州守御千户所设置时间当为洪武十六年十月为是。守御千户所，原本作“守御所千户”，据《明史·地理志》卷四二、《明太祖高皇帝实录》卷三三改。

州，属宁夏路。明弘治[5]十三年，置守御千户所[6]。正德元年，改宁夏后卫，仍以千户摄之，属宁夏道，国朝因之。雍正三年改州，并省守御所，附入属宁夏府。

［大清］一统志·灵州沿革表

国朝	汉	三国晋	魏	周	隋	唐	五代	宋	元	明
灵州	北地郡移治，永和六年，又徙[①]。富平县，属北地郡，后汉郡治，后徙废。灵洲县，属北地郡，后汉废。昫衍县，属北地郡，后汉省。		灵州。太延二年，置薄骨律镇。孝昌中改置州。盐州大兴郡，魏置，西魏改五原郡，寻复名兼置西安州，后改名。五原县，州郡治。	灵州，兼置普乐郡，回乐县。盐州大兴郡，五原县。	灵武郡，初废郡，大业三年改。回乐县，郡治。盐川郡[②]，五原县。	灵州。灵武郡复置州，置都督府，属关内道。回乐县。温池县，神龙元年[③]置，属灵州。大中五年，属威州。灵武县移治，属灵州，后废。盐州五原郡，白池县。初置兴宁县，属盐州，景龙初改名。	灵州，回乐县。盐州，五原县。	灵州。咸平五年，陷于西夏，改西平府，又改翔庆军。回乐县后入西夏废。盐州入西夏。五原县省。	灵州，属宁夏路。	灵州所。初置所，属宁夏卫。宣德三年移治。宁夏后卫，弘治中，置花马池所。正德中改卫，属陕西都司。

【译文】

历代沿革表志第一

史书之有图表，犹如日月星辰之有运行轨道，衣服之有冠冕一样的道理，［图表使内容］提纲挈领、条理分明。灵州自汉初建置，中间

---

①按：西汉北地郡移治马岭（今甘肃省庆城县西北）。东汉移治富平县（今宁夏吴忠市西）。永初五年（111）三月，因羌族起事，寄理池阳（今陕西省泾阳县西北）。永和六年（141）十月，因羌族再次起事，又徙冯翊（今陕西省高陵县）。

②盐川郡：原本作“盐州”，据《隋书·地理志》卷二九、《元和郡县图志》卷四改。

③神龙元年：原本为神龙五年，唐朝没有神龙五年年号，据《旧唐书·地理志》卷三十八改。

更是变易不断，今取历代沿革始末，列为图表，或许可以让读者一目了然。

[宁夏府沿革表]

	秦	汉	后汉	晋	魏	南北朝	隋	唐	五代	宋	元	明
宁夏府	北地郡。秦始皇驱逐匈奴，获得黄河南北土地广达千里，移民屯垦，把这片地域叫作新秦中。	北地郡，朔方郡。汉元朔二年(前127)，卫青驱逐匈奴白羊、楼烦王，获得黄河以南土地，又设置朔方郡，派平陵侯苏建筑朔方城，属并州刺史管辖。	北地郡，归凉州刺史管辖。朔方郡，归并州刺史管辖。	北地郡。晋惠帝后，赫连勃勃据守统万城，称夏州，又称忻都。	化政郡。北魏太和十二年(488)设置，归属夏州管辖。西魏设置弘化郡。后周设置怀远郡。	夏州。北魏始光四年(427)，为统万镇。	朔方郡，灵武郡。开皇(581—600)初废止宏化、怀远二郡，分别设置朔方灵武郡。	灵武郡，归属灵州管辖。朔方郡，归属夏州管辖。唐僖宗时，拓跋思恭镇守夏州，其后人自此据有其地。		北宋咸平(998—1003)中，西夏设置兴州，不久建国，将其升格为兴庆府，又称之中兴府。	宁夏路。至元八年(1271)设置西夏中兴等路行省。二十五年(1288)改置宁夏府路，不久废止行省，归属甘肃行省管辖。	宁夏卫。最初设府，洪武五年(1372)府废。洪武九年(1376)改置宁夏卫，归属陕西都司管辖。
宁夏县		富平、廉、灵武三县地，归属北地郡管辖。				岩绿县，北魏设置，归属化政郡。怀远县，后周设置。建安县，后周设置。	岩绿县，属朔方郡。又为怀远、灵武、宏静三县地，归属灵武郡。	朔方县，贞观三年(629)改名，归属夏州朔方郡。怀远、灵武、保静归属灵武郡。	怀远县，保静县。	怀远镇。	归属宁夏路。	归属宁夏卫。

续表

	秦	汉	后汉	晋	魏	南北朝	隋	唐	五代	宋	元	明
宁朔县		富平县。				怀远县。宁朔县，后周设置。	怀远县、宁朔县，归属朔方郡。	怀远县、宁朔县，归属夏州朔方郡。		怀远镇。	归属宁夏路。	归属宁夏右卫。
平罗县		北地郡地。										平罗所。洪武初设置，归属宁夏卫。
灵州		朐衍县，灵洲县，归属北地郡。			盐州大兴郡。西魏改五原郡，设置西安州。	灵州。回乐县设有普乐郡郡治。	灵武郡，大业元年（605）改置，郡治设在回乐县。盐川郡，五原县。	灵州灵武郡，归属关内道管辖。盐州五原郡。贞元（785—805）初陷吐蕃，九年（793）收复。回乐县，五原县，白池县。	灵州，盐州。回乐县，五原县。	灵州。咸平五年（1002），陷于西夏，改置西平府，又改称翔庆军。	灵州复名，归属宁夏路管辖。盐州废置，归并为环州。	灵州所。初改置所，属宁夏卫管辖。宣德三年（1428）复建新城，灵州所移治。
中卫县		朐卷县，属安定郡。			灵州地。北周设置会州，不久废置。		鸣沙县，开皇十九年（599）设置，归属灵武郡管辖。丰安县，开皇十年（590）设置，归属灵武郡管辖。	鸣沙县。神龙（705—707）后移置于废弃的丰安城。威州。	鸣沙县。	鸣沙县，没入西夏。	应理州，初置，归属宁夏路管辖。鸣沙州，归属宁夏路管辖。	宁夏中卫。洪武初废州，三十二年（1399）移建卫治，属陕西都司管辖。

［灵州建置沿革］

灵州，汉惠帝四年（前 191）设置。最初称灵洲，是因为有陆地在水中，随水上下，未曾沉没，所以称为灵洲。北魏时期设置薄骨律镇。［北魏］孝昌年间（525—527），改设灵州。西魏又归属盐州。后周时期设置普乐郡及回乐县，郡治设在回乐县。隋朝大业三年（607），改设灵武郡。唐代设灵州，亦曾称灵武郡。开元年间（713—741），设立朔方节度使。天宝初年（742），又改灵州为灵武。五代时期（907—960）为朔方军军治所在地。［北宋］咸平年间（998—1003）没入西夏，改称西平府，又名翔庆军。元代复称灵州，归宁夏路管辖。明朝弘治十三年（1500），设置守御千户所。正德元年（1506），改宁夏后卫，仍以千户统辖，归属宁夏道管辖，清朝一直延续这种架构。雍正三年（1725）又改设灵州，同时撤并守御所，归属宁夏府管辖。

[大清]一统志·灵州沿革表

国朝	汉	三国晋	魏	周	隋	唐	五代	宋	元	明
灵州	北地郡迁移郡治，东汉永和六年(141)，又迁徙关中。富平县，属北地郡管辖，东汉北地郡治所在，后因迁徙关中废弃。灵洲县，属北地郡管辖，东汉废弃。朐衍县，属北地郡管辖，东汉废置。		灵州。北魏太延二年(436)，设置薄骨律镇。孝昌(525—527)中改置州。盐州大兴郡，北魏设置，西魏改名五原郡，不久复名大兴郡。同时设置西安州，后又改名。五原县，州治、郡治所在地。	灵州，兼普乐郡郡治，都设在回乐县。盐州大兴郡，州治、郡治都在五原县。	灵武郡，隋朝初废郡，大业三年(607)改灵武郡。回乐县，郡治所在地。盐川郡，郡治在五原县。	灵州。灵武郡又改郡为州，设置都督府，属关内道管辖。州治在回乐县。温池县，神龙元年(705)设置，归属灵州。大中五年(851)，归属威州。灵武县移治，属灵州，后废弃。盐州五原郡，白池县。初置兴宁县，归属盐州，景龙(707—710)初改名白池县。	灵州，回乐县。盐州，五原县。	灵州。咸平五年(1002)陷于西夏，改西平府，又改翔庆军。回乐县后入西夏废弃。盐州入西夏。五原县撤销。	灵州，属宁夏路管辖。	灵州所。初置所，属宁夏卫管辖。宣德三年(1428)移治新城。宁夏后卫，弘治(1488—1505)中，设置花马池所。正德(1506—1521)中改宁夏后卫，属陕西都司管辖。

星野[①]志第二

古者有分地，无分天。天亦何尝无分也？地之分以野，天之分以星。张衡云："众星列布，体生于地，精成于天。列居错峙，各有攸属[②]。然则天统乎地，故野系乎星。"自太史公《天官书》及扶风《地里志》[③]言之详矣。灵州，秦雍之分，星野略与秦雍同。今采载纪可见者列于左。

[星野]

旧志据《大统历》：井八度三十四分九十四秒。入鹑首[④]之次，辰[⑤]在未[⑥]。

赤道：井三十三度三十分，鬼二度二十分，尾十九度一十分，柳十三度三十分。

黄道：井三十一度一分，鬼二度十一分，尾十七度九十五分，柳十三度。

① 星野：分野。分野是古人所建立的天地关系的一种，在这个关系范畴下可以研究天，也可以研究地，是一个比较粗的理论框架。分野一直包含在地理学的学科当中，其影响力一直延续到古代社会的晚期，在清代顾祖禹的《读史方舆纪要》一书中便有"分野"一卷，他明确提出了"方舆所该，郡邑、河渠、食货、屯田、马政、盐铁、职贡、分野之属是也"。

② 攸属：原本作"所属"，据《晋书·天文志·天文经星》卷十一改。

③ 太史公《天官书》及扶风《地里志》：分别指司马迁《史记·天官书》和班固《汉书·地理志》。

④ 鹑（chún）首：星次名，指朱雀七宿中的井、鬼二宿。

⑤ 辰：心宿，二十八宿之一，又称商星。此字原本脱，据《元史·历志》卷五四补。

⑥ 未：指西南偏南方位。《元史·祭祀志一》："其从祀圆坛，第一等九位，青帝位寅，赤帝位巳，黄帝位未，白帝位申，黑帝位亥。"

《春秋元命苞》曰：东井[①]、鬼宿为秦。

《史记·天官书》：东井、舆鬼[②]，雍州之分。

《前汉·地里志》[③]曰：自井十度至柳三度，为鹑首之次，秦之分。

《后汉·律历志》[④]曰：井十二度至鬼五度，为秦分。

《唐志》[⑤]云：东井、舆鬼，鹑首也。自汉三辅[⑥]及北地、上郡、安定，西自陇坻[⑦]至河右，西南尽巴蜀、汉中之地，及西南夷犍为、越嶲[⑧]、益州郡，极南河[⑨]之表，东至牂牁、古秦、梁、豳、芮、丰、毕、骀杠、有扈、密须、庸、蜀、羌、髳[⑩]之国。

《晋志》[⑪]：北地、上郡、天水、陇西、酒泉、张掖、金城、武威、燉煌诸郡，各指其所入之星[⑫]为尾、为室、为壁，详纪度数。

《唐志》又称：东井居两河[⑬]之阴，自山河上流，当地络[⑭]之西北。

---

① 东井：井宿。

② 舆鬼：鬼宿。二十八宿中南方七宿之一。舆：原本作“与”，据《史记·天官书》卷二七改。

③《前汉·地里志》：指《汉书·地理志》。

④《后汉·律历志》：指《后汉书·律历志》。但据蔡淑梅《（嘉庆）〈灵州志迹〉（光绪）〈灵州志〉》一书考证，本段内容《后汉书·律历志》不载，见载于《乾隆甘肃通志》，不知所据。

⑤《唐志》：指《新唐书·天文志》。

⑥ 汉三辅：汉代治理京畿地区的三个职官，即京兆尹、左冯翊、右扶风。后亦指京师附近之地。

⑦ 陇坻：陇山。原本作“陇抵”，据《宁夏府志·地理·星野》卷二、《新唐书·天文志》卷三一改。

⑧ 越嶲：古西南夷邛都之地。原本作“越裳”（古南海国名），据《旧唐书·天文志》卷三六、《新唐书·天文志》卷三一改。

⑨ 南河：古代称黄河自今潼关以下由西向东流的一段为南河。《尚书·禹贡》：“浮于江、沱、潜、汉，逾于洛，至于南河。”

⑩ 髳：原本作“髴”，据《新唐书·天文志》卷三一、《宁夏府志·地理·星野》卷二改。

⑪《晋志》：参见《晋书·天文志·州郡躔次》。

⑫ 星：原本作“里”，据《宁夏府志·地理·星野》卷二改。

⑬ 两河：战国及秦汉时，黄河自今河南武陟县以下东北流，经山东省西北隅北折至河北沧县东北入海，略呈南北流向，与上游今晋陕间的北南流向一段东西相对，当时合称“两河”。两，原本脱此字，据《新唐书·天文志》卷三一补。

⑭ 地络：犹地脉，亦指疆界。原本作“路纪”，据《新唐书·天文志》卷三一改。

舆鬼居两河之阳，自汉中东尽华阳，与鹑火[①]相接，当地络之东南。鹑火之外，云汉潜流而未达，故狼星在江、河上源[②]之西。弧矢、鸡、犬，皆徼[③]外之备也。西羌、吐蕃[④]、吐谷浑及西[⑤]南徼外夷人，皆占[⑥]狼星。

躔次[⑦]

《晋·天文志》[⑧]：上郡、北地[⑨]，入[⑩]尾十度。

《唐志》[⑪]：夏州，东井之分。

五星

鹑火、实沉[⑫]，以负西海[⑬]，至[⑭]于华山、太白位焉。

北方水位[⑮]，自河西皇甫川，西经榆林至宁夏，又西经兰州逾河，至嘉峪关四千余里，得水位之半。

---

① 鹑火：星次名。南方有井、鬼、柳、星、张、翼、轸七宿，称朱鸟七宿。首位者称鹑首，中部者（柳、星、张）称鹑火（也叫鹑心），末位者称鹑尾。

② 源：原本作“流”，据《旧唐书·天文志》卷三六、《新唐书·天文志》卷三一改。

③ 徼（jiào）：边境、边界；界限、边涯。

④ 吐蕃：此二字原本脱，据《新唐书·天文志》卷三一补。

⑤ 西：原本脱此字，据《新唐书·天文志》卷三一补。

⑥ 占：原本脱此字，据《新唐书·天文志》卷三一补。

⑦ 躔（chán）次：日月星辰运行的轨迹。躔，太阳运行。

⑧《晋·天文志》：指《晋书·天文志》。

⑨ 北地：原本脱“地”字，据《宁夏府志·地理·星野》卷二补。

⑩ 入：原本作“人”，据《宁夏府志·地理·星野》卷二改。

⑪《唐志》：参见《新唐书·天文志》。

⑫ 实沉：星次名。大致相当于二十八宿的觜、参和毕、井的一部分，黄道十二宫的双子座。在十二辰为申。古时为晋之分野。

⑬ 西海：传说中西方之神海。也指西方或西方日落处。

⑭ 至：原本作“主”，据《宁夏府志·地理·星野》卷二改。

⑮ 水位：星宿名。属井宿，即小犬座四星。《晋书·天文志上》：“水位四星，在积薪东，主水衡。”

步天歌①

井宿

八星横②列河中浮，一星名钺井边安。两河各三南北正，天罇三星井上头。罇上横列五诸侯，侯上北河西③积水。欲觅积薪东畔是，钺下四星名水府。水位东边④四星序，四渎横列南河里。南河下头是军市，军市团圆十三星，中有一个野鸡精。孙子丈人市下列⑤，各立两星从东说。阙邱二个南河⑥东，邱下一狼光蓬茸。左畔九个弯弧弓，一矢拟射顽狼胸。有个老人南极中，春秋出来寿无穷。

鬼宿

四星册方似木柜，中央白者积尸气。鬼⑦上四星是爟⑧位，天狗七星鬼下是。外厨六间柳星次，天社六个弧东倚，社东一星是天纪。

---

①步天歌：相传为隋代丹元子作，或称唐代王希明作。

②横：原本作“行”，据蔡淑梅《(嘉庆)〈灵州志迹〉(光绪)〈灵州志〉》征引《通志·天文略》卷三八、《玉海·天文书》卷三、《中国恒星观测史》五章一节《校订〈步天歌〉》、《敦煌天文历法文献辑校》所录嘉庆抄本《步天歌》改。

③西：原本作“南”，据蔡淑梅《(嘉庆)〈灵州志迹〉(光绪)〈灵州志〉》征引《通志·天文略》卷三八、《玉海·天文书》卷三、《中国恒星观测史》五章一节《校订〈步天歌〉》改。

④边：原本作“畔”，据蔡淑梅《(嘉庆)〈灵州志迹〉(光绪)〈灵州志〉》征引《通志·天文略》卷三八、《玉海·天文书》卷三、《中国恒星观测史》五章一节《校订〈步天歌〉》、《敦煌天文历法文献辑校》所录嘉庆抄本《步天歌》改。

⑤列：原本作“立”，据蔡淑梅《(嘉庆)〈灵州志迹〉(光绪)〈灵州志〉》征引《通志·天文略》卷三八、《玉海·天文书》卷三、《中国恒星观测史》五章一节《校订〈步天歌〉》、《敦煌天文历法文献辑校》所录嘉庆抄本《步天歌》改。

⑥南河：原本作“河南”，据蔡淑梅《(嘉庆)〈灵州志迹〉(光绪)〈灵州志〉》征引《通志·天文略》卷三八、《玉海·天文书》卷三、《中国恒星观测史》五章一节《校订〈步天歌〉》、《敦煌天文历法文献辑校》所录嘉庆抄本《步天歌》改。

⑦鬼：原本作“册”，据蔡淑梅《(嘉庆)〈灵州志迹〉(光绪)〈灵州志〉》征引《通志·天文略》卷三八、《玉海·天文书》卷三、《中国恒星观测史》五章一节《校订〈步天歌〉》、《敦煌天文历法文献辑校》所录嘉庆抄本《步天歌》改。

⑧爟(guàn)：星官名。属鬼宿，共四星，分属今之巨蟹座及双子座。《晋书·天文志上》：“轩辕西四星曰爟。爟者，烽火之爟也，边亭之警候。”

【译文】

星野志第二

古代社会对大地有划分，对天空没有划分。[这是一般的观点。]天空何尝没有划分？实际上大地是以界限范围划分，天空是以星宿范围划分的。张衡说：“天空众多星球列布，星体生于大地，精魄形成于天。星宿列居错杂峙立，各有自己所属的范围。既然这样，那么上天统摄大地，所以大地的界限范围与星空密切相关。”这些在太史公司马迁的《史记·天官书》和扶风班固的《汉书·地理志》中已经记载得很详尽了。灵州，大体说来属于古秦地的界限范围，星野大略与古秦地相同。今天选录可以见到的记载列在下面。

[星野]

旧志书根据明代《大统历》记载：井宿八度三十四分九十四秒。入朱雀七宿中的井、鬼二宿次序，心宿在西南偏南方位。

赤道：井宿三十三度三十分，鬼宿二度二十分，尾宿十九度一十分，柳宿十三度三十分。

黄道：井宿三十一度一分，鬼宿二度十一分，尾宿十七度九十五分，柳宿十三度。

《春秋元命苞》记载：东井、鬼宿的分野为秦地。

《史记·天官书》记载：东井、鬼宿，是雍州的分野。

《汉书·地理志》记载：自井宿十度至柳宿三度，为朱雀七宿中的井、鬼两个星宿位次，是秦地的分野。

《后汉书·律历志》记载：井宿十二度至鬼宿五度，为秦地的分野。

《新唐书·天文志》记载：东井、鬼宿，是朱雀七宿中的鹑首星次。

自汉朝京师附近及北地、上郡、安定，西自陇山至河右，西南到巴蜀、汉中之地的尽头，以及西南夷犍为、越巂、益州郡，到南河外部的尽头，东至牂牁、古秦、梁、豳、芮、丰、毕、骀杠、有扈、密须、庸、蜀、羌、髳之国［，都属其分野范围］。

《晋书·天文志·州郡躔次》记载：北地、上郡、天水、陇西、酒泉、张掖、金城、武威、敦煌诸郡，依次指出其所属星宿为尾宿、为室宿、为壁宿，并详细记载了其度数。

《新唐书·天文志》又记载称：东井星宿居于两河的南岸，自山河上流，正当地脉的西北。鬼宿居于两河北岸，自汉中东到华阳尽头，与鹑火星次相接，正当地脉的东南。鹑火星次之外，银河暗地流动而没有通达，所以狼星居于长江、黄河上源的西边。弧矢星、鸡星、犬星的分野范围，皆属边境外戒备的对象。西羌、吐蕃、吐谷浑及西南边界外夷人，皆占属狼星分野。

躔次

《晋书·天文志》记载：上郡、北地郡，入尾宿十度。

《新唐书·天文志》记载：夏州，属东井星宿分野。

五星

鹑火、实沉星次，背负着西方之神海在天上飞行，到达华山、太白之位。

北方水位星宿，自河西皇甫川，西经榆林至宁夏，又西经兰州过黄河，至嘉峪关四千余里，占水位星宿一半的分野。

步天歌

井宿

八星横列河中浮，一星名钺井边安。两河各三南北正，天罇三星井上头。罇上横列五诸侯，侯上北河西积水。欲觅积薪东畔是，钺下四星名水府。水位东边四星序，四渎横列南河里。南河下头是军市，军市团圆十三星，中有一个野鸡精。孙子丈人市下列，各立两星从东说。阙邱二个南河东，邱下一狼光蓬茸。左畔九个弯弧弓，一矢拟射顽狼胸。有个老人南极中，春秋出来寿无穷。

鬼宿

四星册方似木柜，中央白者积尸气。鬼上四星是爟位，天狗七星鬼下是。外厨六间柳星次，天社六个弧东倚，社东一星是天纪。

地里山川志第三

《禹贡》九州皆以山川定疆理①，盖郡国②有时改移，山川千古不易也。灵邑地接边境，旧时为戎马出入之场，今虽承平已久，然道里之远近，岗峦之阨塞③，水草之聚衍，为治者置焉不讲，可乎？况夫黄河为带，金积如砺，峡口遥峙西南，马鞍环抱东北，实北陲形胜之区也。观是编者，一览④在目矣。

地里

灵州州治在府东南九十里。

东至榆林府定边县界二百八十里。

西至宁夏县界三十里。

南至李旺堡、平凉府固原州界二百八十里。

北至横城边墙七十里。

东南至甜水堡、庆阳府环县界二百九十里。

西南至广武营、中卫县界一百二十里。

东北至兴武营一百四十里。

西北至河西寨、宁夏县界七十里。

山川

马鞍山，在州东北五十里，形似马鞍。

---

① 疆理：划分，治理。疆，划分经界；理，分其地理。

② 郡国：普通的郡和诸侯王的封国统称为郡国。

③ 阨塞：险要之地。

④ 一览：粗略一看。

磁窑山，在州东六十里，为陶冶之所，出石炭。成化九年，抚臣马文升议筑磁窑堡于此，以接灵州边界。

打狼山，在州东南。《明一统志》“狼山”即此。套虏由韦州入犯镇原、平凉道。

三山，在韦州堡东一百里，三峰列峙。

槨子山，在三山南。溪涧①险恶，豺虎所居，人迹罕到。

金积山，在州西南一百余里。产文石，山土色如金，北崖石板下，水滴如雨，祷旱②有应。

炭山，在州南五十里。

黑鹰山，在韦州堡南一百五十里，近琥八山。

长乐山，在州南。《元和志》③：“回乐县有长乐山，旧名达乐山，又曰铎落山，以山下有铎落泉，故名。旧吐谷浑所居。”《寰宇记》引《十道记》云：“山近安乐川。”

大蠡山，在韦州堡西二十五里。层峦叠嶂，苍翠如染。初无名，明庆府长史④刘昉以其峰如蠡，故名。四旁皆平地，屹然独立，上多奇木⑤、异卉、良药。山北有祠，雨旸⑥辄祷之。明庆王诸陵墓皆在焉⑦，旧尚有宫殿，今皆毁。

小蠡山，在大蠡山之南，其脉相联。旧志：“在韦州西二十里，亦曰螺山。套虏入寇，常驻牧于此。”

琥八山，在韦州堡南八十里。“琥八”，方言，犹华言色驳杂也。

① 溪涧：两山之间的河沟。

② 旱：原本作“早”，据《宁夏府志·地理·山川》卷三改。

③ 参见《元和郡县图志·关内道·灵州》卷四。

④ 长史：古代职官名，其执掌事务不一，多为幕僚性质的官员，亦称为别驾。明清时代的长史设于亲王、公主等府中，执掌府中之政令。

⑤ 奇木：原本作“奇水”，据《宁夏府志·地理·山川》卷三改。

⑥ 雨旸：雨天和晴天。

⑦ 焉：原作“马”，据《宁夏府志·地理·山川》卷三改。

打剌坡山，在韦州堡南四十里。

峡口山，在州西南一百四十里。东北岸为中卫界。

平山，在州东八十里。

啰庞山，在州西。乾道六年，夏相任得敬胁其主仁孝欲分夏国，仁孝分西南路及灵州之啰庞岭与之，即此。

欢喜岭，在州东。明成化中，虏入州东永隆墩，诸戍官军追败之于此。

黄河，在州西。《水经》云："河水又北，迳临戎县故城西。又北，有支渠东出，谓之铜口，东迳沃野故城南。"铜口即今峡口山，州之秦、汉渠口亦在焉①。

蒲草湖，在州南二十里。

安乐川，在州南稍东一百八十里。《寰宇记》："川近安乐山。"

天麻川，在州东北。

东湖，在韦州东一里。

鸳鸯湖，在东湖北三里。

草场湖，在州南三十里。

滚泉，在金积山东。水自地涌出，高丈许，其沸如汤。

滴水，在滚泉东北②，崖上一石板突出，下瞰，水自石板乱滴如雨。

暖泉，在旧宁夏北三十里，盐池西南三十里。明万历四十一年，总制③黄嘉善檄操守卢文善拓其基，建亭凿池，为行边暂憩之所。《元

---

①按：此则所引《水经注》资料实与宁夏无关。临戎、沃野皆属汉朔方郡。临戎在今内蒙古磴口北，沃野在今内蒙古临河西南。峡口山在今宁夏青铜峡，汉属北地郡，与朔方郡相去甚远。青铜峡实为《水经注》之青山峡，又谓上河峡。临戎：原本作"临戍"，据《宁夏府志·地理·山川》卷三、《水经注·河水》卷三改。

②东北：原本作"南北"，据蔡淑梅《（嘉庆）〈灵州志迹〉（光绪）〈灵州志〉》征引《弘治宁夏新志·灵州守御千户所·山川》卷三、《嘉靖宁夏新志·灵州守御千户所·山川》卷三、《正统宁夏志·山川》卷上改。

③总制：官名，明设。命京官至地方总制军务。至嘉靖时，改为总督。

和志》[①]：回乐县有温泉，即此。

富泉，在蠡山之南。引以溉田。

旱海，在州东南。宋张洎[②]曰：“自威州抵灵州，有旱海七百里，斥卤枯泻[③]，无溪涧川谷。”张舜民曰：“今旱海坪即旱海，在清远军北。”赵珣曰：“盐、夏、清远军并系沙碛，俗谓之旱海。自环州出青冈川、本灵州大路，自北过美利寨，渐入平、夏，经旱海中，至耀德、清边镇入灵州。”

沙窝井，在惠安堡北五里许。味清而甘美，居民万家及四方往来人畜咸利赖之，虽旱不竭。

羊坊井，在惠安堡北五里。

简尖山，在胭脂川，接长流水。中卫界山。上有墩，为古水营汛界[④]。

【译文】

地里山川志第三

《尚书·禹贡》划分九州皆以山川定疆界，一般来说州郡和封国随着时间会改移，而山川则千古不变。灵州地接边境，旧时为军事要塞重地，虽然天下承平已久，然而路程之远近，山峦之险要，水草之丰茂，镇守一方的官员弃置不作探究，可行吗？况且黄河为襟带，金积如砺石，峡口矗立西南，马鞍山环抱东北，确实是北疆地理形势十分有利

① 元和志：“和志”二字原本脱，据蔡淑梅《（嘉庆）〈灵州志迹〉（光绪）〈灵州志〉》征引《乾隆甘肃通志·山川》卷六补。

② 张洎：原本作“张泊”，据蔡淑梅《（嘉庆）〈灵州志迹〉（光绪）〈灵州志〉》征引《续资治通鉴长编》卷三九、《宋史·张洎传》卷二六七、《乾隆甘肃通志·山川》卷六改。

③ 斥卤枯泻：指含盐碱的土壤。

④ 汛界：明清称军队驻防的地界。

的区域。阅读此书者，粗略一览即可对此尽收眼底。

地里

灵州州治在宁夏府东南九十里。

东至榆林府定边县界二百八十里。

西至宁夏县界三十里。

南至李旺堡、平凉府固原州界二百八十里。

北至横城长城七十里。

东南至甜水堡、庆阳府环县界二百九十里。

西南至广武营、中卫县界一百二十里。

东北至兴武营一百四十里。

西北至河西寨、宁夏县界七十里。

山川

马鞍山，在州东北五十里，形似马鞍。

磁窑山，在州东六十里，为烧造陶器、冶炼金属之所，出产煤炭。成化九年（1473），巡抚马文升谋筑磁窑堡于此，用来连接灵州边界线。

打狼山，在州东南。《大明一统志》中“狼山”即指此山。河套蒙古由韦州侵犯镇原、平凉必经此地。

三山，在韦州堡东一百里，三座山峰并立。

椁子山，在三山南。两山之间的河沟地势险恶，狼虫虎豹出没之地，人迹罕至。

金积山，在州西南一百余里。出产文石，山色金黄，北崖石板下，水滴如雨，旱时求雨有感应。

炭山，在州南五十里。

黑鹰山，在韦州堡南一百五十里，近琥八山。

长乐山，在州南。《元和郡县志》记载："回乐县有长乐山，旧名达乐山，又叫铎落山，因山下有铎落泉，所以得名。旧时吐谷浑部落聚居地。"《太平寰宇记》援引《十道记》记载："山近安乐川。"

大蠡山，在韦州堡西二十五里。层峦叠嶂，苍翠如染。初无名，明朝庆王府长史刘昉因其峰如蠡，故起名大蠡山。四旁皆平地，屹然独立，山上多奇木、异卉、良药。山北有祠庙，天气干旱就在此祈祷求雨。明朝历代庆王陵墓皆在此地，过去尚有宫殿，今皆毁废。

小蠡山，在大蠡山之南，其山脉相连。旧志记载："［小蠡山］在韦州西二十里，亦称螺山。河套蒙古入侵，常在此地驻牧。"

琥八山，在韦州堡南八十里。"琥八"，是当地方言，犹如汉语说颜色混杂不纯。

打剌坡山，在韦州堡南四十里。

峡口山，在州西南一百四十里。东北岸为中卫界。

平山，在州东八十里。

啰庞山，在州西。宋乾道六年（1170），西夏宰相任得敬胁迫国主李仁孝欲瓜分西夏国，李仁孝分西南路及灵州之啰庞岭与之，即是此地。

欢喜岭，在州东。明成化（1465—1487）中，蒙古人侵入州东永隆墩，各路镇守的明军追击败之于此地。

黄河，在州西。《水经注》记载："河水又向北，途径临戎县故城西。又向北，有支渠东流而出，称之铜口，向东经过沃野故城南。"铜口即今峡口山，灵州之秦、汉渠口也在此。

蒲草湖，在州南二十里。

安乐川，在州南偏东一百八十里。《太平寰宇记》记载："川近安乐山。"

天麻川，在州东北。

东湖，在韦州东一里。

鸳鸯湖，在东湖北三里。

草场湖，在州南三十里。

滚泉，在金积山东。水从地下涌出，高一丈余，其温度如热水。

滴水，在滚泉东北，山崖上有一石板突出，往下俯瞰，水从石板乱滴如雨。

暖泉，在旧宁夏所北边三十里，盐池西南三十里。明万历四十一年（1613），总督黄嘉善指示守备卢文善拓展基址，建亭凿池，作为巡边休息之所。《元和郡县图志》记载回乐县有温泉，即指此地。

富泉，在蠡山之南。可以汲引泉水灌溉田地。

旱海，在州东南。宋朝张洎说："从威州抵达灵州，途中有旱海七百里，全是盐碱地，没有河流河沟。"张舜民说："今天旱海坪即是过去的旱海，在清远军北面。"赵珣说："盐州、夏州、清远军都是沙漠，俗称旱海。自环州出青冈川、沿着通往灵州的大路，从北边过美利寨，渐入平凉、夏州，经过旱海，抵达耀德、清边镇进入灵州地界。"

沙窝井，在惠安堡北五里许。井水清冽甜美，万家居民以及四方往来旅客、牲畜全靠其供水，虽天气干旱而井水不枯竭。

羊坊井，在惠安堡北五里。

简尖山，在胭脂川，连接长流水。是灵州与中卫的界山。上有废墩，为古代水营军队驻屯地。

城池堡寨志第四

灵武，古郡也。后改而邑①之。然地势寥廓，轮广②千里，虽名为邑，而郡之小者，或形势③反不及焉。其城池西阻河界而三十六堡环拱千里之内，堡之大者，往往立官职，设兵卫；而远者，去州城或二百里外，星罗棋布，犬牙相错，如常山率然之势④。故灵城虽斗绝⑤一方，而势不虑其孤者，恃堡寨为之辅也。有守土之责者，可按藉而筹焉。

［城池］

灵州城，旧在黄河南，洪武十七年，城为河水所啮，移筑于河北七里。宣德三年，河又崩塌，移筑于东北隅五里。景泰三年，展筑之，并南关周围七里八分。万历五年，巡抚罗凤翱⑥甃⑦以砖石，高三丈一尺，址厚二丈五尺，顶厚一丈五尺。城门四道：东曰澄清，西曰孕秀，南曰洪化，北曰定朔。上皆有楼，外有月城⑧。角楼⑨四座，敌楼⑩四座，门台四座，炮台四座，环城河一道，深一丈，宽三丈。国朝乾隆三年

① 邑：指城市、都城，如都邑；也指古代诸侯分给大夫的封地，如采邑。

② 轮广：广轮。宽长，犹言广袤，指土地面积。

③ 形势：地理形势。

④ 常山率然之势：比喻前后呼应。常山，原本作“长山”。《孙子·九地》：“故善用兵者，譬如率然。率然者，常山之蛇也。击其首则尾至，击其尾则首至，击其中则首尾俱至。”据此改。率然，古代传说中的一种蛇。

⑤ 斗绝：陡峭险峻。此谓孤悬之意。斗，同“陡”。

⑥ 罗凤翱：原本为“罗凤翔”，据《万历朔方新志·朔方志序》及《乾隆宁夏府志·职官·明代职官姓氏》卷九改。下同。

⑦ 甃（zhòu）：砌，垒；修治。

⑧ 月城：大城外用以障蔽城门的半圆形小城，即瓮城。

⑨ 角楼：建于城垣四角作瞭望用的城楼。

⑩ 敌楼：城楼。因可凭以望敌，故亦曰敌楼。

地震损塌，五年重修。知府[①]朱佐汤，千总[②]索云飞，把总[③]邸得伦、孙洗监修，费帑银六万七千一百余两。

花马池城[④]，明后卫所，今属灵州。旧城筑于正统八年，在塞外[⑤]花马盐池北，天顺间改筑今地。城门二：东曰永宁，北曰威胜。万历三年，开南门曰广惠。八年，巡抚萧大亨甃以砖石。国朝乾隆六年重修，周围七里三分，址厚二丈五尺，顶厚一丈五尺，门楼三座，角楼四座，池深一丈，宽二丈。驻州同[⑥]、参将[⑦]。

清水营城，周围一里，弘治间巡抚王珣拓以二里，国朝乾隆六年重修。高三丈，址厚二丈五尺，顶厚一丈五尺。城门一道，门楼一座。驻把总。

兴武营城，周围三里八分。明正统间，巡抚金濂筑。万历十三年，巡抚晋应槐甃以砖石。国朝乾隆六年重修。高二丈五尺，址厚二丈七尺，顶厚一丈五尺。东门一，南门一，门楼二座。池深一丈，宽二丈。驻都司[⑧]。

横城，周围二里。正德时总制杨一清筑，后巡抚杨时宁甃以砖石。国朝乾隆六年重修。高三丈，址厚二丈五尺，顶厚一丈五尺。城门一道，门楼一座。乾隆二十五年，河水泛涨冲塌，灵州知州西岷峨详请修筑。

---

① 知府：清代府级地方行政长官。秩从四品，掌所属州县之田赋、户籍、刑名等事务。

② 千总：清代绿营兵基层组织“汛”的领兵官。正六品，掌巡守营哨汛地，位次于守备。

③ 把总：职同千总。正七品，位次于千总。

④ 花马池城：明弘治七年（1494）改置花马池守御千户所，正德元年（1506），升为宁夏后卫，属陕西都司。明初于边关重镇、要塞之处设卫，以御外敌骚扰进犯。

⑤ 塞外：原本作“寨外”，形误。据鲁人勇、吴忠礼、徐庄《宁夏历史地理考·明朝》卷十四考证，明正统初年立哨马营并筑城，城在边墙外，成化间移筑于今址。因此，称塞外较确。

⑥ 州同：官名。清代制度，于各州设同知，因有别于府同知，故称为州同。为知州之佐官，从六品。

⑦ 参将：参见下文“副将”注释。

⑧ 都司：元代设置官名，清代都司为四品武职，次于游击。

委江南铜沛营守备李永吉、外河营千总刘德监督，于乾隆二十五年十一月兴工，二十六年三月工竣，费帑银三千三百三十五两零。驻都司。

惠安堡城，周围二里四分，明巡抚黄嘉善甃以砖石。巡抚崔景荣题①设盐捕通判。高三丈，址厚二丈五尺，顶厚一丈五尺。门二道，门楼二座，南北敌台三座。驻通判②。

韦州堡城，周围二里。明弘治间，巡抚王珣奏筑。东关门二道。驻把总。

堡寨

灵州所属堡寨三十六：

枣园堡，在城西南四十里。

吴忠堡，在城南四十里。

惠安堡，在城南一百六十里。驻宁夏府通判，司盐务。

汉伯堡，在城东南七十里。

金积堡，在城西南七十里。

忠营堡，在城东南七十里。

秦坝关，在城西南七十里。

同心城，在城西南四百五十里。明置操守，今设守备。

胡家堡，在城南二十里。

新接堡，在城西南三十里。

临河堡，在城北六十里。今设把总。

---

① 题：奏章、题本。

② 通判：通判是“通判州事”或“知事通判”的省称。宋初，为加强对地方官的监察和控制，防止知州职权过大，宋太祖创设“通判”一职。通判由皇帝直接委派，辅佐郡政，可视为知州副职，但有直接向皇帝报告的权力。通判之名，也因上下公文均与知州联署之故，是兼行政与监察于一身的中央官吏。明代为各府的副职，位于知府、同知之下。清代通判也称为“分府”，管辖地为厅，此官职配置十地方建制的京府或府，功能为辅助知府政务，分掌粮盐都捕，品等为正六品。通判多半设立在边陲之地，以弥补知府管辖不足之处。

夏家堡，在城北二十里。

河东关，在城北四十里。

大沙井，在城东南四十里。明设驲递①。

石沟驲，在城东南九十里。明置操守。

盐池堡，在城东南一百五十里。产盐。明置操守、驲递，今废。

隰宁堡，在城东南二百里。明有驲递。

萌城，在城东南二百五十里。明有驲递。

磁窑寨，在城东七十里。出碴炭，其土可陶。

清水营，在城东北七十里。明置操守，继改守备。今设把总。

横城，在城北七十里。明置操守，继改守备。今设都司。

红山堡，在城东北六十里。明置操守，今设把总。

红寺堡，在城南二百九十里。明置操守，今设把总。

兴武营，在城东北一百四十里。今设都司。

花马池，在城东二百六十里。明置后卫，驻副将②。今因之，后改参将。

韦州堡，在城东南二百一十里。

安定堡，在城东二百里。明设守备，今因之。

柳杨堡，在城南一百四十里。

野狐井，在城东南一百八十里。

西水头，在花马池西六十里。

南水头，在花马池南九十里。

张贵堡，在花马池西南一百二十里。

孙家水，在花马池东南一百九十里。

寺儿掌，在花马池西南一百六十里。

铁柱泉，在花马池西一百二十里。

查旧志尚有红崖站堡，今废。

①驲（rì）递：驿站。驲，古代驿站专用的车，后也指驿马。

②副将：官名。清绿营武职，隶于提督、总兵之下，秩从二品。下辖参将、游击等。

【译文】

城池堡寨志第四

灵武，是古老的郡县。后经多次改移最终设置了灵州。然而［灵州］地势寥廓，土地面积广达千里，虽然只是一个州的建制，而比较小的府，有的地理形势反而比不上。其城池西面有黄河阻隔而三十六堡环绕千里之内，堡寨之大者，往往设官管理，有军队驻守；而远者，有的离州城二百里外，星罗棋布，犬牙相错，有前后呼应之势。所以灵州城虽孤悬一方，而不忧虑其孤绝之势，依靠的就是堡寨为之佐助。负有守土之责的官吏，可按图籍统筹安排。

［城池］

灵州城，旧在黄河以南，洪武十七年（1384），城被黄河吞没，在黄河北七里移筑新城。宣德三年（1428），城又被黄河冲塌，在离原址东北五里建筑新城。景泰三年（1452），进一步扩大规模，加上南关周长共七里八分。万历五年（1577），巡抚罗凤翱以砖石包墙，城高三丈一尺，墙基宽二丈五尺，顶宽一丈五尺。城门四道：东名澄清，西名孕秀，南名洪化，北名定朔。城门上皆有楼，外有月城障蔽城门。共有角楼四座，敌楼四座，门台四座，炮台四座，环城河一条，深一丈，宽三丈。清朝乾隆三年（1739）地震损塌，五年（1740）重修。知府朱佐汤，千总索云飞，把总邸得伦、孙洗监修，花费国库银六万七千一百余两。

花马池城，明代宁夏后卫卫治所在地，今属灵州管辖。旧城筑于明代正统八年（1443），在塞外花马盐池北边，天顺间（1457—1464）改筑今地。城门二：东名永宁，北名威胜。万历三年（1575），开南门名广惠。八年（1580），巡抚萧大亨以砖石包墙。清朝乾隆六年（1741）重修，周长七里三分，墙基宽二丈五尺，顶宽一丈五尺，门楼三座，角楼四座，城池深一丈，宽二丈。驻守州同、参将。

清水营城，周长一里，弘治间（1488—1505）巡抚王珣拓展城池周长至二里，清朝乾隆六年（1741）重修。城高三丈，墙基宽二丈五尺，顶宽一丈五尺。城门一道，门楼一座。驻守把总。

兴武营城，周长三里八分。明代正统间（1436—1449），巡抚金濂修筑。万历十三年（1585），巡抚晋应槐以砖石包墙。清朝乾隆六年（1741）重修。城高二丈五尺，墙基宽二丈七尺，顶宽一丈五尺。东门一，南门一，门楼二座。城池深一丈，宽二丈。驻守都司。

横城，周长二里。明代正德（1506—1521）时总督杨一清修筑，后来巡抚杨时宁以砖石包墙。清朝乾隆六年（1741）重修。城高三丈，墙基宽二丈五尺，顶宽一丈五尺。城门一道，门楼一座。乾隆二十五年（1760），黄河泛滥冲塌，灵州知州西岷峨奏请重新修筑。委派江南铜沛营守备李永吉、外河营千总刘德监督，于乾隆二十五年（1760）十一月兴工，二十六年（1761）三月竣工，花费国库银三千三百三十五两。驻守都司。

惠安堡城，周长二里四分，明代巡抚黄嘉善以砖石包墙。巡抚崔景荣奏请设置盐捕通判。城高三丈，墙基宽二丈五尺，顶宽一丈五尺。门二道，门楼二座，南北敌台三座。驻守通判。

韦州堡城，周长二里。明代弘治年间（1488—1505），巡抚王珣奏请修筑。东关门二道。驻守把总。

堡寨

灵州管属堡寨三十六：

枣园堡，在城西南四十里。

吴忠堡，在城南四十里。

惠安堡，在城南一百六十里。驻宁夏府通判，专司盐务。

汉伯堡，在城东南七十里。

金积堡，在城西南七十里。

忠营堡，在城东南七十里。

秦坝关，在城西南七十里。

同心城，在城西南四百五十里。明代设置操守，今设守备。

胡家堡，在城南二十里。

新接堡，在城西南三十里。

临河堡，在城北六十里。现在设置把总。

夏家堡，在城北二十里。

河东关，在城北四十里。

大沙井，在城东南四十里。明代设置有驿递。

石沟驲，在城东南九十里。明代设置操守。

盐池堡，在城东南一百五十里。产盐。明代设置操守、驿递，现在废弃。

隰宁堡，在城东南二百里。明代有驿递。

萌城，在城东南二百五十里。明代有驿递。

磁窑寨，在城东七十里。出产碴炭，其土可用来烧制陶器。

清水营，在城东北七十里。明代设置操守，后来改设守备。现在设置把总。

横城，在城北七十里。明代设置操守，继而改设守备。现在设置都司。

红山堡，在城东北六十里。明代设置操守，现在设置把总。

红寺堡，在城南二百九十里。明代设置操守，现在设置把总。

兴武营，在城东北一百四十里。现在设置都司。

花马池，在城东二百六十里。明代设置［宁夏］后卫，驻守副将。一直延续到清朝，后来改设参将。

韦州堡，在城东南二百一十里。

安定堡，在城东二百里。明代设置守备，一直延续到现在。

柳杨堡，在城南一百四十里。

野狐井，在城东南一百八十里。

西水头，在花马池西六十里。

南水头，在花马池南九十里。

张贵堡，在花马池西南一百二十里。

孙家水，在花马池东南一百九十里。

寺儿掌，在花马池西南一百六十里。

铁柱泉，在花马池西一百二十里。

据旧志书记载尚有红崖站堡，今废弃。

公署学校志第五

《周礼》："建邦置邑，有悬象[①]之所，有兴贤[②]之地。"公署学校自此昉与[③]。灵州公署，在城内者五，散在各营堡者十有一，凡仓厂库局附焉。若夫崇宫墙[④]，贮典籍，衿秀[⑤]有员，廪给[⑥]有额，课业[⑦]有地，脩脯[⑧]有资，尤圣天子作人[⑨]之雅化[⑩]，与贤牧宰[⑪]乐育[⑫]之深心也。故为之志。

公署

知州署在城东街。库在堂左，额贮经费银四百两。

吏目[⑬]署在城西街。狱在城内西北。

州同署在花马池。

盐捕通判署在惠安堡。

---

①悬象：宣布法令。

②兴贤：进用人才。兴，举用。

③昉（fǎng）与：开始。昉，始也。

④宫墙：宫廷的围墙，借指朝廷。

⑤衿秀：指秀才，此泛指读书人。衿，青衿之省称。青衿为学子所服，故沿称秀才为青衿。

⑥廪给：俸禄，薪给。指科举时代公家给予在学生员的膳食津贴。

⑦课业：功课，学业。攻读学业。

⑧脩脯：旧时指教学的酬金。

⑨作人：教育人民，培植人才。

⑩雅化：谓趋于文雅、高雅；纯正的教化。

⑪牧宰：州官称牧，县官称宰。牧宰，泛指州县长官。

⑫乐育：乐于培养人才。

⑬吏目：清代于各州设置的下层官员。其职掌缉捕、守狱及文书等。

盐大使[1]署在惠安堡内，今裁。

仓五：大仓在城中街，草场仓在东城，东园仓、新府仓俱在文庙街，道府仓在中庙街。

草场在东门外。

养济院在白衣庵街。养济孤贫二十八名，每名月支粮三斗。

公馆在城东街。南门外普济堂官房一所。

参将署在城北街。

守备署在城西南，今无。

军器局在火神庙南。

火药局在庙北。

教场在城东门外。

花马池参将署，在花马池城内。军器局在署内。火药局在城北。教场在东门外。

兴武营都司署，在兴武营城内。军器局在城东。火药局在城西北。教场在城外东南。

横城都司署，在横城内。军器局在都司署内。火药局在城西北。教场在城外东南。

同心城守备署，在同心城内。军器局、火药局俱在守备署内。教场在城北。

安定堡守备署，在安定堡内。军器局在守备署内东。火药局在守备署内西。教场在城北。

清水营把总署，在清水营内。火药局在城内。教场在城北。

毛卜喇把总署，在毛卜喇堡内。火药局在堡内。教场在堡外。

红山堡把总署，在红山堡内。火药局在堡内。教场在堡北。

临河堡把总署，在临河堡内。火药局在堡内。教场在堡外。

---

① 盐大使：明清时的低阶官职，掌督查盐场生产、估平盐价、管理水陆挽运事务，或兼任分守分巡道。

学校

学宫① 在州治东南。明弘治十三年②，设州置学，十七年，州裁学废。正德十三年复立，十五年，宁夏巡抚王时中兴建。皇清顺治十六年，省后卫教缺，并入灵州，巡抚黄图安重修。康熙四十六年，中路同知祖良祯、举人季秋橘等重修。雍正三年，改灵州所学为灵州学。

大成殿③ 七间，东、西庑④ 各九间，戟门⑤ 三间。东、西角门外，更衣厅三间。省牲⑥ 所三间。名宦祠三间。乡贤祠⑦ 三间。泮池⑧ 环桥一座，上有坊。棂星门⑨ 三间，照壁⑩ 一座。门东有“圣域义路”坊，门西有“贤关礼门”坊。

崇圣祠，旧在庙东，旁有敬一亭，废。

尊经阁一座，在庙西。明伦堂五间，在阁东。东、西斋房各五间。

---

① 学宫：学校，犹言学舍。此处指孔庙。

② 弘治十三年：原文作“洪武十五年”，据鲁人勇、吴忠礼、徐庄《宁夏历史地理考·明朝》卷十四考证，洪武三年（1370）徙灵州官民和盘踞之残元蒙古于陕西内地，十六年（1383）置灵州河口守御千户所。弘治十三年（1500）复置灵州，十七年（1504）革州，仍置千户所。依此改。

③ 大成殿：孔庙殿名。宋元祐六年（1091），诏辟雍文宣王殿，以大成为名。宋代尊孔子为“大成至圣”，因以大成为孔子庙殿名。

④ 庑（wǔ）：堂下周围的小屋子。

⑤ 戟门：汉郑玄注《周礼》曰：“棘门，以戟为门。”

⑥ 省（shěng）牲：古代祭祀前，主祭及助祭者须审查祭祀用的牲畜，以示虔诚，称为“省牲”。

⑦ 乡贤祠：明、清时，凡有品学为地方所推重者，死后由大吏题请祀于其乡，入乡贤祠，春秋致祭。

⑧ 泮池：指学宫东西门以南之水池。泮，泮宫，古代学宫。泮宫东西南方有池，形如半璧，以其半于辟雍（谓天子之学），故称之为泮水，此谓泮池。

⑨ 棂星门：通常文庙及一些道观前的大门皆称棂星门。汉时凡祭天，先祭灵星（天田星）。宋筑郊台外垣，置棂星门，后又移用于孔庙。后人以汉祠灵星祈谷，与孔庙无涉，又见门形如窗棂，遂改灵为棂。

⑩ 照壁：古代房屋的一种附属建筑。

仪门三间。东、西角门各一间。大门三间。

学正[①]署在后。学生三年二贡[②]，廪[③]三十缺，增三十缺。每岁考[④]，取文武生各十五名。科考[⑤]，取文生十五名。

佾舞生[⑥]六十四名。

存贮书籍

《御纂周易折中[⑦]》四部，每部十本。

《御纂四书解义》四部，每部十二本。

《御纂性理精义》四部，每部六本。

《钦定春秋传说汇纂》四部，每部二十四本[⑧]。

《圣谕广训》一本。

《御批资治纲目》一部，四本。

《上谕》一部。

《钦定书经传说汇纂》四部，每部二十四本。

《钦定诗经传说汇纂》四部，每部二十四本。

《大清律》一部，二套。

《钦定四书文》四部，每部二十二本。

---

① 学正：官名。清代府学官称教授，州称学正，县称教谕。负责教育所属生员。

② 三年两贡：《明史·选举志一》："提学官在任三岁，两试诸生。先以六等试诸生优劣，谓之岁考……继取一二等为科举生员，俾应乡试，谓之科考。"

③ 廪（lǐn）：指廪生。也称廪膳生员，科举制度中生员名目之一。明府、州、县学生员每月都给廪膳补助生活，名额有定数，明初府学四十人、州学三十人、县学二十人。清沿其制，经岁、科两试一等前列者，方能取得廪生名义。名额因州、县大小而异。

④ 岁考：明、清时对生员考试的方式之一。学道或学院巡回所属，以岁考考校生员的学业，考试成绩按六等计分，三科不考者，褫革衣衿，请假与游学不在此列。

⑤ 科考：明、清科举制度规定，乡试前由学官举行的甄别性考试。生员达到一定等第，方准送乡试。

⑥ 佾（yì）舞生：也叫乐舞生、佾生。旧时孔庙中祭祀时的乐舞人员，由童生担任。

⑦ 御纂周易折中：中，原本作"衷"，据《宁夏府志·建置·学校》卷六、《清史稿·艺文一》卷一四五改。

⑧ 按：《宁夏府志·建置·学校》卷六尚有《钦定朱子全书》四部，每部三十二本。

《驳吕留良四书讲义》八部，每部八本。

《明史》一部，一百一十二本。

《廿一史》一部，五十套。

《十三经》全部，十二套。

《科场条例》二部。

《学政全书》一部。

书院

钟灵书院在州城西门外。乾隆三十八年，署知州周人杰创立，有碑记，见“艺文”。每岁捐膏火银[1]八十两，本官捐垫。

钟灵书院，倾圮日久。于乾隆五十一年，经署本州广玉及知本州杨芳灿，相继于城东南文庙傍建修奎文书院，俱有文卷存案。其膏火之费：有官建店房一所，市铺三十间，每月收租钱九千文；又有官及合属士民捐存钱一千四百八十四千[2]。俱交当商营运，每月按一分五厘起息，其租息钱文俱着本城监生[3]贺人杰经管。广、杨二公各有碑记一篇，见“艺文”。

社学[4]五

本城一所，吴忠堡一所，大沙井一所，惠安堡一所，花马池一所。每岁脩脯银四十四两，本官捐垫。

① 膏火银：谓供给学习的津贴。

② 按：原文如此，有误。因为没有其他材料可资考证，只好保留原状。

③ 监生：明、清时入国子监就读者统称监生。

④ 社学：明清时官府在乡镇设立的学校。

【译文】

公署学校志第五

《周礼》说："建立国家设置城邑，有宣布法令的场所，有举贤任能的平台。"自此就有了公署、学校。灵州公署，在城内有五处，分散在各营堡有十一处，同时附设配套的仓厂库局。至于崇奉朝廷，保存典籍，保证秀才员额，保证生员津贴，有场地攻读学业，有渠道支付师资酬金，尤能体现圣天子教育人民，与贤良的州县长官培育人才之深心。故此为之作志。

公署

知州署在城东街。金库在公堂左侧，按惯例贮存经费银四百两。

吏目署在城西街。监狱在城内西北。

州同署在花马池。

盐捕通判署在惠安堡。

盐大使署在惠安堡内，今已裁撤。

仓五：大仓在城中街，草场仓在东城，东园仓、新府仓都在文庙街，道府仓在中庙街。

草场在东门外。

养济院在白衣庵街。养济孤贫二十八名，每名月支粮三斗。

公馆在城东街。南门外普济堂官房一所。

参将署在城北街。

守备署在城西南，今无。

军器局在火神庙南。

火药局在庙北。

教场在城东门外。

花马池参将署，在花马池城内。军器局在署内。火药局在城北。教场在东门外。

兴武营都司署，在兴武营城内。军器局在城东。火药局在城西北。教场在城外东南。

横城都司署，在横城内。军器局在都司署内。火药局在城西北。教场在城外东南。

同心城守备署，在同心城内。军器局、火药局俱在守备署内。教场在城北。

安定堡守备署，在安定堡内。军器局在守备署内东边。火药局在守备署内西边。教场在城北。

清水营把总署，在清水营内。火药局在城内。教场在城北。

毛卜喇把总署，在毛卜喇堡内。火药局在堡内。教场在堡外。

红山堡把总署，在红山堡内。火药局在堡内。教场在堡北。

临河堡把总署，在临河堡内。火药局在堡内。教场在堡外。

学校

孔庙在灵州城东南。明弘治十三年（1500），建置灵州设置学官，十七年（1504），州裁学废。正德十三年（1518）复立学官，十五年（1520），宁夏巡抚王时中兴建孔庙。清朝顺治十六年（1659），裁撤宁夏后卫教育机构，并入灵州，巡抚黄图安重修孔庙。康熙四十六年（1707），中路同知祖良祯、举人季秋橘等又重修。雍正三年（1725），改灵州所学为灵州州学。

大成殿七间，东、西庑房各九间，戟门三间。东、西角门外，更衣厅三间。省牲所三间。名宦祠三间。乡贤祠三间。泮池环桥一座，上有牌坊。棂星门三间，照壁一座。门东有“圣域义路”牌坊，门西有“贤关礼门”牌坊。

崇圣祠，旧在孔庙东，旁有敬一亭，今废弃。

尊经阁一座，在庙西。明伦堂五间，在阁东。东、西斋房各五间。仪门三间。东、西角门各一间。大门三间。

学正衙门在孔庙后。学生三年选拔两次，廪生三十名员额，若有缺则补足三十名员额。每次岁考，录取文武生员各十五名。科考，录取文生员十五名。

童生六十四名。

存贮书籍

《御纂周易折中》四部，每部十本。

《御纂四书解义》四部，每部十二本。

《御纂性理精义》四部，每部六本。

《钦定春秋传说汇纂》四部，每部二十四本。

《圣谕广训》一本。

《御批资治纲目》一部，四本。

《上谕》一部。

《钦定书经传说汇纂》四部，每部二十四本。

《钦定诗经传说汇纂》四部，每部二十四本。

《大清律》一部，二套。

《钦定四书文》四部，每部二十二本。

《驳吕留良四书讲义》八部，每部八本。

《明史》一部，一百一十二本。

《廿一史》一部，五十套。

《十三经》全部，十二套。

《科场条例》二部。

《学政全书》一部。

书院

钟灵书院在灵州城西门外。乾隆三十八年（1773），代理知州周人杰创立，有碑记，见“艺文”。每年献助学生津贴八十两，由本地主管官员捐助垫补。

钟灵书院，倒塌已经很久了。于乾隆五十一年（1786），经代理知州广玉及知州杨芳灿，相继于城东南文庙傍修建奎文书院，俱有档案文书存卷。其学生津贴之费：有官建店房一所，市铺三十间，每月收租钱九千文；又有官员及合属士子和庶民捐钱一千四百八十四千。全部交由当铺经营，每月按一分五厘起息，其租息钱文都由本城监生贺人杰经管。广玉、杨芳灿二公各有碑记一篇，见“艺文”。

社学五

本城一所，吴忠堡一所，大沙井一所，惠安堡一所，花马池一所。每年师资酬银四十四两，由本地主管官员捐助垫补。

坛庙坊市桥梁津渡名胜志第六

坛庙所以报享①也，坊表所以定居也，市集所以鸠货②也，桥梁津渡所以济往来、便行旅也，至于游观之境，足以畅豁③性灵，疏导雍郁④，亦一方之胜概⑤也，俱不可以不志，今合为一集，以便观览焉。

坛庙

社稷坛，在城西门外。

先农坛，在城东门外。

风云雷雨坛，在城南门外。

厉坛，在城北。

八蜡庙，在城南门外。

文昌阁，在城东南。

忠孝祠，在城东南。

节义祠，在城东南。

关帝庙，在城正南。

城隍庙，在城西北。

旗纛庙，在城南。今废。

南鼓楼，在大仓前。

东鼓楼，在州署东。

马神庙，在城东北。

---

① 报享：谓将祭品献给祖先、神明等。

② 鸠货：聚集财物。鸠，聚集。

③ 畅豁：舒畅开阔。

④ 雍郁：壅塞。雍，通“壅”，闭塞。郁，阻滞。

⑤ 胜概：非常好的风景或环境。

千佛寺，在城东。

华藏寺，在城北。

卧佛寺，在城东南。

白衣寺，在城西。

水洞庵，在城西。即州城内水所出之处，今洞废。

牛首寺，在城西南。有诗，见“艺文”。

一百八塔寺，在峡口山。

龙王庙，在南郭门外。

永宁寺，在城北门外。

东塔镇海寺，在城东门外。

旧志载：

永静寺，在城内。

兴教寺，在城内。

石佛寺，在城北。

康济寺，在韦州堡①。

弘福寺，在后卫。

真武观，在城南。

三贤祠，在州内。祀总督杨一清、王琼、河西道张九德，今皆废。

坊表

“翠挹兰峰”“河东挺秀”坊，在西门外。乾隆十三年知州刘辉祉建。

城隍庙坊，在城北街。康熙丙申年建。

舆梁桥坊，在南门外。康熙四十年中路同知祖良祯建。

钦赐烈妇坊二：

吴李氏坊，在城西南街。乾隆三十六年建。

张萧氏坊，在磁窑寨堡外，乾隆元年建。

---

① 韦州堡：原本脱“韦”字，据《宁夏府志·建置·坛庙》卷六补。

旌表节妇坊五：

监生朱士梃之妻姚氏坊，在城东。

生员王式闾之妻李氏坊，在城南。

民人文运祥之妻魏氏坊，在城南。

民人许昭①之妻周氏坊，在城西。

民人马健明之妻蔡氏坊，在韩家桥。

市集

州城米粮市一处。

吴忠、忠营二堡市集各一处，每逢三、六、九日交易。

金积、胡家二堡市集各一处，每逢二、五、八日交易。

秦坝、汉伯二堡市集各一处，每逢一、四、七日交易。

惠安堡市集一处。

大水坑市集一处，每逢三、六、九日交易。

桥梁四

哈达桥，去城东二里②。

舆梁桥，去城南二里。

韩家桥，去城南十五里。

黑渠桥，去城北三里。以上桥皆在秦渠上。

查旧志尚有通济、定朔等桥。

津渡三

宁河，马头，高崖。

---

①许昭：《宁夏府志·建置·坊市》卷六作许眼。

②二里：《宁夏府志·建置·桥梁》卷五作“三里”。

名胜

宁河胜览。黄河东渡，筑台高五丈余，登眺于上，则河山景物，举在目中。

晏湖远眺。晏湖古为水泽，台制似宁河，面山环绕，水碧沙明，足以豁目①。

牛首飞霞。牛首山在中卫界，山形突兀，上有古刹，时现祥霞。

龙泉喷玉。泉在金积山，其水清冷可掬，滚滚若珠玉倾泻。

高桥春柳。城南有桥，以形高故名焉。自萧关北，荒沙无际，至是忽睹林木阴森，柳更条畅②若屏然。相传“塞北江南”，盖以此云。

滴水秋梧。水自石泄，若倒囊出珠，下有梧桐，枝柯繁茂，亦自可观。

青峡晓映。即古之青岗峡。旭日方升，水光山色，映若图画。

黄沙夕照。城东之山，半为沙砾，每晴日夕时，苍黄远映，光照人目。

韦州四胜

蠡山叠翠，东湖春涨，西岭秋蓉，石关积雪。

【译文】

坛庙坊市桥梁津渡名胜志第六

坛庙用来祭献，坊表用来安居，市集用来聚集货物，桥梁津渡用来帮助往来、方便行旅之人，至于游览之境，足以舒畅开阔心胸，排解郁闷，亦一方之美好的风景名胜，都不可以不记，今合为一集，以便阅览。

坛庙

社稷坛，在城西门外。

先农坛，在城东门外。

---

①豁目：开阔视野。

②条畅：条直通畅；茂盛。

风云雷雨坛，在城南门外。

厉坛，在城北。

八蜡庙，在城南门外。

文昌阁，在城东南。

忠孝祠，在城东南。

节义祠，在城东南。

关帝庙，在城正南。

城隍庙，在城西北。

旗纛庙，在城南。今废。

南鼓楼，在大仓前。

东鼓楼，在州署东。

马神庙，在城东北。

千佛寺，在城东。

华藏寺，在城北。

卧佛寺，在城东南。

白衣寺，在城西。

水洞庵，在城西。即州城内水所出之处，今洞废。

牛首寺，在城西南。有诗，见“艺文”。

一百八塔寺，在峡口山。

龙王庙，在南郭门外。

永宁寺，在城北门外。

东塔镇海寺，在城东门外。

旧志书记载：

永静寺，在城内。

兴教寺，在城内。

石佛寺，在城北。

康济寺，在韦州堡。

弘福寺，在后卫。

真武观，在城南。

三贤祠，在州内。祭祀总督杨一清、王琼、河西道张九德，今皆废。

坊表

“翠挹兰峰”“河东挺秀”坊，在西门外。乾隆十三年（1748）知州刘辉祉建。

城隍庙坊，在城北街。康熙丙申年（1716）建。

舆梁桥坊，在南门外。康熙四十年（1701）中路同知祖良祯建。

钦赐烈妇坊二：

吴李氏坊，在城西南街。乾隆三十六年（1771）建。

张萧氏坊，在磁窑寨堡外，乾隆元年（1736）建。

旌表节妇坊五：

监生朱士梃之妻姚氏坊，在城东。

生员王式闾之妻李氏坊，在城南。

平民文运祥之妻魏氏坊，在城南。

平民许昭之妻周氏坊，在城西。

平民马健明之妻蔡氏坊，在韩家桥。

市集

州城米粮市一处。

吴忠、忠营二堡市集各一处，每逢三、六、九日交易。

金积、胡家二堡市集各一处，每逢二、五、八日交易。

秦坝、汉伯二堡市集各一处，每逢一、四、七日交易。

惠安堡市集一处。

大水坑市集一处，每逢三、六、九日交易。

桥梁四

哈达桥，离城东二里。

舆梁桥，离城南二里。

韩家桥，离城南十五里。

黑渠桥，离城北三里。以上桥皆在秦渠上。

查旧志书尚有通济、定朔等桥。

津渡三

宁河渡，马头渡，高崖渡。

名胜

宁河胜览。黄河东渡口，筑观景台高五丈余，登高远望，则河山景物，一览无余。

晏湖远眺。晏湖古时遍布河湖沼泽，观景台规制似宁河，对面山峰环绕，水碧沙明，足以开阔视野。

牛首飞霞。牛首山在与中卫分界处，山形突兀，上有年代久远的寺庙，有时会出现吉祥的霞光。

龙泉喷玉。泉水在金积山，其水清冷可掬，滚滚若珠玉倾泻。

高桥春柳。城南有桥，以桥形高大得名高桥。自萧关向北行，荒沙漫无边际，到这里忽然看到林木密不透光，柳树更是条直通畅美如画屏。相传“塞北江南”，大概说的就是这里吧。

滴水秋梧。水自石缝泄出，好像倒囊出珠，下有梧桐树，枝繁叶茂，也是可观赏的景致。

青峡晓映。即古代所称之青岗峡。旭日东升，水光山色，映若图画。

黄沙夕照。城东之山，半为沙砾，每当晴天夕照时，苍黄远映，光照人目。

韦州四胜

蠡山叠翠，东湖春涨，西岭秋蓉，石关积雪。

风俗物产志第七

盖百里不同风，千里不同俗。善为政者因其俗而均节之，则刚柔偏直，咸归中正，故曰："修其教不易其俗，齐其政不易其宜。"不其然欤？灵州风俗颇为近古，其间如"稷稻并炊""尊卑异食"一节，尤征孝弟敬爱之意，采风者所乐道也。夫群黎萃处[①]，渐染无恒，视长民者导之何如耳。今取其节序、礼俗可观采[②]者录为一编，而以物产附之。主持风教者，可以慨然兴矣。

风俗

强梗尚气，重然诺，敢战斗。《金史·夏国赞》。

杂五方，尚诗书，攻[③]词翰。朔方旧志。

重耕牧，闲礼仪。朔方旧志。

灵州尚耕牧，工骑射，信禨鬼[④]。旧志。

富强日倍，礼仪日新。新志。

后卫务耕牧，习射猎。旧志。

居室惟公署、宦族覆瓦，民家皆板屋，覆以土，犹秦风之遗。中堂供先祖，或悬佛像。

食主稻稷，间以麦。贫者饭粟。中人之家，恒以一釜并炊稻稷。稻奉尊老，稷食卑贱。

---

① 群黎：万民，百姓。萃处：聚集，荟萃。

② 观采：观察采择；观赏采取。

③ 攻：此字原本脱，据《嘉靖宁夏新志·宁夏总镇·风俗》卷一、《弘治宁夏新志·宁夏总镇·风俗》卷一补。

④ 禨（jī）鬼：指鬼神祆（yāo）祥。禨，迷信鬼神，向鬼神求福。禨，原本作"机"，据《弘治宁夏新志·灵州守御千户所·风俗》卷三、《万历朔方新志·地里·风俗》卷一改。

衣布褐，冬羊裘。近世中家以上，多袭纨绮矣，女服尤竞鲜饰。

四时仪节

元旦燃香烛，祀真宰[①]，拜先祖。长幼毕拜贺，出贺姻友[②]。尝预为三日炊，曰“年饭”。四日，乃更炊生米。四日三鼓，炙炭或铁投醋盆，绕屋行，道古语，除不祥，及大门外覆之，曰“打[③]醋坛”，又曰“送五穷”。

五日拘忌，非至戚不相往来。

新岁必择吉，持纸烛就郊外喜神方迎拜，然后远行、作百事皆无禁忌。

七日食饼、面。击铜器相叫呼，为招魂。

上元[④]食团子。前后三夜，街市皆燃灯，祀天神，祝[⑤]国釐。坊各立会积钱，至期，延门树木架，对悬纱灯。中衢列灯坊，近又有灯阁、灯亭，制皆如真，糊以纱，书绘间错，中燃烛，通衢数里，照如白昼。皆以柏烛，烛自南来，斤值钱数百文。计一宵之费数百贯。信边城巨观，亦土人一癖好云。

十六夜，民户妇女相携行坊衢间，曰“游百病”，亦曰“走桥”。经官禁，近稍减。

二月上丁[⑥]后至清明，择吉日，具牲酒，载纸标，为墓祭，各修治先冢。

清明日，挈榼[⑦]提壶，相邀野田或梵刹间共游饮，曰“踏青”。插

① 真宰：天为万物主宰，故称真宰。

② 姻友：亲戚朋友。

③ 打：此字原本脱，据蔡淑梅《（嘉庆）〈灵州志迹〉（光绪）〈灵州志〉》转引《宣统甘肃新通志·舆地志·风俗》卷十一补。

④ 上元：农历正月十五。

⑤ 按：此段“祝”字之后至“亦土人一癖好云”共八十七字原本脱，据《宁夏府志·地理·风俗》卷四补。釐（xī），幸福、吉祥。《汉书·文帝纪》：“祠官祝釐。”如淳曰：釐，福也。

⑥ 上丁：旧称阴历二月、八月上旬属丁的那天为上丁，后世每以此日祭祀孔子。

⑦ 挈榼（qiè kè）：提着盛酒的器具。挈，提。榼，古时盛酒的器具。

柳枝户上，妇女并戴于首。

三月二十八日，焚香东岳庙。前后三日，并于东门外陈百货相贸易。老幼携持，游观填溢①。孟夏②八日，西门外土塔寺为洗泼会，亦如之。

端午贴符，户插昌蒲、艾叶，饮雄黄酒，啖角黍③。闺中并以彩丝作符，剪艾虎④，相馈送。

五月十三日，竞演剧祀关圣。先日备仪仗迎神，前列社火，周游城中。望日⑤祀城隍，并于庙陈百货为贸易。

七夕，闺人亦有以针工、茗果作乞巧⑥会者。

孟秋，朔⑦至望，亦择吉祭墓，曰“上秋坟”。坟远者，于望日设祭于家。

中秋祀月，作月饼，陈瓜果，比屋皆然。饼筵瓜市，尝遍衢巷。

重阳⑧食糕，饮菊酒，亦有为登高会者。

孟冬之朔，祀先祖，荐汤饼。

仲冬长至⑨日，祀先祖，家人姻友相拜贺。切肉杂粉、腐为羹，和酒啜之，曰“头脑酒”。以“冬至一阳生”，取“作事有头脑意”。

腊月八日煮粥，杂以豆、肉，曰“腊八粥”。是月初旬，取水酿酒，曰“腊酒”。

---

①填溢：冲塞满溢。

②孟夏：指农历四月。孟，农历一季的第一个月。

③角黍：粽子。

④艾虎：据说艾虎是张天师的坐骑，是很有灵性的神兽，具有镇邪驱魔的法力。据《岁时广记》记载，端午这天，许多人将艾草扎成小老虎的形状，或悬挂于门前，或戴在身上。也有人用红纸剪出小老虎图案，粘贴于艾叶上，制成饰物佩戴于头上，用来保佑身体健康。

⑤望日：农历每月十五日。

⑥乞巧：旧时一种风俗。传说农历七月七日夜，天上牛郎织女相会，妇女当晚穿针称为乞巧。

⑦朔：农历每月初一。

⑧重阳：农历九月初九，叫重阳，也叫重九。

⑨仲冬：指农历十一月。仲，农历一季的第二个月。长至：指冬至。

廿三日，以鸡、酒、饼饴之属祀灶神，曰“送灶”。鸡陈而不杀，至除夕始荐熟[①]，曰“接灶”。

岁暮贴春联、桃符，为饼饵、酒食相馈送。

除夕，祀先祖，拜尊长，燃香灯，鸣爆竹，饮酒守岁。分钱与卑幼，曰“押岁”。闺中以枣、柿、芝麻及杂果堆满盏，著茶叶，奉翁姑及尊客，曰“稠茶”。女筵以为特敬。新妇拜见舅姑，针工外尤重此，多者至百余盏。计其费，一盏数十钱。相传始于明王府，至今不能变云。

婚礼

媒妁既通，必取男女年庚[②]对合，无忌克乃定，世家多不拘。定礼用彩币、镯锁之属，贫者梭布、簪珥。女家以冠佩相答。婚期既定，男家必备礼盒、酒果，请宾送期[③]于女家，曰“通信”，盖古“请期[④]”之遗。既复，择吉日，为茶果，具羊、酒并衣物、首饰送女家，曰“下聘”，亦“纳征”之遗意也。先期一日，女家以妆奁[⑤]送男家，曰“铺床”。至日，男家又以大蒸饼并果盘，随彩舆赴女家，曰“催妆”。请女宾为新妇插花冠笄[⑥]，曰“冠带”。女家亦请女宾随彩舆至男家，曰“送亲”。娶多用彩轿鼓吹，贫者以车。世族之家间，亦有奠雁[⑦]亲迎者。新妇三日拜见舅姑，贽[⑧]以针工，同室长幼各拜见，曰“分大小”。

冠礼

多不行。婚礼“纳征”时，女家以冠履衣物相答，必有梳篦镜匣，

① 荐熟：谓用熟食祭祀灶神。

② 年庚：旧指用干支表示人出生的年、月、日、时，即俗称的生辰八字。

③ 送期：送日期。旧俗结婚之前男家请星命家挑选吉日后送交女家，谓之“送日期”或“送日子”。

④ 请期：纳聘后请女家同意婚期。与下文的“纳征”（纳聘之意）、“亲迎”皆为古婚制六礼之一。

⑤ 妆奁：女子梳妆用的镜匣，借指嫁妆。

⑥ 冠笄（jī）：指古代男女成年时分别举行的冠礼、笄礼。《礼记·乐记》：“婚姻冠笄，所以别男女也。”郑玄注：“男二十而冠，女许嫁而笄，成人之礼。”

⑦ 奠雁：献雁。古婚礼，新郎至新娘家迎亲，先进雁为礼。

⑧ 贽：古代初次拜见尊长所送的礼物。

曰“冠巾”，盖亦存其意云。

丧礼

俗最重衰绖[①]，冠履多依古制，三年服。虽既葬，麻巾衰衣，必大祥[②]后始易。期功[③]以下，近亦多就简便，不尽[④]如古礼。七日行大殓礼，亲戚多会吊。将葬，先期讣，亲友前一日各以酒盒、奠仪[⑤]往祭，丧家备酒食相酬。多者至数百人，赙[⑥]奠之仪，恒不足为肴核费。每进食饮，孝子必出稽颡[⑦]。谢礼尤烦琐，羸[⑧]弱者至惫不能支。中卫、灵州俗尤尚送葬，男女或数十百人，丧家为备酒食、车乘，力不能办者，或至留殡数十年不能举。相传明季近边各堡，黠虏常伺人葬，出劫衣物。故送葬者，皆请姻戚为之备。今太平已百余年，习而不改，转成弊俗矣。

祭礼

世族之家有宗祠、家庙，会祭多用羊。士民多祭于寝，用恒品[⑨]随丰俭，无定数。春祭墓，夏无祭。秋以七月望，亦有墓祭者。冬祭以十月朔。冬至及岁暮祭，必备物，悬遗像，其礼尤重。

余辑灵州风俗志，至于丧葬一条，不禁掩卷太息也，曰俗之弊也久矣。古者丧礼，自大夫、士以下，或三月而葬，或逾月而葬者，皆有常期。近世灵州士族，每有停柩数年者，问之其人，或曰年命不利，或曰亲死而遽委之野，心不忍也。夫以不忍之心，而言行道之人，皆

---

①衰绖（cuī dié）：古代居丧之服。

②大祥：古时父母丧后两周年的祭礼。

③期（jī）功：古代丧服的礼仪。期，服丧一年。功，指大功和小功。大功服丧九月，小功服丧五月。

④尽：原本脱此字，据《宁夏府志·地理·风俗》卷四补。

⑤奠仪：用以祭奠的礼物。仪，礼物。

⑥赙（fù）：以财物助丧事。

⑦稽颡（qǐ sǎng）：叩头。旧丧礼居父母丧时跪拜宾客之礼，以额触地，表示极度悲痛。

⑧羸：原本作“赢”，据《宁夏府志·地理·风俗》卷四改。

⑨恒品：常类，常物。

弗忍也。先王制礼，顾独忍乎哉？诚以人死，则体魄属阴，阴性喜静，故死者以即土为安；且古礼亲死则人子倚庐苫块①，不敢预外事。今士大夫停柩于家，果能倚庐苫块，一如古礼乎？抑犹未免饮食出入如恒人也。夫对亲之柩，而饮食出入如恒人，此真孝子所不忍也。忍于对亲之柩，饮食出入如恒人，而顾不忍葬其亲，其不忍抑何悖也！又况鸡犬之震惊，室宇之焚塌，凡人世不可意料之事，孝子之心，其惕息危惧更有不忍言者乎！若夫星命不利之说，真野夫俗子之谈，为大雅所不道，而欲藉亲丧以求吉者，尤孝子之所不忍也。

物产

旧志：贺兰山出铅、矾，麦垛山出铁。今皆不开采。凡麻、碧瑱、马牙碱、红花（今无）、蓝靛、鍐铁器物。

谷之属：稻、糜、大麦、小麦、稷、羊眼豆、豌豆、绿豆、黑豆、黄豆、青豆、红豆、扁豆、蚕豆、胡麻、青稞、秫。

菜之属：芥、芹、葱、韭、胡萝葡、白萝葡、菠稜、芫荽、莴巨、蔓菁、甘露子、白花菜、沙葱、白菜、沙芥、西瓜、甜瓜、丝瓜、黄瓜、东瓜、南瓜、菜瓜、香瓜、茄莲、地椒、葫芦、滑菜、莙莲、刀豆、豇豆、茶豆、茄、蒜、苋、荠、瓠。

花之属：牡丹、芍药、春海棠、蔷薇、石竹、鸡冠、萱草、玉簪、罂粟、小竹、戎葵②、黄蜀、葵、白合、凤仙、珍珠、山丹、菊、荷、宝象。

果之属：杏、桃、李、梨、菱、藕、芋③、柰④、葡萄、林檎、樱桃、秋子、胡桃、花红、枣、白沙、沙枣、桑椹、酸枣、茨菰、含桃。

---

① 倚庐苫（shān）块：古人为父母守丧时居住的简陋棚屋。苫块，指以草垫为席，土块为枕。

② 戎葵：原本脱“葵”字，据《宁夏府志·地理·风俗》卷四补。

③ 芋：原本作“芊”，据《嘉靖宁夏新志·宁夏总镇·物产》卷一改。

④ 柰：果木名，树实俗名沙果。原本作“奈”，据《宁夏府志·地理·物产》卷四、《嘉靖宁夏新志·宁夏总镇·物产》卷一改。

木之属：松、柏、槐、椿、榆、柳、白杨、桦、柽、暖木、梧桐①。

药之属：荆芥、防风、苁蓉、枸杞、桑白皮、柴胡、甘草、黄芪、远志、牛旁子、地骨皮、麻黄、黄芩、紫苏、苦参、兔丝子、寒水石、瞿麦、茴香、知母、升麻、葫芦巴、天仙子、大戟、扁蓄、秦艽、黄精、三棱草、青木香、百合、茵陈、亭苈、血竭、千金子、车前子、薄荷、菖蒲、木瓜、青盐、锁阳。

禽之属：雕、鹰、鹘、鸡、鹅、鸭、鹞、鸽、山鸡、半翅、马鸡、天鹅、鹌鹑、雁、鹚鹁②、鸊鹈、鸳鸯、鸬鹚、鹦鹉、白鸽、枭、腊嘴、黄豆、仓庚、喜鹊、乌鹊、鸨、鸠、隼、雀。

兽之属：马、驼、牛、羊、骡、驴、豕、虎、狼、鹿、麝、狍、土豹、野马、羱羊、青羊、黄羊、野豕、夜猴儿、艾叶豹、獾、狐、沙狐、野狸、熊、豺、黑鼠、黄鼠。

鳞之属：鲤、鲫、鲇、鳣、沙鱼、鳝、白鱼、石鱼、鳅。

介之属：鳖、蚌、螺。

按：风俗，宁夏五邑皆同。中卫、灵州、平罗地近边，畜牧之利尤广。其物产最著者，夏、朔之稻，灵之盐。灵州贡有红蓝③、甘草、苁蓉、代赭、白胶、青虫、雕、鹘、白羽、麝、野马、鹿革、野猪黄、吉莫靴、鞹④、毡、库利、赤柽、马策、印盐、黄牛臆。明制，贡红花、洎马。红花，土实不产，旧志称："岁役千夫，贡只五百斤。"不解所由。嘉靖初，给事中⑤张翀始奏罢之。本朝宁夏无土贡，尤见体恤边方之意云。

---

① 桦柽暖木梧桐：此四种树木据《宁夏府志·地理·物产》卷四补入。

② 鹚鹁：原本作"鹚鸠"，据《宁夏府志·地理·物产》卷四改。

③ 红蓝：原本作"红盐"，据《弘治宁夏新志·宁夏总镇·土供》卷一、《新唐书·地理志》卷三七改。

④ 野猪黄吉莫靴鞹（kuò）：野猪黄，为猪科动物野猪胆中的结石；吉莫靴，皮革名；鞹，皮革。

⑤ 中：此字原本脱，据《嘉靖宁夏新志·宁夏总镇·土供》卷一、《万历朔方新志·食货·土供》卷一补。

［译文］

风俗物产志第七

总而言之，百里不同风，千里不同俗。善于治理国家的人顺应其风俗习惯而予以调节，则刚柔偏直，都归于不偏不倚，所以《礼记·王制》说："修其教不易其俗，齐其政不易其宜。"岂非如此吗？灵州的风俗习惯颇为接近古人，其中如下文提到的"稷稻并炊""尊卑异食"一节，尤其能够证验孝悌敬爱之意，为采集民情风俗者所津津乐道。万民聚集，行为习惯互相浸染不定，就看地方官吏如何引导而已。今天选择其节令、礼俗可观察采择者抄录为一编，而以物产附之。主持风俗教化的官员，读到此编应该慷慨激昂而有所行动了。

风俗

耿直重义气，信守诺言，敢于战斗。据《金史·夏国赞》记载。

各地方的人杂居一处，尚好诗书，致力学习研究辞章。据朔方旧志记载。

重视耕种和畜牧，熟悉礼仪。据朔方旧志记载。

灵州崇尚耕种和畜牧，擅长骑马射箭，迷信鬼神，向鬼神求福。据旧志记载。

百姓日益富裕，力量日益强盛，礼仪日日更新。据新志记载。

宁夏后卫致力于耕种和畜牧，娴习在野外猎捕鸟兽。据旧志记载。

房屋只有公署、官宦人家屋顶铺瓦，寻常百姓家都是木板搭建的住宅，屋顶覆盖泥土，犹然属古代秦风的遗存。中堂供奉先祖，或悬挂佛像。

主食为稻米和谷类，间或食用小麦。贫穷的家庭食用小米。中等人家，总是一锅同时煮食大米和黄米、小米。位尊年长者食用大米饭，晚辈年龄小者食用黄米、小米饭。

平常身着粗布衣服，冬天身着羊皮做的暖衣。近来中等家庭以上，多加穿精美的丝织品服装，女性服饰尤其以鲜艳互相争胜。

四时仪节

元旦燃香烛，祭祀上天，祭拜先祖。长幼互相拜贺完毕，出门拜贺亲戚朋友。预先准备三天的饭菜，称为“年饭”。到第四日，才收拾锅灶重新做饭。第四日三鼓天，烧红炭块或铁器投入醋盆内，绕屋而行，口中念诵古语，表达去除不祥的愿望，然后到大门外倾倒醋盆，称之为“打醋坛”，又称为“送五穷”。

第五日禁忌，不是最亲近的亲属互相不往来。

新年期间必须选择吉日，带着香烛纸钱到郊外面对喜神所处的方位迎拜，然后远行、作百事就都没有禁忌。

第七日吃面饼、面食。敲击铜器互相叫呼，为招魂。

农历正月十五吃元宵。前后三夜，街市皆燃灯，祭祀天神，祝福国家。街巷各自积钱立会，到规定的时日，沿着大门竖起木架，对悬纱灯。四通八达的大路布列灯坊，近处又有灯阁、灯亭，制作都和真的灯饰一样，外面以纱糊裱，书法、绘画间错，中间点燃香烛，通衢数里，光照如同白昼。使用的都是柏烛，从南方远道运来，每斤值钱数百文。算起来一夜的花销就达数百贯。确实是边城的一大巨观，也是当地人的一个癖好。

第十六日夜晚，民家妇女相携行走在大路、里巷间，称之为“游百病”，也叫作“走桥”。经过官府禁止，近来此风稍减。

二月上旬的丁日后至清明，选择吉日，准备好祭祀用的牲畜和酒食，载着纸招牌，在坟墓前祭祀，各自修整先人坟墓。

清明那天，提壶携浆，相邀田野间或佛寺共同游宴，称之为“踏青”。在大门上插柳枝，妇女同时在头上插戴柳枝以示喜庆。

三月二十八日，在东岳庙烧香。前后三日，并于东门外陈列百货互相贸易。扶老携幼，游观的人群熙熙攘攘。农历四月八日，西门外土塔寺举办洗泼会，也和东岳庙会一样。

端午贴符，家家户户大门插昌蒲、艾叶，喝雄黄酒，吃粽子。女子在闺房中一起以彩丝作符，剪艾虎，互相馈送。

五月十三日，竞相演剧祭祀关圣帝君。先一日预备仪仗迎神，前列灶火，周游城中。农历每月十五日祭祀城隍，并于城隍庙陈列百货进行贸易。

七夕节（农历七月七日），闺中女子也有以针工、茶、果品举办乞巧会者。

农历七月，从初一至十五，也选择吉日祭扫祖坟，称之为“上秋坟”。坟墓距离远者，于十五日在家中设祭。

中秋节（农历八月十五日）祭祀月亮，制作月饼，陈列瓜果，家家户户皆然。饼筵瓜市，布遍大街里巷。

重阳节（农历九月九日）吃重阳糕，饮菊花酒，也有办登高祈福会者。

农历十月初一，祭祀先祖，进献汤饼。

农历十一月冬至日，祭祀先祖，家人亲戚朋友互相拜贺。切肉掺杂粉条、豆腐做羹汤，和酒一并饮之，称之为“头脑酒”。以“冬至一阳生”，取“作事有头脑意”。

农历十二月八日煮粥，掺杂豆、肉，称之为“腊八粥”。是月上旬，取水酿酒，称之为“腊酒”。

二十三日，以鸡、酒、麦芽糖饼之类祭祀灶神，称之为“送灶”。鸡陈供而不杀，到除夕才加工成熟食祭祀灶神，称之为“接灶”。

年底贴春联、桃符，做饼类食品、酒与饭菜互相馈送。

除夕，祭祀先祖，拜尊长，燃香灯，鸣爆竹，饮酒守岁。分钱给晚辈年龄较小者，称之为“压岁钱”。闺中妇女以枣、柿、芝麻及杂果堆满浅盘，上面放上茶叶，敬奉公婆及尊客，称之为“稠茶”。这在女筵上被视为特敬的礼节。新娘子拜见公婆，针工之外尤其看重此事，多者至百余盏。计其费用，一盏数十钱。相传这种风俗始于明代王府，至今没有变化。

婚礼

男女双方的媒人交流信息，一定选择男女生辰八字对合，没有冲克忌讳才能决定，世家大族多不拘泥于此。定礼用彩币、镯锁之类，贫者用家织土布、发簪和耳饰。女家以帽子和佩饰相答。婚期已经确定，男家必定准备礼盒、酒果，请傧相送日期于女家，称之为“通信”，大概是古代婚俗“请期”的遗风。得到答复后，选择吉日，预备茶果，备办肥羊、酒类及衣物、首饰送女家，称之为“下聘”，也是古代婚俗“纳征”的遗意。先期一日，女家以嫁妆送男家，称之为“铺床”。当天，男家又预备好大蒸饼和果盘，一并随花轿送赴女家，称之为“催妆”。请女傧相为新妇插花举行笄礼，称之为“冠带”。女家也请女傧相随花轿至男家，称之为“送亲”。娶亲多用花轿鼓吹乐队，贫穷家庭娶亲用车。世家大族之间，也有献雁迎娶新娘的古老仪式。新娘结婚三天拜见公婆，以自己的手工针线制品作为初次拜见尊长所送的礼物，一家人长幼各自拜见，称之为“分大小”。

冠礼

当今已多不举行“冠礼”。婚礼“纳征”（也即下聘）时，女家以帽、鞋和衣物等用品相赠答，里面一定有装有梳子、篦子等梳妆用品的镜匣，称之为“冠巾”，大概也有存续古代“冠礼”的意思。

丧礼

当地风俗最看重居丧之服，衣着多依古代制度，服孝三年。虽然已经埋葬了亡人，依然麻巾衰衣，必定要待举行完父母丧后两周年的祭礼，才能脱掉孝服。除丧服以外，近来其他方面也多就简便，不完全遵循古礼。死后七天举行大殓礼，亲戚多来集合吊唁。即将举行葬礼，先期发出讣告，亲友前一天各带着酒盒、用以丧仪的礼物前来祭奠，丧家筹备酒食相酬谢。多者能达数百人，用以祭奠的礼品，经常不够酒食费用。每次待客酬宾，孝子一定要出来叩头跪拜宾客。谢礼尤其烦琐，身体瘦弱者以致疲惫不能支撑。中卫、灵州的风俗尤其注重送葬，男女各色人等有的能达到一百几十人，丧家为其备办酒食、车马，力量不足无法筹办的家庭，有的甚至能停放灵柩数十年而不能下葬。相传明朝时靠近边境的各堡寨，狡猾的敌虏常常窥伺有人出葬，就出动兵马抢劫衣服和器物。因此送葬的人家，都请亲戚朋友一起出动为之做好防范。当今天下太平已有百余年，民间已经养成了习惯而没有改变，转而形成鄙陋的习俗。

祭礼

世代显贵的家庭有宗祠、家庙，集会祭祀多用羊作为祭品。士大夫阶层和普通读书人多在居住之处进行祭祀活动，使用祭品常物丰俭由人，没有定数。春天祭奠于墓前，夏天没有祭奠。秋天在农历七月十五日，也有在墓前祭奠者。冬天祭祀在农历十月初一日。冬至以及年末的祭奠，必须预备祭品等常物，悬挂亡人遗像，其礼俗对此尤为看重。

我撰写编辑灵州风俗志，至于丧葬一条，不禁掩卷叹息，当地风俗的弊端也是由来已久。古代社会的丧礼制度，自大夫、士族以下，有的三月而葬，有的逾月而葬，皆有一定的期限。近代灵州读书人家，经常有停放灵柩数年不葬者，询问其人，有的说年庚八字不利，有的说亲人逝世而立刻舍弃在野外，实在于心不忍。这种不忍之心，对于路人来说，也是感同身受，同样的不忍心。［难道］古代先王制定祭礼，反而唯独忍心吗？的确人死后，则尸体属阴，阴性喜静，所以死者以入土为安；况且按照古礼，双亲死亡则人子以草垫为席，土块为枕，居住在守丧的简陋棚屋，不敢参与外事。当今的士大夫在家里停放灵柩，果真能做到以草垫为席，土块为枕，居住在守丧的简陋棚屋，一如古礼的要求吗？可是仍然未免饮食出入如同常人。面对亲人的灵柩，而饮食出入如常人，这才是真孝子所不忍心做出的事情。忍心面对亲人的灵柩，饮食出入如同常人，反倒不忍心安葬其亲人，其所谓的不忍心又是何等的悖谬！又何况鸡犬的震撼惊骇，房舍的焚烧塌陷，凡人世间不可意料之事，对于孝子来说，其心跳气喘的危惧更有不忍心说出来的吧！至于星命八字不利之说，真乃粗野鄙俗之人的言论，为学识渊博的君子所不道，而欲借助亲人的丧葬以求福祥，尤其是孝子所不忍心做的事。

物产

旧志书记载：贺兰山出产铅、矾，麦垛山出产铁。当今皆不开采。还出产凡麻、碧瑱、马牙碱、红花（今无）、蓝靛、镀铁器物。

谷类：水稻、糜子、大麦、小麦、小米、羊眼豆、豌豆、绿豆、黑豆、黄豆、青豆、红豆、扁豆、蚕豆、胡麻、青稞、高粱。

菜类：芥、芹菜、葱、韭菜、胡萝卜、白萝卜、菠稜、芫荽、莴巨、蔓菁、甘露子、白花菜、沙葱、白菜、沙芥、西瓜、甜瓜、丝瓜、黄瓜、东瓜、南瓜、菜瓜、香瓜、茄莲、地椒、葫芦、滑菜、莙荙、刀豆、豇豆、茶豆、茄子、大蒜、苋、荠、瓠。

花类：牡丹、芍药、春海棠、蔷薇、石竹、鸡冠、萱草、玉簪、罂粟、小竹、戎葵、黄蜀、葵、白合、凤仙、珍珠、山丹、菊花、荷花、宝象。

果类：杏子、桃子、李子、梨、菱、藕、芋、沙果、葡萄、林檎、樱桃、秋子、胡桃、花红、红枣、白沙、沙枣、桑椹、酸枣、茨菰、含桃。

树木类：松树、柏树、槐树、椿树、榆树、柳树、白杨、桦树、红柳、暖木、梧桐。

药材类：荆芥、防风、苁蓉、枸杞、桑白皮、柴胡、甘草、黄芪、远志、牛旁子、地骨皮、麻黄、黄芩、紫苏、苦参、菟丝子、寒水石、瞿麦、茴香、知母、升麻、葫芦巴、天仙子、大戟、扁蓄、秦艽、黄精、三棱草、青木香、百合、茵陈、亭苈、血竭、千金子、车前子、薄荷、菖蒲、木瓜、青盐、锁阳。

禽类：雕、鹰、鹘、鸡、鹅、鸭、鹚、鸽、山鸡、半翅、马鸡、天鹅、鹌鹑、雁、鹚鸫、鹡鸰、鸳鸯、鸬鹚、鹦鹉、白鸽、凫、腊嘴、黄豆、仓庚、喜鹊、乌鹊、鸨、鸠、隼、雀。

兽类：马、骆驼、牛、羊、骡、驴、猪、虎、狼、鹿、麝、狍、土豹、野马、羱羊、青羊、黄羊、野猪、夜猴儿、艾叶豹、獾、狐、沙狐、野狸、熊、豺、黑鼠、黄鼠。

鱼类：鲤鱼、鲫鱼、鲇鱼、鳇鱼、沙鱼、黄鳝、白鱼、石鱼、鳅鱼。

甲壳类：鳖、蚌、螺。

按：就风俗习惯来说，宁夏府所属五个州、县都一样。中卫、灵州、平罗地域接近游牧地区，畜牧业的利润尤为丰厚。其最著名的物产，有宁夏县、宁朔县的大米，灵州的食盐。灵州上供皇家的贡品有红蓝、甘草、苁蓉、代赭、白胶、青虫、雕、鹘、白羽、麝、野马、鹿革、野猪黄、吉莫靴、鞹、毡、库利、赤柽、马策、印盐、黄牛臆。明朝规定，贡品有红花、洎马。红花，灵州本地确实不出产，旧志书记载："每年役使上千人，上红花贡品只有五百斤。"不了解其来由。明朝嘉靖初年，给事中张翀才上奏朝廷罢黜了这个贡项。大清王朝对宁夏府没有上供皇家土特产贡品的要求，尤其体现了朝廷体恤边地的恩情。

古迹志第八

余读《唐书·地里志》，见灵武所隶诸州有鸡鹿、烛龙之属，回乐、燕然之号，曰是安在？按籍以求，则往往不可见矣。及辑州志，采录旧籍所载，参诸故老所传闻，则又将想像仿佛而如或见之。夫古迹之荒凉灭没久矣。风沙击压之区，昔时之井灶犹存，尚或可履行①以访求其境，矧夫墙垣城郭俨然，聚庐舍而处者乎？好古之士所宜深考焉。

古迹

长城，隋开皇五年，司农少卿崔仲方发丁男三万于朔方、灵武筑长城。东距黄河，西至绥州②，南至勃出岭③，绵历七百里。六年春，复令仲方发丁男十余万人修长城。

受降城，唐景龙二年，朔方总管张仁愿筑三受降城。《新唐志》："东城南直榆林，中城南直朔方，西城南直灵武。三垒相距各四百里，其北皆大碛也。"宋白④曰："东受降城，东南至朔州四百里，西南渡河至胜州八里，西至中受降城三百里，本汉云中郡地。中受降城，西北至天德军二百里，南至麟州四百里，北至碛石五百里，本秦九原郡地，在榆林，汉更名五原。西受降城，东南渡河至丰州八十里，西南至定远城七百里。"按此则去宁夏极为辽远，姑因旧志列之以备考。

---

① 履行：执行、实践。

② 绥州：今陕西绥德。

③ 勃出岭：在今陕西绥德东。原本作"勃山岭"，据《隋书·崔仲方传》卷六〇、《读史方舆纪要》卷五七改。据方位隋长城当在陕西北部，不在宁夏境。

④ 宋白："白"原本作"志"，据《宁夏府志·地理·古迹》卷四、《资治通鉴》卷二零九注文改。宋白，字太素，宋代大名人，曾参与纂修《太平御览》《文苑英华》，《宋史》卷四三九有传。

灵武台，唐天宝十五载，安禄山反，玄宗①避贼入蜀。至马嵬，父老遮道请留，上命太子宣谕之。父老曰："至尊既不肯留，某等愿率子弟从太子东破贼，取长安。若殿下与至尊皆入蜀，中原百姓谁为之主？"须臾，聚至数千人，太子不可，涕泣跋马②欲西。建宁王③倓与李辅国执鞚④谏曰："逆胡犯阙，四海分崩，不因人情，何以兴复？殿下不如收西北之兵，召郭、李于河北，与之并力东讨逆贼，削平四海，使社稷危而复安，宗庙毁而复存，扫除宫室，以迎至尊，岂非孝子之大乎？"广平王⑤俶亦劝太子留。父老共拥太子，马不得行。乃使俶白上。上曰："天也！"分后军二千人及飞龙厩⑥马从太子，仍谕之曰："太子仁孝，可奉宗庙，汝曹善辅之。"又谕太子曰："汝勉之，勿以吾为念，西北诸胡，吾抚之甚厚，汝必得其用。"又宣旨欲传位太子，太子不受。太子至平凉，未知所适。建宁王倓曰："殿下昔为朔方大使，将吏岁时致启，倓略识其姓名。今河西、陇右之众皆败降贼，父兄子弟皆在贼中。朔方道近，士马全盛。裴冕衣冠名族，必无二心，速往就之。"众曰："善。"通夜驰三百余里，至彭原。太守李遵出迎，献衣及糗粮⑦，遂至平凉。阅监牧马，得数万匹，又募军士得五万⑧人，军势稍振。议出萧关，趋丰州。朔方留后⑨杜鸿渐，水路运使魏少游，

---

① 玄宗：原本避清圣祖玄烨讳作"元宗"，据《新唐书·肃宗本纪》卷六改。

② 跋马：勒马使回转；骑马驰逐。

③ 建宁王：李倓，唐肃宗李亨第三子，天宝年间封为建宁王，授太常卿同正员。

④ 执鞚（kòng）：谓牵马。鞚，马笼头。

⑤ 广平王：原名李俶，后改名李豫，唐肃宗长子。安史之乱中，以天下兵马元帅名义统帅诸将，先后收复长安、洛阳。乾元元年（758），被立为皇太子。宝应元年（762），李豫即位，是为唐代宗。王，原本脱此字，据《宁夏府志·杂记·纪事》卷二二，《资治通鉴》卷二一八"至德元载"条改。

⑥ 厩：马舍。

⑦ 糗（qiǔ）粮：干粮。

⑧ 五万：《资治通鉴》卷二一八"至德元载"条作"五百余人"。

⑨ 留后：唐代中后期，节度使之子弟或亲信将吏代行职务者，称节度留后，也有的称观察留后，事后多由朝廷补行任命为正式的节度、观察使。

节度判官崔漪、卢简[1]、李涵相与谋曰："平凉散地[2]，非屯兵之所，灵武兵食完足，迎太子至此，北收诸城兵，西发河陇劲骑，南向以定中原，万世一时也。"会河西司马裴冕亦至平凉，亦劝太子之朔方。鸿渐自至平凉迎太子，说兴复之计，即上军马招辑之势。少游治宫室帏帐，皆似禁中，饮膳备水陆。庚辰[3]，次丰宁军。七月[4]至灵武。辛酉，太子即位于灵武，尊上为太上皇。见少游所治，悉命撤之。大赦，改元。以杜鸿渐、崔漪知中书舍人事，裴冕同平章事。

灵武镇[5]，亦唐镇，宋灵州，夏顺州，在府南六十里。与定远、保静[6]咸有遗址。

保静废县，在府东南灵州界。隋开皇十一年置。弘静县[7]，唐属灵州，后改安静县。至德元年，又改保静。宋咸平四年，李继迁改怀远县。《府志》："在镇南六十里"。

灵州故城，在州北。《地里志》：惠帝四年置。唐曰灵州，天宝初，改灵武郡。宋初，改翔庆军。元复曰灵州。

回乐废县，《舆地广记》云：在灵州故城之内，唐肃宗即位于此。

薄骨律城，在州西南，《后魏书》："太平真君[8]五年，刁雍为薄骨

① 按：《新唐书·肃宗本纪》卷六作"支度判官崔简金、关内盐池判官李涵"。《资治通鉴》卷二一八"至德元载"条作"支度判官卢简金、盐池判官李涵"。

② 散地：无险可守，士卒意志不坚，易于离散之地。

③ 庚辰：《新唐书·肃宗本纪》卷六作"庚戌"。

④ 七月：原本作"七日"，据《新唐书·肃宗本纪》卷六、《资治通鉴》卷二一八改。

⑤ 灵武镇：原本作"灵州镇"，据本书卷一《历代沿革表》、《新唐书·地理志》卷三七改。

⑥ 保静：原本作"保靖"，据蔡淑梅《（嘉庆）〈灵州志迹〉（光绪）〈灵州志〉》征引《旧唐书·地理志》卷三八、《新唐书·地理志》卷三七、《元和郡县图志·关内道·灵州》卷四、《乾隆甘肃通志·古迹·宁夏府》改。下文"保静废县""至德元年又改保静"之"保静"同改。

⑦ 弘静县：原避清高宗弘历讳改作"宏静县"。据蔡淑梅《（嘉庆）〈灵州志迹〉（光绪）〈灵州志〉》征引《隋书·地理志》卷二九、《旧唐书·地理志》卷三八、《新唐书·地理志》卷三七、《元和郡县图志·关内道·灵州》卷四、《舆地广记·陕西路化外州》卷十七回改。

⑧ 太平真君：北魏拓跋焘（太武帝）年号。

骝镇将。九年，表求造城，诏名曰刁公城。”《水经注》云：“城在河渚上，赫连果城也。但语出戎方[①]，不究城名。访诸耆旧，咸言赫连之世有骏马死此，取马色以为邑号，故曰城为白口骝，韵转之谬，遂仍今称也。”

富平废县，在州西南。汉置，属北地郡。永初五年，徙郡于池阳。永建四年，又徙冯翊，自是故县遂废。

温池废县，在州东南。唐神龙元年[②]置，属灵州。县侧有盐池，五代时废。今惠安堡，北至州一百八十里，产盐。

燕然废州，唐开元初置，寄治回乐县界。至德后废。

韦州废城，在州东南，西夏置。《宋史》：“嘉祐六年，夏人改韦州监军司为祥祐军，后又改静塞军。”元废。

盐州废城，旧志：“东南至灵州三百里，今花马池营是。隋置盐川郡。西魏置西安州。”《元和志》：“贞观二年，平梁师都，复置盐州。”《新唐志》：“贞元三年，没于吐蕃。九年，复城之。有盐州府，又有保塞军。”宋咸平以后入西夏，仍曰盐州。

兴昌废郡，在灵州东北。西魏置临河郡。开皇元年改曰兴昌，三年废。《新唐志》：“灵州黄河外有新昌军。”即此。

白池废县，南至灵州九十里。景龙三年置，近于白盐池，故名，本兴宁县。宋陷于西夏，遂废。

五原废县，汉置朐衍县，属北地郡[③]。西魏改五原郡。正统九年，建兴武营五原西，按：县在今榆林界。

丁奚城，《东观记》：“丁奚城在灵州北。后汉永初六年，汉阳贼杜季贡降于滇零羌，别居于此，任尚破之。”

---

① 但语出戎方：原本作“但出戎方语”，据《宁夏府志·地理·古迹》卷四、《水经注疏补》卷三改。

② 元年：原本作“五年”，唐朝历史上没有“神龙五年”年号，据《旧唐书·地理志》卷三八、《太平寰宇记·关西道·灵州》卷三六改。

③ 北地郡：原本作“北池郡”，据本书卷一《历代沿革表》、《宁夏府志·地理·古迹》卷四改。

丰宁城，《新唐志》："灵州有武略、河间、保静、鸣沙、万春五府，丰宁、保宁等城"。

铁角城，与盐州相近，亦名三角城。明初为官军屯戍处。

临河镇，宋置巡检使管番部，后陷于夏。

汉御史、尚书、光禄三渠，唐大历十三年，虏酋马重英以四万骑寇灵州，塞御史、尚书、光禄三渠以扰屯田，常谦光①逐之。

唐光禄渠，即汉光禄渠也。废塞岁久，大都督长史李听复开决，以溉屯田。

唐特进渠，《地里志》："灵州回乐有特进渠，长庆四年七月诏开，溉田六百顷。"

地宫，明庆王②建以避暑者，在韦州府内。

【译文】

古迹志第八

我读《新唐书·地理志》，知道灵武所隶属州县有鸡鹿、烛龙之类，有回乐、燕然之名，这些州县今天到底位于何处？按图籍求索，则往往无从寻觅。等到编撰州志，根据古籍记载，参考当地故老所述传闻，则又仿佛像真的见到了这些地方。古迹荒凉灭没已经很久了。风沙击压的地域，过去之水井、灶台的痕迹犹存，都有可能通过实地考察确定其范围，更何况曾经俨然矗立的墙垣城郭，聚集人口的村落呢？雅好考古之士应该深入研究。

---

① 常谦光：原本作"常护光"，据本书卷四《历代边防事迹》、《新唐书·吐蕃传下》卷二一六改。

② 明庆王：指明太祖朱元璋第十六子朱㮵。

古迹

长城，隋开皇五年（585），司农少卿崔仲方征发三万壮丁在朔方、灵武修筑长城。东距黄河，西至绥州，南至勃出岭，绵延七百里。六年（586）春，又命令崔仲方征发壮丁十余万人修筑长城。

受降城，唐景龙二年（708），朔方总管张仁愿筑三受降城。《新唐书·地理志》记载："[受降城]东城南至榆林，中城南至朔方，西城南至灵武。三座城堡相距各四百里，其北全是大漠。"宋白说："东受降城，东南至朔州四百里，西南渡河至胜州八里，西至中受降城三百里，本是汉朝云中郡辖地。中受降城，西北至天德军二百里，南至麟州四百里，北至碛石五百里，本秦代九原郡辖地，在榆林，汉代更名五原。西受降城，东南渡河至丰州八十里，西南至定远城七百里。"按此记载则离宁夏极为遥远，姑且因旧地里志有此记载，暂且列之以备考证。

灵武台，唐天宝十五载（756），安禄山反叛，唐玄宗避贼入蜀。行至马嵬，当地父老遮道请留，皇上命太子[李亨]宣布命令。父老说："皇上既然不肯留下，我们愿率子弟跟随太子向东攻破贼寇，收复长安。若殿下与皇上都去了四川，谁为中原百姓做主？"一会儿工夫，就聚集了数千人，太子不许，哭着勒转马头欲向西行。建宁王[李]倓与李辅国勒住马笼头进谏说："今天反叛的胡人举兵入犯朝廷，四海分崩离析，如果不顺应百姓的愿望，何以恢复古国？殿下不如收西北之兵，征召郭[子仪]、李[光弼]于河北，与之并力东讨逆贼，削平四海，使社稷危而复安，宗庙毁而复存，清扫宫室，以迎皇上，难道不是孝子之大作为吗？"广平王[李]俶亦劝太子留。父老共拥堵太子，马不得行。乃派李俶向皇上说明。唐玄宗说："这是天意啊！"于是分后军二千人及飞龙厩马跟随太子，仍告谕众军说："太子仁孝，可祀奉宗庙社稷，你们要好好辅助他。"又告谕太子说："你好好努力，不要牵挂我，西北各胡人部族，我待之很仁厚，你一定会得到他们的帮助。”又宣布旨令欲传帝位给太子，太子不受。太子至平凉，不知道要去哪里。建宁王李倓说：“殿下过去曾担任朔方大使，将吏每年都要问候致意，我大略知道其姓名。今河西、陇右之众皆战败投降了［安禄山］贼寇，父兄子弟皆陷在贼中。朔方距离比较近，士卒兵马正当全盛时期。裴冕世族名家，必无二心，应速速前往依靠。”众人说：“好”。于是［太子率众］连夜奔驰三百余里，到达彭原。太守李遵出迎，献上衣服及干粮，又成功到达平凉。察看牧马，有数万匹，又招募军士五万人，军队力量有了一定规模。一起商议出萧关，准备前往丰州方向。朔方留后杜鸿渐，水路运使魏少游，节度判官崔漪、卢简、李涵一同商议认为：“平凉无险可守，不是屯聚兵马的地方，灵武武备修整，粮食充足，迎太子至此，向北征调各城军队，向西征发河陇精锐骑兵，南向平定中原，这是万世一时的机会。”正好河西司马裴冕到了平凉，也劝太子去朔方。杜鸿渐亲至平凉迎接太子，说天下兴复之计，即上奏章分析招集军队，共同反击安禄山的形势。魏少游［在灵武］修治宫室帏帐，皆似帝王所居宫室，预备山珍海味［供太子］饮膳。庚辰，［太子一行］驻扎丰宁军。七月至灵武。辛酉，太子在灵武即位，尊唐玄宗为太上皇。见魏少游所修治的宫观、预备的饮食，全命撤销。大赦天下，改元至德。任命杜鸿渐、崔漪为中书舍人，裴冕同平章事。

灵武镇，也是唐朝设置的机构，宋代称灵州，西夏称顺州，在宁夏府南六十里。与定远、保静县都有遗址留存。

保静废县，在宁夏府东南灵州界。隋开皇十一年（591）设置。弘静县，唐代属灵州管辖，后改称安静县。唐至德元载（756），又改保静县。宋代咸平四年（1001），李继迁改怀远县。《宁夏府志》记载：“在宁夏镇南六十里。”

灵州故城，在灵州北。《汉书·地理志》记载：汉惠帝四年（前191）设置。唐代称灵州，天宝初年，改设灵武郡。宋代初年，改设翔庆军。元代复称灵州。

回乐废县，《舆地广记》记载：在灵州故城之内，唐肃宗即位于此。

薄骨律城，在灵州西南，《魏书》记载：北魏［太武帝拓跋焘］太平真君五年（444），刁雍任薄骨骝镇将。九年（448），刁雍上表请求建造城池，皇帝下诏命名为刁公城。《水经注》记载："城建在河渚之上，即赫连勃勃果园城。但因为语言出自少数民族，不讲究城市名称。访之于年高望重者，都说赫连勃勃的时代有骏马死于此地，根据马的毛色作为城名，所以称城为白口骝，因为韵转谬误的原因，所以变成了现在的薄骨律。"

富平废县，在灵州西南。汉朝设置，归属北地郡。东汉永初五年（111），迁徙北地郡郡治于池阳。永建四年（129），又迁徙于冯翊，富平旧县就此废弃。

温池废县，在灵州东南。唐神龙元年（705）设置，属灵州管辖。县侧有盐池，五代时废。在今惠安堡，北至灵州一百八十里，产盐。

燕然废州，唐代开元初年设置，州治暂设在回乐县界。唐代至德年间（756—758）以后废。

韦州废城，在灵州东南，西夏朝设置。《宋史》记载："嘉祐六年（1061），西夏人改韦州监军司为祥祐军，后又改静塞军。"元代废弃。

盐州废城，旧志记载："东南至灵州三百里。即今天的花马池营。隋朝设置盐川郡。西魏设置西安州。"《元和郡县图志》记载："贞观二年（628），平定梁师都，再次设置盐州。"《新唐书·地理志》记载："贞元三年（787），陷落于吐蕃。九年（793），再次设城防御。有盐州府，又有保塞军。"宋代咸平年（998—1003）以后被西夏侵占，仍称盐州。

兴昌废郡，在灵州东北。西魏设置临河郡。开皇元年（581）改称兴昌郡，三年（583）废。《新唐书·地理志》记载："灵州黄河外有新昌军。"即指此地。

白池废县，南至灵州九十里。唐代景龙三年（709）设置，靠近白盐池，所以得名白池，本来称兴宁县。宋代陷落于西夏，遂废弃。

五原废县，汉代设置朐衍县，归属北地郡管辖。西魏改五原郡。明代正统九年（1444），在五原县西建兴武营，按：县治在今榆林地界。

丁奚城，《东观汉记》记载：“丁奚城在灵州北。后汉永初六年（112），汉阳反贼杜季贡降于滇零羌，另居于此，被任尚击破。”

丰宁城，《新唐书·地理志》记载：“灵州有武略、河间、保静、鸣沙、万春五府，丰宁、保宁等城。”

铁角城，与盐州相近，也称三角城。明朝初年为官军屯戍之处。

临河镇，宋代设置巡检使管理少数民族部落，后陷落于西夏。

汉御史、尚书、光禄三渠，唐大历十三年（778），胡人头领马重英以四万骑兵入寇灵州，填塞御史、尚书、光禄三渠以破坏屯田，常谦光率军驱逐之。

唐光禄渠，即汉代光禄渠。废塞已经很久了，大都督长史李听再次开挖，用来灌溉屯田。

唐特进渠，《新唐书·地理志》记载：“灵州回乐县有特进渠，长庆四年（824）七月下诏开挖，灌溉农田六百顷。”

地宫，明代庆王朱㮵修建用来避暑，在韦州庆王府内。

灵州志迹卷二

丁税赋额志第九

古者计丁授地，而地无旷土；后世按地课丁，而丁无正额。丁之额，仍以地为额也。灵州壤邻大漠，地之沙碱者居多。然渠水所灌率宜麦稻，而斥卤之地[①]复产盐，以补丁税之不给，其余山硝瘠田征额尤从其薄。夫稽隐漏、严督促，有司[②]之职也；而制经费、课殿最[③]，亦国家之法也。于催科[④]之中寓抚字[⑤]之意，是在善为政者之随时调剂[⑥]尔。今录丁税赋额为一编，而以历代盐法、茶法缀其后，俾观者得裁别[⑦]焉。

丁税赋额

［一］原额[⑧]地三千四百一十六顷九十四亩三分八厘。

额外牛息糜粮四百五石一斗九升。

① 斥卤之地：盐碱地。
② 有司：官吏。古代设官分职，事各有专司，故称有司。
③ 课殿最：以最与殿二等考核官吏的办法。
④ 催科：催收租税。租税有科条法规，故称。
⑤ 抚字：对子女的爱护养育。这里用以称颂官员爱民如子。
⑥ 调剂：调整有无、余缺等情况；调整使合宜。
⑦ 裁别：判断鉴别。
⑧ 原额：原来规定的数额。

在于“特参贪酷不职等事”案内，收节年开垦入额地六十七顷六十四亩三分二厘。

又养廉牛犋[1]湖田等地六十九顷四十七亩八分四厘。

除历年勘报河冲沙压地四百三十顷七十五亩八分一厘。

雍正九年，在于“酌请分疆定域”案内，请设花马池州同，分管熟地八百二十二顷八十五亩二分六厘。除牛息糜粮四百五石一斗九升。

［二］今实额地二千三百顷四十五亩四分六厘二毫。内：

上则全田：一百三十一顷八十四亩零。每亩征粮一斗二升、草四分六厘三毫、银八厘八丝[2]五忽。

中则全田：五百七十四顷四十六亩零。每亩征粮一斗二升、草四分六厘三毫、银三厘一毫八丝。

中全田：八顷。每亩征粮一斗二升、草四分六厘三毫、银一厘八毫一丝。

上民田：三百六十八顷七十四亩零。每亩征粮八升、草三分二厘、银八厘八丝五忽。

中民田：二百九十五顷二十七亩零。每亩征粮八升、草三分、银三厘一毫八丝。

土兵田：五顷九十九亩零。每亩征粮八升、草三分三厘、银三厘一毫八丝。

一则沙田：五十五亩零。每亩征粮二升[3]，征银七厘八丝五忽。

二则沙田：四十三顷四十八亩零。每亩征粮三升、银二厘一毫八丝。

一则山田：一十三顷六十一亩零。每亩征粮三升三合[4]九勺七抄一撮七圭八粟、银二分六厘九毫七丝二忽八微一纤四尘三渺。

二则山田：一十八顷七亩。每亩征粮三升三合、银一分八厘一丝一忽六纤八尘七渺。

三则山田：二百八十三顷二十四亩零。每亩征粮七合、银七毫六丝八忽七微六

① 牛犋：泛指耕作的畜力，可以是耕牛、马或驴骡。

② 丝：与下文的忽、微、纤、沙、尘、渺、漠、埃，俱为古代微量单位。丝，十忽。忽，十微。微，十纤。纤，十沙。沙，十尘。

③ 二升：《宁夏府志·田赋·赋额》卷七作“三升”。

④ 合：与下文的勺、抄、撮、圭、粟俱为古代容量单位。六粟为一圭，十圭为一撮，十撮为一抄，十抄为一勺，十勺为一合。

纤七尘七渺一漠。

沙薄田：一百四十七顷四十五亩零。每亩征粮三升、银一分三厘四毫四丝八微五尘九渺八漠。

硝全田：一百四十二顷九十二亩零。每亩征银一分五厘七毫二丝。

硝碱全田：五十二顷三十三亩零。每亩征折粮草银一分二厘五毫四丝、地亩银一厘。内有三十亩，每亩征银九厘七毫八丝五忽，折粮草银、地亩银并同。

硝碱减田：四十一顷二十六亩零。每亩征银一分三厘三毫五丝七忽。内有二十一顷八十二亩零，征硝银一分二厘五毫四丝，地亩银八毫一丝七忽。

硝碱田：五顷五十六亩零。每亩征折粮草银一分二厘五毫四丝。

硝田：三顷二十亩零。每亩征银一分二毫四丝。

硝碱民田：二十三顷一十四亩零，每亩征地亩银一厘，折粮草银一分二厘五毫四丝。内有二顷七十亩零，每亩征地亩银七厘八丝五忽，折征粮草银并同。

硝民田：二十五顷八十三亩零。每亩征银一分二厘五毫四丝[①]。

［三］原额更名地[②]四百八十九顷六十二亩。内：

全田：一百四顷四十五亩零。每亩征粮斗二升、草三分、银三厘一毫八丝。

糜谷[③]上田：三十三顷六十三亩零。每亩征粮一斗二升[④]、银二厘一毫一丝[⑤]。

糜谷中田：一百三十四顷五十七亩零。每亩征粮七升五合、银二厘一毫八丝[⑥]。

糜谷下田：一十三顷八十四亩零。每亩征粮五升五合、银二厘一毫八丝。

一则碱田：九十一顷四十二亩零。每亩征粮八升，银二厘一毫八丝。

二则碱田：二十九顷四十七亩零。每亩征粮六升四勺四抄三撮七圭、银二厘一

① 按：此条后《宁夏府志·田赋·赋额》卷七尚有“民银田四十一顷八十亩零。每亩征折粮草银三分，地亩银二厘一毫八丝”。

② 更名地：清代民田名称之一。清初，将明代宗室、藩王所遗田地改归民户所有，并将他们编入所在州县缴纳赋税。

③ 糜谷：指谷物。

④ 二升：《宁夏府志·田赋·赋额》卷七作“一升”。

⑤ 一丝：《宁夏府志·田赋·赋额》卷七作“八丝”。

⑥ 八丝：《宁夏府志·田赋·赋额》卷七作“一丝”。

毫八丝。

口粮田： 九顷八十四亩零。每亩征粮七升五合，银三厘一毫八丝。

银田： 十顷。每亩征银三分三厘一毫。

硝田： 四十二顷三十五亩零。每亩征银一分三厘五毫四丝。

硝全田： 一十三顷九十亩零。每亩征银一分五厘七毫七丝七忽二纤四尘一渺四漠六埃。

半硝田： 六顷六亩零。每亩征银六厘二毫七丝五忽四微三纤八渺八漠。

以上共实地二千七百九十顷七亩四分零。

［四］共应征夏、秋粮一万八千二百二十一石七斗七升九合五勺。内除冲压地亩奉文停征粮六百二十三石三斗九升四合七勺，实征粮一万七千五百九十八石三斗八升四合八勺。内：

小麦二千五百二十八石二斗四升五合二勺。

豌豆五千六百一十三石一斗五升一合一勺。

青豆五千三百四十五石二斗七升九合三勺。

粟米四千一百一十一石七斗九合二勺。

共应征谷草六万一千二百七十二束五分六厘。

共应征地亩并折粮草银六百一十三两一钱三分二厘。

九厘银①八百七十两五分八厘。

银田布价银②二百一十四两四钱四分二厘。

牛犋银四十四两一钱八分二厘。

［五］原额身差人丁。雍正五年，在于“请仿以粮载③丁”案内，奉旨通省以粮载丁，按照实征地亩银两均载丁银。每粮一石均载丁银一分六厘一丝五忽，共征丁银二百一十六两七钱五分七厘。

---

①九厘银：九厘额银，赋役名。为明代的三饷加派之一，即世称的辽饷或新饷。清入关后，辽饷等明季加派仍在征收，而其中的辽饷，后来被列为清代田赋正额，从未免征。

②价银：指物品、产业按价买卖所应收付的银两数。

③载：原本作“代”，据正文及《宁夏府志·田赋·赋额》卷七改。

［六］以上共征银一千九百五十八两五钱七分一厘。内除冲压地亩停征银一百四十二两五钱六分九厘，实征银一千八百一十六两二厘。州库存留自支银二百五十五两二钱四分。

一岁支各坛、庙宇祭祀银三十二两七钱二分，又支惠安堡盐捕通判俸银三十二两。各役岁支工食银共三百二十两①。余银四十六两五钱二分，系裁汰盐课大使各役原额俸工银四十三两五钱二分，空缺乡饮②银三两。文武举人每逢会试，每名应领盘费银五两五钱二分四厘。

起运银一千五百六十两七钱六分二厘。

花马池州同分管灵州。

［一］原额地八百九十五顷五亩三分八厘。内：

民地八百八十九顷一十五亩三分八厘。每亩征黄米七合。

屯田五顷九十亩，每亩征青豆三升。

［二］应征粮六百四十石一斗七升七合七勺。内：

黄米六百二十二石四斗七合七勺。

青豆一十七石七斗。

［三］应征丁银一十两一钱八分三厘。

【译文】

丁税赋额志第九

古代按人口授予田地，而野外没有荒芜的土地；后世按土地的数额征收人丁税赋，而人丁税赋也就没有正式规定的数额。人丁税赋的

① 按：此句《宁夏府志·田赋·赋额》卷七作“各役岁支工食银一百七十四两”，据此加“岁支”两字。

② 乡饮：古代一种庆祝丰收、尊老敬老的宴乐活动。明清时期，该习俗更为隆重，民众把治家有方、内睦宗族、外和乡里、义举社会、有崇高威望者推荐为乡饮大宾，县府每年从财政支出中拿出十两官银用于举办乡饮活动，以弘扬其风节，彰显社会和谐温惠。这种习俗，在当时的社会中起到了敦亲睦族、止恶扬善的作用。

数额，仍旧取决于拥有土地数额的多少。灵州地域邻近大漠，沙碱地居多。然而渠水所能浇灌的土地大都适宜种植小麦、水稻，盐碱地又能产盐，正好可以弥补人丁税赋的不足，尤其可以从轻征收其余山地、瘠薄田地的税赋。稽查隐瞒漏报、严格督促征收，是官吏的职责；而管理经费、考核官吏，也是国家的法度。在催缴税赋的过程中体现爱民如子的深情厚谊，就在于善于治理国家的官员随时能够调整有无、余缺。现在把丁税赋额抄录为一编，以历代盐法、茶法连缀在后面，使读者得以判断鉴别。

丁税赋额

［一］原有在册土地三千四百一十六顷九十四亩三分八厘。

额外牛息糜粮四百零五石一斗九升。

在“特参贪酷不职等事”案内，没收登记入册历年开垦土地六十七顷零六十四亩三分二厘。

又养廉牛犋湖田等地六十九顷零四十七亩八分四厘。

扣除历年勘查报告河冲沙压土地四百三十顷零七十五亩八分一厘。

雍正九年（1731），在“酌请分疆定域”案内，请求朝廷设立花马池州同，分管熟地八百二十二顷零八十五亩二分六厘。扣除牛息糜粮四百零五石一斗九升。

［二］现今实有登记在册土地二千三百顷零四十五亩四分六厘二毫。内有：

上则全田：一百三十一顷零八十四亩。每亩征粮一斗二升、草四分六厘三毫、银八厘八丝五忽。

中则全田：五百七十四顷零四十六亩。每亩征粮一斗二升、草四分六厘三毫、银三厘一毫八丝。

中全田：八顷。每亩征粮一斗二升、草四分六厘三毫、银一厘八毫一丝。

上民田：三百六十八顷零七十四亩。每亩征粮八升、草三分二厘、银八厘八丝五忽。

中民田：二百九十五顷零二十七亩。每亩征粮八升、草三分、银三厘一毫八丝。

土兵田：五顷零九十九亩。每亩征粮八升、草三分三厘、银三厘一毫八丝。

一则沙田：五十五亩。每亩征粮二升，征银七厘八丝五忽。

二则沙田：四十三顷零四十八亩。每亩征粮三升、银二厘一毫八丝。

一则山田：一十三顷零六十一亩。每亩征粮三升三合九勺七抄一撮七圭八粟、银二分六厘九毫七丝二忽八微一纤四尘三渺。

二则山田：一十八顷七亩。每亩征粮三升三合、银一分八厘一丝一忽六纤八尘七渺。

三则山田：二百八十三顷零二十四亩。每亩征粮七合、银七毫六丝八忽七微六纤七尘七渺一漠。

沙薄田：一百四十七顷零四十五亩。每亩征粮三升、银一分三厘四毫四丝八微五尘九渺八漠。

硝全田：一百四十二顷零九十二亩。每亩征银一分五厘七毫二丝。

硝碱全田：五十二顷零三十三亩。每亩征折粮草银一分二厘五毫四丝、地亩银一厘。内有三十亩，每亩征银九厘七毫八丝五忽，折粮草银、地亩银都一样。

硝碱减田：四十一顷零二十六亩。每亩征银一分三厘三毫五丝七忽。内有二十一顷零八十二亩，征硝银一分二厘五毫四丝，地亩银八毫一丝七忽。

硝碱田：五顷零五十六亩。每亩征折粮草银一分二厘五毫四丝。

硝田：三顷零二十亩。每亩征银一分二毫四丝。

硝碱民田：二十三顷零一十四亩，每亩征地亩银一厘，折粮草银一分二厘五毫四丝。内有二顷零七十亩，每亩征地亩银七厘八丝五忽，折征粮草银一样。

硝民田：二十五顷零八十三亩。每亩征银一分二厘五毫四丝。

［三］原额更名地四百八十九顷零六十二亩。内有：

全田：一百零四顷零四十五亩。每亩征粮一斗二升、草三分、银三厘一毫八丝。

糜谷上田：三十三顷零六十三亩。每亩征粮一斗二升、银二厘一毫一丝。

糜谷中田：一百三十四顷零五十七亩。每亩征粮七升五合、银二厘一毫八丝。

糜谷下田：一十三顷八十四亩零。每亩征粮五升五合、银二厘一毫八丝。

一则碱田：九十一顷四十二亩零。每亩征粮八升，银二厘一毫八丝。

二则碱田：二十九顷零四十七亩。每亩征粮六升四勺四抄三撮七圭、银二厘一毫八丝。

口粮田：九顷零八十四亩。每亩征粮七升五合，银三厘一毫八丝。

银田：十顷。每亩征银三分三厘一毫。

硝田：四十二顷零三十五亩。每亩征银一分三厘五毫四丝。

硝全田：一十三顷零九十亩。每亩征银一分五厘七毫七丝七忽二纤四尘一渺四漠六埃。

半硝田：六顷零六亩。每亩征银六厘二毫七丝五忽四微三纤八渺八漠。

以上共有实地二千七百九十顷零七亩零四分。

［四］共应征夏、秋粮一万八千二百二十一石七斗七升九合五勺。其中扣除被冲压地亩遵奉指示停征粮六百二十三石三斗九升四合七勺，实际征粮一万七千五百九十八石三斗八升四合八勺。内有：

小麦二千五百二十八石二斗四升五合二勺。

豌豆五千六百一十三石一斗五升一合一勺。

青豆五千三百四十五石二斗七升九合三勺。

粟米四千一百一十一石七斗九合二勺。

共应征谷草六万一千二百七十二束五分六厘。

共应征地亩并折粮草银六百一十三两一钱三分二厘。

九厘额银八百七十两五分八厘。

银田布价银二百一十四两四钱四分二厘。

［五］原来规定数额的身差人丁税赋。雍正五年（1727），在“请仿以粮载丁”案内，奉皇上圣旨全省推行征粮搭载人丁税赋制度，按照实征地亩银两均搭载人丁税赋。每粮一石均搭载人丁银一分六厘一丝五忽，共征人丁银二百一十六两七钱五分七厘。

［六］以上共征银一千九百五十八两五钱七分一厘。其中扣除冲压

地亩停征银一百四十二两五钱六分九厘，实征银一千八百一十六两二厘。州库存留自支银二百五十五两二钱四分。

一年支出各神坛、庙宇祭祀银三十二两七钱二分，又支出惠安堡盐捕通判俸禄银三十二两。每年支出各类杂役薪俸银共三百二十两。剩余银两四十六两五钱二分，原系裁革淘汰盐课大使各劳役后，节约下来的原定数额薪俸银四十三两五钱二分，空缺乡饮银三两。文武举人每逢参加会试，每名应领旅费银五两五钱二分四厘。

起运银一千五百六十四两七钱六分二厘。

花马池州同分管灵州。

［一］原有在册土地八百九十五顷五亩三分八厘。内有：

民地八百八十九顷零十五亩三分八厘。每亩征黄米七合。

屯田五顷零九十亩，每亩征青豆三升。

［二］应征粮六百四十石一斗七升七合七勺。内有：

黄米六百二十二石四斗七合七勺。

青豆一十七石七斗。

［三］应征人丁银一十两一钱八分三厘。

盐法

宁夏盐捕厅灵州花马小池产盐，地方周围三十六里零。池设有壕墙，按年疏筑，限隔内外。

旧盐井二百眼，额坝夫二百名。征纸价银①五百二十二两三钱四分，工食银二千四百五十七两六钱。捞盐六万一千四百四十石，引六万一千四百四十张。征课②银一万三千二百四十两三钱二分。

又于雍正六年，在“盐井增添”案内，查出新井二百二眼，共四百二眼，额坝夫四百二名。雍正十三年，在“署员成效已著”案

① 纸价银：盐商赴官领引时需缴纳的费用。

② 征课：征收赋税。课，征税。

内[①]增引六千张，共新旧引六万七千四百四十张。原额每引征银一钱一分五厘五毫。自康熙十五年至廿五年，在于“量增盐课”各案内，递有加增。除康熙二十年恩诏“豁免遇闰增课”，二十五年部议“停征五分加增”二案外，现额每引征银二钱一分五厘五毫。共征课银一万四千五百三十三两三钱二分，按年解布政司奏销[②]。额产盐六万七千四百四十石，在于平、庆两府各厅州县并宁夏河东各营堡行销。

灵州所属吴忠等堡一十九堡，原额引二千三百八十六张，额征课银五百一十四两一钱八分三厘。

附：历代盐法

《周礼》[③]有盐人之职，汉置盐铁官，盐政之设旧矣，而宁夏盐池至唐始见于史。

［**唐**］

《唐·食货志》载：盐州五原有乌池、白池、瓦池、细项池；灵州有温泉池、两井池、长尾池、五泉池、红桃池、回乐池、弘静池；会州有河池。三州皆输粟以代盐。

［**后周**］

周广顺二年，敕令庆州榷盐[④]务：今后每有青盐一石，抽税钱八百八十五陌、盐一斗；白盐一石，抽税钱五百八十五陌、盐五升[⑤]。此外不得别有邀求。

---

① 署员成效已著案内：原本作“署员内成效已著案”，据正文及《宁夏府志·田赋·赋额》卷七改。

② 奏销：清代各州县每年将赋税征收的实数报户部奏闻。

③ 周礼：参见《周礼·盐人》。

④ 榷盐：原指汉武帝时官府垄断食盐产销的政策。后世亦指把盐税并入盐价来征收的措施。

⑤ 五升：原本作“一升”，据蔡淑梅《（嘉庆）〈灵州志迹〉（光绪）〈灵州志〉》征引《旧五代史·食货志》卷一四六、《五代会要·盐》卷二六、《文献通考·征榷考二·盐铁》卷十五改。

［宋］

宋至道末，凡禁榷之地[①]，官立标识候望[②]以晓民。其课盐通商之地，陕西[③]则京兆、凤翔府、同[④]、华、耀、乾、商、泾、原、邠、宁、仪、渭、鄜、坊、丹、延[⑤]、环、庆、秦、陇、凤、阶、成州、保安、镇戎军。按宋初盐筴[⑥]，只听州县给卖，初未尝有客钞也。雍熙二年，令商人所在纳银，赴京请领交引[⑦]，盖边郡入纳算请[⑧]始见于此。端拱二年，置折中仓，令商人输粟京师，盖在京输粟算请始见于此。天圣七年，令商人榷货[⑨]物入纳钱银，盖在京入纳钱银算请[⑩]等始见于此。庆历[⑪]八年，以兵部员外郎范祥[⑫]钞法，令商人就边郡入钱。四贯八百售一钞，至解池[⑬]请盐二百斤，任其私卖，得钱以实塞下，省数十郡搬运之劳。

行之既久，盐价时有低昂。又于京师置都盐院，陕西转运司自遣官主之。京师食盐，斤不足三十五钱，则敛而不发，以长盐价[⑭]；过四十，则大发库盐，以压商利。使盐价有常，而钞法有定。行之数十[⑮]年，人以为利。

---

① 禁榷之地：谓禁止买卖盐茶等属于国家专卖物品的地方。

② 标帜候望：标帜，记号、标志；候望，侦查。

③ 陕西：原本作“京西”，据《宋史·食货志三》卷一八一、《中国历史地图集》六改。

④ 同：原本作“固”，据《宋史·食货志三》卷一八一、《中国历史地图集》六改。

⑤ 延：此字原本脱，据《宋史·食货志三》卷一八一补。

⑥ 盐筴（cè）：征收盐税的政策法令。筴，同策。

⑦ 交引：宋代商人采办盐茶或军粮等物所用的证券。

⑧ 算请：谓缴纳盐税申请贩盐。

⑨ 榷货：专卖货物。

⑩ 请：此字原本脱，据《光绪灵州志·丁税赋额志第九》补。

⑪ 庆历：原本作“天圣”，据《宋史·食货志三》卷一八一改。

⑫ 范祥：原本作“范详”，据《宋史·食货志三》卷一八一改。

⑬ 解池：地名，在山西运城东南，以产盐著名。

⑭ 盐价：原本作“下价”，据蔡淑梅《（嘉庆）〈灵州志迹〉（光绪）〈灵州志〉》征引《梦溪笔谈·官政》卷十一改。

⑮ 十：此字原本脱，据蔡淑梅《（嘉庆）〈灵州志迹〉（光绪）〈灵州志〉》征引《梦溪笔谈·官政》卷十一补。

［**西夏**］

元昊时，请售青、白盐。宋以其味佳值贱，入中国则扰边，且阻解池，绌国用，遂不许。

［**元**］

至元元年①，各州县户口②，额办盐课③，运官④召商发卖，惟陕西运司官每年预期差人分道赍⑤引，遍散州县。陕西食盐之户，该办课⑥二十万三千一百六十四锭有余⑦。内巩昌、延安等处认定课钞⑧一万六千二百七十一锭，庆阳、环县、凤翔、兴元等处岁办课一万七千九百八十五锭。其余课钞因关陕旱饥，民多流亡，至顺三年盐课，十分为率，减免四分，行之三载，尚多亏负。时至元二年，监察御史帖木儿不花及廉访使胡通奉疏："陕西百姓许食解盐，地远脚力艰涩。今后若令⑨大河以东之民，分定课程⑩，买食解盐，大河以西之民，计口⑪摊课，任食韦、红之盐，则官不被扰，民无荡产之祸矣。且解盐结之于风，韦、红盐产之于地；东盐味苦，西盐味甘，又岂肯舍其美而就其恶乎？使陕西百姓一概均摊解盐之课，令食韦、红之盐，则盐吏免巡禁之劳，而民亦受惠矣。"因命陕西行省官及李御史、运司同知郝中顺会巩昌、延安、兴元、奉元⑫、凤翔、邠州等官，与总帅

① 至元元年：原本作"元"，据《元史·食货志五》卷九七改。

② 户口：指一地住户及其人口。一家叫一户，一人叫一口。

③ 额办：规定承办（之事）。盐课：旧时以食盐为对象所征的税课。

④ 运官：古代督运物资的官员。

⑤ 赍（jī）：把东西送给别人。

⑥ 办课：犹纳税。

⑦ 课钞：税金。

⑧ 有余：此二字原本脱，据《元史·食货志五》卷九七补。

⑨ 令：原本作"因"，据《元史·食货志五》卷九七改。

⑩ 课程：古代依物价高低而订定的税额。

⑪ 口：原本作"日"，据《元史·食货志五》卷九七改。

⑫ 奉元：原本作"奉先"，据《元史·食货志五》卷九七、《宁夏府志·田赋·盐法》卷七改。

汪通议，俱称当从帖木儿不花、胡通奉所言，限以黄河为界，陕西之民从便食用韦、红二盐，解盐[①]依旧西行，红盐不许东渡[②]。独郝同知言[③]："运司每岁办课四十五万锭，陕西该办二十万锭，今止认七万锭，余十三万锭，从何处恢办[④]？"议不合而散。户部遂参照至顺二年例，以泾州白家河永为定界，听民食用，仍督所在军民官严行禁约，勿致红、韦二盐犯境侵课。中书省如所[⑤]议行之。

［**明**］

洪武间，灵州盐课司岁办盐[⑥]二百八十六万七千四百七斤。

万历六年，岁解宁夏镇年例银一万三千三百四十二两。

成化二十二年，移萌城批验所于红德城堡。令黑城、干沟二路盐车俱抵庆阳府城市卸载。商人同店主执引验过，赴行盐地方。货卖毕，引日付店主销缴[⑦]。

弘治二年，令灵州盐课司行盐地方仍旧于平凉、静宁、陇德、庆阳、环县等处。

嘉靖八年，议准大池增三万三千六百二十六引，小盐池增二万二千四百一十七引。每引银二钱五分，卧引银一钱，共一万九千六百一十五两，送平凉府收贮，专备禄粮。十四年，题准灵州小盐池额盐三千一百零五引，专供花马池一带修边支用。其加增盐三万引，召商开中[⑧]，三边轮流买马，或接济军饷支用。三十四年，奏

① 盐：原本作"引"，据《元史·食货志五》卷九七改。
② 渡：原本作"波"，据《元史·食货志五》卷九七改。
③ 言：原本作"盐"，据《元史·食货志五》卷九七改。
④ 恢办：谓征收督办。
⑤ 所：原本作"何"，据《元史·食货志五》卷九七、《宁夏府志·田赋·盐法》卷七改。
⑥ 盐：原本作"灵州"，表意不明，据《明史·食货志四》卷八零改。
⑦ 销缴：缴回并注销交差。
⑧ 开中：明初实施的开中盐法。明代政府为鼓励商人输送米粮等至边塞而给予食盐运销权的制度。

准陕西行盐地方，每盐二百斤为一引，每引收银四钱五分，西盐二分①搭配漳盐八分。俱听分守陇右道监理收银，年终解送花马池营管粮衙门，防秋兵马支用。

隆庆五年，题准花马池大、小二池盐，每引照盐四倍。河东令各商报纳，每引增银一钱二分，共五钱二分，其卧引银一钱二分。西路斗底银一钱五分，共增课银七千有奇。

成化九年，差御史一员巡视河东运司，并陕西、灵州大小二池盐课，其陕西、河南所属分巡各道官带管②盐法者，悉听节制。庆阳府每岁委佐贰官一员，监③支灵州盐课司商人纳马官盐及民间食盐。

旧志④：原额盐三千二百余引。弘治九年，延、宁二镇轮招马匹，寻乃⑤奏革。正德初，总制杨一清奏拟河东运司例，每引收银一钱五分，课增五万二千引。时户部又奏改易刍粮。其引与淮、浙同在南京户部关支⑥。刘瑾专恣，又令北京户部亦造引板。于是真赝不分，新故俱滞。瑾既败，两奉诏裁革，奸深弊固，犹不能禁。

总制刘天和、巡抚杨守礼，檄佥事孟霦⑦议照⑧：宁夏小盐池，乃天生自然之利，穷边军饷之需。何先年人人愿中，以为奇货可居，今日报纳无人，视之以为陷阱？皆缘旧引未清，新盐阻滞，边方虽有盐池之设，军需略无分文之裨。严法清查，其弊始革。巡抚张润寻又奏

① 二：原本作“三”，据《宁夏府志·田赋·盐法》卷七改。

② 管：此字原本脱，据蔡淑梅《（嘉庆）〈灵州志迹〉（光绪）〈灵州志〉》征引《乾隆甘肃通志·盐法》卷十八补。

③ 监：原本作“兼”，据蔡淑梅《（嘉庆）〈灵州志迹〉（光绪）〈灵州志〉》征引《乾隆甘肃通志·盐法》卷十八、《明会典·盐法》卷三六改。

④ 旧志：参见《万历朔方新志·食货·盐法》卷一。

⑤ 乃：原本作“仍”，据《宁夏府志·田赋·盐法》卷七改。

⑥ 关支：领取。

⑦ 孟霦：字孔章，山西泽州人。山西乡试第三名，明嘉靖八年（1529）会试第七名，殿试三甲第八十名。嘉靖十七年（1538）任宁夏督储河西道。宁夏方志评价其“明敏廉介，有不吐不茹之风。督储多方，师行有赖。宪台清肃，边人帖然。诗得上乘法”。

⑧ 照：凭证。这里指盐引。

复萌城批验，盐法稍通，然课犹未甚。今则增至淮引八万五千，浙引十万九千五百。夏之边需，故取足于屯粮，岁有定数，不足则请给帑银。嘉靖年间，请发内帑不敷，乃派淮、浙盐引以充急用。或淮多浙少，或淮浙相均，一视岁计①盈缩量派。

嘉、隆之际，始定以淮四浙六。官价淮引五钱，浙引三钱五分。照派定粮草输足，各赴淮、浙运司守支②。淮引微有奇赢③，浙引亏折太甚。加以开召不时，斗头④高估，诸商遂称困矣。万历初，巡抚罗凤翱宽减刍粮斗头，商困少解。迨后内珰⑤寓于江南验引，专掣内商贿买夹带，一引十⑥盐。此窦既开，边商盐引难售，资斧⑦亏折，困苦如水益深。

又云：二十年兵变⑧，开城粮饷缺乏。巡抚周光镐题增淮盐八万引，官价每引五钱；长芦盐二万引，官价每引二钱五分，共算银四万五千两，随同额盐招商输纳⑨粮草，以备军兴⑩，庶几定为经制⑪。不意⑫三十七年复将前项盐引银两停发，改济别边。后巡抚黄嘉善题讨暂准三万两接济。又巡抚崔景荣题讨，仅岁复一万而终无济于挪借。巡抚杨应聘再题讨复疏，下部未覆。

按：盐之在三山儿者曰大盐池，在故盐池之西北者曰小盐池。其

① 一视：全看；完全按照。岁计：一年中收支的计算。

② 守支：明代盐商凭盐引等候领盐。

③ 奇赢：指商人所获的盈利。

④ 斗头：指输运粮草的数量。斗，量粮食的器具。原本作“高头”，据下文及《万历朔方新志·食货·盐法》卷一改。

⑤ 内珰：太监。

⑥ 十：原本作“小”，据《宁夏府志·田赋·盐法》卷七改。

⑦ 资斧：本意为利斧，借作旅费、盘缠。

⑧ 二十年兵变：壬辰兵变，指万历二十年二月十八日爆发的哱拜之乱。

⑨ 输纳：缴纳。

⑩ 军兴：谓征集财物以供军用。

⑪ 经制：治国的制度。

⑫ 不意：没有想到。

他名字罗等池最多，皆分隶大小[①]盐池。其盐大都不劳人力，因风自生，殆天产以资边需者也。又《地里志》[②]："怀远县有盐池三。"去城南[③]、北各三十里俱有池一，其产不多，官亦不禁。不知于古何名。河东边外有花马、红柳、锅底三池，以边外弃。

茶法

宁夏茶引原额四百道，每引额茶一百一十四斤，交课银三两九钱。顺治九年，招商承办，宁夏商额引二百五十道，灵州商额引一百道，中卫商额引五十道。嗣因食茶人少，销[④]售维艰。康熙时，宁夏商告缴引八十道，灵州商告缴引三十道。

[杂税]

灵州现在当铺五十座，岁收课银二百五十两。

灵州经管：

本城税局一处，岁额正项银二百二十六两。

横城口税一处，岁额正项银二两七钱六分。

花马池口税一处，岁额正项银一十二两一钱二分八厘。

吴忠、惠安、同心城、兴武营各堡，岁[⑤]收课银二百五十两。

牙帖[⑥]，岁纳银三十两四钱。

田房契税，岁无定额。每价银一两，照例收税银三分。

---

① 小：此字原本脱，据《弘治宁夏新志·灵州守御千户所·属城》卷三补。

② 地里志：参见《旧唐书·地理志》卷三八。

③ 南：此字原本脱，据《弘治宁夏新志·灵州守御千户所·属城》卷三、《嘉靖宁夏新志·灵州守御千户所·属城》卷三、《万历朔方新志·食货·盐法》卷一补。

④ 销：原本作"消"，据《宁夏府志·田赋·茶法》卷七改。

⑤ 岁：原本脱此字，据正文及《宁夏府志·田赋·茶法》卷七改。

⑥ 牙帖：旧时捐税的一种。牙商或牙行纳税后取得牙帖，方准营业。牙行，旧时提供场所、协助买卖双方成交而从中取得佣金的商号或个人。

【译文】

盐法

宁夏盐捕厅灵州花马小池生产食盐，周围方圆三十六里。盐池设有壕沟和围墙，按年疏通维修，以隔绝内外。

有旧盐井二百眼，定员坝夫二百名。征收纸价银五百二十二两三钱四分，俸禄银二千四百五十七两六钱。捞盐六万一千四百四十石，盐引六万一千四百四十张。征收盐税银一万三千二百四十两三钱二分。

又于雍正六年（1728），在“盐井增添”案内，查出新井二百零二眼，共计盐井四百零二眼，定员坝夫四百零二名。雍正十三年（1735），在“署员成效已著”案内增加盐引六千张，共计新旧盐引六万七千四百四十张。原来规定每张盐引征银一钱一分五厘五毫。自康熙十五年至二十五年（1676—1686），在“量增盐课”各案内，顺着年份都有所增加。除康熙二十年（1681）恩诏“豁免遇闰增课”，二十五年（1686）朝廷各部内决定“停征五分加增”二案外，现在定额每张盐引征银两钱一分五厘五毫。共征收赋税白银一万四千五百三十三两三钱二分，按年解送布政司奏销。额定生产食盐六万七千四百四十石，在平凉、庆阳两府所属各厅、州、县以及宁夏河东各营堡销售。

灵州所属吴忠堡等十九个营堡，原定额盐引二千三百八十六张，额定征收赋税白银五百一十四两一钱八分三厘。

附：历代盐法

据《周礼》一书记载当时设有盐人的官职，汉代设置盐铁官，由此看来对盐务的管理由来已久，而宁夏盐池到唐代就开始见著于史书的记载。

［**唐**］

《新唐书·食货志》记载：盐州所属五原县有乌池、白池、瓦池、细项池；灵州有温泉池、两井池、长尾池、五泉池、红桃池、回乐池、弘静池；会州有河池。这三州皆向官府捐纳谷物以代替盐税的征缴。

［后周］

后周广顺二年（952），［周太祖郭威］命令庆州把盐税并入盐价来征收：今后凡青盐一石，抽税钱八百八十五陌、盐一斗；白盐一石，抽税钱五百八十五陌、盐五升。此外不得另外征求。

［宋］

宋代至道（995—997）末年，凡是禁止买卖盐茶等属于国家专卖物品的地方，官府设立标志让百姓知晓，通过侦查等手段［，禁绝私盐贩卖］。其纳税后官盐的销售地域，陕西是京兆、凤翔府、同、华、耀、乾、商、泾、原、邠、宁、仪、渭、鄜、坊、丹、延、环、庆、秦、陇、凤、阶、成州、保安、镇戎军。据考证：宋代初年征收盐税的政策法令，只是听任州县自己供给售卖，最初未尝有招商缴纳盐税贩卖一说。雍熙二年（985），命令凡是贩卖食盐的商人都要交纳银两，赴京师请领采办食盐所用的凭证，大约于此始见边郡缴纳盐税申请贩盐。端拱二年（989），朝廷设置折中仓，命令商人往京师输送粮食，大约于此始见在京师缴纳税赋贩运粮食。天圣七年（1029），命令商人专卖货物时缴纳钱银，大约于此始见在京师缴纳税赋进行货物专卖。天圣八年（1030），按照兵部员外郎范祥提出的钞法，命令商人到边郡缴纳钱银。一钞售价四贯零八百，到解池请领食盐二百斤，任其自行销售，纳征的税款用于充实塞下的力量，省却了数十个郡、县的搬运劳苦。

这个办法实行了很久，盐价时有高低［，波动很大］。［为改变这种局面，］又于京师设置都盐院，由陕西转运司自行委派官员主持此事。京师食盐，大凡每斤价格不足三十五钱，则大肆收购食盐不出售，以提升盐价；每斤价格超过四十钱，就大力抛售库盐以压低商人的利润。以此使得盐价基本保持稳定，而钞法也执行不变。这种办法实施了数十年，人们认为非常便利。

［西夏］

李元昊时，请求在大宋境内销售青、白盐。大宋朝廷认为其青、白盐味道好、价钱低，进入中原市场就会扰乱边境的安宁，并且阻滞解池盐的销售，减少国家的税收，于是就没有同意。

［元］

至元元年（1264），各州县住户及其人口，规定承办盐税，由督运物资的官员召商出售，只有陕西运司官每年预期差人分道派发盐引，遍布各州县。陕西食盐的住户，应该纳税二十万三千一百六十四锭有余。其中巩昌、延安等地认定税金一万六千二百七十一锭，庆阳、环县、凤翔、兴元等地每年纳税一万七千九百八十五锭。其余的税金因为关陕干旱导致饥荒，百姓大多流落逃亡在外，至顺三年（1332）的盐税，以十分为标准，减免掉四分征收，推行了三年，仍然亏损很多。早在至元二年（1265），监察御史帖木儿不花以及廉访使胡通奉向朝廷进呈奏章称："要求陕西百姓食用解池盐，距离遥远运输艰辛。今后如果让黄河以东百姓，分定税额，购买食用解池盐，黄河以西百姓，按照人口分摊盐税，任其食用韦州池、红桃池盐，那么官府管理就不会被扰乱，百姓也没有倾家荡产的祸患。况且解池盐依靠风吹凝结，韦州、红桃池盐从地上自然生长；东盐味苦，西盐味甜，百姓又岂能愿意舍弃美盐而选择恶盐呢？假若让陕西百姓一概均摊解池盐税赋，令其食用韦州、红桃池盐，那么盐吏就免除了巡禁的劳苦，而百姓也受惠多了。"因此朝廷命令陕西行省官员及李御史、运司同知郝中顺会同巩昌、延安、兴元、奉元、凤翔、邠州等地官员，与总帅汪通商议，都说应当同意帖木儿不花、胡通奉的意见，以黄河为界限，陕西民众从便食用韦州、红桃二池盐，解池盐依旧渡过黄河西行销售，而红盐不许东渡黄河一步。唯独郝同知说："运司每年征纳盐税四十五万锭，陕西应该征纳盐税二十万锭，现今只同意七万锭，余下十三万锭，从何处征收督办？"会商不合而散。户部于是参照至顺二年（1331）规定，以泾州白家河永为清晰的分界，听任民众食用，仍然督责各处军民官严行禁止约束，不得让红桃、韦州二池盐犯境侵蚀盐税。中书省按照其意见推行。

［明］

洪武年间（1368—1398），灵州盐课司每年采办食盐二百八十六万七千四百零七斤。

万历六年（1578），每年发送宁夏镇军饷一万三千三百四十二两。

成化二十二年（1486），迁移萌城盐引批验所到红德城堡。命令黑城、干沟二路盐车都运抵庆阳府所属城市卸载。商人同店主共同验过盐引凭证后，到规定销售食盐的地方出售。货物卖完，盐引当天由店主缴回并注销交差。

弘治二年（1489），命令灵州盐课司运销食盐的范围仍旧在平凉、静宁、陇德、庆阳、环县等地。

嘉靖八年（1529），审议核准大盐池增加三万三千六百二十六张盐引，小盐池增加二万二千四百一十七张盐引。每张盐引白银二钱五分，卧引银一钱，共计税收一万九千六百一十五两，送平凉府储藏，专备用来支付俸禄。嘉靖十四年（1535），奏经皇帝批准灵州小盐池盐的产量［增加］三千一百零五引，专供花马池一带修筑边墙支用。其加增盐三万引，召商给予食盐运销权，供三边轮流买马，或资助军饷支付使用。嘉靖三十四年（1555），奏经皇帝批准陕西运销食盐的地域，每二百斤盐为一引，每引收银四钱五分，西盐二分搭配漳盐八分。都由分守陇右道监理收取税银，年终押送花马池营管粮衙门，供防备敌虏秋季入侵兵马支付使用。

隆庆五年（1571），奏经皇帝批准花马池大、小二池盐，每张盐引对应原四倍重量食盐。河东指令各商户申报缴付，每张盐引加银一钱二分，共五钱二分，其卧引银一钱二分。西路斗底银一钱五分，共增加盐税白银七千有零头。

成化九年（1473），委派御史一员巡视河东运司，以及陕西、灵州大、小二池盐税，其中陕西、河南所属分巡各道官员，凡负有监督盐法职责者，全部听从其节制指挥。庆阳府每年委派副职官员一名，监督灵州盐课司商人纳马官盐及民间食盐的收支。

据《万历朔方新志·食货·盐法》记载：原定盐的额度为盐引三千二百多张。弘治九年（1496），供延绥、宁夏二镇轮流招买马匹，不久奏请革除这笔经费。正德（1506—1521）初年，总制陕西三边军务杨一清奏请比照河东运司办法，每张盐引加收白银一钱五分，盐税增加五万二千引。当时户部又奏请改易军用饲料和粮食征运办法。这笔盐引与淮引、浙引同在南京户部领取。大宦官刘瑾专横不法，又指令北京户部也印造盐引凭证。于是真假盐引不分，新旧盐引都滞塞无法流通。虽然刘瑾败露后，［各级官员］两次接受皇帝的命令裁革这项弊政，但因为刘瑾非常狡诈，弊端已成定势，犹不能完全禁绝。

时任总制陕西三边军务刘天和、巡抚杨守礼，指令佥事孟霦撰写文章专门研究讨论盐法和盐引问题，文章说：宁夏小盐池，乃是天然生成的大自然馈赠，荒僻边远地区军饷的来源。为何早年人人愿意购买其盐引，以为奇货可居，今日无人应召缴付，将其视为陷阱？都是因为旧的盐引没有清理，导致新的盐引推行出现阻滞，边疆虽说设有盐池，却对军需保障毫无分文的益处。只有严法清查，其弊端才能革除。不久，巡抚张润又奏请恢复萌城盐引批验所，这时盐法才稍为畅通，然而盐税收入仍然没有增加多少。当今盐税则增加至淮引八万五千张，浙引增加至十万九千五百张。宁夏守卫边疆所需要的物资和器材，原本来源于屯田上缴的税粮，每年都有确定的数量，如果不够则由国库中的银子补足。嘉靖年间（1522—1566），请求拨发国库银两不足，乃分配淮、浙盐引以满足紧急需用。或者淮引多浙引少，或者淮引、浙引平均分配，完全按照一年中收支的多少分派。

嘉靖、隆庆交替之际，才固定为淮引四浙引六的比例。官价淮引每张白银五钱，浙引每张白银三钱五分。盐商按照派定的数额，把粮草运送到边疆，再各自到淮盐、浙盐运司凭盐引等候领盐。淮引微有盈利，浙引亏损过甚。加以经常不断地开召盐引，要求输运粮草的数量过高，众多盐商就陷于困苦了。万历（1573—1620）初年，巡抚罗凤翱从宽减免输运粮草数量，盐商的困顿稍稍缓解。等到太监住在江南查验盐引以后，专门勾连内商贿买夹带，一张盐引竟然可以对应原来十倍重量的食盐。这个漏洞一开，边地盐商的食盐就难以销售，旅费亏折，困苦如水日益加深。

《万历朔方新志·食货·盐法》又记载：万历二十年（1592）兵变，开城缺乏粮饷。巡抚周光镐上奏朝廷增加淮盐八万引，官价每张盐引白银五钱；长芦盐二万引，官价每张盐引白银二钱五分，共合计白银四万五千两，随同原来规定数量的食盐一起招商缴纳粮草，预备征集财物以供军用，差不多成为固定的制度。没有想到万历三十七年（1609）再将前项盐引银两停发，改为补益其他的边防要地。后来巡抚黄嘉善上奏朝廷讨要，只是暂时获准以三万两接济。继任巡抚崔景荣又上奏朝廷讨要，仅仅每年给付一万两，而终究无济于事，不免于东挪西借。后任巡抚杨应聘反复上奏朝廷讨要，下部研究没有答复。

按：盐池在三山儿者称之为大盐池，在旧盐池西北者称之为小盐池。其他池名叫孛罗池的最多，皆分别隶属大小盐池。其盐大都不需劳烦人力，因风自然而生，大概是天然出产用来资助守卫边疆所需要的物资和器材吧。又见《旧唐书·地理志》记载：“怀远县有三个盐池。”现在离城南、北各三十里地都有一池，其食盐产量不多，官府也不禁止百姓采挖。不知在古代称呼什么名字。河东边外还有花马、红柳、锅底三个盐池，因为在边外而废弃。

茶法

宁夏茶引原定额度四百道，每道茶引对应的额度是一百一十四斤，交纳茶税白银三两九钱。大清顺治九年（1652），招商承办，宁夏茶商运售的数额为二百五十道，灵州茶商运售的数额为一百道，中卫茶商运售的数额为五十道。嗣后因为喝茶的人少，销售艰难。康熙（1662—1722）时，宁夏茶商申报购买茶引八十道，灵州茶商申报购买茶引三十道。

［杂税］

灵州目前存在当铺五十座，每年征收税银二百五十两。

灵州经管：

本城税局一处，每年征收正项税银二百二十六两。

横城口税一处，每年征收正项税银二两七钱六分。

花马池口税一处，每年征收正项税银十二两一钱二分八厘。

吴忠、惠安、同心城、兴武营各营堡，每年征收税银二百五十两。

牙帖，每年纳银三十两零四钱。

田房契税，每年没有定额。大凡每宗交易价格白银一两，照例征收税银三分。

水利源流志第十

太史公作《河渠》一书曰："甚哉，水之为利害也！"然则修浚有方，斯人享其利，一或失之而溃决为虞，亦其势然欤。灵州旧有秦、汉二渠，凡临城上腴诸田，悉沿渠上下以资其灌溉之利。每岁春浚，民间自备夫料，其良法美意，前人经画备矣。然地势之高卑，堤堺之厚薄，芦口之广狭，往往随时改易，必长吏①亲为营度②，而以时稽核③其间，使猾胥惰民④无由滋弊。庶几渠水所经，民享其利，而不虞其害也夫。

水利源流

《史记·河渠书》："自武帝筑宣房⑤后，朔方、西河、河西皆引河以溉田。"又《匈奴传》云："骠骑封狼居胥山。汉渡河，自朔方以西至令居⑥，往往通渠置田，官吏卒五六万人⑦。"此宁夏河渠所由昉也。《西羌传》又云："虞诩奏复朔方、西河⑧、上郡⑨，使谒者⑩郭璜激河浚渠为

---

①长吏：地位较高的官员。

②营度：谋划，规划。

③稽核：考查，核实。

④猾胥惰民：猾胥，刁滑的小吏。胥，小吏。惰民，不务正业的游民。

⑤宣房：宫名。汉元光中，黄河决于瓠子。后二十余年，汉武帝命堵塞瓠子决口，筑宫其上，名宣房宫。故址在今河南濮阳县西南。

⑥令居：今甘肃永登县西北。

⑦五六万人：此四字原本脱，据《史记·匈奴列传》卷一一〇补。

⑧西河：汉郡，元朔四年（前125）置，治所在平定，辖境相当今内蒙古鄂尔多斯市东部，山西吕梁山、芦芽山以西，石楼以北及陕西宜川以北黄河沿岸地带。东汉永和五年（140），移治离石（今山西离石）。西河，原本作"河西"，据《后汉书·西羌传》卷八七、本书卷四《艺文上》改。

⑨上郡：战国魏文侯置。汉沿置，治所在肤施（今陕西榆林东南），辖境相当今陕西北部及内蒙古乌审旗等地。

⑩谒者：官名，始置于春秋战国，秦汉因之。掌宾赞受事，即为天子传达。

屯田。”则开汉渠者，虞诩、郭璜矣。

唐渠不见开凿由始。《唐书》：“李听为灵州大都督长史[①]，于境内复故光禄废渠以溉田。”宁夏在唐时为怀远县，隶灵州。凡《唐书》所言灵州，皆兼宁夏。五原有光禄塞，汉光禄勋徐自为所筑。渠名光禄，意亦自为所开。然则今之唐渠，或亦汉旧渠而复浚于唐耳。《吐蕃传[②]》载：“虏酋马重英寇灵州，塞汉御史、尚书、光禄三渠。”皆谓汉渠。惟灵州有特进渠，《地里志》云：“长庆四年诏开。”而亦不著其人。

又后魏刁雍请“自富平西三十里有艾山，凿以通河”。富平，即宁夏地西三十里，今有废渠，疑即艾渠。

宋刘昌祚围夏城，城人决黄河七级渠以灌营。《元和志》言：“千金陂在灵武县北四十二里。汉渠在县南五十里，从汉渠北流四十余里，始为千金陂。其左右又有胡渠、御史、百家等八渠。”宋杨琼，史称其开渠溉田，今皆不知其处。

元郭守敬、董文用修复唐来、汉延各渠，更立插堰[③]，今汉、唐二坝是也。旧制以薪木，明佥事汪文辉易以石，工益固。

国朝康熙四十七年，水利同知王全臣开大清渠。雍正四年，又钦命侍郎通智、单畴书等开惠农渠，与汉、唐并列，河渠之利益广。

灵州、中卫各有渠。旧志：元张文谦疏“兴州古唐来、汉延二渠，及[④]夏、灵、应理、鸣沙四州[⑤]正渠十，支渠大小共六十八。”然大抵唐、汉故迹，文谦为增治疏浚者居多，不自元始也。

秦渠：自州属青铜峡开口，至州城北门外泄入涝河，延长一百二十里。正闸二空[⑥]曰秦闸，尾闸曰黑渠闸。大支渠一十二道，

① 大都督长史：唐为从三品官，其名义虽为幕僚长，事实却是统帅。
② 吐蕃传：原本作“吐鲁番传”，据《新唐书·吐蕃传》卷二一六改。
③ 插堰：指立堤坝。堰，挡水的低坝。
④ 兴州古唐来汉延二渠及：此十字原本脱，据《万历朔方新志·内职·宦迹》卷二补。
⑤ 四州：原本作“四川”，据《宁夏府志·田赋·水利·源流》卷八改。
⑥ 空（kǒng）：穴窍、孔穴。通“孔”。

灌民田一十一万七百亩零。康熙时参将李山重修，俱以石瓮底，长百余丈，岁省[①]夫料无算。

汉渠：自青铜峡秦渠上流开口，至胡家堡泄入涝河，延长一百里。正闸二空曰汉闸。其后河势偏西，常苦无水。康熙四十五年，中路同知祖良贞改深闸底，又增长迎水摒，水乃足用。康熙五十二年，同知祝兆鼎重修东岸，以泄山水冲决之害。大支渠九道，灌田一十二万五千八百亩零。每岁春浚，俱系民间自备夫料。

［附］：

南北涝河记　李培荣　平定州人　乙未进士

朔方水利旧矣，盖观其经纬[②]布置之宜，而叹古之君子其利民也溥[③]，其虑患也周。嘉庆己未春，余署篆灵州，州故有秦、汉二渠。下车始值民修浚，余亲往相度[④]。维时吴忠数堡之民环聚马首，投牒[⑤]互控。大约以涨水侵疆殃及邻界为辞。细询其故，则渠水入田，其尾潴[⑥]而为湖。北湖自金积堡下至吴忠堡之东南共十二处，汪洋清澈，几数千顷。南湖自忠营堡至汉伯堡，虽势不甚广，而渠之所经偶破冲口，洼处辄钟聚。夏秋之交，洪河盛溢，渠流张王[⑦]，游波入湖，湖不能受，则漫衍田亩，浸坏屋庐，亦其势然也。及询其所以经理之宜，则言人人殊，不复可办，余无可如何，姑令徐退。

既而思之：古之君子利民溥，虑患周，所以图始善终者，亦无不备，岂独无道以处此耶？抑其迹久而或湮耶？适有客来谒，谓："公初至，

① 省：原本作"首"，据《宁夏府志·田赋·水利》卷八改。
② 经纬：规划治理。
③ 溥：广大、丰厚。
④ 相度：视察。
⑤ 牒：讼辞。
⑥ 潴（zhū）：水积聚的地方。
⑦ 张王（zhàng wàng）：高涨；旺盛。

地情为未谙。此间旧有南北二涝诃，吴忠之稍为清涝河，汉伯之稍为浑涝河，缘岁久淤塞，民惮其劳，惟以壑邻[1]兴讼。浚此二处，则湖患息矣。”余曰：“若然，是湖非为民患，民自贻患也。”乃率士民，躬为指画。南涝河计长二十余里，分三段修浚。由三岔口抵涝河桥，工属忠营堡；河桥抵小芦洞，工属汉伯堡；芦洞至梢，工属吴忠堡。宽六尺，深六尺，俱安底石为证。北涝河计长四五里，挖深三四尺。两河总汇关尾闸，由山水沟而北抵大河。盖论其害，则北湖为巨；计其功，则南湖较艰，其形便[2]不同如此，既乃[3]著为成式，以图经久。北湖之田涸出几半，明春修浚，北河宜按湖田出夫水利，堡长主之，毋得摊累通堡。南河按段分浚，芦洞以下尤为紧要，稍有偷减，通身复淤。如吴忠堡[4]之人不尽力，则忠、汉两堡合力通浚，而吴忠堡人不得复藉稍水以灌田，违者官治其罪。其种稻之处，上、下堡亦轮年更换，以轻水患。

凡此数端，民皆为便，积年之患，一朝顿除。向之讼者佥曰：“公之赐也，民之福也！”于是罗拜车前以谢余惠。而岂知前人之图始善终，不留余隙，有如此耶？然则古今废兴成毁之故，类此者多矣。作者未始[5]不欲其永久，而其后往往辙隳也。贪咫尺之得，忘寻丈[6]之失；惮一日之劳，遗数年之患。余甚惧焉，因为录次其事以附州志，庶使后之君子知前人之深心不可没，而留心水利者，亦有所藉以考焉。

汉渠水旧丰足，自乾隆三十八九年来，河势东阜，水流西向渐不

①壑邻：拿邻国当作大水坑，把本国的洪水排泄到那里去。比喻只图自己一方的利益，把困难或祸害转嫁给别人。

②形便：地理形势有利。

③既乃：于是。

④吴忠堡：原本脱“忠”字，据正文补。

⑤未始：指尚未发生的事物。

⑥寻丈：泛指八尺到一丈之间的长度。寻，长度单位，八尺为寻。

入渠。州民［禀①］之于时知州黎［珠］②，请帑银四千两，捐粮六百石，令庠生颜俸督工料理。迤渠而南至野马滩，开掘接筑迎水堺十数里，以通壅滞，水乃足用，至今赖焉。州人立碑颂德。

【译文】

水利源流志第十

太史公司马迁在《史记·河渠书》中说："水为利为害的威力，实在是太大了！"既然这样，那么［如果］修理疏通有方，则百姓就会享受到灌溉所带来的好处，一旦措置失当出现溃决忧患，也是水势的规律。灵州旧有秦、汉二渠，凡是临近城池的诸多上等好田，都是沿渠两岸上下分布，受益于渠水的灌溉。每年春天疏浚渠道，都由民间筹备人力、物料，其良法美意，前人经营筹划已经很完善了。然而地势的高低，堤堺的厚薄，芦口的宽窄，往往会随时变化，必须地位较高的官员亲自筹划安排，而经常审查核实账目，使刁滑的小吏、不务正业的游民无从作弊。这样，渠水流经之处，百姓或许可以受用其益，而不忧虑其害了。

水利源流

《史记·河渠书》记载："自汉武帝修筑宣房宫后，朔方、西河、河西诸郡皆引黄河水灌溉田地。"《史记·匈奴列传》又记载："骠骑将军霍去病登狼居胥山，筑坛祭天以告成功。［自此］汉朝的力量推进到黄河以北，自朔方郡以西至令居县，各处开通河渠进行屯垦，官吏卒伍有五六万人。"这是宁夏开通河渠的开始。《后汉书·西羌传》又记载：

① 禀：此处原本为空格，据意补。

② 黎珠："珠"原为空格，据本书卷二《职官姓氏志第十一·历任姓氏》补。

“虞诩上奏朝廷请求收复朔方、西河、上郡，派谒者郭璜筑坝引水，疏通渠道，以收屯田之利。”那么主持开挖汉渠的官员，就是虞诩、郭璜了。

唐渠找不到开凿的起因和时间。只有《旧唐书·李听传》记载：“李听为灵州大都督长史，于境内修复以前光禄废渠以灌溉农田。”宁夏在唐代为怀远县，隶属灵州。凡《旧唐书》所言灵州，皆包括宁夏。五原有光禄塞，由汉代光禄勋徐自为所修筑。既然渠名叫光禄，猜测也是由徐自为所开凿。然而现在所说的唐渠，或是汉代旧渠而唐代又修浚的吧。《新唐书·吐蕃传》记载：“胡虏头领马重英入寇灵州，填塞汉代御史、尚书、光禄三渠。”皆谓汉渠。但是只有灵州特进渠，《新唐书·地理志》有记载：“长庆四年（824）皇帝颁布诏书命令开凿。”但也没有记载主持工程的人名。

又有北魏刁雍奏请朝廷“自富平西三十里有艾山，开凿以通河水”的记载，富平，即位于今宁夏地界西三十里，有废渠遗址，猜测即艾渠。

宋朝刘昌祚围困夏城，夏城人决开黄河七级渠以冲灌敌营。《元和郡县图志》记载：“千金陂在灵武县北四十二里。汉渠在县南五十里，汉渠北流四十余里，始汇入千金陂。其左右两边又有胡渠、御史、百家等八条渠。”宋朝杨琼，史书曾记载其开渠灌溉田地，现在都不知其位置所在。

元代郭守敬、董文用修复唐来、汉延各渠，重新修筑堤坝，就是今天的汉坝、唐坝。过去工程建材用的是木头、柴火，到了明代，由佥事汪文辉以石材更换，工程益加牢固。

康熙四十七年（1708），水利同知王全臣开凿大清渠。雍正四年（1726），皇帝又命侍郎通智、单畴书等开惠农渠，与汉渠、唐渠并列，引黄灌溉的面积越来越大。

灵州、中卫都有渠。旧志记载：元代张文谦在奏疏中说“兴州有古唐来、汉延二渠，加上夏州、灵州、应理州、鸣沙四州主渠十条，支渠大小共有六十八条。”然而这些大都是汉朝、唐朝传下来的旧渠，张文谦重修疏通者居多，并不全是元代开挖的新渠。

秦渠：从灵州所属青铜峡开口，至州城北门外泄入涝河，全长一百二十里。正闸有两个通水孔洞叫秦闸，尾闸叫黑渠闸。大型支渠有十二条，灌溉农田十一万零七百亩。清朝康熙年间由参将李山主持重修，支渠都以石头铺底，渠长百余丈，每年节省的人工费、材料费无法计算。

汉渠：从青铜峡秦渠上流开口，至胡家堡泄入涝河，全长一百里。正闸有两个通水孔洞叫汉闸。后来因为黄河河道向西偏移，汉渠常常无水。康熙四十五年（1706），中路同知祖良贞改深闸底，又增长迎水坝，水乃足用。康熙五十二年（1713），同知祝兆鼎重修汉渠东岸，用以排泄山水，免除冲决之害。大支渠九条，灌溉农田十二万五千八百亩。每年春天疏浚渠道，都由民间筹备人力、材料。

[附]：

南北涝河记　李培荣　平定州人　乙未（1775）进士

宁夏引黄灌溉的历史悠久，从总体看其筹划布置之周密、合理，不禁让人赞叹古代君子惠民的丰厚，防范水患的周全。嘉庆己未（1799）春，我代理灵州知州，州境内旧有秦、汉二渠。刚到任正值百姓修浚渠道，我亲自前往视察。当时吴忠堡等数堡百姓环聚我的左右，投递讼辞互相控告。主要缘由是因为渠水上涨冲决堤坝祸及邻界。细问其故，则渠水入田灌溉，其尾水集聚形成湖泊。北湖从金积堡下延至吴忠堡东南，共有十二处，湖水汪洋清澈，面积将近数千顷。南湖从忠营堡至汉伯堡，虽然面积不太大，而渠水流经之处会偶尔冲破决口，在低洼处汇聚。夏秋之交，洪水暴涨，渠流涨满，这些水流一并汇入南湖，湖不能承受，溢出漫衍田亩，浸坏屋庐，也是水势必然造成的局面。当问及如何妥善处理这种情况，则每个人的说辞都不一样，无法解决，我无可奈何，暂且让他们退下。

既而又想：古时候的君子利民丰厚，虑患周全，所以图始善终的各方面因素，都考虑到了，难道唯独没有办法处理这种情况吗？也许是因为时间久远湮没了痕迹吧？正好有客人来访，对我说："您刚到这里，对地方的情况不熟悉。此地旧有南、北两条涝河，末端在吴忠堡附近的叫清涝河，在汉伯堡附近的叫浑涝河，因为年长日久淤塞，百姓忌惮［清淤］的劳苦，只顾自己，想靠诉讼把困难转嫁给对方。只要疏浚这两处地方，则湖水带来的灾患也就没有了。"我说："如你所说，则湖并没有给百姓造成祸患，是百姓给自己带来了祸患。"于是我带领官绅百姓，亲自筹划安排［清淤事宜］。南涝河总长二十余里，共分三段修浚。由三岔口抵涝河桥，工程属忠营堡负责；涝河桥抵小芦洞，工程属汉伯堡负责；小芦洞至河的末端，工程属吴忠堡负责。河宽六尺，深六尺，在每一段分界线河底都铺上石料作为标志。北涝河总长四五里，挖深三四尺。两河在关尾闸汇聚，由山水沟向北汇入黄河。若论其害，则北湖为大；若论工程，则南湖较艰，其地形地貌的利弊就是如此不同，于是据此制定颁布分工摊派办法，以图久远。北湖之田受干旱影响的将近一半，第二年春天修浚，北涝河也应当按湖田标准派青壮劳力完成水利工程，由堡长主持此事，［谁受益谁出工］，不得在全堡平均摊派。南涝河按段分浚，芦洞以下尤为关键，稍有偷工减料，则全河又会淤塞。如吴忠堡之人不尽力，则由忠营、汉伯两堡合力通浚，而吴忠堡人就不得再用南涝河尾水灌田，敢违犯者官府治罪。水稻的种植，也是上、下堡轮年更换，以减轻水患。

上述数种措施，百姓称便，积年之患，一朝消除。过去互相控告的人都说："这是您的恩赐，百姓的福分啊！"罗拜车前感谢我的恩惠。而他们哪里知道前人之图始善终，不留一丝余隙，还有超过此事的吗？然则古今兴盛和衰败交替，类似此事者太多了。创始者的愿望是让其永久存在，而其后的发展往往偏离了初衷。贪图咫尺小利，忘记寻丈错误；畏惧一日辛劳，造成数年祸患。对此，我很忧虑，因此记录下这件事附在州志里，希望后来的君子知悉前人不可埋没的一片深心，也让有志于水利灌溉事业者，有所研究考证的资料。

汉渠水本来很丰足，自乾隆三十八九年（1773—1774）以来，黄河水势东盛，水流向西偏移逐渐不入汉渠。州民禀告于时任知州黎珠，奏请拨付国库银四千两，百姓捐粮六百石，指定秀才颜俸负责督工办理此事。沿渠向南至野马滩，开掘连接迎水坍十多里，打通壅滞之处，渠水自此足用，至今赖此灌溉。灵州人立碑赞颂其功德。

职官姓氏志第十一

朝廷设官，非谓治茧丝、奉簿籍①，徒以为文而已，而境内之理乱系之；士人服官，非为绾章绶②、食廉俸，徒以为荣而已，而民生之利病系之。灵州旧设中路同知，自国朝雍正三年改设知州。其在州城内者：文职自知州以下有学正、吏目等官；武职自参将以下有守备、千、把等官。其列各营堡者：文职有通判、州同等官；武职有参将、都司、守备、千、把等官，分隶军民，各襄厥事。昔朱邑为桐乡啬夫③，民有蒸尝④之报，知古人克尽厥职，虽微员末吏，皆足自效⑤，矧一方之民谟⑥军政举于其人，有责成⑦者，其职任尤匪⑧轻也。今考其姓名可见者列于志，俾观者得稽其时势，以辨其能否焉。

职官

灵州知州，每岁俸银八十两，养廉银六百两，公费银三百六十两。

---

①簿籍：指名册，记事簿。泛指官府文书。

②绾（wǎn）章绶：系着印章。章绶，官印和系印的丝带，泛指官印，也指官位。

③朱邑：汉庐江舒县（今安徽庐江县西南）人，字仲卿。少为桐乡啬夫，廉平不苛，深受吏民爱敬。后迁为北海太守，治行第一，入为大司农。死后，其子将他葬在桐乡西郭外。乡人为他起冢立祠，岁时祀祭不绝。啬夫：官名。秦、汉时的乡官，掌管诉讼和赋税。

④蒸尝：祭祀。

⑤自效：愿为别人或集团贡献自己的力量或生命。

⑥谟：谋划。

⑦责成：责任，职责。指令专人或机构负责完成任务。

⑧匪：通“非”。

门子[①]二名，岁支工食银一十二两，遇闰[②]加银一两。皂隶[③]一十六名，岁支工食银九十六两，遇闰加银八两。马快[④]八名，岁支银一百三十四两四钱，遇闰加银一十一两二钱。库子[⑤]四名，岁支工食银二十四两，遇闰加银二两。斗级[⑥]四名，岁支工食银二十四两，遇闰加银二两。民壮[⑦]三十八名，岁支工食银二百二十八两，遇闰不加。禁卒[⑧]八名，岁支工食银四十八两，遇闰不加。伞扇[⑨]、轿夫七名，岁支工食银四十二两，遇闰加银三两五钱。

州同，每岁俸银六十两，养廉一百二十两。

门皂[⑩]、马夫九名，岁支工食银五十四两，遇闰加银四两五钱。民壮四名，岁支工食银二十四两，遇闰不加。

吏目，每岁奉银三十一两五钱二分，养廉银六十两。

门子一名，岁支工食银六两，遇闰加银五钱。皂隶四名，岁支工食银二十四两，遇闰加银二两。马夫一名，岁支工食银六两，遇闰不加。

灵州学正，每岁俸银四十两。

斋夫[⑪]三名，岁支工食银三十六两，遇闰加银一两[⑫]。膳夫[⑬]二名，岁支工食银一十三两三钱三分三厘，遇闰加银一两一钱一分一厘。门斗[⑭]三名，岁支工食银一十八

---

① 门子：旧时在官衙中伺候官员的差役。

② 闰：中国的农历，二年或三年需要加一个月，所加的这个月称闰月，平均十九年有七个闰月。

③ 皂隶：旧时衙门中的差役。

④ 马快：旧时衙门里侦缉、逮捕罪犯的差役。

⑤ 库子：掌管官库者。又指明代官府科派的经常性差役名目之一，属徭役，也指服此役者。

⑥ 斗级：主管官仓、务场、局院的吏役。

⑦ 民壮：清代州县官衙前卫兵，也叫壮班。也指旧时被征募服役的壮丁。

⑧ 禁卒：旧时在牢狱里负责看管犯人的人员。

⑨ 伞扇：古代的两种仪仗物。均有长柄，上端分别为伞形和扇形。

⑩ 门皂：看门的差役。

⑪ 斋夫：旧时学舍中的仆役。

⑫ 一两：《宁夏府志·职官·皇清文职官姓氏》卷九作“五两”。

⑬ 膳夫：古官名，掌官廷的饮食。

⑭ 门斗：官学中的仆役。

两，遇闰加银一两五钱。廪生三十名，岁支饩粮[1]九十二两八钱七分五厘。岁贡一名，额设花红旗匾银二两三钱二分八厘。

历任姓氏

［同知］

灵州旧设中路同知。

祖良祯 盛京人，康熙四十一年任。

祝兆鼎 直隶天津人，康熙五十一年任。

［知州］

雍正三年改设知州。

蔡书云 江南人，雍正三年任。

朱佐汤 山西临汾人，乾隆三年任。

刘辉祉 直隶安平人，乾隆十一年任。

谢玉琰[2] 江南武进人，乾隆十八年任。

江 鲲 直隶天津人，乾隆二十年任。

西岷峨 镶白旗满洲人，乾隆二十二年任。

贾建奇 河南祥符人，乾隆二十七年任。

奇 明 镶白旗满洲人，乾隆三十七年任。

黎 珠 镶白旗满洲人，乾隆四十年任。

佟跃岱 顺天人，乾隆四十年任。

黄 恩 安徽婺源人，乾隆四十六年任。

孝顺阿 正白旗满洲人，乾隆四十七年任。

洪 彬 安徽祁门人，乾隆四十八年任。

广 玉 正白旗满洲人，乾隆五十年任。

杨芳灿 江苏金匮人，乾隆五十二年任。

连彭年 浙江上虞人，嘉庆三年任。

---

① 饩粮：粮食。

② 谢玉琰：原本脱“琰”字，据《宁夏府志·职官·皇清文职官姓氏》卷九补。

丰延泰　正白旗满洲人[①]，嘉庆三年任。

盐捕通判

朱亨衍　广西桂林人，乾隆元年任。

蔡永宁　正白旗汉军，乾隆七年任。

李昌陵[②]　山西安邑人，乾隆十三年任。

徐廷璐　顺天大兴人，乾隆二十四年任。

郑　景　安徽泾县人，乾隆三十年任。

承　裕　镶黄旗满洲人[③]，乾隆三十四年任。

尚玉琅　镶蓝旗汉军，乾隆三十六年任。

崔　泳　浙江嘉兴人，乾隆四十四年任。

花马池州同

梁德长　陕西长安人，雍正九年任。

钱孟扬　江苏太仓人，乾隆四年任。

杨起元　江苏宜兴人，乾隆十一年任。

陈冠吉　江西吉水人，乾隆二十年任。

佟　鋆　正蓝旗汉军，乾隆二十年任。

梁　昌　山西介休人，乾隆二十五年任。

高士堂　顺天大兴人，乾隆二十五年任。

李　立　山西阳曲人，乾隆二十八年任。

李　鋐　山西临汾人，乾隆二十九年任。

章攀桂　安徽桐城人，乾隆二十九年任。

李文曾　山东胶州人，乾隆三十年任。

戴泰晖　湖北江夏人，乾隆三十一年任。

杨瀛仙　云南石屏人，乾隆三十四年任。

---

① 人：原本脱此字，据正文补。

② 李昌陵：《宁夏府志·职官·皇清文职官姓氏》卷九作“李阊陵”。

③ 人：原本脱此字，据正文补。

伍葆光　广东①兴宁人，乾隆三十六年任。

胡　诚　顺天大兴人，乾隆三十九年任。

窝什浑　镶蓝旗汉军，乾隆三十九年任。

朱　兰　山东历城人，乾隆四十一年任。

［训导］

灵州旧设训导。

李龙雯　榆林人，康熙四十九年任。

孙四正　长安人，康熙五十九年任。

［学正］

雍正三年改设学正。

吴　郡　兰州人，雍正四年任。

张大本　郃阳人，雍正十三年任。

李飞云　华阴人，乾隆四年任。

郝鹏圻　宜川人，乾隆十二②年任。

朱　锦　沔县人，乾隆二十四年任。

雷绳武　渭南人，乾隆三十③年任。

张　琏　鄠县人，乾隆三十五年任。

杨　昆　蒲城人，乾隆四十七年任。

田种玉　城固人，乾隆五十四年任。

雷懋德　凤翔人，乾隆五十五年任。

刘　晋　临潼人，乾隆五十七年任。

梁楚翘　耀州人，乾隆五十八年任。

---

①广东：原本作“广西”，下文“兴宁”为广东地，据《宁夏府志·职官·皇清文职官姓氏》卷九改。

②十二：《宁夏府志·职官·皇清文职官姓氏》卷九作“十一”。

③三十：《宁夏府志·职官·皇清文职官姓氏》卷九作“三十四”。

武职

灵武营　参将一员，中军守备一员，把总四员。

花马营　参将一员。

兴武营　都司一员。

横城营　都司一员。

同心营　守备一员。

安定堡　守备一员。

历任姓氏

［副将］

花马池旧设副将。

赵之璧　顺天人，顺治二年任。

吴登科　奉天人，顺治九年任。

万承选　奉天人，顺治十二年任。

姚承德　直隶人，顺治十五年任。

李正芳　顺天人，顺治十六年任。

王有才　山东人，康熙五年任。

石　福　榆林人，康熙十五年任。

黄可乐　汾州人，康熙二十二年任。

黄　昱　台湾人，康熙二十五年任。

徐　达　潞安人，康熙二十九年任。

高永谦　秦州人，康熙三十七年[①]任。

赵永吉　金乡人，康熙四十六年[②]任。

金国正　本镇人，康熙四十六年任。

改日新　宛平人，康熙五十四年任。

---

① 三十七：《宁夏府志·职官·历任姓氏》卷十作“三十三”。

② 四十六：《宁夏府志·职官·历任姓氏》卷十作“三十七”。

惠延祖　济宁人，康熙六十一年任。

任春雷　西宁人，雍正九年任。

韩应奎　西安人，乾隆元年任。

王良佐　保定人，乾隆六年任。

晏嗣汉　贵州人，乾隆十年任。

张　晟　奉天人，乾隆十六年任。

容　保　奉天人，乾隆十七年任。

达　启　奉天人，乾隆二十年任。

福　兴　奉天人，乾隆二十年任。

定　柱　奉天人，乾隆二十年任。

色伦泰　奉天人，乾隆二十八年任。

［参将］

乾隆二十八年改设参将。

塞尔领　奉天人，二十九年任。

刘　鉴　奉天人，三十年任。

张邦仁　襄阳人，三十六年任。

薛大楷　山西人，四十一年任。

灵州营参将

卢养元　本州人，顺治元年任。

蒋国泰　淮安人，顺治二年任。

杜茂松　榆林人，顺治四年任。

程天寿　奉天人，顺治七年任。

张国俊　河间人，顺治十二年任。

刘君荣　宁远人，顺治十七年任。

周　元　江西人，康熙元年任。

杨三虎　金华人，康熙十年任。

张　靖　通州人，康熙十七年任。

吕自奎　岳州人。
吴　志　福建人，康熙二十二年任。
王永若[①]　郃阳人，康熙二十四年任。
王祚昌　钱塘人，康熙二十六年任。
路全功　直隶人，三十年任。
陈化龙　通州人，三十五年任。
齐得升　济宁人，三十六年任。
祁朝相　永昌人，三十六年任。
马际伯　宁夏人，三十八年任。
罗大虎　宁夏人，三十九年任。
段枚臣　镶蓝旗人，四十年任。
李　耀　宁夏人，四十四年任。
李　山　上元人，四十六年任。
刘大忠　宁夏人，五十三年任。
马　龙　西宁人，康熙五十七年任。
常　杰　长安人，六十年任。
高　锦　凉州人，雍正元年任。
张国栋　肃州人，二年任。
王廷瑞　宁夏人，六年任。
陈　弼　肃州人，七年任。
米　彪　直隶人，乾隆元年任。
马　奇　肃州人，十年任。
杨大业　江南人，十五年任。
武　福　甘州人，十八年任。
冯天锡　长安人，十九年任。

① 王永若：《宁夏府志·职官·历任姓氏》卷十作“王颙若”。

吴士胜　二十九年任。

承　保　镶白旗人，三十年任。

夏国泰　滋阳人，三十六年任。

福　明　镶黄旗满洲人[①]，三十六年任。

福　长　镶黄旗满洲人，乾隆四十二年任。

兴武营游击

张　纪　北直人。

吴光先　铁岭卫人，顺治四年任。

樊朝臣　直隶人。

姜友才　宁夏人，顺治七年任。

田元国[②]　北直人，十三年任。

谢鸿儒　巩昌人，十八年任。

李登相　顺天人，康熙八年任。

吴　志　漳浦人，十六年任。

贾士威　鄠县人，二十三年任。

陈良弼　福建人，三十六年任。

刘天元　凉州人，四十[③]年任。

赵　俸　灵州人，五十一年任。

李　元　凉州人，五十三年任。

潘　华　靖远人，五十七年任。

吴自端[④]　南昌人，五十九年任。

窦　栋　诸城人，雍正三年任。

卓灵阿　正黄旗人，四年任。

---

① 人：原本脱此字，据正文补。

② 田元国：《宁夏府志·职官·历任姓氏》卷十作“田充国”。

③ 四十：《宁夏府志·职官·历任姓氏》卷十作“四十二”。

④ 吴自端：《宁夏府志·职官·历任姓氏》卷十作“吴曰端”。

晏嗣汉　贵州人，乾隆四年任。

柴大成　肃州人，五年任。

凯音布　盛京人，乾隆九年任。

刘志高　榆林人，乾隆十一年任。后改设都司。

【译文】

职官姓氏志第十一

朝廷设置官职，并不仅仅是为了治理农桑、管理官府文书，写写文章而已，而是辖境之内的治理与纷乱系于一身；读书人做官，并不仅仅是为了佩戴官印、获取一份俸禄，求得表面的光鲜荣耀而已，而是民生之利弊系于一身。灵州过去设置中路同知，自本朝雍正三年（1725）改设知州。设在州城内的官职：文职自知州以下有学正、吏目等官；武职自参将以下有守备、千总、把总等官。设列在各营堡的官职：文职有通判、州同等官；武职有参将、都司、守备、千总、把总等官，分工管理军人和百姓，各尽其责。汉朝的朱邑只做了桐乡掌管诉讼和赋税的小乡官，［死后］就获得了百姓岁时祭祀的崇敬，由此可以看出古人恪尽职守，虽然只是小官末吏，［为百姓］都能够做到全力以赴，奋不顾身，况且一方之民生军政的重担压在个人身上，限期限额完成任务，其职责尤其不轻。今把能查核出的官员姓名列于志书，以便读者得以结合当时的形势，分辨其贤能与否。

职官

灵州知州，每年俸禄银八十两，养廉银六百两，公费银三百六十两。

门子两名，每年支付工食银十二两，遇闰月加银一两。皂隶十六名，每年支付工食银九十六两，遇闰月加银八两。马快八名，每年支付银子一百三十四两四钱，遇闰月加银十一两二钱。库子四名，每年支付工食银二十四两，遇闰月加银二两。斗级四名，每年支付工食银二十四两，遇闰月加银二两。民壮三十八名，每年支付工食银二百二十八两，遇闰月不加。禁卒八名，每年支付工食银四十八两，遇闰月不加。伞扇、轿夫七名，每年支付工食银四十二两，遇闰月加银三两五钱。

州同，每年俸禄银六十两，养廉银一百二十两。

门皂、马夫九名，每年支付工食银五十四两，遇闰月加银四两五钱。民壮四名，每年支付工食银二十四两，遇闰月不加。

吏目，每年俸禄银三十一两五钱二分，养廉银六十两。

门子一名，每年支付工食银六两，遇闰月加银五钱。皂隶四名，每年支付工食银二十四两，遇闰月加银二两。马夫一名，每年支付工食银六两，遇闰月不加。

灵州学正，每年俸禄银四十两。

斋夫三名，每年支付工食银三十六两，遇闰月加银一两。膳夫二名，每年支付工食银十三两三钱三分三厘，遇闰月加银一两一钱一分一厘。门斗三名，每年支付工食银十八两，遇闰月加银一两五钱。廪生三十名，每年支付生活费白银九十二两八钱七分五厘。岁贡一名，按惯例设有花红旗奖励牌匾制作费白银二两三钱二分八厘。

历任姓氏

［同知］

灵州旧设中路同知。

祖良祯　盛京人，康熙四十一年（1702）任。

祝兆鼎　直隶天津人，康熙五十一年（1712）任。

［知州］

雍正三年（1725）改设知州

蔡书云　江南人，雍正三年（1725）任。

朱佐汤　山西临汾人，乾隆三年（1738）任。

刘辉祉　直隶安平人，乾隆十一年（1746）任。

谢玉珙　江南武进人，乾隆十八年（1753）任。

江　鲲　直隶天津人，乾隆二十年（1755）任。

西岷峨　镶白旗满洲人，乾隆二十二年（1757）任。

贾建奇　河南祥符人，乾隆二十七年（1762）任。

奇　明　镶白旗满洲人，乾隆三十七年（1772）任。

黎　珠　镶白旗满洲人，乾隆四十年（1775）任。

佟跃岱　顺天人，乾隆四十年（1775）任。

黄　恩　安徽婺源人，乾隆四十六年（1781）任。

孝顺阿　正白旗满洲人，乾隆四十七年（1782）任。

洪　彬　安徽祁门人，乾隆四十八年（1783）任。

广　玉　正白旗满洲人，乾隆五十年（1785）任。

杨芳灿　江苏金匮人，乾隆五十二年（1787）任。

连彭年　浙江上虞人，嘉庆三年（1798）任。

丰延泰　正白旗满洲人，嘉庆三年（1798）任。

盐捕通判

朱亨衍　广西桂林人，乾隆元年（1736）任。

蔡永宁　正白旗汉军，乾隆七年（1742）任。

李昌陵　山西安邑人，乾隆十三年（1748）任。

徐廷璐　顺天大兴人，乾隆二十四年（1759）任。

郑　景　安徽泾县人，乾隆三十年（1765）任。

承　裕　镶黄旗满洲人，乾隆三十四年（1769）任。

尚玉琅　镶蓝旗汉军，乾隆三十六年（1771）任。

崔　泳　浙江嘉兴人，乾隆四十四年（1779）任。

花马池州同

梁德长　陕西长安人，雍正九年（1731）任。

钱孟扬　江苏太仓人，乾隆四年（1739）任。

杨起元　江苏宜兴人，乾隆十一年（1746）任。

陈冠吉　江西吉水人，乾隆二十年（1755）任。

佟　鋆　正蓝旗汉军，乾隆二十年（1755）任。

梁　昌　山西介休人，乾隆二十五年（1760）任。

高士堂　顺天大兴人，乾隆二十五年（1760）任。

李　立　山西阳曲人，乾隆二十八年（1763）任。

李　鋐　山西临汾人，乾隆二十九年（1764）任。

章攀桂　安徽桐城人，乾隆二十九年（1764）任。

李文曾　山东胶州人，乾隆三十年（1765）任。

戴泰晖　湖北江夏人，乾隆三十一年（1766）任。

杨瀛仙　云南石屏人，乾隆三十四年（1769）任。

伍葆光　广东兴宁人，乾隆三十六年（1771）任。

胡　诚　顺天大兴人，乾隆三十九年（1774）任。

窝什浑　镶蓝旗汉军，乾隆三十九年（1774）任。

朱　兰　山东历城人，乾隆四十一年（1776）任。

［训导］

灵州旧设训导。

李龙雯　榆林人，康熙四十九年（1710）任。

孙四正　长安人，康熙五十九年（1720）任。

［学正］

雍正三年（1725）改设学正。

吴　郡　兰州人，雍正四年（1726）任。

张大本　郃阳人，雍正十三年（1735）任。

李飞云　华阴人，乾隆四年（1739）任。

郝鹏圻　宜川人，乾隆十二年（1747）任。

朱　锦　沔县人，乾隆二十四年（1759）任。

雷绳武　渭南人，乾隆三十年（1765）任。

张　琏　鄠县人，乾隆三十五年（1770）任。

杨　昆　蒲城人，乾隆四十七年（1782）任。

田种玉　城固人，乾隆五十四年（1789）任。

雷懋德　凤翔人，乾隆五十五年（1790）任。

刘　晋　临潼人，乾隆五十七年（1792）任。

梁楚翘　耀州人，乾隆五十八年（1793）任。

武职

灵武营　参将一员，中军守备一员，把总四员。

花马营　参将一员。

兴武营　都司一员。

横城营　都司一员。

同心营　守备一员。

安定堡　守备一员。

历任姓氏

［副将］

花马池旧设副将。

赵之壁　顺天人，顺治二年（1645）任。

吴登科　奉天人，顺治九年（1652）任。

万承选　奉天人，顺治十二年（1655）任。

姚承德　直隶人，顺治十五年（1658）任。

李正芳　顺天人，顺治十六年（1659）任。

王有才　山东人，康熙五年（1666）任。

石　福　榆林人，康熙十五年（1676）任。

黄可乐　汾州人，康熙二十二年（1683）任。

黄　昱　台湾人，康熙二十五年（1686）任。

徐　达　潞安人，康熙二十九年（1690）任。

高永谦　秦州人，康熙三十七年（1698）任。

赵永吉　金乡人，康熙四十六年（1707）任。

金国正　本镇人，康熙四十六年（1707）任。

改日新　宛平人，康熙五十四年（1715）任。

惠延祖　济宁人，康熙六十一年（1722）任。

任春雷　西宁人，雍正九年（1731）任。

韩应奎　西安人，乾隆元年（1736）任。

王良佐　保定人，乾隆六年（1741）任。

晏嗣汉　贵州人，乾隆十年（1745）任。

张　晟　奉天人，乾隆十六年（1751）任。

容　保　奉天人，乾隆十七年（1752）任。

达　启　奉天人，乾隆二十年（1755）任。

福　兴　奉天人，乾隆二十年（1755）任。

定　柱　奉天人，乾隆二十年（1755）任。

色伦泰　奉天人，乾隆二十八年（1763）任。

［参将］

乾隆二十八年（1763）改设参将。

塞尔领　奉天人，［乾隆］二十九年（1764）任。

刘　鉴　奉天人，［乾隆］三十年（1765）任。

张邦仁　襄阳人，［乾隆］三十六年（1771）任。

薛大楷　山西人，［乾隆］四十一年（1776）任。

灵州营参将

卢养元　本州人，顺治元年（1644）任。

蒋国泰　淮安人，顺治二年（1645）任。

杜茂松　榆林人，顺治四年（1647）任。

程天寿　奉天人，顺治七年（1650）任。

张国俊　河间人，顺治十二年（1655）任。

刘君荣　宁远人，顺治十七年（1660）任。

周　元　江西人，康熙元年（1662）任。

杨三虎　金华人，康熙十年（1671）任。

张　靖　通州人，康熙十七年（1678）任。

吕自奎　岳州人。
吴　志　福建人，康熙二十二年（1683）任。
王永若　郃阳人，康熙二十四年（1685）任。
王祚昌　钱塘人，康熙二十六年（1687）任。
路全功　直隶人，［康熙］三十年（1691）任。
陈化龙　通州人，［康熙］三十五年（1696）任。
齐得升　济宁人，［康熙］三十六年（1697）任。
祁朝相　永昌人，［康熙］三十六年（1697）任。
马际伯　宁夏人，［康熙］三十八年（1699）任。
罗大虎　宁夏人，［康熙］三十九年（1700）任。
段枚臣　镶蓝旗人，［康熙］四十年（1701）任。
李　耀　宁夏人，［康熙］四十四年（1705）任。
李　山　上元人，［康熙］四十六年（1707）任。
刘大忠　宁夏人，［康熙］五十三年（1714）任。
马　龙　西宁人，康熙五十七年（1718）任。
常　杰　长安人，［康熙］六十年（1721）任。
高　锦　凉州人，雍正元年（1723）任。
张国栋　肃州人，［雍正］二年（1724）任。
王廷瑞　宁夏人，［雍正］六年（1728）任。
陈　弼　肃州人，［雍正］七年（1729）任。
米　彪　直隶人，乾隆元年（1736）任。
马　奇　肃州人，［乾隆］十年（1745）任。
杨大业　江南人，［乾隆］十五年（1750）任。
武　福　甘州人，［乾隆］十八年（1753）任。
冯天锡　长安人，［乾隆］十九年（1754）任。
吴士胜　［乾隆］二十九年（1764）任。
承　保　镶白旗人，［乾隆］三十年（1765）任。

夏国泰 滋阳人，［乾隆］三十六年（1771）任。

福 明 镶黄旗满洲人，［乾隆］三十六年（1771）任。

福 长 镶黄旗满洲人，乾隆四十二年（1777）任。

兴武营游击

张 纪 北直人。

吴光先 铁岭卫人，顺治四年（1647）任。

樊朝臣 直隶人。

姜友才 宁夏人，顺治七年（1650）任。

田元国 北直人，［顺治］十三年（1656）任。

谢鸿儒 巩昌人，［顺治］十八年（1661）任。

李登相 顺天人，康熙八年（1669）任。

吴 志 漳浦人，［康熙］十六年（1677）任。

贾士威 鄠县人，［康熙］二十三年（1684）任。

陈良弼 福建人，［康熙］三十六年（1697）任。

刘天元 凉州人，［康熙］四十年（1701）任。

赵 俸 灵州人，［康熙］五十一年（1712）任。

李 元 凉州人，［康熙］五十三年（1714）任。

潘 华 靖远人，［康熙］五十七年（1718）任。

吴自端 南昌人，［康熙］五十九年（1720）任。

窦 栋 诸城人，雍正三年（1725）任。

卓灵阿 正黄旗人，［雍正］四年（1726）任。

晏嗣汉 贵州人，乾隆四年（1739）任。

柴大成 肃州人，［乾隆］五年（1740）任。

凯音布 盛京人，乾隆九年（1744）任。

刘志高 榆林人，乾隆十一年（1746）任。后改设都司。

兵额营汛驿递志第十二

灵州、花马、兴武、横城及各营堡，防兵并一千五百九十八名，其分为马兵者五百一十一，步兵者一百九十一，守兵者八百九十六。其各营汛①、塘墩②合九十六。驿递八，为马一百，有二十夫。六十九塘，马一百八，夫五十四。凡兵之粮饷、马之草料、夫之工食称是③。尝试论之：古之名臣有偶历边屯④，悉取其兵数、屯戍及道路、斥堠⑤、走集⑥之所，疏为方寸小册以备察览。一旦有事，不烦指顾⑦，而擘画⑧已定，盖是数者皆筹边之要略也，因各辑其类而志之。

兵额

花马池营并分防安定、惠安、韦州三堡，兵四百七十六名：马一百九十三，步三十九，守二百四十四。

灵州营并分防同心城、临河堡二处，兵五百六十一名：马一百七十二，步一百一，守二百八十八。

兴武营并分防毛卜喇堡，兵三百二十六名：马一百三十二，步五十一，守一百四十三。

横城营并分防清水、红山二堡，兵二百三十五名：马一十四，守二百二十一。

---

① 营汛：清代兵制，各省驻防绿营兵在标下设协，协下设营，营下设汛。

② 塘墩：塘，明、清时驻军警备的较小辖地或关卡。墩，土堆、土墩。

③ 称是：与此相称或相当。

④ 边屯：戍边屯田。

⑤ 斥堠：也作“斥候”，觇瞭敌情的工事。斥，侦察。堠，瞭望敌情的土堡。

⑥ 走集：边境的壁垒。

⑦ 指顾：指点顾盼。

⑧ 擘（bò）画：计划，布置。

营汛

横城营墩十四处

通关暗门（有互市①）、石嘴边墩、出水壑以上属横城。安边墩、大莺墩（暗门）、镇罗边墩、窑儿边墩以上分属红山堡。庙儿边墩、塔儿边墩、定远边墩、金汤墩（暗门）、靖边墩、古寺边墩、柔远墩以上分属清水营。

兴武营墩十六处

苦水边墩、平安墩、暗门墩（暗门）、沙沟边墩、双沟边墩、碱口边墩、西沙边墩、沙岭边墩、兴武营（暗门）、高梁边墩、硝池边墩、干沟边墩、中沙边墩、半个城墩、清字边墩②、镇边墩。

花马池营墩二十一处

芨芨沟边墩、十一铺边墩、七铺边墩（暗门）、四铺边墩以上分属安定堡。二十三铺边墩、二十一铺边墩、十九铺边墩、十六铺边墩、十三铺边墩、八铺边墩、三铺边墩、二铺边墩、长城关（暗门）、二铺边墩、五铺边墩、七铺边墩、九铺边墩、十三铺边墩、十七铺边墩、二十一铺边墩（与延绥定边营接界）。

以上各墩防兵三名。

灵州营二十五处

磁窑寨墩、新墩子墩、茨烟墩、上十里墩、麦岗子墩、白土墩、旧石沟墩、红窑墩、深沙沟墩、晏湖墩、马站湖墩、夏家堡墩、鱼湖墩、野马墩以上属灵州。大红沟墩③、白崖口汛、红石岗汛、胭脂川汛以上属同心城。红寺儿汛、水头儿汛、滚泉汛、大壑子水汛以上属红寺堡。河东关汛、木场墩、平湖墩以上属临河堡。

① 市：原本作“布”，据《宁夏府志·职官·营汛》卷一一改。
② 墩：此字原本脱，据《宁夏府志·职官·营汛》卷一一补。
③ 大红沟墩：《宁夏府志·职官·营汛》卷一一“墩”作“汛”。

花马营一十三处[1]

二道沟汛、傅家地坑汛、武家淌汛以上属花马池。十里墩、红墩子墩、汤房墩以上属惠安堡。威达墩、雄峰墩、大口子汛、石板泉汛、石头坂汛以上属[2]韦州。西路塘房墩、东路塘房墩以上属安定堡[3]。

兴武营四处

峭汲塘房墩、西倒墩塘房墩以上属兴武营。镇安塘房墩、石山塘房墩以上分属毛卜喇。

横城营五处

大墩塘房墩、石嘴塘房墩以上属横城营。出水塘房墩、镇罗塘房墩以上分属红山堡。庙儿塘房墩分属清水营。

按：前明嘉靖筑河东新墙后，尽减其马，以省草料之费，息喂养之劳。惟置军夫沿沟垒守之，谓之“摆边”。给事中[4]管律著论非之，其略曰：“亘三百六十余里，皆虏入寇之路。步计一军，该十二万，犹虞稀阔[5]，矧见军未及十之三乎！法曰：‘以逸待劳者胜。’摆边昼夜戒严，恐非逸道[6]也。徜虏众分道而来，则十万之众岂能一呼成阵？首尾势不相援。为今之计，宜息肩养锐，联络于诸寨，待其来也，相机御之。如不果御，随向往而追逐之。况兵贵奇正[7]，患无应援；将贵

①一十三：原本作“一十一”，据正文所列实际墩数改。

②属：原本脱此字，据正文补。

③安定堡：原本作“惠安堡”，前文已有惠安堡所属。据《宁夏府志·职官·营汛》卷一一改。

④给事中：秦汉为加官，晋以后为正官。明代给事中分吏、户、礼、兵、刑、工六科，辅助皇帝处理政务，并监察六部，纠弹官吏。

⑤稀阔：犹稀疏。

⑥逸道：使民休养生息的政策法令。

⑦奇正：古代兵法用语，古代作战以对阵交锋为正，设伏掩击等为奇。

主一①，患在势分。摆边之举有五弊②焉：无奇正，无应援，主将不一，士卒③分散。以五弊之谋，御方张④之虏，不资敌之利乎？”旧志。

驿递

在城驿：东至红山驲六十里，西至宁夏县王洪驲三十里。额设马四匹，夫三名。

同心城驲：南至固原州李旺驲九十里，北至中卫县沙泉驲九十里。额设马八匹，夫七名。

横城驿：东至红山驲三十里，西至宁夏县在城驲三十里。额设马十八匹，夫九名。

红山驲：东至清水驲四十里。额设马十八匹，原额夫三名，新添夫七名。

清水驲：东至兴武驲六十里。额设马十八匹，原额夫三名，新添夫七名。

兴武驲：东至安定驲六十里。额设马十八匹，原额夫三名，新添夫七名。

安定驲：东至花马驲六十里。额设马十八匹，原额夫三名，新添夫七名。

花马驲：东至延安府定边驲⑤六十里。额设马十八匹，原额夫三名，新添夫七名。

---

① 主一：专一，专心。

② 五弊：下文仅列出四弊。据蔡淑梅《（嘉庆）〈灵州志迹〉（光绪）〈灵州志〉》征引《嘉靖宁夏新志·宁夏后卫·边防》卷三载：“今摆边之谋，一举而五弊存焉：无奇正，无应援，主将不一而运用参差，士卒分散而气力单弱，悉难于节制矣。”

③ 士卒：原本作“土卒”，形误，据《宁夏府志·职官·营汛》卷一一改。

④ 方张：谓正当扩展、强大之际。

⑤ 定边驲：原本作“安边驲”，清代定边县属延安府，从实际距离看应为定边驲，据《宁夏府志·职官·营汛》卷一一改。

共马一百二十匹，每匹日支草料银七分三厘，岁共银二千八百八十一两三钱四分。外备银三百五十九两三钱六分六厘。额载[1]支直廪口银一百四十二两八钱九分二厘九毫。灵州、同心二驲马，岁料一百二十九石六斗。共夫六十九名，岁支工食银六百二十四两、粮二百四石。

横城塘：至红山塘三十里。马一十二匹，夫六名。

红山塘：至清水塘四十里。马一十二匹，夫六名。

清水塘：至毛卜塘四十里。马一十二匹，夫六名。

毛卜塘：至兴武塘三十里。马一十二匹，夫六名。

兴武塘：至永兴塘三十里。马一十二匹，夫六名。

永兴塘：至安定塘三十里，马一十二匹，夫六名。

安定塘：至高平塘三十里。马一十二匹，夫六名。

高平塘：至花马塘三十里。马一十二匹，夫六名。

花马塘：马一十二匹，夫六名。

共马一百八匹，每匹日支草料银八分五厘，岁共银三千三百四两八钱。共夫五十四名，岁支工食银六百四十八两。

【译文】

兵额营汛驿递志第十二

灵州、花马、兴武、横城及各营堡，驻防的兵员共一千五百九十八名，其中分为骑兵五百一十一名，步兵一百九十一名，守御兵八百九十六名。各营汛、塘墩共计九十六个。驿站有八个，有马一百匹，二十名役夫。六十九个塘墩，有马一百零八匹，役夫五十四名。大凡兵员的粮饷、军马的草料、役夫的工钱也都与此相称。对此试做论述。

① 额载：簿册所载的额定数目。

古代的名臣凡是曾经担任管理戍边屯田的官职，都要掌握兵员数额、军队驻防以及交通、道路、侦查、壁垒等情况，编为方寸小册子以备随时查看。一旦有事，用不着指点顾盼，就有了应对的部署安排，大概这几种因素都是筹划边境事务的要略，因而分门别类记录下来。

兵额

花马池营并分防安定、惠安、韦州三堡，兵员四百七十六名：其中骑兵一百九十三名，步兵三十九名，守御兵二百四十四名。

灵州营并分防同心城、临河堡二处，兵员五百六十一名：其中骑兵一百七十二名，步兵一百零一名，守御兵二百八十八名。

兴武营并分防毛卜喇堡，兵员三百二十六名：其中骑兵一百三十二名，步兵五十一名，守御兵一百四十三名。

横城营并分防清水、红山二堡，兵员二百三十五名：其中骑兵十四名，守御兵二百二十一名。

营汛

横城营墩十四处

通关暗门（有互市）、石嘴边墩、出水壑。以上属横城。安边墩、大莺墩（有暗门）、镇罗边墩、窑儿边墩。以上分属红山堡。庙儿边墩、塔儿边墩、定远边墩、金汤墩（有暗门）、靖边墩、古寺边墩、柔远墩。以上分属清水营。

兴武营墩十六处

苦水边墩、平安墩、暗门墩（有暗门）、沙沟边墩、双沟边墩、碱口边墩、西沙边墩、沙岭边墩、兴武营（有暗门）、高梁边墩、硝池边墩、干沟边墩、中沙边墩、半个城墩、清字边墩、镇边墩。

花马池营墩二十一处

芨芨沟边墩、十一铺边墩、七铺边墩（有暗门）、四铺边墩。以上分属安定堡。二十三铺边墩、二十一铺边墩、十九铺边墩、十六铺边墩、十三铺边墩、八铺边墩、三铺边墩、二铺边墩、长城关（有暗门）、二铺边墩、五铺边墩、七铺边墩、九铺边墩、十三铺边墩、十七铺边墩、二十一铺边墩（与延绥定边营交界）。

以上各墩驻守士兵三名。

灵州营二十五处

磁窑寨墩、新墩子墩、茨烟墩、上十里墩、麦岗子墩、白土墩、旧石沟墩、红窑墩、深沙沟墩、晏湖墩、马站湖墩、夏家堡墩、鱼湖墩、野马墩。以上属灵州。大红沟墩、白崖口汛、红石岗汛、胭脂川汛。以上属同心城。红寺儿汛、水头儿汛、滚泉汛、大壑子水汛。以上属红寺堡。河东关汛、木场墩、平湖墩。以上属临河堡。

花马营一十三处

二道沟汛、傅家地坑汛、武家淌汛。以上属花马池。十里墩、红墩子墩、汤房墩。以上属惠安堡。威达墩、雄峰墩、大口子汛、石板泉汛、石头坂汛。以上属韦州。西路塘房墩、东路塘房墩。以上属安定堡。

兴武营四处

峭汲塘房墩、西倒墩塘房墩。以上属兴武营。镇安塘房墩、石山塘房墩。以上分属毛卜喇。

横城营五处

大墩塘房墩、石嘴塘房墩。以上属横城营。出水塘房墩、镇罗塘房墩。以上分属红山堡。庙儿塘房墩。分属清水营。

按：前明嘉靖年间（1522—1566）自从修筑了河东新长城，几乎全部裁汰了骑兵，以俭省草料费开销，息止喂养马匹的辛劳。只是安排步兵沿沟垒防御，谓之“摆边”。时任给事中官职的管律写文章反对这种做法。其大意是：“延绵不断长达三百六十余里的边境线，都是敌寇入侵的通道。算起来每一步安排一个步兵戍守，应该是十二万人，犹且担心人数太少，何况现有军士还不及这个数的十分之三哪！《孙子兵法·军争篇》说：‘以逸待劳者胜。’摆边昼夜戒严，恐怕不是使民休养生息的办法。倘若敌众分道而来，则十万之众岂能一呼形成对敌的军阵？首尾必然无法相互支援。从当前考虑，应该养精蓄锐，加强各营寨的联络，待敌人来进攻，根据情况变化进行防御。如果抵御不住，就尾随敌人进行追击。况且用兵贵在奇正交替变化，忧患在于缺乏接应援助；将军贵在统一兵权，忧患在于分散力量。摆边之举有五种弊端：没有奇正变化，没有接应援助，主将兵权不统一，士卒分散力量。以有五种弊端的筹划安排，抵御嚣张狂暴的敌人，不是在帮助敌人吗？”据《嘉靖宁夏新志·宁夏后卫·边防》卷三、《宁夏府志·职官·营汛》卷十一记载。

驿递

在城驿站：东至红山驿站六十里，西至宁夏县王洪驿站三十里。定额马四匹，役夫三名。

同心城驿站：南至固原州李旺驿站九十里，北至中卫县沙泉驿站九十里。定额马八匹，役夫七名。

横城驿站：东至红山驿站三十里，西至宁夏县在城驿站三十里。定额马十八匹，役夫九名。

红山驿站：东至清水驿站四十里。定额马十八匹，原定额役夫三名，新添役夫七名。

清水驿站：东至兴武驿站六十里。定额马十八匹，原定员役夫三名，新添役夫七名。

兴武驿站：东至安定驿站六十里。定额马十八匹，原定员役夫三名，新添役夫七名。

安定驿站：东至花马驿站六十里。定额马十八匹，原定员役夫三名，新添役夫七名。

花马驿站：东至延安府定边驿站六十里。定额马十八匹，原定员役夫三名，新添役夫七名。

共马一百二十匹，每匹每天支出草料银七分三厘，每年共支出白银二千八百八十一两三钱四分。外备银子三百五十九两三钱六分六厘。簿册所载的额定数目支出直廪口银一百四十三两八钱九分二厘九毫。灵州、同心两地的驿站马匹，每年饲料消耗一百二十九石六斗。共有役夫六十九名，每年支出工钱白银六百二十四两、粮二百零四石。

横城塘：至红山塘三十里。马十二匹，军夫六名。

红山塘：至清水塘四十里。马十二匹，军夫六名。

清水塘：至毛卜塘四十里。马十二匹，军夫六名。

毛卜塘：至兴武塘三十里。马十二匹，军夫六名。

兴武塘：至永兴塘三十里。马十二匹，军夫六名。

永兴塘：至安定塘三十里，马十二匹，军夫六名。

安定塘：至高平塘三十里。马十二匹，军夫六名。

高平塘：至花马塘三十里。马十二匹，军夫六名。

花马塘：马十二匹，军夫六名。

共有马一百零八匹，每匹日支草料银八分五厘，每年共支出白银三千三百零四两八钱。共有军夫五十四名，每年支出工资白银六百四十八两。

历朝宦迹志第十三

朔方"宦迹"一编，托始周南仲。考南仲在周文王世为将帅，当是时，周公①助睢麟之化②，召伯③有甘棠之惠④，而《出车⑤》一诗，独夸设旐建旄⑥之盛，非以地重边防、人高武节，故与夫文武异用，而殊途同归。邹鲁遗训⑦载在《芹藻⑧》之章，秦雍雄风⑨备见《小戎⑩》之什。假使御戎虏以弦歌⑪，何异章甫⑫而揖盗⑬也？今考秦、汉以来二千余年

① 周公：姬旦（？—前1105），周文王之子，周武王之弟。辅佐武王伐纣，封于鲁。武王崩，又佐成王摄政，东征平定三叔之乱，灭五十国，奠定东南，归而制礼作乐，厘定典章，天下大治，后多作圣贤的典范。

② 睢（jū）麟之化：指礼乐教化。《诗大序》："然则关睢、麟趾之化，王者之风，故系之周公。"《关睢》是《诗经》中的第一首诗，以睢鸟相向和鸣，相依相恋起句，描写男女恋爱。《麟之趾》是《诗经》中赞美诸侯公子的诗歌。此诗以麒麟比人，祝福别人多子多福，且子孙品德高尚。

③ 召伯：周召公。姓姬，名奭，周的支族，周武王之臣。因封地在召，故称召公或召伯。

④ 甘棠之惠：表示对仁官廉吏的爱戴或怀念。《甘棠》，《诗经·召南》篇名。传说周武王时，召伯巡行南国，曾憩甘棠树下，后人思其德，因作《甘棠》诗。

⑤ 出车：《诗经·小雅》篇名。旧说是慰劳南仲还师之作。诗中反映了当时尖锐的民族矛盾，歌颂了周宣王平定四夷的功绩。

⑥ 设旐（zhào）建旄：插起龟蛇旗，竖起曲柄旗。这里形容军队威武雄壮。旐，古代画有龟蛇图案的旗子。旄，干旄，一种饰有牦牛尾的曲柄旗。

⑦ 邹鲁遗训：孔孟遗留下来的儒家学风。

⑧ 芹藻：《诗·鲁颂·泮水》有"思乐泮水，薄采其芹。""思乐泮水，薄采其藻。"《毛诗序》："《泮水》，颂僖公能修泮宫也。"泮宫为教化之所。

⑨ 秦雍雄风：指古秦地的尚武风尚。王琦注李白《为宋中丞请都金陵表》："唐之西京，为秦地，在《禹贡》为雍州之域，故曰秦雍。"古秦地，在今陕西西安一带。

⑩ 小戎：指《诗·秦风·小戎》篇。小戎，兵车。

⑪ 弦歌：本意为依琴瑟而咏歌，此处指礼乐教化。

⑫ 章甫：亦作"章父"，商代玄冠之名。后称儒者之冠，指代为读书人。

⑬ 揖盗：比喻接纳坏人，自取其祸。意同开门揖盗。揖，古时拱手礼。

间，名将伟略有功斯土者，辑而录之，将俾绩炳旗常①，勋昭青简，永不坠云。

【译文】

历朝宦迹志第十三

宁夏方志中凡是有关“宦迹”的篇章，都是托名从周王朝的南仲开始。据考证南仲是周文王的将帅，那个时代，周公大兴礼乐教化，召伯也对百姓施行仁政，而《诗经·出车》一诗，唯独夸赞军队的威武雄壮，并不是因为地域形势利于边防、人们崇尚勇武的气节，而是文治武功用途不同，但有殊途同归的效果。《诗经·芹藻》之章充盈着孔孟遗留的儒家学脉，《诗经·小戎》之篇洋溢着尚武的秦雍雄风。假使用礼乐教化抵御戎虏的入侵，与开门揖盗有什么区别？今搜集考证自秦、汉以来二千余年间，凡有功于这方土地的著名将军、统帅，编辑记录下来，将使其业绩彪炳千秋，功勋光照史册，永不磨灭。

历代宦迹

周

南仲，周之卿士②，城朔方③，伐西戎④。在《诗·小雅》⑤。

【译文】

周

南仲，在周王朝担任卿士的官职，在北方修筑城池，征讨西戎。

① 旗常：亦作“旂常”，王侯的旗帜，借指王侯，代指功勋业绩。

② 卿士：指卿、大夫。后用以泛指官吏。

③ 朔方：西周区域性地名，因在京城镐的北方，故称朔方。据鲁人勇、吴忠礼、徐庄《宁夏历史地理考·先秦》卷一考证，先秦朔方在今陕北、陇东及宁夏南部。

④ 西戎：古代对西北少数民族的总称。

⑤《诗经·小雅》：《出车》中有“天子命我，城彼朔方。赫赫南仲，玁狁于襄”。

在《诗经·小雅·出车》一诗中有记载。

秦

蒙恬，秦始皇使蒙恬将三十万众，北逐戎狄，悉收河南地。因河为塞，筑四十四县城临河，徙谪戍①以充之。通直道②，自九原至云阳。因边山险堑③溪谷，起临洮至辽东万余里。

【译文】

秦

蒙恬，秦始皇派蒙恬统率三十万军队，向北驱逐戎狄，全部收复黄河以南的地域。以黄河天险为要塞，沿黄河一线修筑四十四座县城，迁徙有罪之人前往充实防守力量。凿通秦直道，从九原通达云阳。沿边境线依山凿险挖掘壕沟，［作为防守的屏障，］西起临洮东至辽东万余里。

汉

卫青，河东平阳人。元朔二年，出云中至陇西，捕首虏④数千、畜百余万⑤，走白羊、楼烦王⑥，遂取河南地，为朔方郡。封长平侯。上曰："匈奴逆天理，乱人伦，暴长虐老，以盗窃为务，行诈诸蛮夷，造谋籍兵，数为边害，故兴师遣将，以征厥罪。《诗》不云乎'薄伐猃狁，

① 谪戍：古代将有罪的人派到远方防守。谪，贬谪，原本作"适"，据《史记·秦始皇本纪》改。戍，防守。

② 直道：一名秦始皇直道。秦始皇三十五年（前 212）命蒙恬开筑，北起九原，南至云阳，全长一千四百里，专供军事运输，是联结关中平原与河套地区的主要通道。《史记·蒙恬列传》："吾适北边，自直道归，行观蒙恬所为秦筑长城亭障，堑山堙谷，通直道，固轻百姓力矣。"

③ 堑：挖坑，挖掘。

④ 首虏：首级和俘虏，犹斩获。

⑤ 百余万：《史记·卫将军骠骑列传》卷一一一作"数十万"。

⑥ 楼烦王：原本作"楼烦至王"，"至"字为衍文，据《宁夏府志·职官·宦迹》卷一二、《史记·卫将军骠骑列传》卷一一一删"至"字。

至于太原①’，‘出车彭彭，城彼朔方②’。今车骑将军青渡西河至高阙，获首二千三百级，车辎畜产毕收为卤③，已封为列侯，遂④西定河南地，按榆溪旧塞，绝梓领，梁北河，讨蒲泥，破符离⑤，执讯获丑⑥，全甲兵而还，其益封青三千八百户。”后屡出朔方，以功拜大将军。

苏建，卫青校尉，封平陵侯，筑朔方城。主父偃言：“朔方地肥饶，外阻河，蒙恬城之⑦以逐匈奴，内省转输戍漕⑧，广中国，灭虏之本也。”上览其说，遂置朔方郡⑨。公孙弘以为罢弊中国，奉无用之地。上使朱买臣等难弘，发十策，弘不得一，谢曰：“愿罢西南夷，专事朔方。”上许之。

郭昌，骠骑封狼居胥山⑩，是后匈奴远遁，而幕南⑪无王庭⑫。汉渡河自朔方以西至令居，往往通渠置田官，吏卒五六万。天子巡边，亲

① 薄伐猃狁，至于太原：见《诗经·小雅·六月》。猃狁，原本作“猃允”，据程俊英《诗经译注》改。

② 出车彭彭，城彼朔方：见《诗经·小雅·出车》。

③ 卤：通“掳”。掳掠、掠夺。

④ 遂：顺利地完成，成功。

⑤ 按榆溪旧塞，绝梓领，梁北河，讨蒲泥，破符离：按，巡行。榆溪，旧塞名。绝，穿越、横渡。梁，架桥、修桥。北河，清以前黄河自内蒙古磴口县以下分为南、北二支，北支约当今乌加河，时为黄河正流，对南支而言，称为北河。蒲泥、符离，（唐）司马贞《史记索隐》“晋灼云：二王号”“崔浩云：漠北塞名”。

⑥ 执讯获丑：杜预《左传注》曰：“执讯，通讯问之言。”“讯”为军中通讯问之人，即间谍之类。获，馘（guó）的假借字，割耳朵。古人杀俘虏必割其左耳，以上报计数，这里作动词“杀”用。丑，众，丑类，对敌人的蔑称。

⑦ 之：原本脱此字，据《史记·平津侯主父列传》卷一一二补。

⑧ 转输戍漕：转输，运输、周转输入。戍漕，水运边防军需品。“戍漕”，原本脱，据《史记·平津侯主父列传》卷一一二补。

⑨ 郡：原本脱此字，据《史记·平津侯主父列传》卷一一二补。

⑩ 骠骑封狼居胥山：元狩四年（前119）霍去病出代郡击匈奴，封狼居胥山。骠骑，此代指霍去病。元狩二年（前121）始以霍去病为骠骑将军，秩禄同大将军。狼居胥山，即今蒙古境内肯特山。一说在今内蒙古克什克腾旗西北到阿巴嘎旗一带。

⑪ 幕南：漠南。

⑫ 王庭：此谓匈奴单于所居之处。

至朔方，勒兵[①]十八万骑以见武节[②]。匈奴数使骑兵侵犯汉边，汉乃拜郭昌为拔胡将军，及浞野侯屯朔方，以备寇。

邓遵，元初三年，为度辽将军，率南单于及左鹿蠡王须沈万骑，击零昌于灵州，斩首八万[③]余级，封须沈为破虏候，金印紫绶，赐金帛财物各有差。

【译文】

汉

卫青，河东平阳人。汉武帝元朔二年（前127），率军从云中出击抵达陇西，斩获敌人数千、缴获牛羊百余万，敌酋白羊、楼烦王被逼逃跑，遂一举攻取黄河以南地域，设置朔方郡。因功封长平侯。汉武帝说："匈奴逆天理，乱人伦，欺凌、虐待年岁大的人，以盗窃为事业，欺瞒敲诈诸蛮夷，策划阴谋诡计，凭借其武力，屡次侵害汉朝边境，所以遣将兴兵，以征讨其罪恶。《诗经》不就有'薄伐猃狁，至于太原'和'出车彭彭，城彼朔方'的诗句［，歌颂的就是英勇征伐敌寇的浩然气概］。今车骑将军卫青率军渡过西河抵达高阙，向匈奴发起进攻，斩首二千三百级，敌人的车辆辎重和马、牛、羊等全部成为我们的战利品，已因功被封为列侯，顺利地完成西向平定黄河以南地域的任务，又挺进榆溪旧塞，穿越梓领，横渡北河，征伐蒲泥，击破符离，先期掌握敌情，再发起猛烈攻击，斩获甚众，最后人员、马匹、辎重全部安全返回，再增加卫青封邑三千八百户。"后来多次率军出征朔方，以功拜封大将军。

苏建，担任卫青属下校尉官，封平陵侯，修筑朔方城。主父偃上书汉武帝说："朔方土地肥饶，对外有黄河天险阻隔，蒙恬在此修筑城池用以驱逐匈奴，对内节省水陆转用边防军需品的费用，这是扩张

① 勒兵：治军，操练或指挥军队；陈兵。

② 武节：犹武德、武道。

③ 八万：《后汉书·西羌传》卷八七作"八百"。

中国力量，消灭敌虏的根本之策。”汉武帝览罢奏章，［采纳了他的意见，］于是设置朔方郡。公孙弘认为这是在疲惫中国，供养无用之地，［希望撤销］。汉武帝派朱买臣等人诘责公孙弘，言其利害十条，公孙弘无以应对，谢罪说：“希望停止经营西南夷，专力经略朔方郡。”皇上认可了这种办法。

郭昌，骠骑将军霍去病在狼居胥山设坛祭天，自此以后匈奴逃往远处，而漠南再无匈奴王庭。汉军跨过黄河从朔方以西到令居，往往修渠设置田官，官吏卒伍加起来有五六万人。天子巡边，亲至朔方，陈兵十八万骑以彰显汉军的威武雄壮。匈奴多次派骑兵侵犯汉边境，朝廷乃拜封郭昌为拔胡将军，和浞野侯赵破奴屯兵朔方，以防御敌寇的入侵。

邓遵，东汉元初三年（116），时任渡辽将军的邓遵，率领南单于及左鹿蠡王须沈的上万骑兵，在灵州击败羌族首领零昌，共斩首八万余级，朝廷封须沈为破虏候，赐金印紫绶，赏赐金帛财物有高有低。

魏

原子雍，字灵和。少好文雅，笃志于学。推诚待士，士多归之。迁夏州刺史，适朔方胡反，围城，城中食尽。子雍诣①东夏州运粮，为胡帅所擒。子雍以义感众，不为屈，胡帅遂降。粮道既通，二夏以全。封乐平县公。

宇文泰，夏州刺史贺拔岳遣泰诣洛阳密陈高欢反状。魏主喜，以岳为都督二十州诸军事，岳遂引兵屯平凉。夏州刺史弥俄突附岳，灵州刺史曹泥附欢。岳以夏州被边要重②，表用泰为刺史。泰遣李虎击曹泥，虎等招谕③费也头之众，与之共攻灵州。凡四旬，曹泥请降。高

① 诣：到，特指到尊长那里去。
② 被边要重：被边，靠近边界。要重，犹重要。多指重要的职位或地域。
③ 招谕：指帝、王招抚敌对势力的谕旨。亦指以帝、王名义对敌对势力进行招抚。

欢自将万骑袭夏州，不火食[①]四日而至。缚矟[②]为梯，夜入其城，擒刺史解拔弥俄突，因而用之[③]，留张琼将兵镇守，迁其部以归。灵州曹泥复叛降东魏，西魏围之，水灌其城，不没者四尺。欢发阿至罗骑径度[④]灵州，绕出西魏师后，西魏师退，欢迎泥，拔其遗户五千以归。

【译文】

魏

原子雍，字灵和。少年时即温文尔雅，对学习专心致志。以诚心待人，贤士多依附之。后升迁为夏州刺史，正好遇到朔方胡人造反，包围了城池，日久城中粮食吃光。原子雍到东夏州运粮，途中被胡人头领擒获。原子雍丝毫不屈服，以道义感化众人，于是胡人头领率众投降。就此打通了粮道，夏州、东夏州得以保全。被封为乐平县公。

宇文泰，夏州刺史贺拔岳派遣宇文泰到洛阳秘密汇报高欢造反的情况。北魏皇帝大喜，任命贺拔岳为都督二十州诸军事的长官，贺拔岳就带领军队驻扎在平凉。夏州刺史解拔弥俄突依从［西魏］贺拔岳，灵州刺史曹泥依从［东魏］高欢。贺拔岳认为夏州靠近边界地域重要，上奏北魏皇帝要求任命宇文泰为刺史。宇文泰派遣李虎率军进攻曹泥，李虎等人招抚费也头部众，与之联手一起进攻灵州。战争持续了四十天，曹泥力渐不支请求投降［，西魏仍以其为灵州刺史］。［次年初，］高欢亲率上万骑兵部队奔袭夏州，军队四天四夜没有生火煮饭火速赶到夏州城下。捆绑长矛作梯子，趁夜入城，擒获刺史解拔弥俄突，高欢因势利导，试图利用解拔弥俄突打击宇文泰，留张琼带兵镇守夏州，转移解拔弥俄突部众与自己一起东归。灵州曹泥又率众叛降了东魏，西魏军队包围灵州，用水灌城，大水离城墙高处仅剩四尺。［在危急关

① 火食：谓吃熟食。
② 矟（shuò）：同“槊”，长矛。
③ 因而用之：因势利导，借一方力量打击另一方。
④ 径度：径直渡过。

头］，高欢命阿至罗率骑兵径直奔袭灵州，绕出西魏军后面，迫使西魏军撤退，高欢迎接曹泥，连同其余众五千户一并东归汾州。

［北］周

源雄，字世略。少宽厚，美姿容。以伐齐功，封朔方公。历冀、平二州刺史。

【译文】

［北］周

源雄，字世略。年少时就为人宽厚，容貌漂亮有风度。因为讨伐北齐立下功劳，被封为朔方公。历任冀州、平州二州刺史。

隋

王仁恭，字元实，天水上邽人。工骑射。从杨素击突厥于灵州，以功拜上开府①。

元胄，洛阳人。素有威名，拜灵州大总管，北夷甚惮焉。

【译文】

隋

王仁恭，字元实，天水上邽人。擅长骑马射箭，［武力高强］。随从杨素在灵州击败突厥，因为军功拜上开府仪同大将军的官职。

元胄，洛阳人。素来就有威名，官拜灵州大总管，北方游牧民族对其甚为忌惮。

唐

江夏郡王道宗，高祖时为灵州总管。时梁师都弟洛仁②连突厥兵数万传③于垒，道宗闭城守，伺隙出战，破之。高祖谓裴寂曰："昔魏

① 上开府："上开府仪同大将军"的省称。勋官名。

② 洛仁：原本作"洽仁"，据《新唐书·宗室传》卷七八改。

③ 传：召，叫来。

任城王鄣有却敌功，道宗似之。”因封任城王。始突厥郁射设入居五原，道宗逐出之，震耀威武，斥地羸[1]千里。贞观元年，召拜鸿胪卿[2]，迁大理。太宗方经略突厥，复授灵州都督。

崔敦礼，字安上，雍州咸阳人。太宗时，以兵部侍郎出为灵州都督。还，拜兵部尚书。诏抚辑[3]回纥、铁勒部姓，会薛延陀寇边，与李勣合兵破之，置祁连州处其余众。

魏元忠，宋州宋城人。武后时以御史大夫为陇右诸军大使，以讨吐蕃[4]，又为灵武道行军大总管御突厥。驭军持重，虽无赫然功，亦未尝败。

张仁愿，华州下邽人。本名仁亶，有文武才。神龙二年[5]朔方军总管沙吒忠义[6]为突厥所败，诏仁愿摄御史大夫代之。既至，贼已去，引兵蹑击，夜掩其营，破之。始，朔方军与突厥以河为界，时默啜悉兵西击突骑施，仁愿请乘虚取漠南地，于河北筑三受降城[7]，绝虏南寇路。表留岁满兵以助功，役者尽力，六旬而三城就。以拂云为中城，南直朔方，西城南直灵武，东城南直榆林，三垒相距各四百余里。又

① 斥地：开拓土地。羸：超过。原本作“羸”，形误，据意改。

② 鸿胪卿：官名，掌朝贺庆吊的赞导相礼。鸿，声；胪，传。传声赞道，故曰鸿胪。汉武帝时始有鸿胪名称，自东晋至北宋也称鸿胪卿。

③ 抚辑：安抚，笼络。

④ 吐蕃：原本作“吐藩”，据《新唐书·魏元忠传》卷一二二改。以下凡“吐藩”，皆直接改过，不再注出。

⑤ 二年：《旧唐书·张仁愿传》卷九三、《新唐书·张仁愿传》卷一一一均作“三年”。

⑥ 按：唐开元九年（721）于灵州置朔方节度使，统七军府。《旧唐书·地理志》卷三八：“朔方节度使，捍御北狄，统经略、丰安、定远、西受降城、东受降城、安北都护（亦曰中受降城——译注者注）、振武等七军府。朔方节度使，治灵州。”其中经略军、丰安军、定远军在今宁夏境内。五代、北宋沿置，又称灵武节度使。宋开宝二年(969)废。沙吒忠义：原本作“沙叱忠义”，据《宁夏府志·职官·宦迹》卷一二、《旧唐书·张仁愿传》卷九三、《新唐书·张仁愿传》卷一一一、《元和郡县图志》卷四改。

⑦ 三受降城：唐三受降城受朔方节度使节度，地并不在宁夏境。本书卷一《古迹志第八》亦言张仁愿所筑三受降城“去宁夏极为辽远”。

于牛头朝那山[①]北置烽堠千三百所[②]。自是突厥不敢逾山牧马。岁费省亿计，减镇兵数万。景龙二年，拜右卫大将军，同中书门下三品，封韩国公。仁愿为将，号令严，将吏信伏，按边抚师，赏罚必直功罪。后人思之，为立祠受降城，出师辄享焉。在朔方，奏用御史张敬忠、何鸾、长安尉寇泚[③]、鄠尉王易从、始平主簿刘体微分总[④]军事，太子文学[⑤]柳彦昭为管记[⑥]，义乌尉晁良贞为随机，皆著称，后至大官，世名[⑦]仁愿知人。

姚崇，字元之，陕州硖石人。武后时以司仆卿[⑧]、同凤阁鸾台三品[⑨]，出为灵武道大总管。张柬之等谋诛二张，崇适自屯所还，遂参计议。以功封梁县侯。

张说，字道济，洛阳人。开元中王晙讨康待宾，诏说相闻经略。时党项羌亦连兵攻银城，说将步骑万人出合河关[⑩]掩击，破之。十年，诏为朔方节度大使，亲行五城。八月，康待宾余党康愿子反，掠牧马，西涉河出塞，说追讨，至木盘山擒之。乃议徙河、曲二州[⑪]残寇于唐、邓、仙、豫间，空河南朔方地。奏罢缘边戍兵悉还农。

---

① 牛头朝那山:《元和郡县图志》卷四、《太平寰宇记》卷三九作“牛头、牟那山”。

② 千三百所:《新唐书·张仁愿传》卷一一一、《元和郡县图志》卷四、《太平寰宇记》卷三九皆作“千八百所”。

③ 寇泚：原本作“寇沘”，据《宁夏府志·职官·宦迹》卷一二、《新唐书·张仁愿传》卷一一一改。

④ 分总：分别主管。

⑤ 太子文学：官名。为皇太子的文学侍从之臣。

⑥ 管记：古代对书记、记室参军等文翰职官的通称，掌文牍之职。

⑦ 世名：世间的名望。

⑧ 司仆卿:太仆卿，武则天光宅元年（684）改，唐中宗神龙元年（705）复名太仆卿。

⑨ 同凤阁鸾台三品：宰相职衔，即同中书门下三品，武则天光宅元年（684）改，唐中宗神龙元年（705）复称同中书门下三品。凤阁，唐代中书省的别称。鸾台，唐代门下省的别称。

⑩ 合河关：一名合河津、临津关。在今山西兴县西北黄河畔。

⑪ 二州：《新唐书·张说传》卷一二五作“六州”。

牛仙客，泾州鹑觚人。开元末，为朔方总管，啬事省用，仓库积实，器械锋锐。迁工部尚书、同中书门下三品。

浑瑊，本铁勒九姓之浑部也。父释之，有才武，从朔方军，积战功，累迁宁朔郡王。广德中，与吐蕃战没。瑊年十一，善骑射，随释之防秋①，朔方节度使张齐邱戏曰："与乳媪俱来耶？"是岁即立功。后从李光弼、郭子仪击吐蕃，与李晟收复京城，累功封咸宁郡王。

王忠嗣，以武功至金吾卫将军。本勇敢，及为将，乃能持重。俄为河西、陇右、朔方、河东节度，佩四将印，控万里。每互市，高估马价，诸胡争以马求市，胡马遂少。

郭子仪，华州郑人。天宝十四载，安禄山反，诏子仪为卫尉卿②、灵武郡太守，充朔方节度使，率本军东讨。后明皇幸蜀，肃宗即位灵武，诏班师。子仪与李光弼率步骑五万赴行在③。时朝廷草昧，众单寡，军容阙然，及是国威大振。拜子仪兵部尚书，同中书门下平章事④，仍总节度，时帝倚朔方军为根本焉。大历三年，吐蕃入寇，诏率师五万屯奉天，子仪遣将白元光破虏于灵武。九年入朝，上书曰："朔方，国北门，西御犬戎，北御猃狁，五城相去三千里。开元、天宝中，战士十万，马三万，仅支一隅。自先帝受命灵武，战士从陛下征讨无宁岁，顷以怀恩乱，痍伤凋耗⑤，亡三分之二，比天宝中止十之一。臣惟陛下制胜，力非不足，但简练不至，进退未一，时淹师老，地广势分。愿于诸道料⑥精卒满五万⑦者，列屯北边，则制胜可必。"后以功封汾阳王，

---

①防秋：古代西北各游牧部落往往趁秋高马肥时南侵。届时边军特加警卫，调兵防守。

②卫尉卿：官名。秦始置，掌管宫门警卫。唐因之。

③行在：指帝王所到之地。

④同中书门下平章事：唐中叶以后，凡他官加同中书门下平章事的，专掌机务。

⑤痍伤凋耗：痍伤，受创伤；凋耗，损耗。

⑥料：估数，计数。

⑦五万：原本作"万"，据《新唐书·郭子仪传》卷一三七补。

谥忠武。

杜黄裳，字遵素①，京兆万年人。擢进士第，郭子仪辟佐②朔方府。子仪入朝，使主留事。李怀光与监军③阴谋矫诏诛大将，以动众心，欲代子仪。黄裳得诏，判其非，以质怀光，怀光流汗服罪。于是诸将狠④骄难制者，皆以子仪令易置，众不敢乱。后至宰相。

李晟，洮州临潭人。大历初，李抱玉署晟右将军。吐蕃寇灵州，抱玉授以兵五千击之，辞曰："以众则不足，以谋则多。"乃请千人。由大震关⑤趋临洮，屠定秦堡，执其帅慕容谷钟，虏乃解灵州去。迁开府仪同三司⑥，累功封西平郡王。

史敬奉，灵州牙将。吐蕃十五万众围盐州，刺史李文悦竭力拒之，凡二十七日。敬奉言于朔方节度使杜叔良，请兵解围。叔良以二千五百⑦人与之。敬奉行旬余无声问，众以为俱没矣。无何，敬奉自他道出吐蕃背，吐蕃惊溃，敬奉奋击，大破之。

杜希全，朔方节度，军令严整，人畏其威。奉天之狩⑧，引兵赴难。贼平，迁检校尚书左仆射⑨、灵盐丰夏节度使。

---

①遵素：原本作"遵来"，据《新唐书·杜黄裳传》卷一六九改。

②辟佐：辟为僚佐的省称。辟，征召、授予。

③监军：唐代后期于各镇及出征讨叛之军中，以宦官为监军，与统帅分庭抗礼。

④狠：原本作"狼"，据《新唐书·杜黄裳传》卷一六九、《宁夏府志·职官·宦迹》卷十二改。

⑤大震关：又名陇关，在今陕西陇县陇山顶上。相传汉武帝登陇经此，遇雷震而名。

⑥开府仪同三司：汉魏始有其号。谓与三司（太尉、司徒、司空）体制待遇相同，亦有官属，乃大臣之加衔，其本身必另有其他职务。唐宋以此为文散官第一阶，即不带职官，亦与朝参禄俸。

⑦二千五百：《新唐书·史敬奉传》卷一七〇作"二千"。

⑧奉天之狩：也即奉天之难，又名"二帝四王之乱"，包括四镇之乱和泾原兵变。这是唐德宗时期一场由于中央政府削藩而引起的叛乱，唐德宗被迫逃往奉天（今陕西乾县）。奉天之难是中晚唐藩镇跋扈、唐朝中央权威受挑战的标志事件之一。

⑨检校尚书左仆射：此七字原本脱，据《新唐书·杜希全传》卷一五六补。

崔知温，字礼仁[①]，许州鄢陵人。为灵州司马。境有浑、斛萨万帐，数扰齐民[②]，农皆释耒，习骑射以捍贼。知温表徙河北，自是人得就耕，田野始安。特诏同门下三品，迁中书令。

【译文】

唐

江夏郡王李道宗，唐高祖时担任灵州总管。当时梁师都的兄弟梁洛仁命令数万突厥兵连同自己的兵马会攻李道宗防守的城池。李道宗命令闭城坚守，寻找机会出战，最终战胜对方。唐高祖对裴寂说：“过去［三国时］魏国的任城王曹彰有击退敌人的功劳，李道宗与其相似。”因此封李道宗为任城王。最初突厥郁射设部众入居五原，被李道宗用武力驱逐出境，军威赫然，开拓国土上千里。贞观元年（627），任职鸿胪卿，又升迁为大理卿。唐太宗正在筹划治理突厥，再次任命李道宗为灵州都督。

崔敦礼，字安上，雍州咸阳人。唐太宗时，以兵部侍郎身份出任灵州都督。回朝后，授以兵部尚书。唐太宗诏命其出京安抚回纥、铁勒部众，遇到薛延陀侵犯边境，联合李勣共同将其打垮，设置祁连州安置剩下的部众。

魏元忠，宋州宋城人。武则天时以御史大夫身份出任陇右诸军大使，讨伐吐蕃，又被任命为灵武道行军大总管防御突厥。魏元忠统帅军队慎重自守，虽然没有显赫战功，却也不曾失败。

张仁愿，华州下邽人。本名仁亶，文才武略十分出众。神龙二年（706）朔方军总管沙吒忠义被突厥打败，唐中宗诏命当时代理御史大夫的张仁愿接替沙吒忠义的官职。张仁愿到达朔方后，突厥已退兵而去，便命令军队跟踪追击，夜袭敌营，大破突厥。最初，朔方军与突

① 礼仁：原本作“体仁”，据《宁夏府志·职官·宦迹》卷十二、《新唐书·崔知温传》卷一〇六改。

② 齐民：犹平民。谓治理人民。

厥习惯以黄河为界，时突厥头领默啜统率全军西攻西突厥的突骑施部落，张仁愿奏请朝廷乘其后方空虚一举夺取漠南之地，并沿黄河北岸修筑三座首尾相应的受降城，以此断绝突厥南侵的通道。同时奏请朝廷留下戍边期满的兵士助力完成修城工程，参与此役者共同尽力，只用了六十天便将三城全部筑成。以拂云祠为中受降城，南对朔方，西受降城南对灵武，东受降城南对榆林，三城相距各有四百余里。又于牛头朝那山北设置烽火台一千三百所。从此，突厥不敢度过阴山牧马。每年节省军费上亿，裁减镇兵数万人。景龙二年（708），张仁愿官拜右卫大将军，同中书门下三品，成为宰相，封韩国公。张仁愿为将，号令严明，将吏信服，镇守边疆抚慰军队，赏罚必定与其功过相当。后人怀念他，在受降城专门为其建造祠堂，每次有军事行动都要进行祭祀。在朔方任职时，上奏朝廷提拔任用御史张敬忠、何鸾、长安尉寇泚、鄠尉王易从、始平主簿刘体微分别主管军事，太子文学柳彦昭为管记，义乌尉晁良贞为随机，这些人皆以才干著称，后来都做了大官，人们认为张仁愿善于鉴别人的品行、才干。

姚崇，字元之，陕州硖石人。武则天执政时以司仆卿、同凤阁鸾台三品的宰相官阶，出任灵武道大总管。张柬之等密谋诛杀张易之、张昌宗兄弟，姚崇恰好从灵武驻地返回长安，于是参与了计划的研究实施。因功封梁县侯。

张说，字道济，洛阳人。唐开元年间王晙征讨康待宾部族，唐玄宗下诏书命令张说参与筹划安排。当时党项羌人也乘机集结军队攻打银城，张说率领步兵、骑兵上万人前出合河关袭击敌人，打败了党项羌人。开元十年（722），被任命为朔方节度大使，亲自巡行五城。八月，康待宾余党康愿子率众谋反，抢掠牧马，向西渡过黄河出塞，张说追击讨伐，至木盘山擒获康愿子。就此商议迁徙安置河州、曲州贼寇于唐州、邓州、仙州、豫州间，腾空黄河以南朔方地域［，以策国家安全］。这个办法实施以后沿边戍守的士兵都放下刀枪回家种田了［，朝廷节省了大量军费开支]。

牛仙客，泾州鹑觚人。唐开元末年，担任朔方总管，勤俭节约，仓库充实，器械锋锐。升迁工部尚书、同中书门下三品，做了宰相。

浑瑊，其先人属于铁勒九姓之浑部。父亲浑释之，富有军事才能，一直在朔方军服役，多次立下战功，逐渐升迁至宁朔郡王。唐代广德年间（763—764），在与吐蕃的战争中战没。浑瑊十一岁，就善于骑马射箭，跟随父亲浑释之防范游牧民族秋天的入侵，朔方节度使张齐邱开玩笑说："你是和奶妈一起来的吗？"当年就立下战功。后来跟随李光弼、郭子仪出击吐蕃，与李晟一起收复京城长安，累积战功被封为咸宁郡王。

王忠嗣，以武功升迁至金吾卫将军。本来天性勇敢，及至做了将军，竟变得稳重谨慎了。不久担任河西、陇右、朔方、河东节度使，身佩四个将军印绶，控制管辖的地域上万里。每每与周边游牧民族通商贸易，就有意抬高马匹的收购价格，各游牧民族纷纷争着出售马匹，游牧民族的马就越来越少了[，这样就减少了游牧民族入侵的危害]。

郭子仪，华州郑人。天宝十四载（755），安禄山造反，唐玄宗诏命郭子仪担任卫尉卿、灵武郡太守，又加任朔方节度使，率领本部军马向东征讨安禄山。后来唐玄宗逃往四川，唐肃宗在灵武即位，诏命郭子仪班师回护。郭子仪与李光弼率领步兵、骑兵五万人奔赴唐肃宗所在之处。当时唐肃宗朝廷初创，人力薄弱，军队不足，到这时国威大振。唐肃宗任命郭子仪担任兵部尚书，同中书门下平章事，做宰相，仍然统一指挥军队，这时的唐肃宗把朔方军作为自己统治天下的根本力量。大历三年（768），吐蕃入寇，唐代宗诏命郭子仪统兵五万驻守奉天防御，郭子仪命令白元光率兵在灵武击败吐蕃。大历九年（774）郭子仪入朝，上书唐代宗说："朔方，是国家的北方门户，西向防御犬戎，北向防御猃狁，五城相去三千里。开元、天宝年间，有战士十万，军马三万匹，也仅能支撑一个方面。自先帝（唐肃宗）在灵武即位以来，战士追随陛下年年征战，不久以前又因为仆固怀恩作乱，受伤损耗，死亡达三分之二，与天宝年间相比只剩下十分之一的人马。臣考虑陛下的制胜之道，并不是军事力量不足，而是选拔、训练不够，进攻退守号令不统一，时间推移军队疲惫，地域宽阔致使军队力量分散。只要从各地选拔五万精锐的士卒，驻扎在北方边境，就一定会取得胜利。”后来以军功被封为汾阳王，谥号忠武。

杜黄裳，字遵素，京兆万年人。进士及第，郭子仪征召为朔方节度使官衔属官。郭子仪归京入朝，让杜黄裳留下来主持节度使府事务。李怀光与监军阴谋假传圣旨诛杀大将，借此动摇军心，趁乱取代郭子仪。杜黄裳拿到诏书，判定其属伪造，与李怀光当面对质，吓得李怀光流汗服罪。从此诸将领中凡有桀骜不驯者，都按郭子仪意见予以调整，众军再不敢作乱。杜黄裳后来官至宰相。

李晟，洮州临潭人。大历初年（766—779），李抱玉让李晟代理右将军。吐蕃入寇灵州，李抱玉交给他五千兵马反击敌人，李晟辞谢说：“靠人力则人太少，凭智谋则人太多。”竟然只带了一千人马就出发了。由大震关进军临洮，屠灭定秦堡，俘虏其头领慕容谷钟，敌虏被迫放弃灵州逃走。李晟后来升迁为开府仪同三司，积累战功被封为西平郡王。

史敬奉，灵州牙将。吐蕃十五万人马围攻盐州，刺史李文悦率众竭尽全力抵抗，坚守城池达二十七天。史敬奉自告奋勇，请求朔方节度使杜叔良，让自己带兵前去解围。杜叔良给了二千五百人马。史敬奉带兵走了十多天毫无声息，众人以为全被吐蕃消灭了。不久，史敬奉用其它的办法绕道吐蕃背后发起攻击，吐蕃不明就里，四散惊溃，史敬奉借机奋力击敌，彻底打败敌军。

杜希全，朔方节度使，统率军队号令严明，人人畏惧其声威。奉天之难暴发后，带兵奋力拯救唐德宗。平定贼寇后，升迁为检校尚书左仆射、灵盐丰夏节度使。

崔知温，字礼仁，许州鄢陵人。官职为灵州司马。境内有浑、斛萨部落万帐，多次侵扰平民百姓，逼得农民放下农具，练习骑马射箭以抵御贼寇。崔知温上表奏请将这些游牧部落迁往黄河以北，自此百姓得以安生耕种，田野一片安详。朝廷特诏授崔知温同门下三品，升迁为中书令。

五代

康福，蔚州人。明宗①时，灵武韩洙死，其弟澄立，而偏将李从宾作乱。朝廷以福为凉州刺史、河西军②节度使，破吐蕃于青冈峡，威声大振。居灵武三岁，岁常丰稔③，有马千驷④，蕃彝⑤畏服。

张希崇，字德峰，幽州蓟人。迁灵武节度使。灵州地接戎、狄，戍兵饷道常苦抄掠。希崇乃开屯田，教耕种，军以足食。又能招辑夷落，自回鹘、瓜、沙皆遣使入贡。居四岁，上书求还内地。晋高祖⑥入立，复拜灵武节度使。

冯晖，魏州人。降晋高祖，拜义成⑦节度使，徙镇灵武。灵武自唐明宗以后，市马籴粟⑧给赐军士。自关以西转输供给⑨，民不堪役。青冈、土桥之间，氐、羌剽掠，商旅多阻。晖至，推以恩信，部族怀惠，止息⑩侵夺。然后广屯田以省转饷，治仓库亭馆千余区。多出俸钱，民不加赋，管内大治。党项拓跋彦超为最大，晖至，超来谒，遂留之，为起第于城中，遇之甚厚，因服诸族。

---

①明宗：指五代后唐李嗣源。

②河西军：原本作“河西郡”，据《旧五代史·康福传》卷九一、《新五代史·康福传》卷四六改。

③丰稔（rěn）：丰熟，富足。

④千驷：四千匹马，言马多。犹千乘。

⑤彝：同“彝”，通“夷”，古代泛指异族人、外国人。

⑥晋高祖：指五代后晋石敬瑭。

⑦义成：《新五代史·冯晖传》卷四九作“义成军”。

⑧市马籴（dí）粟：市马，买马；籴粟，买粮。

⑨给：原本作“亿”，据《新五代史·冯晖传》卷四九改。

⑩止息：停止，停息。

药元福[①]，并州晋阳县[②]人。晋开运[③]中，为威州刺史。蕃酋拓跋彦超等攻灵州，诏以河阳节度冯晖镇朔方，召关右兵进讨，以元福将行营骑兵。元福与晖出威州土桥西，遇彦超兵七千，元福转战五十里，杀千级，擒三十余人。朔方距威州七百里，无水草，号旱海，师须赍粮以行[④]，至耀德食尽。彦超众数万，布为三阵，阨要路，据水泉，以待晖军，军中大惧。晖以玉帛求和解[⑤]，彦超许之。至日中，列阵如故。元福曰："彼知我军饥渴，邀我于险，欲困我耳。迁延至暮，则吾党成擒矣。彼虽众而精兵绝少，依西山为阵者是也。"乃以麾下先击西山兵，敌果溃，元福举旗招[⑥]晖，晖[⑦]军继进，彦超大败，横尸蔽野。是夕，入清远军。明日，至灵州。元福入宋，为检校太尉，镇陕州。

【译文】

五代

康福，蔚州人。后唐明宗李嗣源执政时，灵武节度使韩洙死，其弟韩澄接替了节度使的官职，而偏将李从宾借机作乱。朝廷以康福为凉州刺史、河西军节度使，在青冈峡击败吐蕃，威声大振。在灵武镇守三年，年年丰收，有马千乘，吐蕃等游牧民族因慑其威力而服从。

张希崇，字德峰，幽州蓟人。升迁为灵武节度使。灵州地处与戎、狄等游牧部族交汇地带，为镇守兵士输送粮食等军事物资的通道常被拦截抢掠。[为彻底解决这个问题，]张希崇组织推行屯田制度，向当地军民传授先进耕作技术，就地解决了驻军的吃饭问题。又恩威并施，

---

① 药元福：原本作"叶元福"，据本书卷二《历朝宦迹志》、《宋史·药元福传》卷二五四改。

② 晋阳县：原本脱"阳"字，据本书卷二《历朝宦迹志》、《宋史·药元福传》卷二五四补。

③ 开运：五代后晋出帝石重贵年号。

④ 赍（jī）粮以行：携带粮食行军。

⑤ 和解：原本作"解和"，据《宋史·药元福传》卷二五四改。

⑥ 招：原本脱此字，据《宁夏府志》卷一二、《宋史·药元福传》卷二五四补。

⑦ 晖：原本脱此字，据《宋史·药元福传》卷二五四补。

招抚少数民族部落，远从回鹘、瓜州、沙州等地都遣使向后唐王朝入贡。驻守四年后，上书皇帝请求回还内地。后晋高祖石敬瑭登基做了皇帝，再次被任命为灵武节度使。

冯晖，魏州人。投降了晋高祖石敬瑭，被任命为义成节度使，调往灵武镇守。灵武自后唐明宗李嗣源登基以后，实行的政策是由百姓购买军马、粮食供养军队。自函谷关以西向灵武长途运输供给，百姓苦不堪言。青冈、土桥之间，氐、羌等游牧部族抢劫掠夺，商旅通道多被阻断。冯晖上任以后，以恩德和诚信安抚游牧部族，这些人感念冯晖的恩惠，再没有抢劫掠夺。然后又大力推广屯田制度以节省运输费用，修建仓库亭馆千余区［，以储备军粮等物资］。再者多付工钱，也不增加百姓的赋税，由此管辖范围内政治修明，局势安定。党项拓跋彦超部族的势力最大，冯晖到任，拓跋彦超前来拜谒，遂留其在城中居住，并为其在城中专门建造了府第，待遇十分优厚，因此当地各少数民族心悦诚服。

药元福，并州晋阳县人。后晋出帝石重贵开运年间（944—946），担任威州刺史的官职。党项头领拓跋彦超等围攻灵州，石重贵下诏书派河阳节度使冯晖镇守朔方，召关右兵进讨党项人，以药元福统率行营骑兵。药元福与冯晖带兵出威州土桥西，遇到拓跋彦超兵七千，药元福转战五十里，杀敌千人，俘虏三十余人。朔方距离威州有七百里，途中无水草，号称旱海，军队必须携带粮食行军，到达耀德粮食就吃光了。拓跋彦超军队有数万人，分列为三个阵营，分别阨守要路，控制水源，以逸待劳守候着冯晖军队，冯军大为恐惧。迫于形势，冯晖以金钱玉帛求和解，拓跋彦超假装同意了。一直等到中午，敌方军队列阵依然如故。药元福说：“敌人知道我们又饥又渴，阻截我们于险地，这是要彻底消灭我们。假如再拖延到傍晚，则我辈就全成了俘虏。他们人虽多但精兵绝少，背靠西山列阵的那支队伍就是。”于是指挥麾下抢先攻击西山兵，敌人果然溃败，药元福举旗向冯晖发出信号，军队大举发起进攻，拓跋彦超大败，丢弃的刀枪戈矛遮蔽了原野。当晚，关右兵进入清远军。第二天，到达灵州［，灵州之围遂解］。到了北宋王朝，药元福担任检校太尉的官职，镇守陕州。

宋

冯继业，字嗣宗，晖之子也。幼敏慧，有度量。以父任补朔方军节度使，晖卒，遂代其父，为朔方留后。以郊祀恩，加灵州大都督府长史。建隆初来朝，以驼马宝器为献。后拜静难军节度使。

王侁，秦州副将。帝遣之灵州，与田仁郎等讨李继迁。继迁陷三族，仁郎次绥州，请益兵。帝闻三族已陷，窜仁郎商州。侁出银州①，北破悉利诸寨，麟州诸蕃皆请纳马赎罪，讨继迁。侁与所部兵入浊轮川，斩贼首五千②级，继迁遁去。郭守文复与尹宪击盐城诸蕃，焚千余帐③。由是银、麟、夏三州蕃百二十五族内附，户万八千④余。

刘综，字居正，虞乡人。咸平中，夏人扰边，诏以综为转运副使，时灵州孤危，献言者或请弃之。综力上言："灵州民淳土沃，为边陲巨屏，所宜固守，以为捍蔽。"诏从其请。语详"艺文"。

董遵诲，涿州范阳人。领⑤灵州路巡检，豁达多方略。在怀远军凡十四年，安抚一面，夏人悦服。尝有剽掠进奉使兵器者，帐下欲讨之。夏人惧，尽归所略，拜伏请罪。自是各谨封界，秋毫无犯。

段思恭，泽州晋城人。代冯继业知灵州，太祖壮其往，赐窄衣金带，钱二百万，仍以途涉诸部，令别赍金帛以遗之。思恭下车，矫继业之失，绥抚夷落，访求民病，悉奏免之。

---

① 银州：原本作"银川"，据《宁夏府志·职官·宦迹》卷一二、《宋史·党项传》卷四九一改。

② 五千：《宋史·党项传》卷四九一作"五十"。

③ 帐：帐落，游牧部落聚居之处。

④ 万八千：《宋史·党项传》卷四九一作"万六千"。

⑤ 领：带领；管辖。

侯赟，并州太原人。知灵州，按视蕃落，宴犒以时，得边士心，部内大治。在朔方十余年，上念久次，求可代者而难其人。卒，赠本卫上将军。

安守忠，字信臣，并州晋阳人。初知灵州，继徙夏州。在官七年，每西戎犯边，战无不捷。录功就拜濮州团练使①。

侯延广，汾州平遥人。淳化二年，李继迁始扰夏台，命延广知灵州，赐金带名马。会赵保忠阴结继迁，朝廷命骑将李继隆率兵问罪，以延广护②其军。既而夏台平，保忠就缚，手诏褒美。延广在灵州，部下严，人悦服，继迁素辟其锋。监军康赞元害其功，诬奏，诏还。至道间，继迁寇灵州，朝廷谋帅。钱若水称延广，再知灵州，兼兵马都部署③，独引数十骑之镇。戎人素服其威名，皆相率引避④。

慕容德丰，字日新，太原人。淳化二年知延州，时侯延广在灵武，或言其得虏情，倔强难制，命德丰代之，为四方馆使兼都部署。时谷价踊贵，德丰出私廪赈饥民，全活甚众。

李继隆，上党人。至道二年，马绍忠送粮灵州，为继迁所邀，败浦洛河⑤。上闻之怒，亟命继隆为灵、环十州都部署，讨继迁。

王昭远，冀州人。色黑，又名铁山。至道中，李继迁扰西鄙，绝灵武粮道，命昭远为灵武路都部署，护二十五州刍粟⑥，虏不敢犯。

田绍斌，汾州人。灵州马步都部署，入蕃讨贼，斩首二千级，获马牛驼二万计，以给诸军。

曹璨，字韬光，武惠王彬子。至道初，知灵州，徙河西钤辖。后

① 团练使：官名。宋承唐制，置诸州团练使，仅为虚衔。

② 护：总领。

③ 都部署：官名。北宋前期临时委任的大军区统帅，掌管军旅屯戍、攻防等事务。

④ 引避：让路，躲避。

⑤ 浦洛河：原本作“洛浦河”，据蔡淑梅《（嘉庆）〈灵州志迹〉（光绪）〈灵州志〉》征引《宋史·校勘记［八］》卷二五七改。

⑥ 刍粟：粮草。

以麟、府、浊轮副部署，出蕃兵邀继迁，俘馘甚众。

丁罕，颍州人。淳化五年，以容州观察使领灵环路行营都部署，与继迁战，斩获数万。

郭密，贝州经城人。充灵州兵马都部署。训练士卒，号令严明，夏人畏服，边境以宁。

郑文宝，字仲贤。太宗时，授陕西转运副使，前后自环庆部粮越旱海入灵武者十二次。晓达蕃情，习其语。经由部落或宿酋长帐中，其人每呼为父。朝廷议城古威州，遣①使访文宝，言："威州在清远军西北八十里乐山之西。唐大中时，灵武朱叔明收长乐州，邠宁②张君绪收六关，即其地也。故垒未③圮，水甘土沃，有良木薪秸之利，约葫芦、临洮二河，压鸣沙、萧关两戍，东控五原，北固峡口，足以襟带西凉、咽喉灵武城之便。"

张凝，沧州无棣人。少有武略，倜傥自任。咸平四年，代潘璘为邠宁环庆灵州路副都部署。时斥候④数扰，转运使刘综惧飞挽⑤不给，部计于凝，凝曰："今当深入，因敌资粮，不足虑也。"乃自白豹镇率兵入敌境，生擒贼将，烧荡三百余帐、刍粮八万，获牛马、甲器二万，降九百余人。

杨琼，汾州西河人。至道初，改防御史、灵庆路副都部署、河外都巡检使。贼累寇疆，琼守御有功，败贼于合河镇北，擒获甚多。导黄河，溉民田千顷，增户口，益课利，时号富强。

潘罗支，六谷⑥酋长。李继和言其愿戮力讨夏，乃授朔方节度。保

①遣：原本作"遗"，形误，据《宋史·郑文宝传》卷二七七改。

②邠宁：唐方镇名，治所在邠州，即今陕西彬县。原本作"郊宁"，据《宋史·郑文宝传》卷二七七改。

③未：原本脱此字，据《宋史·郑文宝传》卷二七七补。

④斥候：亦作斥堠。侦察；侦察兵。

⑤飞挽（wǎn）：急速运送。此谓运送资粮。

⑥六谷：原本作"六合"，据《宋史·真宗本纪》卷六、《宋史·吐蕃传》卷四九二改。下同。

吉陷西凉，罗支伪降，保吉受之不疑。罗支遽集六谷蕃部合击之，保吉大败，中流矢死。

【译文】

宋

冯继业，字嗣宗，是冯晖的儿子。幼年即敏达聪慧，有度量。因为父亲冯晖后来补职任官朔方军节度使的缘故，在冯晖死后，就接替其父亲，担任朔方留后。朝廷又因为共同在郊外祭祀天地的恩惠，加授其为灵州大都督府长史。宋太祖建隆初年（960）前来京城朝贡，以骆驼、马匹、珍贵的器物作为献礼。后来官拜静难军节度使。

王侁，秦州副将。宋太宗派往灵州，与田仁郎等联合讨伐李继迁。李继迁攻陷三族寨，田仁郎率军驻扎绥州，请求增加兵马支援。宋太宗听闻三族寨已陷落，把田仁郎贬为商州团练副使。王侁出兵银州，向北攻破悉利诸寨，麟州各游牧部族请求献马赎罪，共同讨伐李继迁。王侁带领所部兵马又攻入浊轮川，斩杀敌人五千人，李继迁逃走。郭守文也与尹宪联合攻击盐城诸游牧部族，焚烧千余帐落。由是银、麟、夏三州游牧部落一百二十五族请求内附北宋王朝，共一万八千余户。

刘综，字居正，虞乡人。宋真宗咸平年间（998—1003），西夏人侵扰边境，宋真宗诏命刘综担任转运副使的官职，当时灵州孤立危急，有进言献策的官员要求放弃灵州。刘综坚决反对，上书皇帝说："灵州民风淳朴，土地肥沃，是边疆强大的屏藩，适宜坚守，用以保卫国家的安全。"宋真宗采纳了他的意见。文章详细内容见"艺文志"。

董遵诲，涿州范阳人。任职灵州路巡检，性格豁达做事有计划策略。在怀远军总共十四年，以恩安抚管辖范围内的游牧民族，西夏人心悦诚服。曾经有西夏人剽掠宋王朝进奉使兵器的事件发生，董遵诲部下准备发兵讨伐。西夏人恐惧，尽数归还所抢掠的物资，拜伏于地请罪。自此以后各方谨守边界，秋毫无犯。

段思恭，泽州晋城人。替代冯继业镇守灵州，宋太祖赵匡胤为壮其行色，专门赐其窄衣金带，钱二百万，又因为途中要经过多个游牧部族，令段思恭另外带些金帛赠送给这些部族。段思恭到任后，矫正冯继业的过失，安定抚慰少数民族部落，访求困扰百姓的弊端，全部奏报朝廷予以废除。

侯赟，并州太原人。任灵州知州，巡视游牧民族部落，每年四季定时宴请犒劳，甚得边疆士人军民的欢心，灵州全境政治修明，局势安定。在朔方十余年，皇上惦记其镇守边疆多年，寻求可替代他的人选而难以如愿。死后，追赠本卫上将军。

安守忠，字信臣，并州晋阳人。先任灵州知州，后又迁调夏州。在官位七年，每次西夏人侵犯边境，［安守忠反击］战无不捷。论功就任濮州团练使。

侯延广，汾州平遥人。宋太宗淳化二年（991），李继迁开始侵扰夏台，宋太宗命侯延广为灵州知州，赏赐其金带名马。当时赵保忠阴谋勾结李继迁，朝廷命骑兵将领李继隆率兵问罪，以侯延广总领其军。不久平定夏台，赵保忠束手就擒，宋太宗亲自书写诏书褒奖夸赞侯延广。侯延广在灵州，严格管理部下，人们心悦诚服，李继迁一直畏避其锋。监军康赞元妒忌其功劳，上书诬告，朝廷召回侯延广。宋太宗至道年间（995—997），李继迁入寇灵州，朝廷寻找能统兵的将帅。钱若水称赞侯延广，于是再次被任命为灵州知州，同时兼兵马都部署的官职，独自带领几十人马就到了镇守之地。西夏人一直信服其威名，皆相继躲避。

慕容德丰，字日新，太原人。宋太宗淳化二年（991）任延州知州，当时侯延广正在灵武任职，有人说其在边疆做官时间长，了解西夏人的情况，倔强难以控制，于是朝廷任命慕容德丰为四方馆使兼都部署，接替侯延广的职务。当时谷价飞涨，慕容德丰采取措施，拿出私人仓库的粮食赈济饥民，救活了很多人。

李继隆，上党人。宋太宗至道二年（996），马绍忠给灵州送粮，被李继迁阻击，兵败浦洛河。宋太宗闻之大怒，紧急任命李继隆为灵、环十州都部署，统兵征讨李继迁。

王昭远，冀州人。皮肤黑色，又名铁山。宋太宗至道年间（995—997），李继迁侵扰西部边境，断绝灵武粮道，朝廷任命王昭远为灵武路都部署，总领管理二十五州粮草，敌虏不敢侵犯。

田绍斌，汾州人。灵州马步都部署，挥师攻入西夏境内讨伐贼寇，斩首二千级，缴获马、牛、骆驼计有二万，用以保障宋朝军队。

曹璨，字韬光，宋朝开国大将、武惠王曹彬的儿子。宋太宗至道初（995），担任灵州知州，又调任河西铃辖。后来以麟、府、浊轮副部署的官职，联合游牧部族阻击李继迁，俘获甚众。

丁罕，颍州人。宋太宗淳化五年（994），以容州观察使的官职统领灵环路行营都部署，率军与李继迁作战，斩获数万人。

郭密，贝州经城人。充任灵州兵马都部署。训练士卒，号令严明，西夏人畏服，边境得以保持安宁。

郑文宝，字仲贤。宋太宗时，官授陕西转运副使，前后从环庆一带安排运输粮食越旱海入灵武共有十二次之多。了解游牧少数民族的风俗习惯，通晓其语言。经由游牧部落有时就住宿在酋长帐篷中，其人每每称呼郑文宝为父亲。朝廷讨论在古威州修建城堡事宜，派人征求郑文宝意见，他说："威州在清远军西北八十里乐山的西面。唐代大中年间，灵武朱叔明收复长乐州，邠宁张君绪收复六关，指的就是这个地方。此地旧堡垒还没有坍塌，水甜土地肥沃，有可以就地采伐木头使用柴草秸秆的方便，可以约束葫芦、临洮二河，控制鸣沙、萧关两座军事要塞，向东控制五原，向北稳固峡口，足以作为西凉的山川屏障、灵武城险要的交通孔道。"

张凝，沧州无棣人。年轻时就有指挥行军作战的才能，生性洒脱不拘束。宋真宗咸平四年（1001），替代潘璘为邠宁环庆灵州路副都部署。此时边境线多次被敌方侦察袭扰，转运使刘综担心运输线被敌人切断，军用物资无法保障，与张凝商量对策，张凝说："今天应当深入敌后，从敌人那里取得粮食资用，不用担忧。"于是从白豹镇率兵攻入敌境，活捉贼将，烧荡三百余帐落、粮草八万斤，缴获牛马、盔甲、武器二万，迫使九百余人投降。

杨琼，汾州西河人。宋太宗至道初年（995），改任防御使、灵庆路副都部署、河外都巡检使。贼寇多次侵略边疆，杨琼守御有功，于合河镇北打败贼寇，擒获甚多。疏导黄河水，灌溉百姓私有田地上千顷，增添户口，增加赋税，当时号称富强。

潘罗支，六谷蕃部酋长。李继和上表北宋朝廷称其愿意尽力讨伐西夏，于是潘罗支被授为朔方节度使的官职。保吉率兵攻陷西凉，潘罗支假装投降，保吉对此深信不疑。潘罗支迅速调集六谷蕃部各部落人马合击之，保吉大败，身中流矢而死。

明

沐英，定远人。洪武十年，以征西副将军从邓愈出塞，渡黄河，耀兵昆仑。转战数千里，俘获万计，论功封西平侯。十三年，脱火赤犯顺①。英由灵武口渡黄河，历贺兰山，涉流沙，分为四翼。自以骁勇②冲其中坚，衔枚夜薄其营，生擒脱火赤及知院③爱足全部以归，封黔宁王。卒，谥昭靖，配享庙廷④。

史钊，直隶藁城人。以父敬功授宁夏，世袭指挥，遂家焉，累以军功历总兵⑤。宣德元年，挂征西将军印，镇宁夏，所统官军悉听节制。虏也先脱干为患，钊出奇计擒之。钊用兵有纪律，料敌制胜，所向成功。

---

①犯顺：谓以逆犯顺，即造反作乱。

②勇：《明史·沐英传》卷一二六作"骑"。

③知院：宋代以枢密院掌管军政，长官为枢密使。如以他官主持枢密院，称知枢密院事，简称知院。后遂为枢密使之通称。

④庙廷：宗庙或庙宇的前殿。

⑤总兵：明代遣将出征，始立总兵官、副总兵官之名。以后军务日繁，总兵官统军镇守，遂成一方武官之重职，省称总兵官为总兵，副总兵官为副将。

家传称钊常出征，经大漠，人马渴甚，钊潜心默祷，忽前有茅庵。访之，见二尼，随所指引得甘泉如注，师用济。旋踪迹之，庵、尼皆不复见，惟遗一包裹，内铁燕一支，兵书一箧①，自是谋略益神。每行军，则置铁燕于帐前，以候风色②，占验动静，毫发无爽③。于花马池建筑四步战台，至今尚存。寿八十三，卒于官。

史昭，合肥人。宣德七年，以征西将军镇宁夏。孛的达里麻犯边，遣军击之，至阔台察罕，俘获甚众。进都督同知。正统初，昭以宁夏孤悬河外，东抵绥德二千里，旷远难守，请于花马池筑哨马营，增设烽堠，直接哈剌兀速④之境，边备大固。寻进右都督。居宁夏十二年，老成持重⑤，政举兵修，边境无事。

卢茂，成化间以都指挥守备灵州，骁勇兼人。到任之二日，敌以百骑来犯，茂单骑驰突之，俄敌渐众，而茂兵亦至，奋呼一击，斩其犯阵一将。余遁去，数岁不敢近灵州边。

王骥，字尚德，束鹿人⑥。正统九年，命与都御史陈镒⑦巡边。初，宁夏备边，军半岁一更，后边事亟，三年乃更，军士日久疲罢。又益选兵防冬，家有五六人在边者，军用重困⑧。骥请岁一更，当代者以十月至，而代者留至来年十月乃遣归，边备足而军不劳。帝善其议，行之诸边。卒年八十三，赠靖远侯，谥忠毅。

---

① 一箧（qiè）：一箱子。

② 风色：形势，动静。

③ 爽：差失。

④ 哈剌兀速：原本作“哈剌九速”，据《宁夏府志·职官·宦迹》卷一二、《明史·史昭传》卷一七四改。

⑤ 持重：原本作“重慎”，据《宁夏府志·职官·宦迹》卷一二、《明史·史昭传》卷一七四改。

⑥ 束鹿人：此三字原本脱，据《宁夏府志·职官·宦迹》卷十二补。

⑦ 陈镒：原本作“陈谥”，据《宁夏府志·职官·宦迹》卷一二、《明史·王骥传》卷一七一改。

⑧ 重困：加重困苦。

秦纮，字世缨，单人。成化十四年秋，寇大入花马池，败官军孔坝沟。诏起纮户部尚书[①]，总制三边。纮驰至，祭亡掩骼，奏录死事指挥朱鼎等五人，恤军士战没者家，劾治败将杨琳等四人罪。更易守将，练壮士，兴屯田，申明号令，军声大振。又请于花马池迤西[②]至小盐池二百里，筑十堡以固边防。又作战车名“全胜”，诏颁其式于诸边。在事三年，四镇[③]晏然。卒，赠少保，谥襄毅。

史镛，钊侄孙。年十八世袭指挥同知，以功升灵州参将。正德二年，寘鐇反，镛飞报陕西诸路兵，令集近地声援。先率众把守黄河要口，夺其船，使贼不得渡。于是诸军继进，贼遂平。

从兰，字廷秀，文登人。正德间以户部侍郎督理三边军饷，后兼管固、靖等处军务。兰上言：“灵州盐课[④]，请照例开中，招商籴粮。军士折色[⑤]，主者多克减，乞选委邻近有司散给。”并从之。

杨一清，丹徒人。弘治十五年，擢左副都御史，督理陕西马政。会寇大入花马池，诏命一清巡抚陕西。甫受事，寇已退，乃选精卒教演之。创平虏、红古二城，以援固原；筑垣濒河，以捍靖虏[⑥]。又为三边总制。安化王寘鐇反，一清部将仇钺捕执之。一清驰至镇，宣布德意，安抚士民，不贪其功，夏人德之。

王琼，太原人。嘉靖七年，代王宪督理三边军务。时北寇常为边患，明年，以数万骑寇宁夏，已又犯灵州，琼督游击梁震等邀斩七十[⑦]余人。

① 尚书：官名。明洪武十三年废中书省，以户部尚书分掌政务，户部尚书遂等于国务大臣。

② 迤西：地势斜着延长。

③ 四镇：指明代“九边”边防系统中陕西四镇（延绥、宁夏、甘肃、固原）。

④ 盐课：指办理盐课事务。旧时以食盐为对象所征的税课。

⑤ 折色：旧时谓所征田粮折价征银钞布帛或其它物产。亦用以称俸禄折发钱钞。

⑥ 靖虏：地名，指靖虏卫，在今甘肃兰州附近。

⑦ 七十：原本作“七千”，据《宁夏府志·职官·宦迹》卷一二、《明史·王琼传》卷一九八改。

其秋，按行塞下[①]，虏帐远遁，耀兵而还。

刘天和，麻城人。嘉靖十五年，总制三边军务，仿前总[②]督秦纮制只轮车，练诸边将士。吉囊陷花马池塞，斩失守指挥二人。敌侵固原，东出干沟[③]，令任杰等袭其后，捕斩二百级。论功加太子太保、兵部尚书。又城铁柱泉，扼北虏入寇路，边人赖之。

王崇古，字学甫，蒲州人。嘉靖四十三年，改右佥都御史，巡抚宁夏。崇古喜谈兵，具知诸边扼塞。修战守，纳降附，数出兵捣巢。故寇累残他镇，而宁夏独完。隆庆初，代陈其学，进总督陕西、延、宁、甘肃军务。崇古指画地图，分授诸大将赵岢、雷龙等，数有功。著力免[④]行牧河东，龙潜出兴武，袭破其营，斩获甚多。吉能[⑤]犯边，为防秋兵所遏，移营白城子。龙等出花马、长城关与战，大败之。崇古在陕七年，前后获首功无算。卒，赠太保，谥襄毅。

李震，字卯泉，镇番人。庠生，袭祖职协守宁夏。王崇古驻花马池，知套虏有异谋，以轻骑三千属震，为虏所觉，部分精锐逆战，震劈其坚阵，突入帐中，所遇强壮尽歼之。白城子之捷，以震功为最。升甘肃总兵，挂平羌将军印，修葺五郡砖城。

王效，延绥人。读书能文辞，娴韬略，骑射绝人，中武会试[⑥]。嘉靖十一年冬，充总兵官，代周尚文镇宁夏。吉囊犯镇远关，效与梁震、郑时、史经败之柳门。追北蜂窝山，蹙[⑦]溺之河，斩首百四十有奇。

---

①塞下：边塞附近。亦泛指北方边境地区。

②总：原本脱此字，据《明史·刘天和传》卷二〇〇补。

③东出干沟：原本作“东干沟沟”，脱“出”衍“沟”字，据《宁夏府志·职官·宦迹》卷一二、《明史·刘天和传》卷二〇〇补删。

④著力免：《明史·王崇古传》卷二二二作“着力兔”。

⑤吉能：原本作“吉龙”，据《宁夏府志·职官·宦迹》卷一二、明史·王崇古传》卷二二二改。

⑥武会试：明、清时每三年一次在京城举行的武科考试。

⑦蹙（cù）：逼迫，追逼。

玺书奖赉[①]。吉囊十万骑复窥花马池，效同震拒之不得入。虏趋固原，又趋青山岘，大掠安定、会宁。效移师还援，破之安定，再破之灵州，斩首百五十余级。十五年，贼据芀苦滩、打硙口等地，效率副总兵冯大险、任杰奋击之，斩获无算，贼乃远遁。

黄正，庆阳人，灵州御备都司。寘𫟛作乱，潜谋克日渡河，正先机收敛[②]夺船，屯兵据守，贼不敢动。先定预防之策，正实与有功焉。升都督佥事。

张九德，字威仲，慈溪人，为河东兵备[③]。时悍丁金白、张威等因调遣杀领官，九德闻变，即大书抚榜，前导安众。密擒渠魁置之法，宁镇以安。天启二年，灵州河大决，九德建石堤御河，岁省功役无算。秦渠常苦涸，汉渠常苦涨，九德筑长𫔦以护秦，开芦口以泄汉，计复芜田数百顷，号张公堤。历任六年，以卓异擢巡抚去。先是灵州有祠祀杨一清及王琼，自九德去任，镇人奉而三之，更其额曰“三贤”。

靳桂香，灵州参将。明季[④]，无为教称居士作乱，夜入城，杀河东道曹孟吉。时桂香已卸事，乃率众守城门，使贼不得出，尽攻杀之。

【译文】

明

沐英，定远人。洪武十年（1377），以征西副将军的官职随从邓愈出塞，渡过黄河，炫耀兵威于昆仑山。转战数千里，俘获上万人，论功封西平侯。洪武十三年（1380），脱火赤造反作乱。沐英由灵武口渡黄河，经过贺兰山，跨过沙漠，把军队展开，从四个方向准备发起攻

① 玺书奖赉：玺书，古代以泥封加印的文书，秦以后专指皇帝的诏书；奖赉，奖赏。

② 收敛：聚敛，收集。收，原本脱此字，据《宁夏府志·职官·宦迹》卷一二补。

③ 兵备：全称整饬兵备道，明朝时在边疆及各省要冲地区设置的整饬兵备的按察司分道。主要负责分理辖区军务，监督地方军队，管理地方兵马、钱粮和屯田，维持地方治安等。清朝沿置，乾隆时定为正四品，多由守、巡二道兼任。兵备道集军事、监察大权于一体，成为明清时期一项重要的地方管理制度。别称兵宪、兵道。

④ 明季：明朝末年。

击。沐英亲自率领精锐部队攻击脱火赤中坚力量，军队衔枚乘夜偷袭敌营，活捉脱火赤及手下知院爱足等全体部众，凯旋归来，被封为黔宁王。死后，谥号昭靖，配享宗庙。

史钊，直隶藁城人。凭借父亲史敬的功劳授官宁夏，世袭指挥官职，所以就在宁夏定居，积累军功升迁到了总兵的职位。宣德元年（1426），挂征西将军印，镇守宁夏，境内官军全部听从其调度指挥。敌虏也先脱干为患边境，被史钊用奇计擒获。史钊用兵纪律严明，料敌若神，所向成功。家人相传史钊有一次出征，经过大漠，人饥马渴到了极点，史钊潜心默默祈祷，忽然前方出现茅庵。上前拜访，见有二位尼姑，随其所指引找到甘泉，泉水如注，整个军队就此得救了。不久又沿着踪迹回去寻找，结果茅庵、尼姑都不见了，只留下一个包裹，内有铁燕一支，兵书一箱子，史钊自此谋略愈加出神入化。每次行军前，都要把铁燕放置在军帐前，以观察形势，占验动静，毫发无爽。在花马池建筑四步战台，至今尚存。享寿八十三岁，死在任内。

史昭，合肥人。宣德七年（1432），佩挂征西将军印镇守宁夏。孛的达里麻侵犯边境，派军予以反击，攻至阔台察罕，俘获甚众。晋升为都督同知。正统初（1436），史昭因为宁夏孤悬黄河以外，东到绥德有二千里，旷远难守，请求朝廷在花马池修筑哨马营，增设烽火台，直接哈剌兀速之境，由此，边境的防卫大大加强。很快又晋升为右都督。在宁夏为官十二年，老成持重，政令畅通，武库修整，边境无事。

卢茂，成化年间（1465—1487）以都指挥官职守备灵州，骁勇过人。上任刚两天，敌人有上百骑兵侵犯边境，卢茂单人独马杀入敌阵，很快敌骑越来越多，而明军大队人马也到了，卢茂奋臂高呼，猛然一击，斩杀其出阵挑战的一个将军。其余的敌骑都逃走了，几年不敢靠近灵武边境。

王骥，字尚德，束鹿人。正统九年（1444），朝廷命其与担任都御史的陈镒共同管理边境防守事宜。最初，宁夏防守边境，规定戍边军士每半年轮换一次，后来因为军情紧急，三年才轮换，时间久了军士疲惫不堪。又加上增加军队人数防御敌寇冬季的入侵，出现了一家有五六口人在边境戍守的情况，军事需求加重了百姓的困苦。王骥上奏朝廷请求让戍守的军士每年轮换一次，轮换的军士每年十月到岗，而被轮换的军士留至来年十月离岗，边塞人力充足而军士也不劳顿。明英宗采纳了他的建议，在各边境沿线广为推行。卒年八十三，加封靖远侯，谥号忠毅。

秦纮，字世缨，单人。成化十四年（1478）秋，敌寇大肆入侵花马池，在孔坝沟击败明官军。明宪宗朱见深诏命秦纮任职南京户部尚书，总制陕西三边军务。秦纮骑马上任，祭奠亡灵，掩埋遗体，并上奏请求旌表死难者都指挥使朱鼎等五人，抚恤战死军人家属，弹劾惩治败将杨琳等四人。同时，更换守将，训练壮士，大兴屯田，申明号令，军声于此大振。又上奏朝廷请求从花马池斜着延伸至小盐池二百里内，修筑十座城堡以巩固边防。又设计制作一种新型战车，起名为“全胜”，朝廷颁布其图纸、款式于各边疆要地[，要求各防卫部队仿制推广]。任职三年，延绥、宁夏、甘肃、固原四镇一片祥和。死后，加封少保，谥号襄毅。

史镛，史钊侄孙。十八岁世袭指挥同知，因功晋升灵州参将。正德二年（1507），安化王朱寘鐇造反，史镛飞报陕西诸路兵，命令各部队就近紧急集合做好战斗准备。先率众把守黄河要口，抢夺渡船，使叛贼不得渡河。与此同时各路军队相继开进，遂一举平定贼寇。

丛兰，字廷秀，文登人。明朝正德年间以户部侍郎的官职督理三边军饷，后兼管固[原]、靖[远]等处军务。丛兰上表朝廷称：“灵州办理盐课事务，请按照过去的开中制度，鼓励商人购买粮食输往边塞。军士的俸禄，多被主事的官员克扣贪污，请求另外委托邻近有关部门分散发放。”朝廷全部采纳了他的意见。

杨一清，丹徒人。明朝弘治十五年（1502），擢升为左副都御史，督理陕西马政。正值敌寇大肆侵入花马池，明孝宗诏命杨一清巡抚陕西。刚上任，敌寇就退却了，于是挑选精锐士卒加以教导训练，[为反击敌人做好准备]。创建平虏、红古两座城池，作为牵制敌人、支援固原镇的屏障；又濒临黄河修筑军事要塞，以捍卫靖虏卫。又曾担任三边总制的官职。安化王朱寘鐇造反，被杨一清部将仇钺抓获逮捕。杨一清骑马到达宁夏镇，宣布皇帝的恩德，安抚军人百姓，不贪占平叛的功劳，宁夏人感念他的恩德。

王琼，太原人。嘉靖七年（1528），接替王宪督理三边军务。当时北边的敌寇常常入侵为患，第二年，数万敌骑侵略宁夏，不久又侵犯灵州，王琼督率游击将军梁震等取得斩杀七十余人的战绩。当年秋天，王琼巡视北方边塞，敌虏的帐落吓得逃往远处，炫耀了军威才回去。

刘天和，麻城人。嘉靖十五年（1536），总制三边军务，仿制旧任总督秦紘设计的只轮车，[作为军事运输工具，]训练所辖各边防军队将士[，做好反击敌人的准备]。敌酋吉囊攻陷花马池要塞，刘天和按军法斩了丢失城池的指挥使二人。敌人入侵固原，东出干沟，命令任杰等人追袭其后，斩杀、俘虏二百人。因功晋升太子太保、兵部尚书。又在铁柱泉修筑城池，扼制住敌人入侵的通道，边地民众的安全依赖着这座城池。

王崇古，字学甫，蒲州人。嘉靖四十三年(1564)，改任右佥都御史，巡抚宁夏。王崇古喜欢谈论研究兵法，很熟悉各边镇地形地势及军事要塞的情况。修理武器、构筑防御工事，准备防守作战。接纳、收编投降归附的部众，分化瓦解敌人，多次出兵直捣敌人的巢穴。所以敌人多次侵略残害其它军镇，而唯独宁夏得以保全。隆庆初（1567），代替陈其学，晋升官职总督陕西、延绥、宁夏、甘肃军务。王崇古绘制山川地理形势图，分别交给赵岢、雷龙等诸位大将参考，[凭借此图，]这几人多次立下战功。蒙古著力免部族在黄河以东游牧，雷龙潜出兴武营，袭击攻破其营，斩杀捕获甚多。吉能部族侵犯边境，被宁夏镇防秋兵所阻击，被迫移营白城子。雷龙等兵出花马池、长城关与之作战，敌人遭受惨重损失。王崇古在陕西七年，前后立下的一等功劳无法计算。死后，加封太保，谥号襄毅。

李震，字卯泉，镇番人。秀才出身，承袭先人的官职协助防守宁夏。王崇古驻守花马池，侦知河套蒙古有异动的阴谋，将三千轻骑兵交给李震统领，[准备对敌人发起攻击，]这种情况被敌人所察觉，调集一部分精锐人马迎击明军，李震率军冲破敌军坚固的阵地，突入蒙古军帐，敢于反抗的敌军全被歼灭。白城子之捷，李震的功劳最大。晋升为甘肃总兵，佩挂平羌将军印，维修了五郡砖城。

王效，延绥人。喜欢读书擅长文辞，娴熟武备韬略，骑马射箭的功夫过人，考中武进士。嘉靖十一年（1532）冬，担任总兵官，代替周尚文镇守宁夏。吉囊部众侵犯镇远关，被王效与梁震、郑时、史经在柳门击败。又跟踪追击敌众到北蜂窝山，追逼到黄河里[淹死不少]，共斩首一百四十多人。嘉靖皇帝下诏书奖赏。吉囊十万骑又妄图侵略花马池，王效同梁震率众抵抗使其无法得逞。敌虏转趋固原，又转奔青山岘，大肆抢掠安定、会宁。王效调动军队还援，在安定击破敌人，在灵州再一次击败敌人，共斩首一百五十多人。嘉靖十五年（1536），敌贼盘踞芀菩滩、打硙口等地，王效率领副总兵冯大险、任杰奋勇攻击，斩杀、缴获的数量无法计算，敌贼吓得远远逃跑了。

黄正，庆阳人，灵州御备都司。安化王朱寘鐇造反作乱，暗中谋划限定日期抢渡黄河，黄正抢先夺取渡船聚拢在一起，派兵据守，使叛贼不敢采取行动。先定预防之策，黄正确实立下功劳。晋升为都督佥事。

张九德，字威仲，慈溪人，担任河东兵备道。当时金白、张威等蛮横的兵丁因对调遣不满杀害领队军官引起哗变，张九德听闻消息，即大书安民告示，走在前面安抚民众。秘密抓获首要分子予以正法，宁夏镇得以保全。天启二年（1622），灵州黄河大决口，张九德修建石堤抵御河水的冲刷，每年节省的劳役等费用无法计算。秦渠常常干涸，汉渠常常涨水，张九德修筑长塀为秦渠引水，开挖芦口为汉渠排水，共计让荒芜的数百顷农田焕发了生机，因此被称为张公堤。在任共六年，因被朝廷考评为卓异，擢升巡抚升任离去。在此以前，灵州有祠堂祭祀杨一清及王琼两人，自张九德去任后，镇人供奉对象［加上张九德］变成了三人，把祠堂匾额更换为“三贤祠”。

靳桂香，灵州参将。明朝末年，无为教自称居士造反叛乱，夜入灵州城，杀害河东道道员曹孟吉［，企图趁乱扩大事态］。当时靳桂香已卸任职务，乃率领众人把守城门，使反贼无法逃出城外，全部被攻杀。

灵州志迹卷三

人物乡献志第十四

余少读史传，即知灵州有傅氏云，寤寐[①]思存，庶见名贤之后裔。厥后[②]游历是邦，勤加询访，而竟不可得。间有傅姓一二族，又复谱系不存，音徽[③]莫嗣，盖世祀之中衰久矣。余窃悲前哲之风流歇绝[④]久而不振也，而尤惧其懿行卓德历世而愈湮也，因取汉、晋以来至于国初诸前辈，即其言行卓卓[⑤]者著于编，而以科贡附之。《诗》不云乎“高山仰止，景行行止”。后生之士可以闻风而起矣。

汉

傅燮，字南容。黄巾贼乱，燮上书陈致乱之由，请速行谗佞之诛，言甚剀切[⑥]，语在本传中。常侍[⑦]赵忠恶之，会燮功当封，忠谮[⑧]之。

① 寤寐：寤，睡醒；寐，睡着。

② 厥后：从那以后。

③ 音徽：音讯；书信。

④ 歇绝：衰歇，断绝。

⑤ 卓卓：高远貌，突出貌。

⑥ 剀切：切实。

⑦ 常侍：官名。汉沿秦置。东汉改用宦官，从入内宫，侍从左右，掌管文书、诏令，因亲近帝、后，其权力甚大。

⑧ 谮（zèn）：诬陷，中伤，说别人的坏话。

帝犹识燮言，不加罪，寻任为议郎①。每公卿有缺，众议必归之。帝使忠论讨黄巾功，忠使弟延致殷勤于燮曰："公当少答我常侍，万户侯可得也。"燮正色曰："遇不遇，命也；有功不论，时也。傅燮岂求私赏哉！"忠愈恨，然惮其名，不敢害。出为汉阳太守。韩遂拥兵十余万围汉阳，城中兵少食尽。燮子干，年十三，言于燮曰："国家昏乱，遂令大人不容于朝，今兵不足以自守，宜还乡里，徐俟有道而辅之。"燮慨然曰："汝知吾必死耶！'圣达节，次守节②。'殷纣暴虐，伯夷不食周粟而死。吾遭世乱，不能养浩然之气，食人之禄，又欲免其难乎？吾行何之？必死于此。汝有此才智，勉之，勉之！"遂挥左右进兵，临阵战殁。谥曰壮节侯。

【译文】

人物乡献志第十四

我年少时阅读历史书籍，就知道灵州有傅氏家族，日思夜想，希望有一天有幸见到名贤的后裔。从那以后宦游到这片土地，勤加询访，竟然没有收获。其间偶有一、二傅姓人家，又没有家谱流传保存，文献没有传承下来，大概这也是世代祭祀中途衰落很久的原因吧。我暗自为往圣前哲的遗风衰歇久不振作而悲伤，尤其担心其善行卓德随着时间的推移而愈加湮没无闻，因此选取汉、晋代以来至本朝初期各位前辈，把其卓然出众的言行汇于一编，最后附上科贡名录。《诗经·小雅·车舝》不是有"高山仰止，景行行止"的诗句吗，后来的读书人［见贤思齐］，应该立刻起来响应。

① 议郎：官名。汉制秩比六百石，征贤良方正、敦朴有道之士任之，掌顾问应对。
② 圣达节，次守节：参见《左传·成公十五年》。

汉

傅燮，字南容。黄巾军造反叛乱，傅燮上书汉灵帝陈述导致天下大乱的缘由，请求速速斩杀谗佞之徒，言辞甚为切实激烈，其文章见《后汉书·傅燮传》。汉灵帝身边的红人、担任常侍的宦官赵忠对此十分嫉恨，正好傅燮立下功劳，应该加封官职，赵忠在汉灵帝面前对傅燮诬陷中伤。幸好汉灵帝尚且能够辨识傅燮的忠奸与否，没有对其加罪，不久被任为议郎的官职。每当公卿等高官厚禄出现空缺，众大臣一致认为应该归傅燮。汉灵帝指派赵忠召集众人评定讨伐黄巾军的功劳，赵忠派其弟弟赵延给傅燮献殷勤说：“傅公您应当稍稍报效我家常侍，就可以得到万户侯的爵赏。”傅燮神色庄重地说：“际遇不际遇，是命中所定；有功不赏，是时势使然。傅燮怎么能够乞求私赏呢！”赵忠愈加愤恨，然而忌惮他的威名，不敢加害。出任为汉阳太守。韩遂拥兵十余万包围汉阳，城中兵少食尽。傅燮的儿子傅干，年仅十三岁，对傅燮说：“国家昏乱，导致大人您无法在朝廷立足，现在兵力不足以自我守护，最好回到家乡，慢慢等待有道之君执政再出来辅佐。”傅燮慷慨的说：“你知道我早已经立下了死志！《左传》说‘圣人的言行都能达于节操，其次的人仅能保持节操。’殷纣王虽然暴虐，但伯夷还是不食周朝的粮食而死。我遭逢乱世，不能养浩然之气，食人之禄，又想逃避他的灾难吗？我能到哪里去？必死于此。你有如此才智，努力，再努力！”遂指挥左右进兵，最终战死在阵地上。谥号为壮节侯。

魏

傅嘏，字兰石。弱冠知名，有精识远鉴，达治理，司空陈群辟为掾①。刘劭作考课法，嘏建议驳之，时韪②其论。后为河南尹，治以德

① 掾：原本作“椽”，形误，据意改。属官。

② 韪（wěi）：是；对。

教为本，持法有恒，简而不可犯。迁尚书，众方议伐吴，献策各不同。嘏谓惟进军大佃①，坐食积谷，乘衅讨袭②，无远劳费，振长策以御之，斯为全胜计。时不从，军竟为吴所败。司马景王平毌丘俭、文钦，嘏有谋焉。景王薨，嘏与司马文王径还洛阳，遂以辅政。后以功封杨乡侯③。卒年四十七，谥曰元侯。

【译文】

魏

傅嘏，字兰石。二十岁左右的年纪就很知名，见解精到，富有远见，通达治理之策，司空陈群征辟为自己的属官。刘劭作考课法，傅嘏提出自己的意见予以驳斥，时人称道他的见解。后来担任河南尹的官职，治理属下以德教为本，推行法治持之以恒，条目虽然简略而人们不敢冒犯。升迁为尚书，众臣讨论征伐吴国的办法，每个人的意见都不相同。傅嘏说只有［在边境］进行大规模军事屯垦，就地解决军粮问题，出其不意，掩其不备，趁机发动突然袭击，不用花费巨资劳师远征，就能挥舞长长的鞭子让整个吴国都听凭驱使，这是获得全面胜利的办法。当时不听傅嘏的意见，军队竟然被吴国所败。司马景王（司马师）平定毌丘俭、文钦两人的反叛，傅嘏参与了谋划安排。司马景王死后，傅嘏与司马文王（司马昭）径直回到洛阳，就此辅佐司马昭执政。后来凭借功劳被封为杨乡侯。卒年四十七岁，谥号为元侯。

晋

傅祗，字子庄，嘏之子。性至孝，早知名，以才识明练称。起家太子舍人，累迁散骑黄门侍郎，赐爵关内侯。杨骏辅政，欲悦众心，

① 大佃：大规模耕种，大军屯垦。

② 乘衅讨袭：乘衅，利用机会、趁空子；讨袭，谓用兵出其不意，掩其不备。

③ 杨乡侯：《三国志·傅嘏传》卷二一作“阳乡侯”。

议晋封爵。祗作书止之，骏不从。骏诛，祗为侍中，多所推正，赵王伦辅政，以为中书监，祗以疾辞。伦遣御史舆祗就职，王戎、陈準等相谓曰："傅公在事，吾属无忧矣。"其为人物所倚信如此。怀帝即位，加右仆射、中书监。及洛阳陷，众共建行台①，推祗为监主，赴告方伯②征义兵。祗自屯盟津，以暴疾薨。自以义诚不终，力疾手书，敕励③其二子宣、畅，词旨深切，览者莫不感激。宣、畅亦并有令名。

梁祚④，字某，笃志好学，历治诸经，尤善《公羊春秋》《郑氏易》，常以教授，有儒者风。辟秘书中散，稍迁秘书令。为李䜣所排摈⑤，出为统万镇司马。征为散令，乃撰并陈寿《三国志》名曰《国统》，又作《代都赋》，颇行于世。清贫守素，不交势贵，年八十七卒。

傅玄⑥，字休奕⑦，燮之孙，性刚劲亮直。州举秀才，除郎中。武帝即位，初置谏官，以玄为之，寻迁侍中，转司隶校尉。每奏敕，无所容贷⑧，贵游震慑，台阁生风。封清泉侯，卒⑨，谥曰刚。

傅咸，字长虞，玄之子，刚简有大节。袭父爵，拜太子洗马⑩，累迁御史中丞⑪，兼司隶校尉。顾荣称其劲直忠果，劾案⑫惊人。孙瑗亦以学业知名，官至安定太守。

---

①行台：台省在外者称行台。指旧时地方大吏的官署与居住之所。原本作"行营"，据《晋书·傅祗传》卷四七改。

②方伯：指地方长官。

③敕励：诫勉。

④按：梁祚，据《魏书·梁祚传》卷八四、《北史·梁祚传》卷八一，当为北魏北地泥阳（今甘肃宁县东南）人，此误列入晋代灵州人。

⑤排摈：排斥、摈弃。摈，原本脱此字，据《宁夏府志·人物乡献·魏晋》卷一三、《北史·梁祚传》卷八一补。

⑥傅玄：原本作"傅元"，避清圣祖玄烨讳，据《晋书·傅玄传》卷四七改。下同。

⑦奕：原本作"弈"，据《晋书·傅祗传》卷四七改。

⑧容贷：宽恕，饶恕。

⑨卒：原本脱此字，据《宁夏府志·人物乡献·魏晋》卷一三补。

⑩太子洗马：官名，秦始置。为太子属官，职掌如谒者，太子出行则为前导。

⑪御史中丞：官名。御史大夫之佐。受公卿奏事，举劾案章，其权颇重。

⑫劾案：审查核实罪状。

【译文】

晋

傅祗，字子庄，傅嘏之子。生性极为孝顺，早岁就很知名，以才识干练被人称赞。傅祗初任太子舍人，多次升迁担任散骑黄门侍郎，赐爵关内侯。杨骏辅政，想取悦人心，建议官员普遍晋官封爵。傅祗给他写信予以阻止，杨骏不听从劝告。杨骏被杀后，傅祗担任侍中的职务，对政事多所纠正，赵王司马伦辅政，任命傅祗为中书监，傅祗以疾病为由辞谢。司马伦派遣御史用车接傅祗就职上任，王戎、陈準等互相说："傅公还在任职，我们就没有忧虑了。"他被大家所倚重信任到这种程度。晋怀帝即位，加封右仆射、中书监。等到洛阳陷落，朝廷官员共同成立行台，推举傅祗为盟主，派人到各地通告地方长官征发义兵。傅祗自己驻守在盟津，后来因暴病而死。傅祗认为自己义诚不终，在病重期间手书遗言，诫勉两个儿子傅宣、傅畅，辞深意切，看了的人无不感奋激发。傅宣、傅畅也都享有美好的声誉。

梁祚，字某，笃志好学，研究探究各种经书多年，尤其擅长《春秋公羊传》《郑氏周易》，常以这两部著作教授学生，有古代儒者的风范。被征辟为秘书中散，稍后升迁为秘书令。为李䜣所排斥，出任为统万镇司马。又征召为散令，参考陈寿《三国志》，撰写了一部著作《国统》，又写了《代都赋》，在社会上流传颇广。清贫守节，不好交接权贵，享年八十七岁。

傅玄，字休奕，傅燮之孙，生性刚健强劲，诚实正直。被州里举荐为秀才，授官郎中。晋武帝司马炎即位，初次设置谏官，就由傅玄担任，不久升迁为侍中，又转任司隶校尉。每次给皇帝上奏章，对［坏人坏事］都毫不宽恕，王公贵族十分害怕，朝廷呈现一片令人敬畏的声势。封为清泉侯，死后，谥号刚。

傅咸，字长虞，傅玄之子，刚强率略，节操高尚。承袭父亲的爵位，官拜太子洗马，累次升迁官至御史中丞，兼司隶校尉。顾荣称赞其为人刚强正直、忠诚果敢，审查核实罪状的能力惊人。孙子傅瑗也以学业有成知名，官至安定太守。

南北朝

傅亮，字季友，善文词。宋国初中书令①。武帝有受禅②意，亮悟旨，请暂还都，许之。亮出，夜见长星竟天③，拊髀④曰："我常不信天文，今始验矣。"至都，帝即征入辅政，俄代晋。亮后领护军将军，与谢晦共废少帝，迎立文帝。元嘉三年被诛。

傅迪，亮之兄也。仕宋，官至尚书，亮方贵，迪每深诫焉而不从。见世路屯险⑤，著论名曰《演慎》。及少帝失德，内怀忧惧，因直宿禁中，见夜蛾赴火，作《感物赋》以寄意。

傅昭，字茂远，咸七世孙也。年十一，随外祖于朱雀航⑥卖历日。为雍州刺史袁颢客，颢常来昭所，昭读书自若，神色不改。颢叹曰："此儿神情不凡，必成佳器。"后丹阳尹袁粲辟为主薄，深加礼敬。每至昭户，辄叹曰："经其户，寂若无人，披其帷，其人斯在。岂非名贤！"寻为总明学士。梁天监中，累迁左民尚书。出为信武将军、安成内史。历太常卿、临海太守。又领秘书监、本州大中正，迁散骑常侍、金紫光禄大夫。昭莅官，常以清静为政，不尚严肃。居朝无所请谒，不畜私门，生不交私利。终日端居，以书记为乐，虽老不衰，极博古今，

---

① 中书令：原本作"尚书令"，据《宋书·傅亮传》卷四三、《南史·傅亮传》卷十五改。

② 受禅（shàn）：亦作"受嬗"。王朝更迭，新皇帝承受旧帝让给的帝位。

③ 长星竟天：长星，类似彗星，有长形光芒，古人认为长星、彗星多为除旧布新的征兆；竟天，布满天空。

④ 拊髀（fǔ bì）：以手拍股，表示激动、赞赏等心情。

⑤ 屯险：艰险。

⑥ 朱雀航：东晋、南北朝时都城建康正南朱雀门外有古浮桥，横跨秦淮河（在今南京市镇淮桥）东，当时名为朱雀航。自东晋太宁以后，航以船舶连接而成。航，原本作"船"，据《梁书·傅昭传》卷二六改。

世称为“学府”。大通二年卒，年七十五，谥曰贞子。

傅映，字徽元，昭之弟。三岁而孤，兄弟友睦，修身厉行，非礼不动。褚彦回欲令仕，映以昭未解褐辞[①]，须昭仕乃官。累迁光禄卿、大中大夫。卒年八十三。

傅琰，字季珪，美姿仪。仕宋，为武康令，迁山阴令，并著能名，二县谓之“傅圣”。

傅翙，琰之子。为官亦有能名。后为吴令，别建康令孙廉，因问曰：“闻丈人发奸摘伏[②]，惠化如神，何以致此？”答曰：“无他，唯清与勤而已。清则宪纲自行，勤则事无不理，欲无治，得乎？”

傅岐，字景平，翙之子。美容止，博涉能占对。侯景之难[③]，以劳封南丰县侯，不受。宫城失守，岐带疾出围，卒。

傅縡，字宜事。幼聪敏，七岁诵古诗赋[④]至十余万言。为文典丽，虽军国大事，下笔辄成，未尝起草，甚为后主所重。然性强，颇负才使气凌侮人物，朝士多衔之。后为贵倖构下狱。后主使谓曰：“我欲赦卿，卿能改过否？”对曰：“臣心如面，面可改，则臣心可改。”后主怒，死狱中。

傅弘之，字仲度，泥阳人。傅氏旧属灵州，汉末，郡境为虏所侵失土[⑤]，寄寓冯翊。置泥阳、富平二县，灵州废不立，故傅氏悉属泥阳。晋武帝太康三年，复立灵州，而傅氏还属灵州。弘之[⑥]少倜傥有大志，

---

① 解褐辞：谓脱去布衣换上官服，犹言入仕；辞，原本脱此字，据《梁书·傅昭传》卷二六补。

② 发奸摘伏：揭发隐匿的坏人坏事。谓吏治清明。

③ 侯景之难：指侯景之乱。侯景，南朝梁怀朔镇（今内蒙古包头市东北）人，字万景。初为北魏尔朱荣将，后归高欢，欢死，附梁封为河南王。后举兵反叛，攻破建康，自立为汉帝。寻被梁击败。

④ 诗赋：原本作“诗”，据《陈书·傅縡传》卷三〇、《南史·傅縡传》卷六九补。

⑤ 失土：原本作“士大”，据《宁夏府志·人物乡献·南北朝》卷一三、《宋书·傅弘之传》卷四八改。

⑥ 之：原本脱此字，据意补。

历官建威将军、顺阳太守。从宋武帝入关。宏之又善骑乘，尝于姚泓驰道内缓服戏马，往返二十里中，甚有姿制，羌、胡聚观者①数千人并惊叹。迁宁朔将军、略阳太守，佐义真留长安。后义真东归，赫连勃勃倾国追蹑②，弘之军败，不屈而死。

傅隆，字伯祚，咸之玄孙。少孤贫，有学行，不好交游，年四十始为建威将军。元嘉初，迁御史中丞，当官而行③，甚得司直④之体。出为义兴太守，有能名。寻转太常致仕。隆手不释卷，博学多通，尤精三礼⑤，当世宗之。

【译文】

南北朝

傅亮，字季友，擅长文学词翰。[南朝]宋国初年任职中书令。当初，宋武帝刘裕想当皇帝，傅亮领悟了他的心思，请求自己先回到京都再做安排，刘裕答应了。傅亮夜间出门，看见长星在天空明亮闪烁，拍着大腿说："我常不信天文，今天才得到验证。"傅亮抵达京都，[劝说]晋恭帝司马德文征召刘裕入朝辅政，不久刘裕就代替晋恭帝登上皇位，[是为宋武帝]。傅亮后来担任护军将军，与谢晦共同废除宋少帝刘义府，迎立宋文帝刘义隆登基。元嘉三年（426）被诛杀。

傅迪，傅亮之兄。在宋国做官，官至尚书，当时傅亮贵显无比，傅迪对此深怀忧诫，丝毫没有张扬。见世路艰险，写成了一篇《演慎》。宋少帝刘义隆胡作非为，傅迪心怀忧惧，因夜间在皇宫中值班，看见

① 者：原本脱此字，据《宁夏府志·人物乡献·南北朝》卷一三、《宋书·傅弘之传》卷四八改。

② 蹑（niè）：追踪，跟随。原本作"摄"，形误，据《宁夏府志·人物乡献·南北朝》卷一三、《宋书·傅弘之传》卷四八、《南史·傅弘之传》卷十六改。

③ 当官而行：当官，公开；而行，指办事。

④ 司直：官名，指丞相司直。汉朝汉武帝时始置，帮助丞相检举不法。

⑤ 三礼：指儒家经典《周礼》《仪礼》《礼记》。

飞蛾扑火，作《感物赋》以寄托心意。

傅昭，字茂远，傅咸七世孙。十一岁，随外祖父在朱雀航售卖历法之书度日。后成为雍州刺史袁顗的客人，袁顗常来傅昭的住所，见傅昭读书自若，神色不变。袁顗感叹道："这孩子神情不同寻常，将来必定能成大器。"后来丹阳尹袁粲征辟其为主薄，深受袁粲的器重。袁粲每次经过傅昭门前就感叹："经过他的门前，寂静得如同没有人一样，打开帷幔一看，他在室内。这是名贤之人啊！"不久便成为总明学士。[南朝]梁国天监年间（502—519），累经升迁，官至左民尚书。出朝任信武将军、安成内史。调任太常卿、临海太守。又任职秘书监、本州大中正，升迁为散骑常侍、金紫光禄大夫。傅昭做官，常凭借清静廉洁处理政事，不崇尚苛政。在朝廷没有请别人为自己办过私事，不畜养私人门徒，不为私利交往。终日端坐，常以读书记述为乐，到老乐此不疲，博古通今，被人称为"学府"。梁武帝大通二年（528），傅昭死，享年七十五岁，谥号贞子。

傅映，字徽元，傅昭之弟。三岁就成为孤儿，兄弟和睦，修身养德，严格执行，凡不符合礼制规定的不看、不听、不说、不动。褚彦回想让其入仕做官，傅映以兄长傅昭尚未入仕做官推辞，说必须等到傅昭入仕做官以后自己才出来做官。多次升迁，官至光禄卿、大中大夫。享年八十三岁。

傅琰，字季珪，容貌漂亮，仪表堂堂。在[南朝]宋国出仕做官，任职武康令，又升迁为山阴令，都享有贤能的名声，武康、山阴县称赞其为"傅圣"。

傅翙，傅琰之子。为官也有贤能的名声。后来担任吴令，与建康令孙廉告别，请教说："听说在前辈您的属地吏治清明，遍布仁惠之风，如有神助，何以能达到如此境界？"孙廉回答说："没有别的原因，只要做到公正廉洁与勤政敬业就可以了。公正廉洁则法纪法度自然就得到贯彻执行，勤政敬业则没有办理不了的事情，[做到这两点，]想让天下得不到治理，可能吗？”

傅岐，字景平，傅翙之子。仪容英俊、举止潇洒，广泛涉猎学习，遇到问题能对答、处理。侯景之难，因为功劳被封南丰县侯，傅岐坚决推辞没有接受。宫城失守之后，傅岐带病逃出京都，死在家中。

傅縡，字宜事。幼年聪敏灵慧，七岁就能背诵古诗赋十多万言。文章典雅华丽，即使涉及军国大事，也提笔立就，从来不用起草，陈后主对其十分看重。然而个性太强，经常负才使气欺侮别人，多数朝廷官员对其怀恨在心。后来被权贵罗织罪名构陷入狱。陈后主派人对他说：“我准备赦免你的罪过，你能改过自新吗？”傅縡说：“我的心和面容一样，如果面容可以改变，那么我的心就可以改变。”陈后主被激怒，傅縡最终死在狱中。

傅弘之，字仲度，泥阳人。傅氏家族本来籍贯灵州，汉代末年，灵州被敌虏侵占失去家园，所以寄寓在关中冯翊郡。后来朝廷在关中设置泥阳、富平二县，灵州废弃，所以傅氏家族全部归属泥阳。晋武帝太康三年（282），再次设立灵州，而傅氏家族归属灵州又回到故地。傅弘之少年卓异，有宏图大志，历任建威将军、顺阳太守。从宋武帝刘裕攻入潼关。傅弘之擅长骑术，曾经在后秦姚泓驰道内，穿着宽大舒适的官服驰马取乐，来回往返二十里，姿态仪容非常潇洒英俊，羌人、胡人围观者有数千人连连发出惊叹。升迁为宁朔将军、略阳太守，辅佐宋武帝之子刘义真留长安。后来刘义真东归，赫连勃勃举全国之力跟踪追击，傅弘之军败被俘，不屈而死。

傅隆，字伯祚，傅咸之玄孙。少年孤苦贫寒，有学问品行，不好交游，到四十岁才担任建威将军。元嘉初（424），升迁为御史中丞，公开处理政务，很合乎司直的职务特点。出朝担任义兴太守，有贤能的美名。不久转任太常官职退休。傅隆手不释卷，博学通达，尤其精通儒家经典《周礼》《仪礼》《礼记》，人们对其十分尊崇。

唐

韩游环，始为郭子仪裨将，从讨安禄山，功第一。朱泚[1]之乱，游环扈卫[2]在奉天。李怀光叛，约游环为变，游环发其谋，帝诏嘉之。后平贼，功与浑瑊齐。

史敬奉，有才武，走逐[3]奔马，矛矢在手，前无强敌。破吐蕃，解盐州围，益封五千户，语在“宦迹”。

何进滔，少客魏，事田弘正。弘正攻王承宗，承宗引精骑千余驰魏壁，进滔率猛士逐之，几获承宗。从讨李师道，以功兼侍御史。史宪诚死，军中传语曰：“得何公事之，军安矣。”进滔下令曰：“公等既迫我，当听吾令。”众唯唯。执杀前使及监军者，斩九十余人，释胁从者。素服临哭，将吏皆入吊。诏拜留后，俄进授节度使。居魏十余年，吏民悉安之。

康日知，少事李惟岳，擢赵州刺史。惟岳叛，日知与别驾[4]李濯及部将[5]百人共盟，固州自归。惟岳怒，遣先锋[6]兵马使王武俊攻之。日知使客说武俊还，斩惟岳以献。德宗美其谋，擢深赵观察使。会武俊拒命，遣将攻赵州，日知破之，上俘京师。徙奉诚军节度使，又徙晋绛，加检校尚书左仆射，封会稽郡王。卒，赠太子太师。子志睦亦以功封会稽郡[7]公。

---

① 朱泚：唐昌平（今属北京）人。唐德宗时拜为太尉。建中四年（783），姚令言军在长安哗变，德宗奔奉天。姚军奉泚为皇帝，号大秦，建元应天。旋改为汉，改元天皇。后李晟收复长安，泚出逃，为部将所杀。

② 扈卫：随从保卫。

③ 走逐：跟随，追逐。

④ 别驾：官名。唐因汉制，是州刺史的佐吏。因随刺史出巡时另乘传车，故称别驾。

⑤ 部将：原本作“步将”，据《新唐书·康日知传》卷一四八改。

⑥ 先锋：此二字原本脱，据《新唐书·康日知传》卷一四八、《宁夏府志·人物乡献·唐》卷一三补。

⑦ 会稽郡公：“郡”字原本脱，据《新唐书·康志睦传》卷一四八补。

【译文】

唐

韩游环，最初担任郭子仪裨将，在其麾下讨伐安禄山，立下的功劳第一。朱泚之乱，韩游环在奉天随从护卫唐德宗。李怀光叛乱，暗中密约韩游环起兵造反，韩游环揭发了其阴谋，唐德宗对此予以诏书褒奖。后来又积极平定贼寇，立下的功劳与浑瑊一样大。

史敬奉，有才能武力，可以徒步追逐奔马，只要长矛弓箭在手，在他面前就没有强敌。击破吐蕃，破解敌虏对盐州围困，加封五千户，详见“历朝宦迹志第十三”。

何进滔，年轻时客游魏博，追随田弘正，担任魏博节度使属下将领。田弘正奉诏攻打成德军节度使王承宗，王承宗带领千余精锐骑兵杀奔魏博军营反击，被何进滔率领猛士成功击退，几乎抓获王承宗。又跟从田弘正讨伐淄青节度使李师道，以功升授兼侍御史。［后来魏博军乱，继任魏博节度使的］史宪诚被杀后，军中人传话说：“让何公统领我们，军队就安定了。”何进滔于是就下令：“既然你们迫使我统领你们，就必须听从我的号令。”众唯唯称是。于是何进滔捕杀了前使及监军，共斩首九十余人，释放了兵变的胁从者。何进滔穿着丧服亲临吊丧，望着史宪诚的棺木痛哭，军人官吏都参加了吊唁活动。朝廷任命何进滔为魏博节度留后，不久提拔任命为魏博节度使。担任魏博节度使十余年，任内社会安定，甚得军心民心。

康日知，年轻时追随李惟岳，被擢升为赵州刺史。李惟岳反叛朝廷，康日知与别驾李濯及部将百人歃血为盟，固守所属州县归顺朝廷。李惟岳恼怒，派遣先锋兵马使王武俊攻打康日知。康日知派使者劝说王武俊带兵回营，斩杀李惟岳作为向朝廷的献礼。唐德宗赞叹康日知的谋略，将其提拔为深赵观察使。后来王武俊抗拒朝廷命令，调遣人马攻打赵州，被康日知击败，将抓获的俘虏押往京师献俘。康日知调任奉诚军节度使，又改任晋绛，加封检校尚书左仆射，封会稽郡王。死后，赠太子太师。其子康志睦也因立下军功封会稽郡公。

宋

周美，字之纯，以才武称。真宗幸澶渊[①]，常令宿卫，累迁秩副都总管。在边十余载，所向有功，诸将服之。

周永清，字肃之，世家灵州。州陷于夏，祖美拔归京师，永清以荫[②]从仕。宰相庞籍荐其忠勇，加阁门祗侯[③]。押时服赐夏国，夏人受赐不跪，诘之，恐而跪。历渭州钤辖[④]。渭兵劲而阵伍不讲，永清训以李靖法。帅蔡挺上其图以令诸军。知德顺军[⑤]，夏众入寇，擒其酋吕效忠。募勇士夜袭夏帐，斩三百级，俘数千人，获驼马甲器万计，威名甚著。擢泾原路钤辖、知泾州。

斡道冲，字宗圣[⑥]。其先仕伪夏主，世掌夏国史。道冲通五经，为蕃[⑦]汉教授，译《论语注》，别作《解义》二十卷曰《论语小义》[⑧]，又

① 真宗幸澶渊：指景德元年（1004）十一月，宋真宗至澶渊亲征辽，后与辽定约，史称“澶渊之盟”事。

② 荫：古代子孙因先世有功勋而推恩得赐官爵。

③ 阁门祗侯：宋代于东西上阁门分置祗侯，与阁门宣赞舍人并称阁职，祗侯分佐舍人。

④ 渭州钤辖：渭州，原本作“渭川”，据《宁夏府志·人物乡献·宋》卷一三、《宋史·周永清传》卷三五〇改；钤辖，宋代武将统一路或一州之兵者。

⑤ 知德顺军：知，即知军，宋代官名。军的长官，一般由中央派员，全称“权知军州事”（意谓暂时主持地方军队和民政事务）。德顺军，原本作“顺德军”，据《宁夏府志·人物乡献·宋》卷一三、《宋史·周永清传》卷三五〇改。

⑥ 斡道冲，字宗圣：斡，原本作“幹”；宗圣，原本作“圣宗”，据《正统宁夏志·文·古西夏相斡公画像赞》卷下、蔡淑梅《（嘉庆）〈灵州志迹〉（光绪）〈灵州志〉》征引《道园学古录》卷四《西夏相斡公画像赞有序》改。

⑦ 蕃：原本作“番”，据蔡淑梅《（嘉庆）〈灵州志迹〉（光绪）〈灵州志〉》征引《道园学古录》卷四《西夏相斡公画像赞有序》、《万历朔方新志·文学·乡献》卷三改。

⑧ 二十卷曰《论语小义》：二十，原本作“三十”；“曰《论语小义》”五字原本脱，据蔡淑梅《（嘉庆）〈灵州志迹〉（光绪）〈灵州志〉》征引《道园学古录》卷四《西夏相斡公画像赞有序》改、补。

作《周易卜[1]筮断》，以其国字书之，行于国中。后官至其国之中书宰相。

【译文】

宋

周美，字之纯，以才能武略著称。宋真宗巡幸澶渊，常令担任警卫，累经升迁官阶到副都总管。驻守边塞十余载，所到之处都能立下军功，诸将十分敬佩。

周永清，字肃之，世代居住在灵州。灵州陷落于西夏以后，祖父周美调拔归建京师开封，周永清以祖荫进入仕途。宰相庞籍举荐其忠勇可靠，加授阁门祗侯。有一次，周永清押解赐给西夏国时兴的服装，对方受赐后傲慢无礼，不按照规矩跪谢，周永清［为了维护宋朝的尊严］，对受赐夏臣严厉责问，对方因恐惧而不得不跪谢称罪。担任过渭州钤辖。渭州兵虽然骁勇但不讲求行军布阵、冲锋防守等兵法韬略，周永清以唐代李靖的兵法为模式，对军队进行严格的训练，［使军容大为改观，战斗力大幅度提升］。军队统帅蔡挺将其阵法图上奏朝廷，朝廷颁旨，命令全国各地的驻军都要按周永清的练兵方式训练军队。任德顺军知军的时候，西夏部众入寇，擒获其酋帅吕效忠。召募勇士乘夜奇袭西夏营帐，斩首三百级，俘虏数千人，缴获骆驼、马匹、各种物资以万计，威名赫赫。擢升为泾原路钤辖、泾州知州。

斡道冲，字宗圣。其先人在伪西夏国做官，世代掌修西夏国史。斡道冲通晓五经，担任西夏文、汉文教授，翻译了《论语注》，另外撰写了《解义》二十卷称作《论语小义》，又撰写了《周易卜筮断》，用西夏文书写，在西夏国通行。后来官至西夏王朝的中书宰相。

① 卜：原本作“十”，据《宁夏府志·人物乡献·宋》卷一三、《万历朔方新志·文学·乡献》卷三改。

明

周镛，字蒲溪，以岁贡①任平定州训导，升灵州所教谕。读书穷理，两任司铎②，恒以道德与诸生相长，都给事中俞鸾出其门。

孟养龙③，崇祯元年恩贡。工诗文，尚气节。闯贼④遣兵攻城，养龙纠众捍御，州境卒全。宁夏道黎士宏撰墓志，详载其事。著有《吹万吟》。

【译文】

明

周镛，字蒲溪，以岁贡生的身份担任平定州训导，后来升迁为灵州所教谕。读书为学穷究事物的道理，两次担任掌管文教的官职，一以贯之以道德与各位学生彼此促进，都给事中俞鸾就出在其门下。

孟养龙，崇祯元年（1628）恩贡生。工诗能文，崇尚气节。李自成派兵攻打灵州城，孟养龙召集民众抵御，灵州得以保全。[死后，]宁夏道道台黎士宏为其撰写墓志铭，详细记载了他的事迹。著有《吹万吟》一书。

国朝

孟之珪，康熙甲戌进士。天姿颖异，品行端方，文章字学兼有名于时。立条教⑤，阐明理学，至今灵武学士皆宗仰之。

谢王宠，字宾于。幼孤贫好学，冬月藉草读书。康熙壬午中乡试，

① 岁贡：明、清科举制度，规定每年由府州县选送廪生入京都国子监肄业，称为岁贡。与恩贡、优贡、副贡、拔贡称五贡。

② 司铎：官职名，谓掌管文教。

③ 孟养龙：《宁夏府志·人物乡献·皇清》卷一三记其为清朝人。

④ 闯贼：封建统治者对明末李自成农民军的诬称。

⑤ 条教：法规，教令。

丙戌[①]成进士，选翰林院庶吉士[②]，寻告假回籍。雍正元年，特旨召见，问所读何书，宠以性理对，命讲《太极图说》，上大喜，擢补山西雁平道。访求利病，善政累累。戊申春，转光禄寺少卿，四月升翰林院侍读学士[③]，五月署国子监祭酒[④]。时太学藏书散失，宠疏请秘阁[⑤]发书四十五部，复自捐俸购经，分给诸生诵读。已[⑥]进顺天府府尹、都察院左副都御史。一岁中凡五迁。辛亥七月，调宗人府府丞[⑦]，寻以疾告休。卒年六十三[⑧]。所著有《反经录》。

李愫，号诚庵，雍正丁未[⑨]进士。累官监察御史，纠弹无隐。后以事罢归，寓居宁朔县马寨堡，教授生徒以脩脯自给，从游者甚众。常以生平所身体力行者，书“存诚、行恕、敦孝悌、戒淫行、谨言语、慎威仪、严交游、立志节”八则于学堂，学者钦仰之。

许体元，字御万。赋质纯朴，沉潜理学，尤精于《易》。乾隆十一年，举优贡生，任安定县司训[⑩]。值安定荒，体元奉宪檄出赈，远近不遗，贫民被泽甚多。寻告休。著有《春秋传叙》《易经汇解》。卒年七十七。

王寅，字宾阳，拔贡生。性质和易端方，所学有源本，事亲能以志养。工诗、古文，教授于家。游其门者，多以文学著称。子可久，壬申称举人。孙晟，庚子会试进士，翰林院庶吉士。

① 丙戌：原作“丙辰”，据《宁夏府志·人物乡献·皇清》卷十三改。

② 庶吉士：官名。清沿明制设庶常馆，进士殿试后朝考前列者，得选用为庶吉士，隶于翰林院。

③ 侍读学士：官名。职务为给帝王讲学。

④ 国子监祭酒：国子监，清代教育管理机构和最高学府；祭酒，国子监的主管官。

⑤ 秘阁：古代宫中收藏珍贵图书之处。

⑥ 已：后来。

⑦ 宗人府府丞：官名。掌校理汉文册籍。

⑧ 六十三：原本作“七十三”，据胡玉冰《宁夏珍稀方志丛刊总序》改。

⑨ 雍正丁未：《宁夏府志·人物科贡·进士》卷十四、本志《人物乡献志第十四·科贡附》均载，李愫为康熙乙未（康熙五十四年，1715）科进士。

⑩ 司训：明清时县学教谕的别称。

【译文】

清朝

孟之珪，康熙甲戌（康熙三十三年，1694）进士。天姿颖异，品行端方，他的文章和文字学在当时都很著名。他的贡献是制定教育教学规则，深入地阐明程朱理学，至今灵武的读书人对他都很敬仰。

谢王宠，字宾于。幼年孤苦贫寒喜爱学习，冬天困难到了借草取暖读书的地步。康熙壬午（康熙四十一年，1702）中举人，丙戌（康熙四十五年，1706）考中进士，被点选为翰林院庶吉士，不久请假回原籍。雍正元年（1723），雍正皇帝专门发布谕旨召见，问所读何书，谢王宠回答主要是宋儒性理方面的书籍，让他讲解北宋理学家周敦颐的《太极图说》，皇上大喜，提拔为山西雁平道道台。[谢王宠上任后]，访求百姓的疾苦，做有利于百姓的事情，优良的政绩实在是太多了。戊申（雍正六年，1728）春季，转任光禄寺少卿，四月升任翰林院侍读学士，五月兼署国子监祭酒。当时太学藏书散失，谢王宠上疏请求秘阁发送图书四十五部，又捐出自己的俸禄购买经书，分发给国子监学生诵读。后来晋升为顺天府府尹、都察院左副都御史。一年中大约升迁了五次。辛亥（雍正九年，1731）七月，调任宗人府府丞，不久因为疾病辞职。卒年六十三。著作有《反经录》。

李愫，号诚庵，雍正丁未（雍正五年，1727）进士。多次晋升担任监察御史，举发弹劾，毫不隐瞒掩饰。后来因为受牵连被免官归里，寄居在宁朔县马寨堡，以培养教育学生为业，靠学生致送的薪金生活，从其游学的年轻人很多。他把自己身体力行的人生信条，归纳、总结为“存诚、行恕、敦孝悌、戒淫行、谨言语、慎威仪、严交游、立志节”八个方面，书写成条幅挂在学堂，以此激励鞭策学生，求学的人对他十分敬重仰慕。

许体元，字御万。天赋资质纯朴，沉潜于学习研究宋明理学，对

《周易》尤其精通。乾隆十一年（1746），选拔为优贡生，担任安定县县学教谕。正值安定县遇到荒年，许体元奉上司的命令外出赈灾，［不辞劳苦］，不管道路远近都没有遗漏的地方，贫苦百姓受益良多。不久就辞职了。著作有《春秋传叙》《易经汇解》。享年七十七岁。

王寅，字宾阳，拔贡生。禀性平易谦和，举止庄重正直，其所学习研究的学问有根源，既不失自身节操又能侍奉好父母。工诗、擅长古文，在家里专门以教学为生。其门下弟子，多以文才学识著称。儿子王可久，壬申（乾隆十七年，1752）中举人。孙子王晟，庚子（乾隆四十五年，1780）会试中进士，被选拔为翰林院庶吉士。

科贡附

进士

［明］

俞　鸾　嘉靖辛丑，历官[1]兵科给事中。

［清］

孟之珪　国朝康熙甲戌。

谢王宠　丙戌，翰林院庶吉士，历官顺天府府尹，宗人府府丞。

李　愫　乙未，主事，山西道监察使。

谢　升　雍正庚戌，知云南府事。

梁　栋　乾隆丙辰，知湖南兴化县事。

李　珌　乾隆丙辰，知黄州府事。

高　遴　乾隆壬戌，知黄冈县事。

陆允镇　乾隆丁丑，历官浙江督粮道。

王　晟　乾隆庚子，翰林院庶吉士。

① 历官：先后连任官职。

举人

［明］

李　泰　成化癸卯，知滨州事。

赵　玺　弘治辛酉。

俞　鸾　见《进士》。

陈有增　天启丁卯。

郑感民　丁卯。

［清］

孟之珪　见《进士》。

李　愢　见《进士》。

高　宣　康熙甲午。

李宗儒　丁酉。

陈　讷　庚子，知乐平县事。

周昌祚　雍正丙午，知沔县事。

王加民　己酉，渭南县教谕。

谢　升　见《进士》。

梁　栋　见《进士》。

李　珌　见《进士》。

李　绍　乾隆戊午。

白贻远　辛酉，知庆云县事。

陆允镇　见《进士》。

王可久　壬申。

朱　浚　丁卯，知嘉定府事。

朱　湘　庚午，知巴东县事。

陆允铣　庚午，知衡水县事。

李中翰　壬申，知来凤县事。

陆允鋐　癸酉，知山东沂水县事。

姚信璧　癸酉，山东水利通判。
赵　瓒　丙子，知靖边县事。
辛　矗　内子，西安府教授。
常养蒙　己卯，知上元县事。
王建元　己卯，知浚县事。
林慎修　乙酉。
王赐节　甲午，咸宁宫教习，邠州教谕。
王　晟　见《进士》。
赵　标　己亥。
庄庆余　癸卯。
梁联第　癸卯。
梁联箕　丙午。
陆　溥　戊申。
祁飏廷　甲寅。
贺　纬　戊午。
王敦厚　壬子。

科分无考

宋久元
季秋橘　富平教谕。
张树柏

贡生

［明］

正德：

詹　宝　庚辰。
赵　泰　辛巳[1]。

① 辛巳：原本作“辛已”，形误，明代正德年间没有辛已年，据《中国历史纪年表》改。

嘉靖：

蒋　泰　壬午。

赵文良　甲申。

金　章　丙戌，华阳县博①。

元　经　庚寅。

何　英　壬辰。

闻　薰　癸巳。

彭廷玉　甲午，洪雅县主簿②。

赵　佐　丙申。

山景皋　戊戌。

张　臻　己亥，经历③。

王　镃　庚子。

王　堂　壬寅。

陈　荣　甲辰。

李　瑞　戊申。

周　镛　戊申。

元　绣　庚戌。

江　东　丙辰。

汪待龙

王　邦　戊午。

王　震

安思明　庚申。

① 博：博士的简称。最初，博士是一种官名，始见于战国时代，负责保管文献档案，编撰著述，掌通古今，传授学问，培养人才。到唐代，设置国子、太学、四门等博士。另有律学、书写、算学、府学、州学、县学博士之称，均为教授官，而非中央官学传授儒经学官的专称。

② 主簿：古代官名，是各级主官属下掌管文书的佐吏。

③ 经历：职官名，掌出纳文移。自金代、元代至清代皆曾设置。

顾良臣
赵世辅　壬戌。
苏　臣
孙　栋　甲子，临汾县博。
李　儒　蒲州博。
费希仲　丙寅。
郭　勋　宣城县丞。
隆庆：
吕　韶　戊辰，镇远博。
王维垣
马　椿　己巳恩贡，同知霍州。
姚　佐　绛县博。
王朝觐　庚午。
张　梅　庚午，锡州博。
沈一经　壬申。
魏汝舟
万历：
赵　玙　癸酉。
徐　宰　恩贡。
赵世屏　甲戌。
王　第
何　镇　丙子。
宣大治
陈　玳　戊寅。
周士观
孟　召　庚辰选贡，知涿州。
陈邦政　知辽东县事。

季学程 壬午，泰州博。

李朝鸾

孙 桂 甲申，沁水县教谕。

贾 贞 丙戌。

袁 宾

郭 澳 戊子，知梁山县事。

武 统① 庄浪训导。

陈 升② 忻州判。

吕 敏③ 选贡，同知蕲州事。

戴 任④ 知永州县事。

柳本正 丁酉。

张守谦 戊戌。

邵 保 庚子，潞安教授。

刘应爵⑤ 恩贡。

文从谦 甲辰，上蔡训导。

周志诚 丙午。

罗 森 戊申。

孙 祯 庚戌。

赵 玠 甲寅。

［清］

乾隆：

撒成钧⑥ 己未。

① 武统：《宁夏府志·人物·科贡》卷一四载其贡生年份在“庚寅”。
② 陈升：《宁夏府志·人物·科贡》卷一四载其贡生年份在“壬辰”。
③ 吕敏：《宁夏府志·人物·科贡》卷一四载其贡生年份在“甲午”。
④ 戴任：《宁夏府志·人物·科贡》卷一四载其贡生年份在“丙申”。
⑤ 刘应爵：《宁夏府志·人物·科贡》卷一四载其贡生年份在“癸卯”。
⑥ 撒成钧：原本作“撒成钧”，据《宁夏府志·人物·科贡》卷一四改。

王　寅　庚申，拔贡。
孙文售　辛酉。
李　鳐　壬戌。
许体元　甲子，优贡。
毛文郁
陈廷献　乙丑。
冯益励　丙寅。
黄　恒　丁卯。
祁兆文
常　著　戊辰。
王　建
邵　镛　辛未。
顾大夏　壬申。
侯　铭　癸酉。
郁承业
祝天佑　丙子。
徐振纶
费作梅　丁丑。
陈　阃　己卯。
季　炘　辛巳，恩贡。
赵体选　壬午，恩贡。
吕大南　癸未。
蔡　坤　乙酉。
刘建业
冯鸿图　丙戌。
梁　渤　戊子。
聂折桂　己丑。
刘维本　庚寅，浦城县博。
李献捷　辛卯。

施　璧　壬辰。

李兆基　甲午。

李　护　乙未。

王　晟[①]　拔贡。

王凤飞　丁酉，拔贡。

祁　绚

施维翰　戊戌。

万　植

毛振辰

张　钜

王　冲

刘兴海

潘文煊

阎　靖　己酉。

李　裕

李仲庚

李　绣

汤佐学　丁巳。

梁联辉

陆　淇　拔贡。

年分无考

李际隆　副榜[②]。

① 王晟：《宁夏府志·人物·科贡》卷一四载其贡生年份在“丁酉”。

② 副榜：副榜贡生的简称。所谓副榜贡生，指的是乡试没有考中举人，但成绩尚可者，另列副榜，授予贡生，入国子监继续深造。除了副榜贡生外，明代还有岁贡、选贡、恩贡和纳贡，清代有恩贡、拔贡、岁贡、优贡和例贡。这些都属于特殊形式的贡生或者优待生，同样有进入国子监继续深造的资格。副榜贡生虽然需要进国子监继续深造，但同样具备为官的资格。

季秋槐　副榜。

戴廷讲　拔贡。

季春光　拔贡。

孟之珪　副榜。

陈　常　副榜。

胡璞玉　拔贡。

季滋梁　拔贡。

孟养贞　恩贡。

李子发　恩贡。

喻　文

何　秀

赵公尽

龙现光

赵　诚

段九成

张　芬

陆士谟

辛永禄

庄士儒。

武进士

［明］

［正德］：

史　经　正德戊辰，历官灵州参将。

保　周　庚辰，灵州参将。

［嘉靖］：

郭　震　嘉靖戊戌，南官，南、北京提督，陕西总兵，中、左二府佥事。

［清］

［康熙］：

卢杜瑾 国朝康熙癸巳，侍卫，西宁总兵。

［雍正］：

王 绥 雍正庚戌，侍卫，江南提督。

［乾隆］：

张 钜 丁巳，侍卫，贵州游击。

梁联科 辛未，侍卫，历官参将。

尹虎臣 壬申。

吴登魁 己丑。

李飞云 壬辰，侍卫。

科分无考

朱世植 探花，二等侍卫。

辛永伟 二等侍卫，四川都司。

季 灯 守备①。

马召南 探花，副宁镇总兵。

朱 濂 都司。

武举

［明］

［嘉靖］：

郭 震 见《进士》。

［清］

［康熙］：

何廷桂 康熙②壬子。

靳兆珠 康熙辛卯③。

---

① 守备：《宁夏府志·人物·武进士》卷一五作“兴平守备”。

② 康熙：原本作“顺治”，据《宁夏府志·人物·武举》卷十五改。

③ 康熙辛卯：原本作“顺治壬子”，据《宁夏府志·人物·武举》卷十五改。

［雍正］：

梁从直　雍正甲辰。

张树棠　浙江游击。

雷　育　直隶都司。

买成璋

丁　琦

杨树桧　丙午。

买成璟

李发元[1]

孟　鏋

雷　充

朱　洙　己酉。

王　绥　见《进士》。

朱　泗　己酉。

雷子铏

张懋德

陈五教　壬子。

马　云

张　钜

王　字

施　瑰

［乾隆］：

王可立　乾隆丙辰[2]。

唐际盛

① 李发元：《宁夏府志·人物·武举》卷一五作“李登元”。

② 乾隆丙辰：原本作“乙卯”，据《中国历史纪年表》，丙辰为乾隆首年，乙卯为末年，正文以年份先后为序故当作“丙辰”，又据《宁夏府志·人物·武举》卷一五也作“丙辰”，据此改。

马洗瑞

桂　瑄

江玉瑞[1]　戊午。

谭秉哲　辛酉。

郁振基　甲子。

朱绩焜　守备。

丁洪仁

尹大本

尹虎臣　见《进士》。

陈　锜　丁卯。

李廷售

季腾蛟　庚午。

马负图

梁联科　见《进士》。

马攀龙

马建适

马伯麒

赵　隽

俞　玠　癸酉。

买　伟

戴如玉　丙子。

马廷杰

尹　俊

苏　珩

谢光国

---

① 江玉瑞：《宁夏府志·人物·武举》卷一五作“汪玉瑞”。

张可成　己卯①。
张浚英
李维华
王　训　庚辰。
许嘉谟
朱　震②　壬午。
马大升
杨士雄
李荣武
苏绳武
辛养性　乙酉。
朱　理
王廷琳
王文魁　戊子。
王赐勋
陆允镐　庚寅。
马国玺
李玉堂　辛卯。
李飞云　见《进士》。
李步堂　甲午。
徐大本③　丁酉。
吴毓龙
吴廷杰　己亥。
吴　倬

① 己卯：原作“乙卯”，据《宁夏府志·人物·武举》卷一五改。
② 朱震：《宁夏府志·人物·武举》卷一五作“朱宸”。
③ 徐大本：《宁夏府志·人物·武举》卷一五作“徐大年”。

王文宾
朱　果
朱集才
刘　藻
朱　烺
科分无考
卢茂英
郁起蛟
郁起雋
周陕右
马　蛟
韩　济
卢仲麟
文生儒①
岳钟灵
庞　镜
朱士朴
万孔府
陆士云
赵体仁
雷　宠
杨体程
朱士植
辛永伟
季　灯

① 文生儒：《宁夏府志·人物·武举》卷一五作“文生伟”。

朱　濂

马召南

文星伟

【译文】

科贡附

进士

［明］

俞　鸾　明嘉靖辛丑（嘉靖二十年，1541），先后连任兵科给事中。

［清］

孟之珪　清康熙甲戌（康熙三十三年，1694）。

谢王宠　清康熙丙戌（康熙四十五年，1706），翰林院庶吉士，先后担任顺天府府尹，宗人府府丞。

李　憬　清康熙乙未（康熙五十四年，1715），先后任职主事，山西道监察使。

谢　升　清雍正庚戌（雍正八年，1730），云南府知府。

梁　栋　清乾隆丙辰（乾隆元年，1736），湖南兴化县知县。

李　珌　清乾隆丙辰（乾隆元年，1736），黄州知府。

高　遴　清乾隆壬戌（乾隆七年，1742），黄冈县知县。

陆允镇　清乾隆丁丑（乾隆二十二年，1757），先后连任浙江督粮道。

王　晟　清乾隆庚子（乾隆四十五年，1780），翰林院庶吉士。

举人

［明］

李　泰　明成化癸卯（成化十九年，1483），滨州知州。

赵　玺　明弘治辛酉（弘治十四年，1501）。

俞　鸾　见《进士》。

陈有增　明天启丁卯（天启七年，1627）。

郑感民　明天启丁卯（天启七年，1627）。

［清］

孟之珪 见《进士》。

李　慷 见《进士》。

高　宣 康熙甲午（清康熙五十三年，1714）。

李宗儒 康熙丁酉（清康熙五十六年，1717）。

陈　讷 康熙庚子（清康熙五十九年，1720），乐平县知县。

周昌祚 雍正丙午（清雍正四年，1726），沔县知县。

王加民 雍正己酉（清雍正七年，1729），渭南县教谕。

谢　升 见《进士》。

梁　栋 见《进士》。

李　珌 见《进士》。

李　绍 乾隆戊午（清乾隆三年，1738）。

白贻远 乾隆辛酉（清乾隆六年，1741），庆云县知县。

陆允镇 见《进士》。

王可久 乾隆壬申（清乾隆十七年，1752）。

朱　浚 乾隆丁卯（清乾隆十二年，1747），嘉定府知府。

朱　湘 乾隆庚午（清乾隆十五年，1750），巴东县知县。

陆允铣 乾隆庚午（清乾隆十五年，1750），衡水县知县。

李中翰 乾隆壬申（清乾隆十七年，1752），来凤县知县。

陆允鋗 乾隆癸酉（清乾隆十八年，1753），山东沂水县知县。

姚信璧 乾隆癸酉（清乾隆十八年，1753），山东水利通判。

赵　瓒 乾隆丙子（清乾隆二十一年，1756），靖边县知县。

辛　矗 乾隆丙子（清乾隆二十一年，1756），西安府教授。

常养蒙 乾隆己卯（清乾隆二十四年，1759），上元县知县。

王建元 乾隆己卯（清乾隆二十四年，1759），浚县知县。

林慎修 乾隆乙酉（清乾隆三十年，1765）。

王赐节 乾隆甲午（清乾隆三十九年，1774），咸宁宫教习，邠州教谕。

王　晟　见《进士》。

赵　标　乾隆己亥（清乾隆四十四年，1779）。

庄庆余　乾隆癸卯（清乾隆四十八年，1783）。

梁联第　乾隆癸卯（清乾隆四十八年，1783）。

梁联箕　乾隆丙午（清乾隆五十一年，1786）。

陆　溥　乾隆戊申（清乾隆五十三年，1788）。

祁飏廷　乾隆甲寅（清乾隆五十九年，1794）。

贺　纬　嘉庆戊午（清嘉庆三年，1798）。

王敦厚　乾隆壬子（清乾隆五十七年，1792）。

科分无考

宋久元

季秋橘　富平县教谕。

张树柏

贡生

［明］

正德：

詹　宝　庚辰（正德十五年，1520）。

赵　泰　辛巳（正德十六年，1521）。

嘉靖：

蒋　泰　壬午（嘉靖元年，1522）。

赵文良　甲申（嘉靖三年，1524）。

金　章　丙戌（嘉靖五年，1526），华阳县学博士。

元　经　庚寅（嘉靖九年，1530）。

何　英　壬辰（嘉靖十一年，1532）。

闻　薰　癸巳（嘉靖十二年，1533）。

彭廷玉　甲午（嘉靖十三年，1534），洪雅县主簿。

赵　佐　丙申（嘉靖十五年，1536）。

山景皋　戊戌（嘉靖十七年，1538）。

张　臻　己亥（嘉靖十八年，1539），经历。

王　镃　庚子（嘉靖十九年，1540）。

王　堂　壬寅（嘉靖二十一年，1542）。

陈　荣　甲辰（嘉靖二十三年，1544）。

李　瑞　戊申（嘉靖二十七年，1548）。

周　镛　戊申（嘉靖二十七年，1548）。

元　绣　庚戌（嘉靖二十九年，1550）。

江　东　丙辰（嘉靖三十五年，1556）。

汪待龙

王　邦　戊午（嘉靖三十七年，1558）。

王　震

安思明　庚申（嘉靖三十九年，1560）。

顾良臣

赵世辅　壬戌（嘉靖四十一年，1562）。

苏　臣

孙　栋　甲子（嘉靖四十三年，1564），临汾县博士。

李　儒　蒲州博士。

费希仲　丙寅（嘉靖四十五年，1566）。

郭　勋　宣城县县丞。

隆庆：

吕　韶　戊辰（隆庆二年，1568），镇远县学博士。

王维垣

马　椿　己巳（隆庆三年，1569）恩贡，霍州同知。

姚　佐　绛县县学博士。

王朝觐　庚午（隆庆四年，1570）。

张　梅　庚午（隆庆四年，1570），锡州州学博士。

沈一经　壬申（隆庆六年，1572）。
魏汝舟
万历：
赵　玓　癸酉（万历元年，1573）。
徐　宰　恩贡。
赵世屏　甲戌（万历二年，1574）。
王　第
何　镇　丙子（万历四年，1576）。
宣大治
陈　玳　戊寅（万历六年，1578）。
周士观
孟　召　庚辰（万历八年，1580）选贡，涿州知州。
陈邦政　辽东县知县。
季学程　壬午（万历十年，1582），泰州州学博士。
李朝鸾
孙　桂　甲申（万历十二年，1584），沁水县教谕。
贾　贞　丙戌（万历十四年，1586）。
袁　宾
郭　澳　戊子（万历十六年，1588），梁山县知县。
武　统　庄浪训导。
陈　升　忻州州判。
吕　敏　选贡，蕲州同知。
戴　任　永州县知县。
柳本正　丁酉（万历二十五年，1597）。
张守谦　戊戌（万历二十六年，1598）。
邵　保　庚子（万历二十八年，1600），潞安府府学教授。
刘应爵　恩贡。

文从谦　甲辰（万历三十二年，1604），上蔡县训导。

周志诚　丙午（万历三十四年，1606）。

罗　森　戊申（万历三十六年，1608）。

孙　祯　庚戌（万历三十八年，1610）。

赵　玠　甲寅（万历四十二年，1614）。

［清］

乾隆：

撒成钧　己未（乾隆四年，1739）。

王　寅　庚申（乾隆五年，1740），拔贡。

孙文售　辛酉（乾隆六年，1741）。

李　鳐　壬戌（乾隆七年，1742）。

许体元　甲子（乾隆九年，1744），优贡。

毛文郁

陈廷献　乙丑（乾隆十年，1745）。

冯益励　丙寅（乾隆十一年，1746）。

黄　恒　丁卯（乾隆十二年，1747）。

祁兆文

常　著　戊辰（乾隆十三年，1748）。

王　建

邵　镛　辛未（乾隆十六年，1751）。

顾大夏　壬申（乾隆十七年，1752）。

侯　铭　癸酉（乾隆十八年，1753）。

郁承业

祝天佑　丙子（乾隆二十一年，1756）。

徐振纶

费作梅　丁丑（乾隆二十二年，1757）。

陈　闾　己卯（乾隆二十四年，1759）。

季　炘　辛巳（乾隆二十六年，1761），恩贡。

赵体选　壬午（乾隆二十七年，1762），恩贡。

吕大南　癸未（乾隆二十八年，1763）。

蔡　坤　乙酉（乾隆三十年，1765）。

刘建业

冯鸿图　丙戌（乾隆三十一年，1766）。

梁　渤　戊子（乾隆三十三年，1768）。

聂折桂　己丑（乾隆三十四年，1769）。

刘维本　庚寅（乾隆三十五年，1770），浦城县县学博士。

李献捷　辛卯（乾隆三十六年，1771）。

施　璧　壬辰（乾隆三十七年，1772）。

李兆基　甲午（乾隆三十九年，1774）。

李　护　乙未（乾隆四十年，1775）。

王　晟　拔贡。

王凤飞　丁酉（乾隆四十二年，1777），拔贡。

祁　绚

施维翰　戊戌（乾隆四十三年，1778）。

万　植

毛振辰

张　钜

王　冲

刘兴海

潘文煊

阎　靖　己酉（乾隆五十四年，1789）。

李　裕

李仲庚

李　绣

汤佐学　丁巳（嘉庆二年，1797）。

梁联辉

陆　淇　拔贡。

年分无考

李际隆　副榜贡生。

李秋槐　副榜贡生。

戴廷讲　拔贡。

季春光　拔贡。

孟之珪　副榜贡生。

陈　常　副榜贡生。

胡璞玉　拔贡。

季滋梁　拔贡。

孟养贞　恩贡。

李子发　恩贡。

喻　文

何　秀

赵公尽

龙现光

赵　诚

段九成

张　芬

陆士谟

辛永禄

庄士儒

武进士

［明］

［正德］：

史　经　正德戊辰（正德三年，1508），先后连任灵州参将。

保　周　庚辰（正德十五年，1520），灵州参将。

［嘉靖］：

郭　震　嘉靖戊戌（嘉靖十七年，1538），南方的官吏，先后担任南京、北京提督，陕西总兵，中、左二府佥事。

［清］

［康熙］：

卢杜瑾　清朝康熙癸巳（康熙五十二年，1713），侍卫，西宁总兵。

［雍正］：

王　绥　雍正庚戌（雍正八年，1730），侍卫，江南提督。

［乾隆］：

张　钜　丁巳（乾隆二年，1737），侍卫，贵州游击。

梁联科　辛未（乾隆十六年，1751），侍卫，先后连任参将。

尹虎臣　壬申（乾隆十七年，1752）。

吴登魁　己丑（乾隆三十四年，1769）。

李飞云　壬辰（乾隆三十七年，1772），侍卫。

科分无考

朱世植　探花，二等侍卫。

辛永伟　二等侍卫，四川都司。

季　灯　守备。

马召南　探花，宁夏镇副总兵。

朱　濂　都司。

武举人

［明］

［嘉靖］：

郭　震　见《进士》。

[清]

[康熙]:

何廷桂　康熙壬子（康熙十一年，1672）。

靳兆珠　康熙辛卯（康熙五十年，1711）。

[雍正]:

梁从直　雍正甲辰（雍正二年，1724）。

张树棠　浙江游击。

雷　育　直隶都司。

买成璋

丁　琦

杨树桧　丙午（雍正四年，1726）。

买成璟

李发元

孟　鏋

雷　充

朱　洙　己酉（雍正七年，1729）。

王　绥　见《进士》。

朱　泗　己酉（雍正七年，1729）。

雷子铏

张懋德

陈五教　壬子（雍正十年，1732）。

马　云

张　钜

王　宇

施　瑰

[乾隆]:

王可立　乾隆丙辰（乾隆元年，1736）。

唐际盛

马洗瑞

桂　瑄

江玉瑞　戊午（乾隆三年，1738）。

谭秉哲　辛酉（乾隆六年，1741）。

郁振基　甲子（乾隆九年，1744）。

朱绩焜　守备。

丁洪仁

尹大本

尹虎臣　见《进士》。

陈　锜　丁卯（乾隆十二年，1747）。

李廷售

季腾蛟　庚午（乾隆十五年，1750）。

马负图

梁联科　见《进士》。

马攀龙

马建适

马伯麒

赵　儁

俞　玠　癸酉（乾隆十八年，1753）。

买　伟

戴如玉　丙子（乾隆二十一年，1756）。

马廷杰

尹　俊

苏　珩

谢光国

张可成　己卯（乾隆二十四年，1759）。

张浚英

李维华

王　训　庚辰（乾隆二十五年，1760）。

许嘉谟

朱　震　壬午（乾隆二十七年，1762）。

马大升

杨士雄

李荣武

苏绳武

辛养性　乙酉（乾隆三十年，1765）。

朱　理

王廷琳

王文魁　戊子（乾隆三十三年，1768）。

王赐勋

陆允镐　庚寅（乾隆三十五年，1770）。

马国玺

李玉堂　辛卯（乾隆三十六年，1771）。

李飞云　见《进士》。

李步堂　甲午（乾隆三十九年，1774）。

徐大本　丁酉（乾隆四十二年，1777）。

吴毓龙

吴廷杰　己亥（乾隆四十四年，1779）。

吴　倬

王文宾

朱　果

朱集才

刘　藻

朱　烺

科分无考

卢茂英

郁起蛟

郁起隽

周陕右

马　蛟

韩　济

卢仲麟

文生儒

岳钟灵

庞　镜

朱士朴

万孔府

陆士云

赵体仁

雷　宠

杨体程

朱士植

辛永伟

季　灯

朱　濂

马召南

文星伟

忠孝义烈志第十五

人禀五常[①]之性以生。生者，性之不死者也。原夫赴鼎镬、蹈白刃，义重生轻，捐躯殉节，岂匹夫之为？谅与抑成仁之素志也。至于聚薪流恸[②]，衔索兴嗟[③]，洒风树[④]以陨心，頫[⑤]寒泉而沫泣[⑥]，至性之感通神明焉。若夫幽兰弱质，苦柏贞心，早岁逢艰，暮年励节。毁妆誓志，声悲寡女之丝；饮泣抚孤，泪染嫠妇[⑦]之绩。斯皆抱不死之心，无虚生之愧，足以激清风于万古，厉薄俗于当年者矣！俎豆[⑧]馨香，永世勿替，有以也夫！

［忠］

宋

裴济，知灵州，兴屯田之利，谋辑八镇[⑨]。赵保吉围灵州，饷绝，

① 五常：指仁、义、礼、智、信。

② 聚薪流恸：聚薪，也称求薪。典出《后汉书·周磐传》：“磐同郡蔡顺……少孤，养母。尝出求薪，有客卒至，母望顺不还，乃噬其指，顺即心动，弃薪驰归，跪问其故。母曰：‘有急客来，吾噬指以悟汝耳。’”后来以聚薪比喻母子相眷念。流恸，悲痛大哭。

③ 衔索兴嗟：衔索，即“枯鱼衔索”。《孔子家语》：“子路见孔子曰：‘枯鱼衔索，几何不蠹？二亲之寿，忽若过隙。’”意谓穿在干鱼口中的绳索会很快生虫朽坏，父母亲的生命也很短暂。后以衔索比喻不得孝养父母。兴嗟，引起感叹。

④ 风树：《韩诗外传》九：“树欲静而风不止，子欲养而亲不待也。”此以风树喻父母不得久奉养。

⑤ 頫（fǔ）：同“俯”，低头，面向下。

⑥ 沫泣：以泪洗面。沫，洗面。

⑦ 嫠（lí）妇：寡妇。

⑧ 俎（zǔ）豆：祭祀，崇奉。俎，置肉的几；豆，盛干肉一类食物的器皿。

⑨ 八镇：四方及四隅。

援兵不至，城陷，济死之。

明

许永[①]，都指挥，守备灵州。天顺间，追寇至河套鹿泉，永乃据险掣全军回力战，射死虏酋[②]数人，又毙酋子三人，力竭自刎。敌愤甚，刳其肉，煮其骨以灌驼。

赵玺，指挥。弘治六年，与贼战灵武口庙山墩下，力尽遇害。

成贤，指挥。胆勇出众。嘉靖十三年，套骑四万余入寇，贤从总兵王效为前锋，率八百骑迎于秦坝，力战移日[③]。贤独当一面，虏被伤者甚众，因并力攻之，遂死。事闻，荫子梁为都指挥。同时指挥吕仲良、刘勋、王浚与贤俱没于阵。

史开先，勋之子，灵州参将。长于将略。崇祯七年，套虏数万犯边，开先驰报宁夏巡抚、总兵，遂收集城外居民、生畜入城，深沟高垒，以待固、靖、甘、凉之兵。贺虎臣自宁赴灵，欲引兵拒战，开先切谏，不听。归谓其长子曰："我家世受国恩，岂敢畏死。此役也，我必不复生还矣。"遂引兵先驱，贺亦出，遇贼于大沙井滩。贼围贺，四面不能援，勋仆史进才以急告，开先策马冲入重围，杀数百人。外无援，围益逼，遂遇害，进才殉焉，贺亦死。时官军死者七千余人，枕尸遍野，不可别识。公少为马撞落二齿，以银镶之，家人以此为识，仅得首以归葬。追赠右都督，谥忠烈。

李世松，州人。性忠直，善左右射，耕于晏湖墩侧。插汉[④]入，世松率众拒贼，众寡不敌，人悉奔，松独守墩上，射贼辄毙。贼恨甚，攻围益力。凡两日夜，松左右大指皆裂见骨，被创死。

江孔学，州人，居胡家堡。插酋之变，贼围堡，孔学登垣骂贼。

① 许永：《宁夏府志·人物·忠》卷一六作"许颙"。

② 虏酋：《宁夏府志·人物·忠》卷一六作"酋长"。

③ 移日：日影移动，指过了很久时间。

④ 插汉：明代蒙古族部落名。本元裔小王子之后，明嘉靖间，卜赤（一作布希）驻牧插汉之地，因以为名。

堡陷，孔学自刎，一家俱罹难。

蔡应昌，兴武所千户，任花马池千总。明末罗凸土寇抢掠，应昌剿贼，血战死。

包永成，庠生。弟永明，亦庠生。明末，贼破惠安堡，兄弟不屈，俱被害。

【译文】

忠孝义烈志第十五

人之所以为人，是因为天性具有仁、义、礼、智、信这五种最基本的品格和禀性。生命，是禀性不灭的体现。本来这类赴鼎镬、蹈白刃的举止，义薄云天看淡生死，为保全志节而献出生命，哪里是匹夫能够做出的行为？推想是因为他们向来怀有杀身成仁的志愿。至于［孝子］因血脉相连而悲号，不能奉养父母而兴叹，风吹树木恸哭伤心，眼望寒泉以泪洗面，这是人间至真的性情，上可与神明相通。至若［女子］幽兰弱质，像松柏心地坚贞，早岁遭逢艰难，暮年砥砺节操。发誓立志，改换原有服饰打扮，弦乐声声奏出寡女的悲哀；无声饮泣，抚养幼孤孝养公婆，纺布绩麻浸透寡妇的眼泪。这些人都胸怀不死之心，没有虚度人生的愧疚，足以激扬清风于万古，改变当年轻薄的风气！他们享受着祭品的馨香，永世不能替代，这是有缘故的啊！

［忠］

宋

裴济，担任灵州知州，扩大兴修屯田的利益，这些政策和措施使四面八方都得到了好处。赵保吉围困灵州，粮食断绝，援兵不至，灵州城陷落，裴济死难。

明

许永，担任都指挥，守备灵州。明朝天顺年间（1457—1464），许永追击敌寇至河套鹿泉，据守险要，抽调兵马回身力战，射死敌虏数人，又杀死敌虏头领儿子三人，力竭自刎而死。敌虏愤怒至极，剐除其肉，熬骨成汤灌喂骆驼。

赵玺，担任指挥。弘治六年（1493），与贼寇在灵武口庙山墩下大战，力尽遇害。

成贤，担任指挥。胆量和勇气出众。嘉靖十三年（1534），河套蒙古骑兵四万多入侵，成贤跟随总兵王效担任前锋官，率领八百骑兵在秦坝迎战敌人，在很长的时间里一直奋勇作战。成贤独当一面，敌方死伤很多，敌虏因此集中力量向他进攻，成贤由此牺牲。此事上奏朝廷后，其子成梁因为父亲的功劳被任命为都指挥。同时任职指挥的吕仲良、刘勋、王浚与成贤一起都战死于沙场。

史开先，史勋之子，任职灵州参将。擅长用兵的谋略。崇祯七年（1634），河套蒙古数万骑兵侵犯边境，史开先飞马向宁夏巡抚、总兵报讯，紧急安排城外居民、牲畜入城，深沟高垒，以待固原、靖远、甘州、凉州之兵的增援。宁夏总兵贺虎臣自省城驰赴灵州，准备带领军队抵御抗击，开先直言极谏，不听。回家对其长子说："我家世代享受国家的恩典，哪里敢畏惧死亡。这场战役，我肯定无法再生还了。"只好带领军队作为先锋出发了，贺虎臣也带队出兵，在大沙井滩与敌虏相遇。敌虏包围了贺虎臣，四面不能援救，史勋的仆人史进才以情况紧急相告，史开先策马冲入重围［救援贺虎臣］，杀敌数百人。在外无援兵，敌人围困益逼的情况下，史开先遇害，史进才殉难，贺虎臣也战死了。当时官军死者七千余人，枕尸遍野，不可辨别。史开先年轻时被马撞落两颗牙齿，以银镶之，家人以此为标识，仅仅找到他的头颅安葬。被追封为右都督，谥号忠烈。

李世松，灵州人。性格忠臣正直，擅长左右手开弓射箭，在晏湖墩侧种田为生。插汉蒙古入侵，李世松率众抵御敌寇，寡不敌众，众人全都跑了，李世松一人独守墩上，射贼就死。敌虏愤恨至极，围攻更加疯狂。经过两天两夜，李世松左右手大拇指皆开裂见骨，受伤而死。

江孔学，灵州人，居住在胡家堡。插汉蒙古入侵，敌寇围困胡家堡，江孔学登上城垣骂贼。胡家堡陷落，江孔学自刎而死，一家人都遇难。

蔡应昌，兴武所千户，任职花马池千总。明朝末年罗凸土寇抢掠，蔡应昌围剿贼寇，血战而死。

包永成，秀才。弟弟包永明，也是秀才。明朝末年，敌寇攻陷惠安堡，兄弟不屈，都被杀害。

［孝］

侯知道、程俱罗，唐时人。居①亲丧，穿圹②作坟，皆身其劳，乡人助者，即哭而却之。庐墓次，哭血无节。知道七年，俱罗三年不止。知道垢尘③积首，率夜半绕坟踊哭④，鸟兽为悲号。李华作《二孝赞》表其行，详“艺文”。

徐勇，州人。事母孝谨。母年九十四，勇自少至老，饮食起居未尝稍离，乡党称之。刘东旸之变，勇率众守城，两献俘馘。

赵诚，州人。奉继母至孝。母殁，朝夕哭奠，终丧⑤不御酒肉。著有《易经述古百一稿》。

陆国相，明昭信校尉。养二亲能先意承志⑥。父万乾病甚，衣不解带，虔祷于药王，后服剂随愈，因力修药师殿。在郡城闻母丧，徒步

①居：当。

②圹：堑穴。

③垢尘：污垢、尘土。

④踊哭：丧礼仪节，边哭边捶胸顿足。

⑤终丧：服满父母去世后三年之丧。

⑥先意承志：指孝子不等父母开口就能顺父母的心意去做。

驰归，哀毁骨立①。时天旱蝗，惟国相种谷数十亩无损，人以为孝感所致。国相以所获分贷里中贫者。

于翼龙，卫学生，家枣园堡。崇祯中，侍母郝氏往张恩堡为弟纳聘，途次干河墩，突遇寇掠。生奋不顾身，弃所携币以饵贼，负母疾驰得免。官为给“致身救母”额，以旌其门。

郑兴基，卫学生，家花马池。值年荒，其父为虏掠去，兴基询知父在板城，只身徒步趋父所。板城在北口外，道经山西，时晋省大旱，人相食，兴基奋不顾难②，决意长往，间关③至杀虎口，得达板城。父子相见，抱持大哭，见者俱感动。有喇嘛僧怜其孝，赠马二匹、银十两、衣二袭④，令其归。兴基遂奉父旋里。

【译文】

［孝］

侯知道、程俱罗，唐朝人。当父（母）亲丧亡，挖坑修建坟墓，都是亲力亲为，乡人出手相助，哭着谢绝。在墓旁搭建小屋居住，守护坟墓。因为悲痛哭破了喉咙，以致流出血来，也不知道节制。这样的日子侯知道过了七年，程俱罗过了不止三年。侯知道满头满身都是污垢，常常半夜绕着坟墓边哭边顿足，连鸟兽都为之悲号。李华作《二孝赞》表彰其品行，详见本书卷四“艺文志第十六下”。

徐勇，灵州人。侍奉母亲孝顺而恭谨。母年九十四，徐勇从青年到老年，对母亲的饮食起居片刻也不离开，乡情们对他十分称赞。刘东旸之变爆发，徐勇率领众人守城，两次向朝廷献上俘虏。

赵诚，灵州人。侍奉继母十分孝顺。继母逝世后，早晚哭泣着祭奠，

① 哀毁骨立：因亲丧悲哀而瘦损异常，如仅以骨支撑身体。哀，原本作“丧”，据《宁夏府志·人物·孝》卷一六改。

② 难：《宁夏府志·人物·孝》卷一六作“身”。

③ 间（jiàn）关：道路崎岖难行。

④ 袭：量词，指成套的衣服。

在三年守孝期间不沾酒肉。著有《易经述古百一稿》。

陆国相，明朝昭信校尉。奉养父母能顺着二亲的心意去做。父亲陆万乾病重，陆国相衣不解带，虔诚地向药王祈祷，其父服药后随即痊愈，因而竭尽全力修缮药师殿。在郡城听到母亲去世的噩耗，徒步跑着归家奔丧，因悲哀而瘦损异常，就像仅仅以骨头支撑身体。有一次天旱蝗灾起，只有陆国相种的数十亩谷子没有受到损害，人们都认为是他的孝道感动了上苍所致。陆国相把收获的粮食分贷给同乡中的穷人［，以共渡难关］。

于翼龙，卫学生，家住枣园堡。崇祯年间（1628—1644），侍奉母亲郝氏前往张恩堡为弟弟下聘礼，途中停留干河墩，突遇贼寇抢掠。于翼龙奋不顾身，把所带的钱物全扔了出去引诱贼寇，自己背着母亲狂奔得免。官府颁授一块"致身救母"匾额，以旌表其门。

郑兴基，卫学生，家住花马池。碰到灾年，谷物歉收，其父亲被敌虏抢去，郑兴基打听到父亲在板城，只身徒步前往父亲所在的地方。板城在北口外，路途经过山西，当时此地大旱，出现了人吃人的情况，郑兴基勇往直前，不顾困难，拿定主意一去不返，辗转至杀虎口，终于到达板城。父子相见，相拥大哭，见到的人都很受感动。有位喇嘛哀怜其一片孝心，赠送马二匹、银十两、衣服两套，让他们回家。郑兴基遂陪父亲还归家乡。

［义］

李宗儒，花马池监生。雍正二年旱，山堡人多逃窜。儒曰："我家尚有粟三窖，愿与乡里共之，食尽同窜未晚也。"由是一方胥济。是年除夕，梦一人伟衣冠，嘱曰："明岁乡试，汝必往，切勿误。"醒而异之。及期勉强入闱，果中二十四名举人。

姚进福，惠安堡人。居乡乐善好施予。值岁大旱，山堡一带皆赴州领赈。惠安仅产盐，非地丁①不在赈例。百姓闻声，携持老幼，越两日程至州，既不得粮，又乏归路费，群情窘甚。时进福商贩到州，哀其情，代请于监牧②厅王公，愿以己房千金作质，借官粮三百石，散给无赈饥民。公允其请，语该官还其券，并给“义气可风”额以旌之。又惠安居民千家，食水惟城北二井，屡为沙压，进福捐资修浚，利及桑梓。

【译文】

[义]

李宗儒，花马池监生。雍正二年（1724）大旱，当地百姓大多向外逃荒。李宗儒说：“我家尚有三窖谷子，愿与乡亲们共同食用，谷子吃完再一起逃荒也不迟。”由此一方百姓都得到了救济。这一年大年除夕，李宗儒梦见一人峨冠博带，叮嘱他说：“明年乡试，你一定要前往参加，千万不要耽误。”梦醒以后他对此十分惊异。到了乡试的时候勉强入围，果然考中第二十四名举人。

姚进福，惠安堡人。在乡里一直乐善好施。当年正值大旱，惠安堡一带百姓皆赴州城领取赈灾粮食。由于惠安堡只出产食盐，百姓没有缴纳土地税和劳役税，所以不在赈灾的范围。当初，惠安堡百姓一听到赈灾的消息，就扶老携幼，走了两天多才到达州城，既得不到粮食，又没有回去的路费，陷于十分尴尬的境地。正巧姚进福做买卖也到了州城，十分同情他们的处境，代替他们向监牧厅王公求情，愿以自己的房契作价千金作抵押，借官粮三百石，散给没有获得赈济的饥民。王公同意了他的要求，告诉具体负责此事的官员并把房契还给姚进福，并奖给他一块“义气可风”匾额予以表彰。还有惠安堡居民上千家，吃水只靠城北的两口水井，水井多次被沙压塌，姚进福捐资修浚，为家乡造福。

① 地丁：土地税和劳役税的合称。旧制田赋分夏税、秋粮，丁赋有市民、乡民、富民、佃民、客民等，区分为上中下则，清代合而为一。

② 监牧：负有督查之责的地方官。

［烈］

烈女马氏，许聘[①]营卒罗伏受为妻，闻夫阵亡，哭五日，不食死。

烈女萧氏，州民张文彩妻。文彩素与同里杨文厚。文见萧氏少艾[②]，欲污之。氏坚不从，以线自缝其衣，防闲[③]极谨。文怼[④]甚，转以氏行不端谮文彩，彩信其言，绐[⑤]氏归宁，竟与文共杀氏于墩坡沟。后得昭雪，雍正十二年，旌表入祠[⑥]。

李氏，州民吴连妻。连姊夫徐龙章素强暴，慕其色，以言调之，守正不从，后强犯之，氏叫詈，遂被杀。后蒙旌表入祠。

郭氏，州民陈凤妻。凤贾游，殁于外。郭年二十一，忍死奉姑，誓不渝志，年八十终。

李氏，生员王式间妻。年二十七夫亡，时翁姑年迈，遗子甫周岁，家计萧条。氏昼夜勤苦，训子泽深成立入泮[⑦]，守节三十三年终。

窦氏，州民姚钦妻。夫亡时遗孤一岁，氏年二十四。守节四十一年终。

韩氏，州民许津妻。年二十六夫亡，遗子开元甫五月。家徒壁立，荼苦[⑧]备尝。事孀姑以孝闻，抚子成立。苦节三十四年终。

蔡氏，马健明妻。年二十六夫亡。上奉翁姑，下抚幼孤，艰苦备尝，终始如一。守节五十一年终。

梁氏，魏锦妻。年二十九岁夫亡，守节三十六年终。

---

①许聘：女方接受男方的聘礼。谓允婚。

②少艾：年轻貌美。

③防闲：防，堤，用以制水；闲，阑，用以制兽。引申为防备。

④怼：怨恨。

⑤绐（dài）：欺骗。

⑥旌表入祠：旌表，古代由官府立牌坊、赐匾额对遵守封建礼教的人加以表彰；入祠，请入祠堂供奉。

⑦入泮：科举时代学童入学为生员。古代学官前有泮水，故称学校为泮宫。

⑧荼苦：艰苦，苦楚。

姚氏，监生朱士挺妻。年二十五夫亡，守节三十八年。遗腹子洙亦励志读书，早擢上林[①]。

王氏，何腾远妻。年二十三夫亡，守节三十三年。

郭氏，刘得先妻。年二十七夫故，遗腹未产。矢志不移，守节六十五年，寿至九十余。

王氏，周荣妻。年二十八夫故，姑老子幼，家计贫窘。氏孝慈兼尽，茹苦三十七年终。

魏氏，文运祥妻。年二十七夫亡，守节四十九年。抚子振孟成立，为国学生。

沈氏，张仁妻。年二十七夫亡，守节四十二年。

王氏，何光国妻。年二十五夫故，守节四十九年。

李氏，何嗣俊妻。年二十二夫故，断发自矢[②]，贤贞不移，苦节四十五年，事孀姑以孝闻。

常氏，施祈经妻。于归[③]二年夫故，氏年十八，勤修纺织，孝事翁姑，抚育孤子，教诲成人，苦节三十三年，乡里并称其德。

张氏，生员高日栋妻。于归三年夫故，氏年二十岁。时二亲皆七旬有余，孤子甫周岁，家贫甚，氏纺织度日，曲尽[④]孝慈，苦节四十一年，毫无怨色。

王氏，田尽忠妻。年二十一夫故，守节三十九年。

王氏，吴世熹妻。守节四十年。仰事俯育，各尽其道，清标玉立，乡党称焉。

许氏，生员级景妻。年二十五夫故，苦节四十年。

常氏，生员马景良妻。于归一年夫故，氏年十七，秉性坚贞，备尝辛苦，守节三十二年卒。

---

① 士林：学术界、知识界。

② 自矢：犹自誓。自己发誓，表示决心。

③ 于归：出嫁。

④ 曲尽：竭尽。

钟氏，卢复嗣妻。年十九夫故，家计拮据，茹苦终身，守节三十年卒。

周氏，许昭妻。年二十三守节，礼法自持，闺门严整，四十余年，外人罕睹其面，乡里称之。

王氏，万梃妻。年二十一夫故，守节三十九年。

吕氏，郭岚妻。年二十岁夫故，守节三十九年。

烈妇黄氏者，吴忠堡农家女也。适冯氏，夫名廷举，朴而骙①矣，为人佣工。氏食贫操作，邻居未尝闻诟谇②声。回民保文元素狡黠，与比间③，窥氏色悦之，心念其家贫甚，谓可以利诱，乃贷其夫钱若干，阳④为索逋⑤，至其家，微⑥以言挑之。氏揣知⑦其意弗善，因以针黹之余，促还其逋，属其夫后勿与往来。文元知无隙可乘，欲以强劫之。一日，伺其夫外出，径携饼饵至氏家，出亵狎⑧语，氏斥詈之，文元复加以恫喝，氏张目大骂曰："汝所为，乃禽兽不若，吾视汝，真猪狗也。且吾不畏死，宁怯汝耶？"言次，即取所携饼还掷其面。文元怒，批其颊。氏且哭且詈，因大呼，邻媪闻声趋视，文元始逡巡去。氏恚愤⑨甚。其夫归，邻媪具语之，仍劝慰氏。氏饮泣无一言，夜乘夫熟寝，自经于牖⑩侧。文元恐，以利啖其夫，冀息其事。氏叔黄某控于州官，往诊其尸，氏面色如活，掌痕宛然，立拘文元至，讯鞫⑪得实，置之法。具以状上闻，嘉庆四年，诏旌其间。

---

① 骙（ái）：愚，呆。
② 诟谇（gòu suì）：辱骂，责骂。
③ 比间：泛称乡里。
④ 阳：同"佯"，假装。
⑤ 逋（bū）：拖欠。
⑥ 微：秘密，偷偷。
⑦ 揣知：猜知、测知。
⑧ 亵狎（xiè xiá）：轻慢，不庄重。亲近宠信。
⑨ 恚（huì）愤：愤怒。
⑩ 牖（yǒu）：木窗。
⑪ 讯鞫（jū）：审问。

【译文】

[烈]

烈女马氏，允婚于士兵罗伏受为妻，听闻未婚夫阵亡，哭了五天，不食而死。

烈女萧氏，州民张文彩妻子。张文彩素与同里杨文交情深厚。杨文见萧氏年轻美貌，就想奸污。萧氏坚拒不从，以线自缝其衣，对杨文防备极为谨慎。杨文十分怨恨，转而在张文彩面前谮毁萧氏，说她行为不端，张文彩听信了谗言，欺骗萧氏说送她回娘家看望父母，竟与杨文联手把萧氏杀害在墩坡沟。萧氏后来得以洗雪冤屈，雍正十二年（1734），官府立牌坊、赐匾额，请入祠堂供奉。

李氏，州民吴连妻子。吴连姐夫徐龙章素来强横，贪慕其美色，经常以语言调戏，李氏恪守正道，坚决不从，后来徐龙章企图强暴，李氏不从叫骂，遂被杀害。后来官府立牌坊、赐匾额表彰李氏，李氏被请入祠堂供奉。

郭氏，州民陈凤妻子。陈凤做买卖，死在外地。郭氏年仅二十一岁，勉力侍奉婆婆，矢志不渝，年八十逝世。

李氏，秀才王式闾妻子。李氏二十七岁时丈夫去世，当时公公婆婆年迈，遗孤刚满周岁，家计萧条。李氏昼夜勤苦，培养教育儿子王泽深成人，考入官学就读，守节三十三年逝世。

窦氏，州民姚钦妻子。丈夫去世时遗孤只有一岁，窦氏二十四岁。守节四十一年逝世。

韩氏，州民许津妻子。二十六岁时丈夫去世，遗孤许开元刚五个月。家徒四壁，艰苦备尝。侍奉守寡的婆婆以孝闻名，抚养儿子长大成人。苦节三十四年逝世。

蔡氏，马健明妻子。二十六岁时丈夫去世。上侍奉公婆，下抚育幼孤，艰苦备尝，始终如一。守节五十一年逝世。

梁氏，魏锦妻子。二十九岁时丈夫去世，守节三十六年逝世。

姚氏，国子监学生朱士挺妻子。二十五岁时丈夫去世，守节三十八年。遗腹子朱洙也励志读书，年纪很小就擢登科第。

王氏，何腾远妻子。二十三岁时丈夫去世，守节三十三年。

郭氏，刘得先妻子。二十七时丈夫去世，遗腹子还没生下来。矢志不移，守节六十五年，寿至九十多岁。

王氏，周荣妻子。二十八岁时丈夫去世，婆婆年老，孩子幼小，家计贫窘。王氏恪尽孝道、慈道，含辛茹苦三十七年逝世。

魏氏，文运祥妻子。二十七岁时丈夫去世，守节四十九年。抚育儿子文振孟长大成人，是国子监学生。

沈氏，张仁妻子。二十七时丈夫去世，守节四十二年。

王氏，何光国妻子。二十五时丈夫去世，守节四十九年。

李氏，何嗣俊妻子。二十二时丈夫去世，剪断头发，自我发誓，志节坚贞而有贤德，苦节四十五年，侍奉守寡的婆婆以孝闻名。

常氏，施祈经妻子。出嫁两年后丈夫去世，常氏年仅十八岁，勤修纺织，孝事公婆，抚育孤子，教诲成人，苦节三十三年，乡里一致称赞其贤德。

张氏，秀才高日栋妻子。出嫁三年后丈夫去世，张氏年仅二十岁。当时公婆都七十多岁了，留下的孩子刚满周岁，家庭非常贫困，张氏靠纺织度日，竭尽全力尽到孝道、慈道，苦节四十一年，毫无怨色。

王氏，田尽忠妻子。二十一岁丈夫去世，守节三十九年。

王氏，吴世熹妻子。守节四十年。上要侍奉公婆，下要养活儿女，不同的事情采取不同的办法，清美出众，节操坚定不移，乡亲们一致称赞。

许氏，秀才级景妻子。二十五岁丈夫去世，苦节四十年。

常氏，秀才马景良妻子。出嫁一年丈夫去世，常氏年仅十七岁，秉性坚贞，备尝辛苦，守节三十二年逝世。

钟氏，卢复嗣妻子。十九岁丈夫去世，家计拮据，含辛茹苦一辈子，守节三十年逝世。

周氏，许昭妻子。二十三岁守寡，自我坚守礼法，严守妇道，四十余年，外人很少看到她的面貌，乡里一致称赞。

王氏，万梃妻子。二十一岁丈夫去世，守节三十九年。

吕氏，郭岚妻子。二十岁丈夫去世，守节三十九年。

烈妇黄氏，吴忠堡农家女子。婚配冯家，丈夫名冯廷举，朴实而愚呆，受雇为人做工。黄氏过着贫困的生活而操劳不息，邻居未尝听到责骂声。回民保文元素来狡黠，与黄氏共居一乡，偷看到黄氏的容貌十分喜欢，心想其家十分贫困，可以利用钱财诱惑她，于是就主动借给她的丈夫一笔钱，假装是为索讨欠债，至其家，偷偷以言语试探。黄氏猜知其意不善，就拿出自己做针线活攒下的余钱，催促丈夫尽快还清欠债，并叮嘱今后不要与其往来。保文元知道无隙可乘，准备强暴黄氏。一天，窥伺其丈夫外出，直接带着糕饼至黄氏家，说着轻慢的话，被黄氏一顿斥责，保文元又加以恐吓，黄氏张目大骂说："你的所作所为，禽兽不如，在我眼里，你就是真猪狗。我死都不怕，难道还害怕你吗？"言毕，即拎起保文元带来的糕饼还掷其面。保文元恼羞成怒，狠扇黄氏耳光。黄氏且哭且骂，放声大呼，邻居老妇人闻声来看，保文元才迟疑而去。黄氏愤怒至极。其丈夫归家，邻居老妇人把情况都告诉了他，［他什么都没做，］只是仍旧劝慰了黄氏一番。黄氏泪流满面，不发一语，夜间乘丈夫熟睡，在木窗侧自缢而死。保文元恐惧，拿钱财引诱其丈夫，妄图平息此事。黄氏的叔叔黄某控告于州官，派人前往勘验尸首，黄氏面色如活，脸上的掌痕清清楚楚，立马抓捕保文元至公堂，审问得其实情，予以法律制裁。案情呈报朝廷后，嘉庆四年（1799），皇帝下诏旌表其门闾。

艺文志第十六上

自书契[①]肇兴，而艺文斯尚[②]。原厥体要[③]，盖有二焉：曰经济，曰讽诵。讽诵之文，主于抒写性灵，敷扬文藻[④]，词华之工，于斯为盛。若乃[⑤]因时度务，言堪底绩[⑥]，陈之当时，而灼如蓍蔡[⑦]；传之奕世[⑧]，而炳[⑨]若丹青[⑩]。斯诚著述之宏规，立言之不朽矣！故余辑灵州志于艺文，所录率多名臣奏章、庙堂硕画，其他铭、颂、序、记，亦取按切事势、关系政化者详为搜集，庶有益于经济。至于讽诵之文不过略存梗概而已。后之览者，亦将有取于是欤。

【译文】

艺文志第十六上

自从文字诞生以后，文章就越来越受到尊崇。探究其大要，主要分为两类：一曰经邦济世，二曰讽诵吟咏。讽诵吟咏之文，主要用于抒写性灵，铺陈文辞，遣词造句的华丽精巧，表现的尤为突出。至于

① 书契：文字。
② 艺文斯尚：艺文，泛指各种典籍；斯，就、则；尚，尊崇。
③ 原厥体要：探究其大概。
④ 文藻：词采，文采。
⑤ 若乃：至于。
⑥ 言堪底（zhǐ）绩：文章能达到的目的。
⑦ 蓍（shī）蔡：谓卜筮，犹言蓍龟。因蔡地出大龟，故名。
⑧ 奕世：累世，一代接一代。
⑨ 炳：明亮、显著。
⑩ 丹青：指绘画用的颜色，因其不易褪色，故用以比喻光明显著。

从考量时局情势的特点变化而推测估计事务的发展，充分实现文章的目的，[发挥了经邦济世的功能和作用]，放在当时，就昭明显赫如卜筮；传之后世，而明亮显著若丹青。堪称文章中的鸿篇巨制，著书立说的不朽作品！所以我编纂《灵州志迹》“艺文志”部分，所收录的大多是名臣奏章、朝廷国策，其他铭、颂、序、记方面的文章，也主要侧重于选录事关时局情势、关系政治和教化的篇章，希望有益于经国济世。至于讽诵吟咏类的文章不过略存梗概而已。后来的读者，也将从中获益。

[奏疏]

请复三郡[①]疏　汉　虞诩[②]

臣闻子孙以奉祖为孝，君上以安民为明，此高宗、周宣所以上配汤、武也。《禹贡》雍州之域，厥田[③]为上。且沃野千里，谷稼殷积，又有龟兹[④]盐池以为民利。水草丰美，土宜产牧，牛马衔尾[⑤]，群羊塞道，北阻山河，重厄据险[⑥]。因渠以溉，水舂河漕[⑦]，用功省少而军粮饶足。故孝武皇帝及光武筑朔方，开西河，置上郡，皆为此也。而遭元元[⑧]无妄之灾，众羌内溃，郡县兵荒二十余年。夫弃沃壤之饶，损自然之财，不可谓利；离山河之阻，守无险之处，难以为固。今三郡未复，园陵

① 三郡：指朔方郡、西河郡、上郡。参见本书卷二《水利源流志第十》注。

② 虞诩（？—137）：东汉武平（今河南省鹿邑县）人，字升卿。汉安帝时为朝歌长。朝廷以诩有将帅才，迁武都太守。累官至尚书令。

③ 厥田：开辟田地。厥，通“撅”。

④ 龟兹：指两汉上郡龟兹县。

⑤ 衔尾：谓前后相接。

⑥ 重厄据险：重，重叠；厄，险要的地方；据险，依凭险要之地而防守。

⑦ 水舂河漕：水舂，水碓，一种借水力舂米的工具；河漕，犹河运。

⑧ 元元：平民。

单外①，而公卿选懦②，容头过身③，张解设难④，但计所费，不图其安。宜开圣德，考行⑤所长。

【译文】

请复三郡疏 汉 虞诩

臣下听说子孙以承奉祖先为孝，君主以安抚人民为明，这是商高宗、周宣王所以上配商汤、周武王的原因。《禹贡》划定的雍州地域，开辟田地为上策。况且沃野千里，谷物大量聚集，又有龟兹县盐池为民造福。水草丰美，适宜发展畜牧，牛马前后相接，群羊挤满道路，北有山河天险作为屏障，险关重叠可以据以防守。依靠水渠灌溉农田，借助水力舂米，通过河道运输军粮，事半功倍而军粮富足。所以汉武帝及汉光武帝开筑朔方郡，建立西河郡，设置上郡，都是因为此种缘故。[放弃三郡导致的结果是]黎民百姓遭受无妄之灾，众多羌人部落制造祸患，郡县兵荒马乱达二十余年。丢弃肥沃土地带来的财富，损害大自然的馈赠，不可称之为谋利之道；远离山河的屏障，防守无险之处，难以称得上有牢固的边防。今三郡没有收复，帝王的陵墓没有屏障而暴露于外，而某些公卿大臣怯懦胆小，得过且过，夸大困难，为自己寻找托词，只算计收复三郡的花费，不谋求国家的长治久安。应该[广泛听取他人意见]以彰显圣德，考察官吏优劣以用其所长。

---

① 园陵单外：指帝王的墓地无屏障而暴露于外。

② 选懦：犹懦怯。选，通“巽”，柔弱、惧怯。

③ 容头过身：谓得过且过，如野兽钻穴，头可容，身即可过。

④ 张解设难：张解，张大其辞，以为解说；设难，设置疑难，原本作“难设”，据《宁夏府志·艺文·疏奏·请复三郡疏》卷一八改。

⑤ 考行：考察行为事迹。

河西[1]修城表[2]　魏　刁雍[3]

臣闻安不忘乱，先圣之政也。况绥服[4]之外，带接边城，防守不备，无以御敌者也。臣镇所绾[5]河西，爰在边表，常惧不虞[6]。平地积谷，实难守护，兵人散居，无所依恃。脱[7]有妖奸，必致狼狈，虽欲自固，无以得全。今求造城储谷，置兵备守。镇自建立，更不烦官。又于三时[8]之隙，不令废农。一岁、二岁不讫[9]，三岁必成。立城之所必在水陆之次，大、小、高、下量力取办[10]。

【译文】

河西修城表　魏　刁雍

臣下听闻国家大治的时候不能忘记可能出现的祸乱，这是先世圣人的为政之道。何况这里地处王畿外围疆域之外，与临近边界的城市连接一体，没有做好防守的准备，就没有办法抵御敌人的入侵。臣下镇守的地域与黄河以西连接，可以称得上边境，我常常忧惧会有不测事件。平原地带储存谷物，实在难以守护，军队分散驻守，没有地方可以依仗。倘或有妖人作奸犯科，我们必然陷入狼狈不堪的境地，虽

① 河西：原本作“西河”。据正文及《宁夏府志·艺文·疏奏·河西修城表》卷一八、《魏书·刁雍传》卷三八改。

② 此表上于太平真君九年（448），诏准。次年城就，赐名刁公城，后称薄骨律仓城。

③ 刁雍（390—484）：北魏渤海饶安（今河北省南皮县东南）人，字叔和。曾任薄骨律镇将。好尚文典，明敏多智。赐爵东安侯。卒年九十五，谥简。

④ 绥服：古代王畿外围疆域之一。五服之一，在王畿外一千里至一千五百里以内的地方。

⑤ 绾：连接。

⑥ 虞：猜度，预料。

⑦ 脱：副词，如果。

⑧ 三时：指春、夏、秋三个务农季节。

⑨ 讫：事情完结，此指完成。

⑩ 取办：办理。

欲依靠自身的力量控制局面，也无法获得保全。今天请求修造城池储存谷物，专门设置军队守备。薄骨律镇城修建竣工后，就再也不用搅扰朝廷了。另外，修建城池主要利用春、夏、秋三个务农季节之外的空闲时间进行，不让耽误农耕。一年、两年修不完，三年一定完成。城池选址一定靠近水路和陆路，城池的大、小、高、低由我们量力设计、决定。

论边事疏 宋 宋琪①

臣顷②任延州节度判官，经涉五年，虽未尝躬造夷落，然常令蕃落将和断③公事，岁无虚月，藩部之事，熟于闻听④。大约党项、吐蕃风俗相类，其帐族有生户、熟户。接连汉界，入州城者，谓之熟户；居深山僻远，横过寇略⑤者，谓之生户。其俗多有世仇，不相来往，遇有战斗则同恶相济⑥，传箭相率⑦，其从如流。虽各有鞍甲⑧，而无魁首统摄，并皆散漫山川，居常不以为患。

党项界东自河西银、夏，西至灵、盐，南距鄜、延，北连丰、会。厥土多荒隙，是前汉呼韩邪所处河南之地，幅员千里。从银、夏至清、白两池，地惟沙碛，俗谓平夏。拓拔，盖蕃姓也。自鄜、延以北，多土山柏林，谓之南山。野利，盖羌族之号也。

---

① 宋琪（917—996）：字叔宝，宋范阳蓟（今北京大兴）人。辽会同四年（941）进士。宋太平兴国八年（983），为参知政事，拜平章事，后罢相，穷知蕃部形势。淳化五年（994）年，李继迁寇灵武，琪上此书以陈党项形势。

② 顷：近来，不久前。

③ 和断：公断，裁决。

④ 闻听：原本作“听闻”，据《宋史·宋琪传》、《宁夏府志》卷十八《艺文·疏奏·论边事疏》改。

⑤ 横过寇略：横过，强行通过；寇略，侵犯劫掠。

⑥ 同恶相济：坏人互相勾结，共同作恶。同恶，共同作恶的人。济，助。

⑦ 传箭相率：传箭，传递令箭。古代北方少数民族起兵令众，以传箭为号。引申为传令。相率，亦作“相帅”，相继。

⑧ 鞍甲：马鞍和铠甲。借指征战生涯。

从延州入平夏有三路：一东北自丰林县苇子驲至延州县接绥州，入夏州界；一正北从金明县入蕃界，至庐关四五百里，方入平夏州南界；一西北历万安镇经永安城，出洪门至宥州四五百里，是夏州西境。我师如入夏州之境，宜先招致接界熟户，使为向[①]导，其强壮有马者，令去官军三五十里踏白[②]先行。缘此三路，土山柏林，溪谷相接，而复隘陿[③]不得成列，摄此向导，可使步卒多持弓弩枪锯随之，以三二千人登山侦逻，俟[④]见坦途宁静，可传号勾[⑤]马遵路而行。我皆严备，保无虞也。

长兴四年，夏州李仁福[⑥]死，有男彝超擅称留后。当时诏延州安从进与李彝超换镇，彝超据夏州，固不奉诏。朝廷命邠州药彦稠[⑦]总兵五万送从进赴任。时顿兵城下，议欲攻取，军储不继，遽命班师。而振旅之时，不能严整，失戈弃甲，遂为边人之利。

臣又闻党项号为小蕃，非是勍敌[⑧]，若得出山步阵，止劳一战，便可荡除。深入则馈运艰难，穷追则窟穴幽隐。莫若缘边州镇，分屯重兵，俟其入界侵渔，方可随时掩击，非惟养勇，亦足安边。凡乌合之徒，势不能久，利于速斗以骋兵锋。莫若持重守疆，以挫其锐。彼无城守，众乏糇粮，威赏不行，部族分散，然后密令觇[⑨]其保聚之处，预于麟、府、鄜、延、宁、庆、灵、武等州约期会兵，四面齐进，绝其奔走之路，合势击之，可以翦除，无噍类矣。仍先告语诸军，击贼所获生口、资畜，许为己有，彼为利诱，则人百其勇也。

---

① 向：原本作“乡”，据正文改。

② 踏白：谓开路，打先锋。也指打先锋的人。

③ 陿：同“狭”，隘也。

④ 俟（sì）：等候。

⑤ 勾：招引，沟通。

⑥ 李仁福：后梁开平年间为蕃部指挥使。会夏州乱，众迎仁福为定难军节度使。庄宗时官至检校太师，兼中书令，封朔方王。

⑦ 药彦稠：原本作“药彦调”，据《新五代史·药彦稠传》卷二七改。

⑧ 勍（qíng）敌：劲敌。勍，强劲、强大。

⑨ 觇（chān）：窥视，察看。

灵武路自通远军入青冈峡五百里，皆藩部熟户。向来使人、商旅经由，并在部族安泊①，所求赂遗无几，谓之“打当”，亦如汉界逆旅之家宿食之直也。此时大军或须入其境，则向导踏白当如夏州之法。况彼灵州便是吾土，刍粟储蓄，率皆②有备，缘路五七程，不烦供馈，止令逐都兵骑，裹粮轻赍③，便可足用。谚④所谓“磨镰杀马”，劫一时之力也，旬浃⑤之余，固无阙乏矣。

【译文】

论边事疏 宋 宋琪

臣下不久前担任延州节度判官，经历五年，虽然未尝亲身造访党项部落，然而常令党项部落头领前来裁决公事，这种事情每年每月都有，对党项部落的事情，可以说耳熟能详。大体说来，党项和吐蕃的风俗习惯相类似，其部属有生户、熟户之分。与汉界接连，日常生活不离州城者，称之为熟户；居住在深山僻远的地方，横行霸道、大肆劫掠者，称之为生户。其风俗多有世仇，互相之间不来往，遇有战斗则互相勾结，共同作恶，号令发出后相继行动，参与的人马川流不息。[每个小的部族]虽各有自己的武装，但没有首领统一总辖，并且都在山川各处零散分居，平时不会造成祸患。

党项疆域东起黄河以西的银州、夏州，西至灵州、盐州，南到鄜州、延州，北连丰州、会州。其土地多荒漠，是西汉时呼韩邪单于所据守的黄河以南的地域，幅员千里。从银州、夏州至清池、白池，全是沙漠，俗称平夏。拓拔，大概是党项部族的姓氏。自鄜州、延州往北，土山

① 安泊：居住，住宿。

② 率皆：犹言都是。

③ 赍：通“资”，钱财、物资。此谓装之意。

④ 谚：原本作“该”，据《宁夏府志·艺文·疏奏·论边事疏》卷一八、《宋史·宋琪传》卷二六四改。

⑤ 旬浃（jiā）：满十天。也指较短的时间。

柏树林比较多，称之为南山。野利，推测是羌族部落的称号。

从延州到平夏有三条路：一是东北线：从丰林县苇子驲至延州县接绥州，进入夏州界；二是正北线：从金明县入党项界，至庐关四五百里，方入平夏州南界；三是西北线：从万安镇经永安城，出洪门至宥州四五百里，就是夏州西境。我朝军队如果进入夏州之境，应该先招致接界熟户，让其做向导，其中强壮有马者，让离官军三、五十里开路先行。沿着这三条路行军，土山柏林，溪谷相接，而道路又狭窄得不能成列行军，只有跟随向导，让徒步作战的士兵肩负弓弩枪锯跟随行军，以二三千人登山侦查巡逻，等到路途平坦没有什么异常，就可发出号令招引骑兵部队沿路出发。只要我方严密戒备，就可保证安全。

后唐明宗长兴四年（933），夏州李仁福死，儿子李彝超擅自号称留后。当时朝廷诏命延州的安从进与李彝超对调，李彝超盘踞夏州，坚决不接受皇帝的命令。朝廷命令邠州的药彦稠统领五万军队送安从进去夏州赴任。当时军队在夏州城下按兵不动，正在准备发动进攻，因为后勤不能保障，突然命令班师回营。而整顿军队准备撤退之时，不能做到纪律严明，严肃整齐，造成军队溃乱、失戈弃甲的严重局面，遂给边疆的分裂分子提供了可乘之机。

臣下又听说党项号称小吐蕃，并不是什么强劲的敌人，如若能够出山排列阵势，只需要一次歼灭性战役，便可彻底荡除他们。我方深入则运输艰难，穷追则敌方窟穴幽隐难寻。不如让沿边州镇，分屯重兵，待其入界侵夺，方可随时袭击，不仅能够锻炼将士的勇气，也是足以保境安民的举措。大凡乌合之徒，其威势必不能持久，利于速斗以炫耀武力。不如行事稳重，固守边疆，以挫败其锋芒。党项人没有城池可以防守，部众缺乏粮食、物资，赏罚不能推行，部族分散居住，［在这种情况下］继而我们密令侦查其聚众守卫之处，预先命令麟州、府州、鄜州、延州、宁州、庆州、灵州、武州等州约期会兵，四面齐进，绝其奔逃之路，协力进攻，就可以一举歼灭敌人，使其没有一个喘气的可以存在。一仍旧例事先明白告诉诸军，战斗中缴获的牲畜、资财，归自己所有，军队为利益所诱惑，必然增加百倍的勇气。

灵武路自通远军进入青冈峡共有五百里，沿途都是党项熟户。一直以来使者、商人经由此地，都在西夏部族住宿，其所要求的报酬很少，称之为“打当”，也就如汉界旅店之家食宿的价值。此时大军如果有的必须进入其境内，则寻找向导为之开路就如同在夏州的办法一样。况且灵州即是我们的国土，粮草储备，早都有所准备，沿路只需要五至七天的行程，无须烦劳供应，只需命令每支部队的步、骑兵，携带干粮，轻装前进，即可足用。谚语所谓“磨镰杀马”，强取靠一时之力，十天之余，肯定不会缺乏粮食等军需物资。

上经制西边疏 张齐贤①

臣在先朝，常忧灵、夏两镇终为继迁并吞，言事者以臣所虑为太过，略举既往之事以明本末。当时臣下皆以继迁只是②怀恋父祖旧地，别无他心，先帝③与以银州廉察④，庶满其意。尔后攻劫不已，直至降麟、府州界八部族蕃酋，又胁至贺兰山下帐族，言事者犹谓封奖未厚。洎⑤陛下赐以银、夏土壤，宠以节旄，自此奸威愈滋，逆志尤暴。屡断灵州粮路，复挠缘边城池，数年之间，灵州终为吞噬。

① 张齐贤（943—1014）：宋曹州冤句（今山东曹县西北）人，字师亮。进士出身。淳化二年（991）擢参知政事，后拜吏部侍郎、同中书门下平章事。景德二年（1005），为吏部尚书，上此疏议灵武陷事。

② 只是：“是”字原本脱，据《宋史·张齐贤传》卷二六五补。

③ 先帝：原本作“先常”，据《宁夏府志·疏奏·上经制西边疏》卷一八、《宋史·张齐贤传》卷二六五改。

④ 廉察：唐以来对观察使或职权与之相当的官员的简称。

⑤ 洎：到，及。原本作“泊”，据《宁夏府志·艺文·疏奏·上经制西边疏》卷一八、《宋史·张齐贤传》卷二六五改。

当灵池、清远军垂欲[1]陷没，臣方受经略之命。臣思继迁须是得一两处强大蕃族与之为敌，此乃以蛮夷攻蛮夷，古今之上策也。遂请以六谷名目封潘罗支[2]，俾其展效。其时近臣所见，全与臣谋不同，多为阻挠。及继迁为潘罗支射杀，边患可谓少息。今其子德明依前攻劫，析逋游龙钵等尽在部下，其志又似不小，臣虑德明乘大驾东幸之际，去攻六谷，则瓜、沙、甘、肃、于阗诸处渐为控制矣。向使潘罗支尚在，则德明未足为虑，今潘罗支已亡，厮铎督[3]恐非其敌。望委大臣经制其事。

【译文】

上经制西边疏　张齐贤

臣下在先帝（宋太宗）的时代，常常忧虑灵州、夏州两镇最终会被李继迁吞并，上书言事的人认为臣下考虑的过分，现在略举既往之事以明了事情的来龙去脉。当时臣下都认为李继迁只是怀念依恋祖先的旧地，别无他心，先帝授予银州观察使的官职，希望其心满意足。［想不到］自此以后李继迁攻击掠夺不已，直至征服了麟州、府州地界八个党项部族的酋长，又［兵锋西向］，威胁至贺兰山下的党项部落，上书言事的人仍然说对李继迁封官奖赏还不够优厚。等到陛下赐给他银州、夏州的土地，予以符节和令旗的恩宠，自此邪恶的威势愈发滋长，叛逆的念头暴露无遗。屡次切断灵州运输通道，一而再扰乱沿边城池，数年之间，灵州终被吞噬。

当灵池、清远军将要陷没，臣下正担任经略的官职。臣下认为必须扶持一到两支强大的蕃族部落与其为敌，才能牵制李继迁，此乃以蛮夷攻蛮夷，无论在古代或是今天都是上等策略。于是请求朝廷以六

① 垂欲：将要。
② 潘罗支：事迹详见本书卷二《历朝宦迹志第十三》。
③ 厮铎督：潘罗支弟。潘罗支被杀后，他被六谷诸豪立为首领。

谷王名目封赠潘罗支，使其出力报效朝廷。当时皇上身边近臣的意见，全与臣下的谋略不同，多是反对阻挠。等到李继迁被潘罗支射杀，边患可以说稍稍平息了。现在其子李德明照旧四处攻击掠夺，析逋游龙钵等强悍的部族尽在其统率之下，其志向看起来又似乎不小，臣下忧虑的是李德明乘皇上大驾东巡之际，去进攻六谷，则瓜州、沙州、甘州、肃州、于阗诸处渐被其控制。假使潘罗支还在，则李德明不足为虑，现在潘罗支已亡，厮铎督恐怕不是其对手。盼望委派大臣经理节制这件事情。

上灵州事宜疏[①] 张齐贤

灵州斗绝一隅[②]，当城镇完全、碛路未梗之时，中外已言合弃。自继迁为患以来，危困弥甚。南去镇戎[③]约五百余里，东去环州仅六七日程，如此畏途[④]，不须攻夺，则城中之民何由而出，城中之兵何由而归？欲全军民，理须应接。为今之计[⑤]，莫若[⑥]增益精兵，以合西边屯驻、对替之兵，从以原、渭、镇戎之师，率山西熟户从东界而入，严约师期，两路交进[⑦]。设若继迁分兵以应敌，我则乘势而易攻。且奔命[⑧]道途，首尾难卫，千里趋利，不败则禽，臣谓兵锋未交，而灵州之围自解。然后取灵州军民，而置寨于萧关、武延川险要处以侨寓之，如此则蕃

①此疏与下篇皆为宋真宗咸平四年（1001）著者所上。时李继迁陷清远军，上命之为泾原等州军安抚经略使。

②斗绝一隅：孤悬边远之地。

③镇戎：原本作“镇威”，据《宁夏府志·艺文·疏奏·上灵州事宜疏》卷一八、《宋史·张齐贤传》卷二六五改。

④畏途：险恶可怕的路径。

⑤为今之计：先解决眼前的急难。

⑥莫若：《宋史·张齐贤传》卷二六五作“若能”。

⑦交进：一齐行动，同时前进。

⑧奔命：奉命奔走。

汉土人之心①有所依赖。裁②候平宁，却归③旧贯。然后从蕃汉之兵④，乘时⑤以为进退，则成功不难矣。

【译文】

上灵州事宜疏　张齐贤

灵州地处孤悬边远之地，当城镇完全归我们掌握、沙石铺就的运输通道尚未被切断的时候，朝廷内外的人士已经在说应该放弃此地。自李继迁为患以来，危急困穷的局面愈来愈严重。灵州南离镇戎约五百余里，东离环州仅六七日的路程，如此险恶可怕的路径，不用攻夺，则城中百姓从何道路而出，城中军队从何途径而归？要保全军队、百姓，从情理上讲就必须接应才能成功。要解决眼前的急难，不如增添精兵员额，会和西边驻守、轮换的队伍，紧跟原州、渭州、镇戎的军队，带领山西党项熟户从东界进入大宋境内，严格约定行军日期，两路同时行动。假若李继迁分兵向我们进攻，我方就乘势转守为攻。况且［李继迁部众］长途跋涉，奉命奔走，首尾难以相顾，千里求胜，不是失败就是被对方俘虏，臣下可以说双方尚未交兵，而灵州的围困自然就化解了。而后迎取灵州驻守军队和百姓，在萧关、武延川等险要之处设置军寨，暂让他们侨居于此，如此一来则灵州当地的党项、汉人在感情上就有所依托。等到形势平稳了，再安排他们回归籍贯所在的灵州故乡。再后调动指挥党项、汉族军队，趁势采取进攻或是防守的策略，那么成功就不是什么难事。

①心：原本脱此字，据《宁夏府志·艺文·疏奏·上灵州事宜疏》卷一八、《宋史·张齐贤传》卷二六五补。

②裁：同“才”，仅，方。

③却归：退归。多谓辞官回家。

④兵：原本脱此字，据《宁夏府志·艺文·疏奏·上灵州事宜疏》卷一八、《宋史·张齐贤传》卷二六五补。

⑤乘时：乘机，趁势。

上备边疏[①] 张齐贤

清远军陷没以来，青冈砦烧弃之后，灵武一郡，援隔势孤，此继迁之所觊觎而必至者也。以事势言之，加讨则不足，防患[②]则有余。其计无他，蕃部大族首领素与继迁有隙者，若能啖以官爵，诱以货利，结之以恩信，而激之以[③]利害，则山西之蕃部族帐[④]，靡不倾心朝廷矣。臣所领十二州军，见二万余人，若缘边料柬[⑤]本城等军，更得五万余人，招致蕃部，其数又逾十数万。但彼出则我归，东备则西击，使之奔走不暇，何能为我患哉？

今灵武军民不翅[⑥]六七万，陷于危亡之地，若继迁来春于我兵未举之前，发兵救援灵武，尽驱其众并力攻围，则灵州孤城必难固守。万一失陷，贼势益增，纵多聚甲兵，广积财货，亦难保必胜矣。臣所以乞封潘罗支为六谷王而厚[⑦]以金帛者，恐继迁旦暮用兵断彼卖[⑧]马之路也。苟朝廷信使得达潘罗支，则泥埋[⑨]等族、西南远蕃不难招集[⑩]。西南既禀命[⑪]，而缘边之势张，则鄜、延、环、庆之浅蕃，渭、原、镇

① 按：原本第三册三十二与三十三两页装订颠倒，今据《宋史·张齐贤传》《宋史·李处耘传》所载内容改过。

② 患：《宋史·张齐贤传》卷二六五作“遏”。《宁夏府志·艺文·疏奏·上备边疏》卷一八作“恶”。

③ 以：原本脱此字，据《宁夏府志·艺文·疏奏·上备边疏》卷一八、《宋史·张齐贤传》卷二六五补。

④ 族帐：指古代北方和西北设帐聚族而居的部族。

⑤ 料柬：亦作料简、料拣，选择、拣择的意思。

⑥ 不翅：不止，不仅。

⑦ 厚：原本作“后”，据《宁夏府志·艺文·疏奏·上备边疏》卷一八、《宋史·张齐贤传》卷二六五改。

⑧ 卖：原本作“买”，据《宁夏府志·艺文·疏奏·上备边疏》卷一八、《宋史·张齐贤传》卷二六五改。

⑨ 泥埋：宋党项羌人首领。

⑩ 招集：招募集结。

⑪ 禀命：奉行命令。

戎之熟户，自然归化①。然后使之与对替甲兵及驻泊军马互为声援，则万山②闻之，必不敢于灵州、河西顿兵矣。万山既退，则贺兰蕃部亦稍稍③叛继迁矣。若曰名器④不可以假人⑤，爵赏⑥不可以滥及。此乃圣人为治之常道，非随时变易之义也。

【译文】

上备边疏　张齐贤

自清远军陷没以来，青冈寨烧弃之后，灵州全境，孤助无援，势孤力薄，这正是李继迁觊觎已久必然要侵占的原因。从形势的发展来看，对其征讨则力量不足，防守则绰绰有余。这种考量没有别的缘由，只是因为党项部落有的大族首领素来与李继迁有矛盾，若能以官职爵位相引诱，以货物财利作诱惑，以恩德信义结交通好，而激发他们对利害关系的认识，那么山西的党项部族，无不倾心归顺朝廷。臣下所管辖的十二个州军，现有二万余人，如果沿边挑选本城等地的军队，就会再增加五万余人，如果招收、网罗党项部族，那么军队人数更会超过十多万人。只要敌人出动我就归营，东面防备我就进攻西面，使之奔走不暇，怎么能够给我造成祸患？

现今灵武军队、百姓不止六七万人，陷于危亡之地，明年春天，如果李继迁在我方军队没有行动之前，发兵救援灵武，驱赶其部众合力围攻，则灵州孤城必难固守。万一失陷，敌情愈发嚣张，即使集中再多的军队，囤积大批的钱财货物，也难以保证一定胜利。臣下之所以请求封赏潘罗支为六谷王而厚赐其金帛，就是担忧李继迁早晚用兵

① 归化：归服而受其教化。
② 万山：宋党项羌人首领。
③ 稍稍：逐渐。
④ 名器：名号与车服仪制。
⑤ 假人：授予人。
⑥ 爵赏：爵禄和赏赐。

断绝其卖马之路。假如朝廷传达消息的信使能够见到潘罗支，则泥埋等部族、远在西南的党项羌人不难招募集结。西南方面既然奉行了大宋朝廷的命令，而沿边我们的力量就会强大，那么鄜州、延州、环州、庆州部分汉化的党项羌人，渭州、原州、镇戎的党项熟户，自然归服而受到教化。而后让他们与轮换的军队及驻守的兵马互为声援，则党项羌人首领万山听说了这件事，必定不敢在灵州、河西驻屯军队。万山既然退守，则贺兰党项羌人部落也就会逐渐反叛李继迁。至于说到名器不可以假人，爵赏不可以滥及，此乃圣人使国家太平社会安定通常的方法，并不是随时变通的本义。

奏疏 李继和[①]

初，继隆[②]之请城镇戎军也，朝廷不果于行。继和面奏曰：“平凉旧地，山川险阻，旁扼夷落，为中华襟带，城之为便。”太宗乃许焉。后复不守。咸平中，继和又以为言，乃命版筑，以继和知其军，兼原、渭、仪都巡检使。城毕，加领平州刺史。建议募贫民及弓箭手，垦田积粟，又屡请益兵，朝议未许。上曰：“苟缓急，部署不为济师[③]，则或至失援矣。”命继和兼泾、原、仪、渭钤辖。

时继迁未弭[④]，命张齐贤、梁颢[⑤]经略，因访继和边事。继和上言：

① 李继和（963—1008）：字周叔，宋潞州上党（今山西长治）人。宋真宗咸平（998—1003）中，奏请筑镇戎军（今宁夏固原）城，遂为知军，兼泾、原、仪、渭钤辖，使陇山外诸族内附。咸平六年（1003），为并、代钤辖。累迁殿前都虞候，领端州防御使。自幼习武艺，好谈方略，颇知书，所至称治。

② 继隆：李继隆，李继和之兄，字霸图。宋太宗淳化四年（993），为河西行营都部署，征西夏，俘赵保忠。至道二年（996），为灵、环十州都部署。参见本书卷二《历朝宦迹志第十三》。

③ 济师：增援军队。

④ 弭（mǐ）：安抚，安定。

⑤ 梁颢：字太素，宋郓州须城（今山东东平）人。雍熙二年（985）进士。宋真宗咸平四年（1001），李继迁陷清远军，命张齐贤为泾、原等州军安抚经略使，以右司谏梁颢为之副。

镇戎军为泾、原、仪、渭北面捍蔽，又为环、庆、原、渭、仪、秦熟户所依，正当回鹘、西凉、六谷、吐蕃、咩逋、贱遇、马臧、梁家诸族之路。自置军已来，克张边备，方于[①]至道中所葺，今已数倍。诚能常用步骑五千守之，泾、原、渭州[②]苟有缓急，会于此军，并力战守，则贼必不敢过此军；而缘边民户不废耕织，熟户老幼有所归宿。此军苟废，则过此新城，止皆废垒。有数路来寇：若自陇山下南去，则由三百堡入仪州制胜关；自瓦亭路南去，则由弹筝峡入渭州安国镇；自清石岭东南去，则由小卢、大卢、潘谷入潘原县；若至潘原而西则入渭州，东则入泾州；若自东石岭东公主泉南去，则由东山寨[③]故彭阳城西并入原州。其余细路不可尽数。如以五千步骑，令四州各为备御，不相会合，则兵势分而力不足御矣，故置此城以阨要路。

即今[④]自灵、环、庆、鄜、延、石、隰、麟、府等州以外河曲之地，皆属于贼，若更攻陷灵州，西取回鹘，则吐蕃震惧，皆为吞噬，西北边民，将受驱劫[⑤]。若以可惜之地，甘受贼攻，便思委弃，以为良策，是则有尽之地，不能供无已之求也。

臣虑议者以调发刍粮扰民为言[⑥]，则此军所费，止[⑦]出四州，地里非遥，输送甚易。又刘琮方兴屯田，屯田若成[⑧]，积中有备，则四州税物[⑨]，亦不须得。

况今继迁强盛，有逾曩日。从灵州至原、渭、仪州界，次更取镞子山以西接环州山内及平夏，次并黄河以东以南、陇山内外接仪州界，

---

① 方于：与古人相比。
② 州：原本作“川”，据《宋史·李继和传》改。
③ 东山寨：原本脱“山”字，据《宋史·李继和传》补。
④ 即今：今天，现在。
⑤ 驱劫：逼迫挟持。
⑥ 为言：犹为意。
⑦ 止：原本作“上”，据《宋史·李继和传》改。
⑧ 成：原本作“兴”，据《宋史·李继和传》改。
⑨ 税物：应征税的物品。

及灵州以北河外，蕃部约数十万帐，贼来足以斗敌，贼迁未盛，不敢深入。今则灵州北河外，镇戎军、环州并北彻[①]灵武、平夏及山外黄河以东族帐，悉为继迁所吞，纵有一二十族[②]，残破奔迸[③]，事力十无二三。自官军瀚海失利，贼愈[④]猖狂，群蕃震惧，绝无斗志。兼以咸平二年弃镇戎后，继迁径来侵掠军界蕃族，南至渭州安国镇北一二十里，西至南市界三百余里，便于萧关屯聚万子、米逋、西鼠等三千，以协原、渭、灵、环熟户，常时族帐谋归贼者甚多。赖圣谟[⑤]深远，不惑群议，复置此军，一年以来，蕃部咸以安集[⑥]，边民无复愁苦。以此较之，则存废之说，相失万倍矣。

又灵州远绝，居常[⑦]非有[⑧]尺布斗粟以供王府，今关西老幼疲苦转饷，所以不可弃者，诚恐滋大贼势，使继迁西取秦、成[⑨]之群蕃，北掠回鹘之健马，长驱南牧，何以支吾[⑩]？昨朝廷访问臣送刍粮道路，臣欲自萧关至镇戎城寨，西就胡卢河川运送。但恐灵州食尽，或至不守，清远固亦难保，青冈、白马曷足[⑪]御捍？则环州便为极边。若贼从萧关、武延、石门路入镇戎，纵有五七千兵，亦恐不敌，即回鹘、西凉路亦绝断。

伏见[⑫]咸平三年诏书，缘边不得出兵生事蕃夷，盖谓贼如猛兽，不怫其心，必且不动。臣愚虑此贼他日愈炽，不若听骁将锐旅屡入其

① 北彻：向北贯通。彻，通、透。
② 族：原本作“数”，据《宋史·李继和传》卷二五七改。
③ 残破奔迸：残破，摧残破坏；奔迸，逃散。
④ 愈：原本作“俞”，据《宋史·李继和传》卷二五七改。
⑤ 谟：计策，谋划。原本脱此字，据《宋史·李继和传》卷二五七补。
⑥ 安集：安定辑睦。
⑦ 居常：遵常例，守常道。
⑧ 有：原本脱此字，据《宋史·李继和传》卷二五七补。
⑨ 成：原本作“城”字，据《宋史·李继和传》卷二五七改。
⑩ 支吾：应付，对付，支撑。《宋史·李继和传》卷二五七作“枝梧”。
⑪ 曷足：什么值得。曷，古同“盍”，什么。足，值得。
⑫ 伏见：古代在下者对己见的谦辞。

境，彼或聚兵自固，则勿与斗，妖党才散，则令掩击。如此则王师逸而贼兵劳，贼心内离，然后大举。

及灵州孤垒，戍守最苦，望比他州尤加存恤。且守边之臣，内忧家属之窘匮[①]，外扰奸邪之憎毁。忧家则思为不廉，忧身则思为退迹，思不廉则官局不治，思退迹则庶事无心，欲其奋不顾身，令出惟行，不可得已。良由赏未厚、恩未深也。赏厚则人无内顾之忧，恩深则士有效死之志。古之帝王皆悬爵赏以拔英俊，卒能成大功。

大凡君子求名，小人徇利[②]。臣为儿童时，尝闻齐州防御使李汉超守关南，齐州属州城钱七八万贯，悉以给与，非次[③]赏赉，动及千万。汉超犹私贩榷场[④]，规免商算[⑤]。当时有以此事达于太祖者，即诏汉超私物所在，悉免关征。故汉超居则营生，战则誓死，资产厚则心有所[⑥]系，必死战则动有成绩，故毕太祖之世，一方为之安静。今如汉超之材固亦不少，苟能用皇祖之遗法，选择英杰，使守灵武，高官厚赏，不吝先与，往日，留半奉给其家，半奉资其用，然后可以责洁廉之节，保必胜之功也。

又戎事[⑦]内制[⑧]，或失权宜。汉时渤海盗起，龚遂[⑨]为太守，尚听便宜从事。且渤海，汉之内地；盗贼，国之饥民。况灵武绝塞，西鄙强戎，又非渤海之比。苟许其专制，则无失事机，纵有营私冒利，民政不举，

① 窘匮（jiǒng kuì）：贫困，窘困匮乏。

② 徇利：谋利。徇，谋求。

③ 非次：犹破格。泛指不按常规、惯例。

④ 榷场：指宋、辽、金各在边境所设的互市市场。

⑤ 规免商算：规免，设法免除；商算，商业税。

⑥ 所：原本脱此字，据《宋史·李继和传》卷二五七补。

⑦ 戎事：军事，战争。

⑧ 内制：唐宋时称由翰林学士所掌的皇帝诏令。

⑨ 龚遂：汉山阳南平阳（今山东邹县）人，字少卿。宣帝时，渤海和附近各郡饥荒，饥民纷起反抗，宣帝以其为渤海太守。遂于是开仓赈粮，奖励农桑，狱讼减少，农民归田，郡遂大治。原本作“龚逐”，据《汉书·龚遂传》卷八九改。

亦乞不问。用将之术，异于他官，贫勇智愚，无不皆录，但使法宽而人有所慕，则久居者安心展体，竭材尽虑，何患灵州之不可守哉？

【译文】

奏疏 李继和

当初，李继隆请求在镇戎军修筑城池，朝廷没有同意实施。李继和当面上奏太宗皇帝说："平凉旧地，山川险阻，从旁控制游牧部落，如同中华的衣襟和腰带，［地理位置十分重要，］还是修筑城池有利。"太宗皇帝于是同意了。后来因故城池又没有守住。咸平年间（998—1003），李继和又为修筑军城事宜上奏朝廷，由是皇帝下旨开工筑城，让李继和担任镇戎军知军，兼任原州、渭州、仪州都巡检使。军城修筑完毕，又加任平州刺史。李继和建议招募贫民及弓箭手，开垦荒地储存谷物，又多次请求增加军队员额，朝廷讨论后没有同意。真宗皇帝说："假使出现不测的情势，军队部署不是为了增援他方，那么就会出现失去支援的危局。"只是命令李继和兼任泾州、原州、仪州、渭州钤辖的官职。

当时党项李继迁叛乱尚未平息，朝廷任命张齐贤、梁颢担任经略，［专门负责这方面的军事、民政事务，］因而到访李继和，共同探讨、研究边疆事务。李继和上奏朝廷说：

镇戎军为泾州、原州、仪州、渭州北面的屏障，又是环州、庆州、原州、渭州、仪州、秦州党项熟户所依赖的要塞，正当回鹘、西凉、六谷、吐蕃、咩逋、贱遇、马臧、梁家诸部族交流往来的要路。自从设置军镇以来，能够巩固、扩大边防建设，与至道年间（995—997）修筑的设施相比，数量上已翻了数倍。诚能安排五千步、骑兵常年驻守于此，那么泾州、原州、渭州一旦出现紧急情况，军队在镇戎军会和，并力战守，则反贼肯定不敢过此军；而沿边百姓不废耕种、纺织，党项熟户男女老幼有所归宿。此军城如果废弃，那么过了这座新城，剩下的全是废弃的堡垒。敌寇就有可能通过数条通道入侵：如果从陇山下南去，则由三百堡入仪州制胜关；从瓦亭路南去，则由弹筝峡入渭州安国镇；从清石岭东南去，则由小卢、大卢、潘谷入潘原县；如果到潘原向西则入渭州，向东则入泾州；如果从东石岭东公主泉南去，则由东山寨旧彭阳城西进入原州。其余的小路不可尽数。如以五千步、骑兵，分别驻守四州各自为战，军队不能会聚一处，则兵势分散而力量不足以防御，故此才设置此城以扼守要路。

现在从灵州、环州、庆州、鄜州、延州、石州、隰州、麟州、府州等州以外黄河河流迂曲之地，皆属于李继迁叛贼，如果让其再攻陷灵州，向西征服回鹘，则吐蕃震惧，假如都被吞噬了，那么西北边境的百姓，将会受到逼迫挟持。如果以宝贵的土地，情愿忍受贼寇的攻掠，[一遇到困难，]就考虑丢弃，还认为是上等策略，[岂不知]这有限的土地，根本无法满足没有休止的贪欲。

臣下忧虑朝堂上的公卿大臣在意的是调发粮草会扰乱百姓，那么，镇戎军一切开销，只靠四川支出，距离不远，运输也很方便。又何况刘琮正在大兴屯田，如果屯田成功，储备很多，那么即使四州应征税的物品，也不需要了。

况且今天李继迁的强大兴盛，早就超过以前。早先从灵州至原州、渭州、仪州界，再从锹子山以西接环州山内及平夏，再从整个黄河以东以南、陇山内外接仪州界，以及灵州以北黄河以外，游牧部族约数十万帐，叛贼来抢掠足以与其争斗，反贼李继迁势力尚未壮大的时候，就不敢深入这些地方。现在则是灵州以北黄河以外，镇戎军、环州和向北连通灵武、平夏及山外黄河以东游牧部族，全被李继迁所吞并，纵有一二十个部族，也被摧残破坏，四散逃命，实力不足原来的十分之二三。自从大宋官军瀚海失利以后，贼寇愈发猖狂，各游牧部落震惧，毫无抗争的意志。同时，兼以自咸平二年（999）丢弃镇戎军后，李继迁胆敢径直侵犯掠夺镇戎军界的游牧部族，南至渭州安国镇北一二十里，西至南市界三百余里，比较容易地在萧关屯聚了万子、米逋、西鼠等三千帐户，以协助原州、渭州、灵州、环州熟户，常常游牧部族谋归贼者甚多。幸赖圣上谋划深远，不被各种议论所困扰，再次设置镇戎军，一年以来，游牧部族都得以安定缉睦，边境百姓不再愁苦。以此比较，则镇戎军存与废的两种观点，可以说高下相差万倍了。

又灵州偏远隔绝，按照惯例，没有一尺布、一斗粟上供朝廷，今关西男女老幼疲劳辛苦运送军粮，之所以不可放弃灵州，是诚恐日益壮大贼寇的声势，使李继迁有力量向西夺取秦州、成州所属的游牧部族，向北掠夺回鹘的健马，长驱向南侵略，到时用什么抵御贼寇的进攻？昨天朝廷专门就粮草运输通道派人拜访我，臣下考虑从萧关至镇戎城寨，向西靠近胡卢河川运送。只是担心灵州粮食吃尽，有可能失守，清远军本来就难以守卫，青冈、白马凭什么防御？这样一来环州便成为最靠近前沿的地域。如果贼寇从萧关、武延、石门路一线入侵镇戎军，纵有五千至七千军队，也恐怕不能抵挡，就是通往回鹘、西凉的道路也会被断绝。

依臣下所见，咸平三年（1000）皇上颁布诏书，命令沿边将士不得出兵蕃夷制造事端，大意是说贼寇如猛兽，只要不违逆其心，他肯定不会犯上作乱。臣下愚昧的认为此贼他日会愈来愈猖狂，不如听凭骁将锐旅多次冲入其境内，他们也许会聚集兵马守护自己的安全，在这种情况下就不要与其争斗，只要这群拉帮结伙的妖徒分散，就下令全力冲杀。如此一来，则大宋王朝的军队安逸而贼兵劳苦，贼寇离心离德，而后我们就可以大兴军旅。

又因灵州是一座孤立的城堡，在此戍守最为辛苦，与其他州郡相比，希望尤其加以爱惜。况且守边的大臣，内忧家属之窘困匮乏，外扰奸邪之憎恶诋毁。忧家则琢磨做出不廉洁的事，忧身则想的是退隐江湖，动脑筋不廉洁则官府的公事无法管理，想退隐江湖则对政务政事毫不上心，欲其奋不顾身，命令一发出就彻底执行，是不可能的事情。[导致这一切]，确实是因为赏赐不够丰厚、恩情不够深远。赏赐丰厚则人无内顾之忧，恩情深远则士有效死之志。古代的帝王都能拿出爵禄和赏赐，悬赏选拔才智出众的人，最终成就大功业。

一般来说君子追求美名，小人谋求利益。臣下在儿童时，曾经听说齐州防御使李汉超镇守关南，齐州所属州城的税收收入有七八万贯，全部给予李汉超，超出常规的朝廷赏赐，动辄上千万。就这样李汉超仍然在互市市场私自贩卖货物，设法免除商业税。当时有人将此事报告给了宋太祖，随即下诏书颁布命令，规定凡是李汉超私人的货物，全部免除税收。所以李汉超平素则谋生，爆发战争则誓死相报，财产丰厚则内心有所牵挂，果真死战则每次行动都能胜利，故此贯穿整个宋太祖时代，关南一带都太平无事。今天才干如同李汉超一样的人肯定也不少，假如能够使用皇家祖上遗留的办法，选拔才能超群的人，让其镇守灵武，毫不吝惜、优先安排高职位、优待遇，前往上任的时候，留一半俸禄交付其家使用，另一半俸禄供其在灵武公干，而后才可以要求其具备廉洁的德操，确保建立必胜的功劳。

又军事斗争只靠皇帝的诏令指挥，有可能丢失相机应变的机会。汉朝时渤海盗贼纷起，龚遂担任太守，朝廷尚且赋予其不用请示、随机处理事务的权力。且说渤海，只是汉朝的内地；盗贼，只是国家的饥民。更何况灵武位于极远的边塞地区，面对西面边境强悍的党项羌人，这一点又非渤海可以与之相比。假如允许其军政长官独断专行，则不会失去行事的时机，即使有营私贪污，行政管理不能正常施行等情况，也希望不要过问。选拔使用将领的办法，与其他官员不同，贫穷、勇敢、智慧、愚昧的各色人等，都可以录用，只要管理宽松而让人有所思慕向往，那么长久居住此地者身心舒泰，用尽精力、费尽心思，还用得着担心灵州无法防守吗？

灵州不可弃议　刘综[1]

咸平初，灵州孤危，献言者或请弃之。综上言曰："国家财力雄富，士卒精锐，而未能除剪凶孽[2]者，诚以赏罚未行而所任非其材故也。今或轻从群议欲弃灵州，是中贼之奸计矣。且灵州民淳土沃，为西陲巨屏，所宜固守以为捍御，然后于浦洛河[3]远军城屯兵积粮，为之应援，此暂劳永逸之势也。况镇戎军与灵州相接，今若弃之，则原、渭等州益须设备，其劳费[4]十倍而多，则利害之理昭然可验矣。"

【译文】

灵州不可弃议　刘综

咸平（998—1003）初年，灵州孤立危急，给朝廷建言献策的人有的主张放弃此地。刘综上书朝廷说："国家财力雄厚丰富，军队装备好，战斗力强，而未能扫除凶恶的叛乱分子，确实是因为赏赐与惩罚制度没有得到执行而任职的官员并非合适人选的缘故。今天有可能轻率地依顺众人的议论，准备放弃灵州，这是中了贼寇的奸计。且说灵州民风淳朴，土地肥沃，是西部边疆强大的屏藩，作为王朝戍守边疆的基地，必须建立非常坚固的防御体系，而后在浦洛河远军城驻守军队，囤积粮食，作为灵州的战略支援力量，这是一劳永逸的情势。何况镇戎军与灵州相接，现在如果放弃灵州，那么原州、渭州等州必须增加军备设置，其耗费的人力、精力和财力比坚守灵州十倍还多，这样看来，其中的利害关系是显而易见的。"

---

① 刘综（955—1015）：字居正，河中虞乡（山西永济虞乡镇）人，北宋雍熙二年（985）进士。事迹详见本书卷二《历朝宦迹志第十三》。本篇原位置在下文《三受降城碑铭》一文后，篇目《灵州不可弃议》下有注文"补遗。此应在《兵饷原额》上。"据此移文至此。

② 凶孽：指凶恶的叛乱分子。

③ 浦洛河：在今宁夏盐池县惠安堡镇。

④ 劳费：耗费人力、精力或财力。

请复兵饷原额疏　巡抚　杨应聘[①]

题[②]为兵饷不敷，搜借久空，套虏渝盟[③]，阽危[④]可虞，恳乞圣明，亟复原额，补发借欠，以济兵食，以资战守事。

臣猥[⑤]以谫庸[⑥]，误蒙我皇上任使[⑦]，授以两河[⑧]冲边[⑨]重寄[⑩]，臣感恩思奋，誓欲捐糜[⑪]此躯，以图报称[⑫]。故视事之始，即清查本镇钱粮、兵马数目，见得广裕库册报军饷等项，率开[⑬]借支市本[⑭]。询及借过各项，大都解到即还，还后复借。而借出之数常多，还入之数常不

---

①杨应聘（1556—1620）：字行可，号楚璞，明直隶怀远（今安徽凤阳一带）人，万历十一年（1583）进士，初任浙江湖州府乌程县令，继任兵部主事、员外郎、郎中，后任光禄寺少卿、太仆寺正卿等职。勤慎奉公，剔除弊政，爱民惜才，颇著政声。后升任宁夏巡抚，旋加官至三边总制兼右都御史、兵部右侍郎。驻节边疆多年，世人对其有“柱锁玉门，增雄百万”之赞誉。

②题：奏章。明清两代公文用语之一。又指上奏。

③渝盟：背弃盟约。

④阽（diàn）危：危险。

⑤猥：谦词，犹言辱、鄙。

⑥谫（jiǎn）庸：浅薄庸俗。谫，浅薄。

⑦任使：差遣，委用。

⑧两河：原本作“西河”，据《宁夏府志·艺文·疏奏·请复兵饷原额疏》卷一八、《万历朔方新志·内治·钱粮》卷二改。战国、秦、汉时，黄河自今河南武陟县以下东北流，经山西省西北隅北折至河北沧县东北入海，略呈南北流向，与上游今晋、陕间的北南流向一段东西相对，当时合称“两河”。

⑨冲边：边境重地。冲，交通要道。

⑩重寄：重大的托付。

⑪捐糜：指舍弃生命。糜，碎烂。

⑫报称（chèng）：指相称地报答他人所施的恩德。

⑬率开：也称开率，犹显露。

⑭市本：明代互市术语。指官方马市开市前，由主持互市官员按规定的购马数额筹备马价银，部分用于支付马价，部分用于事先购买粮食、布帛、锅釜等物资，备以交换马匹。抚赏银不在其中。其来源主要由兵部库贮马价银拨发各边镇，余银由各镇客饷、桩朋、商税等项内开支。每年各镇官方购马数额及马价银两，均有一定限额。随着贸易的发展，数额不断突破。为解决蒙古方面提供的马匹过剩，明朝市本不足等问题，于是开放民市，鼓励汉商参加马市贸易，利用民间的资金和货物投入市场。

足。年复一年，不足者竟成乌有。因面问前任该道佥事龚文选并见任监收同知王廷极，俱面称军饷缺乏之由。盖自壬辰遭变①，善后添兵，题增淮芦引价银四万五千两。原是计口计食，经制已定之数，乃自万历三十七年，该部停革，以致军饷坐②匮。节年那③借市本，业已积至十三四万虚悬在册。今军饷既无终岁之计，而市本且有瓶罄之耻④，兴言至此，皆蹙额攒眉，忧形于色。彼时诸虏尚尔相安，外侮未形。臣仍照前抚臣崔景荣原议，量讨再复二万常额，亦不敢外讨补发借欠者，只仰体内帑⑤匮诎，时际不偶，期以节省自任。欲将逃故，斟酌勿补，渐次缩兵就饷，良非得已。

不虞自闰八月以来，突遭套虏吉能、火落赤发难，延镇东西号召⑥，以图牵制两河。诸酋咸思蠢动，分地谋犯，羽檄交驰，无处不备，亦无处不寡。镇城听调军丁止于前、后二司，不过五百，正、游二营，量留贴防⑦。近城堡分又多，步卒一经调发，壁垒遂空，戍守几于无人，岌岌危殆之势，真同累卵。臣叹居恒⑧无事，每嫌兵多耗饷，及目击此时，更不胜空拳搏虎之恐。总计宁夏一镇，全兵才三万三千余名，除各墩堡哨守及驿递仪校外，实在营阵应敌之兵，不过万余。以两河孤悬、三面受敌之地，而兵力仅仅若此，虽增之不易，而汰之实难。兵不容汰，饷岂容减？此不待智者而决也。计合镇额饷，总少月余之支，尚有闰月不与。且本镇未款⑨之前，原有京运客兵银二万两，专供防秋客兵支用，后因虏款停革一万两，止发一万两，充作市本。节年防

① 壬辰遭变：指明万历二十年（1592）二月十八日哱拜之乱。
② 坐：深。
③ 节年：积年，历年。那：同“挪”。
④ 瓶罄之耻：比喻关系密切，相互依存，彼此利害一致。
⑤ 仰体：体察上情。内帑：国库里的钱财。
⑥ 召：原本作“名”，据《宁夏府志·艺文·疏奏·请复兵饷原额疏》卷一八改。
⑦ 贴防：佐助防守。
⑧ 居恒：也称“恒居”，长在。
⑨ 款：敲打，叩。

秋客兵俱支此银，聊足相当，此系就平时无事言之耳。今秋虏氛骤发，调固原等处兵马防援日久，支用钱粮数倍。此时兼值岁歉，谷价腾涌，盐粮银易，严并[①]交纳，随纳随支，犹不接济，每粟一钟[②]，可费往年之二。更苦天旱，野无茭草[③]，收买载运，即至近者，不下百余里外，每刍一束，费又不啻往年之三。目下客兵虽退，而仓场已竭，主兵之需，固未已也。况诸虏不过因草枯暂尔跧[④]伏，然业已败盟，款事便难收拾，明岁光景，尚不可知。兵端既肇，战守宜备，所以备战守，鼓士气者，全在粮刍。食不预足，军马何所仰给？士不宿饱，战守何以责成？即欲及时储峙[⑤]，而出入悬绝，辗转实难。骄虏变动若彼，军饷匮诎如此，所有原停引价，若不控吁[⑥]议复，比[⑦]至明岁夏秋马壮，群丑控弦鸣镝[⑧]而来，刍饷不继，腾饱无资，士卒既不能枵腹[⑨]与狂虏角旦夕之命，而前有劲敌，后有严法，一呼庚癸[⑩]，真可寒心！

臣纵不敢自爱发肤，誓竭驽钝，然亦岂有奇谋密术，能点贺兰之石为金，煮黄流之水为粥，以饲此不得不用命之卒，而保此至危至重之镇哉！谨会同总督刘敏宽、巡抚龙遇奇合词[⑪]上请，恳乞圣明轸念[⑫]封疆安危，关系匪细，亟敕该部覆议，合无[⑬]每年量复二万常额外，将节年停过宿饷，虽不敢望如前请十万之数，亦乞量补五万，稍抵借过

① 严并：原本作“并并”，据《宁夏府志·艺文·疏奏·请复兵饷原额疏》卷一八改。
② 钟：量词，古容量单位。
③ 茭草：做饲料的干草。
④ 跧（quán）：蜷伏。
⑤ 储峙：亦作“储跱”。特指存储物资以备需要。
⑥ 控吁（yù）：赴告，呼喊。控，赴、走告。吁，指为复兵饷原额之请求而呼喊。
⑦ 比：原本作“彼”，据《宁夏府志·艺文·疏奏·请复兵饷原额疏》卷一八改。
⑧ 控弦鸣镝：控弦，拉弓，持弓；鸣镝，发号施令。
⑨ 枵（xiāo）腹：空腹。枵，空虚。
⑩ 庚癸：古时军中缺粮的隐语。庚，西方，主谷；癸，北方，主水。此谓告贷之意。
⑪ 合词：联名上书。
⑫ 轸（zhěn）念：悲痛地思念，顾念。
⑬ 合无：犹何不。

各项虚悬缺额，庶几缓急应手，而士卒之心可安，战守之气可鼓，内忧外侮之盟可消，斗悬孤镇可保无虞矣。谨题①。

【译文】

请复兵饷原额疏　巡抚　杨应聘

上此奏章的目的是因为兵饷不够，搜借久空，河套蒙古背弃盟约，军情危急令人忧虑，恳切乞求圣明的皇上，迅速恢复原定的兵饷额度，补发历年借欠的军饷，以补益、保障士兵的伙食，帮助戍边军队进行进攻和防守等事宜。

臣子这样浅薄庸俗的人，蒙受皇上错爱差遣委用，授予两河边境要地重要的官职，臣下感恩思奋，发誓即使粉身碎骨，也要报答皇上的大恩大德。所以一上任，立即清查本镇的银钱、粮食和军队数目，通过查阅广裕库册报销军饷等项目，掌握了市本方面的借支情况。询问到已经借过的各项目，大都是钱款解到即归还，还后再借。而借出之数常多，还入之数常不足。年复一年，不足部分竟然化为乌有。因而当面询问负责这项工作的前任道佥事龚文选和现任监收同知王廷极，都当面向我陈述了军饷缺乏的缘故。大概是从壬辰（万历二十年，1592）年哱拜反叛，为善后事宜增添军队员额，上奏朝廷同意增加淮芦盐引价银共计四万五千两白银［，作为新增的军饷］。本来是按人头划拨的军费，按规定有固定的数额，不期自万历三十七年（1609）起，户部停止革除了这项开支，导致军饷大为匮乏。历年挪借的市本资金，已经累计到了十三四万两白银空缺趴在账户上。现在军饷既无法有全年的计划安排，而且连带着市本资金出现问题，说到这里，每个人都额头眉头紧皱，忧虑的心情在脸上表现出来。那时蒙古各部暂且能够相安无事，外敌的侵略尚未显出迹象。臣下仍然按照前任巡抚崔景荣

① 谨题：明清大臣上题本的用语，表示恭敬之意。

原来的意见，酌量请求再恢复二万两白银的常额，也不敢额外讨要补发借欠的部分，只是因为体察上情，国库空虚，时际不遇，希望自觉承担节省的职责。反复考虑后，准备对逃亡、死去的兵员不再补充，渐次压缩人数，保障军饷供应，这确实是迫不得已的办法。

出乎意料的是从今年闰八月以来，突遭河套蒙古吉能、火落赤发难，延安镇东、西两面发出召唤，目的是控制、保卫两河一带。蒙古各部都蠢蠢欲动，阴谋从各地同时进犯，一时间羽檄交驰，没有一处不做战备，也没有一处不缺乏防守的人马。宁夏镇城听候调派的机动部队只有前司、后司两支队伍，人数不过五百，正营、游击营两支队伍，估量只能留下来佐助防守。靠近城市的堡寨又多，徒步作战的士兵一经调发，防御的工事就空了，几乎无人戍守，岌岌乎危殆的形势，真如同把鸡蛋重叠起来一样危险。臣下感叹长久无事，每每嫌弃兵多耗费军饷，等到目击此情此景，更是不能承受空拳搏虎的恐惧。总计宁夏一镇，全部军队员额才三万三千余人，除掉各墩、堡、哨守以及负责驿递、仪仗的军人外，真正在军队结营布阵中迎击敌人的军人，不过万余人。在两河孤立无援、三面受到敌方攻击的地域，而兵力仅仅如此之少，虽然增加不易，而要裁汰也确实困难。兵员不容许裁汰，军饷岂能容许减少？这是不用等待有智谋的人就能断定的问题。算起来全镇规定数额的军饷，每年总少一个多月的支出，况且尚有遇到闰月不给的部分还未算在内。本镇未被河套蒙古攻击之前，原有京运客兵银二万两，专供防范秋天敌人进攻的客兵支用，后来因为蒙古人叩关而入停革一万两，只发一万两，充作市本的本金。多年来防秋客兵都是支用此银，勉强能够应付，这是就平时无事来说的。今年秋季敌虏的情势突变，朝廷征调固原等处兵马护卫宁夏待的时间长了，支用的钱粮数额翻了数倍。此时加上粮食歉收，谷价腾贵，食盐、粮食等交易税费，严格要求一起交纳，随纳随支，犹然接续不上，每购买一钟谷物，花费是往年的两倍。更苦天旱，野外没有作饲料的干草，收购运输，即使离最近的地方，也在百余里之外，每一束草料，花费又不止往年的三倍。目前前来支援的客兵虽然撤走了，但是官方的物资储备已经枯竭，常驻军队的需求，本来就没有完全落到实处。况且蒙古诸部不过因草枯暂时蜷伏，既然业已败坏盟约，边关的烽烟便难控制，明年的景况，尚不可知。兵端已经开启，无论进攻和防守都要早做准备，说到战备，鼓舞士气，第一要务是粮草供应。粮草无法预先准备充足，战马的草料从何处供给？军人吃不饱饭，何以要求履行进攻和防守的职责？即使想要及时储备物资，而账目出入相差极远，从中辗转运作实在困难。骄纵的敌寇变化多端，我方的军饷又是如此匮乏，所有原来停止拨付的盐引资金，如果不走告呼吁请求恢复，等到明年夏秋之际军马膘肥体壮，敌人装备精良发动袭击，粮草供应无法保障，士饱马腾缺乏资金，士兵既不能空着肚子早晚与骄狂的敌寇拼命，而前有劲敌的进攻，后有严法的惩治，一提到告贷粮食，真是让人寒心！

臣下纵然不敢爱惜自己的身体，发誓竭尽低下的才能［，以报效皇上的恩遇］。然而哪里有奇谋密术，能点贺兰之石为金，煮黄河之水为粥，以供养此不得不用命的士兵，而保卫此至危至重的城池！于是郑重地会同总督刘敏宽、巡抚龙遇奇联名上书请示，恳切的乞求圣明的皇上深念边疆的安危，关系非同小可，迅速命令户部再次审议，何不在每年恢复二万两白银的常额军饷基础上，将历年停止拨付的往日军饷，虽不敢奢望如以前请求的十万两之数，也请酌量补拨五万两，稍微抵消已借过的各项虚悬缺额，或许可以在任何情况下都能应和当下所需，这样一来可以安定军心，可以鼓舞士气，可以消解导致国家内忧外侮的敌对力量，可以保卫陡峭险峻的孤城不受侵犯。谨题。

请复兵饷原额疏　总督　黄嘉善[①]

题为粮饷骤减，兵难轻销，恳乞圣明俯赐议复[②]事。

万历三十六年十一月，内准户部咨[③]称，将宁镇前议淮芦盐引折价银四万五千两，或革虚冒、或汰老弱，在于本镇自行设处，勿得以京运[④]为常，当以三十六年为止。该臣备将本镇营伍单弱、地方困苦、兵难裁减、饷难措处等情移咨[⑤]本部，照旧议发。

乃遵行未几，复于三十七年十二月，内准本部咨[⑥]，为京运匮极，设处[⑦]计穷，再申前议。臣查照[⑧]本镇越在河外，三面受敌，东起定边，西接甘、固，袤延千有余里，无处不冲，视他镇不啻称孤悬矣，而兵马钱谷曾不及他镇之十一，此中外之所知。历查原额，官兵共七万有奇，马骡一万有奇，及节年消耗半减于前。迨至壬辰之变，而营伍残坏，益不可支。是以当事诸臣目击艰危，题增兵马及新增功升官员俸粮，加添军丁月粮、马匹草料，计每年共该增银七万一千四百六十五

---

① 黄嘉善（1549—1624）：字惟尚，号梓山，明山东即墨人。万历四年中举人，翌年中进士。初授河南叶县知县，转升南直隶苏州府同知，调任山西平阳府府丞，升山西大同府知府。明万历二十九年（1601），黄嘉善任宁夏巡抚兼都察院右佥都御史，在任十年，功著边陲，烽火不惊，宁夏立祠祀之。万历三十八年（1610），擢升三边总督，后任兵部尚书加太子太保，褒赠“四世一品”。著有《抚夏奏议》《总督奏议》《大司马奏议》《见山楼诗草》。

② 议复：原本作“复议”，据《宁夏府志·艺文·疏奏·请复兵饷原额疏》卷一八、《万历朔方新志·内治·钱粮》卷二改。

③ 部咨：部颁的公文。原本脱此二字，据《宁夏府志·艺文·疏奏·请复兵饷原额疏》卷一八、《万历朔方新志·内治·钱粮》卷二补。

④ 京运：指运往京仓的粮食。这里指淮芦盐引折价银四万五千两军饷。

⑤ 移咨：移送公文。

⑥ 部咨：原本脱此二字，据意及《宁夏府志·艺文·疏奏·清复兵饷原额疏》卷一八补。

⑦ 设处：安排，处置。

⑧ 查照：核查。

两六钱八分，议入年例[①]解发。

随经本部议覆，题奏钦依[②]：自二十二年为始，即于本镇添开淮盐八万引，每引官价五钱，芦盐二万引，官价二钱五分，计一十万引，该银四万五千两，随同额盐、粮料[③]，招商输纳[④]，以充前饷。仍少银二万六千四百六十五两六钱八分，先借大仓银与同年例解发，候运司[⑤]征完添引[⑥]余没银解京，照数抵补。此盐引[⑦]议设之原也。嗣因前引招商掣支不便，改易带盐折价，以至于今。虽节经议停，而竟未支停者，则以本镇凋敝之故耳。

矧当时建议原在事平，特为善后而设，非谓今日可增而明日可减，目前可急用而将来可不必用也。若必如部议[⑧]停革，势必销兵而后可。边疆重地，谁能去兵？此不待智者而决也。又势必常无事而后可，然本镇岂无事之区乎？群丑之向化未醇，银、定之匪茹[⑨]正肆，兼以疮痍甫起，仓廪甚匮，一遇有警，犹不胜空拳搏虎之惧，而再于军饷中议裁，匮诎中求省，臣窃以为非计也。且前饷兵粮虽云取给引价，而解发不时，每呼庚癸，或暂借商金以济燃眉，或折兑商粮而滋偶语[⑩]。臣受事以来，东那西补，仅免脱巾[⑪]。每虑边长兵寡，议量[⑫]加增，而只以钱粮难处，竟从中止，未敢请分毫于经制之外也。

---

① 年例：明正统以后，政府补给各边郡的年度费用。

② 题奏钦依：题奏，题本、奏本的合称；钦依，皇上依准。

③ 粮料：唐宋时官员的廪禄给养。料，俸禄以外的另加物品。

④ 输纳：缴纳。

⑤ 运司：古代官名，转运使司转运使、盐运使司盐运使的省称。

⑥ 添引：明代两淮盐法之一，规定商人中盐每引正盐须添买各盐场积存余盐若干引。

⑦ 盐引：《宁夏府志·艺文·疏奏·请复兵饷原额疏》卷一八、《万历朔方新志·内治·钱粮》卷二作“引价”。

⑧ 部议：旧时指中央各部内的决定。

⑨ 匪茹：指肆意侵略。匪，非；茹，度。

⑩ 偶语：相对私语。

⑪ 脱巾：脱下头巾，改戴官帽，指开始入仕。这里是反用其意。

⑫ 议量：权衡裁夺。

今议以盐法壅积，减停引价，以七十万引带十万引之价，犹易办也，而以四万余饷顿汰[①]四千以外之兵，其将能乎？虽虚冒老弱难必尽无，而屡经查开[②]，为数能几？额饷已历多年，一旦复行更革，臣窃以为非体也。至于设处一节，臣非不竭力搜刷，第[③]本镇弹丸边地，别无郡县征输之积，向惟民屯盐粮支吾接济。在民粮，额在西、庆等府素疲州县，加以岁事不夭，常多逋负[④]，每年檄催徒烦，仅完十之六七，是正项且缩，又堪分外加之乎？则民粮措处之难矣！在屯田，自大兵之后，继以凶年，边民父子，死徙相半。又河滩沙压，虚悬粮草数多，小民望空包赔，已不胜苦，方欲勘明题豁[⑤]，为残黎请旦夕之命，而可复箠楚[⑥]横征以益重其困耶？则屯粮措处之难矣！在盐粮，近因南中壅滞，各商困苦，见今召中不前，视为陷阱。即其乞怜陈情，急迫可知，则盐粮又难之难矣！

即今内帑如洗，司农告匮，臣敢不仰遵成命，痛加节缩。惟是无米而炊，巧妇所难；不食则饥，贫卒易动。展转筹思，计无所出，臣之不职，何所逃罪？然臣犹有说焉：粮饷，重务也；省啬，美名也，假使减之安妥，臣亦曷敢聒渎[⑦]？第恐一减之后，反增多事，彼时即以起衅罪臣，臣不敢辞。窃恐所费不赀[⑧]，又不止十倍于此者，非臣之所忍言也。伏乞皇上轸念凋残重地，利害攸关，敕下户部再加酌议，俯将本镇前项原额淮芦盐引价银四万五千两照旧议发，如或以有妨[⑨]

---

①顿汰：舍弃，取消。

②查开：也称“开查”，广泛地检查。

③第：但，只。

④逋（bū）负：拖欠赋税、债务。

⑤题豁：题，写上、签署；豁，免除。

⑥箠楚：古代打人用具，因以为杖刑的通称。

⑦聒渎（guō dú）：絮叨，不敬。聒，喧扰。

⑧不赀：不可计数。

⑨以有妨：原本作“有防”，据《宁夏府志·艺文·疏奏·请复兵饷原额疏》卷一八、《万历朔方新志·内治·钱粮》卷二改补。

盐务，亦即于别项改拨，增入年例，每岁全发。仍将三十七八两年原停未发银九万两如数补发，以济兵马支用。并将河南原兑欠三十四等年年例银共八万四千九百八两零，严催解镇。庶人心可安，不致有汹汹之①虞矣。谨题。

【译文】

请复兵饷原额疏 总督 黄嘉善

上此奏章的目的是因为军队口粮和军饷突然减少，兵难裁减，恳切祈求圣明的皇上下赐户部审议并予以答复。

万历三十六年（1608）十一月，朝廷批复户部公文称，要将每年拨付宁夏的淮芦盐引折价银四万五千两军饷，通过采取裁革虚支冒领、淘汰老弱兵员等办法，[大幅压缩支出，]具体由宁夏自行消化处理，年度军饷剔除四万五千两，自万历三十六年起停止拨付。臣下将本地军队单弱、地方困苦、兵难裁减、饷难筹措等全部情况报告了户部，经过研究后朝廷决定照旧拨付这笔经费。

这个政策执行了没多久，又于三十七年（1609）十二月，朝廷批复户部公文称，因为国家收入匮乏到了极点，实在没有办法筹措经费，又重申上一年的决定，[停止执行每年四万五千两额度的军饷]。臣下认为宁夏疆域横跨黄河两岸，三面受到敌方攻击，东起定边，西接甘肃、固原，延袤伸展一千多里，每一处都是重要之地，和其它沿边军镇相比可以说是孤立在外，而曾经配给的军队、马骡、军饷、粮食数量不及它镇的十分之一，这是朝廷内外人所共知的事情。翻查历史底册，原有官兵员额共七万多人，马骡一万多匹，经过历年消耗，数量只剩下以前的一半。等到万历二十年（壬辰，1592）哱拜反叛，军队破败，更加不可撑持。因此当时任职的诸位大臣目击艰危，奏请朝廷

①汹汹：内心翻腾不安状。之：原本脱此字，据《宁夏府志·艺文·疏奏·请复兵饷原额疏》卷一八、《万历朔方新志·内治·钱粮》卷二补。

增加军队数量以及因功升职官员的俸粮，同时加添军丁月粮、马匹草料的数量，合计每年共应该增银七万一千四百六十五两六钱八分，建议纳入年度费用起解发送。

随经户部审定答复，皇上依准这个意见：自万历二十二年（1594）开始，在宁夏镇增开淮盐八万引，每引官价五钱，芦盐二万引，每引官价二钱五分，共计十万引，该项收入共计白银四万五千两，随同规定数量的食盐、官员的廪禄给养，一起招商缴纳，用作以前积欠的军饷。就这样仍然短缺白银二万六千四百六十五两六钱八分，先借设在京城的国家粮库白银与当年朝廷补给宁夏镇的年度费用一起起解发送，等到盐运使司盐运使征完添引余没银解到京城，再照数将见缺的部分补足。这是当初建议设立盐引的本由。后来因为设立盐引招商牵制不便，改为带盐折价出售的办法征收盐税，一直延续到今天。虽然多次讨论要停止拨付这笔费用，而竟然没有实行，就是因为本镇衰败困苦的缘故。

况且当时建议宁夏镇增开盐引是在平定哱拜反叛以后的事，专门为处理善后而设，并非说是今天可增而明天可减，目前可急用而将来可不必用的事情。如果一定按照户部的决定停革盐引，势必缩减兵员才能推行。边疆重地，谁能离得了军队？这是用不着有智慧的人就能决断的事情。又势必边疆经常太平无事才能推行，然而宁夏镇岂是太平无事的地域？蒙古众凶归化不纯粹，在银州、定边等地肆意侵略，加上兵灾之后满目疮痍，仓库匮竭，一旦遇到军事警报，犹然承受不住空拳搏虎的恐惧，而再考虑裁减军饷，匮穷中求节省，臣下私自认为这不是什么良策。前面提到的军饷、军粮虽然说来源于出售盐引所得，但因为起解发送不定时，往往导致宁夏镇缺粮，有时只能暂借商人的金钱以解燃眉之急，有时只能折兑商人的粮食而导致闲言碎语。臣下上任以来，东挪西补，就剩下当掉了自己的官帽。每每忧虑边境线长而守边兵员少，权衡裁夺想要加增兵员，而只是因为银钱和粮食难以筹措，终究作罢，未敢在制度之外请求分毫。

现在因为盐法堵塞失效，准备减少、停止出售盐引，就全国范围来说，以七十万盐引连带出售十万盐引，还容易办到，而用四万多军饷的压缩来裁汰四千多的兵员，这能办到吗？虽然不能说虚冒老弱者一个都没有，而经过多次广泛地核查，剩下的能有几人？朝廷每年拨付边镇的军饷数目已执行了多年，一旦再次实行变革，臣私底下认为不得体。至于就地安排方面，臣下并非不竭尽全力搜刮，但本镇只是弹丸边地，别无郡县征收输送聚集的物资，一向只靠民粮、屯粮、盐粮勉强撑持接济。就民粮方面来说，按规定来自于西安、庆阳等府一向疲弱的州县，加上一年的农事不为天所护佑，经常多有拖欠赋税的情况，每年发公文催征赋税徒增烦恼，也只能完成十分之六七，正项赋税一直在萎缩，又能分外加收吗？这样一来民粮的筹措就艰难了！就屯田方面来说，经过大的战争之后，继之以荒年，边疆的父子百姓，死亡、迁徙几乎各占一半。又加上河滩沙压，空缺的粮草数额多，小民向着空中包赔，已不胜其苦，我正准备勘明情况后奏请朝廷免除赋税，为残留的百姓请求保全短暂的生命，而怎么可以再用杖刑横征以加重其痛苦呢？这样一来则屯粮筹措就艰难了！就盐粮方面来说，近来因为南方阻隔堵塞，各路商邦困苦，现今招致不来，视为陷阱。从其乞怜陈情的状况，就可以知道其紧急迫切的困窘，这样一来则盐粮的筹措更是难上加难了！

即如今天皇帝的私财空空如也，职掌钱谷的大司农也宣告匮乏，臣下岂敢不遵守朝廷已发布的命令，痛加节约，压缩开支。只是无米而炊，巧妇也难以做到；吃不饱饭饿肚子，贫穷的士卒就易于动乱。辗转筹谋，也想不出什么好办法，臣子的不称职，怎能逃脱罪名呢？然而臣下犹有说辞：粮食和军饷，是天下的重要事务；勤俭节约，可以博取朝野的美名，假使减少军饷能让边镇平安稳妥，臣下也何敢絮叨？只恐一减之后，反而多增变故，到那时就是以挑起事端追究臣下的罪责，臣下也不敢推脱。只是私下担心到那时开销不可计数，又不止十倍于减少的军饷，这是臣下不忍心说出的话语。恳求皇上顾念零落衰败而需要严加防护的边镇，确实利害攸关，敕令户部再斟酌商议，将本镇前项原定数额的淮芦盐引价银四万五千两照旧下拨，如果或有妨碍盐务的情况，就请从别的项目下列支，纳入年度费用，每年全额拨付。同时，仍请将万历三十七年、三十八年两年停止未付白银九万两如数补发，以补助军队开支。也请一并将河南原兑换积欠宁夏的万历三十四年等年的年度经费，共计白银八万四千九百零八两，严厉催促起解发送本镇。但愿这样可以让人心安定，不致有暗潮涌动的忧虑。谨题。

[议]

盐法议　张炼①

夫食盐，山泽自然之利，天地所以养民也。上古无征，近古薄征，以佐国用，要在先不病民而后利国为可贵耳。关中食盐，一出于河东，一出于花马池，一出于灵州，一出于西漳。灵州、西漳去三辅②绝远，专供灵、夏、洮、岷西北兵民之用，无容议矣。花马池盐，北③供延、庆、平三府，宁、榆二镇，南与河东盐并行于三辅间。河东盐上下公行，谓之官盐；花马池盐私自贸易，谓之私盐，民间便于私盐而不便于官盐者，百年于兹矣。

必欲行河东官盐，其弊有四：盖行盐郡县，各有分界，所司徒知纸上陈迹。河东盐行三省，不可越缩，若究其实，在④山西、河南未

① 张炼：生卒年不详，明陕西武功人，字伯纯，号太乙。嘉靖二十三年进士(1544)，官至湖南按察司佥事。有《经济录》《太乙诗集》存世。

② 三辅：汉景帝二年（前 155）分内史为左、右内史，与主爵中尉同治长安城，所辖皆京畿之地，故合称三辅。辖境相当今陕西中部地区。

③ 北：原本脱此字，据《宁夏府志·艺文·议·盐法议》卷一八补。

④ 在：原本脱此字，据《宁夏府志·艺文·议·盐法议》卷一八补。

知何如，其在关中，自长安以西，河东美盐绝迹不至。间有至者，皆泥滓[①]苦恶，中人不以入口，唯耕夫孀妇，黾勉[②]食之。计其所售无几也，名虽谓行，其实未尝行之，一也。往年商人虑恶盐不售，告发郡县，使所在辇运[③]外加样盐，包[④]封印记[⑤]之，及以给民，封者自佳，辇者自恶。唱户分盐，畏如饮鸩，计账征价[⑥]，峻于正税。今虽暂止，既为故事，恐不能已，二也。商人卖盐于贩夫，随以小票，盐尽，票不收毁，官盐不至，西路则无票，无票则通责店肆。负贩细人[⑦]，请东路自买未毁之票缴官，公人亦幸免责，不问由来，互相欺抵，三也。买票日久，奸人依式私制盗卖，侥幸者冒利，败露者破家。虽有防御，迄今未已，四也。

必欲禁花马池私盐，其弊有五：关中民贫，衣食驱遣，赋税催切，罄家所有走北地贩盐，冀获升斗之利。一为公人所获，身入陷阱，家计尽空。一也。贫人既为囚絷，内无供馈，冬月多毙于狱。考驿递囚帐，盐徒居半，死者又居强[⑧]半，民命可恤。二也。小贩惧捕，结聚大伙，经山溪要隘，偶遇公人，势强则抵敌，势弱则冒险，奔迸[⑨]投崖落涧，人畜死伤涂地。三也。公人与[⑩]有力惯贩者交关[⑪]，终岁不捕，反为导护，惟单弱贫瘠者捕之。或以升斗恶盐强入路人筐袋，执以报公，使无辜

---

①泥滓：原本作“混泽”，据《宁夏府志·艺文·议·盐法议》卷一八改。

②黾（mǐn）勉：努力，勉力。

③辇运：运输。官名，执掌运输。

④包：原本作“色”，据《宁夏府志·艺文·议·盐法议》卷一八改。

⑤记：原本作“及”，据蔡淑梅《（嘉庆）〈灵州志迹〉（光绪）〈灵州志〉》征引《康熙陕西通志·艺文·议·盐法议》卷三二、《乾隆甘肃通志·艺文·议·盐法议》卷四六改。

⑥记账征价：记账，登记；征价，收取价款。

⑦细人：小民。

⑧强：原本作“於”，据《宁夏府志·艺文·议·盐法议》卷一八改。

⑨奔迸：四处奔逃。

⑩与：原本作“无”，据《宁夏府志·艺文·议·盐法议》卷一八改。

⑪交关：勾结，串通。

受害。四也。众役工食悉有定例，惟巡捕工食私帮[①]公费，岁增十倍，官吏比销，徒御劳悴[②]，动经时月，候文旷职[③]，旅食[④]空囊，或罚或贷，俱为无补。五也。

夫物力不齐，物之情也。好美恶恶，趋利就便，民之情也。所欲与聚，所恶勿施，裒多益寡[⑤]，因俗成务，司国计者之情也。以物力言，河东旧商带支坐困，新商起纳无几，浇晒徒劳，增课未减，公私俱称歉矣。河东一池虽差大，供三省则不足；花马二池虽差小，供三郡二镇则有余，自然之势也。以人情言，河东盐，百方督之使行，至以泥沙勒[⑥]售，假票甘罪，而终不能行。花马池盐，百方禁之使不得行，至于比屋破产，接踵丧生，而终不能禁者。民之大欲大恶，不可强也。以国计言，河东岁课一十九万有奇，花马二池岁课不盈数千；河东盐一引三钱有奇，二池盐一石六分有奇。如是相悬者，意河东与天下六运，自祖宗朝[⑦]俱有定额，由来久远。二池迫近塞垣，弃取不时，故课亦微渺[⑧]。后来因循，取足原办而止耳。夫河东盐既不能及远，二池盐卒不能禁，民间又不可一日无盐，而盗买盗卖终非常理。今当直开二池盐禁，使西凤、汉中沛然通行。计三府所当常食河东盐[⑨]一十二万有奇，岁课即照河东，责三府代办，以其事权统归河东巡盐御史，则达观[⑩]无异，

①私帮：原意指私自贩运货物的一伙人。这里指私下帮衬、贴补。

②徒御劳悴：徒御，挽车、御马的人；劳悴，即劳瘁，劳苦憔悴。

③候文旷职：候，守望，侦查；文，事物错综复杂造成的纹理或形象；旷职，不守职尽责。

④旅食：古代谓士而无正禄者的宴饮。

⑤裒（pǒu）多益寡：损多余以补不足。裒，减少；益，增补。

⑥勒：强制，强迫。

⑦祖宗朝：当今皇帝祖先的时代。多指本朝开国初期。

⑧微渺：也称“微眇”，细小、微末。

⑨河东盐：原本作“盐河东”，据《宁夏府志·艺文·议·盐法议》卷一八改。

⑩达观：泛指畅通。

督禁有程，两地岁征，四镇[①]年例，保无纤爽[②]，而关中可少事矣。

夫居害者择其寡，兴利者取其多。倘今不弛二池盐禁，则愚民被逮[③]，供馈为费，罪赎[④]为费，奸人骗诈为费，兵民岁增工食为费，官吏比销为费，一切显隐猥杂，不可会计。财足抵河东、花马二池正课，出于千疮百痛，徒然费之，而下残民命、上损国体，有余殃也。倘今一弛二池之禁，则愚民被逮供馈可省，罪赎可省，奸人骗诈可省，岁增工食可省，官吏比销可省，一切显隐猥杂，不可会计。财足抵河东、花马二池正课，出于不识不知[⑤]，漠然省之，而下活民命、上全国体，又余福也。

夫人情不甚相远，比闻盐法侍御，皆一时英硕、表表长者。使其闻见悉如关中人，习知利害，则亦何惮而不为良处哉？但其受命而来也，惟以行官盐、禁私盐为职，而反是则骇矣。地非素履，事未前闻，虽圣人有所不知者，何可遽望改易其常耶？虽然，安国家，利百姓，大夫出疆[⑥]之义也。究理从长，议政从便，人心不昧，因革有时，此又关斯民之幸不幸也。

【译文】

盐法议 张炼

食盐，是山岳江河大自然带来的好处，天地用来养育人民。上古没有盐税，近古薄征盐税，以佐助国家的费用，关键在于先不为害人民，而后给国家带来益处，这才是最宝贵的。关中食盐，一出于河东，二出于花马池，三出于灵州，四出于西漳。灵州、西漳距离三辅极其

① 四镇：指明代陕西延绥、宁夏、甘肃、固原四镇。
② 纤爽：细小的差失。爽，差失。
③ 逮：原本作“逋”，据《宁夏府志·艺文·议·盐法议》卷一八改。
④ 罪赎：原本作“赎罪”，据《宁夏府志·艺文·议·盐法议》卷一八改。
⑤ 不识不知：没有多少知识。旧喻民风淳朴。
⑥ 出疆：犹出境。古代指离开某一封国疆土，前往他国。这里泛指读书人出仕做官。

辽远，所产食盐专供灵州、夏州、洮州、岷州西北士兵和民众消费，这是毋庸置疑的。花马池盐，向北供应延安、庆阳、平凉三府和宁夏、榆林二镇，向南与河东盐同时供应三辅。河东盐上下公然行销，称之为官盐；花马池盐私自贸易，称之为私盐，民间便于食用私盐而不便于食用官盐，在这个地方已经有上百年的历史了。

如果必须要强力推行河东官盐的销售，其弊端有四：一般来说行销食盐的府县，各有分界，主管的官吏只知道纸上的陈迹。河东盐行销三省，既不可扩大也不可缩小范围，若要探究其真实情况，山西、河南不知怎么样，其在关中，自长安以西，河东美盐绝迹不至。偶尔有销售者，全都掺杂泥渣，盐味苦涩，普通人都不入口，只有贫穷的农夫、寡妇，勉强食用。算起来其数量实在没有多少，名义上在销售河东食盐，其实没有，这是第一点。往年商人担心低劣的食盐无法出售，害怕被百姓告发到官府，就让在运输时另外加上优质食盐样品，包封后作好标记，等到交到百姓手里，包封者自然是优质盐，运来的仍然是劣质盐。按户头唱名分盐，百姓们畏惧如同喝毒药，登记后收取价款，比收税还严厉苛刻。这种行为虽然暂时禁止了，但既已成为例行的事，恐怕不能完全禁绝，这是第二点。商人把盐卖给盐贩子，随盐交付小票，盐卖完了，小票也不收毁，官盐不至，西路则无小票，无票则官府通报追责商店。担货贩卖的小民，自己从东路求买未毁的小票缴官，衙门里的差役也幸免被问责，于是不问由来，双方互相欺瞒，这是第三点。买票时间长了，奸诈之人依格式私自仿制出售，侥幸者冒险获利，败露者倾家荡产。官府对此虽有防范的措施，迄今还无法完全禁绝，这是第四点。

如果一定要禁止花马池私盐的贩卖，其弊端有五：关中百姓贫穷，为衣食驱逐，赋税催迫，倾其所有跑到北边贩盐，希望获得一升一斗的薄利。一旦被官府的差役抓获，身入陷阱，家庭生计尽空。这是第一点。穷人既被囚牢拘押，内无供应，冬天多冻饿死于狱中。查考驿递监狱的囚犯，私盐贩子占一半，死者又居大半，实在让人怜悯。这是第二点。小贩害怕拘捕，集结聚合成大的团伙，经过山川要隘，偶然遇到官府差役，势强则对抗，势弱则冒险，四处奔逃投崖落涧，人和牲畜死伤满地。这是第三点。官府差役与势力大的私盐惯犯勾结串通，不但不拘捕，反而为之引导保护，只抓捕孤单、势弱、贫困者。有的奸人把劣质盐强硬塞入路人筐袋，然后将其扭送到官衙处理，自己领赏，使无辜百姓受害。这是第四点。衙门役使的人工钱都有定例，只有巡捕的工钱除了自筹解决，还要用罚没款贴补公费，这个数额每年增加十倍，官吏被迫互相攀比完成罚没任务，鞍马劳顿，耗费时光，不守职尽责，到处侦查贩卖私盐的线索，饮食无着，有的还要受罚，有的还要贷款还债，全干些没有什么补益的事。这是第五点。

天下万物没有完全一样的，它们都有属于自己的独特个性，这是客观情形。喜欢美善，憎恨邪恶，趋利就便，这是人间的普遍情状。老百姓想要的东西，就要想办法满足；老百姓厌恶的东西，就不要强加给他们，损多余以补不足，依据旧有的风俗习惯进行统治和管理，继而成就事业，是谋划执掌国家大事者的常态。就物资保障来说，河东旧商带着钱财陷于困境，新商交纳的盐税也没有多少，雨淋日晒徒劳无功，朝廷的税收项目没有减少，但官家和游商都说己方歉收有损失。河东一个盐池虽然比较大，供应三个省则产量不足；花马池两个盐池虽然比较小，供应三府二镇则产量有余，这是大自然形成的格局。就人情方面来说，河东盐，千方百计监督着促其销售，到了掺杂泥沙强派，买卖假票也甘愿服罪的地步，但终究不能推行。花马池盐，千方百计查禁使其不得销售，到了家家户户破产，百姓接踵丧生的地步，而始终不能禁绝。这是因为百姓的大欲大恶，不可强迫。就治国的方针大计来说，河东盐每年的税收是十九万两白银有零头，花马二池每年的税收不满白银数千两；河东盐一引三钱有零头，二池盐一石六分有零头。价格如此悬殊，猜想是因为河东与天下六运，从本朝开国初期都有定额，由来久远。花马池二池靠近边塞，时而舍弃，时而占据，所以盐税也微少。后来沿袭下来，取足原来的盐税额度就停止采挖买卖了。河东盐既不能销往远方，花马池二池盐最终也不能禁绝，民间又不可一日无盐，而盗买盗卖终非常理。今天应该直接放开花马池二池食盐的禁令，使其在西凤、汉中一带沛然通行。算起来三府日常消耗的河东盐在十二万多斤，每年的税收即按照河东的标准，专责三府代为办理，把其事权统归河东巡盐御史，这样一来则流通没有差别，监督有章程，两地每年的盐税，延绥、宁夏、甘肃、固原四镇的年度经费，可以保证没有细小的差失，而关中可以减少很多变故。

一般来说，身居众害择取轻微，营求利益选择最大。[这是处理事情的基本原则。]倘若现在不放开花马池二池盐禁，那么，愚民贩卖私盐一旦被捕，就会出现衣食需要花费，赎罪需要花费，被奸人骗诈需要花费，军人、衙役每年增加工钱需要花费，官吏互相攀比完成罚没任务需要花费等情况，一切明的、暗的开销庞杂交集，无法统计。数额足以抵得上河东、花马二池正式赋税的这笔巨款，出于千疮百痛的社会管理，白白浪费了，导致下残民命、上损国体的结果，给国家留下祸患。倘若现在放开花马池二池盐禁，那么，愚民被捕的衣食花费可以节省，赎罪的花费可以节省，被奸人骗诈的花费可以节省，每年增加的工钱可以节省，官吏互相攀比完成罚没任务的花费可以节省，一切明的、暗的开销庞杂交集，无法统计。数额足以抵得上河东、花马二池正式赋税的这笔巨款，出于民风淳朴的社会管理，漠然省掉了，导致下活民命、上全国体的结果，又是国家留传后世的福祉。

人的感情相差不大，近来听说担任盐法侍御的官员，都是这一个时期学识渊博的英俊之才、德高望重的卓异之士。假使其见闻都如同关中人，素来知道其中的利害关系，那么因为忌惮什么而不作出正确的决定？但其接受任务而来，只是以行销官盐、查禁私盐为自身的职责，而反过来行事则让人惊骇了。地方平素没有走过，事情前所未闻，即使是圣人也有所不知，怎么可以急切地要求其改变奉行多年的常态呢？虽然如此，但是使国家得以安定，百姓承受恩惠，是读书人出仕做官肩负的道义。推求道理要从长计议，治理国家要方便百姓，人心明亮，顺着事情发展的趋势，间或不定调整政策，这就又关乎老百姓的幸运与不幸运了。

［赋］

朔方形胜赋[1] 明 副使 曹琏

繄[2]夏州之大郡，实陕右之名邦；当三边[3]之屏翰，辟千里之封疆。廓冈阜[4]而为垣，浚川泽而为湟，角鼋鼍[5]而为道，卧蝃蝀[6]而为梁。带河渠之重沮[7]，奠屯戍之基张，垦良田之万顷，撑乔木之千章。盐池滉漾渎其隈[8]，菊井[9]馥郁馨其傍。桑梓相接，栋宇相望。若率土而论其边陲，则非列郡之所拟方也。今焉载瞻其四维也：汉陇蟠其西，晋洛梗其东，北跨沙漠之险，南吞巴蜀之雄。山奔突而若驰，水旋绕如环雍，邝遐郊其坦夷，耸孤城之崇隆。内则厂街衢兮辐辏[10]，纷舆马兮

① 按：《嘉靖宁夏新志·文苑·文》卷八题作《西夏形胜赋》。曹琏，生卒年不详，字廷器，永兴人。明宣德四年（1429）中乡试第一。初任四川嘉定州学正，荐擢河南提学佥事，迁陕西按察副使，寻擢大理少卿，参赞延绥军务。

② 繄（yī）：语气词，一般用于句首。

③ 三边：汉代称幽、并、凉三州为三边，因其地都在边疆。后泛指边疆。

④ 冈阜：山丘。

⑤ 角：平，使平。鼋鼍（yuán tuó）：大鳖和扬子鳄。

⑥ 蝃蝀（dì dōng）：指彩虹。

⑦ 沮：阻止。

⑧ 滉漾：浮动貌。渎：轻慢，此谓轻轻摇荡。隈：水弯曲处。

⑨ 菊井：指荐菊井，在杭州西湖苏堤第四桥之水仙王庙。井得名于苏轼“不然配食水仙王，一盏寒泉荐秋菊”的诗句。后因用为咏西湖的典故。

⑩ 辐辏（fú còu）：也作“辐凑”。形容人或物聚集像车辐集中车毂一样。

交通；外则经沟塍兮刻镂，畇原隰①兮腴丰。任土作贡②而域雍兮，星分井鬼；罢侯置守而隶灵兮，民杂汉戎。出河朔山川之外，临藩落境界之中。青窥华岳之隐隐，翠挹岷峨③之重重，遥跻西岭之屹屹，近俯东湖之溶溶。营兴广武，坊旌效忠；坝滨积石，关迩临潼。桥横通济兮，接宾之铺④连栋；园开丽景兮，望春之楼凌空。澹清潭兮天光云影，翠秀色兮绿水芙蓉。

赫连春晓兮，日烘桃李；灵武秋高兮，风坠梧桐。斜阳夕照荒坰⑤兮，落花啼鸟；飞瀑暗悬峭壁兮，玉涧垂虹。辘轳咿轧兮，影落芦沟之夜月；渔歌欸乃⑥兮，响穷古渡之秋风。于是高台日上，长塔烟浮。晴虹⑦之影乍弄，蒲牢⑧之声初收；大河之水未波，蠡山之云不流；蔼⑨华实之蔽野，漫黍稷之盈畴。石关雪积兮，银铺曲径；汉渠春涨兮，练拖平邱⑩。骐骥如云兮，花马之池；鳟鲫盈肆兮，应理之州。平罗城兮执讯获丑，鸣沙洲兮落雁浮鸥。城倾黑水兮，颓雉残堞；津问黄沙兮，短棹轻舟。神槎⑪湮兮，犹存博望之迹；石峡凿兮，尚传大禹之游。高冢巍峨兮，元昊之魂已冷；古刹煨烬兮，文殊之像常留。表贺献俘

① 畇（yún）：垦田。原隰：广平低湿之地。

② 任土作贡：依据土地的具体情况，制定贡赋的品种和数量。

③ 岷峨：岷山北支。其南为峨眉山，因称峨眉山为岷峨。

④ 铺：旧时的驿站，现多用于地名。

⑤ 坰（jiōng）：都邑的远郊。原本作“垌”（dòng），田地。据《宁夏府志·艺文·赋·朔方形胜赋》卷一八改。

⑥ 欸乃：行船摇橹声。

⑦ 晴虹：灯的别称。

⑧ 蒲牢：兽名。三国薛综《西京赋注》曰：“海中有大鱼曰鲸，海边又有兽名蒲牢，蒲牢素畏鲸，鲸鱼击蒲牢，辄大鸣。凡钟欲令声大者，故作蒲牢于上，所以撞之者为鲸鱼。”后因以蒲牢为钟的别名。

⑨ 蔼：繁茂。

⑩ 邱：同“丘”，指用田埂隔开的水田。

⑪ 神槎（chá）：也作“灵槎”“灵查”，能乘往天河的船筏。典出晋张华《博物志》卷十：“近世有人居海渚者，年年八月有浮槎去来，不失期。人有奇志，立飞阁于查上，多赍粮，乘槎而去。”槎，木筏。

而忠贯日月兮，唐将之精灵耿耿；书抗伪号而名①重邱山兮，宋贤之遗韵悠悠。此名天下、播海陬，而为西夏之胜概，可与江南之匹俦者。然犹未也，若乃考其四时也：春则杏坞桃溪，霞鲜②雾霭；秋则鹤汀凫渚，月朗风微；夏则莲濯碧沼之金波，娇如太液池边之姬媵；冬则柏傲贺兰之暗雪，癯若首阳山下之夷、齐。与夫观鹰鹯③之雄度，则凛凛乎周家之尚父④也；睹芝兰之葱倩⑤，则奕奕乎谢庭⑥之子侄也；对松竹之森立，则挺挺乎汲黯⑦之刚直也；玩鸥鹭之莹洁，则皎皎乎杨震⑧之清白也。以至芳林莺语，柳榭蝉声，铿铿锵锵⑨，又有若回琴点瑟⑩之立夫孔楹⑪也。此皆玩耳目，娱心志，而为西夏之美观，不减江南之佳致者⑫。

是使骚人墨客、硕士英贤，寻幽览胜，游乐流连。于以罗珍馔，列绮筵，飞羽觞，奏管弦，品题词藻，绣句锦篇，觥筹交错，屡舞仙仙。抚乾坤之坱圠⑬，扫亭障⑭之烽烟。询古今于故老，稽成败于遗编。方

① 名：原本脱此字，据《宁夏府志·艺文·赋·朔方形胜赋》卷一八补。

② 鲜：原本作“解”，据《宁夏府志·艺文·赋·朔方形胜赋》卷一八改。

③ 鹯（zhān）：古代指一种猛禽。

④ 尚父：周武王称吕尚为尚父，意为可尊尚的父辈。

⑤ 葱倩：草木青翠而茂盛。《宁夏府志·艺文·赋·朔方形胜赋》卷一八作“葱蒨”。

⑥ 谢庭：指东晋士族陈郡阳夏（今河南太康）人谢安的家族。

⑦ 汲黯：汉濮阳（今河南濮阳西南）人，字长孺。武帝时为东海郡太守，后召为九卿，敢于面折廷诤。

⑧ 杨震：汉弘农华阴（今属陕西）人，字伯起。通晓诸经，当时称为“关西孔子”。任荆州刺史时，有人夜赠金十斤，谓“夜无知者”。杨拒之曰：“天知，神知，我知，予知，何谓无知？”

⑨ 铿铿锵锵：此句原本脱，据《嘉靖宁夏新志·文苑·文·西夏形胜赋》卷八补。

⑩ 回琴点瑟：回琴，据《孔子家语》记载颜回善于识音；点瑟，曾点善于鼓瑟，故称。

⑪ 孔楹，指代孔子的门庭。楹，堂屋前部的柱子。

⑫ 按：此句末《嘉靖宁夏新志·文苑·文·西夏形胜赋》卷八尚有“也”字。

⑬ 坱圠（yǎng yà）：广大无边，弥漫。《汉书·贾谊传》卷四八《鹏鸟赋》：“大钧播物，坱圠无垠。”

⑭ 亭障：古代边塞的堡垒。按：此句《嘉靖宁夏新志·文苑·文·西夏形胜赋》卷八作“扫犬彘之腥膻”。

其“王命南仲，往城于方[①]”。此何时乎？迨汉郭璜，缮城置驿，浚渠溉田，省费万计，盖一盛也。“整居焦濩，侵镐及方。”此何时乎？迨唐李听，兴仆举废，复田省饷，人赖其利，又一盛也。嗟夫！时有盛衰，治有隆替，天道循环，斯亦何泥？

方今圣主，启[②]运应符，丕建人极[③]，重熙皇图[④]。混车书[⑤]于六合[⑥]，覃恩威于九区[⑦]，登斯民于怀、葛[⑧]，跻斯世于唐、虞[⑨]。矧兹夏州，超轶往古，诗礼[⑩]彬彬，衣冠楚楚。建学立师，修文偃武。尚陶匏[⑪]，贵簪组[⑫]，祛异端，御狎侮。抑工商之浮华，敦士农之寒苦。烽燧息烟[⑬]，闾阎安堵[⑭]。白叟黄童，讴歌鼓舞。熊罴[⑮]奋勇于阵行，猃狁[⑯]潜行于巢所。弓矢藏于服帐，干戈戢[⑰]于库府。而况阴土封者，惟德惟义，远超乐

① 按：此句出自《诗经·小雅·出车》篇。下句“整居焦获，侵镐及方”出自《诗经·小雅·六月》篇。

② 启：原本作“起”，据《宁夏府志·艺文·赋·朔方形胜赋》卷一八改。

③ 人极：纲纪，纲常。社会的准则。

④ 重熙皇图：重熙，旧时用以称颂君主累世圣明；皇图，封建王朝的版图，亦指封建王朝。

⑤ 混车书：借指统一天下，参见“书同文，车同轨”。

⑥ 六合：指天地四方，此泛指天下。

⑦ 九区：九州。

⑧ 怀、葛：无怀氏、葛天氏的并称，二人皆为传说中的上古帝王。古人以为其世风俗淳朴，百姓无忧无虑。

⑨ 唐虞：唐尧与虞舜的并称，亦指尧与舜的时代，古人以为太平盛世。

⑩ 诗礼：《诗经》和《礼经》，旧时常用来称读书讲究礼教的人家为诗礼之家。

⑪ 陶匏（páo）：陶制的乐器。匏，笙竽一类的乐器。《礼·效特牲》：“器用陶匏，以象天地之性。”

⑫ 簪组：指官服。簪，官簪。组，冠带。

⑬ 烽燧息烟：原本作“沙漠尘空”，据《嘉靖宁夏新志·文苑·文·西夏形胜赋》卷八改。

⑭ 闾阎安堵：闾阎，里巷的门；安堵，安居。

⑮ 罴：原本作“罢”，据《宁夏府志·艺文·赋·朔方形胜赋》卷一八改。

⑯ 猃狁：原本作“麋鹿”，据《嘉靖宁夏新志·文苑·文·西夏形胜赋》卷八、《万历朔方新志·词翰·赋·朔方形胜赋》卷四改。

⑰ 戢（jí）：收藏。

善之东平[①]；握将柄者，有严有翼[②]，端继为宪之吉甫[③]。予也一介之书生，敢拟韩、范[④]之参伍[⑤]，聊泚笔[⑥]而纪行，议[⑦]者幸勿诮其狂鲁。

【译文】

朔方形胜赋　明　副使　曹琏

本是夏州之大郡，实属陕右之名邦；担当三边屏障辅翼，开发建设千里边疆。拓展山丘而夯筑城垣，修浚川泽而为渠湟，削平鼋鼍般的崎岖山冈构筑道路，横卧水边彩虹般美丽的是桥梁。带头兴修水利克服重重险阻，奠定屯垦戍守的规模扩张，开垦良田成千上万顷，撑起千株大树风中飘扬。盐池在水弯曲处轻轻摇荡，美丽的菊花馥郁香浓在其傍。村落相接，房屋相望。若在疆域之内评论其为边陲，则不是其他州郡可以与之比拟。今天看其四方：汉陇盘伏其西，晋洛横亘其东，向北跨越沙漠之险，向南有吞并巴蜀之雄。群山横冲直撞似在飞驰，河水旋绕发出乐声雍雍，旷远的郊野一片坦荡，耸立的孤城入云崇隆。城内宽敞的街衢如同车辐一样向中心集中，纷至沓来的车水马龙往来通达；城外经纬线似的沟渠、田埂描绘修饰田野，开垦广平低湿荒野地肥田丰。依据土地状况奉献贡赋而地属古雍州，对应的星宿是在井、鬼；罢黜原来的封侯实行郡县而归属古灵州，此地百姓杂

① 东平：指后汉光武帝八子刘苍，封东平王。汉明帝时拜骠骑将军，在朝数年，多所隆益，不久上疏归职。帝尝问之处家何等最乐，王言为善最乐。原本作“东乎”，据《宁夏府志·艺文·赋·朔方形胜赋》卷十八改。

② 有严有翼：威严敬慎。《诗·小雅·六月》：“有严有翼，共舞之服。”毛传：“严，威严也；翼，敬也。”孔颖达疏：“其严者威敌厉众，其敬者抚和上下。”

③ 吉甫：尹吉甫，周宣王的贤臣。兮氏，名甲，字伯吉父（一作甫），尹是官名。宣王中兴，其修文武大业。

④ 韩、范：宋代韩琦与范仲淹的合称。仁宗时西北边事起，韩琦与范仲淹率兵拒战。韩琦、范仲淹久在兵间，名重当时，人心归之，为宋朝廷所倚重，时人称之为“韩、范”。

⑤ 参伍：分划。

⑥ 泚笔：以笔蘸墨。

⑦ 议：《嘉靖宁夏新志·文苑·文·西夏形胜赋》卷八作“识”。

居有汉、戎。前出黄河以北山川之外，靠近外族部落境界之中。似能看见苍翠的华山山峰隐隐，鲜明艳丽的峨眉山青绿重重，遥登西岭山高屹屹，近观东湖水波溶溶。军营兴建在广武，牌坊屹立旌表效忠；大坝滨水积石山，萧关雄伟靠近临潼。大桥横接通济渠，迎宾的馆舍成片连栋；构筑名园称丽景，望春楼高矗凌空。清潭水波舒缓倒映天光云影，绿色水面长满了翠秀色的芙蓉。

赫连塔春日黎明，旭日映照着桃花、李花；灵武秋高气爽，微风吹坠一地梧桐。斜阳夕照荒远的城郊，落花啼鸟；飞瀑隐秘悬挂在峭壁上，玉涧垂虹。辘轳咿轧作响，影子照落在芦沟夜月之下；渔歌唱答，声音响彻古渡之秋风。于是高台升起太阳，长塔飘出云雾。油灯之影刚刚熄灭，钟鸣之声渺渺初收；大河之水未起波澜，蠡山之云静止不流；开花挂果的树木遮天蔽野，一望无际的五谷种满田畴。石关雪积，银色铺满曲折迂回的小路；汉渠春涨，白绢一样的水流蜿蜒穿行在平丘。千里马多如云团，集中在花马池；鳟鲫积满店铺，出产自应理州。平罗城抓获俘虏审讯，鸣沙洲有落雁浮鸥。黑水城废弃，满地坍塌残缺的矮墙；黄沙渡口问津，驾轻舟划短棹多么逍遥。神槎湮没不见，犹存博望坡搏杀的遗迹；石峡开凿，尚流传着大禹治水之游。高坟巍峨，李元昊魂灵寂静无声；古刹灰烬，只有文殊之像长留。上表庆贺献上俘虏而忠贯日月，唐将之机警聪明耿耿；以文章抵抗伪政权而名重山丘，宋贤之气韵风格悠悠。这些都是闻名天下、远播海隅，而为西夏非常优美的景致，可与江南相比俦。然而犹然未尽，若是品味观察其四季：春天杏坞桃溪，在雾气中光艳鲜丽；秋则鹤汀凫渚，月光明亮微风轻吹；夏季青莲在碧波池间悠然摇曳，娇美如太液池边之美人；冬天松柏在贺兰山积雪中傲然挺立，瘦劲若首阳山下之伯夷、叔齐。至于观赏鹰隼的雄健气度，则威严凛然如周家之尚父吕尚；目睹芝兰的青翠繁茂，则美丽清畅宛若谢安家族的子侄；面对森然挺立的松竹，则挺拔如汲黯之刚直美德；赏玩莹洁的鸥鹭，则皎洁明亮若杨震之清白品行。以至春树丛中黄鹂啼唱，亭台柳榭蝉鸣声声，音律和谐有力、动听，又犹若颜回弹琴曾点鼓瑟，高洁如三千弟子立于孔子的门庭。这些都是西夏境内让人赏玩耳目、娱乐心志的美妙胜景，不次于江南美好的景致。

这些都让诗人墨客、饱学英贤，寻幽览胜，游戏娱乐，流连忘返。是以罗列珍馐玉馔，摆出华丽丰盛酒筵，频频举杯换盏，演奏呕哑管弦，评论鉴赏文章典故和锦词绣句，阅读欣赏华美的诗篇，觥筹交错，舞蹈翩跹。抚慰乾坤之广大无边，扫除边塞堡垒之烽烟。询问往事于故老，考稽古今成败于遗编。当年《诗经·小雅·出车》篇中有诗句“王命南仲，往城于方”。这是什么时候？等到汉朝郭璜，修缮城池，设置驿站，疏通水渠，灌溉农田，节省的钱粮以数万计算，可以说极一时之盛。《诗经·小雅·六月》篇中有诗句“整居焦濩，侵镐及方”。这是什么时候？等到唐朝李听，兴灭举废，恢复耕地，节约粮饷，造福民众，又极一时之盛。唉！时代有盛衰，治理有隆替，世事轮回，生生不息，这又有什么可拘泥的呢？

当今圣明的君主，开启世运，应验命符，建纲立纪，累世圣明，开疆拓土。统一天下于六合，延布恩威于九州，风俗淳朴，无忧无虑，百姓如同生活在无怀氏、葛天氏时代，让大明王朝上升到唐尧与虞舜的太平盛世。况且当今的夏州，超越往古，诗礼彬彬，衣冠楚楚。建学立师，修文偃武。崇尚礼乐，尊敬官府，去除异端，御敌欺侮。限制发展工商，抑制浮躁奢华；鼓励发展教育农桑，扶持贫寒艰苦。战火平息，百姓安居。老老少少，欢欣鼓舞。英勇的大明军队所向无敌，凶残的敌寇只能蛰伏在巢所。弓与箭收藏于军帐，干与戈归拢在府库。更何况荫封的藩王，德义兼备，远超乐善好施的后汉东平王；统兵一方的将军，威严敬慎，的确效法的是西周太师尹吉甫。我也就是一介书生，胆敢效仿韩琦、范仲淹一类人物，姑且以笔蘸墨记下旅行途中的所见所闻，但愿评论者不要讥诮其疏狂和粗鲁。

［颂］

灵武受命宫颂　唐　杨炎[①]

臣闻享天隆命，惟德也；戡难奉时，惟圣也。必有非常之运，是兴拔乱之功。君以苍生为忧，不以濡足[②]为患；以宁济为业，不以修身为道[③]。此陶唐[④]所以舍而不畏，舜禹所以受而不疑。

灵武宫，皇帝龙跃之所。日者[⑤]奸臣窃命，四海荡波，我圣皇天帝，探命历之数，启龙图[⑥]，作受命之书，付于我皇帝。皇帝方游崆峒[⑦]，以求至道。于是群公卿士，负玉旒金玺[⑧]，望气芒砀[⑨]之野，三进于阊阖[⑩]之中，曰："臣闻在昔蚩尤连祸，大盗中国，神农氏[⑪]兵莫能胜，天降元女[⑫]，敕轩辕氏大定其灾。厥后尧有九州之害而命禹，禹以四海之功而受舜。陛下主鬯[⑬]大位十有九年，精爽者皆美德馨，乾坤也必闻幽

---

①按：《宁夏府志·艺文·颂》卷一八、《唐文粹》卷一九上、《文苑英华》卷七七四均题作《灵武受命宫颂并序》。杨炎（727—781），唐凤翔府天兴县（今属陕西凤翔）人，字公南。文藻雄丽，豪爽尚气。德宗时累拜门下侍郎、同中书门下平章事。作两税法，一变租庸调旧制，方便于当时。后罢相，为卢杞所构，被赐死。后又诏复官，谥平厉。

②濡（rú）足：玷污了脚。指被玷污。

③以宁济为业不以修身为道：此十一字原本脱，据《唐文粹·灵武受命宫颂并序》卷一九上、《文苑英华·灵武受命宫颂并序》卷七七四补。宁济：安定匡济。

④陶唐：帝尧。尧初居于陶，后封于唐，为唐侯，故称陶唐。

⑤日者：近日。

⑥龙图：皇帝的玺印。

⑦崆峒：一为河南临汝县西南之山。《庄子·在宥》所谓黄帝问道于广成子之所。一为甘肃高台县西北之山。传说黄帝曾登此山。

⑧玉旒（liú）：帝王礼帽前后的玉串。旒，原本作"旅"，据《宁夏府志·艺文·颂·灵武受命宫颂并序》卷一八改。

⑨芒砀：芒山与砀山。在安徽砀山县东南，与河南永城县接界，二山相距八里。

⑩阊阖：宫殿的正门。

⑪氏：原本作"民"，据《宁夏府志·艺文·颂·灵武受命宫颂并序》卷一八改。

⑫元女：九天玄女，道教神仙。黄帝战蚩尤，天遣玄女下授兵符，乃得胜。元，当作"玄"，为避康熙玄烨讳而作"元"。

⑬主鬯（chàng）：犹主器，指作太子。鬯，古代祭祀用的酒，也代指宗庙祭祀。

赞[①]。元德上达，景福有归。六圣[②]睹命历之期，兆人[③]有临难之情。陛下畏灾运而不宁，弃黎元而不顾，以至仁为薄，以大宝[④]为轻。臣等若不克所请，与亿兆之众将被发拊膺[⑤]，号于天而诉于帝矣。”皇帝唯然改容曰：“岂人心欤！”

丁卯，广平王俶、太[⑥]尉光弼、司徒子仪、尚书左仆射冕、兵部尚书辅国，与北军将士、西土耆老[⑦]万五千人，排闼[⑧]以诉帝曰：“今豺狼穴居宫阙，陛下兆庶为饵，宗庙为墟。若臣等诚恳未通，是高祖不歆[⑨]于太庙。且陛下涉渭则洪流涸，回銮则庆云见，布泽而川池广，勤道而嘉禾生。灵祇仿佛，元贶幽感[⑩]。臣闻符命[⑪]待圣而作，天运否终而会[⑫]。葳蕤肸蠁[⑬]，会也；睿武英明，圣也。臣等敢昧死上闻。”

帝乃洒斋宫，启金匮[⑭]，呜咽拜受。诏有司大赦天下，改元曰至德元年，尊圣父为文武大皇帝。是日，烟云变作，士庶踊跃，黄龙见于东野，紫气[⑮]满于天门。翌日也，数百里衣裳会[⑯]；兼旬也，数千里朝

---

① 精爽者皆美德馨乾坤也必闻幽赞：此十四字原本脱，据《唐文粹·灵武受命宫颂并序》卷一九上补。精爽，魂魄。幽赞，谓暗中受神明佐助。

② 六圣：这里指唐肃宗之前的六位皇帝。

③ 兆人：众百姓。兆，极言其多。

④ 大宝：指帝位。语出《易·系辞下》：“圣人之大宝曰位。”

⑤ 拊膺：拍胸。表示哀痛、悲愤。

⑥ 太：原本作“大”，据《宁夏府志·艺文·颂·灵武受命宫颂并序》卷一八改。

⑦ 西土耆老：西土，指长安。《文选·班固〈西都赋〉序》：“西土耆老，咸怀怨思。”李善注：“长安在西，故曰西土。”耆老：年老而有地位的士绅。

⑧ 排闼：推门，撞开门。

⑨ 歆：祭祀。

⑩ 元贶（kuàng）幽感：元贶，美好的赏赐。元，善，嘉。贶，赐予。幽感，微妙的感应。

⑪ 符命：古时以所谓“祥瑞”的征兆附会成君主得到天命的凭证。

⑫ 天运否（pǐ）终而会：此句谓天运发展到极点必然走向反面，这是相遇相合。终，闭塞到极点。会，相遇。

⑬ 葳蕤肸蠁（xī xiǎng）：此指神灵感应。葳蕤，纷披貌。肸蠁，散布、弥漫。

⑭ 金匮：指保存书契之所。

⑮ 紫气：旧指祥瑞之气。

⑯ 衣裳会：与兵车之会相对而言，指春秋时代诸国之间和好的会议。

贡会；逾月也，天下兵车会；浃时也，四方戎狄①会。以一旅成百万之师，率六军平社稷之难。礼郊祀，戴圣皇，与人合诚心，以气消天厉，动罔不吉，歆无不报，是以白鹿扰于王廷，灵芝产于延英，化动而成功，渊默②而颂声。言禅代者，陋苍梧③易姓之名；语嗣守者，羞唐尧积善之辱；述戡乱④者，叹四纪而复夏；美中兴者，嗤三六而灭新。於戏⑤！神祇之所归往，品物之所法象⑥，鼓飞龙于尺水，仗大义而东向，矢谟⑦发号，实在此都。愿篆石宫廷，以垂万古，俾过山泽，知风雨之奥；穷造化，识天地之炉。臣炎稽首，敢献颂曰：

赫赫河图，启天之祜⑧。云从亿万，皇居九五⑨。惟昔陶唐，克传舜禹。濩⑩也武也，夫何足数。彼妖者勃，惟暴惟贪。天实即命，人将不堪。皇曰内禅，于再于三。尽武之善，去汤之惭。兵车百万，汹汹雷震。横会九州，为行为阵。恃力者踣⑪，从命者顺。孝以奉天，神而抚运。至德唐尧，崇功大禹。皤皤北叟⑫，垂白而睹。沛邑空歌⑬，周原⑭已古。徘徊颂声，永介兹土。

---

① 戎狄：原本作“重译”，据《宁夏府志·艺文·颂·灵武受命宫颂并序》卷一八改。

② 渊默：深沉、不说话。

③ 苍梧：山名，又名九疑，相传舜葬于苍梧之野。地在今湖南宁远县境。此代指舜。

④ 戡（kān）乱：用武力平定叛乱。

⑤ 於戏（wū hū）：同“呜呼”。

⑥ 品物：万物。法象：指神妖作法时变成的形象。

⑦ 矢谟：朝廷。

⑧ 祜（hù）：福。

⑨ 九五：本《易经》中的卦爻位名。九，阳爻；五，第五爻。《易·乾》：“九五，飞龙在天，利见大人。”孔颖达疏：“言九五阳气盛至于天，故云飞龙在天”，“犹若圣人有龙德，飞腾而居天位。”后因以“九五”指帝位。

⑩ 濩（hù）：商汤时乐名。此与“武”相对，言以乐治国。

⑪ 踣（bó）：败亡。

⑫ 北叟：原本作“兆叟”，据蔡淑梅《（嘉庆）〈灵州志迹〉（光绪）〈灵州志〉》征引《文苑英华·灵武受命宫颂并序》卷七七四、《唐文粹·灵武受命宫颂并序》卷一九上改。

⑬ 沛邑：在今江苏省西北，东临微山、昭阳两湖。空歌：沛邑有名胜古迹歌风亭。

⑭ 周原：周地的原野，在岐山南。后用作地名，在今陕西凤翔县境。

【译文】

灵武受命宫颂 唐 杨炎

臣下听闻受享上天尊崇的意志，只有品德高尚的人；遵循天时消弭祸乱，只有圣明的人。必有非常的时运，才能建立拨乱反正之功。君主以天下苍生为忧，不以身体染尘为患；以安定匡济为业，不以修养身心为道。这是帝尧禅让君位而不忧虑，舜和禹所以受让君位而不疑惧的道理。

灵武宫，是皇帝龙兴的场所。近日奸臣窃命，四海荡波，我圣皇天帝，探求命历之数，拿出皇帝的玺印，作受天之命文书，付于我皇帝。皇帝正访游崆峒山，以探求至高的学说。于是众王公大臣，带着皇帝的朝服和金玺，观察芒砀山之野的云气以预测吉凶，三进于宫门之中，劝谏说："臣下们听闻在远古蚩尤接连制造祸乱，在中国窃国篡位，神农氏的军队无法战胜，上苍就派九天玄女，敕命轩辕氏平定其灾祸。以后尧有九州洪水之害而命禹治理，禹凭借在全国各地立下的功勋而接受了舜的禅让。陛下在太子的大位上已有十九年，魂魄都赞美您品德高尚，天地也肯定听闻神明在暗中佐助。天德达于上苍，洪福肯定回报。六位先帝目睹天命历数的期会，众百姓有面对危难的陈情。陛下忧惧灾运而不安宁，丢弃民众而不管顾，以最大的仁德为轻薄，视皇帝之位如草芥。臣等若不能达到所请的目的，与亿万民众将披散头发捶拍胸脯，对天号泣而诉愿于帝前。"皇帝喟然改容说："这岂不是人心所向吗！"

丁卯，广平王［李］俶、太尉［李］光弼、司徒［郭］子仪、尚书左仆射［裴］冕、兵部尚书［李］辅国，与北军将士、长安士绅一万五千人，推门向皇帝倾诉心愿说："当今豺狼盘踞大唐宫阙，陛下百姓是其吞噬的对象，皇家宗庙化为废墟。假若臣等诚恳的心愿未能实现，将使李唐王朝的列祖列宗不能在太庙享受祭祀。况且陛下徒步渡过渭河则洪流干涸，出巡后还宫则五色祥云出现，布施恩泽而山川湖海受益无边，勤政酬天而禾稻生长茁壮。天地之神若隐若现，上天的恩赐微妙感应。臣子们听闻上天预示帝王受命的符兆等待圣人才显现，天运发展到极点必然走向反面，这是相遇相合的道理。神灵纷纷感应，就是相遇相合；睿武英明，就是明圣贤良。臣等不敢不避死罪向皇帝呈报。”

皇帝于是命人洒扫斋宫，开启金匮取出受天之命文书，呜咽着拜受了。诏命有司大赦天下，改元曰至德元年，尊崇圣父为文武大皇帝。这一天，烟气和云彩发生变化，官宦和百姓欢欣腾跃，黄龙出现于东郊，紫气盈溢于天门。第二天，数百里举行与各国交好的衣裳会；长达二十天，数千里举行朝贡会；超过一个月，举行天下兵车会；为时不长，举行四方戎狄会。以一旅之师化身百万军队，统率六军平定社稷之难。举行郊天之礼，尊奉文武大皇帝，与人合和诚心，以气概消除上天降下的祸患，一切行动非常顺利，祭祀神灵都很灵验，因而白鹿游荡在王庭，灵芝生长于延英殿，造化动而大功告成，深沉静默而发出歌颂赞美之声。[与此相比，]讲到禅代，可以看到虞舜禅让大禹的简略；说到嗣守，让人感到唐尧长期执政的耻辱；讲述戡乱，让人感叹用了四十八年才兴复华夏的漫长；赞美中兴，让人嗤笑耗费十八年才灭掉伪新莽王朝。呜呼！天地之神的归向，在万物中作法化成形象，飞龙腾起于尺水，凭仗大义而挥戈东向，朝廷的号令，确实就从这个国都发出。希望在宫廷刻碑立石，以留传万古，使人们经过山林与川泽，就知道风雨的莫测深奥；穷尽造化，能认识天地熔炉的无穷奥妙。臣子杨炎跪拜，冒昧献上颂辞曰：

赫赫河图，启天之祜。云从亿万，皇居九五。惟昔陶唐，克传舜禹。濩也武也，夫何足数。彼妖者勃，惟暴惟贪。天实即命，人将不堪。皇曰内禅，于再于三。尽武之善，去汤之惭。兵车百万，汹汹雷震。横会九州，为行为阵。恃力者踣，从命者顺。孝以奉天，神而抚运。至德唐尧，崇功大禹。皤皤北叟，垂白而睹。沛邑空歌，周原已古。徘徊颂声，永介兹土。

［铭］

三受降城碑铭　唐　吕温[①]

夏后氏[②]遏洪水，驱龙蛇，能御大灾，活黔首[③]；周文王城朔方，逐猃狁，能捍大患，以安中区。若非高岸峻防，重门击柝[④]，虽有盛德，曷观厥成？然则持玑璿而弛张万象[⑤]，昊穹之妙用；扼胜势以擒纵八极，王者之宏图。道虽无外，权则有备。变化消息[⑥]，存乎其人。

三受降城者，皇唐[⑦]之胜势也。昔秦不量力，北筑长城，右扼临洮[⑧]，左驰碣石，生人尽去，不足乘障[⑨]。两汉之后，颓为荒邱，退居河浒，历代莫进，矫亡秦之弊则可矣，尽中国之利则未然。唐兴因循，

---

① 三受降城碑铭：《唐文粹》卷五九题作《三受降城碑并序》，《吕衡州集·碑铭》卷六题作《三受降城碑铭并序》。吕温（772—811），字和叔，一字化光，河中（今山西永济市）人。唐贞元（785—805）末进士，历任左拾遗、侍御史、户部员外郎等职，因曾被贬充衡州刺史，世称吕衡州，有《吕衡州集》十卷行世。他曾从陆质治《春秋》，向梁肃学古文。与柳宗元、刘禹锡交好并与之一起参加了王叔文集团的革新运动，三年后被贬道州。按：原本误作“石温”，据《宁夏府志·艺文·铭·三受降城碑铭》卷十八、《唐文粹·三受降城碑并序》卷五九改。

② 夏后氏：夏后氏是中国第一个世袭王朝——夏朝君主的氏称，夏朝王族以国为氏，为夏后氏，简称夏。大禹是轩辕的嫡系，是夏后氏族部落的领袖。这里指大禹。

③ 黔首：庶民，平民。

④ 柝（tuò）：旧时巡夜人敲以报更的木梆子。《易·系辞》：“重门系击柝，以待暴客。”

⑤ 玑璿（xuán）：古测天器。璿，也作“璇”。弛张：一张一弛。比喻事物的兴废、强弱、盛衰等。

⑥ 消息：比喻荣枯盛衰。

⑦ 皇唐：原本作唐皇，据《宁夏府志·艺文·铭·三受降城碑铭》卷一八改。

⑧ 临洮：原本作“洮临”，据《宁夏府志·艺文·铭·三受降城碑铭》卷一八改。

⑨ 乘障：同“乘鄣”，谓登城守卫。引申为抵御。

未暇经启。有拂云祠者，在河之北，地形雄坦，控扼枢会。虏居[1]其下以窥域中[2]，祷神观兵，然后入寇。甲不及擐[3]，突如其来，鲸一跃而吞舟，虎数步而择肉。塞草落而边氓惧，河水坚而羽檄走。爰自受命至于中兴，国无宁岁。

景龙二年，默啜强暴，渎邻构怨[4]，扫境[5]西伐，漠[6]南空虚。朔方大总管韩国公张仁愿蹑机而谋，请筑三城，夺据其地，跨大河以北向，制胡马之南牧。中宗诏许，横议[7]不挠。于是留及瓜[8]之戍，斩奸命[9]之卒，六旬雷动，三城岳立。以拂云祠为中城，东西相去各四百里。过朝那[10]而北辟，斥堠迭望几二千所，捐费亿计，减兵万人，分形以据，同力而守。东极于海，西穷于天，纳阴山于寸眸，拳大漠于一掌。惊尘飞而烽火耀，孤雁起而刁斗[11]鸣，涉河而南，门用晏闲[12]。韩公犹以为未也，方将建大旆[13]，提金鼓[14]，驰神算，鞠虎旅[15]，看旄头[16]明灭，与

①居：《宁夏府志·艺文·铭·三受降城碑铭》卷十八作“伏”。

②域中：寰宇间；国中。

③擐（huàn）：穿。

④渎：轻慢，对人不恭敬。构怨：结怨，结仇。

⑤扫境：倾其境内全力。

⑥漠：原本作“汉”，据《宁夏府志·艺文·铭·三受降城碑铭》卷十八改。

⑦横议：恣意议论。

⑧及瓜：《左传·庄公八年》，齐侯使连称管至父戍葵丘，瓜时而往。曰：“及瓜而代。”言今年瓜熟时往，至来年瓜熟时，使人代之。后因以及瓜指任满。

⑨奸命：违命。

⑩朝那（zhū nuó）：汉置县。治所在今固原东南。

⑪刁斗：古行军用具。小铃。

⑫晏闲：安闲。

⑬大旆：大旗。

⑭金鼓：四金和六鼓。《周礼·地官·鼓人》：“金鼓用以节声乐，和军旅，正田役。”亦泛指金属制乐器和鼓。

⑮鞠虎旅：鞠，养育、抚养；虎旅，虎贲氏与旅贲氏的并称，指勇猛的军队。

⑯旄头：昴星，古代当作胡星，用来借指外族入侵者。

太白①进退。小则责琛赆②，受厥角③，定堡④塞一隅之安；大则倒狼居，竭瀚海，空西塞万里之野。大略方运，元勋不集⑤，天其未使我唐无北顾之忧乎？厥后贤愚迭任，工拙异势，刚者黩武，柔者败律。城隳⑥险固，寇得凌轶⑦，或驰马饮河而去，或控弦剧垒⑧而旋。吾知韩公不瞑目于地下矣。

今天子覃敷⑨文德，茂育群生⑩，戢兵和亲，戎狄右衽⑪。然而《军志》⑫有“受降如敌”，大《易》有“安不忘危”。崇墉言言⑬，其可弛柝⑭，亦宜镇以元老，授之庙胜⑮，伸述旧职而恢遗功。外勤抚绥，内谨经略，使其来不敢仰视，去不敢反顾，永詟⑯猛气，无生祸心，耸威驯恩，禽息荒外⑰，安固万代。术何加焉？敢勒铭城隅，庶复隍而光烈⑱不昧。铭曰：

---

①太白：旗名。

②琛赆（chēn jìn）：献礼的宝物。原本作“赆琛”，据《宁夏府志·艺文·铭·三受降城碑铭》卷一八改。琛，宝物。赆，进贡的财物。

③厥角：本为兽之头角。此为以头叩地。

④堡：原本作“保”，据《宁夏府志·艺文·铭·三受降城碑铭》卷一八改。

⑤元勋不集：大功不成功。元勋，大功。不集，无成就、不成功。

⑥隳（huī）：毁坏，崩毁。

⑦凌轶：侵犯、欺压。

⑧剧垒：重兵驻守的军事要塞。剧，交通要塞。

⑨覃敷：广施。《宁夏府志·艺文·铭·三受降城碑铭》卷一八作“诞敷”。

⑩茂育群生：茂育，努力育养；群生，一切有生命的动植物。

⑪右衽：指归附朝廷。

⑫军志：已失传的一部古兵书。

⑬崇墉言言：崇墉，高大的城墙；言言，高大貌。

⑭弛柝：毁坏断裂。弛，废，毁坏。柝，断开，原本作“祈”，据《宁夏府志·艺文·铭·三受降城碑铭》卷一八改。

⑮庙胜：指临战前朝廷对国家大事的谋略。

⑯詟（zhé）：惧怕。

⑰荒外：八荒之外。指未开化的边远地区。

⑱复隍：谓城倒覆于隍上。复，通“覆”。隍，没有水的城壕。语本《易经·泰》：“城复于隍，勿用师。”光烈：大业，伟绩。

韩侯受命，志在朔易。北方之强，制以全策。亘漠横塞，揭兹雄壁。如三斗龙，跃出大泽。并分襟带[1]，各闭风雷。俯视阴山，仰看昭回[2]。一夫登陴，万里洞开。日晏秋尽，纤尘不来。时维韩侯，方运神妙。观衅则动，乃诛乃吊。廓乎穷荒，尽日所照。天乎未赞，不策清庙。我圣耀德，罢扃[3]北门。优而柔之，用息元元。曷若完守，推亡固存。于襄于夷，用裕后昆。

【译文】

三受降城碑铭　唐　吕温

夏后氏（大禹）抵御洪水，驱赶龙蛇，能防御大灾，让百姓生存；周文王筑城朔方，驱逐猃狁，能抵御大患，以安定中原。若非依托高峻的山崖修筑防御工事，设置重重关卡，并派更夫巡夜，虽有高尚的品德，从何观其成就？然则手持测天仪器而观测星空景象的盛衰，是为了探求苍天的妙用；掌控胜势以经略八方极远之地，是君王宏伟的计划。法则没有两样，权变则要有所预备。变化的结果，关键取决于统帅个人。

三受降城，就是大唐皇家的胜势。过去秦王朝不能正确估量自己的力量，在北方修筑长城，右边扼制临洮，左边驰逐碣石，活着的人都离去了，不足以抵御敌人。两汉之后，秦长城颓废为荒丘，北方的边境退居黄河边，历朝历代再没有推进，［这种局面］矫正亡秦之积弊则尚可，尽中国之地利则未必正确。大唐开国以来沿袭老办法，没时间开始经办此事。有拂云祠，在黄河之北，地形雄伟而平坦，控制着冲要的地点。突厥部众游牧其下以窥视大唐寰宇，祈祷神灵炫耀兵力，然后入寇。大唐军队来不及穿戴盔甲，敌人就突如其来，像鲸鱼一跃

---

①襟带：谓山川环绕，如襟如带。比喻地势险要。

②昭回：谓星辰光耀回转。

③扃（jiōng）：关闭。

而吞没舟船、虎冲数步而选取捕猎的对象。秋来塞草叶落而边民恐惧，河水结冰而军檄不断传递。自大唐开国以来至于中兴，国家没有一年有安宁的岁月。

景龙二年(708)，突厥默啜可汗强横凶暴，轻慢侮辱临近部族，与之结下仇怨，默啜倾其境内全力向西讨伐，蒙古高原大沙漠以南地区空虚。朔方大总管韩国公张仁愿抓住机会作出部署，奏请朝廷修筑三城，夺据其根据地，军锋北向跨过黄河，防止突厥部族向南入侵。唐中宗下诏同意，他人恣意议论也不动摇。于是留下定期轮换的驻守军队，斩杀违抗军令的士兵，共六十天时间，筑城的声势如响雷震动，三座城池像山岳一样高高耸立起来。以拂云祠为中城，东城、西城相去各四百里。过朝那县向北进发，层层叠叠的军事堡垒近二千所，耗费资金以亿计算，减兵上万人，根据地形分兵驻扎，齐心协力共同防守。[边境线]最东到了大海，最西达于天边，把阴山纳入视线之内，把大漠握于手掌之中。惊尘飞扬而烽火照耀，孤雁南飞而刁斗鸣叫，可以说渡过黄河以南，城池的大门就失去了作用。韩国公犹然认为还不够，准备竖起大旗，敲击四金和六鼓，运用奇谋妙算，训练勇猛军队，根据敌情的变化情况，指挥军队与太白军旗共进退。小的目标是问责突厥人对朝廷的贡礼，接受其三叩九拜，保边塞一方平安无事；大的方面则是踏平狼居胥山，扫荡瀚海，让大唐西塞万里之野为之一空。大方略正在筹划之中，可惜最后大功未成，这是上天不让我大唐无北顾之忧吗？以后贤良、愚笨的官员轮流上任，优劣的态势换位，刚劲者穷兵黩武，柔弱者败坏规矩。受降城崩毁失去险阻坚固的功能，使得敌寇得以乘机侵犯，或驱马疾行到黄河饮水而去，或在重兵驻守的军事要塞耀武扬威而还。我知道韩国公在地下也死不瞑目。

当今天子广施礼乐教化，努力育养一切有生命的动植物，停止军事行动，与边疆游牧部族结亲和好，戎狄陆续归附朝廷。然而兵书《军志》有“受降如敌”的记载，《周易》有“安不忘危”的要求。高大的城墙巍然耸立，哪里可以任其毁坏破败，也应当派元老镇守，授之以朝廷对国家大事的谋划安排，遵行旧规而兴复前人的功绩。对外勤加安抚，对内谨慎经略，使敌人来不敢仰视，去不敢反顾，永远恐惧勇猛的威力，不敢心生祸心，高压之下施以恩惠，使其像鸟兽一样滋息在八荒之外，让大唐安定巩固万代。要做到这些有什么好的办法吗？我不敢在城角镌刻铭文，只是希望城池虽然倒覆，但其大业伟绩没有湮没。铭曰：

韩侯受命，志在朔易。北方之强，制以全策。亘漠横塞，揭兹雄壁。如三斗龙，跃出大泽。并分襟带，各闭风雷。俯视阴山，仰看昭回。一夫登陴，万里洞开。日晏秋尽，纤尘不来。时维韩侯，方运神妙。观衅则动，乃诛乃吊。廓乎穷荒，尽日所照。天乎未赞，不策清庙。我圣耀德，罢扃北门。优而柔之，用息元元。曷若完守，推亡固存。于襄于夷，用裕后昆。

灵州志迹卷四

艺文志第十六下

［赞］

灵武二孝赞 唐 李华[①]

灵武二孝，曰侯知道、程俱罗。目不观朝廷之容，耳不闻韶、夏[②]之声，足[③]不登齐、鲁之境，所见戎马旃裘[④]，参于夷狄而能生养以孝，没奉以哀。穿圹起坟，出于身力，乡人助之者，哭而反之。庐于冢次，

① 李华（715—766）：字遐叔，赵郡赞皇（今属河北）人，唐代散文家、诗人。开元二十三年（735）进士，天宝二年（743）登博学宏词科，官监察御史、右补阙。安禄山陷长安时，被迫任凤阁舍人。安史之乱平定后，贬为杭州司户参军。唐代宗大历元年（766年）病故。文辞绵丽，以文章称世，与萧颖士齐名，世称“萧李”。并与萧颖士、颜真卿等共倡古义，开韩、柳古文运动之先河。其传世名篇有《吊古战场文》。亦有诗名。原有集，已散佚，后人辑有《李遐叔文集》四卷。

② 韶、夏：皆为乐曲名。韶，传说舜所作乐曲。《论语·八佾》：“子谓：韶尽美矣，又尽善也。”夏，《诗》郑玄注：“乐歌大者称夏。”

③ 足：此字原本脱，据《文苑英华·二孝赞并序》卷七八〇、《唐文粹·二孝赞并序》卷二四补。

④ 旃（zhān）裘：毛织品缝制的衣裘。旃，同“毡”。

号泣无节，侯氏七年矣，程氏三年[①]矣。根于天性，陶[②]我孝理，其至矣乎！埃垢积首，草生发间，每大漠晨空，连山夜寂，人烟四绝，虎豹与邻。拥坟椎膺[③]，声气咽塞，下入九泉，上彻九天。背烂心朽，皮枯节挛。草木先秋而凋落，景气不时而凝闭[④]。殊鸟异兽，助之悲号。万物有极，此哀无穷，大哉，二子能以孝终始乎！《语》曰："孝如曾参，不忍离其亲。"生既不忍，殁忍离之哉？二子之孝，过于曾参矣！昔吴起[⑤]忍与母盟，陈汤[⑥]忍匿父丧，起谋复楚霸而戮死，汤功释汉耻而囚废，神道昭昭，若何无报？九州之众，谁非人子？践霜露[⑦]者，闻风永怀。士有感一诺一顾，犹或与之死生；喜一草一木，犹或为之歌咏，而况百行之宗[⑧]，终天之感乎！华奉使朔陲，欲亲往吊焉，属河凌绝渡，愿言不果。凭轼隔川，寄声[⑨]二孝，同为赞一章，敢旌善人以附惇史[⑩]。其文曰：

厥初生人，有君有亲。孝于亲者为子，忠于君者为臣。兆自天命，

---

①三年：原本作"二年"，据《文苑英华·二孝赞并序》卷七八〇、《唐文粹·二孝赞并序》卷二四改。

②陶：比喻教育、培养。

③椎膺：捶胸。椎，同"捶"。

④凝闭：犹言天寒地冻。

⑤吴起（前440—前381）：战国初期军事家、政治家、改革家，兵家代表人物。卫国左氏（今山东省定陶县，一说山东省曹县）人。吴起一生历仕鲁、魏、楚三国，在内政、军事上都有极高的成就。仕鲁时曾击退齐国的入侵；仕魏时屡次破秦，尽得秦国河西之地，成就魏文侯的霸业；仕楚时主持改革，史称"吴起变法"，前381年，楚悼王去世，楚国贵族趁机发动兵变攻杀吴起。后世把他和孙武并称为"孙吴"，其著作《吴子》与《孙子》又合称《孙吴兵法》，在中国古代军事典籍中占有重要地位。

⑥陈汤：汉山阳瑕丘（治所在今山东兖州县东北）人，字子公。少好书，博达善属文。元帝时，以副校尉出使西域。汤多策谋，喜奇功，矫制发兵斩郅至单于，论功赐爵关内侯。成帝时王凤奏为从事中郎，以贿徙边，还长安，卒。

⑦霜露：指霜露之思。对父母先祖的思念。

⑧百行之宗：唐代儒者称"《孝经》者，百行之宗，五教之要。"古代所谓的"五教"，孟轲解释为：父子有亲、君臣有义、夫妇有别、长幼有序、朋友有信。

⑨寄声：托人传话。

⑩惇（dūn）史：有德行之人的言行记录。

降及人伦。背死不义，忘生不仁。愚及智就，为之礼文①。礼文不能节其哀，緊道德之元纯。至哉侯氏，创钜病殷。手足胼胝②，成此高坟。蔬果为奠，茅蒲为茵。其奉也敬，其生也贫。大漠黄沙，空山白云。柏庭既夕，松路未晨。寇戎接境，豺狼成群。夜黑飚动，如临鬼神。哭无常声，迥彻苍旻③。风雨飘摇，支体鳞皴。色惨莪蒿，声酸棘薪。苴斩④三年，而独终身。邑子程生，其哀也均。顾后绝配，瞻前无邻。冬十一月，河冰塞津⑤。吾将吊之，其路无因。寄诚斯文，挥涕河滨。

【译文】

灵武二孝赞 唐 李华

灵武的两个孝子，名字分别叫作侯知道、程俱罗。虽然眼睛没有看过朝廷礼仪雍容，耳朵没有听过韶乐、夏乐的美妙之声，双脚从没有踏上过齐国、鲁国的土地，所见只有军马和毛织品缝制的衣裘，虽然与游牧民族朝夕相处，但对双亲能以孝心奉养，父母去世以后恭敬的哀悼。挖坑修建坟墓，都是亲力亲为，乡人出手相助，哭泣着谢绝。在墓旁搭建小屋居住，号啕大哭，也不知道节制，这样的日子侯知道过了七年，程俱罗过了三年。出于天性的行为，熏陶我朝以孝治国教民，可以说做到极致了！污垢尘土满头满身，连头发上都长出了荒草，每当大漠空寂的早晨，或是连山寂静的夜晚，四处绝无人烟，只有虎豹与之为邻。围着坟墓捶胸顿足，声气悲切滞涩，哭声下入九泉，上

① 愚及智就为之礼文：原本作“愚及智为就之礼文”，据《唐文粹·二孝赞并序》卷二四、《宁夏府志·艺文·赞·灵武二孝赞》卷十八改。

② 胼胝（pián zhī）：手足上的老茧。形容辛劳。

③ 旻（mín）：天，天空。

④ 苴斩：指穿粗服守丧。苴，粗劣、粗恶。斩，丧服不缝衣旁和下边。

⑤ 河冰塞津：原作“河水寒津”，据蔡淑梅《（嘉庆）〈灵州志迹〉（光绪）〈灵州志〉》征引《李遐叔文集·二孝赞并序》卷一、《唐文粹·二孝赞并序》卷二四改。

彻九天。身体溃烂心如枯蒿，皮肤干枯骨节拘挛。草木先秋天的到来而凋落飘零，景气随时序的轮转而天寒地冻。殊鸟异兽，也为之悲号。万事万物都有极限，而此种哀痛没有穷尽，伟大啊，二位君子可以说把孝道贯彻到始终！《论语》说：“孝如曾参，不忍离其亲。”活着既然不忍与亲人分离，死后岂能忍心与亲人分离吗？二位君子的孝心，已经超过曾参了！过去吴起忍心信守盟约，[不回家为母亲奔丧、守孝，]陈汤忍心隐匿父亲去世，[不回家为其奔丧、守孝，]后来吴起因为谋划兴复楚国的霸业而被杀死，陈汤建立的功劳一雪汉朝的耻辱而被囚禁、罢官，神道昭昭，如何能说没有报应？九州之众，谁人不是他人的子女？恪尽孝道的人，闻风勾起长久的思念之情。士人有感于一次承诺或一次会见，犹然或与之定下生死之交；喜欢一草一木，犹然或动笔为之歌咏，更何况是百行之宗、五教之要的孝道，抱恨终天的血脉深情呢！李华奉命出使朔方边陲，准备亲自前往慰问侯知道、程俱罗，恰好遇到黄河结冰绝渡，愿望无法实现。只好隔河倚在车前横木上，托人传话给二位孝子，为他们写下一篇赞文，不敢旌表善人附在有德行之人的言行记录中。其文曰：

厥初生人，有君有亲。孝于亲者为子，忠于君者为臣。兆自天命，降及人伦。背死不义，忘生不仁。愚及智就，为之礼文。礼文不能节其哀，繄道德之元纯。至哉侯氏，创钜病殷。手足胼胝，成此高坟。蔬果为奠，茅蒲为茵。其奉也敬，其生也贫。大漠黄沙，空山白云。柏庭既夕，松路未晨。寇戎接境，豺狼成群。夜黑飚动，如临鬼神。哭无常声，迥彻苍旻。风雨飘摇，支体皲皴。色惨莪蒿，声酸棘薪。苴斩三年，而独终身。邑子程生，其哀也均。顾后绝配，瞻前无邻。冬十一月，河冰塞津。吾将吊之，其路无因。寄诚斯文，挥涕河滨。

[记]

河源记 元 潘昂霄[①]

河源在吐蕃朵甘思西鄙，有泉百余眼，或泉或潦[②]，水沮洳[③]涣散，方可七八十里，且泥弱不胜人迹，近观弗克，傍立高山下视，灿若列星，以故名火墩脑儿，译言星宿海也。群流奔湍[④]近五七里，汇二巨泽，名阿剌脑儿。自西徂[⑤]东，连属吞噬广轮[⑥]。马行一日程，迤逦东骛[⑦]成川，号赤宾河。二三日程，水西南来，名亦里出，合赤宾。三四日程，水南来，名忽阑。又水东南来，名也里术，合流入赤宾。其流浸[⑧]大，始名黄河，然水清，人可涉。

又一二日，歧裂八九股，名也孙斡论[⑨]，译言九渡，通广六七里，马亦可渡。又四五日程，水浑浊，土人抱革囊，乘马[⑩]过之。民聚部落，

①潘昂霄：生卒年不详，元济南（在今山东济南市）人，字景梁，号苍崖。雄文博学，为时推重。官至翰林侍读学士。卒谥文僖。有《苍崖类稿》《金石例》等著作传世。

②或泉：原本脱此二字，据蔡淑梅《（嘉庆）〈灵州志迹〉（光绪）〈灵州志〉》征引《南村辍耕录·黄河源》卷二二补。潦（lǎo）：积水。潦，同“涝”。

③沮洳：低湿之地。洳，原本作“汝”，据蔡淑梅《（嘉庆）〈灵州志迹〉（光绪）〈灵州志〉》征引《南村辍耕录·黄河源》卷二二、《元史·地理志六·河源附录》卷六三改。

④群流奔湍：群流，诸河流；奔湍，急速的水流。

⑤徂（cú）：往。

⑥连属：连接，连续。属，原本作“厉”，据《宁夏府志·艺文·记·河源记》卷一九、《元史·地理志六·河源附录》卷六三改。广轮：广袤。指土地的面积。

⑦迤逦：曲折连绵。原本作“迤迁”，据《宁夏府志·艺文·记·河源记》卷一九、《元史·地理志六·河源附录》卷六三改。骛（wù）：奔驰，乱跑。

⑧浸（jìn）：逐渐。

⑨也孙斡论：《元史·地理志六·河源附录》卷六三作“也孙斡论”。

⑩乘马：原本脱“乘马”，作“为”，据《宁夏府志·艺文·记·河源记》卷一九、《道光中卫县志·艺文编·记·河源记》卷九改。《元史·地理志六·河源附录》卷六三只作“骑”字。

纠集木干象舟[①]，传毛革以济，仅容两人。继是两山峡束[②]，广可一里、二里或半里，深莫测矣。朵甘思东北鄙，有大雪山，名亦耳麻不莫刺。其山最高，译言腾乞里塔，即昆仑也。山腹至顶皆雪，冬夏不消。土人言，远年[③]成冰，六月见之。自八九股水至昆仑，行二十六日程。河行昆仑南，半日程，既又四五日程，至地名阔即及阔提，二地相属[④]。又三日，地名哈刺别里赤儿，四达之冲也。多寇盗，有官兵镇防。

昆仑迤[⑤]西，人简少[⑥]，多处山南。山皆不穷峻，水亦散漫，兽有髦牛[⑦]、野马、狼狍、羱羊之类。其东，山益高，地亦渐下，岸狭隘，有狐可一跃而越之处。行五六日程，有水西南来，名纳邻哈刺，译言细黄河也。又两日程，水南来，名乞儿马出，二水合流入河。河北行转西，至昆仑北。二日程，地水过之。北流少东，又北流入河。半月程，至贵德州，地名必赤里，始有州治官府，州隶河州，置司吐蕃等处宣慰司所辖。又四五日程，至碛石州，即《禹贡》碛石云。

【译文】

河源记　元　潘昂霄

黄河源头在吐蕃朵甘思西边边境，有泉百余眼，有的是泉水有的是涝水，水在低湿地面上散漫分布，方圆达到七八十里，还因为泥淖无法承受人的体重，无法走近观察，走上附近的高山往下看，耀眼得

---

①纠集：集合，联合。木干象舟：独木舟。

②岐：《元史·地理志六·河源附录》卷六三作“峡”。束：原本作“东”，据《宁夏府志·艺文·记·河源记》卷一九、《元史·地理志六·河源附录》卷六三改。

③远年：犹多年。原本作“辽年”，据《元史·地理志六·河源附录》卷六三、《道光中卫县志·艺文编·记·河源记》卷九改。

④相属：相连接，接壤。

⑤迤：延伸。

⑥简少：稀少。

⑦髦牛：原本作“犁牛”，据《元史·地理志六·河源附录》卷六三、蔡淑梅《（嘉庆）〈灵州志迹〉（光绪）〈灵州志〉》征引《南村辍耕录·黄河源》卷二二改。

像满天的星辉，所以得名火墩脑儿，译成汉语就是星宿海。诸河流急速流动近五七里，汇入两个巨大的湖泊，名叫阿剌脑儿。自西往东，连接起来吞噬掉广袤的土地。骑马走一天的行程，湖水曲折连绵向东奔驰形成河流，叫作赤宾河。走两三天行程，河水从西南来，名叫亦里出，和赤宾河汇合。走三四天行程，河水从南来，名叫忽阑。又有河水从东南来，名叫也里术，与赤宾合流。其水流逐渐增大，开始得名黄河，然而河水清澈，人可以徒步过河。

又有一两天行程，河水分岔为八九股，称作也孙斡论，翻译成汉语叫九渡，横穿过去有六七里地距离，骑马也可渡河。又走四五天行程，河水开始浑浊，当地人抱着［充气的］皮口袋，乘马过河。百姓聚集的部落，集中独木舟，用毛绳、皮绳做牵引渡河，每次仅能容纳两人。接着从这里开始，黄河被两条山脉拘制，形成宽达一里、二里或半里的水面，水深莫测。朵甘思东北边界，有大雪山，名叫亦耳麻不莫剌。此地的山峰最高，藏语名叫腾乞里塔，即是昆仑山。山腰到山顶全是冰雪，冬天、夏天都不消融。当地人说，山上的冰是多年形成的，六月天都能见到。从八九股水到昆仑山，一共要走二十六天行程。黄河流到昆仑南，需要走半日行程，继而又走四五天行程，到了分别叫阔即和阔提的地方，二地接壤。又走三天，到达的地方叫哈剌别里赤儿，此地是四通八达的要道。土匪盗贼多，有官兵镇防。

昆仑山脉向西延伸，人烟稀少，大多地处山脉的南面。山势都不是太高，水势也比较散漫平缓，野兽有牦牛、野马、狼、狍子、羱羊之类。昆仑山脉东面，山势愈来愈高，地势也逐渐降低，河岸狭隘陡峭，有的地方狐狸可一跃而过。走五六天行程，有水流从西南来，名叫纳邻哈剌，翻译成汉语是细黄河的意思。又走两天行程，有水流从南来，名叫乞儿马出，二水合流汇入黄河。黄河北流转向西流，到达昆仑山北界。走两日行程，有地下河流穿过。向北偏东方向流去，又向北流去汇入黄河。走半月行程，到达贵德州境内，地名叫必赤里，这里才开始有州治官府，贵德州隶属河州，设置的官衙归吐蕃等处宣慰司管辖。又走四五天行程，到达碛石州，即《尚书·禹贡》中提到的碛石。

灵州名贤祠碑记 佥事 张嘉谟[1] 郡人

名贤者，古今贤人之有名者也。德行功业与夫利泽[2]及人者，虽所建不同，顾因贤致名则一而已[3]。名亦非要而得之者也，盖实在此而名自若焉。大而九寰四海[4]，小而一乡一邑，无地无贤，而贤之名亦未尝不流播后世。不贤者欲致一人一日之名尚不可得，况后世而为之祠乎？

灵为关陕襟喉，国初以土、汉之人杂居之，今历百年余，并见繁庶。弘治中，都宪曹南王公珣[5]始议奏添灵州及州学，拔州之俊秀为生徒。草创顷[6]，王公适去，忌者从中以策已之。正德己卯，都宪东黄王公时中[7]抚边之暇，慨曰："圣朝文教，溥[8]海内外，无不诞敷[9]，而吾夫子之道，不以边隅而或间。州治未暇论，是学可已乎？"乃复疏其兴废之由，及夷夏之人之愿上之。皇上询于礼曹卿属，议曰："可。"遂复学焉，未几，学师篆相继至。公集旧学生，复分宁夏余生往实之。夫

①张嘉谟：生卒年不详，明宁夏卫（今宁夏银川）人，字舜卿。弘治十五年（1502）进士，授兵部主事，后升山东兵备佥事。平生好书学，篆、隶、行、草各得其妙。诗文敏捷，自成一家，有《云谷集》《西行稿》。

②利泽：利益恩泽。

③顾：但是。致：原本作"制"，据《宁夏府志·艺文·记·灵州名贤祠碑记》卷一九改。

④九寰四海：九寰，犹言九州大地；四海，指世界各地。

⑤王珣：明曹州（今山东菏泽）人，字德润，成化进士。弘治十一年（1498），以右副都御史巡抚宁夏。

⑥顷：用尽，竭尽。

⑦王时中：明黄县（今属山东）人，字道夫，弘治进士。正德十三年（1518），以右副都御史巡抚宁夏。

⑧溥：普遍，广大。

⑨诞敷：遍布。

子庙及学舍，悉修整倍。

昔固无名贤祠，州人曰："惟地有贤，惟贤有祠，天下之通议也。灵虽遐邈①，或生于其地，或仕于其方，先后未尝无贤，不祠可乎？"乃各出羡余②，市材木，煅砖瓦，聚土石，鸠工役，卜③大成殿后为祠三楹，案豆祭赀，悉有所取。工始于正德庚辰三月，是岁八月事竣。灵之守臣吴山、赵璧，士夫李泰、马璘，师生庞经元、元经及嘉谟咸拟古傅公燮在汉尝仕议郎，多直谅④，不避权贵；康公日知在唐为观察使，封会稽郡王，忠拒叛逆，于灵为文行先达⑤，可祀之。拟前王公珣，今王公时中，于灵为功德及人，可祀之。偶闻⑥于公，公不悦曰："他所拟者皆宜，惟愚不可，且兴废继坠，政之常耳。"

佥⑦复进曰："古者御大灾，捍大患，以劳定国，皆祀之。公之功，非特一学也，若中路大沙井至萌城，每五里筑墩，袤延⑧相望，往来行旅遂不为黠虏所掩；添设中路参将一，统兵马三千，今可以并遏虏寇；清屯田之沙压崩塌，使老少残疾之人得轻赋税，今得苏息者，不可胜数。浚河渠而水利周，修险隘而边塞巩，洁无一芥之污⑨，劳无一日之停。其功德及灵，兹又大矣。若为元祀⑩尚宜，曷不可乎？"公再力辞曰："礼乐必俟君子，愚智贤不肖，必百年而后定，其勿强焉。"复恳⑪，复

---

① 遐邈：辽远，辽阔。

② 羡余：盈余。

③ 卜（bǔ）：选择。

④ 直谅：正直诚信。

⑤ 文行先达：文行，文章与德行；先达，德行高、学问深的知名先辈。

⑥ 偶闻：恰好听到。

⑦ 佥：众人，大家。

⑧ 袤延：伸展延续。

⑨ 污：原本作"洿"，据《宁夏府志·艺文·记·灵州名贤祠碑记》卷一九改。

⑩ 元祀：指大祭天地之礼。《书·洛诰》："记功，宗以功，作元祀。"孔传："有大功则列大祀。"

⑪ 复恳：原作"复遐"，据《宁夏府志·艺文·记·灵州名贤祠碑记》卷一九改。

答如初。鸣呼！若公者，可谓不伐善，不施劳①，而始终不变其执者。灵之后人，不能无贤且名者，他日祀是祠，兴起其高山景行②之念者，又未必不自兹始也。是为记。

【译文】

灵州名贤祠碑记　佥事　张嘉谟　郡人

所谓名贤，是指古今贤人中声望卓著者。德行功业与利益恩泽惠及百姓的人，虽然其所建立功业的内容不同，但因贤良得享名望则是一致的。名望也不是你想要就可以得到的东西，大概事实在此名望自然而来。大到九州大地和世界各处，小到一乡一镇，没有一个地方没有贤良的人，而贤良之名也未尝不流播后世。不贤者欲让自己享有一天贤良的名声尚且做不到，何况让后世为自己修建祠堂纪念呢！

灵州是关陕地区的屏障和要害，大明开国以来当地人、汉人杂居，到现在经过一百多年了，一起繁荣富庶。弘治年间（1488—1505），都御史曹南王珣最初向皇帝奏闻增设灵州及灵州州学，选拔当地青年俊秀为生员。正在用尽全力草创阶段，王公刚巧离职，犯忌者从中用计谋罢停了此事。正德己卯（1519），都御史东黄王时中公务之余，感慨说："圣朝的礼乐教化，在全海内外，处处遍布，而我们孔夫子之道，不能因为是边疆地区而有所区别。州治没有时间顾及，州学可以停办吗？"于是再写奏疏陈述州学的兴废之由，以及少数民族、汉人的心愿上奏朝廷。皇上咨询礼部官员，经讨论后答复："可行。"于此，州学就复学了，没多久，学生、教师、教育官员相继到位。王时中召集原来州学学生，又分调宁夏其他地方学生充实学生队伍。孔庙及学校，全部翻修整倍扩大规模。

---

① 不伐善不施劳：不夸耀自己的长处，不表白自己的功劳。

② 高山景行：指值得效法的崇高德行。高山，比喻道德崇高；景行，大路，比喻行为正大光明。典出《诗经·小雅·车舝》："高山仰止，景行行止。"

过去一直没有名贤祠，灵州人说：“地方有贤良，有贤良就有祠堂，这是天下的通识。灵州虽然辽远，有些人生于本地，有些人来此地做官，古往今来不是没有贤良之士，不修建祠堂供奉可以吗？”于是各自拿出盈余，购买木材，烧制砖瓦，收集泥土和沙石，聚集工匠仆役，选择在［孔庙］大成殿后修建三间祠堂，供案、祭器、祭品等费用，也都做了安排。工程在正德庚辰（1520）三月开始，当年八月竣工。灵州驻守官员吴山、赵璧，士大夫李泰、马璘，师生庞经元、元经以及张嘉谟都考虑到古代的傅燮在汉朝曾担任议郎的官职，正直诚信，不避权贵；康日知在唐代任职观察使，分封为会稽郡王，忠于朝廷，抵抗反叛，是灵州德行高、学问深的知名先辈，可以供奉祭祀。考虑到以前的王珣，今天的王时中，功德惠及灵州人，可以供奉祭祀。王公恰好听到这件事，不高兴地说：“考虑供奉祭祀的其他人选都合适，只有我［王时中］绝对不行，兴废举坠，本来就是我的正常职责。”

大家又劝他说：“古代以来对能够抵御大灾，防御大患，安定国家有功劳的人，都要供奉祭祀。您的功劳，并非仅仅是建立了一所灵州州学，比如从中路大沙井到萌城，每五里筑墩，伸展延续相望，往来行旅避免被狡猾的敌人突然袭击；增设中路参将一名，统兵马三千，今天可以一并集中兵力阻止敌虏的入侵；清理沙压崩塌的屯田，使老少残疾之人得以减轻赋税负担，现在得以喘息的百姓，多的数不过来。疏通水渠而完善水利设施，修筑险隘而边塞得以巩固，廉洁没有一芥的贪污，勤政没有一天的停息。对灵州的功德，这样说来实在又多又大。即使享受大祭天地之礼尚且适宜，［配享灵州名贤祠］有何不可呢？”王公再次坚决推辞说：“国家的礼乐教化，必须等待君子来施行，蠢笨或明智、贤明或昏庸，必须百年之后才能盖棺论定，这件事情不要强迫我同意。”再次请求，又答复如初。呜呼！像王公这样的人，可谓是不炫耀自己的长处，不表白自己的功劳，而始终不改变自己执着信念的君子。灵州的后来者，不可能没有贤良且声望卓著的人，他日配祀在这个祠堂，当初激起他们效法崇高德行的念头，又未必不是从王公这里开始的。这篇文章就作为记吧。

铁柱泉记 管律[①]

去花马池之西南、兴武营之东南、小盐池之东北，均九十里交会之处，水涌甘冽[②]，是为铁柱泉，日饮数万骑弗之涸，幅员数百里又皆沃壤可耕之地。北虏入寇，往返必饮于兹。是故散掠灵、夏，长驱平、巩，实深[③]籍之。以其嬰[④]是患也，并沃壤视为弃土[⑤]百七十年矣。

嘉靖十五年丙申，都察院左都御史兼兵部左侍郎松石刘公奉圣天子命，制三边军务，乃躬涉诸边，意在悉关隘之夷险、城寨之虚实、兵马之强弱、道路之缓急，而后画御戎之策，以授诸将。是故霜行藿食[⑥]，弗避厥劳。至铁柱泉，驻瞻移时[⑦]，喟然谕诸将曰："御戎上策，其在兹矣，可城之使寇绝饮，固不战自惫，何前哲弗于是[⑧]图哉？"维时[⑨]巡抚宁夏、右副都御史字川张公，谋与公协，乃力襄[⑩]之。即年

① 管律：字应韶，号芸庄，生卒年不详，明宁夏卫（今宁夏银川）人，明正德十一年（1516）丙子科举人，正德十六年（1521）辛巳科进士，除刑科给事中，后任直隶长垣县丞，仕终山西高平（今属山西高平市）知县。辞官后，多年从事教育，因其"博闻有辞，史发司马，文效子美，乡人皆以'管子'称之"，得到官民的普遍敬仰。曾参与《弘治宁夏新志》的纂修，主修《嘉靖宁夏新志》，有《芸庄杂录备遗》十六卷传世。

② 甘冽：甘美清澄。

③ 深：原本脱此字，据《宁夏府志·艺文·记·铁柱泉记》卷十九、《嘉靖宁夏新志·宁夏后卫》卷三、《万历朔方新志·词翰·铁柱泉记》卷四补。

④ 嬰：碰，触犯。

⑤ 弃土：原本作"叶土"，据《宁夏府志·艺文·记·铁柱泉记》卷十九、《万历朔方新志·词翰·铁柱泉记》卷四改。

⑥ 藿食：以豆叶为食。指粗食。

⑦ 移时：经历一段时间。

⑧ 是：此处原本衍一个"多"字，据《宁夏府志·艺文·记·铁柱泉记》卷十九删。

⑨ 维时：当时。

⑩ 襄：帮助，辅助。相助而成。

秋七月丙申，按[①]察佥事谭大夫闾，度垣墉[②]，量高厚，计丈尺[③]。镇守、总兵官、都督，效帅师徒[④]，具桢干[⑤]，从畚锸[⑥]，人乐趋事，竞效乃力。越八月丁酉，城成，环四里许，高四寻[⑦]有奇，而厚如之。城以卫泉，隍[⑧]以卫城，工图永坚，百七十年要害必争之地，一旦成巨防矣。

置兵千五，兼募土人守之。设官操驭，皆检其才且能者。虑风雨不蔽之患，则给屋以居之；因地之利而利，则给田以耕之；草莱[⑨]辟，禾黍蕃[⑩]，又可以作牧而庶孳畜。弃于百七十年者，一旦大有资矣。其廨宇[⑪]仓场，匪一不备，宏纲细节，匪一不举，炫观夺目，疑非草创之者。先时虏常内觇，河东诸堡为备甚勤。而必先之以食，虽翔价博易[⑫]，犹虞弗济。泉既城，虏惮南牧，则戍减费省，籴[⑬]之价自不能腾，实又肇来者无穷之益，是皆出于公之卓识特见，而能乎人所未能。

今年丁酉，去兹泉南又百里许，亘东西为墙堑，于所谓梁家泉者亦城之，重关叠险，御暴[⑭]之计益密矣。借虏骋骄忘忌入之，骑不得饮，进则为新边所扼，退则为大边所邀，天受之矣。用是以息中原之扰，

---

① 按：原本作“案”，据《宁夏府志·艺文·记·铁柱泉记》卷十九改。

② 度（duó）：计算，推测。垣墉：垣墙。

③ 计丈尺：谓以丈、尺为单位来计量。

④ 效帅师徒：效，尽、致；帅，同“率”；师徒，兵士。

⑤ 具桢干：具，准备；桢干，筑墙时所用的木桩，竖于两端的叫桢，竖于两旁的叫干。

⑥ 从畚（běn）锸（chā）：从，参与；畚，盛土器；锸，起土器。泛指挖运泥土的器具。

⑦ 寻：古代的长度单位，一寻等于八尺。

⑧ 隍：没有水的城壕。

⑨ 草莱：犹草莽。杂生的草。

⑩ 蕃：茂盛。原本作“苗”，据《宁夏府志·艺文·记·铁柱泉记》卷一九改。

⑪ 廨宇：官舍。

⑫ 翔价博易：谓物价低廉，交易便利。博易，交易、贸易。唐韩愈《论变盐法事宜状》：“多用杂物及米谷博易，盐商利归于己，无物不取。”

⑬ 籴（dí）：买进粮食。

⑭ 暴：原本作“慕”，据《宁夏府志·艺文·记·铁柱泉记》卷一九改。

以休番戍[①]之兵，以宽馈饷之役[②]。岂第征[③]公出将入相之才之德而已，功在社稷，与黄河、贺兰实相悠久，谓有纪极[④]哉？是故不可以不记也。松石名天和，湖南麻城人；宇川名文魁，中州兰阳人。俱正德戊辰进士。谭閶，西蜀蓬溪人，正德辛巳[⑤]进士。王效，陕西榆林人，正德丁丑武举。法得备书。

【译文】

铁柱泉记　管律

在花马池西南、兴武营东南、小盐池东北，距离这三地均九十里的交会之处，有泉水涌出，甘美清澄，是为铁柱泉，每天供数万骑兵人畜饮水也不会干涸，幅员数百里之内又都是肥沃的土地，可以用来耕种。北方敌虏入寇，往返必在此地饮水、休息。所以分头抢掠灵州、夏州，长驱直入平凉、巩州，实在是深度凭借铁柱泉。因其引发祸患，和百里沃壤一起被视为弃土已经一百七十年了。

嘉靖十五年（1536）丙申，都察院左都御史兼兵部左侍郎松石刘公奉圣天子命令，节制三边军务，上任后就亲自到各个边塞要地视察，目的是调查掌握关隘之夷险、城寨之虚实、兵马之强弱、道路之缓急，而后谋划抵御敌虏的对策，以传授诸将。因此，一路冒霜雪，吃粗食，不辞劳苦。到达铁柱泉后，停下目光看了很久，喟然告诉诸将说："防御敌虏的上策，就在此地，可以修筑城池断绝敌人水源，对方肯定不战就已经疲惫不堪，为何前代的贤哲不在这个地方筹划安排呢？"当时巡抚宁夏、右副都御史宇川张公，想法与刘公一致，乃大力相助而

① 番戍：轮流戍守。

② 役：原本作"后"，据《宁夏府志·艺文·记·铁柱泉记》卷一九改。

③ 第：但。征：证明，征验。

④ 纪极：终极，限度。

⑤ 辛巳：原本作"辛未"，据蔡淑梅《（嘉庆）〈灵州志迹〉（光绪）〈灵州志〉》征引《明清进士题名碑录》、《嘉靖宁夏新志·宁夏后卫》卷三改。

成。当年秋七月丙申，按察佥事谭大夫闾，测度垣墙，计量高厚，以丈、尺为单位来计算设计。镇守、总兵官、都督，全都率领士兵，筹办建筑材料，参与挖土、运土，人们乐于参加这项工程建设，互相比赛着干活施工。过了八月丁酉，城池修筑而成，周长四里许，高三丈二尺多，而厚度也做了合理布局。城池护卫铁柱泉，城壕护卫城池，工程追求长久坚固，一百七十年来的要害必争之地，一旦成为防守要塞。

在此驻扎军队一千五百人，同时招募部分当地人防守。选拔既有才又能干的官员，统率训练这支部队。考虑到士兵不能遮风挡雨，就安排房屋居住；要让土地发挥作用，就分配田地耕种；开发草莽，禾黍茂盛，又可以作牧场而发展畜牧业。丢弃一百七十年的土地，一旦成为资源宝库。其官舍、库房，一一具备，主旨、细节，一一考虑周全，光彩夺目，让人怀疑是不是草创的城池。先时敌虏常常内侵，河东各个军事要塞备战甚为辛勤。而军队的粮食供应成为第一要务，虽然物价低廉，交易便利，仍然忧虑不能保障。铁柱泉既被城池围护起来，敌虏忌惮向南侵略，则戍守边境的费用就节省下来，粮价不可能飞涨，实实在在又开启了未来的无穷之益，这些都出于刘公的远见卓识，而建立了前人所未能成就的功业。

今年丁酉，在离铁柱泉南百里许的地方，横亘东西又开始修墙挖沟，即在叫作梁家泉的地方也修筑城池，重关叠险，防御凶残侵略者的安排愈发细密。假使敌虏炫耀骄纵忘乎所以入侵，骑兵人马不得饮水，前进则被新修的城池遏制，后退则被长城守军所邀击，这是上天对其赐予的惩罚。用这个办法平息中原的扰乱，让轮流戍守的士兵得以休息，让运送粮饷的劳役得以减轻。难道这些只是刘公出将入相才德的验证而已，其功在社稷，确实与黄河、贺兰山一样长久永存，谁能说有终极？所以不可以不记载下来。松石名叫刘天和，湖南麻城人；字川名叫张文魁，中州兰阳人。都是正德戊辰（正德三年，1508）进士。谭闾，西蜀蓬溪人，正德辛巳（正德十六年，1521）进士。王效，陕西榆林人，正德丁丑（正德十二年，1517）武举人。[这次在铁柱泉修筑军事要塞]，方法得当，措施到位，故将其详细记载下来。

重修边墙记　巡抚　赵时春[1]

国家威制四夷，严岨[2]封守，而陕西屯四镇强兵以控遏北虏，花马池尤为襟喉。淢[3]其北而益之墉，楼橹台燎[4]、铺墩守哨之具，星列棋布，式罔不备。成化以来，其制渐渝。黠酋乘利，稍[5]益破坏以便侵盗，而大将率绮纨缨弁子[6]，莫或耆御[7]，朝议益少之。始务遴[8]枭将，以功首级差[9]相统制，而巡抚、都御史居中画其计，督监司主馈饷。更请置总制陕西三边军务，以上卿居之。士众[10]知爵赏可力致则飚起，而诸将奏功相继，虏颇慑伏北引矣。

嘉靖十年，总制、兵部尚书兼右都御史王公琼始兴复之，虏倘屯结，恫喝未克，即叙时用。唐公龙来代，博采群[11]献，惟良是是，凡厥边保，悉恢故制。宁夏夹[12]河西，亘亘数百里，颓垣垫洫[13]，于崇于

①赵时春（1509—1567）：明平凉（今属甘肃）人，字景仁，号浚谷。嘉靖会试第一，选庶吉士，历兵部主事，后擢御史，巡抚山西，因广武遇寇一战而败，解官。时春读书强记，文章豪肆。其诗伉浪自喜，似其为人，是“嘉靖八才子之一”。有《浚谷集》。

②岨（jū）：戴土的石山。

③淢（xù）：通“洫”，沟渠。此指护城河。

④楼橹台燎：楼橹，古时军中用以瞭望敌军的无顶盖高台；台燎，焚柴祭天的高台。燎，古祭名，焚柴祭天。

⑤稍：表示程度深，相当于颇、甚。

⑥绮纨缨弁（biàn）子：绮纨，犹言纨绔，富贵子弟；缨弁子，亦指富贵子弟。缨，结冠的带子。弁，古代男子穿礼服时所戴的一种冠。

⑦莫或：没有。耆：强横。

⑧遴：审慎选择。

⑨功首：谓计攻居于首位。级差：谓据官阶等第不同相统制。

⑩士众：众士兵。

⑪群：原本作“郡”，据《宁夏府志·艺文·记·重修边墙记》卷一九改。

⑫夹：夹拥，左右围抱。

⑬垫洫：下陷之沟。垫，下陷。

浚。嘉靖十四年秋，工乃告竣。请给[①]官费仅二万两，役不逾数千人，无敢劳怨。行者如居，掠夺用[②]息。是役也，相其谋者，则巡抚宁夏、都御史杨公志学、张公文魁；绳[③]其任者，则巡按御史毛君凤韶、周君铁；督其事者，则按察司佥事刘君恩、谭君闓。至于拥卫士众，遏绝轶突[④]，则总兵官、都督王效。咸协共王役[⑤]，赞襄洪猷[⑥]，是用[⑦]勒铭，以永后范。铭曰：

敻高墉兮缭坤维[⑧]，踞蓐收兮环彪螭[⑨]。镇貊貉兮伏猰貐[⑩]，扬威棱[⑪]兮世永熙。

【译文】

重修边墙记　巡抚　赵时春

国家以威力制服周边外族，严密修筑战备工事巩固边防，在陕西驻扎四镇强兵用以控制北方的敌虏，其中花马池就是尤为要害之地。在其北边开挖护城河加筑高墙，瞭望塔、烽火台、驿站、堡垒等巡防设施，星列棋布，没有一种不完备。成化年间（1465—1487）以来，逐渐违背了这种规制。狡猾的敌军首领利用有利的形势，[对我方军事设施] 大肆破坏以便侵犯劫夺，而大将率富家纨绔子弟，没有做出有力反击，朝议更加轻视。于此开始审慎选择勇猛的将领，将战功居于

---

① 请给：薪给，俸禄。

② 用：表示结果，相当于因而、于是。

③ 绳：木工用的墨线，引申为标准、法则，又引申为按一定的标准去衡量、纠正。

④ 轶突：袭击。

⑤ 王役：朝廷的徭役。

⑥ 赞襄：帮助。洪猷：大的谋划。

⑦ 是用：因此。

⑧ 敻（xiòng）：远。坤维：地。坤为易卦名，象地。

⑨ 蓐（rù）收：古神话传说中的秋神。彪：小老虎。螭（chī）：传说中无角的龙。

⑩ 貊貉（mò hé）：貊与貉皆为古代对北方少数民族的称呼。猰貐（yà yǔ）：食人怪兽名。也作“猰貐”。此借喻侵边的游牧民族。

⑪ 威棱：声威。

首位，按官阶等第不同相统制，而巡抚、都御史居中筹谋计策，督监司负责粮饷运输。更请设置总制陕西三边军务职位，由朝廷重臣担任。众士兵知道爵禄和赏赐通过军功就可以得到，就掀起了奋勇杀敌的风暴，而诸将捷报相继，敌虏非常震怖向北引退。

嘉靖十年（1531），总制陕西三边军务、兵部尚书兼右都御史王琼开始修复边墙，敌虏倘若集结，未被我方吓阻，边墙就势派上了用场。唐龙接任王琼的职务，广泛听取大家的意见，只要是正确的意见就予以采纳，凡涉及守卫边疆的事宜，全部恢复过去的制度和办法。宁夏左右围抱黄河以西地区，曲折绵延数百里，倒塌的墙、下陷的沟，全部予以修复和疏通。嘉靖十四年（1535）秋，工程全部完工。官方支付的劳务费仅二万两白银，劳工不超过数千人，都不敢抱怨劳苦和怨恨。[自此以后]，出行的人如同居家一样平安，敌人的掠夺因而也停息了。这次边防工程建设，相互商量共同出谋划策者，是巡抚宁夏、都御史杨志学、张文魁；监督巡抚履行职责者，是巡按御史毛凤韶、周铁；督责工程建设者，是按察司佥事刘恩、谭闇。至于统率众士兵，阻止禁绝敌人的袭击，是总兵官、都督王效。这些人同心协力完成朝廷部署的任务，帮助实现宏图伟略，因此镌刻铭文，长久保存，作为以后的行为规范。铭曰：

敻高墉兮缭坤维，踞蓐收兮环彪螭。镇貊貉兮伏猰貐，扬威棱兮世永熙。

东长城关记略 副使 齐之鸾[①]

河东弃[②]不毛千里，皆古朔方地。成化间，即其处[③]筑长城三百余里，顾虏日抄掠[④]，而城复卑薄[⑤]，安足为障乎？嘉靖己丑[⑥]，虏入寇，总制王公琼破走之。乃凭城极目套壤，叹曰："城去营远，贼至不即知。夷城入，信辔飞掣[⑦]。设险守国，重门御暴，不如是也。吾欲沿营画堑，联外内辅车犄角[⑧]之势。"乃疏论之，以之鸾与佥事张大用领其事，庚寅秋就绪。及冬，虏入，果不能越。因复疏请，自红山堡之黑水沟，至定边之南山口，皆大为深沟高垒，峻华夷出入之防。堑深广皆二丈，堤垒高一丈，广二丈。沙土易圮处则为墙，高者长二丈余有差，而堑制视以深浅焉。关门[⑨]四：清水、兴武、安边，以营堡名；在花马池

---

①齐之鸾（1483—1534)：明安徽桐城人，字瑞卿，号蓉川。正德进士，改庶吉士，迁兵科左给事中。从张忠、许泰平宸濠反。屡迁宁夏佥事。嘉靖五年（1526)，以佥事督储，河东沟垒及平虏新墙，皆所筹画，由是升副使。以河南按察使终。齐之鸾学识渊博，文采宏丽，对桐城派的兴起有先导作用。有《蓉川集》《南征纪行》《入夏录》等著作存世。

②弃：原本作"弁"，据《宁夏府志·艺文·记·东长城关记略 》卷一九、《万历朔方新志·词翰·东长城关记略 》卷四改。

③其处：原本作"共处"，据《宁夏府志·艺文·记·东长城关记略》卷一九、《万历朔方新志·词翰·东长城关记略 》卷四改。

④顾：连词，表示转折。抄掠：抢劫，掠夺。

⑤城：原本作"咸"。卑：原本作"差"。据《宁夏府志·艺文·记·东长城关记略》卷一九、《万历朔方新志·词翰·东长城关记略 》卷四改。

⑥己丑：原本作"乙丑"，嘉靖乙丑是嘉靖四十四年（1565)，王琼早于嘉靖十一年（1532）去世，显误。其任总制在嘉靖八年至十年（1529—1531)，因此据胡玉冰《万历朔方新志·词翰·东长城关记略》卷四改。

⑦信辔（pèi）飞掣：信辔，送信的马。辔，驾驭牲口的嚼子和缰绳，这里指代骑兵。飞掣，迅速飞去。

⑧辅车犄角：辅车，颊辅与牙床。一说车夹木与车舆。比喻事物互为依存的利害关系。犄角，分布兵力于不同处所，以便牵制、夹击敌人或互相支援。

⑨门：原本作"南"，据《宁夏府志·艺文·记·东长城关记略》卷一九改。

营东者为总要①，则题曰“长城关”。高台层楼，雕革②虎视，凭栏远眺，朔方形势，毕呈于下。毛卜喇堡，设暗门一。又视夷险，三五里置周庐③敌台若干④所，皆设戍二十人，乘城、击刺、射蔽之器咸具。

【译文】

东长城关记略 副使 齐之鸾

黄河以东丢弃的上千里贫瘠土地，皆属于古朔方地域。国朝成化年间（1465—1487），即在其处修筑长城三百余里，但敌虏一天天地抢劫掠夺，而长城又低下单薄，哪里能够作为屏障呢？嘉靖己丑（嘉靖八年，1529），敌虏入寇，被总制陕西三边军务王琼击破败走。他站在长城上极目河套地区，感慨地说：“长城离兵营距离远，敌人抵达城下不会马上知晓。如果他们攻入长城沿线，我们传递军情的骑兵就会奔波飞驰，［十分被动］。本来利用险要之地建立防御工事守卫国家，设置重重门户抵御暴虐的敌寇，再没有比这更好的办法了。我准备沿着各个兵营开挖防御用的壕沟，联接内外形成互为依托，牵制、夹击敌人的态势。”于是上书朝廷陈述自己的意见，由齐之鸾与佥事张大用具体负责这件事，到庚寅（嘉靖九年，1530）秋天一切安排妥当。当年冬天，敌虏进攻，果然不能跨越长城防线。因此他又上书朝廷请求同意［扩大工程范围］，自红山堡到黑水沟，再到定边的南山口，皆大力开挖深沟、修筑高垒，加大对汉人、游牧民族进出的戒备。壕沟深、宽皆二丈，堤垒高一丈，宽二丈。沙土容易倒塌的地方则砌墙，墙高二丈多不一，而靠墙壕沟的深浅、宽窄根据实际情况而定。关门四座：清水营、兴武营、安边营，以营堡命名；在花马池营东者为军队统领

① 总要：统领，总括。

② 革：翅膀。《诗经·小雅·斯干》：“如鸟斯革，如翚斯飞。”《传》：“革，翼也。”《释文》：“革，如字。韩诗作勒，云翅也。”

③ 周庐：古代皇宫周围所设警卫庐舍。

④ 干：原本作“於”，据《宁夏府志·艺文·记·东长城关记略》卷一九改。

驻扎地，则命名为“长城关”。高台层楼，宽广好似雕展翅，威烈又像虎瞪视，倚栏极目眺望，朔方的地形地貌，全部呈现于眼前。毛卜喇堡，设置暗门一座。又根据地形的平坦、险阻，三五里设置警卫庐舍、观敌瞭望台若干座，每座安排戍守士兵二十人，守城、劈刺、射击和防护的军事器械全都具备。

杨王二公祠记 巡抚 霍冀[1]

灵州一路，乃宁镇枢会之区。北望不百里远，即为虏巢[2]，其地澶漫夷衍[3]，虏悍骑迅，长驱莫之能制。毒痛[4]蔓延，秦雍四民之苦于侵暴者久矣。

国朝成化间，始自州北筑长城三百余里，为扼险守固[5]之计。顾岁久圮剥[6]，虏易窥轶[7]。正德丁卯，大学士、少傅、总制三边邃庵杨公一清，建议请发内帑[8]修复旧边。上报“可”，发银若干万两。公画地经费，自横城兴工，仅筑四十余里，寻为逆瑾矫诏[9]中止。时虏患无宁岁也。嘉靖己丑，太子太保、兵部尚书、总制三边晋溪王公琼，复疏于朝，请终其绪[10]。公得报，身提重师，经略塞上，工自红山堡起至

①霍冀（1516—1575）：明孝义（山西中部偏南）人，字尧封，号思斋，嘉靖二十三年（1544）进士，嘉靖三十三年（1554）巡抚宁夏。修内外诸关镇城墙，及远近堡塞、各路斥堠。修治河渠闸堰，兴学宫，建书院，抚绥有方，事功表著。

②虏巢：原本作“巢虏”，据《宁夏府志·艺文·记·杨王二公祠记》卷一九、《万历朔方新志·词翰·杨王二公祠记》卷四改。

③澶（chán）漫夷衍：澶漫，平坦宽广；夷衍，地势低平。

④毒痛：痛楚，苦痛。

⑤扼险守固：扼险，控制要害；守固，防守得牢固。

⑥圮剥：毁伤。

⑦轶（yì）：突击。

⑧内帑：皇帝、皇室的私财、私产。

⑨矫诏：假托的皇帝诏书。

⑩绪：前人未完成的事业、功业。

定边止，延袤四百余里，恢拓[①]遗功，克底[②]成绩。而综理赞翊[③]之者，则前为宪佥[④]李君端澄，后为齐君之鸾焉。迄今数十余年，方内[⑤]耕者、牧者、行旅者、戍守者，咸有恃而无恐，非诸公大造之功德耶？

嘉靖丁巳，灵州乡官王堂、周镛，庠生吕清、张俊、刘应璧、许宗鲁等，感今追昔，爰谋立祠。中路参将徐仁、和乃，后先相继，备需鸠工。委指挥雍时[⑥]等，于城北构堂五楹[⑦]，翼以两序[⑧]，重门周垣[⑨]，罔不修饬。祀杨、王二公于其中，而以二宪佥附享焉。王堂等偕教官赵应奎，属余为序。余惟[⑩]先王之制，有功德于人者则祀之。闻兹长城之筑，杨、王二公，力任其事，群议不挠。而宪佥李君端澄、齐君之鸾，相继督工，险艰不避，卒使崇墉[⑪]岳立，大患捍[⑫]除，即古之城朔方、筑降城者，未之过也。是皆功德显著之甚大者，合而祀之，非礼也欤？语曰："德厚者，其感深；功大者，其思永。"今杨、王诸公，没世垂数十年，而士民之感思[⑬]者，无间于远近今昔，忻忻然[⑭]建祠举祀，盖无所为而为之者，又岂非天理民彝[⑮]之不容已[⑯]者耶？

①恢拓：拓展，开拓扩展。

②克底：克，能够或期望。底，古同"抵"，抵达。

③综理赞翊（yì）：综理，总揽、管理；赞翊，辅佐。

④宪佥：佥都御史的美称。佥都御史，明代都察院官员，地位仅次于左、右副都御史。

⑤方内：犹国内，域中。

⑥雍时：《宁夏府志·艺文·记·杨王二公祠记》卷一九、《万历朔方新志·词翰·杨王二公祠记》卷四作"雍诗"。

⑦楹：古代计算房屋的单位，一说一列为一楹，一说一间为一楹。

⑧序：隔开正堂东西夹室的墙。

⑨周垣：围墙。

⑩惟：想，思考。

⑪崇墉：高墙，高城。

⑫捍：通"悍"，勇猛、强悍。

⑬感思：思念。

⑭忻忻然：喜悦貌。

⑮民彝：指民之正常伦理。彝，常理。

⑯已：完了，逝去。

噫！杨、王二公之德及一方，功施[①]一时者，灵之士民固知之矣。至于施之宗社[②]，被之天下者，亦尝知之乎？杨公为相前后几十年，王公为尚书，历吏、户、兵三部，皆当正德之末、嘉靖之初，时值多故。二公立朝[③]，议大政，决大事，苟利国家，知无不为，险难百折，无所疑惮[④]，故能光辅盛业[⑤]，宏济时艰，在朝廷则朝廷重，在边鄙则边鄙重，蔚然为当代名臣。余每思见其人，敬奉奔走而不可得也。近以承乏[⑥]出抚夏州，二年来亦得窃籍[⑦]灵宠[⑧]，幸无他虞，则所以崇报之者，岂独士民宜尔耶？余既议行祀事，复为之记，俾刻石祠下，以永边人之思，且使后来者，有所感而兴焉。

【译文】

杨王二公祠记 巡抚 霍冀

灵州一带，乃是宁夏镇的关键区域。向北望不到百里远，就是敌虏的老巢，其地势低平宽广，虏风彪悍，骑兵迅速，长驱直入，没有办法可以抵挡。荼毒生灵的灾难向四周延伸扩展，古秦地的士、农、工、商四民遭受侵犯暴掠的痛楚已经很久了。

国朝成化年间（1465—1487），从控制要害、牢固防守考虑，开始在灵州以北修筑长城三百余里。但因年代久远倒塌毁损，敌虏容易偷袭、突击。正德丁卯（正德二年，1507），大学士、太子少傅、总制陕西三边军务杨一清（号邃庵），建议请求拨发皇室的私财修复旧边墙。

① 施（yì）：蔓延，延续。
② 宗社：宗庙和社稷，泛指国家。
③ 立朝：指在朝为官。
④ 疑惮：疑忌畏惧。
⑤ 光辅盛业：光辅，多方面辅佐；盛业，盛大的功业。
⑥ 承乏：承继空缺的职位。后多用作任官的谦辞。
⑦ 窃：私自，暗中。籍，凭借。
⑧ 灵宠：宠灵，指恩宠光耀，使得到恩宠福泽。

皇上答复“可以”，拨发白银若干万两。杨一清在地上划界限分拨经费，自横城兴工，仅修筑了四十余里，不久就被逆贼刘瑾假传圣旨中止。当时虏患频频没有太平的岁月。嘉靖己丑（嘉靖八年，1529），太子太保、兵部尚书、总制陕西三边军务王琼（号晋溪），又上书朝廷，请求完成前人未竟的功业。王公得到答复，亲自统领主要军事力量，筹划治理塞上，工程从红山堡起至定边止，绵延伸展四百余里，开拓扩展前人遗弃的功业，取得如此成功的业绩。而总揽工程辅佐成其功者，前一阶段是佥都御史李端澄，后为齐之鸾。迄今数十余年，境域内耕田者、放牧者、行旅者、戍守者，都有恃无恐，不是以上诸公大作为的功德吗？

嘉靖丁巳（嘉靖三十六年，1557），灵州乡官王堂、周镛，庠生吕清、张俊、刘应壁、许宗鲁等，感今追昔，于是商量建立祠堂纪念。中路参将徐仁、和乃，先后相继，准备建筑材料，聚集工匠。委派指挥雍时等人，于城北修建祠堂五间，东西两翼砌起墙壁，重门和围墙，一一修饬。祭祀杨一清、王琼二公于其中，而以两位佥都御史配享。王堂等和教官赵应奎一起，托付我做序。我想先王传下来的礼制，有功德于人者则享受祭祀。听闻这段长城的修筑，杨一清、王琼二公，费尽心力促成其事，众人非议也不屈服。而佥都御史李端澄、齐之鸾，相继督工，不避艰险，最终使高墙像山一样挺立，大患彻底扫除，即使古代筑城朔方、修筑受降城的功劳，也没有超过它。这些都是功德显著之中的极大者，合起来一起祭祀，不也符合礼法吗？常言道：“德厚者，其感深；功大者，其思永。”现今杨、王诸公，辞世将近几十年，而士大夫和普通百姓的思念，不受远近今昔的阻隔，心甘情愿地兴建祠堂进行祭祀，大概无所为而为之，又岂不是天理和人间的伦理不容已逝去的人吗？

噫！杨一清、王琼二公之恩德惠及一方，功烈延续一时，灵州的士大夫和普通百姓当然知道。至于其功业延及到国家，泽被天下，也曾知道吗？杨公担任内阁首辅前后几十年，王公任职尚书，历任吏、户、兵三部，皆当正德之末、嘉靖之初，时值国家变乱时期。二公在朝为官，议大政，决大事，如果有利于国家，知无不为，险难百折，也无所疑忌畏惧，故能多方面辅佐成就盛大的功业，大济当时出现的困难，在朝廷则朝廷倚重，在边疆则边疆倚重，蔚然为当代名臣。我常常想见其人，恭敬地奉事、供其驱驰，而无法得以实现。近来我承继空缺的职位巡抚夏州，两年来也私下凭借恩宠光耀，侥幸没有其它忧虑，那么之所以崇奉回报先贤，岂止灵州的士大夫和普通百姓才适宜吗？我已经参与讨论举行祭祀事宜，又为之作记，让在祠堂下刻石立碑，以长久寄托边民的思念，且使后来者，有所感物寄兴。

平虏大捷记 状元 翰林 康海[①]

嘉靖十三年甲子，虏酋吉囊盘据河套数年，秣马励兵，将图大举入寇。兵部尚书兼都察院右都御史唐公龙，与总兵官、都督同知刘文讲画[②]战守之法，缓急远近，部署咸定。

七月初，宁夏报吉囊结营于花马池，唐公遂下令曰："贼寇延绥，镇西将军张凤主之；寇宁夏，征西将军王效主之；寇固原，都督刘文主之；其当冲[③]截突，副总兵、都督佥事梁震主之。"十四日己卯，虏由定边干沟铲崖入铁柱泉，刘文堵截，不得犯固原。二十三日戊子，乃从青沙岘入寇安、会、金三县，文率所部参将霍玺、崔高、彭浚，守备吴英、崔天爵，驰兵往赴。明日己丑，战于会宁柳家岔及葛家山，斩其桀者数十人。虏惧思遁。文曰："贼归必自青沙岘。游击将军李勋、

①康海（1475—1540）：明朝陕西武功人，字德涵，号对山。弘治年间进士第一，大魁天下，授修撰。康海以诗文名列明朝"前七子"之首，著有诗文集《对山集》，杂著《纳凉余兴》《春游余录》，散曲集《沜东乐府》，尤以《武功县志》最为著名，后世编纂地方志多以此志作为楷模。

②讲画：讲求，谋划。

③当冲：在道路的冲要处。

守备陶希皋可趋青沙岘伏道[①]以俟。红古城、半个城，零贼之所必犯，指挥王缙可按兵截杀。二城无事，海剌都、干盐池、鸣沙州、石沟可安堵矣。"

八月四日戊戌，虏果合众出青沙岘。文督战当冲，伏兵尽起，复大败虏众。而王缙于半个城与指挥田国亦破零贼。前后斩首一百二十又七，所获达马一百三十又二、甲胄器械衣物一千九百三十又七。梁震与参将吴吉、游击徐淮、守备戴经遇虏于干沟，大战破之。斩首一百八十又五[②]，所获达马二百又四、器物四千七百四十又七。王效与副总兵苗鸾，游击郑时、蒋存礼，又遇虏于兴武营，大战破之。参将史经、刘朝，分布韦州，张年又从苗鸾摆边。遇刘文驱虏，结营北奔，各哨奋勇，而前后斩首一百三十，所获达马二百又二、器物二千一百六十又六。虏幸得及老营，昼夜急遁。故海剌都、干盐池、鸣沙、石沟，号牛羊富有之地，虽经行[③]，不敢正目。视昔驻掠豳、陇，而诸将闭门吁天，不能得一遗镞，何如哉？

十万之虏，经年在套秣马励兵，欲图大举。二旬之内，连复[④]三捷。盖惟皇上神武圣文，知人善任，故唐公得以悉心壮猷[⑤]，诸将得以摅忠自奋[⑥]尔。语言："上下相须[⑦]，千古为难。"岂不信哉！唐公受命以来，

① 伏道：指利用地形埋伏军队以袭击敌人的策略。

② 五：原本作"无"，据《宁夏府志·艺文·记·平虏大捷记》卷一九、《万历朔方新志·词翰·总督唐龙平虏大捷记》卷四改。

③ 经行：佛教徒因养身散除郁闷，旋回往返于一定之地。原本作"缓行"，据蔡淑梅《（嘉庆）〈灵州志迹〉（光绪）〈灵州志〉》征引《康对山先生集·碑·大明嘉靖平虏之碑》卷三五、《嘉靖宁夏新志·文·大明嘉靖平虏之碑》卷八改。

④ 连复：犹接连。

⑤ 壮猷：大计划。

⑥ 摅（shū）忠自奋：摅忠，犹尽忠；自奋，自我奋发而欲有所为。

⑦ 相须：亦作"相需"。互相依存，互相配合。

寒暑仅四阅[①]也，斩获虏首殆及千余。威宁、细沟之功[②]，北征[③]已后，谓为再见。今日之捷，视威宁、细沟，不知相去几许。庙堂与本兵大臣，必有以休休[④]之心，翊赞皇度[⑤]矣。方诸简册[⑥]，周宣、汉武[⑦]不足言也。边方父老，以予撰碑叙述其事，周告将来。辞曰：

惟明九业，笃生圣皇。允文允武，帝德用昌。因心弘化，宠绥万邦。内治既洽，恩被边疆。惠德有赉[⑧]，拂义必匡。元臣若德，迪惠厥常。蠢兹酋虏，潜蠕幽荒。教既未逮，盩亦屡猖[⑨]。盘据河套，未遂驱攘。岂天厌逆，乃尔乖方[⑩]。屡犯屡挫，曾不戒戕。公壮其猷，九伐斯张。青沙之役，易若驱羊。兴武既馘[⑪]，干沟亦襄。大举反衄[⑫]，鼠窜惟囊。恭惟神武，所向必创。况此元老，维德之行。弗崇虚誉，克屏谲狂。稽勋者勚[⑬]，而无否臧。元戎丕奋，参佐孔良。节制四载，其武汤汤。

① 四阅：谓四年。

② 威宁、细沟之功：威宁之功，即威宁海之战。明成化十六年（1480）明军于威宁海（今内蒙古乌兰察布市察哈尔右翼前旗黄旗海）击败蒙古鞑靼军的一次奔袭战。细沟之功，明嘉靖五年（1526），甘肃副总兵李义统兵防御黑城子堡，在细沟遭遇敌军，率兵大战，连破敌人堡垒。斩首三百七十余级，缴获马匹、辎重无数。皇帝得报后感叹良久，道："数十年里，无有此捷。"赐赏。

③ 北征：指明成祖北伐。又称明成祖北征、永乐北伐，明成祖在位期间，先后五次亲征，北伐蒙古。

④ 休休：形容宽容，气魄大。

⑤ 翊（yì）赞皇度：翊赞，辅助、辅佐；皇度，皇帝的品德和气量。

⑥ 方诸简册：方诸，古代在月下承露取水的用具，一说为铜镜；简册，书籍，特指史籍。

⑦ 周宣汉武：周宣，即周宣王。厉王子，名静。厉王死于彘，召穆公、周定公以及诸侯拥立太子静继位，即周宣王。用仲山甫等，北伐猃狁，南征荆蛮、淮夷、徐戎。见《史记·周本纪第四》。汉武，指汉武帝。

⑧ 赉（lài）：赏赐，赠送。

⑨ 猖：原本作"倡"，据《宁夏府志·艺文·记·平虏大捷记》卷一九改。

⑩ 岂天厌逆乃尔乖方：此八字原本脱，据蔡淑梅《（嘉庆）〈灵州志迹〉（光绪）〈灵州志〉》征引《康对山先生集·碑·大明嘉靖平虏之碑》卷三五补。

⑪ 馘（guó）：古代战争中以割取敌人耳朵以计数献功。

⑫ 衄（nù）：同"衄"，泛指出血，也有挫伤、失败、侮辱之意。

⑬ 勚（yì）：辛劳。

邪佞莫入，夸呲是惶[①]。皇心勿二，公德愈光。甲午[②]之捷，万古所望。后贤秉钺，尚慎勿忘。

【译文】

平虏大捷记　状元　翰林　康海

嘉靖十三年（1534）甲子，敌虏首领吉囊盘踞河套数年，秣马励兵，将要计划大举入寇。兵部尚书兼都察院右都御史唐龙，与总兵官、都督同知刘文谋划战守之法，缓急远近，全部安排部署妥当。

七月初，宁夏报告吉囊在花马池驻扎兵营，唐公遂下命令说："敌贼如果入寇延绥，由镇西将军张凤指挥反击；入寇宁夏，由征西将军王效指挥反击；入寇固原，由都督刘文指挥反击；在道路的冲要处阻截敌人，由副总兵、都督佥事梁震指挥。"十四日己卯，敌虏由定边干沟铲崖进入铁柱泉，被刘文指挥的军队堵截，不得侵害固原。二十三日戊子，乃从青沙岘入寇安、会、金三县，刘文率所部参将霍玺、崔高、彭浚，守备吴英、崔天爵，驰兵往赴增援。第二天己丑，战于会宁柳家岔及葛家山，斩其凶暴者数十人。敌虏胆寒想逃跑。刘文说："敌贼归巢必然从青沙岘经过。游击将军李勋、守备陶希皋可急速赶赴青沙岘利用地形埋伏军队等待。红古城、半个城，小股敌贼必然侵犯，指挥王缙可按兵截杀。如果这两座城池无事，则海剌都、干盐池、鸣沙州、石沟的百姓就可以安居了。"

八月四日戊戌，敌虏果然纠集在一起离开青沙岘。刘文在道路的冲要处督战，伏兵尽起，又一次大败虏众。而王缙在半个城与指挥田国也击破小股敌人。前后斩首一百二十七人，所获达马一百三十二匹、甲胄器械衣物一千九百三十七件。梁震与参将吴吉、游击徐淮、守备

① 邪佞莫入夸呲是惶：此八字原本脱，据蔡淑梅《（嘉庆）〈灵州志迹〉（光绪）〈灵州志〉》征引《康对山先生集·碑·大明嘉靖平虏之碑》卷三五补。

② 甲午：嘉靖十三年（1534）。

戴经在干沟与敌相遇，大战击败敌人。斩首一百八十五人，所获达马二百零四匹、器物四千七百四十七件。王效与副总兵苗鸾、游击郑时、蒋存礼，又在兴武营与敌相遇，大战击破之。参将史经、刘朝，在韦州分兵把守，张年又随从苗鸾在边境驻军，防止敌人秋天的入侵。碰上刘文驱逐敌虏，会和军队向北疾驰，各支部队奋勇争先，而前后斩首敌人一百三十人，所获达马二百零二匹、器物二千一百六十六件。剩下的敌虏侥幸到达老营，不分昼夜急急逃走。所以海剌都、干盐池、鸣沙、石沟，一直号称盛产牛羊，但敌虏虽然往返通过此地，不敢正目而视。看过去敌虏［视明军为无物］，驻扎下来劫掠豳州、陇州地区，而诸将们闭门呼天，连敌人一个丢弃的箭镞也得不到，与其相比如何呢？

十万敌虏，多年在河套秣马励兵，谋划准备大兴军旅。［不料］二十天之内，我方就接连取得三次胜利。靠的是皇上的神明威武和文德，知人善任，所以唐公得以全心谋划实施大计划，诸将得以尽忠自我奋发而欲有所作为。常言道："上下相须，千古为难。"确实这样啊！唐公接受任务以来，算起来仅仅四年时间，就斩获虏首将近千余人。成化十六年（1480）明军于威宁海击败蒙古鞑靼军、嘉靖五年（1526），［甘肃副总兵李义统兵］在细沟击败敌虏的功绩，常被认为是自永乐五次北伐以后，仅有的两次对蒙古部落战争的胜利。今日的大捷，比照威宁海、细沟，不知相差了多少倍。朝廷与本地统兵大臣，必然以移山倒海的魄力，辅佐皇帝的品德和气量。对照史书，周宣王、汉武帝不足道也。边疆父老，给予我极大的荣幸撰写碑文记述其事，周告未来。辞曰：

惟明九业，笃生圣皇。允文允武，帝德用昌。因心弘化，宠绥万邦。内治既洽，恩被边疆。惠德有赉，拂义必匡。元臣若德，迪惠厥常。蠢兹酋虏，潜蠕幽荒。教既未逮，螯亦屡猖。盘据河套，未遂驱攘。岂天厌逆，乃尔乖方。屡犯屡挫，曾不戒戕。公壮其猷，九伐斯张。青沙之役，易若驱羊。兴武既戡，干沟亦襄。大举反衄，鼠窜惟囊。恭惟神武，所向必创。况此元老，维德之行。弗崇虚誉，克屏谲狂。稽勋者尠，而无否臧。元戎丕奋，参佐孔良。节制四载，其武汤汤。邪佞莫入，夸咄是惶。皇心勿二，公德愈光。甲午之捷，万古所望。后贤秉钺，尚慎勿忘。

灵州河堤记　巡抚　张九德[①]

灵州阻[②]河而城，其西南当河流之冲，复趋而北可十里。每夏秋湍激[③]，受害不啻剥肤[④]，而亦藉以灌溉[⑤]。虽秦、汉二渠，溉田至数千顷，而利与害错，其侵城实甚。粤稽[⑥]洪武甲子迄今，城凡三徙，皆以河故，而河亦益徙而东。自不佞来受事，不一载，去城仅数十武[⑦]矣。先是御河，岁役夫三千，束薪十万，罔虑数百千金，率委诸壑。人情汹汹，意非物力所能支[⑧]，议徙民徙城以为长策。

不佞则谓御河犹御虏也，虏阑入[⑨]不逼之去，犹延之入乎？且势

①张九德：字咸仲，号曙海，浙江慈溪人，生卒年不详。万历二十九年（1601）进士，曾任云间（今上海）知府、宁夏河东兵备道、按察使、陕西右布政使、延绥巡抚、工部尚书等职。他善理政务，颇多政绩。泰昌元年（明万历四十八年，1620），在灵州兴修水利，增田百余顷，尤为突出的是天启初年，修筑黄河堤岸六千余丈，根治水患，保护了灵州城。事迹参见本书卷二《历朝宦迹志第十三》。

②阻：倚傍，靠近。

③湍激：水流猛急。

④剥肤：语本《易·剥》："剥床以肤，切近灾也。"谓灾祸已迫其身。

⑤而亦藉以灌溉：此六字原本脱，据《万历朔方新志·词翰·新筑灵州河堤碑记》卷四补。

⑥粤稽：考察，查究。粤，语气词，表示严肃审慎的语气。

⑦武：古以六尺为步，半步为武。

⑧意非物力所能支：此七字原本脱，据《万历朔方新志·词翰·新筑灵州河堤碑记》卷四补。物力，可供使用的全部物资。

⑨阑入：擅入。汉制，诸入宫殿门皆著籍，无籍而妄入，谓之阑入。此谓虏擅自侵边。

若建瓴[①]，而仅仅积薪委[②]土与阳侯[③]争，此助之决耳。计非巨石砥柱[④]之不可，独虑费且不赀[⑤]。计无出，不佞即捐月俸二百金为役者先。而谋之荐绅[⑥]邑令戴君任、诸生辈及乡三老聚族[⑦]，议堤以石，无所事薪，改征河西年例柴价五百金。军民愿输地基银八十两，暨诸捐助，验库藏之羡[⑧]，合之得千四百有奇。赀用集矣，则议民间量地亩出夫，量田里[⑨]出车，调两河营卒更番受役。工力备矣，乃造船百艘，运峡口石往来不绝。材具庀[⑩]矣，遂请于先抚宁夏、今制台少司马介石李公、前制台、今大司徒瞻予李公，俱报"可"。则以守备张大绶董堤务，指挥孟养浩司出纳，经历李盛春程[⑪]工作，大兴石堤之役。而议者纷若，谓滨河皆流沙，不受任石，恐卒无成功。适旋筑旋溃，众口愈嚣，予坚持之。曰："此根虚易倾耳，水岂能负石而趋耶？"益令聚石投之，一日尽八百艘，三日基始定，于是从南隅实地始，累石为堤首四十余丈，用遏水冲。继以次迤西而北，其累石亦如之。计堤长六千余丈。功甫成，而河西徙，复由故道。视先所受啮地淤为滩，可耕可艺，去城已十数里矣。

---

①建瓴：形容速度极快。建，倒水、泼水。瓴，盛水的瓶子。南朝宋·裴骃《史记集解》引三国魏如淳曰："瓴，盛水瓶也。居高屋之上而幡瓴水，言其向下之势易也。"

②委：堆积。

③阳侯：传说中的波神。《淮南子·览灵注》："阳侯，陵阳国侯也。其国近水，休（溺）水而死，其神能为大波，有所伤害，因谓之阳侯之波。"

④砥柱：比喻能负重任、支危局的人或力量。

⑤不赀（zī）：数量极多，无法计算；非常贵重。

⑥荐绅：同"缙绅""搢绅"。指有官位的人。

⑦诸生辈及乡三老聚族：原本作"及诸生辈"，据《万历朔方新志·词翰·新筑灵州河堤碑记》卷四改补。乡三老：汉代乡官。汉王二年（前205），刘邦令各乡置三老一人，称乡三老。需由年五十以上，有德行，能帅众为善者担任。

⑧羡：有余，余剩。

⑨田里：田地和庐舍。

⑩庀（pǐ）：准备，聚集。

⑪程：考核，衡量。

是役也，经始[①]于天启癸亥之正月，告成于天启乙丑之四月，凡费时二年有半，费金九百一十有奇，费米麦六十石，而贮尚有余羡。念往岁议堤，请帑金万二千，业奉旨下部覆不果，今议约三千金，犹虑不足。至廑少司马公捐俸金百两[②]，而同守卢君自立、参戎[③]高君师孟等，亦醵[④]助有差。然卒以有余羡，故蔺[⑤]还。是皆百执事[⑥]殚心经画，靡有虚縻[⑦]之成效也。

忆不佞初抵灵，行河筹之再三，始而秦渠堤溃水暴泄，不能灌溉，为筑长堤潴[⑧]之，岁比稔。而汉伯渠又苦无尾闾[⑨]，腴田皆成巨浸，因以治堤之余，为开芦洞，长十三丈五尺，高广各三丈五尺，自秦渠北岸抵洼桥，疏渠道三十里，泻水入河，复故田数百顷，增税额数千石。不三月而竣[⑩]，凡费金五十六两有奇，而桩铁诸费不与焉。古有言："河者，天下之大利大害也。"故《周礼》慎水政，以防止水，以潴蓄水，以沟荡水，其法甚备，自堤石而城无受啮，庶几于河之害远矣。而二渠之役，亦借以收其利。

不佞三年于此，未事则忧物力，方事则忧成劳[⑪]，已事则忧久远。

① 经始：开始营建，泛指开创事业。

② 廑（jǐn）：才，只。假借为"仅"。捐：原本作"损"，据《万历朔方新志·词翰·新筑灵州河堤碑记》卷四、《宁夏府志·艺文·记·灵州河堤记》卷一九改。

③ 参戎：明清武官参将，俗称参戎。

④ 醵（jù）：大家凑钱。

⑤ 蔺：蔺石，古代守城时用以御敌的雷石。引申为坚硬、坚决。蔺，假借为"棱"。

⑥ 执事：有职守之人，官员。

⑦ 虚縻：虚靡，白白地损耗、浪费。

⑧ 潴（zhū）：（水）积聚。

⑨ 尾闾：古代传说中海水归宿之处。此谓水之归向。

⑩ 不三月而竣：原本脱此五字，据《万历朔方新志·词翰·新筑灵州河堤碑记》卷四补。

⑪ 成劳：成功。

今幸三忧且释，得藉手[①]告终事矣。抑[②]天下事，惟贤者能虑始，其次莫若因。是三役者，因法于古，因石于山，因力于民，因能于众，因主裁于上，获逭喜事之辜[③]，是皆今日所以成功之本也。例不可以无记，遂次其终始，以系之铭。铭曰：

浑浑经渎，亘以金堤。顺流而西，潜于灵府。禔福[④]下土，聿巩灵武。爰固我围[⑤]，用昌我稷黍。匪处白璧，而崇绀益。是维川后之仁，俾无逢其灾害。亦越千祀，曰宁以泰。

【译文】

灵州河堤记　巡抚　张九德

灵州靠近黄河筑就州城，其西南当河流之冲激，［激流］又转向北面长度可达十里。每年夏季与秋季水流猛急，无异于灾祸已迫近其身，而也可以借此进行灌溉。虽然秦、汉二渠，灌溉田亩达到数千顷，并且利与害相互交错，河流对城池的侵害确实很厉害。据查究自洪武甲子（洪武十七年，1384）到现在，灵州城总共迁徙了三次，都是因为黄河的缘故，而黄河河道也更加向东偏移。自从不才我来接受职务，不到一年时间，黄河离城仅百十尺远了。在此以前防御河患，每年需要投入劳力三千人，捆扎起来的柴木十万捆，不顾数百、数千的金钱，全部投之于深壑。人心动荡不安，料想不是物力资源所能撑持，纷纷议论要把迁徙民众迁徙州城作为万全之计。

我则说防御河患犹如防御敌虏，敌虏擅自侵边不强迫其离去，难道还请其进来吗？且黄河势若高屋建瓴，而仅仅依靠集聚木柴堆积土

① 藉手：犹借助。借人之手以为己助。

② 抑：文言连词，表转折，相当于可是、但是。

③ 获逭（huàn）喜事之辜：谓能够免除成就筑堤治水这种好事所要犯的错误。逭，免除。辜，罪。

④ 禔福：安福。禔，安。

⑤ 围：《宁夏府志·艺文·记·灵州河堤记》卷一九作“圉”，边境之意。

壤与阳侯之波相争，这是帮助其决口。我思谋非巨石作砥柱不可，只是忧虑费用不在少处。想不出什么办法，我当即捐出每月的薪俸白银二百两作为先期投入劳务的费用。而和缙绅县令戴任、诸生辈及乡官大户商量，一致认为以石头作堤坝，再用不着木柴，于是把河西常例木柴折价征收白银五百两。军人和平民自愿捐献地基银八十两，与各项捐助，审核库房里储藏的余剩，加起来一共有白银一千四百两有零头。钱财费用筹措完备，则商议由民间按拥有的田地亩数出劳力，按田地和庐舍出车，征调两河士兵轮流进行劳动。人力具备了，乃造船百艘，往来不绝运送峡口石料。材料和器具预备好了，遂请示宁夏前巡抚、当今总督少司马李从心（号介石），前总督、当今大司徒李起元（号瞻予），都答复“同意”。于是就安排守备张大绶监督管理堤务，指挥孟养浩主管出纳，经历李盛春考核工作，大规模实施石堤修筑工程。而人们议论纷纷，说临近河流都是流沙，承受不住石头的重量，恐怕最终无法成功。正巧遇上边筑边溃的情况，众口更加喧哗，我坚持干下去。说：“这是河岸底部虚空导致石堤容易坍塌，水流岂能负石而行？”命令收集更多的石头投进去，一天就用尽八百艘船运载的石头，就这样干了三天地基才开始固定，于是从南边实地开始，用石头垒成堤首四十余丈，用来阻止水流的冲击力量。进一步向西再往北延伸，其用石头垒砌和前面的办法一样。堤长共计六千余丈。工程竣工后，而黄河向西迁徙，又从旧河道奔流不息。先前被黄河吞噬的土地淤积为河滩地，可以耕种也可以种植树木，离城已经十数里远了。

这个工程，开始动工于天启癸亥（天启三年，1623）正月，竣工于天启乙丑（天启五年，1625）四月，总共费时二年半，花费白银九百一十两有零头，消耗大米、小麦六十石，而储存尚有盈余。常常想往年计划整修河堤，从国库申请经费白银一万二千两，业以奉皇帝旨意下部议覆没有结果，现今计划约需白银三千两，犹然担心不足。以至仅少司马公李从心一个人就捐了俸银一百两，而同守卢自立、参将高师孟等，也捐助不一。然而最后因为资金还有剩余，所以坚决退还了。这些都是上百官员殚心竭虑筹划安排，没有白白地损耗浪费的成效。

回忆我刚抵达灵州，沿河筹划再三，一开始秦渠溃堤水暴泄，不能灌溉，为筑长堤封堵，连年五谷丰收。而汉伯渠又苦于流水没有归向，肥沃的田地都成了大湖泽，因此在治理黄河河堤之余，为之开挖芦洞，长十三丈五尺，高宽各三丈五尺，自秦渠北岸抵洼桥，疏通渠道三十里，泻水入河，恢复旧有的田地数百顷，增加税额数千石。没用三个月就竣工了，总共花费白银五十六两有零头，而木桩、铁桩诸项费用没有考虑在内。古人有言："黄河，既是天下之大利也是大害。"所以《周礼》强调要谨慎对待水政，以堤防阻挡水流，以湖泊蓄水，以沟岔排水，其方法甚为完备，自从石堤砌成而灵州城再不受黄河的侵啮，或许可以从此远离河水之害。而借助秦渠、汉伯渠两个水利工程建设，也获得了很大收益。

我在这里三年，工程没有实施则担忧物力不足，工程正在进行则担忧成功与否，工程已经竣工则担忧其长久与否。幸运的是现在这三种担忧都消散了，得以借助众人之手宣告终结。可是天下的事情，惟有贤良者才能谋划事情的开端，其次莫不是因循沿袭。这三项工程，取法于古人，取石于山野，得力于百姓，得能于众人，依靠的是上司和朝廷的英明决断，能够免除成就筑堤治水这种好事所要犯的错误，这都是今日所以成功的根本。按照惯例不能没有文章记载下来，于是序次其开头到结局，和铭文联结在一起。铭曰：

浑浑经渎，亘以金堤。顺流而西，潜于灵府。禔福下土，聿巩灵武。爰固我围，用昌我稷黍。匪处白壁，而崇绀益。是维川后之仁，俾无逢其菑害。亦越千祀，曰宁以泰。

灵州张公堤记　太仆少卿[①]　崔尔进[②]

灵在宁夏镇河以东，刘综所谓“西陲巨屏”。居人三时农作，寄命于河。有渠曰汉延、曰唐来，俱西为镇城所有。其在东者，秦家一渠。古称光禄等三渠，百家等八渠，今湮没。意当时兼东、西渠名之，或曰即秦家支渠，皆不可考。渠故有堤，土薪间筑，旋筑旋圮，久之益废，不复治，岁屡不登。

观察[③]张公既下车，亮采惠畴，大猷允迪[④]。数问民所恫苦，得此，毅然谓：“非石礓无以集事。”于是相度鸠工，躬为激督综核[⑤]，不半载告竣。延袤四百余丈，高厚坚致，亘如长虹，水无雍滞泛滥，顿成有年。畚锸之费出公捐俸及搜括赎锾[⑥]，不以劳民，民大悦。营参戎马君载道，并乡绅县尹戴君任等，即以张公名堤，如姑苏之白公堤，武林之苏公堤，而介郡贰守[⑦]沈君道隆求余为记。

余按河出昆仑墟，历注[⑧]蒲昌[⑨]，出积石，入敦煌诸境，以至朔方，此即其地也。河从高趋下，最善溃。至是为青铜峡约束，渐就平衍，

---

①太仆少卿：古代官名，明代专管地方牧政。

②崔尔进，详细资料阙如。据《明史·冯师孔传》卷三六三记载：明崇祯十五年（1642）十月，李自成率军破潼关，时崔尔进为指挥，随陕西巡抚冯师孔守西安。城陷，随师孔投井死。不知是否为同一人。

③观察：道员，俗称道台。

④亮采惠畴：谓寻求居官能信立其功、能顺其事的人。《尚书·舜典》：“使宅百揆，亮采惠畴。”《尚书正义》：“亮信惠顺也。求其人使居百揆之官，信立其功、顺其事者，谁乎？”大猷允迪：大猷，重要的规划；允迪，认真履践或遵循。

⑤激督综核：激督，指挥；综核，谓聚总而考核之。

⑥畚锸（běn chā）：畚，盛土器；锸，起土器。泛指挖泥运土的用具。也借指土建之事。搜括赎锾（huán）：搜括，搜索，搜集；赎锾，赎罪的银钱。

⑦介郡贰守：介郡，大郡，这里指灵州。介，大。《诗经·小雅·甫田》：“报以介福，万寿无疆。”贰守，州府长官太守的副手。谓任同知之职。贰守，原本作“二守”，据《万历朔方新志·词翰·灵州张公堤记》卷四改。

⑧注：原本脱此字，据《宁夏府志·艺文·记·灵州张公堤记 》卷一九补。

⑨蒲昌，即罗布泊。在今新疆若羌县之北。

稍得潴泻[①]以资稼穑。世谓天下多苦河害，惟朔方收河之利，良然。而关西诸镇，九原、张掖，左右遏虏，此居其中，形虽鼎峙，实衿喉焉。自昔置材官飞挽[②]，数万甲仗糗刍之需，仰给帑金不及四万缗，其余民运而外，一切取足屯田，又何约也。持笏而画者，毋亦曰滨河为利，徼灵[③]于天实甚奢。俾半食其力，以舒县官急，而天何可常则[④]亦利不利之，灼然者矣。

公清修介节，伟略直心，盘错所至，剖决若神。日加意[⑤]元元，绸缪[⑥]其制作，永逸规模，成以指顾[⑦]，塍位相接，可导可鄣[⑧]，无荡、无涸、无淤。天若不自以旱干水溢，为政而获畬[⑨]，惟斥卤之场芃芃[⑩]桑麻，无论家给人足[⑪]，陈穰我庾[⑫]，而市价不骤腾湧。荷戈辈宿饱以养直前之气，纵天骄百万，莫敢南向发一矢。即不然狡马以逞，阡陌蜿蜒，险

---

① 得：此字原本脱，据《万历朔方新志·词翰·灵州张公堤记》卷四补。潴泻：蓄水和放水。

② 材官飞挽：材官，一种秦汉时始设置的地方兵种；飞挽，急速运送，原本作挽飞，据正文改。

③ 徼（jiǎo）灵：祈求神灵（保佑）。

④ 常则：一定的规律。犹言正，正是。

⑤ 加意：注意，留意。

⑥ 绸缪：绵密，紧缠密绕。

⑦ 指顾：一指一瞥之间。形容时间的短暂、迅速。原本作“顾顾”，据《宁夏府志·艺文·记·灵州张公堤记 》卷一九、《万历朔方新志·词翰·灵州张公堤记》卷四改。

⑧ 鄣：阻塞。

⑨ 畬（yú）：已开垦三年的熟田。

⑩ 惟斥卤：惟，致使，以致；斥卤，盐碱地。芃（péng）芃：形容植物茂盛。

⑪ 无论：不要说，不用说。给（jǐ）：丰足。

⑫ 穰（ráng）：庄稼丰熟。原本作“因”，据《宁夏府志·艺文·记·灵州张公堤记》卷一九改。庾（yǔ）：露天的积谷处。

阻绣错，我以投石拔距①之余，遏飘风骤雨之众，扼吭踦角②，制彼③死命，砺萧斧伐朝菌④耳。

然则是役也，自金积而南，周索⑤自我，入保出遮，虏绝瓯脱⑥之迹。尽神皋奥区⑦之域，惟公之所保厘而乂安之⑧。而余窃谓此井⑨画之遗也，赵营平⑩行之金城而效矣。今大司徒所仰屋而叹，必曰："辽饷加派南亩⑪，三倍原额。监司二千石⑫而下，且以此定殿最⑬。新饷日急，旧饷日逋⑭；急者终付尾闾⑮，逋者致各塞有庚癸之呼。何如推公此法于蓟门⑯通津间，芟荑蓁芜⑰，严葺其圩埰埠坊⑱，且耕且战，不愈于水陆飞輓数千钟致一钟乎？"

---

①投石拔距：古代军中的习武练功活动。《汉书·甘延寿传》卷七〇注："拔距者，有人连坐相把据地，距以为坚而能拔取之，皆言其有手掣之力。"

②扼吭踦角：扼吭，比喻控制要害部位；踦角，《宁夏府志·艺文·记·灵州张公堤记》卷一九作"制撑"。

③制彼：《宁夏府志·艺文·记·灵州张公堤记 》卷一九作"犁孤"。

④萧斧：刚利之斧。朝菌：菌类植物，朝生暮死。

⑤周索：周代的法度。泛指中国的法度。

⑥瓯脱：本为汉时匈奴语，指边界。后来泛指边地。

⑦神皋奥区：神皋，指京都一带的良田；奥区：腹地，深处。

⑧保厘：治理百姓，保护扶持使之安定。乂安：安定。

⑨井：比喻法度，条理。

⑩赵营平：即赵充国（前137—前52），字翁孙，西汉著名将领，原为陇西上邽（今甘肃天水）人，后移居湟中（今青海西宁）。因功封营平侯，为"麒麟阁十一功臣"之一。

⑪南亩：指田野。

⑫监司二千石：监司，负有监察之责的官吏。二千石，汉代制度规定，郡守俸禄为二千石，即月俸为一百二十斛。后世因称郡守为二千石。

⑬殿最：古代考核军功或政绩时，以上等为最，下等为殿。

⑭逋：拖欠。

⑮尾闾：古代传说中海水所归之处，现多用来指江河的下游。

⑯蓟门：在河北宛平县北。也叫蓟丘。

⑰荑：原本作"夷"，据意改。芜：原本作"无"，据《宁夏府志·艺文·记·灵州张公堤记》卷一九改。

⑱圩（wéi）：低洼地区防水护田的堤岸。埠：小堤。坊：同"防"，堤防。

公堤筑既成，则有见于河渐内徙，怀襄之势且及城址①，复切犹溺之视②，条画石碾便宜③，上之台使④者。兴作伊始，民之室宇，靡所不奠居以无至昏垫⑤，徼塞始有金汤。至夫肃宪章，贞百度⑥，严刁斗，明烽燧，饬将吏，课博士弟子，董正⑦盐法，詟服⑧援兵，傍施润泽⑨，奕世利赖，则境以内籍籍⑩有口碑在道也。肤公⑪既奏，礼命⑫有加，行且授以大中丞节，若圻父专九法⑬，筹饷命旅⑭，余与灵人又拭目廓清⑮，浃肤藏髓⑯，不区区北地阐熙⑰间矣。公讳九德，号曙海，浙江慈溪人，万历辛丑进士。

---

①怀襄："怀山襄陵"的省略语。指水势很大。《尚书·尧典》："汤汤洪水方割，荡荡怀山襄陵。"怀，包。襄，上。即淹没山陵之意。且：《宁夏府志·艺文·记·灵州张公堤记 》卷一九作"呰"。

②切：密合，贴近。视：比照。

③碾（zhèng）：塞。便宜：便利，方便合适。

④台使：台，即台官。汉代以尚书为中台，御史为宪台，后世因此又称尚书或御史为台官。使，负责某种政务的官名，如节度使、转运使，这里指总督。

⑤奠居：安居，定居。昏垫：陷溺。

⑥贞：正。《易·师》："贞，正也"。百度：百事，各种制度。

⑦董正：监督纠正，督查整顿。

⑧詟（zhé）服：畏惧服从。谓使之畏惧服从。

⑨傍施润泽：傍施，博施；润泽，雨露滋润，使不干枯。《宁夏府志·艺文·记·灵州张公堤记 》卷一九作"芳施闳泽"。

⑩籍籍：形容名声甚盛。按："道也"以下句《宁夏府志·艺文·记·灵州张公堤记》卷一九作"圣主眷肤公，且埤遗有加。"

⑪肤公：大功。公，通"功"。《诗·小雅·六月》："薄伐猃狁，以奏肤公。"肤，原本作"肤"，据此改。

⑫礼命：指国家的礼籍和君王的策命。

⑬圻（qí）父：官名。掌管京畿的军事。《尚书·酒诰·疏》："司马主圻封，故云圻父。父者，尊之辞。"圻，皇帝都城周围千里之地。通"畿"。九法：周代天子治理诸侯用的九项措施。具体为大司马之职，掌建邦国之九法。

⑭命旅：誓师。

⑮廓清：澄清，肃清。原文为"廓清"，没有这个词，疑为"廓清"之误。

⑯浃肤藏髓：谓感受之深或受到深厚的恩惠，如深入肌肤骨髓。浃，深入。

⑰阐熙：谓显示兴盛之意。

【译文】

灵州张公堤记　太仆少卿　崔尔进

灵州位于宁夏镇城、黄河以东，［宋朝人］刘综称其为“西陲巨屏”。居民春、夏、秋三季从事耕种，寄身于黄河。有两条渠分别称作汉延、唐来，都在西边归镇城所有。其在东者，只有一条秦渠。古代称光禄等三条渠，百家等八条渠，今湮没无存。猜测当时是把东、西渠并在一起命名，有人说就是秦渠的支渠，皆不可考证。渠旧有堤，黄土和木柴间筑而成，边筑边塌，时间长了更加衰败，不再整修，农业连年歉收。

道员张公刚上任，就寻求居官诚实守信、办事专注细致的人，认真履践重要的规划。多次访贫问苦，了解到这种情况，毅然说：“没有石礅就无法成功。”于是观察估量，召集工匠，亲自调度指挥，聚总考核，不到半年工程告竣。水渠堤坝绵延伸展四百余丈，高厚坚实细密，伸展开来如同长虹，自此再没有堵塞、泛滥的困扰，粮食连年丰收。土建费用出自张公捐献的俸禄及搜集的赎罪银钱，不增加百姓负担，百姓非常高兴。营参将马载道，并乡绅县尹戴任等，就以张公命名堤坝，如同［唐代］姑苏的白公［居易］堤，［宋代］武林之苏公［东坡］堤，而灵州同知沈道隆恳请我写篇文章记叙这件事。

我考稽黄河出自昆仑山，流经蒲昌海，出积石山，进入敦煌区域，再向北流到朔方，指的就是这个地方。大河从高处往下奔流，最容易冲开堤岸。黄河到这里被青铜峡约束，河流逐渐平坦开阔，可以略微蓄水和放水帮助农业生产。世间所说天下多苦河害，只有朔方收河之利，确实如此。而潼关以西的众军镇如九原、张掖，左右遏制敌虏的侵略，宁夏虽然位居其中，表面看共同形成鼎足并峙之势，但其实是像衣领和咽喉一样的要害之地。自从过去朝廷设置地方兵种和负责军需运输的官吏以来，数万被甲执兵军人的粮草之需，每年依靠国库供给的军费不足白银四万两，其余除民运而外，一切保障全靠屯田，这又是何等节约的事情。那些手持笏板筹划国家大事的朝廷大员，不也说滨河为利，祈求上苍的实在是太多了。假使引黄灌溉能够保障一半的军用粮草供应，使县官征调、运输粮草的压力得以舒缓，而上天怎么可以总是遵循造福于人或造害于人的规律，［让你只受益不受害，］这是很显然的道理。

张公刚直不随流俗，谋略宏伟，心地直爽，面对盘根错节的难题，决断若有神助。每天留意众百姓的疾苦，精心设计、营建水利工程，形成长久稳定的规模，一指一瞥之间就告竣工，自此田埂相接，可以排水可以蓄水，没有冲荡、没有干涸、没有淤塞。如果大自然没有干旱水涝，执政者也就无法通过治理国家获得良田，以致连盐碱地也是芃芃遍地桑麻，不用说家家衣食充裕，人人生活富足，丰收的粮食装满了谷仓，而粮草价格不会频繁上涨。扛起武器的军人衣食无忧得以培育一往无前的勇气，纵使敌虏有骄兵百万，也没有人敢向南射出一支箭。即使不是这样，狡猾的敌虏妄图依靠骑兵优势实现某种企图，道路曲折延伸，险阻错杂，我方军队以习武练功的余力，阻止来势急剧而猛烈的敌众，控制要害部位形成踦角之势，制敌于死命，就如同磨快了刚利之斧砍伐菌类植物。

既然这样，那么这次水利工程建设，自金积而南，完全依照周代遗留的法度，敌来则守卫，敌去则掩蔽，自此边地断绝了敌人踪迹。京畿和中原腹地，也依靠张公的治理保护得以安定。而我私底下认为这种办法是古代遗留下来的法度，西汉时的赵充国（封营平侯）在金城推行屯田制就收到明显成效。当今户部尚书仰屋而叹，一定会说："在全国加征辽饷，数额是原来的三倍。负有监察之责的官吏、职务在郡守以下，都要以征收的成效评定政绩等次。新饷一天天急迫，旧饷一天天拖欠；急迫者终付流水，拖欠者导致各边塞军中缺粮。不如在蓟门通津间推行张公的此种办法，刈除杂乱丛生的草木，认真修缮其河岸堤防，一边耕种一边准备战斗，不比水陆并进运输数千钟粮食，而只有一钟粮食才能到达边塞强吗？”

张公筑堤工程竣工后，则又看到黄河河道逐渐向内冲刷，淹没山陵之势将及城址，又比照孟子“禹思天下有溺者犹己溺也”的价值观，筹划以石料填堵黄河堤岸的适宜办法，上奏户部尚书和总督。工程开始兴建后，百姓家家安居，房屋避免陷溺于河水，边塞始有金汤之固。至于肃正典章制度，调整各种事宜，整顿军队纪律，完善边境设施，告诫勉励将吏，考核督促博士弟子，督查整顿盐法，让援兵畏惧服从，［黄河以东］广被恩泽，累世依靠，境内百姓们口口相传称颂着张公的赫赫声名。大功上奏朝廷，皇帝对其破格提拔使用，将要授以巡抚的官职，如圻父推行周代天子治理诸侯用的九项措施一样，筹集军粮，誓师进发，我和灵州人都殷切注视这样清明的社会环境，感受之深，如深入肌肤骨髓，已经不限于区区这块北方边地显示出来的兴盛。张公名九德，号曙海，浙江慈溪人，万历辛丑（万历二十九年，1601）进士。

钟灵书院碑记　知州　周人杰

灵武自汉唐以来，人材绝盛，著于旧史者，代不乏也。癸巳夏六月，余奉檄摄州事，既释奠①于庙，进其学之诸文士，问以近今数十年来忠臣孝子义烈独行之士，可举为风化式②者，茫无以对。重加廉访，仅得节妇五人，即为申请旌表。又问其州之志，无有也。附于朔方郡者，亦断③自前明嘉靖间。呜呼！文献之废坠如此哉，是亦守土者之责也。当斯之时，欲于承乏④数月间，续二百余年之缺文，勒为一书，考稽

---

①释奠：古代在学校设置酒食以奠祭先圣先师的一种典礼。《礼·文王世子》：“凡学，春官释奠于其先师，秋冬亦如之。凡始立学者，必释奠于先圣先师。”

②风化式：风化，风俗教化；式，标准。

③断：原本作“继”，据《宁夏府志·记·钟灵书院碑记》卷二〇改。

④承乏：暂任某职的谦称。语出《左传·成公二年》：“敢告不敏，摄官承乏。”补充空缺的职位，多用为在任者的谦辞。

既难，时复不给，诚有志未逮矣。夫征文必先征献[①]，十室之邑，有忠信百工居肆[②]，事乃成。然则欲为斯土兴人材，嗣休烈[③]，书院之设，诚不可已。而又苦其先无尺地亩宫[④]可藉手[⑤]者，余于是愈为州人士憾焉。

秋七月，偶出城西门，见其野有屋数楹，短垣缺啮[⑥]，阒[⑦]其无人。问之，则前知州事江君名鲲者所建公廨[⑧]也。计其地可十亩许，相其阴阳，渠流来自巽[⑨]，西流绕出于屋后，地理家常以是为文明之象。余得之不胜喜曰："灵武人文之盛，意在斯乎！"爰捐俸鸠工，刻期创建。董其役者，宁夏廪生刘三戒、州贡生万植、廪生祁绚、张钜、刘兴海等。恪勤乃事，工缮而费不靡。门堂之制，为屋四重，左右学舍，共成九院。屋必南向，冬温夏凉以适讲诵。凡两越月，工遂竣。颜[⑩]其门曰"钟灵书院"，其轩曰"环碧"，其后斋曰"逊敏"，又其后曰"活水天来"。一椽之布，一瓦之植，悉归[⑪]于官，不以累民。自余代庖凡五月，每有争官荒地，结讼不休者，大半断归书院。募民佃焉，而收其租，入计有一千余亩。时有贡生贺景泰捐修南关，亦乐以余赀相助。可见绅士闻风好义，将来定不乏人。余又捐米百石，以供来岁膏火[⑫]。

---

① 献：古代指贤者，特指熟悉掌故的人。

② 百工居肆：各行业的工匠要［整天］在作坊里完成自己分内的工作。语出《论语·子张》篇，子夏曰："百工居肆以成其事，君子学以致其道。"

③ 嗣休烈：嗣，继承，接续；休烈，盛美的事业。

④ 亩宫：一亩宫，寒士的简陋居处。

⑤ 藉手：借助。

⑥ 缺啮：破损。

⑦ 阒（qù）：寂静，空虚。

⑧ 公廨：官署。

⑨ 巽（xùn）：八卦之一，卦形代表风。此处指东南方。

⑩ 颜：额，匾额。此作动词，给门题额。

⑪ 归：《宁夏府志·记·钟灵书院碑记》卷二〇作"购"。

⑫ 膏火：灯火。膏，灯油。比喻夜间工作的费用，多指求学的费用。

呜呼勖[①]哉！诸生代遭圣明，缅怀前哲，得是地而砥砺琢磨[②]其中，日有就，月有将[③]，毋怠尔业，毋岐尔志。继自今人材蔚兴，岂徒擢高第，登显仕[④]，为闾里光？且必有忠孝、义烈、文学、德行名当世者，则志乘之作又未必不于是乎权舆[⑤]也。因刻石而记之，并有望于后之莅兹土者，成余未逮焉。

【译文】

钟灵书院碑记　知州　周人杰

灵武自汉唐以来，人才就极为兴盛，记载于旧史书者，代不乏人。癸巳（乾隆三十八年，1773）夏六月，我遵令代理灵州知州，带领考中秀才的文士，在孔庙设置酒食，举行了奠祭先圣先师的典礼，向他们询问近几十年来灵州忠臣、孝子、义烈、独行之士的情况，［有哪些］行为高尚，可以作为风俗教化的榜样，值得后人效法者，均茫然无以应对。重加察访，只找到节妇五人，当即为她们申请朝廷的表彰。又询问灵州州志，答称没有。即使是本州附载于朔方郡郡志的内容，也是截止于前明嘉靖年间（1522—1566）。呜呼！文献衰亡、灭绝到了如此地步，这也是守土者的责任。当到了这个时候，要在代理知州的数月间，接续二百余年缺失的文献，编成一部志书，稽考已经很困难，时间也来不及，确实是有志难酬。征集文献必先寻找贤良而熟悉掌故的人，即使只有十户人家的地方，忠诚信实的各类工匠也要整天在作坊里完成自己分内的工作，［君子要终身学习追求实现道的目的，］才

① 勖：勉励。原本作“最”，据《宁夏府志·记·钟灵书院碑记》卷二〇改。

② 砥砺琢磨：砥砺，磨刀石，表示相互之间勉励。砺，原本作“矿”，形误，据意改。琢磨，雕刻和打磨玉石。比喻磨炼自己的品德，在学业上不断上进。

③ 日有就，月有将：即日就月将，每天有成就，每月有进步。形容精进不止。出自《诗经·周颂·敬之》：“日就月将，学有缉熙于光明。”

④ 仕：原本作“任”，据《宁夏府志·记·钟灵书院碑记》卷二〇改。

⑤ 权舆：草木萌芽状态。引申为起始、初始。

能取得成功。然而要为这片土地培育人才，接续盛美的事业，书院的设置，确实不可以中断。而又为其先没有一尺地大的简陋建筑可以借助，我就愈为州人抱憾。

秋七月，我偶然出城到西门，看到野外有房屋数列，短墙破损，寂静无人。询问之下，则是前知州江鲲所建的官署。估算占地十亩左右，勘察其地理形势，渠流来自东南方，西流绕出于屋后，阴阳地理家常认为这种地形地貌是文明的象征。我找到这块地方后不胜喜悦，说："灵武人文之盛，寄托在这里呀！"于是捐出俸禄，召集工匠，在严格规定的期限内动工兴建。监督施工者，宁夏廪生刘三戒、灵州贡生万植、廪生祁绚、张钜、刘兴海等。大家恭敬勤恳地共同助力其事，房屋细致、精巧而不浪费。房屋制式，分为四重，左右两边是学舍，共形成九个院落。房屋全部向南，冬暖夏凉方便讲授和诵读。总共用了两个月，工程告竣。给大门题额称作"钟灵书院"，有窗的长廊称作"环碧"，其后的斋堂称作"逊敏"，又其后的斋堂称作"活水天来"。一椽一瓦的费用，全部由公款支付，不给百姓增加负担。自我代理知州总共五个月，每当有争夺属于官府的荒地，诉讼不休的案件，大部分都划归书院所有。招募百姓租种，而收取地租，前后归入书院的田产共计有一千余亩。当时有贡生贺景泰捐助修建州城南关，也乐以富余的资财相助书院建设。可见这位绅士闻风好义，将来一定还有像他这样慷慨解囊的人。我又捐米百石，以供来年生员的求学费用。

唉，勉励吧！生员们幸逢圣明的君主，缅怀前哲，在这座书院相互勉励锻炼，在学业上不断上进，天天有成就，月月有进步，不要懈怠学业，不要误入歧途。继古开今人才蔚然兴起，岂止为了擢拔高第，做高官显宦，为乡里增光添彩？其中一定有忠孝、义烈、文学、德行等方面称名于当世者出现，那么灵州志书的诞生又未必不从这里萌芽。因此刻石立碑记载下来这件事，并希望以后莅临这块土地担任知州者，成就我未竟的志愿。

奎文书院碑记　知州　广玉

作事者必谋其始，谋斯臧[①]，臧斯久，久斯不变，所谓有治人无治法，殆此意也。丁未仲夏，有请于余者，曰："灵邑西郭门外，旧有书院，未数年而圮，败瓦颓垣，一无存者。乡士民不欲书院之荒落榛芜[②]也，输赀[③]积千余两，欲重建之。愿明公[④]遂其事。"余以为事当慎始。书院曩[⑤]濒水，浸滛溃溢[⑥]，卒致湮没。若再举，而再废之，徒縻财，曷益？遂不果。

九月之望，因读法诣，学署司铎[⑦]杨公，延余坐书室中。清幽敞[⑧]适，远绝尘嚣。遂偕杨公四围周视[⑨]。东有园，郁然深秀，前后皆隙地。乃谓杨公曰："向者诸生书院之请，君固知之矣，得斯地以襄斯举，何善如之。然此地，君客座也，胡可废？"杨公欣然曰："凡事有轻重、有大小，宏奖人伦[⑩]，正俗[⑪]维风之本，此公之责，亦余之志也。藐兹小构，其何所靳[⑫]焉？"余闻之喜，进绅士语，以故择其贤能者五六人集料鸠工。其规度[⑬]：中设讲堂，复建山长[⑭]书房；东西环精舍[⑮]，明

①臧：善，好。

②荒落榛芜：荒落，荒凉冷落；榛芜，草木丛杂。

③输赀（zī）：输，送给；赀，通"资"，钱财。

④明公：旧时对有名位者的尊称。

⑤曩（nǎng）：以往，从前，过去的。

⑥浸滛溃溢：浸滛，即浸淫、浸润。滛，淫的讹字。溃溢，离散外流。

⑦司铎：谓掌管文教。

⑧敞：原本作"厰"，形误，据意改。

⑨周视：巡视，仔细查看。

⑩宏奖人伦：宏奖，大力奖掖；人伦，封建礼教所规定的人与人之间的关系，特指尊卑长幼之间的关系。

⑪正俗：匡正风俗。

⑫靳：吝惜。

⑬规度：规模形制。

⑭山长：书院的院长。

⑮精舍：旧时学舍，集生徒讲学之所。

窗净几，为读书所。门南向，颜其额曰“奎文书院”。其他门房以居仆役、厨舍，以供炊爨①。次第位置，各审其宜以视。西郭门外之旧制，尤加廓矣。

且夫人之好善，谁不如我？此举从诸绅士请，虽勉经始②，窃虑修脯、膏火之费无所出。讵③人情尚义，工甫作，而挟赀佽助④者络绎不绝，非所谓“众檠⑤易举”者欤？盖天下事，有急图其成，而弗克成者；亦有难于图成，而卒有成者。传曰：“专欲难成。”率作兴⑥事，屡省乃成，无他，公与私之间耳。公则人心响应，若协夫众欲之同，然不疾而速，不介而孚⑦，所从来矣，曷敢贪士民力为己功。然吾闻“君子成人之美，不没人之善。”灵邑素尚豪华，无儇薄⑧之习，则斯举也，谋臧则从，罔有异议，此风俗之醇，而亦官斯土者之所乐闻也，故为之记。

【译文】

奎文书院碑记 知州 广玉

役民兴造，开始时一定要慎重考虑，只有考虑完善，完善才能长久，长久才能不轻易改变，所谓有治人无治法，大概说的就是这个意思吧。丁未（乾隆五十二年，1787）仲夏，有谒见我的人，请求说：“灵州城西郭门外，旧有书院，没有几年就倒塌了，败瓦颓垣，什么东西都没有留存下来。本地士大夫阶层和普通读书人不愿让书院落入荒凉冷落、草木丛生的境地，捐献的钱财积攒到一千余两，准备重建书院。希望明公成就其事。”我认为事情一开始就应当慎重。书院以往靠近

① 爨（cuàn）：烧火做饭。
② 经始：开始营建，泛指开创事业。
③ 讵：不料，哪知。
④ 佽（cì）助：帮助。
⑤ 檠（qíng）：灯架，烛台。借指灯。
⑥ 作兴：发起，推动。
⑦ 不介而孚：不经介绍，但彼此互相信任。孚，信用、诚实。
⑧ 儇（xuān）薄：轻薄。

水流，受水浸润外流的影响，终至湮没。如果再次修建，而再次荒废，白白浪费钱财，有什么益处？最终没有动工。

九月十五日，因为阅读法诣，学署掌管文教的杨公，请我坐在书房中。环境清幽宽敞舒适，远绝尘嚣。便和杨公四处仔细查看。东边有园子，郁然深秀，前后都是空地。乃对杨公说：“先前生员重建书院的愿望，您肯定知道，用这块地襄助修建书院，是多么好的事情。然而此地，是您招待客人的场所，怎么可以放弃？”杨公欣然说：“大凡事情都有轻重缓急、大小之分，大力奖掖、维护人伦关系，是匡正风俗、维护教化的根本，这是您的职责，也是我的心愿。这个外表看起来小小的建筑，有什么可以吝惜的？”我听了很高兴，听取了绅士的意见，因而选择其贤能者五六人集聚建筑材料、召集工匠［，监督书院的施工］。其规模形制：中间设置讲堂，又建有院长书房；东西两侧环绕学舍，窗明几净，为读书的场所。大门南向，其题额称作“奎文书院”。其他门房居住仆役、设置厨房，用以保障伙食供应。按照排列顺序，各个房间都做了不同的功能使用安排。和西郭门外的旧书院相比，规模尤为扩大。

人之乐善好施，有谁不如我？此举依从诸位绅士的要求，虽然勉强开始营建，但我私下担忧教师的薪金、生员的求学费用无从支出。哪知人情崇尚道义，书院一动工，带着钱财前来帮助的人就络绎不绝，这不就是所谓“众檠易举”的道理吗？大概天下的事情，有急图其成，而没有成功者；也有难于图成，而最终成功者。《左传》说：“专欲难成。”大略说来，凡是发起、推动一件事，屡屡节省才能成功，没有别的原因，关键要处理好公与私之间的关系。公则人心响应，假若能够和洽众人的愿望，这样自然就似慢实快，即使不经介绍，但彼此也相互信任，从来都是如此，我何敢贪图士大夫和普通读书人的奉献为自己的功劳。然而我听闻“君子成人之美，不没人之善。”灵州一直崇尚豪华，没有轻薄的习气，这次修建书院，筹划好了众人就依随，没有人提出异议，这种淳朴的风俗，也是在这里做官的人所喜闻乐见的快事，故此为之写下这篇文章。

奎文书院碑记 知州 杨芳灿

乾隆丁未仲冬，余膺简命[①]来牧斯邑。前摄州事者为长白桂亭广君[②]，谓余曰："州之西郭旧有钟灵书院，颓废久矣，邑之士民咸请重建。于学署东，偏得[③]隙地数亩，端景相势[④]，凝土度木[⑤]三月，于兹经营未半，君其观厥成焉。"余曰："君诚能以经术润吏事者，是美政也，余敢不踵成之？"

时方寒沍[⑥]，因止工作。戊申之春，余复鸠工，刻期蒇[⑦]事。董斯役者，州贡生刘兴海，生员颜俸、赵廷楷、廪生胡霖、汤铭盘等，始终无懈[⑧]。又两阅月，而始落成。得门堂四重，前后左右列屋三十余间。其门额，广君旧题曰"奎文书院"；讲堂，余颜之曰"丽泽诸生"；学舍，东颜曰"离经"，西曰"辨志"。傍有余地，杂莳[⑨]栗、枣、松、韭之属，因颜曰"东园"。墙籓庖湢[⑩]列置备具。可以庋图史[⑪]，可以设琴樽[⑫]。堂

---

① 膺（yīng）：受，当。简命：书牍之命。简，古时无纸，有事书之于简（竹片），后因以泛指文书、信札。

② 长白：旧县名，在吉林省东南部，现为长白朝鲜族自治县。广君：广玉，字桂亭。

③ 偏得：犹独得。谓得之最多。

④ 端：详审。相：视，观察。

⑤ 凝土度木：土，原本作"工"，据后文《峡口禹庙碑》《灵州移建太平寺碑》均为"凝土"改。度木，砍伐树木。度，通"剫"，砍木、治木。

⑥ 寒沍（hù）：寒冷凝冻。

⑦ 蒇（chǎn）：完成，解决。

⑧ 无懈：没有漏洞、破绽。懈，松懈，引申为漏洞、破绽。

⑨ 莳（shí）：栽种。

⑩ 墙籓庖湢（bì）：墙籓，垣墙和篱笆。籓，古同"藩"。庖湢，厨房浴室。

⑪ 庋（guǐ）：收藏，搁置。图史：图书和史籍。史，原本作"吏"，形误，据意改。

⑫ 琴樽：琴和酒樽。指文士宴集。

宇[1]虽不甚崇深，亦差免于湫隘[2]矣。

仲夏，余即延师主讲，进生童[3]而试之，拔其隽异[4]，得在书院肄业者三十人，其届期而来校艺者，百有余人。组带青衿[5]，横经问字[6]，一邑之秀，萃于此焉。

余尝谓古来硕儒谈道必在名山，如扬子云[7]之元亭，马季长[8]之石室，雷次宗[9]之庐山，王仲淹[10]之龙门。书院之设，所由昉[11]也。至鹿洞、鹅湖，规模大备，类皆踞名胜、远城市。今则书院设之于官，如欲择崇岩峻壑之地，势必不能。每见紧望[12]之邑，其书院之近孔道者，辙[13]假为传舍[14]迎候舆卫[15]，不数年而生徒散矣，堂庑[16]圮矣。若是者比比

---

①堂宇：殿堂。

②湫（jiǎo）隘：低湿矮小。

③生童：生员和童生。

④隽异：指才智卓越、迥异于一般的人。

⑤组带青衿：组带，丝织系带。组，原本作“俎”，形误，据意改。青衿，青色衣领的长衫。古代学子和明清秀才的常服。借指学子。

⑥横经问字：横经，横陈经籍。问字，从人受学或向人请教。典出《汉书·扬雄列传》卷八十七下：汉朝扬雄校书天禄阁时，多识古文奇字，刘棻曾向扬雄学奇字。后来称从人受学或向人请教为问字。

⑦扬子云：扬雄。西汉蜀郡成都人，字子云。少好学，长于辞赋。博通群籍，多识古文奇字。所著有《太玄》《法言》《方言》等书。原本作“杨子云”，据传统写法改。

⑧马季长：马融。东汉扶风茂陵（今陕西兴平县）人，字季长。安帝时为校书郎中，于东观典校秘书。桓帝时为南郡太守。才高博洽，为世通儒，学生常有千数。所著甚丰。

⑨雷次宗：南朝宋南昌人，字仲伦。少入庐山，事僧慧远。笃志好学，尤明“三礼”和《毛诗》。后开馆于鸡笼山，聚徒教授。又筑室钟山西岩下，谓之招隐馆。著有文集三十卷。

⑩王仲淹：王通。隋朝河东郡龙门（今山西万荣，一说河津）人，字仲淹，号文中子。王通从小受家学熏陶，精习《五经》，是著名教育家、思想家。古代启蒙读物《三字经》把他列为诸子百家的五子之一。

⑪昉：起始。

⑫紧望：紧与望皆为古州县等级名称。这里指重要、险要。

⑬辙：比喻错误或教训。

⑭传舍：古时供行人休息住宿的处所，犹如今天的旅馆、饭店。

⑮舆卫：车舆与卫士。泛指兵卫。

⑯堂庑：堂及四周的廊屋。亦泛指屋宇。

焉。兹幸书院之建，左依宫墙，右邻学署，既不便为供张[①]之所，而远离阛阓[②]，其地清穆而敞闲。诸生遭遇隆平，沐浴膏泽，复得此地以藏修游息[③]，其勤勉当何如也！

余又稽钟灵书院旧稽，称当入书院者，有官荒地千余亩，今并无一二存者，遍搜旧牍，悉已散失，并见经守之难也。兹官师之修脯、生童之膏火，仅得广君所捐一千缗，余莅任后，又捐二百缗，择商民之老成者，岁权其息。大仓之旁，旧有市铺七十余间，俾墆鬻[④]兹土者，岁纳其租，计一岁所入无多，余深惧其不给，既捐俸百金以为之倡，更望邑之贤士大夫共赞其成，以期久远不废，庶无负广君创始之心也夫。是为之记。

【译文】

奎文书院碑记 知州 杨芳灿

乾隆丁未（乾隆五十二年，1787）农历十一月，我接受命令来灵州担任知州。之前代理知州者是长白广玉（字桂亭），对我说："州城西门旧有钟灵书院，颓废已久，本州的士大夫和读书人都要求重建。在学署的东边，独独找到空地数亩，仔细研究其地形地貌，[认真规划设计，]积聚泥土，采伐木料，已经干了三个月，到现在工程进行了还不到一半，请您继续助其功成。"我说："您确实能以经学修整地方的政风和治绩，这是德政，我岂敢不继续完成这项事业？"

当时正值天气寒冷凝冻，因而只能暂时停止工作。戊申（乾隆五十三年，1788）的春天，我又聚集工匠，限期完成工程。负责监督管理者，是州贡生刘兴海，生员颜倖、赵廷楷、廪生胡霖、汤铭盘等

① 供张：亦作"供帐"，指陈设供宴会用的帷帐、用具、饮食等物。亦指举行宴会。

② 阛阓（huán huì）：指市区。阛，环绕市区的墙。阓，市区的门。

③ 藏修游息：心里常常想着学习，不能废弃，甚至休息或闲暇的时候也要学习。

④ 墆鬻（dì yù）：囤积货物等待高价卖出。

人，［他们认真负责，］工程始终没有留下漏洞和破绽。又过了两个月，书院工程才完工。共有门堂四重，前后左右罗列房屋三十余间。其门额，广玉旧题称作“奎文书院”；讲堂，我题额称作“丽泽诸生”；学舍，东边题额称作“离经”，西边称作“辨志”。旁边有空余的地方，掺杂栽种栗树、枣树、松树等树木，以及韭菜等各类蔬菜，因此题额称作“东园”。垣墙、篱笆、厨房和浴室等所有设施一应俱全。可以收藏图书和史籍，文士雅士可以举行宴集。大堂虽然不太高大深广，也大致上不会低下矮小了。

农历五月，我即聘请教师主讲书院，召集生员和童生举行考试，从中选拔出才智卓越、迥异于一般的人，由此得在书院学习者有三十人，在预定的日期前来参加考试者，有一百多人。学子们身着青色衣领的长衫，腰系丝织的带子，横陈经籍，跟随老师求学问道，一州优异的人才，全部聚集于此。

我曾经说古来大儒谈道论学必在名山，如扬子云（扬雄）在元亭，马季长（马融）在石室，雷次宗（字仲伦）在庐山，王仲淹（王通）在龙门。书院教育，也是由他们开创的。至于白鹿洞、鹅湖一类书院，规模大备，都占据风景名胜、远离城市。当今书院则由官府设置，如欲选择崇岩峻壑之地，势必不可能。每每见到重要的州县，其书院靠近大道，常常错误地被当作旅馆借用，迎侯南来北往的车舆与卫士，不过数年学生就流散了，厅堂及四周的廊屋倒塌。像这种情况比比皆是。幸好奎文书院的位置，左依宫墙，右邻学署，既不便作为举行宴会的场所，又远离市区，其地清和而宽敞宁静。秀才们遇到昌盛太平的时代，沐浴着朝廷的恩泽，又有这块地方用来全神贯注地学习，就连休息的时间也放弃了，是何等的勤勉啊！

我又稽查钟灵书院旧账，据说应当归入书院的财产，有官荒地一千余亩，今天并没有一两亩留存下来，翻遍旧公文，相关内容也全部散失了，由此可见经营守护的难度。支付教师的酬金、生员和童生的求学费用，仅有广玉所捐的一千缗钱，我上任后，又捐了二百缗钱，一并交给老成持重的商人经营，每年收取利息。官方粮库旁边，旧有商铺七十余间，让本地做买卖的人经营，每年缴纳租金，算起来一年没有多少收入，我深深地忧惧其供给不足，捐出俸禄一百两白银作为倡导，更望本州的贤士大夫共同赞助，以期书院久远不废，但愿没有辜负广玉君的一片创始之心。这是我为之写下的碑记。

峡口[①]禹庙碑　　知州　杨芳灿

原夫统系承于五帝[②]，敷土[③]之烈独隆，随刊[④]遍于九州，瞏河[⑤]之功最大。盖溯阳纡[⑥]之巨派，探板桐[⑦]之遥源，枝流之并千渠。悬水[⑧]之高，万仞嘘吸[⑨]则转旋，星宿蓄泄[⑩]则鼓荡风雷。而龙门未开、吕梁尚阻，元气滛濯[⑪]，百脉沸腾。异聚灰之可堙[⑫]，岂捧土之能塞？使非神奇特起，圣睿挺生[⑬]，何以奠坼副之黄舆[⑭]，拯沈灾之赤子[⑮]乎？

---

①峡口：今宁夏青铜峡，又名硖口山。

②统系：旧时指宗族系统。五帝：传说中的五个古代帝王。通常指黄帝、颛顼、帝喾、唐尧、虞舜。

③敷土：谓禹分定九州。敷，分。

④随刊：《尚书·禹贡》“随山刊木”之省称。言禹随行山之形状而刊斫其木，以为表记，决水通道。

⑤瞏（huán）河：汉贾谊《新书·修政语上》：“故瞏河而道之九牧，凿江而道之九路，洒五湖而定东海，民劳矣而弗苦者，功成而利于民也。”瞏，同“环”。环曲，环绕。

⑥阳纡：古九薮之一，为秦之阳纡，盖在冯翊池阳。一名阳盱。传说禹治水以身解于阳盱之河。在今陕西泾阳一带。

⑦板桐：古代传说仙人所住之山名。《水经注·河水·昆仑说》曰：“昆仑之山三级，下曰樊桐，一名板桐。”

⑧悬水：瀑布。

⑨嘘吸：吐纳呼吸。

⑩蓄泄：聚散。

⑪滛濯：淫濯，胀大。滛，淫的讹字。

⑫堙（yīn）：堵塞。

⑬挺生：挺拔生长。亦谓杰出。

⑭坼副：亦作“坼剖”，割裂。谓经剖割而分娩。副，破开、剖分。黄舆：指大地。

⑮赤子：婴儿。引申为子民百姓。

溯自石纽[①]，降精玉、斗表[②]，贶干父之蛊[③]，分帝之忧。灵龟呈括象之图，神龙献导川之画，丈人之称九潦[④]，将军之号百虫[⑤]，五伯宣力[⑥]，八神受命[⑦]，咸禀指麾而助顺，并宣劳勚[⑧]以奏功。遂使藿蒲之地悉返耕桑，巢窟之氓尽登衽席[⑨]。非天下之至神，其孰能与于此？

峡口者，黄流之险阨，紫塞之巨防也。旧称铜口，亦曰青山。岧峣[⑩]对峙，似重楼之百常[⑪]；突兀相望，伴圆阙之双起。奔湍为之缚束，碕石为之整落。下通伊阙[⑫]，旁带流沙。窅[⑬]崖辟鸟兽之门，骇水集蛟鼍[⑭]之窟。上有禹庙，由来已久，飞檐虚构，浮柱相承，像设[⑮]崇严，仪卫森列，所以资呵护、妥神灵也。或者谓神功广运，灵迹遐宣，是以东造绝迹，西延积石[⑯]，南逾赤岸[⑰]，北达寒门[⑱]。降云华于清都[⑲]，锁

① 石纽：古地名。相传为夏禹生地。在今四川汶川县境。

② 精玉：玉精，玉的精英。斗表：北斗星。

③ 贶（kuàng）：赐，赠。干父之蛊：谓能矫正父母之过而处事有才能。《易·蛊》：“干父之蛊，有子考无咎，厉终吉。”此指主事。蛊，惑乱。惑乱则必生事，故也以蛊称事。

④ 丈人之称九潦：《庄子·秋水》：“禹之时十年九潦，而水弗为加益。”

⑤ 将军之号百虫：北魏郦道元《水经注·洛水》：“［九山］有《百虫将军显灵碑》，碑云：‘将军姓尹氏，讳益，字隤敳，帝高阳之第二子伯益也。’”顾炎武《日知录·巫咸》：“伯益古贤臣也，而世有‘百虫将军’之号。”

⑥ 五伯宣力：五伯，五个霸主，指夏昆吾，殷大彭、豕韦，周齐桓公、晋文公；宣力，致力、用力。

⑦ 八神受命：八神，八方之神，旧谓主宰宇宙的八神；受命，受天之命。

⑧ 劳勚（yì）：劳苦，辛劳。

⑨ 衽席：卧席。此引申为寝处之所。

⑩ 岧峣：高峻貌。

⑪ 百常：古十六尺为常，言其高。

⑫ 伊阙：地名，在今河南洛阳市南。即春秋时周阙塞。因两山相对如阙门，故名。

⑬ 窅（yǎo）：深远。

⑭ 骇水：奔腾的水流。蛟鼍：指水中凶猛的鳄类动物。

⑮ 像设：旧时称所祭祀的人像或神佛供像为像设。

⑯ 积石：指大积石。即今大雪山，在青海南部，禹导河自此。

⑰ 赤岸：传说中的地名。《文选·枚乘〈七发〉》：“凌赤岸，彗扶桑，横奔似雷行。”

⑱ 寒门：传说中北方极寒冷的地方。

⑲ 云华：云朵，云片。清都：古时谓天帝所居的宫阙。

支祈[①]于恶浪，夷岳封青泥[②]之检，洮水受黑玉之书。共知九野之平成[③]，何待一方之尸祝[④]？祀典得无[⑤]近亵，明神方且弗歆，殊不知其用力深者，其感人也远。睹洪澜之湍悍[⑥]，识底定之艰难，疏凿居四渎[⑦]之先，勤劳分九载之半。胼手胝足，绩用最多，驭气乘风，魂魄犹眷。

曩日，北阿之享归，成功于上穹；今兹朔塞之祠，垂明禋于万祀[⑧]，亦民之不忘旧德也，而何疑哉？惟是丹青岁久，霜露年侵，栋干庯庩[⑨]，宋廇陊剥[⑩]，徒袭卑宫之旧，未抒崇德之忱。制府福嘉勇公因巡阅之余，行朝谒之礼，悯摧残之落构，察隐嶙[⑪]之余基，鸠工庀材，凝土度木，测景经始，克日蒇功。金爵[⑫]承云，璇题[⑬]纳月。千寻桂柱，峙鳌背以巍峨；百尺梅梁，化龙鳞而飞动。冕旒[⑭]肃穆，宝光腾宛委

① 支祈：无支祈，淮水神名。据《太平御览·淮地记》载：禹治水，获淮水神支祈，将其颈锁大铁，鼻穿金铃，从淮水之阴，锁之龟山之足。淮水乃安，流注于海。

② 青泥：古时封记器物的青色泥。晋王嘉《拾遗记·夏禹》载："禹尽力沟洫，导川夷岳，黄龙曳尾于前，玄龟负青泥于后""禹所穿凿之处，皆以青泥封记其所。"

③ 平成：谓万事安排妥帖。

④ 尸祝：主祭人，古代祭祀时对神主掌祝的人。祝，传告鬼神言辞的人。

⑤ 祀典：祭祀的礼仪和制度。得无：恐怕，是不是。

⑥ 洪澜：巨浪。湍悍：谓水势急猛。

⑦ 疏凿：开凿。四渎：古代对四条独流入海的大河的称呼，即江（长江）、河（黄河）、淮（淮水）、济（济河）。

⑧ 明禋（yīn）：洁净，指明洁诚敬的献享。万祀：万世。

⑨ 栋干庯庩（bū tú）：栋干，栋梁干才；庯庩，屋势高低不平貌。

⑩ 宋廇陊（máng liù duò）剥：宋廇，房屋大梁；陊剥，破败剥蚀。

⑪ 隐嶙：拔地而起，突兀貌。

⑫ 金爵：饰于屋上的铜凤。

⑬ 璇题：玉饰的椽头。

⑭ 冕旒：古代帝王的礼冠和礼冠前后的玉串，也用作皇帝的代称。古代礼冠中最尊贵的一种。外面黑色，里面红色，冠顶有版，称为延，后高前低，略向前倾。延的前端垂有组缨，穿挂着玉珠，叫作旒。

之珪[①]；椒茝[②]氤氲，香气覆昆吾[③]之鼎。将镌乐石[④]，远命鲰生[⑤]，知圣德之莫名，如天容之难绘。探秘文于岳渎[⑥]，敢摹岣嵝之碑[⑦]；囿浅见于方隅，仅纪昆仑之派云尔。

【译文】

峡口禹庙碑 知州 杨芳灿

本来大禹的宗族系统继承于五帝，他分定九州的功业最为隆盛，随山刊木的遗迹遍布九州，疏导黄河的功劳最大。大略说来主要在于追溯阳纡等九个大湖的巨大支流，探明昆仑山脉板桐山遥远的黄河源头，由干流分泄进而形成千渠万壑。黄河瀑布高悬，万仞高山吐纳呼吸则旋转飞扬，星宿海聚聚散散就风雷激荡。在龙门未开、吕梁尚阻的时代，混沌之气膨胀，千百条水流奔腾不息。哪能聚集灰尘则可以堵塞，岂是手捧黄土就能够阻挡？假使没有大禹神妙奇特的崛起，德才超凡挺拔生长，何以为剖割大地奠下基础，拯救陷于灾难的子民百姓？

溯源圣地石纽，上苍降下玉精、北斗，能矫正父亲鲧的过错而具有经天纬地的才干，为帝王分忧。灵龟呈现括象之图，神龙奉献导川之画，丈人之称九潦，将军之号百虫，五个霸主用力，八方之神受天之命，全都禀承指挥帮助顺应天理的人，并付出劳苦取得功效。于此

① 宛委：传说中的山名。传说夏禹登宛委山，得金简玉字之书。一名玉笥山。今浙江绍兴市会稽山的一峰。珪：玉版。

② 椒茝（chǎi）：申椒和蕙茝。申椒，香木名，即大椒。蕙茝，香草名。

③ 昆吾：夏的同盟部落。己姓。在今河南许昌东。善于制造陶器和铜器，夏启曾命人在昆吾铸鼎。

④ 乐石：泛指碑石或碑碣。

⑤ 远命鲰（zōu）生：远命，从远方传令；鲰生，浅薄愚陋的人，古代骂人之词。

⑥ 岳渎：五岳和四渎的并称。

⑦ 岣嵝之碑：岣嵝碑，也称禹碑。后人附会为禹治水时所刻。系后人伪造。碑原在湖南衡山县云密峰，早佚。

就让长满水生植物萑草、蒲草的土地都能种植庄稼和桑麻，栖居和藏身洞穴的百姓尽享文明的寝处之所。不是天下至尊的神灵，其谁能建立如此不世的功勋？

峡口，是黄河地势险要之处，北方边塞巨大的屏障。旧称铜口，也被称作青山。山势高耸对峙，似百常之高的层楼；两山突兀相望，像双起相伴的圆阙。奔流被其约束，石岸为之整落。下通伊阙，旁带沙漠。深远的山崖打开鸟兽之门，奔腾的水流聚集蛟鼍之窟。上有禹庙，由来已久，飞檐凌空构作，梁上柱子上下相托，供像庄重严肃，仪仗与卫士森然排列，用来帮助保护、安置神灵。也许说大禹神一般的功绩广远，圣贤的事迹远扬，因此东到绝迹，西引积石，南逾赤岸，北达寒门。天帝所居的清都宫阙降下祥云，禹帝从恶浪中锁住无支祈水神，在夷岳封上了青泥印记，在洮水接受黑玉之书。人所共知九州的土地万事都已安排妥帖，何待一方主祭人？因为祭祀的礼仪和制度是不是近乎轻慢，普通的神灵尚且不喜［，何况大禹这样经天纬地的巨人］。殊不知其用力深者，其感人也远。目睹巨浪滔天，才知道安澜是多么艰难，开凿疏通黄河，在四条河流中独先，付出智慧和辛劳，花费了九年又一半的时间。辛勤劳作，功劳最大，驾驭云气，凭借风力，九州大地犹然沐浴大禹魂魄的顾念。

从前，大禹享受北山的祭献，是上天助其成功；今此朔北塞外的禹庙，要传流明洁诚敬的献享于万世，也是百姓不忘先人的德泽，这有什么可怀疑的？只是庙里的塑像、绘画年岁久远而失色，风吹日晒，屋势高低不平，房屋大梁破败剥蚀，只是沿袭了简陋的旧宫室，尚未完全表达尊崇有德之人的诚恳。总督福康安（追封嘉勇郡王）到各地视察之余，行参见尊者之礼，悯惜摧残落败的建筑，考察突兀的建筑余基，积聚泥土，采伐木料，测量规划开始营建，限定日期完成工程。［修复后的禹庙］饰于庙殿之上的铜凤上接云天，玉饰的椽头映照着月光。千寻桂柱，耸立鳌背而巍峨壮观；百尺梅梁，图画龙鳞而翩然飞动。禹帝雕像庄重肃穆，宝光腾跃在宛委山之玉版；申椒和蕙茝氤氲，香气覆盖着昆吾之宝鼎。将文章镌刻在碑碣上，从远方传令浅薄愚陋的人，让其知道至高无上的道德无法表达，如同禹帝的天容难以描绘。我探究秘文于五岳四渎，冒昧临摹岣嵝之碑；局限浅见于边疆，仅记载他治理昆仑水脉的伟绩丰功。

灵州移建太平寺碑　知州　杨芳灿

原夫礼灯王①于石室，须陟名山；谒梵帝于香城②，先寻福地。丹崖崒嵂③，识檀特④之高峰；碧嶂巃嵸⑤，仰耆阇⑥之峻岳。千栾⑦跨险，百栱⑧凭虚，发云构⑨于自然，极神功之不测。是以简栖头陀⑩之颂、兰成麦积之铭⑪、佐公⑫天光之碑、子升⑬寒陵之石。莫不写林霞之奇秀，

①灯王：佛号。佛教宣称佛法能破除黑暗，故以灯为喻。

②梵帝：指佛。佛教谓佛生于西北梵地，为法中之皇帝，故称梵帝。香城：佛家称佛地有众香国，佛号香积，其界一切以香作楼阁，经行香地，苑园皆香，香气周流十方无量世界。

③崒嵂（zú lǜ）：山高耸貌。

④檀特：又作檀德、檀陀，山名。译曰阴山。据《大唐西域记》记载，此山在北印度犍陀罗国。

⑤巃嵸（lóng sǒng）：山势险峻貌。

⑥耆阇：耆阇崛山的省称。梵文音译。耆阇，义译为鹫，崛为头，以山顶形如鹫而名。相传释加牟尼说法处，在印度阿耨达王舍城东北。

⑦栾：梁柱上的曲木，两端以承斗拱。

⑧栱：斗拱。立柱和横梁之间成弓形的承重结构。

⑨云构：高大的建筑物。

⑩简栖头陀：简栖，即栖冲业简，意谓安于淡泊简朴的生活。头陀，行脚乞食的和尚。梵语称僧人为头陀。

⑪兰成：北周庾信，字子山，小字兰成。南阳新野（今属河南）人。善宫体诗，文章绮丽。初仕南朝梁，后仕北周，官至骠骑大将军，开府仪同三司。有《庾子山集》传世。麦积即麦积山，在甘肃天水县西南。庾信著有《秦州天水郡麦积崖佛龛铭》。

⑫佐公：梁朝陆倕，字佐公。吴郡（今苏州市）人。少笃学，善属文。武帝爱其才，敕撰漏刻、石阙二铭，冠绝当时。仕至太常卿。有文集。

⑬子升：北周颜之仪，字子升，临沂（今属山东省）人。博涉群书，好为词赋，辞致雅赡，隋开皇中为集州刺史。有文集。

状岩壑之幽深，遂使鹅殿增辉，龙宫长价，勒翠珉[①]而不敝，标白氎[②]以长新。

若乃宝地迫于嚣尘[③]，灵境[④]局于平壤，筑昆仑之土，不过三成；开般若[⑤]之堂，无逾十笏[⑥]。纵为极笔[⑦]，徒事华辞，何足以照烛人天[⑧]，发挥龙象[⑨]？然而法惟平等，宁陋夫偏隅；教推广大，不遗于荒徼。凭五乘以导术途[⑩]，宏六度而济尘劫[⑪]，在有心者，能无述焉？

惟灵武之故城，即河奇之旧苑，沙澜匝地[⑫]，东接杨榆之关；河流带天[⑬]，西连鸡鹿之塞。爰有梵刹，近峙亭皋[⑭]，虽冈峦乏隐嶙之奇，而川原有奥衍之势。徒观其灵宫四柱，祇树双林[⑮]，星毫月面[⑯]，供宝相之庄严；珠网银绳，护莲台之香妙；百枝灯影，光摇怯夜之幡；九乳[⑰]钟音，

① 翠珉：石碑的别称。

② 氎（dié）：细棉布。

③ 嚣尘：指纷扰的尘世。

④ 灵境：庄严妙土，吉祥福地。多指寺庙所在的名山胜景。

⑤ 般若：智慧。佛教用语。通过直觉的洞察所获得的先验的智慧或最高的知识。

⑥ 十笏：十个笏板。笏，古代大臣上朝拿着的手板，用玉、象牙或竹片制成，上面可以记事。

⑦ 极笔：上等笔墨，指绝妙的文章。

⑧ 照烛人天：照烛，照耀、照亮；人天，佛教语，六道轮回中的人道和天道，亦泛指诸世间。

⑨ 龙象：龙与象。水行中龙力大，陆行中象力大，故佛氏用以喻诸阿罗汉中修行勇猛有最大能力者。后亦指高僧。

⑩ 五乘：佛教语。谓人乘、天乘、声闻乘、缘觉乘、菩萨乘。术途：途术，方法、办法。

⑪ 六度：佛教语。又译为“六到彼岸”，指使人由生死之此岸到涅槃之彼岸的六种法门：布施、持戒、忍辱、精进、精虑、智慧。尘劫：佛教称一世为一劫，无量无边劫为尘劫。后亦指尘世的劫难。

⑫ 匝地：遍地。匝，满。

⑬ 天：原本作“犬”，据意及甘图本改。

⑭ 亭皋：水边的平地。

⑮ 祇树双林：祇树，指祇园。这里指代佛寺。双林，释迦牟尼涅槃处。代指释迦牟尼。

⑯ 星毫月面：星毫，毫光；月面，圆形而丰满的脸。

⑰ 九乳：指钟上九点凸出如乳头形状的装饰。后也指钟。

响答占风之铎[①]。崇轩间出[②]，层构相承，已足状紫塞之观瞻，作青郊之屏障矣。矧夫阐微妙之法藏[③]，具调御之神通。流传沙界[④]，讽光音[⑤]之经；震动风轮[⑥]，建涂毒之鼓[⑦]。雪山吹乐[⑧]，慧伏众魔；苦海浮航，慈济群品[⑨]。俾錾倮[⑩]之土俗，共结胜因；率剽悍之人风，争趋善果。讵非象教之宏诱[⑪]、法王之神化欤？方今遐迩乂安，中外禔福，种人[⑫]内向，裔士[⑬]永宁。七政[⑭]均明，跻苍生于曼寿[⑮]；三阶齐色[⑯]，庆丰年之乐康。见瑞星云，降甘露雨。此太平寺之所由名也。是则嘉禾合颖[⑰]，讵让苾刍[⑱]之芬；密树垂阴，即是菩提之彩；元龆黄发[⑲]，俱游释梵天宫；野

---

①占风之铎：测风向的大铃。

②间出：先后一再出现。

③法藏：佛教语，佛所说的教法。佛法含藏无量妙义，故称法藏。

④沙界：佛教语，谓多如恒河沙数的世界。

⑤光音：光音天。佛教术语，色界天二十二层天第八层，属二禅天。因此天无声音，天人以光为语，以光带音，故称光音。

⑥风轮：佛教语。“四轮”（金轮、水轮、风轮、空轮）之一。

⑦涂毒之鼓：谓涂有毒药，使人闻其声即死之鼓。禅宗以此比喻师家令学人丧心或灭尽贪、嗔、痴的一言一句机言。

⑧乐：原本作“药”，据甘图本改。

⑨群品：佛教语，谓众生。也指万事万物。

⑩錾倮（xiè guǒ）：果敢。

⑪象教：释迦牟尼离世，诸大弟子思慕不已，刻木为佛，以形象教人，故称佛教为象教。宏诱：劝导，教导。

⑫种人：同种族的人。

⑬裔士：官宦人家的后代和读书人。

⑭七政：古天文术语。说法不一，一般指日、月和金、木、水、火、土五星。

⑮曼寿：长寿。曼，长。

⑯三阶：佛教宗派名，隋代信行创立，又称普法宗。齐色：庄重恭敬的神色。

⑰嘉禾合颖：谓禾苗一茎生二穗。古人视为祥瑞。

⑱苾刍（bì chú）：比丘。本西域草名，梵语比喻出家的佛弟子。为守具足戒者的通称。

⑲元龆（tiáo）黄发：元龆，儿童；黄发，指老人。

菽溪毛①，如餍祇洹法供②。又何必访载民之国③、登化人④之台，求鹫窟之净居⑤、企鹿野⑥之华苑也哉？

惟是旧基卑湿，流潦浸淫，高檐岌以将倾，缭垣犨⑦而不直，苔侵玉座，雨坏宝衣，奔流深黑，非关劫烧⑧之余；惊沙坐飞，似集微尘⑨之众。余职司守土，恧⑩然于心，爰出俸金，以倡善信，更命僧心，福募之四境，以广檀施。鸠工庀材，凝土度木，去故址三百余步，筑平台二十余丈。雕甍⑪映日，鹏翼将骞⑫；翠瓦排云，鱼鳞欲动。宝龛忽徙⑬，疑忉利⑭之飞来；绀宇⑮潜移，肖化城⑯之涌出。是役也，檀行

① 野菽溪毛：田野豆类和溪边野菜。

② 餍：满足。祇洹：祇洹精舍的省称，此泛指佛寺。法供：佛教指对出家僧人的供养、布施。

③ 载民之国：载民国，出自《山海经·大荒南经》。载：同“耋”，八十岁。

④ 化人：佛教谓佛、菩萨变形为人，以化度众生者。

⑤ 鹫窟：鹫山石窟。相传鹫山末至顶三里，有石窟南向，为释迦牟尼坐禅之处。净居：寺庙，指清净地居住。

⑥ 鹿野：鹿野苑。佛教地名，在中天竺波罗奈国。

⑦ 犨（chōu）：突出。

⑧ 劫烧：佛教谓世界毁灭时大火燃烧至二禅天。

⑨ 微尘：佛教语。色体的极小者称为极尘，七倍极尘谓之微尘。常用以指极细小的物质。

⑩ 恧（nǜ）：自愧。

⑪ 雕甍：雕镂文采的殿亭屋脊。

⑫ 骞（qiān）：高举，飞起。

⑬ 徙：原本作“徒”，形误，据意改。

⑭ 忉（dāo）利：忉利天。即三十三天，六欲天之一。佛教谓须弥山顶四方各有八天城，合中央帝释所居天城，共三十三处，故云。忉，原本作“忛”，甘图本作“协”，均疑笔误。

⑮ 绀（gàn）宇：佛寺。

⑯ 化城：一时幻化的城郭。佛教用以比喻小乘境界。佛欲使一切众生都得到大乘佛果，然恐众生畏难，先说小乘涅槃，犹如化城，众生中途暂以止息，进而求取真正佛果。

凫趋，役徒麕至。辟三空①之胜境，启七华②之妙觉；分庵罗之净土③，树坚固之贞林④。诸天⑤则籍以闲安，法侣⑥亦此焉游集。某未通释典，摛写叶之元词⑦，夙慕禅宗，喻贯华⑧之微旨，非云宣扬正觉⑨，于以歌咏太平。乃为颂曰：

灵郊净域，朔塞香林。松关左辟，菌阁斜临。近带华薄，旁连碧浔。圆境四照，洪钟一音。持戒定慧，越去来今。丹青岁古，霜露年深。堤冲蚁穴，潦集牛涔。银楹陊剥，珠宇销沉。金容雨立，瑞象尘侵。万善咸起，众力克任。康时胥乐，至教同钦。手雨七宝，掌出双金⑩。层台駊騀⑪，丽塔嵜崟⑫。影藏怖鸽，乐应灵禽。花雨洒落，松风啸吟。慧日夜朗，慈云昼阴。定香浥浥，静梵愔愔。早耽白业⑬，敢闷清襟。凭广长舌，写妙明心。真如⑭不住，了义⑮难寻。

---

①三空：指佛教中的人空、法空、俱空。

②七华：七宝花，佛教指西方极乐世界七宝池中的莲花。

③庵罗：庵摩勒。梵语，义释为无垢果，即油柑。叶如小枣，果如胡桃。净土：指净土三经，有关阿弥陀佛及其极乐净土的三部佛经，为汉传净土宗的根本经典。它们是《佛说无量寿经》《佛说观无量寿经》《佛说阿弥陀经》。

④贞林：佛教语。指佛入灭之处。传说佛于娑罗双树间入灭时，树一时开花，林色变白，如鹤之群栖。贞，喻白色。

⑤诸天：佛教语，指护法众天神。总谓之诸天。

⑥法侣：犹言僧侣。侣，原本作“吕”，据意及甘图本改。

⑦摛（chī）写：铺写，抒写。摛，舒展，引申为传布。元词：基本概念。

⑧贯华：贯花。佛教传说，佛祖说法，感动天神散落各色香花。后因以贯花喻佛教的精义妙旨。亦借指说偈颂，倡导佛法。

⑨正觉：佛十种名号之一。梵语三菩提的义译。佛教徒以洞明真谛达到大彻大悟的境界为正觉。

⑩金：原本脱此字，据张建华、苏昀《嘉庆灵州志迹校注》征引国立兰州图书馆1947年抄本《重修灵州志·艺文志第十六下·灵州移建太平寺碑》补。

⑪駊騀（pǒ ě）：《字汇·马部》：“駊，駊騀，高大貌。”

⑫嵜崟（qí yín）：曲而高貌。

⑬白业：佛家谓善业。

⑭真如：佛教指永恒常在的实体、实性。宇宙全体，即是一心，不生不灭，故名为真。此真心，无异无相，故名为如。

⑮了义：佛教认为能够准确地阐明佛教的教义，叫了义。反之，叫不了义。

【译文】

灵州移建太平寺碑 知州 杨芳灿

本来参禅拜佛于石室，必登名山；拜谒释迦牟尼于香城，先寻福地。丹崖耸立，标识檀特之高峰；碧嶂陡峭，仰慕耆阇之峻岳。［这些佛寺］千条曲木跨据险要，上百斗拱凌空承重，建筑舒展自然高大，极尽深不可测的神灵功力。因此得以收藏安于淡泊的头陀之颂、北周庾信（小字兰成）的麦积山碑铭、梁朝陆倕（字佐公）的天光碑刻、北周颜之仪（字子升）的寒陵石碑。［这些文章］没有一篇不描写林霞的奇秀，形容岩壑的幽深，使得鹅殿蓬荜生辉，龙宫大长身价，雕刻石碑而不破败，装饰精致而历久弥新。

至于吉祥福地迫近纷扰的尘世，庄严妙土局限于平原，用昆仑之土筑墙，不过三成高；打开般若之堂，不超十笏长。即使是绝妙的文章，徒然浪费华丽的文辞，如何足以照亮人道和天道，发挥诸罗汉的威力？然而佛法追求平等，哪怕是面对粗陋的人和在偏僻的地方；佛教推求广大，哪怕是最荒远的边域也不遗落。凭借五乘以引导方法，弘扬六度而补益尘世的劫难，对有心者来说，能没有无可称道之处吗？

灵武故城，即是古书中所称的河奇旧苑，沙漠和河流遍地，东接杨榆之关；黄河流向天边，西连鸡鹿之塞。于是就修筑有佛寺，耸立在水边的平地，虽然起伏不断的山冈没有突兀的奇景，而河流与原野有着深回广衍的地势。只看其灵宫四柱，佛寺的释迦牟尼，星毫月面，供奉宝相之庄严；珠网银绳，守护莲台之殊妙；百枝灯影，烛光在夜晚的幡旗下摇动；九乳钟音，应答测候风向的大铃之声。崇轩低阁一座连着一座，高耸而多重的建筑上下相托，已足以状摹北方边疆的具体景象，称作绿色田野的巍峨屏障。况且［佛寺］阐发佛法含藏的无量妙义，具有调教驾驭社会的神通。流传世界，讽诵光音之经；震动风轮，设置涂毒之鼓。雪山吹乐，慧伏众魔；苦海浮航，慈济众生。

使果敢的当地风俗，共结善因；让剽悍的北疆民风，争趋善果。这岂不是佛教的劝导、法王的神化之功吗？方今远近太平，中外安宁幸福，同种族的人争先归附朝廷，官宦人家的后代和读书人永久安宁。七政均明，升登苍生于长寿；三阶齐色，共庆丰年之乐康。出现瑞星云，天降甘露雨。这是太平寺得名的由来。是以禾苗一茎生二穗，岂能让比丘草独自芬芳；茂密的树木枝叶成荫，正是菩提树增添的美景；垂发童子和耄耋老人，都参拜释梵天宫；田野的豆类和溪边野菜，也能够满足佛寺的供养。又何必访求戴民国、升登化人台，追求鹫山石窟的清净、期盼鹿野之苑的美丽呢？

只是［太平寺］原来的地基低矮潮湿，流动的积水四处逐渐蔓浸，高高的屋檐岌岌可危将要倾倒，四周围墙歪斜而不直，苔藓布满法王玉座，雨水淋坏释迦宝衣，流水深黑，不是劫烧之余迹；惊沙坐飞，好似集聚微尘之众。我的职责是守护这方土地，对此自愧于心，于是拿出俸金，［准备移建太平寺，］以此倡导对佛法的虔诚信仰，又让僧人，到四周化缘募捐，以增加布施［，筹集资金。］积聚泥土，采伐木料，安排工人选址测量，离故址三百余步，修筑平台二十余丈。［竣工后的太平寺］雕镂文采的殿亭屋脊映照着阳光，像大鹏的翅膀高高举起；绿色的琉璃瓦排开云层，好似片片游动的鱼鳞。宝龛忽然游走，疑是三十三天飞来；庙宇潜移，肖似一时幻化的城郭涌出。这场工程，施众像野鸭一样飞趋，投工服役者纷纷到来。开辟人空、法空、俱空之胜境，启发七宝莲花之妙觉；分享庵罗之净土三经，树坚贞之释梵信仰。护法众天神则借以悠闲安乐，僧侣也能到此游集。我未彻底明了佛教典籍，抒写文章力求与佛家的基本概念相符，平素仰慕禅宗，阐发佛法之精义妙旨，不是宣扬大彻大悟的境界，是在歌咏当朝的太平盛世。乃为颂曰：

灵郊净域，朔塞香林。松关左辟，茵阁斜临。近带华薄，旁连碧浔。圆境四照，洪钟一音。持戒定慧，越去来今。丹青岁古，霜露年深。堤冲蚁穴，潦集牛涔。银楹陊剥，珠宇销沉。金容雨立，瑞象尘侵。万善咸起，众力克任。康时胥乐，至教同钦。手雨七宝，掌出双金。层台駊騀，丽塔嵜崟。影藏怖鸽，乐应灵禽。花雨洒落，松风啸吟。慧日夜朗，慈云昼阴。定香浥浥，静梵愔愔。早耽白业，敢闷清襟。凭广长舌，写妙明心。真如不住，了义难寻。

［诗］

盐州过饮马泉[①] 李益[②]

绿杨著水草如烟，旧是盐州饮马泉。
几处吹笳明月夜，何人倚剑白云天？
从来冻合关山路，今日分流汉使前。
莫遣行人照容鬓，恐惊憔悴入新年。

夜上受降城[③]闻笛[④] 李益

回乐烽[⑤]前沙似雪，受降城外月如霜。
不知何处吹芦管，一夜征人尽望乡。

---

①饮马泉：铁柱泉，在今宁夏盐池县冯记沟乡境内。一说唐代五原县属盐州，泉在今内蒙古五原。诗题一作《盐州过胡儿饮马泉》，又作《盐州过五原至饮马泉》。“旧是盐州饮马泉”，又作“旧是胡儿饮马泉”。

②李益（746—829）：唐姑臧（今甘肃武威）人，字君虞，大历四年（769）进士。长于诗歌，与李贺齐名，尤长七绝，每作一篇，常为当时乐工入乐传唱，或绘于图画。但仕途不得意，曾北游河朔、幽州，刘济辟为从事。宪宗时，为秘书少监，集贤殿学士。太和初，以礼部尚书致仕卒。有《李益集》。

③受降城：贞观二十年（646），唐太宗曾亲临灵州，接受突厥部落的臣服，被称为天可汗，“受降城”之名即由此而来。兹后古人仍沿袭唐时称呼，把灵州称作受降城。一说是指唐代朔方道大总管张仁愿所筑的东、西、中三受降城中的西城，在今内蒙古境内黄河的北面。

④笛：清沈德潜《唐诗别裁集·夜上受降城闻笛·注》卷二十曰：“明云芦管。芦管，笳也。‘笛’字应误。”

⑤回乐烽：唐代有回乐县，为灵州治所，在今宁夏灵武市西南，回乐烽指回乐县附近烽火台。原本作“回乐峰”，即回乐县当地山峰。据《全唐诗·夜上受降城闻笛·注》卷二八三、《唐诗别裁集·夜上受降城闻笛》卷二十改。

城盐州① 白居易②

城盐州，城盐州，城在五原原上头。
蕃东节度钵阐布③，忽见新城当要路。
金乌④飞传赞普⑤闻，建牙⑥传箭集群臣。
君臣赭面有忧色，皆言勿谓唐无人。
自筑盐州十余载，至今毡裘⑦不犯塞。
昼牧牛羊夜捉生⑧，长去新城百里外。
诸边急警劳戍人，惟此一道无烟尘。
灵夏潜安谁复辩，秦原暗通何处见？
鄜州⑨驲路好马来，长安药肆黄芪贱。
城盐州，盐州未城天子忧。
德宗⑩按图自定计，非关将略与庙谋。

---

①按：唐贞元三年（787），盐州城被吐蕃所毁，塞外无保障，吐蕃入寇。贞元九年（793）二月，诏复筑盐州城。经二旬城筑成，自此边患顿息。

②白居易（772—846）：唐代诗人，字乐天，号香山居士。其先太原人，后迁居下邽（今陕西渭南东北）。贞元进士，授秘书省校书郎。后官至刑部尚书。在文学上积极倡导新乐府运动，主张“文章合为时而著，歌诗合为事而作。”其诗语言通俗易懂，比较广泛地反映了当时的社会现实。有《白氏长庆集》。

③钵阐布：钵，原本作“铨”，据《宁夏府志·艺文·诗·城盐州》卷二一、《新唐书·吐蕃传下》卷二一六改。

④金乌：相传太阳中有三足乌，世因称太阳为金乌，也称赤乌。这里指代吐蕃报信的使者。

⑤赞普：吐蕃君长之号。《新唐书·吐蕃传上》卷二一六：“其俗谓强雄曰赞，丈夫曰普，故号君长曰赞普。”

⑥建牙：古代出征，在军前树立大旗称建牙。此指武将出镇。牙，军前大旗。

⑦毡裘：指代北方游牧民族或其君长，泛指异族。裘，原本作“求”。据《宁夏府志·艺文·诗·城盐州》卷二一、《新唐书·吐蕃传下》卷二一六改。

⑧捉生：捉俘虏。

⑨鄜州：今陕西富县。

⑩德宗：唐德宗李适，780—805年在位。

吾闻高宗中宗世，北虏猖獗最难制。
韩公①创筑受降城，三城鼎峙屯汉兵。
东西亘绝数千里，耳冷不闻胡马声。
如今边将非无策，心笑韩公筑城壁。
相看养寇为身谋，各握强兵固恩泽。
愿分今日边将恩，褒赠韩公封子孙。
谁能将此盐州曲，翻作歌词闻至尊。

送李骑曹②之灵武 郎士元③

一岁一归宁④，凉天数骑行。
河来当塞曲，山远与沙平。
纵猎旗风卷，听笳帐月生。
新鸿引塞色，回日满京城。

送邹明府⑤游灵武 贾岛⑥

曾宰西畿⑦县，三年马不肥。

---

①韩公：指张仁愿。因其曾官拜左卫大将军，同中书门下三品，封韩国公，故称其为韩公。事迹详见本书卷二《历朝宦迹志第十三·唐·张仁愿》。

②骑曹：指骑曹参军一类的小官。

③郎士元：生卒年不详，唐定州（今河北定县）人，字君胄。天宝进士。历任京畿县官、渭南尉、右拾遗，后出为郢州刺史。工诗，与钱起齐名。有文集。时人语曰："前有沈、宋，后有钱、郎。"清人沈德潜曰："钱、郎送人之作，时得之以为宠荣。"

④归宁：回家省亲。

⑤明府：汉魏以来对郡守、牧尹的尊称，又称明府君。汉也有以"明府"称县令，唐以后多用以专称县令。

⑥贾岛（779—843）：唐范阳（今河北涿县）人，字浪仙。初为浮屠，名无本。后去而举进士，累举不第。坐诽谤谪长江主薄，时称贾长江。其诗喜写荒凉枯寂之境，颇多寒苦之辞。以五律见长，注重词句锤炼，刻苦求工。有《长江集》。

⑦西畿：原本作"西幾"，据《宁夏府志·艺文·诗·送邹明府游灵武》卷二十一、《万历朔方新志·词翰·诗·送邹明府游灵武》卷五改。

债多凭剑与，官满载书归。
边雪藏行径，林风透卧衣。
灵州听晓角①，客馆未开扉。

送李骑曹灵州归觐② 张籍③

翩翩出上京，几日到边城？
渐觉风沙处，还将弓箭行。
席箕④侵路暗，野马见人惊。
军府⑤知归庆，应教数骑迎。

送灵州田尚书 薛逢⑥

阴风猎猎满旗竿，白草飕飕剑戟攒⑦。
九姓羌浑随汉节，六州⑧蕃落纵戎鞍。
霜中入塞雕弓硬，月下翻营玉帐寒。
今日路旁谁不指，穰苴⑨门户惯登坛。

---

①晓角：报晓的号角声。

②归觐：谓归谒君王、父母。

③张籍（约767—约830）：唐代诗人，字文昌，原籍吴郡（治今苏州），少时侨寓和州乌江（今安徽和县乌江镇）。贞元进士，历任太常寺太祝、水部员外郎、国子司业等职，故世称张司业或张水部。其诗多反映社会现实。和王建齐名，世称“张王”。有《张司业集》。

④席箕（jī）：塞北牧草名，也称塞芦，可饲马。

⑤军府：将帅的府署。

⑥薛逢：生卒年不详，唐河东（今山西）人，字陶臣。会昌进士。历侍御史、尚书郎。持论鲠切，以谋略高自标显。累迁秘书监。有文集十卷。

⑦攒（cuán）：聚，凑集，拼凑。

⑧六州：指唐时河曲六州郡。《新唐书·突厥传上》：“初，突厥内属者分处丰、胜、灵、夏、朔、代间，谓之河曲六州降人。”

⑨穰苴：司马穰苴。春秋时名将。田氏，名穰苴，官司马，深通兵法。奉齐景公命击退晋、燕军队，收复失地。战国时齐威王命大夫整理古司马兵法，并把他的兵法附在里面，称为《司马穰苴兵法》。

峡口山[①]　[张舜民[②]]

青铜峡[③]里韦州路，十去[④]从军九不回。
白骨似沙沙似雪，凭君莫上望乡台[⑤]。

① 峡口山：蔡淑梅《（嘉庆）〈灵州志迹〉（光绪）〈灵州志〉》一书考证，张舜民《画墁集·西征回途中二绝》卷四就收有此诗，据此认为诗名"峡口山"为后人所加。《弘治宁夏新志·杂咏类》卷八也收录有此诗，题目为《西征二首》。

② 按：原文脱佚作者姓名，据《万历朔方新志·词翰·诗·峡口山》卷五、《宁夏府志·艺文·诗·峡口山》补。张舜民，生卒年不详，宋邠州（治今陕西彬县）人，字云叟，自号浮休居士，又号矴斋。进士及第。元丰四年，从高遵裕讨西夏，掌机密文字。在灵武，因诗中有"白骨似沙沙似雪""灵州城下千株柳，总被官军砍作薪"等句而坐谪。司马光当政，荐为监察御史。进秘书少监，使辽。加直秘阁，为陕西转运使。徽宗初为右谏议大夫，曾上事六十章，极陈陕西之弊、河朔之困。舜民慷慨喜论事，为文豪迈有理致，尤长于诗。有《画墁集》。

③ 青铜峡：黄河峡名，古代称峡口，即今宁夏青铜峡市之青铜峡。按：据鲁人勇、吴忠礼、徐庄《宁夏历史地理考·北宋西夏金》卷一二经考证则认为：此诗中的青铜峡当为青冈峡之误，因为从宋代到清代，青铜峡都曾叫峡口。明代以后才又名青铜峡，今青铜峡市仍有峡口镇。古人著作中收录此诗多作"青冈峡里韦州路"。青冈峡一名，在五代、宋代史料中出现很多，位置在今甘肃环县洪德以北，有时又写作"青刚峡"。宋、元史籍中，从未发现青铜峡一名。此外，青铜峡里也无道路通韦州。

④ 十：原本作"千"，据《万历朔方新志·词翰·诗·峡口山》卷五、《宁夏府志·艺文·诗·峡口山》卷二十一改。

⑤ 望乡台：古人久戍不归，或流离外地，往往登高或筑台眺望家乡，后世因称为望乡台。

汉渠春涨① ［朱栴②］

神河浩浩来天际，别络分流号汉渠。
万顷腴田凭灌溉，千家禾黍足耕锄。
三春雪水桃花泛，二月和风柳眼舒。
追忆前人疏凿后，于今利泽福吾居。

月湖③ 夕照 ［朱栴］

万顷清波映夕阳，晚风时骤漾晴光。
暝烟低接渔村近，远水高连碧汉长。
两两忘机④ 鸥戏浴，双双照水鹭游翔。
北来南客添乡思，仿佛江南水国乡。

① 汉渠春涨：为旧志载“宁夏八景”之一。汉渠即汉延渠。渠长二百三十多里，自今宁夏青铜峡引黄河水入渠，北流经银川市东。

② 按：原本脱佚作者姓名，据胡玉冰《万历朔方新志·宁夏珍稀方志丛刊总序》、《宁夏府志·艺文·诗·汉渠春涨》卷二十一补、改。朱栴（zhān），明太祖朱元璋第十六子，封庆王。建文初徙国宁夏。好学善诗，纂有《正统宁夏志》。卒谥靖。《汉渠春涨》《月湖夕照》《灵武秋风》是其《西夏八景图诗序》中的三首，另外五首为《黄沙古渡》《黑水古城》《贺兰晴雪》《官桥柳色》《梵刹钟声》。参见《宁夏府志·艺文·诗·汉渠春涨》卷二十一、《正统宁夏志·题咏·西夏八景图诗序》卷下、《万历朔方新志·词翰·诗·汉渠春涨》卷五。朱栴，多误作“朱栴”或“朱旃”，据胡玉冰《万历朔方新志·宁夏珍稀方志丛刊总序》正误。

③ 月湖：《嘉靖宁夏新志·古迹》卷二：“月湖，张亮堡北。周回二十里，其地广已无水草，远观莹如，照物无遗。俗传古战场也。”在今贺兰县常信乡张亮村。

④ 忘机：泯除机心。指一种自然无为、淡泊宁静的心境。忘，原本作“忌”，据《正统宁夏志·题咏·西夏八景图诗序·月湖夕照》卷下、《万历朔方新志·词翰·月湖夕照》卷五、《宁夏府志 ·艺文·诗·月湖夕照》卷二一改。

灵武秋风[①] ［朱㮵］

翠辇[②]曾经此地过，时移世变奈愁何。
秋风古道闻笳鼓，落日荒郊牧马驼[③]。
远近军屯连戍垒，模糊碑刻绕[④]烟萝。
兴亡千古只如此，不必登临感慨多。

兴武[⑤]暂憩 ［总制[⑥] 杨一清[⑦]］

簇簇青山隐戍楼，暂时登眺使人愁。
西风画角[⑧]孤城晓[⑨]，落日晴沙万里秋。
甲士解鞍休战马，农儿持券买耕牛。
翻思未筑边墙日，曾得清平似此不？

---

① 灵武秋风：《嘉靖宁夏新志·景致·灵武秋风》卷二载："灵武山在林皋堡西。每岁秋七八月，声如风撼。"古灵武山，在今青铜峡市小坝镇林皋村西。

② 翠辇：饰有翠羽的帝王车驾。《嘉靖宁夏新志·景致》卷二作"翠华"。

③ 驼：原本作"驰"，据《正统宁夏志·题咏·西夏八景图诗序·灵武秋风》卷下、《万历朔方新志·词翰·诗·灵武秋风》卷五、《宁夏府志·艺文·诗·灵武秋风》卷二十一改。

④ 绕：《嘉靖宁夏新志·景致·灵武秋风》卷二作"锁"。

⑤ 兴武：即兴武营，明长城重要关堡，内外长城交汇处，在今宁夏盐池县高沙窝镇。

⑥ 总制：官名，即总督。明武宗尝自称"总督军务"，臣下避之，乃改总督为总制。明世宗嘉靖十九年避"制"字，又改总制为总督。

⑦ 杨一清（1454—1530）：事迹详见本书卷二《历朝官迹志第十三》。原本没有注明作者，据《万历朔方新志·词翰·兴武暂憩》卷五、《宁夏府志·艺文·诗·兴武暂憩》卷二一补。

⑧ 画角：古乐器名。或谓创自黄帝，或说创自羌族。形如针筒，本细末大，以竹本或皮为之，亦有用铜者。外加彩绘，故称画角。后渐用以横吹，发音哀厉高亢，军中多用以警昏晓，振士气。

⑨ 晓：原本作"晚"，据《弘治宁夏新志·杂咏类·兴武营》卷八、《万历朔方新志·词翰·诗·兴武暂憩》卷五改。

峡口吟　佥事[①]　齐之鸾[②]

生犀[③]饮河欲北渡，海月[④]忽来首东顾。
冯夷[⑤]举手挥神鞭，铁角[⑥]半催河上路。
至今夜行水泣声，罔象[⑦]欹歔鬼奸露。
土人作渠灌稻田，玄灵[⑧]委顺不敢怒。

至灵州　佥事　齐之鸾

复入人烟境，村墟鸡犬闻。
沙黄偏映日，树绿正连云。
古道流河润，高岚[⑨]压虏氛。
服箱[⑩]辕下牸[⑪]，东饷马池军。

①佥（qiān）事：官名。金置按察司佥事。元时诸卫、诸亲军及廉访、安抚诸司，皆置佥事。明因之，都督、都指挥、按察、宣慰、宣抚等，皆有佥事。

②齐之鸾（1483—1534）：字瑞卿，号蓉川，安徽桐城县太平坊（今桐城城南）人，明朝有名的直臣，事迹入选《明史》，为桐城历史上第一位翰林。对桐城派的兴起有先导作用，被称为桐城派的诗祖。

③生犀：犀牛。

④海月：海中动物。一名窗贝，肉可食，贝壳可嵌门窗。

⑤冯夷：河神名。

⑥铁角：指螃蟹。

⑦罔象：传说中的水怪。

⑧玄灵：神灵。原本作“元灵”，因后世避清康熙玄烨讳而改，据《嘉靖宁夏新志·文苑·诗·峡口》卷七、《万历朔方新志·词翰·诗·峡口吟》卷五回改。

⑨岚：山林中的雾气。

⑩服（fú）箱：负车箱，即驾车。

⑪牸（bó）：母牛。

九日登花马池城[①] ［总制 王琼[②]］

白池青草古盐州，倚啸高城豁望眸。
河朔[③]毡庐千里迥[④]，泾原旌节[⑤]隔年留。
辕门菊酒生豪兴，雁塞风云惬壮游。
诸将至今多卫、霍[⑥]，伫看露布上龙楼[⑦]。

宿小盐池[⑧] ［总制 石茂华[⑨]］

弭节[⑩]盐池侧，秋光淡戍台。
雁声云外堕，夜雨树间来。
猛士安能得，边愁不可裁。
长歌聊徙倚，或有伏车哀。

---

① 九日：指农历九月初九，即重阳节。花马池城：今宁夏盐池县城。

② 王琼（1459—1532）：字德华，号晋溪，又号双溪老人，山西太原人。成化二十年（1484）进士，历事成化、弘治、正德、嘉靖四朝，官至户部、兵部和吏部尚书，曾治理漕河、平定朱宸濠叛乱、总制西北边防，功绩赫赫，与于谦、张居正合称明代三重臣。事迹参见本书卷二《历朝宦迹志第十三》。按：原文没有注明作者，据《万历朔方新志·词翰·九日登花马池城》卷五、《宁夏府志·艺文·诗·九日登花马池城》卷二一补。

③ 河朔：泛指黄河以北地区。朔，原本作“翔”，据《万历朔方新志·词翰·九日登花马池城》卷五、《宁夏府志·艺文·诗·九日登花马池城》卷二一改。

④ 迥（jiǒng）：远。

⑤ 泾原：原本作“泾源”，据《嘉靖宁夏新志·宁夏后卫·形胜》卷三引《九日登花马池城》、《万历朔方新志·词翰·九日登花马池城》卷五改。旌节：古代使者所持之节。此指使者。

⑥ 卫霍：指汉名将卫青、霍去病。因前后北击匈奴有殊功，故史书常合称之。

⑦ 龙楼：本为汉太子宫门名，此指朝堂。

⑧ 小盐池：在今盐池县境。参见本书卷二《丁税赋额第九》。

⑨ 石茂华（1522—1583）：明益都（今属山东）人，字君采，号毅庵，嘉靖进士。知浚县，后知扬州府。累迁右都御史、总督陕西三边军务。值旱饥，至人相食，茂华奏请减免税赋，开仓济民，使民活者万计。居秦六月，积劳卒。谥恭襄。按：原本没有注明作者，据《宁夏府志·艺文·诗·宿小盐池》卷二一、《万历朔方新志·词翰·宿小盐池》卷五补。

⑩ 弭节：驻节，停车。弭，止。节，车行的节度。

同徐听庵、李环溪游闸上，戏分田、塍二韵

［监收同知[①] 王全臣[②]］

为惜膏腴等石田，聊因就下引涓涓。
渠开荒野资群力，桥锁奔湍效往贤。
灌溉才周千顷地，氤氲[③]密动万家烟。
旁流复导阑干外，综错高低景亦妍。
渠成水到泻云塍[④]，即看农工处处兴。
喜动两河观察使[⑤]，事闻分陕大中丞[⑥]。
殷勤命作千秋计，措置欣逢比岁登。
亭榭桥梁齐就绪，须知终始有师承。

---

① 同知：明清时期官名。同知为知府的副职，正五品，因事而设，每府设一二人，无定员。

② 王全臣：字仲山，湖北钟祥人，生卒年不详，清康熙三十三年（1694）进士，任汲县知县，升河州知州，转调宁夏同知，后升平凉知府，奉命随军支放粮饷，被诬下狱，冤白后在瓜州屯田，募民垦荒。后任安西兵备道，卒于兰州。事迹参见《宁夏府志·水利·上抚军言渠务书》卷八、本书《水利源流志第十·水利源流》。按：原本没有注明作者，据《宁夏府志·艺文·诗·同徐听庵李环溪游闸上戏分田塍二韵》卷二一补。

③ 氤氲：烟雾弥漫貌。氲，原本作“氛”，据《宁夏府志·艺文·诗·同徐听庵李环溪游闸上戏分田塍二韵》卷二一改。

④ 塍（chéng）：指田间的土埂、小堤。

⑤ 观察使：职官名，唐代设置，为各道的最高长官，负责查访州县官吏功过及民间疾苦。唐中叶后，多以节度使兼领其职。后改为采访处置使，又改为观察处置使。宋代观察使为虚衔，无定员。

⑥ 中丞：秦汉文官，三国有置，有“二丞相”之称，是古代文官的最高爵位。中丞是御史中丞的简称，明清时用作巡抚的别称。因明朝都察院副都御史职位相当于御史中丞，常用作巡抚的加衔，故有此称。

青铜禹迹 ［翰林　栗尔璋[①]　郡人］

铜峡中间两壁蹲，何年禹庙建山根。
随刊[②]八载标新迹，疏凿千秋有旧痕。
凭溯源流推远德，采风[③]作述识高门。
黄河永著安澜颂，留取[④]丰功万古存。

初至奎文书院呈蓉裳刺史兼示诸生二十韵　武威　郭楷　雪庄

灵武古雄郡，控边启奥区[⑤]。
兹邦合多幸，仙吏实分符[⑥]。
文雅观新政，阳春自旧敷。
开堂延教授，辟馆聚生徒。
卜地黉宫[⑦]近，分流泮水[⑧]俱。
巍峨瞻庙貌，慎重树碑趺[⑨]。
礼器俨三古，弦歌犹一隅。

---

①栗尔璋：生卒年不详，宁夏卫（今宁夏银川市）人。康熙五十四年（1715）进士。授翰林院检讨，后升工部郎中，转御史。本诗《道光中卫县志·艺文编·青铜禹迹》卷十有著者小序："丁酉夏五日自中卫归，舟泛峡口谒禹庙，访之父老，知为同年大参俞念兹建，因赋近体一章，刊石以记之。"原本没有注明作者，据《宁夏府志·艺文·诗·青铜禹迹》卷二一、《道光中卫县志·艺文编·青铜禹迹》卷十补。

②随刊：随山刊木。随山，随行山林。刊木，砍伐树木。《书·禹贡》："禹敷土，随山刊木，奠高山大川。"孔颖达疏："随行山林，斩木通道。"

③采风：对民情风俗的采集。特指对地方民歌民谣的搜集。

④留取：原本作"晋取"，据《宁夏府志·艺文·诗·青铜禹迹》卷二一、《道光中卫县志·艺文编·青铜禹迹》卷十改。

⑤奥区：腹地。

⑥仙吏：有才能的官吏。分符：指剖符。分一半符给功臣作为信物，引申为任命、执掌。

⑦黉（hóng）官：学校。黉，古代学校名。

⑧泮（pàn）水：古代学官前的水池，形状如半月。

⑨趺（fū）：同"跗"，脚背。此谓碑座。

修鳞①潜密藻，翙②凤待高梧。
妙简③真才士，交推谬腐儒。
声名虽窃忝④，学术本荒芜。
未获吞丹篆⑤，空劳挚白驹⑥。
吟成敢属和⑦，酒熟即相呼。
奇字时堪访，元言许共娱。
琳函⑧披秘藏去声，宝鉴映青胪⑨。
观海从今始，谈天哂昔愚。
诸君方进步，此道有亨衢⑩。
信是朋来远，方知德不孤。
鸣钟期大叩⑪，铸剑仰洪炉。
休负文翁⑫化，宁⑬吹齐国竽。
经明偕计吏，黼黻重天都⑭。

---

①修鳞：指大鱼，也指蛇。

②翙（huì）：鸟飞声；众多。

③妙简：善于选择。

④忝（tiǎn）：谦辞，有愧于。

⑤丹篆：用朱砂书写的篆文。

⑥挚：捕，捉。白驹：此谓光阴。《庄子·知北游》：“人生天地间，若白驹之过隙，忽然而已。”

⑦属（zhǔ）和：唱和，指和别人的诗；跟着别人唱。

⑧琳函：玉函。

⑨宝鉴：宝镜。胪（lú）：瞳仁。原本作“臚”，据意改。

⑩亨衢：四通八达的大道。

⑪大叩：比喻叩钟，大叩则大响，小扣则小响。《礼记·学记》云：“善待问者如撞钟，扣之以小者则小鸣，扣之以大者则大鸣。待其从容，然后尽其声。”

⑫文翁（约前156—前101）：名党，字仲翁，汉庐江舒（今安徽庐州庐江县）人，西汉循吏。景帝末，任蜀郡守，兴教育、举贤能、修水利，政绩卓著。于成都市中起官学，招属县子弟入学。入学者免除徭役，成绩优者以补郡县吏。武帝时，令天下郡国都设立学官，自文翁为之始。

⑬宁：哪能，岂敢。

⑭黼黻（fǔ fú）：文彩。天都：帝王的都城。

初夏放舟青铜峡口因登百塔寺用松陵集①中楞伽精舍②倡和韵

金匮 杨芳灿 蓉裳

灵源出青铜，分流润郊郭。
疏为龙骨渠，万顷膏腴廓。
夏始众绿长，和气销疹瘼。
双峰青刺天，昼日光澹泊。
拗怒③喧波涛，呀开门崖崿。④
坚逾玉璧城，险过石匮阁。
沿堤行水来，露冕褰车箔⑤。
不辞跋履劳，暂得登临乐。
岚光破空碧，霞气纷华垩。
俯瞰九曲流，贯注长不涸。
却登橛头船⑥，轻身冒险恶。
捩⑦舵捷有神，可喜亦可愕。
龙门投箭筈⑧，瞿塘断竹筰⑨。

---

①松陵集：指《松陵唱和集》，以吴中地望而得名，是晚唐诗人皮日休与陆龟蒙互相酬唱的唱和诗集。这本唱和集收录了二人从咸通十年到十二年间（869—871）创作的六百多首作品。

②楞伽精舍：指僧人修炼居住之所。楞伽，为师子国山，佛在此山讲经，故名。此为泛指。

③拗怒（niù nù）：抑制怒火。

④呀：大、空的样子。崖崿（yá è）：山崖。

⑤褰（qiān）：撩起，揭起。箔（bó）：苇子或秫秸编的帘子。

⑥橛头船：小木船。

⑦捩（liè）：扭转。

⑧筈（kuò）：箭尾。

⑨筰（zuó）：竹篾拧成的绳索。

蛟虬怒欲立，夔两纷可摸。
潭涡翻雪车，石棱避霜锷①。
转丸下峻坂，駃马②脱羁络。
掠耳震砰訇③，夺眸眩辉燿④。
乱流万人呼，出险千丈落。
迅若乘飚轮，翩如蹑云屩⑤。
吏道苦拘检，尘机多碍着。
偶然得一快，似亦天所酢⑥。
寻幽入梵宫，凭高望六幕⑦。
巑岏百浮图⑧，阿谁所镌凿？
浮柱倚危岑，层构临巨壑。
疑是阿育王⑨，来此翦丛薄⑩。
门鼠缘垂藤，怖鸽触悬铎。
同游得辩才，谈空相应诺。
虽逐野千行，已免睡蛇蠚⑪。
天香闻杳霭，贝典⑫玩深博。

①锷：刀剑的刃。

②駃（jué）马：古书上说的一种骏马。

③砰訇（pēng hōng）：拟声词，大水声。

④辉燿：光亮闪烁貌。

⑤屩（juē）：草鞋。

⑥酢（zuò）：客以酒回敬主人。此谓回报。

⑦六幕：指天地四方。

⑧巑岏（cuán wán）：耸列貌。百浮图：青铜峡内一百零八塔。

⑨阿育王：古印度摩揭陀国孔雀王朝国王。义译为无忧王。其初信奉婆罗门教，即王位后，改奉佛教，为大护法，曾于华氏城举行第三次结集、整理佛典，佛教传播于海外，多赖其力。

⑩丛薄（cóng bó）：茂密的草丛；丛生的草木。

⑪蠚（hē）：行毒。

⑫贝典：佛经。

徘徊日移晷，微吟招隐作。
静境足留连，非只为禅缚。
伊余眈白业①，藜藿甘寂寞。
试作物外观，心口自营度。
七宝②座庄严，八关齐俨恪。③
平生默自忏，岂止一重错。
何时遂微尚④，林泉好栖托。
行随拾橡猿，坐对巢松鹤。

同作 无锡 侯士骧⑤ 凌衢

双峰束洪流，屹立俨铜郭。
长河溢星宿，汎滥实旷廓。
大哉神禹力，疏凿祛民瘼。
一方资灌溉，万类得栖泊。
悬崖扦駊騀，奔涛突巉崿⑥。
艰疑上瞿塘，险逾登栈阁⑦。
首夏事清眺，巾车揭疏箔。
偶于风沙窟，快觅山水乐。
日轮沉碎光，潋滟翻赭垩⑧。
剧愁地肺摇，恐致天池涸。

---

① 伊余眈白业：伊余，我；眈，沉溺；白业，佛教谓善业。

② 七宝：指人间最宝贵的七种宝物，不同佛经对其内容说法不同。其中金、银、琉璃、砗磲、玛瑙是公认的。

③ 八关：指佛教的八关斋戒。俨恪：庄严恭敬。

④ 微尚：微小的愿望和追求。

⑤ 侯士骧：曾任职灵州，生平事迹不详。

⑥ 巉崿（chán è）：险峻的山崖。巉，险峻。

⑦ 栈阁：栈道。

⑧ 赭垩：赤土和白土，古代用作建筑涂料。

探奇历幽敻[①]，嗜僻穷怪恶。
蹑峻足屡蹻[②]，瞰虚心卒愕。
乘兴招野航，放溜解轻筰。
云岚生倒影，黛色纷可摸。
捩舵箭离弦，回挝[③]鸟脱络。
风门沙喧雷，水啮石淬锷。
入峡天忽低，有目顿成矐[④]。
平生负跳荡，到此惊胆落。
踏浪学飞凫，破空下烟屩。
径渡千仞渊，始知身所著。
奇险虽暂经，夙愿得交酢。
野迥绿成海，林深云聚幕。
孤嶂孤寺蹲，百塔百灵凿。
绀殿[⑤]枕层冈，丹甍[⑥]架危壑。
人稀市声远，境静尘虑薄。
杂花布妙香，清籁戛[⑦]疏铎。
得道须慧业，兹言心已诺。
倘堕野狐窟，何以祛毒蠚。
空空谈辟支[⑧]，琐琐务施博。
直以贪生故，妄希释梵作。

① 敻（xiòng）：远。
② 蹻（jué）：跳跃；快步。
③ 回挝（wō）：“回帆挝”之意，指船返航时所击的鼓声。
④ 矐：明。
⑤ 绀（gàn）殿：指佛寺。
⑥ 甍（méng）：屋脊。
⑦ 戛（jiá）：敲击。
⑧ 辟支：梵语。又谓辟支佛、辟支迦佛。

佞佛[①]竟无成，终身被禅缚。
羌[②]余蜡游屐[③]，偶来证寂寞。
霁景惬遐慕，贝典穷隐度。
选胜造幽微，斋心自清恪[④]。
始悔当浓春，缩屋真大错。
啸咏得微悟，烟霞有深托。
赤壁逐坡仙[⑤]，横江[⑥]梦归鹤。

同作 浦江[⑦] 周为汉[⑧] 皤东

羁绁[⑨]苦风尘，坌坲[⑩]厌城郭。
夏始溯长河，一叶泛寥廓。
穷薄险能轻，烟霞癖成瘼。
中流浪簸掀，势放不容泊。
迎面排乱山，吞帆辟双崿。
窈窕隐堂隍[⑪]，鯢卼[⑫]峙楼阁。
倒影疑堆烟，卷雾忽开箔[⑬]。
浩渺流波平，旷荡客心乐。

---

① 佞佛：迷信佛教。
② 羌：句首语气词，无意。
③ 蜡游屐：蜡屐，以蜡涂抹木屐，喻指悠闲、无所作为的生活。
④ 清恪（kè）：廉洁恭谨。
⑤ 坡仙：宋苏轼号东坡居士，后人仰其才华称为“坡仙”。
⑥ 横江：在今安徽和县东南。也叫横江浦。
⑦ 浦江：今浙江省浦江县。
⑧ 周为汉：曾任职灵州，生平事迹不详。
⑨ 羁绁（jī xiè）：比喻人受牵制。羁，马口中的缰绳。绁，绳索。
⑩ 坲（fó）：尘埃飞扬貌。
⑪ 堂隍：又作“堂皇”。雄伟，正大。
⑫ 鯢卼（niè wù）：不安。
⑬ 箔：门帘。

盘涡郁洄漩，颓壁杂丹垩。
浆急堤欲行，沙露川恐涸。
峡势渐逼窄，波形陡深恶。
鱼沫腥或闻，怪气黑可愕。
怒发千钧弩，骤断辘轳索。
绝岸幸许登，裂石不敢摸。
呀豁①铲云根，蕲岁②磨莲锷。
群山乱奔突，一径细连络。
荡日波有光，夺晴目恐矐。
俯白骇云生，扪碧③愁天落。
攀萝舍疲筇④，印苔蹑棕屩。
路转境乍开，地寂心无着。
山僧启禅扃⑤，揖客欢酬酢。
登塔礼金仙，入龛揭珠幕。
岩窾⑥神丁开，崖厂⑦鬼斧凿。
向背拱千峦，晦明变众壑。
蛟囚树屈盘，雷聚水喷薄。
濛濛散空香，冷冷闻清铎。
嗟余事远游，山林负宿诺。
道缘苦未深，俗虑迫相蓄。
败车驱簿笨⑧，褐衣曳宽博。

① 呀豁：空旷的样子。
② 蕲岁（jiān lì）：山高耸的样子。
③ 扪碧：犹言扪天、摸天。碧，碧虚，天空之意。
④ 筇（qióng）：竹名，可为杖。此谓手杖。
⑤ 扃（jiōng）：门扇。
⑥ 窾（kuǎn）：孔穴。原本作“窾”，同“窾”。
⑦ 厂（hǎn）：山崖。《说文解字·厂部》：“厂，山石之崖岩，人可居。”
⑧ 簿笨：竹车，粗陋的车子。簿，同“薄”。

自怜世网羁，空吟招隐[1]作。
邂逅惬林泉，倏忽摆缠缚。
荡胸吸流影，瞠目望大漠。
长啸何激昂，奇句偶裁度。
暂得任疏顽，谁能守勤[2]恪。
吁嗟慕荣利，趋向良乖错[3]。
何当谢尘氛[4]，幽栖[5]遂远托。
驻景逐飞仙，云中控孤鹤[6]。

受降城 杨芳灿 蓉裳

万里榆关道，韩公有旧城。
草埋危堞[7]堕，风挟怒沙鸣。
戍士橐[8]弓卧，边氓[9]负耒耕。
无劳壅门[10]设，番部久输诚[11]。

前题 郭楷 雪庄

韩公受降处，遗堞至今存。

① 招隐：征召隐居者出仕；招人归隐。
② 勤：原本脱此字，据甘图本《艺文志十六下·同作》卷四补。
③ 乖错：错乱。
④ 尘氛：犹言灰尘烟雾，指尘俗的气氛。
⑤ 幽栖：幽僻的栖止之处，此指隐居。
⑥ 孤鹤：比喻孤特高洁之人。
⑦ 危堞：高城，也指危城。
⑧ 橐（gāo）：收藏盔甲弓矢的袋子。原本作“韬”，据文意改。
⑨ 边氓：边民。
⑩ 壅门：遮掩城门的短墙。
⑪ 输诚：表达诚心。

独展临边策，宁夸列骑屯①。
山形猛虎踞，地势斗龙蹲。
健笔镵碑碣②，千秋说吕温③。

前题 松江 俞讷④ 鍘夫

故垒余荒草，韩公旧列营。
秋风吹古道，落日照边城。
百雉⑤寒苔碧，重关暮角⑥鸣。
自夸身手健，常傍塞垣⑦行。

前题 侯士骧

欲访韩公迹，苍茫大夏⑧西。
城分三足峙，天入四垂低。
原古栖木黍，时清息鼓鼙⑨。
凭高无限意，吊古且留题。

---

①骑屯：屯骑，众多的随从骑兵。

②健笔：笔力矫健。镵（chán）：刺。

③吕温：后魏东平寿张（今属山东）人，字晞阳。有文武才略。北魏太武帝代郝连昌，以温为幢将，温先登陷阵，每战必捷。拜宣威将军，出为上党太守，有治名。卒赠野王侯，谥曰敬。

④俞讷：曾任职灵州，生平事迹不详。

⑤百雉：指城墙的长度达三百丈。是春秋时国君的特权。雉，古代计算城墙面积的单位，长三丈高一丈为一雉。

⑥暮角：日暮的号角声。

⑦塞垣：本指汉代为抵御游牧民族所设的边塞，后亦指长城，边关城墙。

⑧大夏：南匈奴部族赫连勃勃建立的政权，国都统万城，也是十六国时期最后出现的一个政权。

⑨鼓鼙（pí）：古代军中常用的乐器。

前题　锡山　秦仑源[①]　兰台

突兀三城旧，周防[②]万里遐。
弓刀严列堠，旌旆拥平沙[③]。
地险争鱼齿，天骄制犬牙。
只今蕃落[④]静，长策未须夸。

前题　锡山　秦仑源　兰台

朔塞[⑤]岩城古，苍茫认废垣。
雄边千骑静，危堞万人屯。
已足扅[⑥]骄虏，何劳置雍门。
拂云祠[⑦]畔望，芦管起遥原。

过仆固怀恩[⑧]墓　杨芳灿

唐代当中叶，渔阳[⑨]起叛藩[⑩]。

---

① 秦仑源：曾任职灵州，生平事迹不详。

② 周防：谨密防患；四周防护。

③ 平沙：广阔的沙原。

④ 蕃落：外族部落；外族人。

⑤ 朔塞：朔北塞外。指北方边境地区。

⑥ 扅（guǐ）：《集韵·纸韵》："扅，毁撤也。"

⑦ 拂云祠：指拂云堆神祠。《元和郡县志》卷四记载："先是（唐）朔方军北与突厥以河为界，河北岸有拂云堆神祠，突厥将入寇，必先诣祠祭酹求福，因牧马料兵而后渡河。"景云二年（711），张仁愿奏请于黄河以北建三受降城，以拂云祠为中受降城。

⑧ 仆固怀恩：唐朝铁勒部人。世袭都督。安禄山反，从郭子仪讨贼，收复两京，平史朝义，有殊功。累官尚书左仆射，兼中书令、河北副元帅，封太宁郡王。后因太原节度使辛云京合监军骆奉先猜疑，上告反状，怀恩因以怨望诱合诸蕃入寇，至鸣沙，遇疾病甚，还死灵武，部曲焚其尸以葬。

⑨ 渔阳：唐郡名，治所在今天津市蓟州区。

⑩ 叛藩：谓安禄山于渔阳起兵反叛。叛藩，原作"判藩"，据灵武市档案馆藏1959年抄本《光绪灵州志·艺文志十六下·过仆固怀恩墓》卷四改。

骁雄出裨将，义愤救中原。
酣战摧强敌，孤军领外援。
假威添虎翼，协力剪鲸吞。
左仆班资贵，真王爵秩尊。
气骄非易制，宠极转成怨。
反侧①由群议，宽仁负主恩。
养痈②分节镇，召乱诱羌、浑。
自诧功无并，宁知祸有源。
饮章③争告变，谩语尚陈冤。
苏峻④怀非望，庞萌⑤肆妄言。
士擐⑥三载甲，宛率六军屯。
泾水全师覆，鸣沙数骑奔。
余生逃斧锧⑦，残骨载轒辒⑧。
坏道沉碑失，阴厓⑨破冢存。
悲风作呜咽，疑是健儿魂。

① 反侧：反复无常。

② 养痈（yōng）：谓患痈疽畏痛不割，终成大患。此喻为姑息误事。痈，肿疡，喻指祸害。

③ 饮章：不具名的文件、传单等。《后汉书·蔡邕传》卷六〇李贤注："饮犹隐却告人姓名，无可对问。章者，今之表也。"

④ 苏峻：晋长广掖县（今属山东）人，字子高。晋元帝任为鹰扬将军。成帝时，以平讨王敦功，官历阳内史，拥有锐兵万人。庾亮执政，谋夺其兵权，征为大司农，峻不应。咸和二年，举兵反，三月攻入建康，迁帝于石头，九月为陶侃、温峤等击败而死。

⑤ 庞萌：东汉山阳（今河南修武县西北）人。光武时为侍中。萌为人逊顺，甚被帝信爱。帝尝称曰："可以托六尺之孤、寄百里之命者，庞萌是也。"拜为平狄将军，与盖延共击董宪。时因诏书独下延而不及萌，萌以为延谮己而自疑，遂反。光武帝亲率兵平叛，兵败被杀。

⑥ 擐（huàn）：穿，贯。

⑦ 斧锧：铁鍖。古刑具，置人于鍖上以斧砍之。

⑧ 轒辒（fén wēn）：也作"轒轀"。攻城的兵车。

⑨ 厓：山边，同"崖"。

前题　郭楷

连冈郁黄云，四塞惨白日。
阴风沙石号，短草冷萧瑟。
遥遥见孤邱，蓬蒿荒不铚[①]。
云是怀恩冢，年多阡碣[②]失。
有唐昔中叶，安史乱侵轶[③]。
所赖朔方军，僇[④]力奋群率。
如何冢中人，功名乃不卒。
衅因云京[⑤]构，情缘奉先室。
四镇徒阴谋，六罪[⑥]漫口实。
焚如良自取，犹幸逋[⑦]斧锧。
封忝[⑧]异姓王，名污史臣笔。
阿母挥白刃，逐贼蒙优恤。
爱女系天潢[⑨]，远嫁崇礼秩[⑩]。
忠孝尔竟亏，魂魄应惭慄[⑪]。
千秋遗圹在，已作狐儿窟。
月夜牧马归，何处鬼雄叱。

---

① 铚：割。
② 阡碣：阡，墓道；碣，圆顶的石碑。
③ 侵轶：亦作“侵佚”。侵犯袭击。
④ 僇：通“戮”。并力，合力。
⑤ 云京：指当时的太原节度使辛云京。
⑥ 六罪：仆固怀恩被疑，乃上书于皇帝，自叙功伐，列己六罪，其实为六功。
⑦ 逋：逃亡。
⑧ 忝（tiǎn）：辱，有愧于，常用作自谦之词。
⑨ 天潢：皇族、宗室。
⑩ 礼秩：指礼仪等第和爵禄品级。
⑪ 惭慄：羞愧惶恐。

前题　侯士骧

轧荦山前走剧贼，千里连营甲光黑。
两京已溃哥舒①降，健将从戎铁勒②。
将军许国初靡他，阵前研子挥霜戈。
营门角响宵传兵，马鬣③水寒晓渡河。
河阳一鼓摧坚壁，叱咤英风万人敌④。
功成自惧置闲散，请为降奴建旄节。
养痈河北从兹始，论古纯臣讵⑤如是。
纵无谗口伺含沙，未必功名竟堪恃。
六罪陈词隙已成，构之况有辛云京。
当时悔过入待罪，主恩犹可全其生。
计不出此乃再误，养兵召寇当迟暮。
鸣沙归骨遁天刑，强固性成终不悟。
阖门死事四十人，不幸马革留残身。
可怜百战中兴将，末路披猖⑥作叛臣⑦。
我来凭吊径荒垅，阴风匝地寒云重。
咫尺难寻灵武台，夕阳衰草寒云重⑧。

---

①哥舒：唐大将哥舒翰，突厥族酋长哥舒部之裔，世居安西。安禄山反时，起用为元帅，守潼关，出战不利，遂降禄山，后被安庆绪斩杀。

②健将从戎铁勒：此句脱一字。甘图本此句作“健将从戎狼山铁”。

③马鬣（liè）：马鬃。

④叱咤英风万人敌：英字后原衍一“英”字，据删。

⑤讵：岂，怎。

⑥披猖：亦作“披昌”。猖獗，猖狂。

⑦叛臣：原本作“判臣”，据上下文意改。

⑧按：本诗倒数第一、第三句末三字均为“寒云重”，疑有误，存疑。

小池盐[1] 杨承宪[2]

饴盐[3]谁种出云塍，回乐池头用不胜。
岂藉牢盆人代鬻，但携筐筥[4]野堪承。
沙澜昼涌明于雪，碱气春团净似水。
经宿乍看丝雨散，满川已见玉华凝。
非同安邑因风熟，应比昆吾[5]逐月增。
暖涨土花青结绣，晴涵水晕白生棱。
飞霜讵为凌秋劲，积素还宜待日蒸。
薄霭渐销痕皎皎，浮沤[6]微浣影层层。
凿厓应笑劳无益，引瀑何须巧自矜。
莎碛元精搜窔窔[7]，荒畦银汞扫重仍[8]。《物类相感志》："盐根，一名'太阳元精'，明净者如汞。"
堆盘表洁形堪肖，入鼎和羹味可凭。
宁俟沃波朝聚橐[9]，不胜沸火夜沟灯。
产连溪水[10]收难竭，成藉阴阳价岂腾。

① 小池盐：清代灵州花马小池。参见本书卷二《丁税赋额志第九》。
② 杨承宪：曾任职灵州，生平事迹不详。
③ 饴盐：岩盐的一种，带甜味。
④ 筥（jǔ）：圆形的竹筐。
⑤ 昆吾：山名。《山海经·中山经》："又西二百里曰昆吾之山，其上多赤铜。"郭璞注："此山出名铜，色赤如火，以之作刃，切玉如割泥也。"
⑥ 浮沤：水面的泡沫。
⑦ 窔窔：深奥。窔，幽深。窔，同"奥"。
⑧ 重仍：仍重，犹频繁。
⑨ 橐（tuó）：敛藏。
⑩ 水：原本脱此字，据甘图本补。

千里负餱皆攟[①]载，万夫侵晓[②]共担簦[③]。

利轻一孔民争藉，鹾[④]惜穷边贼有恒。

果是盛朝宽大处，天藏无尽协休征。《魏书》[⑤]元雍奏云：“盐者，天藏也。”

灵武台 侯士骧

朔方形胜西陲雄，一隅再造夸唐宗。

至德[⑥]遗踪杳难问，荒台沦没生蒿蓬。

渔阳鼙鼓动群丑，函关失险无人守。

阿瞒[⑦]夜半出延秋[⑧]，崎岖蜀栈乘骡走。

紫盖黄旗[⑨]指剑州[⑩]，马嵬[⑪]父老苦遮留[⑫]。

至尊已徇[⑬]权宜策，殿下须从恢复谋。

裴冕[⑭]堪为北道主，回风卷甲趋灵武。

---

① 攟（jùn）：古同“捃”，拾取。

② 侵晓：拂晓。

③ 簦：古代有柄的斗笠，这里指竹编容器。原本作“登”，据甘图本改。

④ 鹾（cuó）：盐。

⑤ 魏书：参见《魏书·食货志》卷一一〇。

⑥ 至德：唐肃宗年号，756—758 年。这里代指唐肃宗李亨。

⑦ 阿瞒：唐玄宗李隆基的自称。

⑧ 延秋：延秋门，唐代长安禁苑西门。

⑨ 紫盖黄旗：均指现于斗牛之间的云气，古代术士以为帝王祥瑞。

⑩ 剑州：唐先天二年（713）设置，属剑南道。治所在普安，辖境相当于今四川剑阁、梓潼等县地。

⑪ 马嵬：今为马嵬镇，属陕西兴平市。

⑫ 遮留：拦阻挽留。

⑬ 徇（xùn）：当众宣令。原本作“狥”，同“徇”。

⑭ 裴冕：唐河东（治今山西太原）人，字章甫。明锐果于事，众号称职。玄宗入蜀，拜御史中丞，从肃宗至灵武，与杜鸿渐等劝进，拜尚书右仆射。两京平，封冀国公。

白衣宰相[①]佐风云，黑稍将军拥貔虎[②]。

玉玺西来士气生，居然号令众心倾。

花门[③]共跃勤王骑，叶护[④]长驱荡寇兵。

军声远震连关陇，令公将将能持重。

戈铤[⑤]百道怒鲸奔，旋看骇鹿无遗种。

虎帐龙韬据上游，奇功指顾[⑥]两京收。

捷书飞达峨眉岭[⑦]，仙杖[⑧]重开花萼楼[⑨]。

扫除氛祲[⑩]清宫阙，表迎避位情非饰。

黄袍手著似婴儿，此日何曾亏子职。

仓皇行在建旌旗，想见神灵呵护时。

谁信边城三尺土，当年曾筑太平基。

---

① 白衣宰相：指李泌。李泌幼以才敏著闻，与太子为布衣之交。因杨国忠恶之，隐居颖阳。时肃宗自马嵬遣人寻访，谒见于灵武。肃宗与之出则联辔，入则对榻，中兴方略，悉与之谋议。李泌虽为布衣，然肃宗对他事事皆咨，言无不从，宛如宰相，故称之为白衣宰相。

② 黑稍（shuò）将军：指郭子仪、李光弼。时郭、李自河北将军五万至灵武，灵武军威始盛，人始有兴复之望。黑稍，北魏大将于栗磾好持黑稍以自标，时称于栗磾为“黑稍公麾下”，后因以黑稍作大将的代称。貔虎：貔与虎皆为猛兽名，故此以喻勇士。

③ 花门：唐甘州张掖郡删丹军东北有居延海。又北三百里有花门山堡，又东北千里为回纥衙帐所在地。故唐人诗中常以花门为回纥的代称。

④ 叶护：突厥官名。其职位仅次于可汗，为一个大部族中的分部部长，相当于唐代的大都督。此代指突厥。

⑤ 戈铤：戈与铤，亦泛指兵器，也借指战争。

⑥ 指顾：一指一瞥之间。形容时间的短暂、迅速。

⑦ 峨眉岭：峨，原本作“蛾”，据甘图本改。

⑧ 仙杖：神仙的仪仗，这里指皇帝的仪仗。

⑨ 花萼楼：唐玄宗开元二年（714）于兴庆宫之西南所建。原本脱“花”字，据甘图本、《新唐书·列传第六》卷八一补。

⑩ 氛祲（jìn）：预示灾祸的云气，比喻战乱、叛乱。

边墙[1]　杨芳灿

野日荒荒[2]外，边墙入望遥。
风高原散马，云迥[3]塞盘雕。
蒸土颓垣在，沉沙折戟销。
登临无限感，战垒认前朝。

前题　郭楷　雪庄

一带缭垣[4]峙，雄边制四邻。
黄沙今夜月，白骨古时人。
饮马窟[5]犹在，鸣刀迹已陈。
时清烽戍减，耕牧乐斯民。

前题　松江　俞讷

斥堠烽烟静，沿壕长绿沙。
高台蹲健鹘[6]，荒迹卧明驼[7]。
地利宜耕牧，边氓息铠戈。
驱车径废堞，怀古漫悲歌。

①边墙：长城。
②荒荒：黯淡迷茫貌。
③迥（jiǒng）：远。
④缭垣：围墙。
⑤饮马窟：古乐府有《饮马长城窟行》。
⑥健鹘：勇猛矫健的鹘。
⑦明驼：善走的骆驼。

前题 侯士骧

古堞俨①周遭，黄云补断壕。
客心沉戍角②，边日澹③征袍。
野阔牛羊小，天空鹰隼高。
康时④本无外，设险笑徒劳。

前题 秦仑源

野雾冷冥冥⑤，斜阳下古亭。
客愁侵夜柝⑥，戍火⑦乱秋星。
土铫⑧眠难稳，村醪醉易醒。
他年谈旧事，曾向塞垣径。

前题 杨承宪

纵目长城外，黄云几万层。
霜高秋试马，风劲客呼鹰。
自有四夷⑨守，休夸一障乘⑩。
数声边角⑪动，平楚⑫暮烟凝。

---

①俨：恭敬，庄重。
②戍角：驻防士兵的号角。
③澹：恬静、安然的样子。
④康时：太平时世。
⑤冥：昏暗。
⑥柝：古代打更用的梆子。原本作“拆”，据甘图本改。
⑦戍火：戍卒在驻地所燃之火。火，原本作“大”，据甘图本改。
⑧土铫：瓦锅，犹今之砂锅。
⑨四夷：古代华夏族对四方少数民族的统称，也泛指外族。
⑩乘：防守，防御。
⑪边角：边地的画角或画角声。
⑫平楚：平野。

灵州古槐　石渠[①]

上古有大椿，八千岁为春，八千岁为秋，此说非无因。灵州衙斋有槐树，轮囷[②]离奇饶生趣。或云齐景公爱槐，犯者即刑伤入墓；或云甘泉谷移来，投阁子云[③]曾作赋。或云音声忽出自都堂；或云片片见相西天王；或云神尧入关先植此。纷纷臆说皆愚。卬卬[④]谓不材之木常能寿绿[⑤]，不知肥红不瘦，且能不受食[⑥]于天，饱耐霜雪神逾坚。但今无论年与月，亦无论其全与刖[⑦]，即此清荫蔽我庐，生意欣欣超清越[⑧]。更兼桑柘榆柳荫四郊，鹰鹯徙兮鸾凤巢。古树生枝征嘉政[⑨]，芙蓉绿水聊解嘲。

边城秋易知行[⑩]

草绿赫连台，迟迟春日暮。
西风偏早来，骚屑[⑪]撼庭树。
溶溶月流银，滟滟玑[⑫]凝露。

---

① 石渠：指明代王恕。王恕（1416—1508），字宗贯，号石渠。三原（今属陕西）人。正统进士。曾官至巡抚宁夏右都御史，后累官吏部尚书。为官刚正峻严，始终一致，与马文升、刘大夏合称“弘治三君子”。卒谥端毅。有《王端毅文集》。

② 轮囷（qūn）：盘曲貌；硕大貌。

③ 投阁子云：指汉代扬雄，字子云。曾作《甘泉赋》，后投阁而死，故云。

④ 卬（áng）卬：同“昂”，抬起、扬起，引申为盛大貌。

⑤ 绿：甘图本《艺文志第十六下·灵州古槐》卷四作“禄”。

⑥ 食：原本作“令”，据甘图本《艺文志第十六下·灵州古槐》卷四改。

⑦ 刖（yuè）：古代砍掉脚的酷刑。此谓树被砍。

⑧ 清越：清脆激越；清脆悠扬。

⑨ 征：表露出来的迹象。嘉政：善政，德政。

⑩ 按：此诗与下一首《和蓉裳九日横城登高放歌》佚失作者姓名，从诗题、内容方面看绝非石渠作品，作者显为杨芳灿的同时代人，究竟是谁不能确证。

⑪ 骚屑（sāo xiè）：风声。

⑫ 玑：不圆的珠子。

兰膏[①]炯明霜，雁影窗前度。
我欲寄尺书，渺渺情难诉。
寒蛩[②]扶户吟，和尽凄凉句。

和蓉裳九日横城[③]登高放歌

吴山绝顶崔岧峣[④]，游人九日恣登高。
廿年行脚未曾到，梦中夜夜闻江涛。
醒回诧讶身是客，呼厨快作去声重阳糕。
一餐香饫金钗溜[⑤]，驾言[⑥]何处堪游敖[⑦]。
城西仙尉折简召，师弟甥舅相联镳[⑧]。
琉璃杯深琥珀紫，玛瑙盘饤[⑨]红葡萄。
一叫帽落杯在手，顾觉右手空无螯[⑩]。
有酒不饮君记取，非直亡羊而补牢。
归问阍人[⑪]车停处，报君今在长城壕。
雄边绝塞佳节并，极目千里纾烦忉[⑫]。
诘朝相见话未已，新诗袖出辉银毫。

① 兰膏：古代用泽兰子炼制的油脂，可以点灯。
② 寒蛩（qióng）：深秋的蟋蟀。
③ 横城：今属宁夏灵武市临河镇。
④ 岧峣（tiáo yáo）：山高峻貌。
⑤ 饫（yù）：宴食。金钗：女性头上的金饰，这里借指妇女。
⑥ 驾言：出车。言，语助词。
⑦ 敖：游玩。
⑧ 联镳（biāo）：马衔相连。指并骑而行。
⑨ 饤（dìng）：罗列、堆砌。
⑩ 螯（áo）：螃蟹等节肢动物的第一对脚，形状像钳子。
⑪ 阍人：守门人。
⑫ 纾：解除。忉（dāo）：形容忧愁、焦虑的样子。

星轺轹辘尘坌集①，夫君不让刘郎豪。
读罢还君三叹息，吾侪幸与升平遭。
此地绝古称险要，纷纷割据雄脽尻②。
天顺③以后弃河外，河水一夜纷驰骜④。
铁柱泉边虎豹窟，芳苦滩头豺狼嗥。
今看西山如駮马，穹庐远徙弓矢櫜。
驿舍星连炊烟接，明驼櫜櫜来西獒⑤。
文华武英峰簇簇，会葬何用戈矛操。
君今摄官已三载，政成民俗无訾皋⑥。
铜口河流建瓴⑦注，石岗沙碛恣芟薅⑧。
幅员千里隐一国，宰割正合操牛刀。
迎刃而解导窾理⑨，羡君余事主风骚。
登高怀古作林立，一见咋舌谁喧嚣。
胜地良辰禁不得，放歌例合⑩归吾曹。
风雨重阳句难续，寸铁持向兰山鏖。

---

①星轺（yáo）：古代称帝王使者为星使，因称使者所乘车为星轺。轺，轻便马车。轹辘（lì lù）：车轮转动声。坌（bèn）：尘埃。

②脽尻（shuí kāo）：屁股。

③天顺：明英宗朱祁镇年号，1457—1464年。

④骜（ào）：骏马名。

⑤獒（áo）：一种凶猛的狗，体大善斗。

⑥訾皋：诽谤非议。

⑦建瓴（líng）：形容速度极快。瓴，房屋上仰盖的瓦，亦称瓦沟。原本作“瓴”，无此字，据甘图本改。

⑧芟薅（shān hāo）：芟，割草，引申为除去；薅，拔除、揪。

⑨窾（kuǎn）理：法则与情理。

⑩例合：例，规定，指可以做依据的事物；合，应该、合该。

督[①] 渠工夜宿山村 华原 梁楚翘[②]

日暮渠工罢[③]，孤村独夜闲。
风轻闻水浪，月朗对柴关。
古寺全依石，人家半在山。
更深眠未稳，乡梦此时还。

九日重游东塔寺[④] 华原 梁楚翘

［其一］

胜地经年到，清樽[⑤]九日开。
河流当槛[⑥]曲，塔影过城来。
露冷黄花瘦，风疏碧草摧。
坐临无限意，目极小山隈。

［其二］

古刹堪凭眺，携囊上翠微[⑦]。
夕阳孤鸟没，断涧白云飞。
曲径僧归晚，空坛客过稀。
徘徊金像下，秋色冷岩扉[⑧]。

---

① 督：监管，察看。

② 梁楚翘：陕西耀州人，乾隆三十五年（1770）举人，曾任灵州学正，参与过《嘉庆灵州志迹》的修撰。

③ 罢：停，歇。

④ 东塔寺：东塔镇海寺，在今灵武市东门外。见本书卷一《坛庙坊市桥梁津渡名胜志第六》。按：此诗从起承转合以及刊印、抄录格式看，应是两首诗，故此加添小标题，将其分开。

⑤ 清樽：指清尊，亦作“清罇”，酒器。也借指清酒。

⑥ 槛：栏杆。

⑦ 翠微：青翠的山色，也泛指青翠的山。

⑧ 岩扉：岩洞的门。也借指隐士的住处。

秋登太平寺寺筑高台建成　华原　梁楚翘

层台巍耸[①]傍云横，殿宇周回落照[②]清。
客到烟林[③]开曲径，坐来霜叶下高城。
侵窗午日薰兰气，入槛秋风散磬[④]声。
向晚依依未归去，栖鸦啼上一轮明。

大成殿旁古松　华原　梁楚翘

圣德垂无极，凌空见古松。
青柯[⑤]经百代，素影[⑥]傲三冬。
常伴笙竽响，时亲剑珮[⑦]容。
近阶依赑屃[⑧]，承溜藉蒙茸。
老干应栖鹤，虬枝欲化龙。
崇高排巨阙[⑨]，茂密隐疏钟。
自有秋阳暴，还因泮水[⑩]浓。
后彫谁尔咏，千载许相逢。

---

①巍耸：高耸。

②落照：夕阳的余晖。

③烟林：烟雾笼罩的树林。

④磬：原本作“声”，据甘图本《艺文志第十六下·秋登太平寺寺筑高台建成》卷四改。

⑤柯：草木的枝茎。

⑥素影：月下的影子。

⑦剑珮：宝剑和垂佩。

⑧赑屃（bì xì）：传说中龟名。

⑨巨阙：古代名剑，泛指利剑。

⑩泮水：古代学官前的水池，形状如半月。这里指文脉。

历代边防事迹志第十七

灵邑自汉时界匈奴，唐初北邻突厥，后又接近吐蕃，宋则陷入西夏，为戎马冲践之地。我国家重熙累洽[①]，边境清宁，百余年来，此都人士久不识兵戈为何物矣，而试即历代边防事迹取而覆之，始叹民之生彼时者孔棘[②]，而本朝功德之隆，远迈汉、唐万万者，其涵濡[③]为最深也。览斯编者，勿徒视为陈迹也可。

边防

［汉］

元封元年，上既置张掖、敦煌郡，自制封禅仪，将登封太山。又以古者先振兵释旅[④]，然后封禅，诏曰："南粤、东瓯，咸伏其辜;西蛮、北夷，颇未辑睦[⑤]。朕将巡边陲，躬秉武节[⑥]，亲帅师焉。"乃行自云阳，历五原，出长城，北登单于台，至朔方，临北河，勒兵十八万，旌旗千余里。遣郭吉告单于曰："南越王头已悬北阙，今单于能战，天子自将待边；不能，即南面而臣于汉。"单于詟[⑦]不敢出。帝乃还，祭黄帝冢而释兵。

---

①重熙累洽：指时世清明和乐。

②孔棘：谓（处境）很危急。孔，很、甚。棘，危急，通"急"。

③涵濡（rú）：滋润；沉浸。

④振兵释旅：收缴兵器，解散军队。

⑤辑睦：和睦。

⑥武节：武德，使用武力应遵循的道义准则。

⑦詟（zhé）：惧。

【译文】

历代边防事迹志第十七

灵州在汉代与匈奴为界，唐代初期北邻突厥，后来又接近吐蕃的势力范围，宋代则完全陷入西夏王朝，历代都是兵家必争之地。现在的中国清明和乐，边境安宁，自大清王朝奠基百余年以来，灵州本地人士已经很久不知道战争为何物了，而把历代边防事迹的资料取来与之做个比较，真让人感叹生于那些朝代百姓生活的万分艰难，而本朝功绩和德行之大，远远胜过汉朝、唐朝，［就像阳光雨露对于土地，］其滋润最为深厚。阅览本编的读者，千万不要仅仅将其看作是历史的陈迹而已。

边防

［汉］

元封元年（前110），汉武帝刘彻设置张掖、敦煌郡以后，自己制定了封禅仪式，将登泰山封禅。又以古代必须先收缴兵器、解散军队，然后才能举行封禅的原因，下诏书宣告天下："南粤、东瓯，都认罪伏法。西蛮、北夷，尚未平服和睦。朕将巡视边陲，亲自主持武道，军队由朕统帅。"于是从云阳出发，经五原，出长城，向北登单于台，直至朔方，来到北河，陈兵十八万，旌旗千余里。派使臣郭吉通知匈奴单于说："南越王的头颅已经悬挂到大汉皇宫的北门阙上，如今单于若是能战，天子亲自率军在边境等候；若是不能战，就应南面称臣、归降大汉。"单于恐惧不敢出兵应战。汉武帝刘彻乃带兵南归，在桥山祭祀黄帝陵后才解除这次军事行动。

［魏］

太平真君五年，以刁雍为薄骨律镇将，到任上言："富平西南三十里有艾山，南北二十六里，东西四十五里，凿以通河，似禹旧迹。其两岸作溉田大渠，广十余步，山南引水入渠。河水激急，沙土漂流。今渠高于河水二丈三尺，水不得上。艾山北，河中有洲渚，水分为二，西河小狭。臣求来年正月于分河之下五里，平地凿渠，筑其两岸，令高一丈。北行四十里，还入古高渠，又北八十里，合一百二十里。计用四千人，四十日功。可溉官私田四万余顷。"七年又表曰："奉诏高平、安定、统万及臣所守四镇，运谷五十万斛，付沃野镇，以供军粮。臣镇去沃野八百里，道多深沙，必致滞陷。计车五千乘，运十万斛，百余日乃得一返。今求于河水之次，造船二百艘。一船胜二千斛，放舟顺流，五日而至，功轻于车十倍有余。"

文帝大统元年，遣李虎击曹泥。虎招谕费也头之众，与之共攻灵州。凡四旬，曹泥请降，虎克灵州。

二年，高欢自将万骑袭魏夏州，不火食四日而至。缚稍①为梯，遂入其城，擒刺史斛拔弥俄突，因而用之，留张琼将兵镇守，迁其部落以归。灵州刺史曹泥与其②婿凉州刺史刘丰，复叛降东魏。魏人围之，水灌其城，不没者四尺。欢发阿至罗骑，径渡③灵州，绕出魏师之后，魏师退。欢追泥及丰，收其遗户五千以归。

【译文】

［魏］

北魏太武帝拓跋焘太平真君五年（444），任命刁雍为薄骨律镇将，刁雍到任后上奏朝廷说："富平县西南三十里有艾山，南北二十六里，

① 稍（shuò）：原本作"稍"，据《宁夏府志·杂记·纪事》卷二二、《北齐书·神武帝纪》卷二改。

② 其：原本脱此字，据《宁夏府志·杂记·纪事》卷二二补。

③ 径渡：径直渡过。

东西四十五里，［古代从山里］开凿有水渠用来通引黄河水，好像是大禹时代的旧迹。其两岸又有灌溉田地的大渠，宽十余步，从艾山南面引水入渠。［由于］黄河水流湍急，冲刷、携带大量泥沙沉淀。致使现在的水渠高于黄河二丈三尺，水不得上，无法自流灌溉。艾山北边，黄河中有沙洲，把水一分为二，西边的小河狭窄，水流也平缓。臣请求明年正月距离黄河分流之处五里，从平原地带开凿新渠，加筑堤岸，高一丈。向北延伸四十里，接入古高渠后，古高渠再向北延伸八十里，合共一百二十里。合计要用四千人力，花四十天时间。［工程完成后］可以灌溉官田、私田四万余顷。”太平真君七年（446）又向朝廷上奏称：“按照朝廷的诏命，要从高平、安定、统万及臣所属的薄骨律四镇，运送谷物五十万斛，交付给沃野镇，充作军粮。薄骨律镇离沃野镇有八百里之遥，道路多沙漠，必然导致车、马陷滞。算起来五千辆车，运十万斛谷物，百余天才能走一个来回。今天请求在黄河岸边，造船二百艘。一船可以装载二千多斛谷物，顺流行船，五天就到了，效率比车载马驮要高十倍还多。”

西魏文帝元宝炬大统元年（535），派遣李虎率兵进攻曹泥。李虎奉天子的谕旨招抚费也头部众，与之共同进攻灵州。总共用了四十天，曹泥请求投降，李虎攻克灵州［，西魏仍以曹泥为灵州刺史］。

西魏文帝元宝炬大统二年（536），高欢亲自带领上万骑兵袭击西魏的夏州，骑兵携带干粮四天就到了。捆绑长矛作梯子，乘势攻入夏州城，擒获刺史斛拔弥俄突，高欢因势利导，试图借重斛拔弥俄突的力量打击西魏，留张琼率兵镇守夏州，迁调斛拔弥俄突部落和自己一起回到中原。灵州刺史曹泥与其女婿凉州刺史刘丰，又叛乱投降了东魏。西魏派军队包围了灵州城，用水灌城，城池没被淹没的仅剩四尺高。东魏高欢派遣阿至罗带领骑兵援救曹泥，径直杀奔灵州，绕到西魏军队之后，［准备从背后发动攻击，］西魏军队被迫撤退。高欢追逐曹泥及刘丰，并收迁其遗留的五千余户东归。

［隋］

文帝开皇五年，令崔仲方发丁男[①]三万，于朔方、灵武筑长城。东至黄河，西距[②]绥州，南至勃出岭[③]，绵亘[④]七百里。

十八年，诏蜀王秀出灵州道，击突厥。

十九年春，遣杨素出灵州道击突厥，路逢鱼俱罗。与语大悦，即奏请同行。俱罗与数骑奔击，瞋目大呼，往返若飞。

是年突厥犯塞，以段文振为行军总管拒之。遇达头可汗于沃野，击破之。明年，率众出灵州道以备胡，无虏而还。

炀帝大业九年，灵武白瑜娑[⑤]兵起。贼帅白瑜娑，劫牧马，连突厥，陇右多被其患，谓之“奴贼”。

【译文】

［隋］

隋文帝开皇五年(585)，命令崔仲方征发成年男子三万人，在朔方、灵武修筑长城。这段长城东至黄河，西到绥州，南至勃出岭，绵延不断长达七百里。

开皇十八年(598)，隋文帝杨坚诏命蜀王杨秀统兵从灵州道出发，进攻突厥。

开皇十九年(599)春季，朝廷派遣杨素率兵从灵州道出击突厥，路上碰见鱼俱罗。杨素与其交谈十分相得，大为高兴，即奏请朝廷让鱼俱罗与自己共同出征。鱼俱罗在战场上带着数名骑兵疾速向敌人进攻，瞪大眼睛，大声呼喊，来来回回就像飞起来一样。

这一年(599)，突厥入侵边塞，朝廷任命段文振为行军总管统兵

---

① 丁男：指成年男子，也指已到服役年龄的男子。

② 距：到达。

③ 勃出岭：原本作“勃山岭”，据《北史·崔仲方传》卷三二、《隋书·崔仲方传》卷六〇改。

④ 绵亘：绵延不断。

⑤ 白瑜娑：原本作“白瑜婆”，据《资治通鉴》卷一八二改。下同。

抵御。段文振军队在沃野遭遇达头可汗部族，将其打垮。第二年（600），段文振统率部众出灵州道以防备突厥的入侵，没有遇到敌人而撤还大本营。

隋炀帝大业九年（613），灵武白瑜娑起兵造反。贼帅白瑜娑，抢劫牧马，勾结突厥，陇右一带多受其害，当时人称其为“奴贼”。

［唐］

贞观三年，回纥与诸部攻薛延陀，残之，并有其地，遂南逾贺兰山，境诸河，遣使者献款[①]。太宗为幸灵州，次泾阳，受其功。

十年春正月，突厥阿史那社尔来降，以为左骁卫大将军，处其部落于灵州之北。留社尔于京师，尚公主，典屯兵[②]。

太宗时，以延陀灭，欲并契苾等降之，复遣江夏王道宗率阿史那社尔等，分部穷讨。帝幸灵州，节度诸将。于是铁勒十一部皆归命天子。

十七年，薛延陀来纳币，诏绝其婚。先是薛延陀执契苾何力，上遣使与和亲，许以公主妻之，何力归。是年，遣其侄来纳币，献羊马。何力言不可与婚。帝曰：“吾已许之，不可失言。”何力曰：“敕令夷男来亲迎，彼[③]必不敢来，绝之有名。”上乃诏幸灵州，召真珠可汗会礼。真珠欲行，其臣曰：“往必不返。”真珠曰：“天子圣明，远近皆服。今亲幸灵州，以爱主妻我，得见天子，死不憾矣，薛延陀何患无君？”又多以牛羊为聘，经沙碛死者过半。乃责以聘礼不备，绝之。

高宗咸亨二年，吐谷浑畏吐蕃之逼，徙灵州，其故地尽入吐蕃。

弘道元年，突厥寇蔚州，崔智辩[④]败死。或议弃丰州，保灵[⑤]、夏。

① 献款：归顺，投诚。

② 尚公主，典屯兵：“公”字原本脱，“典”原本作“兴”，据《宁夏府志·杂记·纪事》卷二二、《旧唐书·阿史那社尔传》改补。

③ 彼：原本作“被”，据《宁夏府志·杂记·纪事》卷二二改。

④ 崔智辩：原本作“崔智辨”，据《旧唐书·唐休璟传》卷九三、《新唐书·唐休璟传》卷一一一、《资治通鉴》卷二〇三改。

⑤ 灵：原本作“宁”，据《宁夏府志·杂记·纪事》卷二二改。

唐休璟以为不可，上疏曰："丰州控河遏寇，号为襟带。秦、汉以来，常郡县之。土田肥美，宜耕牧。隋季弃之。贞观之末，募人实之，西北始安。今废之，则河滨之地复为贼有，灵[①]、夏等州人不安业，非国家利。"高宗从其言。后授灵州都督，乃陈方略，复四镇。

中宗嗣圣十三年，默啜寇凉州，执都督许钦明。其后寇灵州，以钦明自随。至城下，使说守将降。明呼曰："我乏食，求美酱良米及墨。"意欲城中选良将，引精兵夜袭虏营，而城中无喻其意者，遂被害。

十九年，突厥寇盐、夏，遂寇并州，遣薛季昶[②]、张仁愿御之。

神龙二年十二月，突厥默啜寇鸣沙，灵武军大[③]总管沙吒忠义与战，军败。

代宗广德二年，仆固怀恩反，寇太原。初，回纥辞归国，上诏仆固怀恩护送之。至太原，节度使辛云京疑其反，闭门不出。云京与中使骆奉先力言怀恩有反状，恩奏劾辛云京，朝廷和解之。于是不入朝，上书自讼。遣其子玚攻太原，为其下焦晖、白玉攻杀之。其都虞候张维岳杀焦、白，而窃其功，传首京师。怀恩入白其母，母提刀逐之，怀恩弃其母，引兵据灵州。颜真卿、李抱真[④]皆请用郭子仪镇朔方，上从之。

大历二年九月，吐蕃围灵州。冬十月，路嗣恭击却之。

三年九月，吐蕃寇灵州，朔方将白元光败之。壬辰，又败之于灵武。

八年，吐蕃寇灵州，郭子仪败之于七级渠。

贞元九年[⑤]，城盐州。初，盐州既陷，塞外无复保障。吐蕃常阻绝

① 灵：原本作"宁"，据《宁夏府志·杂记·纪事》卷二二改。

② 薛季昶：原本作"薛旭"，据《新唐书·突厥传》卷二一五上、《资治通鉴》卷二〇七改。

③ 军大：此二字原本脱，据《新唐书·突厥传》卷二一五上、《资治通鉴》卷二〇八补。

④ 李抱真：原本作"李抱玉"，据《资治通鉴》卷二二三改。

⑤ 贞元九年：原本作"九年"，《旧唐书·德宗下》卷十三、《唐会要·城郭》卷八十六均记载，唐贞元三年（787），吐蕃入寇，盐州城被毁，塞外无保障。贞元九年（793）二月，诏复筑盐州城。经二旬城筑成，自此边患顿息。据此改。

灵武，侵扰鄜、坊。诏发兵城盐州。又诏泾原、山南、剑南各发兵深入吐蕃，以分其势。城之二旬而毕，命节度使杜彦光戍之，由是灵武、银、夏、河西获安。

《唐书·突厥传》①：

突厥默啜自立为可汗，篡位数年，始攻灵州，多杀略士民。武后以薛怀义为朔方道行军大总管，凡十八将军出塞，杂华蕃步骑击之，不见虏而还。

契丹李尽忠等反，默啜请击贼②自效，诏可，册拜③迁善可汗，引兵击契丹。会尽忠死，袭松漠部落，尽得孙万荣④妻子辎重，酋长奔溃。武后美其功，复诏命册拜。未及行，俄攻灵、胜⑤二州，纵杀略，为屯将所败。

默啜负胜轻中国，有骄志，大抵兵与颉利时略等，地纵广万里，诸蕃听命。岁入边，戍兵不得休，乃高选魏元忠检校并州长使，按屯⑥以待。又徙元忠灵武道行军大总管，备虏。

长安三年，默啜遣使请婚献马，后渥赐⑦其使。中宗始即位，入攻鸣沙，于是灵武军大总管沙吒⑧忠义与战，不胜，死者几万人。帝诏绝昏，购斩默啜者王以国。默啜杀我行人鸿胪卿臧思言，诏左屯卫大将军张仁亶为朔方道大总管屯边。明年，始筑三受降城于河外，障绝寇路。

睿宗时，默啜攻九姓，战碛北，九姓溃，人畜皆死，思结等部来降，

---

①《唐书·突厥传》：参见《新唐书·突厥传》卷二一五上、二一五下。

②贼：原本作“赋”，据《新唐书·突厥传》卷二一五上改。

③册拜：以册书授官。

④孙万荣：原本作“李万荣”，据《新唐书·突厥传》卷二一五上改。

⑤胜：原本作“杀”，据《新唐书·突厥传》卷二一五上改。

⑥按屯：驻守。

⑦赐：《新唐书·突厥传》卷二一五上作“礼”。

⑧吒：原本作“陀”，据《新唐书·突厥传》卷二一五上改。

帝悉官之。拜薛讷[①]朔方道行军大总管，太仆卿吕延祚、灵州刺史杜宾客[②]备边。默啜又讨[③]拔野古，残众所杀，传首京师。

永泰、大历间，吐蕃再遣使者来聘，于是户部尚书薛景仙往报。诏宰相与吐蕃使者盟。俄寇灵州，掠宜禄，郭子仪精甲三万戍泾阳，入屯奉天。灵州兵破虏二万，上级五百首。

大历三年，虏引众十万复攻灵州，邠宁马璘[④]、朔方将白元光再破其众，获马、羊数千。

八年，虏六万骑侵灵州，败民稼，进寇泾、邠，浑瑊与战不利，复整卒夜袭其营；泾原马璘以兵掩之潘原，射豹皮将死，军中夜哭，虏乃遁去。璘收所俘士及男女而还。

大历十三年，虏以四万骑寇灵州，塞汉、御史、尚书三渠以扰屯田，为朔方留后常谦光所逐。

贞元二年[⑤]，吐蕃请盟。言灵盐节度使杜希全、泾原节度使李观[⑥]，外蕃所信，请主盟。帝使浣报结赞[⑦]曰："希全守灵州，有分地，不可以越境，以浑瑊为会盟使。"虏卒败盟，火盐、夏二州庐舍，颓郛堞而去，希全分兵保之。

贞元八年，吐蕃寇灵州，陷水口，塞营田渠。发河东、振武兵，合神策军击之，虏引还。

自虏得盐州，塞防无以障遏，而灵武单露，鄜、坊侵迫，寇日以骄，数入为边患。帝复诏城之，使泾原、剑南、山南深入穷讨，分其兵，毋令专向东方。诏朔方、河中、晋绛、邠宁兵马副元帅浑瑊，朔方灵、

---

① 薛讷：原本作"薛纳"，据《新唐书·突厥传》卷二一五上改。
② 杜宾客：此三字原本脱，据《新唐书·突厥传》卷二一五上补。
③ 又讨：原本"又"作"有"，并脱"讨"字，据《新唐书·突厥传》二一五上改。
④ 邠宁马璘：此四字原本脱，据《新唐书·吐蕃传》卷二一六下补。
⑤ 二年：《新唐书·吐蕃传》卷二一六作"三年"。
⑥ 泾原节度使李观：此七字原本脱，据《新唐书·吐蕃传》卷二一六下补。
⑦ 帝使浣报结赞：原本作"帝使报"，据《新唐书·吐蕃传》卷二一六补。

盐、丰、夏、绥、银节度都统杜希全及邠宁节度使[1]张献甫等五节度合兵三万，以左、右神策将军胡坚、张昌为盐州行营节度使，板筑之，役者六千人，余皆陈城下。九年始裁[2]，阅二旬讫功[3]，而虏兵不出。

贞元十六年，灵州破虏于乌兰桥。

十七年，吐蕃大侵灵州。

元和十二年[4]，吐蕃使论矩立藏来朝，未出境，吐蕃寇宥州，与灵州兵战定远城，虏不胜，斩首二千级。

穆宗即位，虏引兵入屯灵州，灵州兵击劫之。

长庆元年，吐蕃遣使来朝，且乞盟，诏许之。大臣豫盟者悉载名于策。方盟时，吐蕃以壮骑屯鲁州，灵州节度使李进诚与战大石山，破之。

大中三年，灵武节度使李钦取安乐州，诏为威州。

【译文】

［**唐**］

贞观三年（629），回纥诸部联合起来进攻薛延陀，予以其残灭式的打击，一并占有其地，由此向南翻过贺兰山，边境推进到黄河一线，派遣使者向唐王朝投诚。唐太宗为此专门巡幸灵州，临时驻扎在泾阳，接纳其劳绩。

贞观十年（636）春正月，突厥阿史那社尔前来投降，被唐朝廷任命为左骁卫大将军，安置其部落于灵州北境。留阿史那社尔在京师，婚配公主，主管军队驻扎事务。

唐太宗时，因为薛延陀已经被消灭，想一并降服契苾何力等部，又派遣江夏郡王李道宗率领阿史那社尔等人，分兵部署，对敌人穷追猛打。唐太宗巡幸灵州，调度指挥诸将。于是铁勒十一部皆归顺了唐

① 使：原本脱此字，据《新唐书·吐蕃传》卷二一六补。

② 裁：决定，判断。

③ 讫功：完工，竣事。

④ 元和十二年：原本作“永贞十二年”，唐代没有这一年号，据《新唐书·吐蕃传》卷二一六改。

太宗。

贞观十七年（643），薛延陀来送聘礼，唐太宗下诏断绝两家之间关系。在此以前，契苾何力被反叛的部众绑架至薛延陀，[为换回契苾何力，]唐太宗派遣使者与薛延陀和亲，许诺以公主下嫁，契苾何力终于归来。这一年，薛延陀真珠可汗派遣侄子来送聘礼，献羊马。契苾何力说不可许婚薛延陀。唐太宗说："我已许诺，不可失言。"契苾何力说："您命令薛延陀首领亲自来迎亲，他必然不敢来，这样就有理由回绝了。"唐太宗乃告知薛延陀自己将巡幸灵州，召真珠可汗前来会礼。真珠可汗准备出发，其手下说："您去了肯定就回不来了。"真珠可汗说："唐朝天子圣明，远近皆服。现在亲自巡幸灵州，把心爱的公主嫁给我为妻，能见到天子，死而无憾，薛延陀部族哪里用得着担心没有君主呢？"又因为主要是以牛羊为聘礼，途经沙漠牲畜死亡过半。唐太宗乃责备其没有准备好聘礼，以此断绝了关系。

唐高宗咸亨二年（671），吐谷浑畏惧吐蕃人的逼迫，迁徙到灵州，其故地全部被吐蕃占领。

唐高宗弘道元年（683），突厥入侵蔚州，崔智辩战败而死。有人提议放弃丰州，收缩力量保卫灵州、夏州。唐休璟以为不可，上疏说："丰州控制黄河遏制敌寇，一向号称国家的拱卫。秦朝、汉朝以来，长久设置郡县。此地土地肥美，适宜农耕和畜牧。隋代废弃了。到了我朝贞观末年，才招募人马予以充实，西北就此得以安宁。现在要废弃丰州，则黄河两岸的土地又被贼寇所占据，灵州、夏州等州人无法安居乐业，对国家有害无利。"唐高宗采纳了唐休璟的意见。后来又任命唐休璟为灵州都督，[永昌元年（689）升任西州都督后，]积极向朝廷条陈方略，筹划收复龟兹、于阗、疏勒、碎叶等安西四镇。

唐中宗嗣圣十三年（周武则天万岁通天元年，696），突厥部默啜可汗入寇凉州，俘虏了凉州都督许钦明。其后又入寇灵州，带着许钦明一起行军。到了灵州城下，让其劝说守将投降。许钦明大声说："我没有食物，请给些美酱良米及墨。”意思让城中挑选良将，率领精兵趁夜袭击敌营，但城中没有人明白他的意思，最终被杀害。

唐中宗嗣圣十九年（周武则天长安二年，702），突厥入侵盐州、夏州，不久又入侵并州，朝廷派遣薛季昶、张仁愿统兵防御。

唐中宗神龙二年（706）十二月，突厥部默啜可汗入侵鸣沙，灵武军大总管沙吒忠义与其争战，没有获胜。

唐代宗广德二年（764），仆固怀恩造反，入寇太原。最初的时候，回纥部头领请辞归国，唐代宗诏命仆固怀恩带兵护送。到达太原时，节度使辛云京怀疑他造反，关闭城门不予接纳。辛云京与监军宦官骆奉先极力申说仆固怀恩有反状，仆固怀恩向朝廷上奏章弹劾辛云京，朝廷居中予以调和。仆固怀恩不敢入朝明志，上书为自己诉讼。同时，派遣其儿子仆固玚进攻太原，最终仆固玚被其部下焦晖、白玉杀害。都虞候张维岳又杀了焦晖、白玉，从而窃取了这二人的功劳，传送这几人的首级到京师请赏。仆固怀恩进入内宅把这些情况禀告了母亲，其母大怒，[责骂他不该造反，]提刀追着要杀他，仆固怀恩舍弃母亲，率领军队屯扎在灵州。大臣颜真卿、李抱真都请求让郭子仪镇守朔方，唐代宗听从了他们的意见。

大历二年（767）九月，吐蕃围困灵州。当年冬十月，被路嗣恭击败退却。

大历三年（768）九月，吐蕃入寇灵州，被朔方将领白元光击败。壬辰，又在灵武击败吐蕃。

大历八年（773），吐蕃入寇灵州，被郭子仪在七级渠击败。

贞元九年（793），修筑盐州城。起初，盐州城被吐蕃攻陷毁坏，塞外失去了可资保护的屏障。吐蕃常阻绝灵武交通，侵略袭扰鄜州、坊州。唐德宗诏命发兵重新修筑盐州城。又诏命泾原、山南、剑南各道发兵深入吐蕃，主动进攻，以分化瓦解其力量。盐州城用了二十天修筑完毕，命节度使杜彦光在此戍守，由此灵武、银州、夏州、河西获得安宁。

据《新唐书·突厥传》卷二一五上、二一五下记载：

突厥默啜自立为可汗，篡位数年后，开始进攻灵州，军人百姓多被杀戮掳掠。武则天皇后任命薛怀义为朔方道行军大总管，总共有十八名将军统兵出塞，[准备向默啜发起进攻，]军队由汉军步、骑兵和游牧民族步、骑兵组成，没有找到默啜的军队而撤回。

契丹李尽忠等造反，默啜表示愿为唐朝廷镇压敌寇贡献自己的力量，朝廷同意了，以册书授默啜为迁善可汗，率领军队进攻契丹。恰巧碰上李尽忠死亡，默啜乘其不备攻击松漠部落，全部得到孙万荣的妻子、儿女、辎重，酋长败逃。武则天皇后称赞其功劳，又诏命以册书升授其官职。没等到使者上路，不久他就开始进攻灵州、胜州，纵兵杀戮掳掠，被驻屯的将军击败。

默啜因为胜利轻视中国，气骄志满，其军事力量大致与突厥颉利可汗时略等，占据的土地长宽上万里，边疆各游牧部落都对其俯首听命。每年入侵大唐边境，戍守的士兵得不到休息，于是高标准选拔魏元忠担任检校并州长史，严阵以待，防范突厥。后又调魏元忠担任灵武道行军大总管，防备默啜入侵。

长安三年（703），默啜派遣使者向朝廷献马求婚，武则天太后优渥赏赐其使。唐中宗刚即位，默啜侵略进攻鸣沙，于是灵武军大总管沙吒忠义与之争战，没有取得胜利，死者有几万人。唐中宗下诏与其断绝婚姻，悬赏征求能够斩杀默啜者，封其为国王。默啜杀害了行人鸿胪卿臧思言以后，朝廷诏命左屯卫大将军张仁亶担任朔方道大总管屯守边境。第二年，开始在黄河以外修筑三受降城，用军事要塞断绝默啜入寇的通道。

唐睿宗时，默啜进攻回纥九姓部落，在大漠以北开战，九姓部落溃败，人和牲畜死了不少，只有思结等部落前来投诚，唐睿宗都分封了官职。朝廷任命薛讷为朔方道行军大总管，太仆卿吕延祚、灵州刺史杜宾客戍守边疆。默啜又征讨回纥拔野古部落，被拔野古溃卒所杀，传首京师长安请功。

唐代宗永泰、大历年间（765—779），吐蕃再次派遣使者来访问，于是派户部尚书薛景仙前往吐蕃回访。朝廷诏命宰相与吐蕃使者订立盟约。不久吐蕃入寇灵州，夺取宜禄，郭子仪率精兵三万戍守泾阳，进入奉天驻守。灵州兵击败敌军二万，献上吐蕃首级五百。

大历三年（768），吐蕃召集十万人马再次进攻灵州，邠宁马璘、朔方将领白元光再次击破敌众，缴获马、羊数千。

大历八年（773），吐蕃六万骑兵入侵灵州，毁坏庄稼，进犯泾原、邠县，浑瑊与战不利，又整顿军队夜间奇袭敌营；泾原马璘引兵在潘原抵抗，射死吐蕃一位身着豹皮的将军，军中夜哭，敌虏乃逃走。马璘带着被吐蕃俘虏的士卒及男女百姓归营。

大历十三年（778），吐蕃四万骑兵入寇灵州，填堵汉、御史、尚书三渠以破坏屯田，被朔方留后常谦光驱逐。

唐德宗贞元二年（786），吐蕃请求订立盟约。声称灵盐节度使杜希全、泾原节度使李观，是大唐属国信任的人，要求由杜希全主持盟约的订立。唐德宗派使者崔浣告诉吐蕃次相尚结赞说："杜希全驻守灵州，守土有责，不可以越境行使职权，我们派浑瑊为会盟使主持盟约的订立。"最终吐蕃毁约，火烧盐州、夏州房屋，毁坏城池而去，杜希全分拨兵力保护属地安全。

贞元八年（792），吐蕃入寇灵州，攻陷水口，填塞营田渠。朝廷征发河东、振武兵，会和神策军击之，敌虏率军撤退。

自从吐蕃攻占盐州，边塞防务就此缺乏阻挡的屏障，只有灵武孤立而暴露在前方，鄜州、坊州被敌人侵犯逼迫，气焰一天比一天嚣张，多次入侵边关为患，唐德宗下诏重修盐州城。命令泾原、剑南、山南方面的军队深入敌境，对其穷追猛打，分散其兵力，使其无法专力向东方用兵；诏命朔方、河中、晋绛、邠宁兵马副元帅浑瑊，朔方、灵、盐、丰、夏、绥、银节度都统杜希全及邠宁节度使张献甫等五节度合兵三万，任命左、右神策将军胡坚、张昌为盐州行营节度使，主持修筑盐州城，参加修城者有六千人，其余的人马都列阵城下[，防备吐蕃的攻击]。贞元九年(793)刚作出决定，而过了二十天工程就告竣工，吐蕃兵没敢进扰。

贞元十六年(800)，灵州军队在乌兰桥击败吐蕃。

贞元十七年(801)，吐蕃大举入侵灵州。

唐宪宗元和十二年(817)，吐蕃使论矩立藏前来朝见，归途尚未走出大唐国境，吐蕃就入寇宥州，与灵州兵在定远城激战，敌虏战败，被斩首二千级。

唐穆宗即位，吐蕃引兵侵入灵州屯扎，被灵州兵攻打劫掠。

唐穆宗长庆元年(821)，吐蕃派遣使者前来朝见，请求订立盟约，唐穆宗下诏同意。这次朝廷参与订立盟约的大臣在书册上都有记载。正在订立盟约期间，吐蕃派剽悍的骑兵队伍驻守鲁州，灵州节度使李进诚与其在大石山激战，打垮了吐蕃军队。

唐宣宗大中三年(849)，灵武节度使李钦攻取安乐州，宣宗诏命将其改名为威州。

[五代]

后梁开平三年，岐王李茂贞①因梁将刘知俊来降，使知俊将兵取梁灵州以处，朔方节度使韩逊遣使告急于梁。梁主遣康怀贞、寇彦卿将兵攻邠、宁以救之，克宁、衍二州，拔庆州南城，游兵及泾州之境。知俊闻之，解围引还。梁主急召怀贞等还。知俊据险②邀之，怀贞大败，仅以身免。

---

①李茂贞：原本作“李守贞”，据《旧五代史·刘知俊传》卷十三、《新五代史·刘知俊传》卷四四改。

②险：原本作“除”，据《资治通鉴》卷二六七改。

后唐明宗天成四年，以康福为朔方节度使。初，福善胡语，明宗退朝多召入，访以时事，福以胡语对，安重诲恶之。谓之曰："汝但安奏事，会当斩若。"福惧，求外补，重诲以福为朔方节度使。以灵武边胡有兵祸，福见唐主泣辞。唐主命更他镇，重诲不可，不得已以兵送之。福至方渠①，遇羌兵邀之，福击败之。至青铜峡，又遇野利、大虫二族数千帐，又击破之，遂进至灵州。自是朔方始受代②。

后晋高祖天福四年，灵州戍将王彦忠据怀远城叛，高祖遣供奉官齐延祚往招谕之。彦忠降，延祚杀之。高祖怒其擅杀，除延祚名，重杖配流。

开运三年，灵州党项作乱。初，冯晖在灵州，留拓跋彦超于州下，故诸部不敢为寇，及将罢镇而纵之。王令温代镇，不存抚③羌胡，以中国法绳之，羌胡怨怒，彦超与石存、也厮褒④三族，共攻灵州。六月，晋复以冯晖为朔方节度使，将关西兵击羌胡。晖引兵过旱海，糗粮已尽。拓跋彦超众数万扼要路、据水泉以待之，军中大惧。晖以赂求和于彦超，彦超许之。自旦至日中，使者往返数回，兵未解。药元福曰："虏知我饥渴，阳许和⑤以困我耳，若至暮，则吾辈成擒矣。今虏虽众，精兵不多，依西山而阵者是也，其余步卒不足为患。请公严阵以待我，我以精骑犯西山兵，小胜则举黄旗，大军合势击之，破之必矣。"乃帅骑先进，用短兵力战，彦超小却⑥，元福举黄旗，晖引兵赴之，彦超大败。明日，晖入灵州。

① 至方渠：原本作"方至渠"，据《新五代史·康福传》卷四六、《宁夏府志·杂记·纪事》卷二二改。

② 受代：指官吏任满，由新官代替。

③ 存抚：抚恤慰问。

④ 也厮褒：原本脱"褒"字，据《资治通鉴》卷二八五补。

⑤ 许和：原本作"调和"，据《资治通鉴》卷二八五改。

⑥ 小却：稍稍后退。

【译文】

［五代］

后梁开平三年（909），岐王李茂贞因后梁将领刘知俊前来投诚，便让其带兵攻取后梁属地灵州作为安置他们的地方，朔方节度使韩逊派人向后梁朝廷紧急报告。梁太祖派康怀贞、寇彦卿带兵进攻邠州、宁州以解救灵州之围，攻克宁州、衍州，又夺取了庆州南城，流动作战的小股部队已进入泾州之境。刘知俊听到这种情况，急忙解灵州之围率军退回。梁太祖急召康怀贞等撤退。刘知俊据险阻击，康怀贞大败，仅以身免。

后唐明宗天成四年（929），任命康福为朔方节度使。当初，康福因为擅长说胡人的语言，唐明宗李嗣源退朝多次召入，询问讨论当时的时局情况，康福用胡语对答，安重诲对此十分厌恶。对他说："你敢胡乱向皇帝陈述事情，该当斩你。"康福害怕，请求外放去做地方官，安重诲任命他为朔方节度使。因为灵武始终有胡人兴风作浪，兵连祸结，康福［怕死，不愿就任，］哭泣着向唐明宗李嗣源告别。唐明宗要求给他换个地方任职，安重诲不同意，不得已只好派军队送其上任。康福一行到达方渠，遇到羌兵阻击，被康福击败。到了青铜峡，又遇到野利、大虫二族数千帐，又被康福打垮，于是到达灵州。自此，朔方恢复了官员任满由新官接替的正常秩序。

后晋高祖天福四年（939），灵州戍守边境的将领王彦忠占据怀远城反叛，晋高祖派遣供奉官齐延祚前往招抚。王彦忠投降，被齐延祚处死。晋高祖怒其擅杀，免除其官职，重施杖刑，然后流放。

开运三年（946），灵州党项作乱。当初，冯晖担任义成军节度使，镇守灵州的时候，专门为党项大族首领拓跋彦超在州城中建造房屋，留其居住，所以胡人诸部都不敢为寇，等到他离职的时候才让拓跋彦超离开。王令温代替冯晖镇守灵州，不抚恤慰问羌胡，按中国法律要求约束他们，羌胡怨恨愤怒，拓跋彦超与石存、也厮褒三族，联合起来一起进攻灵州。六月，晋帝又任命冯晖为朔方节度使，率领关西兵进攻羌胡。冯晖引兵过旱海，干粮已经吃尽。拓跋彦超数万人马扼守要路、占据水源地以逸待劳，关西兵大为恐惧。冯晖送上贿赂向拓跋彦超求和，对方假装答应了。从早晨到中午，使者往返数回，军队依然没有撤退。药元福说："敌虏知道我们饥渴，佯装答应是为了陷我们于绝境，假若等到天黑，则我辈就成了俘虏。今敌虏虽众，但精兵不多，依西山布阵者就是，其余的步兵不足为患。请您严阵以待，看我的行动，我以精锐的骑兵进攻西山兵，小胜则举黄旗，大军合势击之，就一定能够击溃敌人。"乃带领骑兵先行进攻，用刀剑等短兵器近身力战，拓跋彦超稍稍后退，药元福迅速举起黄旗，冯晖指挥军队全力向敌人发起进攻，拓跋彦超大败。第二天，冯晖进入灵州。

［**宋**］

太祖建隆二年，灵武节度使冯继业献马五百、橐驼百、野马二。

乾德二年，灵武饥，转泾粟以饷。

太宗至道元年，以会州观察使、知清远军田绍斌①为灵州兵马都部署。

二年五月，李继迁寇灵州。九月，夏州、延州行营②言："破李继迁于乌白池。"

至道三年，以殿前都虞候王昭速为灵州路都部署。二月丙申朔，灵州行营破李继迁。

真宗初即位，夏人寇灵州合河，都部署杨琼击走之。

咸平四年八月戊申，出环、庆至灵州地图险要示宰相，议战守方略。闰十二月壬午，灵州言："河外寨主李琼等以城降西夏。"

---

①田绍斌：原本作"田诏斌"，据本书卷二《历朝官迹志第十三》、《宋史·夏国传》卷二八〇改。

②行营：出征时的军营。

咸平五年三月丁酉，李继迁陷灵州，知州裴济死之。

六年，以西凉府六谷首领潘罗支为朔方军节度、灵州西面都巡检使。

哲宗时，钟传议取灵武，环、庆亦请出师，命折可适将万骑往。即薄灵州川，夏人扶老挟幼中夜入州城。明日，俘获甚多，而庆兵不至，乃引还。

元丰四年，王师西征，命泾原副都总管刘昌祚，率蕃汉兵五万受环、庆高遵裕节制。昌祚先至灵州，几得城。遵裕嫉其功，遣使止之，不用其计，遂以溃归。

孝宗乾道六年，夏主仁孝分国与其相任得敬。得敬相夏二十余年，潜怀异志，诬宗亲大臣，仁孝不能制，乃分西南路及灵州啰庞岭地与得敬为国，且上表于金，为得敬请封。金主以问宰相，尚书令李石等曰："事关彼国①，我何与焉？不如许之。"金主曰："有国之君，岂肯无故分国与人，此必权臣逼夺，非夏主本意。夏称藩既久②，一旦逼于贼臣，朕为四海主，岂能容此？当为诛之。"乃赐仁孝诏曰："先业所传，亦当固守，今兹请命③，未知措意④所在，当遣使来询问。"得敬始惧，仁孝乃谋诛之。秋八月，任得敬伏诛。

光宗绍熙四年⑤，夏主仁孝卒，子纯佑立。仁孝在位五十五年，始建太学于国，立小学于禁中，亲为训导，尊孔子为帝。然权臣擅命，国势日衰，自此始也。

宁宗嘉定二年，蒙古入灵州，夏主安全降，夏自是益衰。

【译文】

［宋］

宋太祖建隆二年（961），灵武节度使冯继业向大宋朝廷献马五百

① 彼国：原本作"本国"，据《金史·西夏传》卷一三四改。

② 既久：过去很久了。

③ 请命：旧时下级向上司请示。

④ 措意：留意，在意。

⑤ 四年：原本作"五年"，据《宋史·夏国传》卷四八六、《金史·西夏传》卷一三四改。

匹、骆驼一百峰、野马二匹。

乾德二年（964），灵武饥荒，转运泾原小米以保障供给。

宋太宗至道元年（995），任命会州观察使、清远军知军田绍斌为灵州兵马都部署。

至道二年（996）五月，李继迁入侵灵州。九月，夏州、延州行营奏报："在乌白池击溃李继迁。"

至道三年，任命殿前都虞候王昭速为灵州路都部署。二月丙申朔，灵州行营击溃李继迁。

宋真宗初即位，西夏人入侵灵州合河，被都部署杨琼击败逃走。

咸平四年（1001）八月戊申，拿出环州、庆州至灵州地图，指出各处险要给宰相看，共同商议进攻防御方略。闰十二月壬午，灵州奏称："河外寨主李琼等献出城池投降西夏。"

咸平五年（1002）三月丁酉，李继迁攻陷灵州，知州裴济死难于此。

咸平六年（1003），任命西凉府六谷首领潘罗支为朔方军节度、灵州西面都巡检使。

宋哲宗时，[担任龙图阁直学士的]钟传提议收复灵武，环州、庆州也要求出兵，于是朝廷命令折可适统领上万骑兵向灵武进军。军队很快迫近灵州平原，西夏人扶老携幼半夜逃入州城。第二天，俘获甚多，但庆州兵没按预定的时间到达，于是只好引兵退还。

宋神宗元丰四年（1081），王师西征，命泾原副都总管刘昌祚，率蕃汉兵五万进军灵州，受环、庆路兵马主帅高遵裕节制。刘昌祚先至灵州，几乎就要拿下城池。高遵裕嫉妒其功劳，派人要求停止攻城，不用刘昌祚的计谋，导致全军溃败撤退。

宋孝宗乾道六年（1170），西夏国主李仁孝划出其国的一部分给予宰相任得敬。任得敬担任西夏国宰相二十余年，潜怀异志，诬陷宗室亲属和大臣，李仁孝不能管束，只好把西南路及灵州啰庞岭一带土地划给任得敬作国土，并且上表金国，为任得敬请求正式的封赏。金国国主就此事征求宰相的意见，尚书令李石等说："这是西夏国自己的事情，与我们有什么关系？不如同意算了。"金国国主说："拥有一个国家的君主，岂有愿意无故分出一块土地给别人的道理，这一定是被权臣逼夺，不是西夏国国主的本意。西夏国作为我们的藩属国已经很久了，一旦受逼于贼臣，朕为天下之主，岂能容忍此事存在？应当为西夏国诛杀此人。"乃赐给李仁孝诏书说："西夏国是你先人传承下来的基业，应该好好守护，今天你的这个请示，不知道是什么意思，应该派使者前来以供询问。"自此，任得敬开始惧怕，李仁孝暗中谋划杀掉他。秋八月，任得敬伏法。

宋光宗绍熙四年（1193），西夏国主李仁孝死，立其子李纯佑为国主。李仁孝在位五十五年，在他手里最先在国都建立太学，在所居宫室设立文字、训诂等小学教育，亲自教训开导，尊奉孔子为帝王。然而权臣不受节制，擅自发号施令，国势日益衰落，就是从此开始的。

宋宁宗嘉定二年（1209），蒙古侵占灵州，西夏国国主李安全投降，西夏国自此日益衰落。

［明］

万历十年，灵州卒杨文遇、马景乱。洪武初，略定①陕西，残元部落率众归附。立灵州守御千户所，其属处于瓦渠四里为民，号"土达"，使自耕食，简其壮者充营卒②。文遇、景乃"土达"杨倘兀、马火丹之孙也，素犷悍③。万历十年，参将许汝继以勇名，擢灵州，任甫五月，湿束④部卒，御下过严，小犯者必绳以军法，怨讟⑤大生。汝继察知⑥，

①略定：攻克平定。

②营卒：士兵。

③犷悍：粗野强悍。

④湿束：亦作"束湿"，捆扎湿物。旧时形容官吏驭下苛酷急切。原本作"湿東"，据《宁夏府志·杂记·纪事》卷二二改。

⑤讟（dú）：诽谤，怨言。

⑥察知：观察了解。

愈恨之不少假[1]，众益怒，文遇、景遂谋为乱，党与[2]响应。四月八日，启参将署直入，郭济逞凶先之，汝继赤身起，迎截济发，至死发犹在握。宅中男妇并见戕，无噍类。文遇、景等开北门，出迎其党徐龙。掌所千户蒯训、千户戴儒遂闭门以守城，贼不得入，夺马逸走。余贼夺商民骡马出南门，乘隙肆摽掠[3]。同知吕珩驰使告变，巡抚晋应槐、兵备道刘尧卿檄游击唐尧辅摄灵州事，令广武、中卫守将王保等据边口。把总李鲲、杨朝率兵于九泉山、沙渠诸处追贼，获三十余人。杨文遇、马景等并斩于市。

【译文】

［明］

万历十年（1582），灵州守卒杨文遇、马景叛乱。洪武（1368—1398）初年，明军攻克平定陕西后，残元部落率众归向依附明王朝。朝廷设立灵州守御千户所，将这些人集中分布在瓦渠四里的地方为民，被称作“土达”，让其从事农业劳动，自食其力，从中挑选精壮青年当兵。杨文遇、马景是“土达”杨倘兀、马火丹的孙子，素来粗野强悍。万历十年，参将许汝继以勇武知名，擢升灵州任职，上任才五个月，就因为苛酷急切，御下过严，犯小错者必绳之军法，导致怨言大生。许汝继观察了解到这种情况，愈加愤恨，没有一点宽容，众人更加愤怒，杨文遇、马景遂谋划作乱，同党之人响应。四月八日，打开参将署大门直接冲了进去，行凶作恶的郭济抢先进入卧室，许汝继赤身拿刀迎击，砍断了郭济的头发，至死发犹在握。住宅中的男、女、老、幼一并被杀害，没有留下一个活口。杨文遇、马景等打开州城北门，出迎其党徐龙。掌所千户蒯训、千户戴儒紧紧关闭城门守护城池，贼人不得入城，抢夺马匹逃跑。剩余的贼寇抢夺商民骡马从州城南门逃

① 假：宽容，宽恕。

② 党与：同党之人。

③ 摽（biāo）掠：抢劫、掳掠。

跑，乘机大肆抢掠。灵州同知吕珩派人飞马报告发生变故，巡抚晋应槐、兵备道刘尧卿檄命游击将军唐尧辅代理灵州知州，命令广武、中卫守将王保等加强边关、隘口的防守。把总李鲲、杨朝率兵在九泉山、沙渠诸处追贼，抓获三十余人。杨文遇、马景等一并被斩首于市曹。

历代祥异志第十八

［祥异］

怪异之事，圣人所不道，然自五石六鹢[①]之异书于《春秋》，而后世史家代有《五行》传其事。虽不经见，亦可以识天地之大，无所不有矣。故余纂斯志，而以祥异终焉。

贞观二十年九月辛亥，灵州地震，有声如雷。

二十三年四月，河清。

大中三年十月辛巳，上都[②]及灵武、盐、夏等州地震，坏庐舍，压死数千人。

长庆元年[③]九月，灵州奏黄河清。

咸通十四年，灵州阴晦。

乾符六年秋，灵州云雾晦冥，自旦及禺中乃解[④]。

调露元年，鸣鷄群飞入塞，相继敝野。至二年正月，还复北飞，至灵、夏北，悉坠地而死，视之皆无首。

太平兴国三年，灵州献官马驹，足有二距。

---

① 五石六鹢（yì）：语出《春秋公羊传·僖公十六年》："霣石于宋，五。是月，六鹢退飞过宋都。"其大意为：好像一阵雷阵雨降落在宋国，轰轰的声音过后，人们看到落下的是五块石头。同一个月，有六只鹢鸟朝后倒飞着从宋国都城上空经过。原文为"鹝"（yì），一种水鸟，现改为通用字"鹢"。

② 上都：指长安。

③ 长庆元年：原本作"七年"。《唐会要》卷二九载，长庆元年"九月，灵州奏黄河清，从硖口至定远界二百五十里见底"。《文献通考》卷二九七载："穆宗长庆元年七月，河水赤三日止。九月，灵州奏黄河清，从陕至定远界二百五十里见底。"据此改。

④ 乾符六年秋灵州云雾晦冥自旦及禺中乃解：原本作"六年秋夏州云雾晦冥旦及禺中乃解"，《新唐书·五行志》卷三六载："咸通十四年七月，灵州阴晦。乾符六年秋，多云雾晦冥，自旦及禺中乃解。"未言夏州事。据此补、改。禺（yú）中：日近午。

雍熙二年，灵州芝草生，知州侯赟刻木为其状来献。

至道二年十月，灵、夏等州地震，城郭庐舍多坏。占曰兵饥。是时，西夏寇灵州。

成化十年十月丁酉，灵州大沙井驿地震，有声如雷。自后昼夜累震。至十一月甲寅，一日十一震，城堞房屋多圮。

十八年，灵州李景芳家白鼠昼游。次年，其子中乡试。

皇清康熙九年，宁夏河溢，淹灵州南关居民。

十八年，惠安堡生员张辟家猪生八子，皆有肉角、四目、三足、五足者，旋死。

三十三年，灵州民王邦彦妻产四男子。

四十七年，灵州井中见龙。

雍正十一年又十月，霜花雪绺四十余日。

景泰间，有李姓者至古灵州城东北铁柱泉，傍有窟，偕一仆爇灯[①]以入。行二十步，推开一石门，有铜铸释像，傍有二僧尸，覆以锦衾，其面如生，而金贝之类环具左右。李恣意取之，将出，风飒飒，灯息门闭，鼓钹齐鸣。李恐惧欲死，尽弃所取者，俄于傍窟匍匐而出。明日，集众往掘之，坚不能入。《朔方志》[②]。

【译文】

历代祥异志第十八

圣人不愿谈论怪异之事，然而自从五石六鹢这种怪异之事写进《春秋公羊传》，并且后来每一代历史学家撰写史书都有《五行志》记载这类事情。怪异之事虽然不经常见到，但也可以让人们见识到天地之大，

①爇（ruò）灯：点灯。爇，烧。

②《朔方志》：此处泛指宁夏的旧志书。参见《弘治宁夏新志·灵州守御千户所·祥异》卷三、《嘉靖宁夏新志·灵州守御千户所·祥异》卷三、《万历朔方新志·古迹》卷三。

真是无奇不有。所以我编撰这部志书，以祥异志作为最后的篇章。

唐朝贞观二十年（646）九月辛亥日，灵州地震，有声音如雷震。

贞观二十三年（649）四月，黄河水由浊变清。

大中三年（849）十月辛巳日，首都长安及灵武、盐州、夏州等州地震，震塌房屋，压死数千人。

长庆元年（821）九月，灵州上奏朝廷称黄河变清。

咸通十四年（873），灵州大白天昏暗。

乾符六年（879）秋天，灵州云雾笼罩，天色昏暗，从早晨到日近中午才消散。

调露元年（679），鸣叫着的鷃鸟成群结队飞入关塞，络绎不绝遮蔽了天空。到第二年正月，又回来向北飞去，到灵州、夏州的北边，全部坠地而死，看起来都没有脑袋。

宋朝太平兴国三年（978），灵州向朝廷贡献马驹，马蹄有两趾。

雍熙二年（985），灵州生长出灵芝草，时任知州侯赟用木头刻出其形状来献给皇帝。

至道二年（996）十月，灵州、夏州等州地震，城郭房屋多被震坏。占卜说会有战争造成的饥馑之灾。当时，西夏正在入侵灵州。

明朝成化十年（1474）十月丁酉日，灵州大沙井驿地震，有声如雷。自此后白天晚上多次地震。到十一月甲寅日，一天地震多达十一次，城墙房屋多数都倒塌了。

成化十八年（1482），灵州李景芳家有白鼠大白天游荡。第二年，其子考中举人。

清朝康熙九年（1670），宁夏黄河发大水，淹没灵州南关居民。

康熙十八年（1679），惠安堡秀才张辟家母猪生八头小猪，头上都有肉角、两双眼睛，有的长三条腿、有的长五条腿，生下不久就死了。

康熙三十三年（1694），灵州居民王邦彦妻子一胎生了四个儿子。

康熙四十七年（1708），灵州水井中有龙出现。

雍正十一年（1733）十月，时而霜花飘飞、时而大雪纷落的天气持续了四十多天。

明朝景泰年间（1450—1456），有李姓男子在古灵州城东北的铁柱泉，发现旁边有一个地窟，于是带着一个仆人点着灯钻了进去。走了二十步，推开一个石门，里面有铜铸佛像，旁边有二具和尚的尸体，上面盖着锦被，面色就像活人一样，并且四周堆满了金银珠宝。李姓男子［大喜］，疯狂盗取金银珠宝，就在将要离开的时候，一阵阴风飒飒响起，霎时灯火熄灭，石门关闭，锣鼓齐鸣。李姓男子恐惧得要死，不得不扔掉了金银珠宝，过了一会儿才从旁边的洞中狼狈逃了出来。第二天，召集了一帮人前往挖掘，而地窟坚固如铁，再也不能进入了。据《弘治宁夏新志·灵州守御千户所·祥异》卷三、《嘉靖宁夏新志·灵州守御千户所·祥异》卷三、《万历朔方新志·古迹》卷三相关记载。

灵州志跋

国有史，家有乘，而邑有志，皆所以汇辑宪章、维持政教也。余承乏甘省近十年矣，大宪[①]不以余不才，每委任边剧[②]。凡所历之处，小心祗[③]职，罔或自逸[④]，而尤以举坠修废为己任，未尝以事之难为而辄止。

嘉庆戊午夏，余以边俸报满，自新疆见代[⑤]抵省，阅二月，复委署宁郡之灵邑。盖灵邑在宁属为河东巨屏[⑥]，实北陲形胜之区也。余尝考历代故事，知是邑自汉初建置，迨有唐遂成重镇，设大都督府，有鸡田、鹿塞之州，回乐、烛龙之境，轮广近千余里，其间如山川扼塞、戍守机宜[⑦]，史官言之详矣。然载籍汗漫[⑧]，搜讨[⑨]颇艰，而边荒文字残缺，士大夫家乘复不概见。倘使经制硕画[⑩]有关邑治，与夫潜德幽光[⑪]，为国史所不载者，一任其散逸放失，邈不可稽，将何以汇辑宪章、维持政教耶？余曰是不可以无志。

---

① 大宪：旧时府吏对上司的称呼。

② 边剧：犹边遽（jù），指边境警报。遽，驿车，古时以边地的驿车传递警报，这里指代边疆。

③ 祗（zhī）职：敬职。祗，敬。原本作“祇”，形误，据意改。

④ 罔或：罔，无、不；或，通“惑”，即罔惑、迷惑。另一说“罔或”即罔惑、迷惑。自逸：身心安适。

⑤ 见代：取而代之。

⑥ 巨屏：强大的屏藩。也比喻镇守一方的藩臣。

⑦ 机宜：依据时机所采取的适宜决策。

⑧ 载籍汗漫：载籍，书籍，常用以形容人学识广博；汗漫，漫无边际，渺茫不可知。

⑨ 搜讨：谓深入研究探讨。

⑩ 经制硕画：经制，经理节制；硕画，长远谋划。

⑪ 潜德幽光：潜德，潜藏不为人知的美德；幽光，潜隐的光辉，常用以指人的品德。

先是梁溪杨蓉裳刺史[①]官是邑，与余同志，曾经草创而苦未就绪。适武威郭雪庄进士主是邑讲席，余就与谋之。雪庄曰："公是举，诚胜事，某当竭力成之。但采集未备，或苦疏漏，奈何？"余曰："何伤哉？自古作述[②]之盛，率[③]非独见所成，如班、马二史，马既本《春秋》《国语》《世本》诸书，而班复因马补缀整齐，又皆父子相承，缵[④]成厥事。至范蔚宗[⑤]书又因《汉宫仪》《东观记》及谢承[⑥]诸本，始集大成。然则美备相因，后先相待[⑦]，自然之势也。今蓉裳刺史之所草创未就，而有待于余者，余既为纂成之矣。假使后之君子或有蒐[⑧]罗完富，足以补是书所未及者，不妨更修饰润色，增成巨观。此余之幸，抑亦[⑨]蓉裳之所乐也，其又何嫌焉？"

于是酌定门类，以此编列，书成凡二百余版[⑩]。余乃捐俸付梓，使有成绩。遂援笔而书其末，以见夫举坠修废，未尝畏艰辄止者，盖余之素志如此。

时嘉庆三年，岁次戊午，嘉平月谷旦。

署灵州知州、皋兰县知县长白丰延泰岐东氏敬跋。

---

① 刺史：职官名。古代司地方纠察的官，后延称地方长官，清朝为知州的尊称。

② 作述：创作传述。语本《礼记·中庸》："父作之，子述之。"泛指论著。

③ 率：一概，全都。

④ 缵：同"纂"。撰写。

⑤ 范蔚宗：即范晔，字蔚宗。南朝宋顺阳（今河南淅川）人。博涉经史，善为文章。删定自《东观汉记》以下诸书，撰为《后汉书》，成一家之作。

⑥ 谢承：三国吴会稽山阴（今浙江绍兴市）人。字伟平。博学洽闻，尝所知见，终身不忘。三国时曾任武陵太守，著有《后汉书》一四三卷，今已佚。

⑦ 美备相因，后先相待：美备，完美齐备；相因，相互承袭、依托；后先，时间的先后；相待，对待。

⑧ 蒐：通"搜"。

⑨ 抑亦：也许、或许。

⑩ 版：印刷物排印一次（可多次印刷）及有关的事物。

【译文】

灵州志跋

国有国史，家有家谱，而城邑有方志，都是为了汇辑典章制度、维持政治与教化。我在甘肃省代理行政职务已近十年，上司不因为我不才，每每派我到边疆任职。每在一个岗位，都尽职尽责，不敢自求安适，而尤以起衰微、兴废业为己任，未尝以事情难办而就此止步。

嘉庆戊午（1798）年夏天，我在边疆任职期满，自新疆轮换职位抵达省城兰州，过了两个月，又委派我代理宁夏府灵州知州。灵州在宁夏府管辖范围内，为黄河以东强大的屏藩，确实是北部边陲地势险要之地。我曾经推求研究历代故事，了解灵州自汉初建置，到了唐朝遂成重镇，设置大都督府，有鸡田、鹿塞等州，有回乐、烛龙等区域，纵横近千余里，其间如山川要塞、防守决策等内容，史官记载得已很详尽。然而书籍的记载漫无边际，深入研究探讨颇费踌躇，而边荒之地文献资料残缺，又看不到士大夫的家谱资料。如果要安排谋划有关本州的治理事宜，挖掘不为人知的美德典范，那些被朝廷正史所不记载的内容，放任其散逸丢失，就邈然不可稽考了，那么将何以汇辑典章制度、维持政治教化呢？所以我说不能没有州志。

早先无锡杨芳灿（字蓉裳）知州在这里做官，和我有同样的心愿，曾经草创州志而让人苦恼的是没有完成。恰好武威郭楷（字雪庄）进士主持灵州讲席，我就和他商量此事。雪庄说："您的这个想法，确实是大好事，我当竭尽全力完成它。但资料采集不全，让人忧虑有疏漏，怎么办？"我说："那有什么关系呢？自古历史著作，一概不是靠一己之见所成就，如班固、司马迁的《汉书》《史记》，司马迁参照了《春秋》《国语》《世本》诸书，而班固又依托司马迁的著作修补完善资料，撰成《汉书》，又都是父子（司马谈、司马迁；班彪、班固）

相承，分别撰成这两部著作。至于范晔（字蔚宗）《后汉书》，又是参考《汉宫仪》《东观汉记》及谢承《后汉书》诸部史书，才成为集大成的著作。然而完美齐备相互承袭，时间的先后相互依托，是自然规律。现在杨芳灿（字蓉裳）知州草创尚未完成的著作，既然有待于我，就要继续编撰完成它。假使后来的君子如果搜罗资料更加充实丰富，足以补充这部书的不足之处，不妨再修饰润色，补充完善成一部宏伟的巨著。这是我的荣幸，或许也是杨芳灿（字蓉裳）知州乐见其成的好事，又有什么可顾虑的呢？”

于是酌定门类，以此编列，书成后大约有二百多印刷页。我乃捐出俸禄印刷出版，让这次努力有所成就。于是提笔在书末写下这些话，以此见证起衰微、兴废业，未尝以事情难办而就此止步的精神，我向来的志愿大概也是如此。

时在嘉庆三年，年次是戊午（1798）年，腊月吉日。

代理灵州知州、皋兰县知县长白丰延泰、字岐东敬跋。

（光绪）灵州志

据国家图书馆藏稿本，抄赠西北图书馆，抄本现存甘肃省图书馆，简称『国图本』。

东方既白 译注

整理说明

《重修灵州志》成书于光绪戊申年（光绪三十四年，1908）。这个抄本是由蓝德昌等在民国三十三年（1944），据国立北平图书馆（现国家图书馆）藏稿本抄录。现仅存卷二的九至十三门类，且第十一门类仅存目录。本志所载嘉庆以前内容大体同（嘉庆）《灵州志迹》。因此本不单纯是（嘉庆）《灵州志迹》之续，与其相异之处间杂文中，为保持本志原有面貌，整理时，绝大部分相同内容注明后省录，个别相同之处亦录之。第十二门类与（嘉庆）《灵州志迹》差异甚多，故全部收录。整理时，参考了甘肃省图书馆藏光绪三十三年修《灵州志》卷二抄本。

整理者新编目录

[重修灵州志目录]

重修灵州志卷二

丁税赋额志[①] 第九

古者计丁授地，而地无旷土；后世按地课丁，而丁无正额。丁之额，仍以地为额也。灵州壤临大漠，地之沙碱者居多。然渠水所灌率宜麦、稻，而斥[②]卤之地复产盐，以补丁税之不及，其余山硝瘠地征额尤从其薄。夫稽隐漏[③]、严督促，有司之职也；而制经费、课殿最，亦国家之法也。于催科之中寓抚字之意，是在善为政者之随时调剂尔。今录丁税赋额为一编，而以历代盐法、茶法今昔同异缀其后，俾观者得窥全豹而裁别焉。

丁税赋额

查灵州自同治纪元[④]回匪变乱，州城两次失陷，案卷全行焚毁，所有自嘉庆三年以迄道光二十一年丁赋增蠲[⑤]大半无从查考。兹仿照赋役全书并地丁[⑥]，考成二册，亘相考核，截止道光二十三年起，光绪三十三年止。

［一］原额屯、更、养廉，共地三千八百八十七顷二十亩一分三厘四毫五丝九忽，又收自乾隆十六年起至道光五年止，续垦入额地一百九十三顷二十亩六分一厘二，共原额新增屯、更、养廉地，山水

① 按：原本作“丁赋额税”，并脱“志”字，据《嘉庆灵州志迹·丁税赋额志第九·丁税赋额》卷二及本志书例改补，下同。

② 斥：原本作“斤”，据《嘉庆灵州志迹·丁税赋额志第九·丁税赋额》卷二改。

③ 漏：原本作“陋”，据《嘉庆灵州志迹·丁税赋额志第九·丁税赋额》卷二改。

④ 纪元：历史上纪年的起算年代。

⑤ 丁赋增蠲（juān）：丁赋，亦称丁税、丁钱、丁银或身丁钱。中国历代封建政府按人口征收的税种。这里泛指税赋。增蠲，增加与减免。蠲，除去、免除。

⑥ 地丁：土地税和人丁税的合称。

地四千八十顷四十七亩七分四厘四毫五丝九忽。

额外牛息糜粮四百五石一斗九升。

一除雍正九年，在于“酌请分疆定域[①]”案内，请设花马池州同，分管熟地八百二十二顷八十五亩二分六厘。

又除牛息糜粮四百五石一斗九升。

又除河冲沙压并自乾隆十三年起至光绪二十九年止，勘明河崩沙压不能垦复地六百五十顷二十九亩一厘九毫九丝五忽。

又除同治十一年，在于“分疆定域[②]”等事案内，请改宁夏水利同知为宁灵抚民同知（其城衙即州属原有金积堡是焉），分管原额山水地一千三百三十三顷八十三亩五分五厘。

又除新设平远县（其城衙即州属原有下马关是焉），分管原额山地九十九顷一十亩六分。

尚实剩原额屯、更、养廉山水地一千一百七十四顷三十九亩三分一厘四毫六丝四忽。

内除现荒未垦屯、更、养廉山水地一百七十五顷四十二亩九分八厘。

［二］现在实剩[③]原额屯、更、养廉山水地九百九十八顷九十六亩三分三厘四毫六丝四忽。

内：

上则全田七十三顷五十八亩零。每亩征粮一斗二升、草四分六厘三毫、银八厘八丝五忽。

中则全田一百四顷五十亩零。每亩征粮一斗二升、草四分六厘三毫、银三厘一毫八丝。

上民田三百三十四顷二十五亩零。每亩征粮八升、草三分三厘、

① 域：原本作“城”，据《宁夏府志· 田赋·赋额》卷七、《嘉庆灵州志迹·丁税赋额志第九·丁税赋额》卷二改。

② 域：原本作“城”，参照上文“酌请分疆定域”案，当作“域”，据此改。

③ 实剩：原本作“实熟”，据上下文文意改。

银八厘八丝五忽。

中民田一[1]百二十九顷七十亩零。每亩征粮八升、草三分、银三厘一毫八丝。

一则沙田一十一顷四亩零。每亩征粮三升、银七厘八丝五忽。

一则减田二十九顷四十五亩零。每亩征粮八升、银二厘一毫八丝。

二则减田六十七顷八十七亩零。每亩征粮六升四勺四抄三撮七圭五粟四粒六颗、银二厘一毫八丝。

银田三十二顷七十亩零。每亩征银三分三厘一毫。

硝[2]全田八十二顷九十七亩零。每亩征银一分五厘七毫二丝。

半硝田九十六顷一十三亩零。每亩征银六厘二毫七丝五忽四微三纤八渺八漠。

一则山田七十三亩零。每亩征粮三升三合九勺七抄一撮七圭六粟、银二分六厘九毫七丝二忽八微一纤四尘一渺。

二则山田六顷四十亩零。每亩征粮三升三合[3]、银一分八厘一丝一忽六纤八尘七渺。

三则山田二十九顷九十三亩零。每亩征粮七合、银七毫六丝八忽七微六纤七尘七渺一漠。

查旧志尚有中全田、土兵田、二则沙田、沙薄田、硝碱全田、硝碱减田、硝碱田、硝田、硝碱民田、硝民田、全田、糜谷上田、糜谷中田、糜谷下田、口粮田等田一十五顷四亩，均拨归宁灵厅、平远县二处分管。

[三] 通共原额并新增本色、夏秋、仓斗、正项[4]粮一万九千一

① 一：原本作“壹”，据本书《整理说明》，凡数目字大写者一律统一为基数表示，一般不出校，下同。

② 硝：原本作“销”，据《嘉庆灵州志迹·丁税赋额志第九·丁税赋额》卷二改。

③ 三合：原本脱“三”字，据甘肃省图书馆藏《灵州志》抄本卷二“丁赋额税第九”补。

④ 项：原本作“顷”，据甘肃省图书馆藏《灵州志》抄本卷二“丁赋额税第九”改。

百一十八石六斗八升三合，内除奉文停征并冲压不能垦复豁除[1]粮三千四百一十五石二斗五升零四勺，又除划拨宁灵、平远二处分管粮八千七百八十石五斗六升五合七勺，又除荒芜地亩无从征收粮三百五十六石八合六勺，现在实应征粮六千五百六十六石八斗五升八合三勺。内：

小麦一千一百六十九石六斗四升六合三勺。

豌[2]豆二千二百一十三石零七升九合八勺。

粟米一千二百一十二石一斗七升四合四勺。

青豆一千九百七十一石九斗五升七合八勺。

通共原额并新增本色七斤、谷草二万三千一百六十七束九厘八毫。

通共原额并新增地亩粮草折色银七百二十六两九钱四分五厘。

又九厘银八百七十两五分八厘。

又银田硝银市价纹银二百一十四两四钱四分二厘。

又牛犋银四十四两一钱八分二厘。

原额身差人丁四百三十，丁八分，各起科则不等，于雍正五年在“请仿以粮载[3]丁”案内，奉旨通省以粮载丁。按照实征地亩银两均载丁银，每粮一石，均载丁银一分六厘一丝五忽，共应征丁银二百一十六两七钱五分七厘。

［四］以上共应征地丁银二千七十二两三钱八分四厘。内除奉文停征并冲压不能垦复豁免银三百五十五两四钱四分四毫，又除划拨宁灵、平远二处分管银七百五十三两一钱二分二厘，又除荒芜地亩无从征收银一百三十八两五钱二分一厘六毫八丝四忽。现在实应征地丁起存银八百二十五两二钱九分九厘九毫一丝六忽。内应存留：

文武各坛庙春秋二大祭祭祀银三十二两七钱二分；

① 豁除：免除。

② 豌：原本作“莞”，据《嘉庆灵州志迹·丁税赋额志第九·丁税赋额》卷二改。

③ 载：原本作“代”，据下文及《宁夏府志· 田赋·赋额》卷七改。

惠安盐捕通判俸工银[①]一百七十六两；

奉裁盐课大使俸工银四十三两五钱二分。解司。

奉裁乡饮银三两。解司。

驿饷银三百四十一两九钱七分一厘九毫一丝六忽；

起运银二百二十八两八分八厘。解司。

花马池州同分管灵州

[一] 原额地八百九十五顷五亩三分八厘。内：

民地八百八十九顷八十五亩三分八厘，每亩征黄米七合；

屯地五顷九十亩，每亩征青豆三升。

[二] 以上共应征粮六百四十石一斗七升七合七勺。内：

黄米六百二十二石四斗零七合七勺。

青豆一十七石七斗。

应征丁银一十两一钱八分三厘。

盐法

宁夏盐捕厅灵州花马小池产盐，地方周围三十六里零。其池设有壕墙，按年疏筑，限隔内外。

旧盐井二百眼，额坝夫二百名。征纸价银五百二十二两三钱四分，工食银二千四百五十七两六钱。捞盐六万一千四百四十石，引六万一千四百四十张。征课银一万三千二百四十两三钱二分。又于雍正六年，在“盐井增添”案内查出新井二百二眼，共四百二眼，共额坝夫四百二名。雍正十三年，在“署员成效已著[②]”案内，增引六千张，共新旧引六万七千四百四十张。原额每引征银一钱一分五厘五毫，自康熙十五年至二十五年，在于“量增盐课”各案内，递有加增。除康

① 俸工银：官员俸禄、官役工食二项，总曰俸工银两。

② 署员成效已著：此句原本作“署员内成效已著案”，语序有误，据正文及《宁夏府志·田赋·盐法》卷七改。

熙二十年恩诏“豁免遇闰增课”、二十五年部议“停征五分加增”二案外，现额每引征银二钱一分五厘五毫，共征课银一万四千五百三十三两三钱二分。按年解布政司奏销。

额产盐六万七千七百四十石，在于平、庆两府各厅、州、县并宁夏河东各营堡行销。

灵州所属：

吴忠堡等一十九堡，原额引二千四百八十六张，征课银五百三十五两七钱三分三厘。自同治变乱后，除划拨宁灵、平远二处管辖外，现在只剩山水一十二堡，因人烟无多，销售不广，且盐务既不归州，又无商人承办，刻下尤能销引若干，征课若干，州中无案可考。

附：历代盐法（同《灵州志迹》，此略）

茶法

宁夏茶引原额四百道，每引额茶一百一十四斤，交课银三两九钱。顺治九年，招商承办，宁夏商额引二百五十道，灵州商额引一百道，中卫商额引五十道。嗣因食茶人少，销售维艰。康熙时，宁夏商告缴引八十道，灵州商告缴引三十道。旧志。

灵州自同治乱后，划分宁灵、平远，一州三分，每年销[1]茶不过八九石之谱[2]，并无成引。

课税

灵州原有当铺五十座，每座岁收当课银五两，一岁共收银二百五十两。自变乱后，疆土分裂，街市荒凉，现在共开当铺八座。光绪二十二年[3]，奉文每当铺一座加征银二十两，每座岁收银二十五两，

① 销：原本作“消”，据《宁夏府志·田赋·茶法》卷七改。

② 谱：表示约数，犹左右。

③ 二十二年：甘肃省图书馆藏《灵州志》抄本卷二“丁赋额税第九”作“二十三年”。

一岁共收银二百两。

牙课，原额岁纳银三十两四钱，自变乱后，现在共领帖三张，每张岁收牙课银六钱，一岁共收银一两八钱。自光绪二十八年，奉文起每张加征银六钱，一岁共收银三两[①]六钱。

田房契税，岁无定额。每价银一两，照例收税银三分。

灵州经管税口：

本城商畜税一处，岁收无额；

横城口牲畜税一处，岁收无额；

花马池口商畜税一处，岁收无额；

吴忠堡牲畜税一处，岁收无额。

查旧志尚有惠安、同心、兴武三税。惠安堡税业于光绪二十年奉文裁撤。同心城税拨归平远县经收。兴武营税，变乱后废弛。

又于光绪元年奉设：

本城百货厘金局一处；

吴忠堡百货厘金局一处；

白土岗百货厘金局一处；

惠安堡百货厘金局一处；

花马池百货厘金局一处；

横城堡百货厘金局一处。

以上共添设厘金局六处。向不归州承办，由大局派委抽收，收银若干，章程如何，由该局迳收迳解，州中无案可考。光绪三十二、三两年，又改为百货统捐、土药统捐、羊只皮毛统捐，设局分收，惟皮毛统捐暂归州办，岁收若干，尚无定额。

---

① 三两：原本作“三万”，据正文及甘肃省图书馆藏《灵州志》抄本卷二“丁赋额税第九”改。

【译文】

丁税赋额志第九

古代按人口授予田地，而野外没有荒芜的土地；后世按土地的数额征收人丁税赋，而人丁税赋也就没有正式规定的数额。人丁税赋的数额，仍旧取决于拥有土地数额的多少。灵州地域临近大漠，沙碱地居多。然而渠水所能浇灌的土地大都适宜种植小麦、水稻，而盐碱地又能产盐，正好可以弥补人丁税赋的不足，尤其可以从轻征收其余山地、瘠薄田地的税赋。稽查隐瞒漏报、严格督促征收，是官吏的职责；而管理经费、考核官吏，也是国家的法律。在催缴税赋的过程中体现爱民如子的深情厚谊，就在于善于治理国家的官员随时能够调整有无、余缺。现在把丁税赋额抄录为一编，而以历代盐法、茶法今昔同异的资料连缀在后面，使读者得窥全豹而判断鉴别。

丁税赋额

考察灵州自同治年间回民起事，州城两次失陷，案卷全部焚毁，所有自嘉庆三年（1798）直至道光二十一年（1841），税赋的增加与减免大半无从查考。现在模仿赋役全书，参照土地税和人丁税，稽考成二册［《丁税赋额志》］，互相考核订正，起自道光二十三年（1843），截至光绪三十三年（1907）。

［一］原额屯田、更名田、养廉田，共计有田地三千八百八十七顷零二十亩一分三厘四毫五丝九忽，又收入自乾隆十六年（1751）起至道光五年（1825）止，陆续开垦纳入统计的土地一百九十三顷零二十亩六分一厘二，原额屯田、更名田、养廉田加上新增屯田、更名田、养廉地、山水地共有四千八十顷零四十七亩七分四厘四毫五丝九忽。

额外牛息糜粮四百零五石一斗九升。

一除雍正九年（1731），在于“酌请分疆定域”案内，请求设立花马池州同的职位，分管熟地八百二十二顷八十五亩二分六厘。

二除牛息糜粮四百零五石一斗九升。

三除河冲沙压以及自乾隆十三年（1748）至光绪二十九年（1903），勘明的因河崩沙压不能重新垦种的田地六百五十顷零二十九亩一厘九毫九丝五忽。

四除同治十一年（1872），在于“分疆定域”等事案内，请改宁夏水利同知为宁灵抚民同知（其城衙即灵州原来所属的金积堡），分管原来在册的山水地一千三百三十三顷零八十三亩五分五厘。

五除新设平远县（其城衙即原来灵州所属下马关），分管原来在册山地九十九顷零十亩六分。

尚实剩原来统计在册的屯田、更名田、养廉山水田地一千一百七十四顷零三十九亩三分一厘四毫六丝四忽。

其中除掉现在荒芜再未垦种的屯田、更名田、养廉山水田地一百七十五顷零四十二亩九分八厘。

［二］现在实剩原来统计在册的屯田、更名田、养廉山水田地九百九十八顷零九十六亩三分三厘四毫六丝四忽。

内有：

上则全田七十三顷零五十八亩。每亩征粮一斗二升、草四分六厘三毫、银八厘八丝五忽。

中则全田一百零四顷零五十亩。每亩征粮一斗二升、草四分六厘三毫、银三厘一毫八丝。

上民田三百三十四顷零二十五亩。每亩征粮八升、草三分三厘、银八厘八丝五忽。

中民田一百二十九顷零七十亩。每亩征粮八升、草三分、银三厘一毫八丝。

一则沙田十一顷零四亩。每亩征粮三升、银七厘八丝五忽。

一则减田二十九顷零四十五亩。每亩征粮八升、银二厘一毫八丝。

二则减田六十七顷零八十七亩。每亩征粮六升四勺四抄三撮七圭五粟四粒六颗、银二厘一毫八丝。

银田三十二顷零七十亩。每亩征银三分三厘一毫。

硝全田八十二顷零九十七亩。每亩征银一分五厘七毫二丝。

半硝田九十六顷零十三亩。每亩征银六厘二毫七丝五忽四微三纤八渺八漠。

一则山田七十三亩。每亩征粮三升三合九勺七抄一撮七圭六粟、银二分六厘九毫七丝二忽八微一纤四尘一渺。

二则山田六顷零四十亩。每亩征粮三升三合、银一分八厘一丝一忽六纤八尘七渺。

三则山田二十九顷零九十三亩。每亩征粮七合、银七毫六丝八忽七微六纤七尘七渺一漠。

查阅旧志记载：尚有中全田、土兵田、二则沙田、沙薄田、硝碱全田、硝碱减田、硝碱田、硝田、硝碱民田、硝民田、全田、糜谷上田、糜谷中田、糜谷下田、口粮田等各等农田十五顷零四亩，均拨归宁灵厅、平远县二处分别管辖。

［三］总共原来统计在册并加上新增本色、夏秋、仓斗、正项粮一万九千一百一十八石六斗八升三合，其中除掉执行法令停征以及冲压不能重新垦种免除税粮三千四百一十五石二斗五升零四勺，又除去划拨宁灵厅、平远县分管粮八千七百八十石五斗六升五合七勺，又除去荒芜地亩无从征收税粮三百五十六石八合六勺，现在实应征粮六千五百六十六石八斗五升八合三勺。内有：

小麦一千一百六十九石六斗四升六合三勺。

豌豆二千二百一十三石零七升九合八勺。

粟米一千二百一十二石一斗七升四合四勺。

青豆一千九百七十一石九斗五升七合八勺。

总共原统计在册以及新增本色七斤、谷草二万三千一百六十七束九厘八毫。

总共原统计在册以及新增地亩粮草折色银七百二十六两九钱四分五厘。

又有九厘银八百七十两五分八厘。

又有银田硝银市价纹银二百一十四两四钱四分二厘。

又有牛犋银四十四两一钱八分二厘。

原额身差人丁四百三十，每丁八分，各自起征则不等，雍正五年（1727），在“请仿以粮载丁”案内，奉皇上圣旨全省推行征粮搭载人丁税赋制度。按照实征地亩银两均搭载人丁税赋，每粮一石，均搭载人丁银一分六厘一丝五忽，共应征人丁税银二百一十六两七钱五分七厘。

［四］以上共应征土地税和人丁税合计白银二千零七十二两三钱八分四厘。其中除去执行法令停征以及土地冲压不能重新垦种豁免白银三百五十五两四钱四分四毫，又除去划拨宁灵、平远二厅、县分管银七百五十三两一钱二分二厘，又除去荒芜地亩无从征收银一百三十八两五钱二分一厘六毫八丝四忽。现在实际应征土地税和人丁税起存银八百二十五两二钱九分九厘九毫一丝六忽。其中应该存留：

文武各坛庙春秋二大祭祭祀银三十二两七钱二分；

惠安盐捕通判官员俸禄、官役工钱银一百七十六两；

裁汰盐课大使官员俸禄、官役工钱银四十三两五钱二分。解司。

裁汰乡饮银三两。解司。

驿饷银三百四十一两九钱七分一厘九毫一丝六忽；

起运银二百二十八两零八分八厘。解司。

花马池州同分管灵州

［一］原有统计在册土地八百九十五顷五亩三分八厘。内有：

民地八百八十九顷零八十五亩三分八厘，每亩征收黄米七合；

屯地五顷九十亩，每亩征收青豆三升。

［二］以上共应征粮六百四十石一斗七升七合七勺。内有：

黄米六百二十二石四斗零七合七勺。

青豆一十七石七斗。

应征人丁税白银一十两一钱八分三厘。

盐法

宁夏盐捕厅灵州花马小池生产食盐，周围方圆三十六里。其池设有壕沟和围墙，按年疏通维修，以隔绝内外。

旧有盐井二百眼，定员坝夫二百名。征收纸价银五百二十二两三钱四分，工食银二千四百五十七两六钱。捞盐六万一千四百四十石，盐引六万一千四百四十张。征收税银一万三千二百四十两三钱二分。又于雍正六年（1728），在“盐井增添”案内，查出新井二百零二眼，共计盐井四百零二眼，共定员坝夫四百零二名。雍正十三年（1735），在“署员成效已著”案内，增加盐引六千张，共计新旧盐引六万七千四百四十张。原来规定每张盐引征银一钱一分五厘五毫，自康熙十五年至二十五年（1676—1686），在“量增盐课”各案内，顺着次序都有所增加。除康熙二十年（1681）恩诏“豁免遇闰增课”、二十五年（1686）朝廷各部内决定“停征五分加增”二案外，现在定额每张盐引征银二钱一分五厘五毫，共征收税银一万四千五百三十三两三钱二分。按年解送布政司奏销。

额定生产食盐六万七千四百四十石。在平凉、庆阳两府所属各厅、州、县以及宁夏河东各营堡销售。

灵州所属：

吴忠堡等十九个营堡，原定额盐引二千四百八十六张，征收税银五百三十五两七钱三分三厘。自同治年间变乱后，除去划拨宁灵、平远二厅、县管辖外，现在只剩山水堡等十二个营堡，因人烟不多，销售不广，并且盐务既不归灵州管辖，又无商人愿意承办，目前能够销售多少，征税多少，灵州无案可考。

附：历代盐法（同《灵州志迹》，此略）

茶法

宁夏茶引原定额度四百道，每道茶引对应的额度是一百一十四斤，交纳茶税白银三两九钱。大清顺治九年（1652），招商承办，宁夏茶商运售的数额为二百五十道，灵州茶商运售的数额为一百道，中卫茶商运售的数额为五十道。后来因为喝茶的人少，销售艰难。康熙（1662—1722）时，宁夏茶商申报购买茶引八十道，灵州茶商申报购买茶引三十道。旧志记载。

灵州自同治年间乱后，划分出宁灵厅、平远县，一州三分，每年销售茶叶不过八九石左右，并无固定的数额。

课税

灵州原有当铺五十座，每座年收当课银五两，一年征收税银二百五十两。自变乱后，疆土分裂，街市荒凉，现在共开当铺八座。光绪二十二年（1896），执行法令每一座当铺加征银二十两，每座年收银二十五两，一年共收银二百两。

牙课，原来数额每年纳银三十两零四钱，自变乱后，现在共领牙帖三张，每张年收牙课银六钱，一年共收银一两八钱。自光绪二十八年（1902）起，执行法令开始每张加征银六钱，一年共收银三两六钱。

田房契税，每年没有定额。大凡每宗交易价格白银一两，照例征收税银三分。

灵州经管税口：

本城商畜税一处，每年税收没有数额；

横城口牲畜税一处，每年税收没有数额；

花马池口商畜税一处，每年税收没有数额；

吴忠堡牲畜税一处，每年税收没有数额。

查旧志书尚有惠安、同心、兴武三税口。惠安堡税口已经于光绪二十年（1894）执行法令裁撤。同心城税口拨归平远县经管征收。兴武营税口，变乱后废弛。

又于光绪元年（1875）奉命设立：

本城百货厘金局一处；

吴忠堡百货厘金局一处；

白土岗百货厘金局一处；

惠安堡百货厘金局一处；

花马池百货厘金局一处；

横城堡百货厘金局一处。

以上共添设厘金局六处。一向不归灵州承办，由大局委派人员抽收，收银多少，章程如何，由该局直接征收直接解运，州中官衙没有档案可供稽考。光绪三十二至三十三（1906—1907）两年，又改为百货统捐、土药统捐、羊只皮毛统捐，设局分开征收，只有皮毛统捐暂归灵州经管征收，一年征收多少，尚没有定额。

水利源流志第十

太史公作《河渠》一书曰："甚哉，水之为利害也！"然则修浚有方，斯人享其利；一或失之而溃决为虞，亦其势然与。灵州旧有秦、汉二渠，自同治初回匪乱后，经陕甘总督左文襄公，以灵州地方辽阔，汉回杂处，风气强悍，地方官有鞭长莫及之势，遂奏请划安宁灵、平远二属，以便控制，而汉渠即分为宁灵厅所有矣。灵州只剩秦渠一渠，所有划留之早元、吴忠、新接、胡家等堡，并州城四门三路五牌上腴诸田悉受秦渠灌溉，而宁灵厅属之金、秦四里，亦同受其利焉。每岁春浚，民间自备夫料，官绅督作，其良法美意，前人经画备矣。然地势之高卑，堤堺之厚薄，渠口之广狭，往往随时改易，必长吏亲为营度，而以时稽核其间，使猾胥奸民无由滋弊。庶几渠水所经，民享其利，而不虞其害也夫。

水利源流（绝大部分同《灵州志迹》处，略）

秦渠，自州属青铜峡开口，至州城北门外泄入涝河，延长一百二十里。正闸二空曰秦[①]闸，尾闸曰黑渠闸。大支渠一十二道，灌田九万八千九百余亩。康熙时，参将李山重修，以石甃底，岁省夫料无算。后又续开大支渠十道，口大一尺二三至一尺七八寸不等，俱系木口。开自何时，无从查考。光绪三十年，沿河渠堤冲刷。前知州廖公葆泰，筹款督修，费工料八万有奇。三十二年，权[②]知州陈公必淮重加修葺，又费工料三万余金。三十三年，堤复溃决。三十四年，陈公必淮重守是邦，大加修理，又费银四万之谱。

---

①秦：原作"拳"，据《嘉庆灵州志迹·水利源流志第十》卷二改。

②权：权摄，暂代官职。

夫秦渠自前以来，每岁所费不过千金及二三千金而止，近年动费至数万者，何故？以河水之东趋也。河水何以东趋？以峡口下挑水之猪嘴码头圮废也。然则猪嘴码头不诚为秦渠一大关键哉？是年，陈公以东河下之曹河江家湾受害较甚，先将东河筑摒以挑其水，成效昭然。又察其猪嘴码头犹存故址，议图规复①，已禀，蒙督宪升②赏赐万金，又准在粜③仓粮项下提盈接济。果能有成，则上有猪嘴码头，下有东河新摒，行见河④复故道，水不东趋，是又吾灵秦渠之一大转机也，亿万苍生引领⑤望之矣。

【译文】

水利源流志第十

太史公司马迁在《史记·河渠书》中说："水为利为害的威力，实在是太大了！"既然这样，那么［如果］修理疏通有方，则百姓就会享受到灌溉所带来的好处，一旦措置失当出现溃决忧患，也是水势的规律。灵州旧有秦、汉二渠，自同治（1862—1874）初年回民起事以后，陕甘总督左宗棠，考虑到灵州地域辽阔，汉民、回民杂居，风尚习气强悍，地方官有鞭长莫及之势，于是奏请朝廷划分出宁灵厅、平远县二属地，以便加强控制，而汉渠即分归宁灵厅所有。灵州只剩秦渠一条渠，所有行政区域调整以后划出、留下的早元、吴忠、新接、

① 规复：恢复（机构、制度等）。

② 督宪：清代总督称呼。升：指时任陕甘总督升允。升允（1858—1931），清末蒙古镶蓝旗人，字吉甫。举人出身。光绪二十六年（1900）后历任山西按察使、江西巡抚、察哈尔都统等职。三十一年（1905）任陕甘总督。宣统元年（1909）因反对立宪被革职。武昌起义后复被起用为署理陕西巡抚，与民军激战，至清帝逊位后始被迫西退。民初曾纠合旧部，多次策动勤王复辟活动。

③ 粜（tiào）：卖出粮食。

④ 行见：将要出现，将要显现。河：原本作"何"，形误，据上下文意改。

⑤ 引领：伸长脖子，形容殷切盼望。

胡家等堡，以及州城所属四门三路五牌等地诸多的上等好田，全都由秦渠灌溉，而宁灵厅所属的金、秦等四里，也同样受到秦渠灌溉的利惠。每年春天疏浚渠道，都由民间筹备人力、物料，官府和地方士绅监督施工，其良法美意，前人经营筹划已经很完善了。然而地势的高低，堤坪的厚薄，渠口的宽窄，往往会随时变化，必需地位较高的官员亲自筹划安排，而经常审查核实账目，使污吏刁民无从作弊。这样，渠水流经之处，百姓或许可以受用其益，而不忧虑其害了。

水利源流（绝大部分同《灵州志迹》处，略）

秦渠，从灵州所属青铜峡开口，至州城北门外排入涝河，全长一百二十里。正闸有两个通水孔洞称之为秦闸，尾闸称之为黑渠闸。大型支渠有十二条，灌溉农田九万八千九百余亩。清朝康熙年间由参将李山主持重修，以石头铺底，每年节省的人工费、材料费无法计算。后来又续开大支渠十条，渠口大一尺二三至一尺七八寸不等，都是木质结构。这十条大支渠开挖自何时，无从查考。光绪三十年（1904），沿河渠堤被河水冲击，土石流失。前知州廖葆泰，筹款督修，花费人工费、物料费八万两白银有零头。光绪三十二年（1906），暂时代理知州陈必淮重加修葺，又花费人工费、物料费三万多两白银。光绪三十三年（1907），渠堤再次溃决。光绪三十四年（1908），陈必淮重新担任灵州知州，大加修理，又花费白银四万两左右。

秦渠从以前到现在，每年维修的花费不过千两白银而已，最多到二三千两白银就打住了，近几年动辄花费至数万两白银，什么原因呢？是因为奔流的大河不断向东岸冲击。大河为什么向东岸冲击？是因为峡口下挑水的猪嘴码头已经毁弃。既然这样，那么猪嘴码头不就成为治理秦渠的一大关键吗？这一年，陈公因为东河下的曹河江家湾受害较严重，就先在东河筑起河坪以分挑其水，成效显而易见。调查研究后知晓其猪嘴码头犹存故址，继而商讨研究恢复，已禀报上司，承蒙陕甘总督升允赏赐万两白银，又准许其在粜仓粮项下提取盈利支援。如果能够办成，则上有猪嘴码头，下有东河新塀，将要出现黄河恢复故道，河流不再向东冲刷的景象，这又是我们灵州治理秦渠的一大转机，亿万苍生殷切盼望的盛事。

兵额营汛驿递志第十二

灵州、花马、兴武、横城及各营堡，防兵并一千五百九十八名。其分为马兵者五百一十一，步兵者一百九十一，守兵者八百九十六。其各营汛、塘墩合九十六。驿递八，为马一百有二十，夫六十九。塘马一百八，夫五十四。此旧有也。迨因边防无事，库款支绌①，于“裁兵节饷”案内，迭奉裁汰，并自变乱后，划分宁灵、平远等处管辖外，现在共有兵二百九十八名，内马兵五十一，步兵二百一十三，守兵三十四。塘墩合八十五，驿递六，马九十四，夫四十七。塘站夫、马废未安设。凡兵之粮饷、马之草料、夫之工食称是。尝试论之：古之名臣有偶历边屯，悉取其兵数、屯戍及道路、斥堠之所，疏为方寸小册，以备察览。一旦有事，不须指顾，而擘画已定，盖是数者，皆筹边之要略也，因各辑其类而志之。

兵额

灵州营并分防临河、石沟二堡，共兵七十一名。内马兵一十七名，步兵五十四名。

横城营并分防清水、红山二堡，共兵五十六名。内马兵六名，步兵五十名。

兴武营并分防毛卜喇堡，共兵五十九名。内马兵九名，步兵五十名。

花马池营并分防安定、惠安二堡，共兵一百一十二名。内马兵一十九名，步兵五十九名，守兵三十四名。

查各营汛兵马银饷，由宁夏镇赴司领发，其粮料草束，估由州中支领②。

① 支绌：资金不够分配。

② 支领：领取。

旧志内花马池营分防韦州堡汛，灵州营分防同心城汛，均分隶平远县辖境内。

营汛边墩

横城营边墩十四处

通关暗门墩（有互市，俗名夷场，专以买卖羊只为业）、石嘴边墩、出水壑。以上属横城。安边墩、大莺墩（暗门）、镇罗边墩、窑儿边墩。以上属红山堡。庙儿边墩、塔儿边墩、定远边墩、金汤墩（暗门）、靖边墩、古寺边墩、柔远墩。以上属清水营。

兴武营边墩十六处

苦水边墩、平安墩、暗门墩、沙沟边墩、双沟边墩、碱口边墩、西沙边墩、沙岭边墩、兴武营（暗门）、高梁边墩、硝池①边墩、干沟边墩、半个城墩、清字边墩、镇边墩、中沙边墩。

花马池营边墩二十一处

芨芨沟边墩、十一铺边墩、七铺边墩（暗门）、四铺边墩 。以上分属安定堡。二十三铺边墩、二十一铺边墩、十九铺边墩、十六铺边墩、十三铺边墩、八铺边墩、三铺边墩、二铺边墩、长城关（暗门）、二铺边墩、五铺边墩、七铺边墩、九铺边墩、十三铺边墩、十七铺边墩、二十铺边墩。与延绥安边营接界。

以上各边墩，每墩原设防兵三名，现在废弛。

灵州营一十七处

磁窑寨墩、新墩子墩、茨烟墩、上十里墩、麦岗子墩、白土墩、旧石沟墩、红窑墩、深沙沟墩、晏湖墩、夏家堡墩、马站湖墩②、鱼湖墩、

---

① 池：原本作“地”，据《灵州志迹·兵额营汛驿递志第十二》卷二、《宁夏府志·职官·营汛》卷十一改。

② 马站湖墩：原本脱“湖”字，据《灵州志迹·兵额营汛驿递志第十二》卷二、《宁夏府志·职官·营汛》卷十一补。

野马墩。以上属灵州。河东关汛[1]、木场墩、平湖墩。以上属临河堡。

旧志内尚有大红沟墩、白崖口汛、红石岗汛、胭脂川汛，原属同心城，现隶平远县。

红寺儿汛、水头儿汛、滚泉汛、大鏊子水汛，原属红寺堡，现隶宁灵厅。

花马营八处

二道沟汛、傅家地坑汛、武家淌汛[2]。以上属花马池。十里墩、红墩子墩、汤房墩、西路塘房墩、东路塘房墩。以上属惠安堡。

旧志内尚有威达墩、雄峰墩、大口子汛、石板泉汛、石头坂汛，原属韦州，现隶平远县。

兴武营四处

峭汲塘房墩、西倒墩塘房墩。以上属兴武营。镇安塘房墩、石山塘房墩。以上属毛卜喇。

横城营五处

大墩塘房墩、石嘴塘房墩。以上属横城营。出水塘房墩、镇罗塘房墩。以上属红山堡。庙儿塘房墩。属清水营。

按：前明嘉靖筑河东新墙后，尽减其马，以省草料之费，息喂养之劳，惟置军夫沿沟垒守之，谓之“摆边”。给事中管律著论非之，其略曰：“亘三百六十余里，皆虏入寇之路。步计一军，该十二万，犹虞稀阔，矧见军未及十之三乎！法曰：‘以逸待劳者胜。’摆边昼夜戒严，巩非逸道。倘虏众分道而来，则十万之众岂能一呼成阵？首尾势不相援。为今之计，宜息肩养锐，联络于诸寨，待其来也，相机御之。如不果御，随向往而追逐之。况兵贵奇正，患无应援；将贵主一，患

① 汛：原本作“墩”，据《灵州志迹·兵额营汛驿递志第十二》卷二、《宁夏府志·职官·营汛》卷十一改。

② 淌：原本作“埫”，据《灵州志迹·兵额营汛驿递志第十二》卷二、《宁夏府志·职官·营汛》卷十一改。

在势分。摆边之举有五弊焉：无奇正，无应援，主将不一，士卒分散。以五弊之谋，御方张之虏，不资敌之利乎？”旧志。

驿递

在城驿，东至清水驿六十里，西至宁夏县王洪驿三十里，额设马四匹，夫二名。

横城驿，东至红山驿三十里，西至宁夏县在城驿三十里，额设马一十八匹，夫九名。

红山驿，东至清水驿四十里，额设马一十八匹，夫九名。

清水驿，东至兴武驿六十里，额设马一十八匹，夫九名。

兴武驿，东至安定驿六十里，额设马一十八匹，夫九名。

安定驿，东至花马驿六十里，额设马一十八匹，夫九名。

以上六驿共额马九十四匹，每匹日支草料银七分，一岁共支银二千三百六十八两八钱。

外备站价银三百七十六两。

遇闰加支银一百九十七两四钱。

共额夫四十七名，每名日支工食银三分，一岁共支银五百七两六钱。

遇闰加支银四十二两三钱。

又每岁每马一匹，例准倒马二分，共应准倒马一十八匹八分。每匹应支例价银八两，一岁共应支倒马例价银一百五十两四钱。遇闰不加，遇建①不扣。

统计一岁共应支夫、马、工料、外备站价并倒马例价等项银三千四百二两八钱。

遇闰加支银二百三十九两七钱。

查旧志内同心城驿业分隶平远县安设，花马池驿分隶花马池清军

①建：北斗的斗柄所指的方位。斗柄农历每月所指的方位不同，因此“建”亦转指月份（亦称“月建”“月尽”）。

厅安设，其横城、红山、清水、毛卜喇、兴武、永兴、安定、高平、花马等九塘①，自变乱后废，未安设。

【译文】

兵额营汛驿递志第十二

灵州、花马、兴武、横城及各营堡，驻防的兵员共一千五百九十八名，其中分为骑兵五百一十一名，步兵一百九十一名，守御兵八百九十六名。各营汛、塘墩共计九十六个。驿站有八个，有马一百二十匹，役夫六十九人。塘墩有马一百零八匹，役夫五十四名。这是旧有的数额。等到因为边防无事，国库支出困难，于“裁兵节饷”案内，多次执行法令裁汰人马，并且自变乱后，划分出宁灵厅、平远县等处管辖外，现在共有兵二百九十八名，其中骑兵五十一名，步兵二百一十三名，守御兵三十四名。塘墩合计八十五个，驿站六个，有马九十四匹，役夫四十七名。塘站役夫、马匹废除后再未设置。大凡兵的粮饷、马的草料、役夫的工钱也都与此相称。对此试做论述：古代的名臣凡曾担任管理戍边屯田的官职，都要掌握兵员数额、军队驻防以及交通、道路、侦查、壁垒等情况，编为方寸小册子以备随时查看。一旦有事，用不着指点顾盼，就有了应对的部署安排，大概这几种因素都是筹划边境事务的要略，因而分门别类记录下来。

兵额

灵州营并分防临河、石沟二堡，共有兵员七十一名。其中骑兵十七名，步兵五十四名。

横城营并分防清水、红山二堡，共有兵员五十六名。其中骑兵六名，

① 塘：驿站关卡。

步兵五十名。

兴武营并分防毛卜喇堡，共有兵员五十九名。其中骑兵九名，步兵五十名。

花马池营并分防安定、惠安二堡，共有兵员一百一十二名。其中骑兵一十九名，步兵五十九名，守兵三十四名。

查考各营汛步兵、骑兵的薪金，由宁夏镇到官署领发，其粮料草束，估算后由州中领取。

据《嘉庆灵州志迹·兵额营汛驿递志第十二·兵额》记载：花马池营分防韦州堡汛，灵州营分防同心城汛，现在均隶属平远县辖境管辖。

营汛边墩

横城营边墩十四处

通关暗门墩（有互市，俗名夷场，专以买卖羊只为业）。石嘴边墩、出水壑。以上属横城。安边墩、大莺墩（有暗门）、镇罗边墩、窑儿边墩。以上属红山堡。庙儿边墩、塔儿边墩、定远边墩、金汤墩（有暗门）、靖边墩、古寺边墩、柔远墩。以上属清水营。

兴武营边墩十六处

苦水边墩、平安墩、暗门墩、沙沟边墩、双沟边墩、碱口边墩、西沙边墩、沙岭边墩、兴武营（有暗门）、高梁边墩、硝池边墩、干沟边墩、半个城墩、清字边墩、镇边墩、中沙边墩。

花马池营边墩二十一处

芨芨沟边墩、十一铺边墩、七铺边墩（有暗门）、四铺边墩。以上分属安定堡。二十三铺边墩、二十一铺边墩、十九铺边墩、十六铺边墩、十三铺边墩、八铺边墩、三铺边墩、二铺边墩、长城关（有暗门）、二铺边墩、五铺边墩、七铺边墩、九铺边墩、十三铺边墩、十七铺边墩、二十铺边墩。与延绥安边营接界。

以上各边墩，每墩原设防兵三名，现在废止。

灵州营一十七处

磁窑寨墩、新墩子墩、茨烟墩、上十里墩、麦岗子墩、白土墩、旧石沟墩、红窑墩、深沙沟墩、晏湖墩、夏家堡墩、马站湖墩、鱼湖墩、野马墩。以上属灵州。河东关汛、木场墩、平湖墩。以上属临河堡。

据《嘉庆灵州志迹·兵额营汛驿递志第十二·营汛》记载：尚有大红沟墩、白崖口汛、红石岗汛、胭脂川汛，原属同心城，现隶属平远县管辖。

红寺儿汛、水头儿汛、滚泉汛、大壑子水汛，原属红寺堡，现隶属宁灵厅管辖。

花马营八处

二道沟汛、傅家地坑汛、武家淌汛。以上属花马池。十里墩、红墩子墩、汤房墩、西路塘房墩、东路塘房墩。以上属惠安堡。

据《嘉庆灵州志迹·兵额营汛驿递志第十二·营汛》记载：尚有威达墩、雄峰墩、大口子汛、石板泉汛、石头坂汛，原隶属韦州，现隶属平远县管辖。

兴武营四处

峭汲塘房墩、西倒墩塘房墩。以上属兴武营。镇安塘房墩、石山塘房墩。以上属毛卜喇。

横城营五处

大墩塘房墩、石嘴塘房墩。以上属横城营。出水塘房墩、镇罗塘房墩。以上属红山堡。庙儿塘房墩。属清水营。

按：前明嘉靖年间（1522—1566）自从修筑了河东新长城，几乎全部裁汰了骑兵，以俭省草料费开销，息止喂养马匹的辛劳。只是安排步兵沿沟垒防御，谓之“摆边”。时任给事中官职的管律写文章反对这种做法。其大意是：“延绵不断长达三百六十余里的边境线，都是敌寇入侵的通道。算起来每一步安排一个步兵戍守，应该是十二万人，犹且担心人数太少，何况现有军士还不及这个数的十分之三哪！《孙子兵法·军争篇》说：‘以逸待劳者胜。’摆边昼夜戒严，巩怕不是使民休养生息的办法。徜若敌众分道而来，则十万之众岂能一呼形成对敌的军阵？首尾必然无法相互支援。从当前考虑，应该养精蓄锐，加强各营寨的联络，待敌人来进攻，根据情况变化进行防御。如果抵御不住，就尾随敌人进行追击。况且用兵贵在奇正交替变化，忧患在于缺乏接应援助；将军贵在统一兵权，忧患在于分散力量。摆边之举有五种弊端：没有奇正变化，没有接应援助，主将兵权不统一，士卒分散力量。以有五种弊端的筹划安排，抵御嚣张狂暴的敌人，不是在帮助敌人吗？”据《嘉靖宁夏新志·宁夏后卫·边防》卷三、《宁夏府志·职官·营汛》卷十一相关记载。

驿递

在城驿，东至清水驿六十里，西至宁夏县王洪驿三十里，定额马四匹，役夫二名。

横城驿，东至红山驿三十里，西至宁夏县在城驿三十里，定额马十八匹，役夫九名。

红山驿，东至清水驿四十里，定额马十八匹，役夫九名。

清水驿，东至兴武驿六十里，定额马十八匹，役夫九名。

兴武驿，东至安定驿六十里，定额马十八匹，役夫九名。

安定驿，东至花马驿六十里，额设马十八匹，役夫九名。

以上六个驿站共有定额马九十四匹，每匹每天支出草料银七分，一年共支出白银二千三百六十八两八钱。

外备站价银三百七十六两。

遇闰年增加支出白银一百九十七两四钱。

共有定员役夫四十七名，每名每天支出工食银三分，一岁共支出白银五百零七两六钱。

遇闰年增加支出白银四十二两三钱。

又每年每一匹马，按规定准许按十分之二的比例倒换马匹，共应准许倒换十八匹八分。每匹马按惯例应支出马价银八两，一年共应支出倒换马匹马价银一百五十两四钱。遇闰年不增加，遇到农历有二十九天的月份也不扣除。

统计一年共应支出役夫、马匹、工料、外备站价并倒马例价等项银两三千四百零二两八钱。

遇到闰年增加支出白银二百三十九两七钱。

据查证《宁夏府志·职官·驿递》卷一一、《灵州志迹·兵额营汛驿递志第十二·驿递》卷二记载的同心城驿业已隶属平远县管辖，花马池驿隶属花马池清军厅管辖，其中横城、红山、清水、毛卜喇、兴武、永兴、安定、高平、花马等九个驿站关卡，自同治变乱后废弃，未再设置。

历朝宦迹志第十三

历代宦迹

（清以前人物宦迹同《灵州志迹》，此略）

国朝

张公，讳瑞珍，字宝卿，安徽寿州人，进士。同治元年八月，知州事。公明敏多奇策。是时，平远预望城把总马兆元，与金积堡马化漋狼狈为奸，率众围州城，公与前任讷公穆栋额协同守御。公虑城内回民之内应也，先由郡城东运大木一根，红布包裹，称系请来开花大炮置城上，口对回民丛居之处，朝夕礼拜，曰："若回民有变，当以大炮从事。"而城回惕惕然，未敢蠢动。又于城上多集石土木板。一日见围，贼佯作退势。公曰："此必从地道攻入也。"急令于城外有民房之处，在城内对挖长沟，嵌以磁坛，使瞽者伏听之，果有锹锄之声。从南城外张姓宅内挖入，旋用火药轰开城垣丈余，石土木板齐下堵筑，贼未得逞。自九月围至十月，昼夜戒严，经宁夏道督队来援，城围始解。二年二月，公解任之省，州之人卧辙攀辕，如失怙恃。公谓当①至省，面禀列宪，多派兵来以救一州百姓。奈当时贼氛四起，饷绌兵单，竟无一卒来援，致令是年十月，而州城即为之不守也。天实为之，谓之何哉！

周公，讳浩，字溶生，浙江会稽人。吏员②出身。同治五年，署理花马池州同。正值军务倥偬，公办理城防，劝捐富户，率民日夜巡守，不辞劳瘁，钱项归绅董③经理，公只总其大成。八年二月初二日，

① 当：姑且作为。

② 吏员：指地方官府中的小官。

③ 绅董：绅士和董事的合称。

陕回夜来攻城，已上北墙，公率绅民合晋、直两营制兵[①]，极力扑打，伤贼甚众，天明围解。九年四月初九日，陕回陈阿洪率贼三千余人前来攻打，至二十六日夜猛扑登城，公与卓胜军绥君殿臣极力迎击，贼始退去。是城二次保全者，公力居多，自此积劳病故。公为官清廉，身后萧条[②]，经公之弟赴宁郡告帮[③]，蒙恤其忠，助送二千余金，始得舆榇[④]旋里。绅民至今感颂。

王公镇墉，字协亭，湖南湘乡人。同治十二年，知州事。秉性仁慈，与民同好恶[⑤]。盖灵州所赖以水利灌田者，惟秦渠而已。公当大难甫平之后，秦渠败坏已极，公亲诣工所，率作兴事[⑥]，昼巡工次，夜宿柴栅[⑦]四十余天，形瘦柴立，古所谓："溺犹己溺，饥犹己饥者[⑧]。"我公其庶几焉！并又将秦坝关公馆旧址建立秦渠公所，每岁春工得有栖止，皆公力也。维时陕甘督宪左以灵州汉回杂处，易启衅端，分别安插，命公办理，善后悉协机宜[⑨]，为之亲书"廉勤节爱"四字匾额以褒美之。去之日，州之人攀辕卧辙，如失怙恃，迄今追论，尚有为之流涕者。《诗》曰："乐只君子，民之父母。"公之谓欤！

孙公承弼，字玉田，汉军正白旗人。光绪二年知州事。为政以兴利除弊、重士亲贤为务。公至之日，知旧有奎文书院[⑩]，经贼蹂躏，于

①制兵：清代称绿营编制的地方常备军为制兵。

②萧条：凋零，衰微。

③告帮：请求帮助。

④舆榇（yú chèn）：把棺材装在车上。舆，车中装载东西的部分，后泛指车。榇，棺材。

⑤好恶：喜好和憎恶。

⑥兴事：指兴建土木之事。

⑦柴栅：栅栏。

⑧溺犹己溺，饥犹己饥者：把别人被淹没看作自己被淹没，把别人挨饿看作自己挨饿。意谓对别人的苦难感同身受。溺，淹没在水里，这里指处于危难的境地。出自《孟子·离娄下》："禹思天下有溺者，由己溺之也；稷思天下有饥者，由己饥之也。是以如是其急也。"由，通"犹"。

⑨机宜：指事理。

⑩奎文书院：原本作"魁文书院"，据《嘉庆灵州志迹·艺文志十六上·奎文书院碑记》卷三改。

是议购朱姓旧宅，斟酌损益，更名灵文书院，以为培植人才之本。是年，秦、晋苦旱，饥民多聚此就食。公捐廉筹赈，居以栖流所①，按日给粥饼并施棉衣，饥民之赖以全活者甚众。本年五月，州境蝗蝻拥聚，民情惊惧。公率同②绅民极力扑捕，复斋戒沐浴，徒步虔祷，蝗蝻自去，禾稼无伤。后又收买蝻子四万余斛③，尽其余孽，费钱无算，竟以被谗去位。州人惜之，出城之日，绅民衣冠拜送，并制“急公好义”匾额，以志其感。嗣复回本任，公益勤求治理，乃以尽心民瘼，精力过劳，旋于十三年一疾不起。伤哉！州人禀请修建专祠，未奉批准。

廖公葆泰，字寅阶，云南石屏人。光绪二十一年，河湟变乱，适公署狄道，吏目、督宪闻公知兵，饬募葆字马队以剿贼。荐葆授灵州知州。光绪二十九年莅任时，黄水溢涨，秦渠自峡口至减水闸三十余里，一片汪洋，沿堤冲坏。公焦虑万状，乃先作秋工，饶灌冬水。为来年播种地步④，旋传集绅民议作明年春工。公虑工大费繁，民力艰难，先向董星五宫保⑤假银万两采办工料，并预派收柴总理，在沿河各工所催收柴束，明年届期兴工。公茅次工所，躬亲督率，沐雨栉风，四十余天，须发为之半白。是役也，摊派民间料钱二万余缗，民夫三千有奇，柴数十万束，月余竣事，民赖安全。公善政綦⑥多，此尤其最大者。公晚年犹喜武事，持炮命中，十不失一。好驰马往来，驰骤顾盼，自雄曰：“时事多艰，聊习此，以待上之驱策耳。”乙巳冬，以疾辞任，旋调署河州。丁未冬，仍回本任。戊申正月，竟以积劳一疾不起，州人哀之。

① 栖流所：清代收留难民、流民的专门机构。

② 率同：一同，共同。

③ 斛：原本作“觔”，据上下文意改。

④ 地步：处境，余地。

⑤ 董星五宫保：指董福祥。董福祥，字星五。宫保：清代对有太子少保加衔官员的尊称。

⑥ 綦（qí）：通“极”。很，甚。

陈公必淮，字三洲，湖南巴陵人。先从事西宁总兵邓景亭军门幕府。光绪二十一年，戡定[1]湟乱，公赞襄之力居多。二十七年，皇上由陕回銮，公充护跸[2]各军营务处。三十一年冬，权知州事。公为政以培养元气、除暴安良为务。先是州属赌盗最盛，民力艰难，公力为严禁，令各安耕种并教树桑种棉，以为自强致富之源。州属汉回杂处，向若仇雠，公遇事开导，不偏不倚，近嫌隙渐泯，且愿有通婚姻者。州处边徼[3]向多抢亲、忤逆[4]等事，公谓此乃官之教化不先，深自引责，劝惩兼施，罔敢再犯。州辖地数百里，公不时巡阅，遇有词讼[5]，随处判剖[6]，时人引为召伯甘棠听政[7]之比。公外柔内刚，平日周历乡村，询问疾苦，刺刺不休[8]。一涉词讼，则即毅然曰此非谈论公事之地也，以故人乐亲而不敢肆。庚子以后，朝廷锐意维新，诏立学堂、巡警，就地筹款。公念灵民瘠苦，首禁摊派，惟整顿旧有款项，并酌收磁窑、石沟炭税、横城羊税。于城内、吴忠堡设立巡警两处，将旧有灵文书院改为高等小学堂，增建斋舍，招生开学，是为吾灵开办学堂、巡警之始。丙午冬，公解任回省。戊申二月，蒙省宪俯念[9]灵事维艰，仍命公重守斯土。公至之日，知秦渠败坏状，即进[10]绅民而谓之曰："秦渠为吾民衣食所出，秦渠不修，民生何赖？"公乃选派绅董计工估料，

---

① 戡定：以武力平定。

② 护跸（bì）：同"扈驾"，护卫帝王的车驾。跸，帝王出行时，开路清道，禁止通行。泛指帝王的车驾。

③ 徼（jiào）：边界。

④ 忤：原本作"仵"，形误，据意改。

⑤ 词讼：诉讼。

⑥ 判剖：辨别，判断。

⑦ 召伯甘棠听政：参见《诗经·国风·甘棠》。

⑧ 刺刺不休：形容说话唠叨、没完没了。刺刺，多言的样子。刺刺，原本作"剌剌"，据通用词典改。

⑨ 省宪：各行省的行政长官。俯念：敬语，顾念的意思。

⑩ 进：规劝。

并禀假①万金，率作兴事。工竣后，水小不能上渠，民情惶迫。公②沿河相度，见东河可以决水灌渠，旋筑埽，塞河决口引水。故是年宁灵汉渠及河西各渠皆苦无水，而秦渠独无缺水忧者，皆公力也。马万太，大盗也。二十七年，由山西张家口聚众拥入甘境，经宁夏官军击散漏网，去年仍来吴忠堡结盟拜会，人莫敢捕。公购线③拿获正法，并擒治党羽数人，自是贼匪敛迹④。州属东山地旷人稀，为州人羊圈所在，贼人往来宰食，率以为常⑤，非从贼也，距官远而不敢抗也。自经公严办后，东山民人始得安枕，为之制“官清民自安”碑额，以纪其事。公自再任，求治益切，遇民间有疾苦事，辄为之废寝忘餐，尤善于听讼⑥。人有誉之者，曰：“听讼何奇，惟无讼为难耳。”呜呼，此亦可觇公之所志矣！公尝谓：“两度灵州，与灵民有缘，倘不能为民计久远之安，非独负我灵民，且大负我上宪也。”噫！斯言也，非仁人君子之用心，曷至此？但祝久于其位，福我灵民，是则亿兆苍生所馨香⑦而默祷者耳。

存

王公式金，字度如，兰州皋兰人。中乙酉科举人。光绪二十二年授灵州学正。时大难之后，人不知学，公主讲书院，训迪殷勤⑧，文风⑨大振。士人至今感之。

---

①禀假：谓俸给及借贷。
②公：原本作“工”，据上下文意改。
③购线：征求破案的眼线。
④敛迹：隐蔽行迹，不敢露面。
⑤率以为常：指成为经常的事。
⑥听讼：听理诉讼；审案。
⑦馨香：谓祷祝时心诚意切。
⑧训迪：教诲开导。殷勤：情意恳切。
⑨文风：文德教化之风。

【译文】

历朝宦迹志第十三

历代宦迹

（清以前人物宦迹同《灵州志迹》，此略）

国朝

张瑞珍，字宝卿，安徽寿州人，进士。同治元年（1862）八月，任灵州知州。张公聪明机敏多有奇异的谋略。当时，平远预望城把总马兆元，与金积堡马化潍狼狈为奸，率众围攻灵州州城，张公与前任知州讷穆栋额协同组织军民防御。张公担忧城内回民作回民军的内应，先由宁夏府城东运大木一根，用红布包裹，声称是请来的开花大炮安置在城上，炮口对准回民聚居之处，朝夕礼拜，说："假若回民有变，理当以大炮处置。"而城内回民对此十分惶恐，未敢蠢动。又于城上多多收集石头、土块、木板。有一天州城被围，回民军佯装撤退。张公说："这一定是准备从地道攻入城池。"于是紧急命令在城外有民房之处，在城内对挖长沟，把磁坛填镶在沟内，让盲人伏听之，果然有锹锄之声。原来地洞是从南城外张姓宅内挖入，随即城墙被火药轰开丈余，城上的石头、土块、木板齐下堵住城墙缺口，回民军没有得逞。州城自九月被围困至十月，昼夜戒严，后经宁夏道道员督率军队前来支援，州城的围困才得以解除。同治二年（1863）二月，张公卸任回省城，灵州百姓横卧在车道、攀住车子挽留张瑞珍，如同失去父母。张公说他暂且先回省城，当面将情况禀报各位上司，多派兵马来搭救一州百姓。无奈当时遍地烽烟，粮饷缺乏兵力单弱，竟然没有一个兵卒前来支援，导致这一年十月，而州城即为之失陷。这是上天的安排，让人万分无奈！

周浩，字溶生，浙江会稽人。吏员出身。同治五年（1866），代理花马池州同的官职。当时正值军务纷繁迫促，周公办理城防，向富户劝捐，率领百姓日夜巡守，不辞劳瘁，钱粮项目归绅士和董事管理，周公只是居中抓总。同治八年（1869）二月初二日，陕西回民军夜间前来攻城，已登上北面的城墙，周公率领绅士与民众联合山西、直隶两营绿营兵，极力扑打，杀伤回民军很多，天亮才解除包围。同治九年（1870）四月初九日，陕西回民陈阿洪率回民军三千余人前来攻打花马池，至二十六日夜间猛扑登城，周公与卓胜军首领绥殿臣率众极力迎击，对方才退去。这个城池得以两次保全，周公出力居多，自此积劳成疾而身亡。周公为官清廉，身后凋零，经他的弟弟奔赴宁夏府衙请求帮助，承蒙抚恤其忠节，助送二千余金，始得把棺材装在车上运回故里。绅士与民众至今对其感激颂扬。

王镇墉，字协亭，湖南湘乡人。同治十二年（1873），任灵州知州。其人秉性仁慈，与民有共同的喜好和憎恶。总的来说灵州依赖水利灌溉田地，唯有依靠秦渠。正值大难刚刚平定之后，秦渠已被破坏到了极点，王公亲自到建筑工地，带领众人大兴土木，白天巡查工程进展，晚上住宿栅栏四十余天，瘦瘠如枯木，正如古代孟子所谓：“禹思天下有溺者，由己溺之也；稷思天下有饥者，由己饥之也。”我们王公或许可以称得上是这样贤明的君子吧！同时王公又将秦坝关公馆旧址改建为秦渠公所，使得每年春天维修水渠的施工人员有个休息的地方，这都是王公的功绩。当时陕甘总督左宗棠考虑到灵州汉民、回民混杂居住，容易引发事端，就分别安插，让王公专门办理此事，各项善后工作都符合事理，左宗棠为之亲书“廉勤节爱”四字牌匾嘉奖赞美。王镇墉卸任离开的时候，灵州百姓攀住车子、横卧在车道挽留，如同失去父母，迄今谈论过去的事情，尚有为之落泪者。《诗经》曰：“乐只君子，民之父母。”歌颂的就是王公这样爱民如子的官员啊！

孙承弼，字玉田，汉军正白旗人。光绪二年（1876）任灵州知州。

治理灵州以兴利除弊、尊重亲近才德兼备的君子为要务。孙公上任后，了解到旧有奎文书院，经战火蹂躏后，［已经无法使用。］于是商议购买朱姓旧宅，斟情酌理，加以维修，更名为灵文书院，以此作为培植人才之本。这一年，陕西、山西非常干旱，饥民多聚集此地就食。孙公捐款筹款救济灾民，让他们在栖流所居住，按天供给粥饼并给予棉衣御寒，饥民赖以保全性命的很多。这一年五月，州境内蝗蝻聚在一起，百姓惊慌恐惧。孙公与绅士和民众共同极力扑捕，又斋戒沐浴，徒步到庙宇虔诚祈祷，最后蝗蝻自己飞去，农作物没有受到毁伤。后又收买蝗蝻幼虫四万余斛，消除残余的隐患，花费的金钱无法计算，最后竟然因为谗言诋毁被迫离职。州人对此十分惋惜，出城之日，绅士和民众穿衣戴冠拜送，并为其制作了一块“急公好义”的牌匾，以铭记其恩德。嗣后不久孙承弼又恢复灵州知州的职务，更加勤求治理，最后因为尽心于民众的疾苦，精力过劳，随即于光绪十三年（1887）一病不起。真使人伤心啊！州人禀报请求修建专祠纪念，没有得到批准。

廖葆泰，字寅阶，云南石屏人。光绪二十一年（1895），河湟变乱，当时正值廖葆泰在狄道代理官职，吏目、总督听闻廖公通晓军事，就命令他招募组建葆字马队围剿叛乱者。后来又保荐他担任灵州知州。光绪二十九年（1903）上任时，黄河水上涨泛滥，秦渠从峡口至减水闸三十余里，一片汪洋，渠堤全被冲坏。廖公焦虑万状，就先组织人力做好秋天的工作，保障农田灌足冬水。为来年播种考虑，随即召集绅士和民众商议研究第二年春天秦渠维修工程问题。廖公考虑到工程浩大花费繁多，民力艰难，就先向董星五宫保借一万两银子采办建筑材料，并预派收柴经理，在沿河各工段催收柴草，第二年届期动工。廖公住宿在工地的茅棚里，亲自带队施工、监工，沐雨栉风，四十余天，胡须和头发为之半白。这次工程，摊派民间材料钱二万余两，动用民夫三千有零头，征收柴草数十万捆，一个多月竣工，民众以此得以安全。廖公善政甚多，这是其中最大的一项。廖公晚年仍然喜欢研究与军队或战争有关的事情，持炮打靶，十发也不会偏离一发。喜好驱马疾行，在驰骋中顾盼自如，自豪的说："时事多艰，姑且练习这些技能，以等待皇上的驱使。"乙巳（光绪三十一年，1905）冬天，因为疾病辞去官职，随即调任河州。丁未（光绪三十三年，1907）冬天，仍回灵州担任原来的官职。戊申（光绪三十四年，1908）正月，竟然因为积劳成疾一病不起，灵州人十分哀伤。

陈必淮，字三洲，湖南巴陵人。先在西宁总兵邓景亭幕府担任幕僚。光绪二十一年（1895），在武力平定河湟变乱事件中，陈公协助出力居多。光绪二十七年（1901），皇上由陕西出巡后还宫，陈公在护卫皇帝车驾各支军队营务处任职。三十一年（1905）冬天，暂任灵州知州。陈公治理灵州以培养元气、除暴安良为要务。在此以前，州境内赌博、偷盗的风气盛行，民力艰难，陈公大力严禁，要求百姓安心耕种并传授种植桑树培育棉花的技术，以此作为自强致富的根本。州境内汉民、回民混杂而居，一向就像仇人，陈公遇事开导，不偏不倚，近来嫌隙逐渐消失，而且出现了愿意互通婚姻的现象。州内边远地带一向多有抢亲、不孝敬父母等事情，陈公说此乃官府的教化不到位，主动承担责任并作深切地自我批评，劝诫和惩罚兼施，自此没有人胆敢再犯。灵州管辖的地方有数百里远，陈公不时巡阅，大凡遇有诉讼案件，随处辨别判断，人们将其与召伯甘棠听政相类比。陈公外柔内刚，平日遍游乡村，询问百姓疾苦，一开口就滔滔不绝。一旦涉及诉讼问题，就毅然变色说这里不是谈论公事的场所，所以人们乐于与其亲善而不敢放肆。庚子（光绪二十六年，1900）以后，朝廷锐意维新，下诏要求各地设立学堂、巡警，就地筹款解决开办经费。陈公念及灵州百姓贫瘠困苦，首先禁止摊派，只允许整顿旧有款项，并酌情征收磁窑堡、石沟驿炭税、横城羊税［，以解决经费不足问题］。在州城内、吴忠堡两地分别设立巡警机构，将旧有灵文书院改为高等小学堂，增建学校的房舍，招生开学，这是我们灵州开办学堂、巡警的开端。丙午（光绪三十二年，1906）冬天，陈公解除职务返回省城。戊申（光绪三十四年，1908）二月，承蒙甘肃省的行政长官顾念灵州时事艰难，仍然命令他重新担任灵州知州。陈公上任后，看到秦渠败坏的情状，即规劝绅士和民众说：“秦渠为黎民百姓衣食所系，秦渠得不到整修，民生何以保障？”于是就选派绅士和董事估算工时和材料，并借贷万两白银，带队兴建土木。工程竣工后，水小不能流入秦渠，百姓惶恐着急。陈公沿河观察估量，看到东河可以掘堤灌渠，随即就修筑堤坍，堵塞黄河决口引水。因此这一年宁灵厅汉渠及黄河以西各渠都被没有水所苦，而唯独秦渠没有缺水的忧患，这都是陈公的功劳。马万太，是有名的大盗贼。光绪二十七年（1901），由山西张家口聚众拥入甘肃境内，被宁夏官军击散漏网，去年仍来吴忠堡结盟拜会，没有人敢抓捕。陈公征求破案的眼线，将马万太拿获正法，同时擒获惩治其党羽数人，自此贼匪隐蔽行迹，不敢露面。州境内的东山地旷人稀，是州人羊圈所在的地方，盗贼往来宰食，成为经常发生的事，不是百姓依顺盗贼，而是因为距离官府遥远而不敢反抗。自经陈公严办后，东山百姓始得安枕而卧，为陈公制作一块“官清民自安”碑首，专门记载其功绩。陈公自从再次担任知州，千方百计治理好灵州的心愿更加迫切，遇到民间有疾苦事，就为之废寝忘食，尤其善于听理诉讼。遇到有人夸赞他的这项本领，就说：“审案何足为奇，唯有没有诉讼才是最难的事情。”呜呼，由此也可看出陈公的志趣所在！他曾经说过：“两度任职灵州，与灵州民众有缘，倘若不能为民众谋划长久的太平岁月，不但有负于灵州民众，而且也大大辜负上司对我的信任。”唉！这种言论，如果不是仁人君子的用心，怎么能够说得出来？唯有祝愿其长久担任知州，造福我灵州民众，这也是百姓所心诚意切、默默祷告的心愿。

存

王式金，字度如，兰州皋兰人。考中乙酉（光绪十一年，1885）科举人。光绪二十二年（1896）被授予灵州学正的官职。当时正值大难之后，人们不知晓读书学习的重要性，王公在书院主讲，情真意切地教诲开导，文德教化之风大振。读书人至今对其感激不已。

（光绪）灵州志

甘肃省图书馆藏抄本，简称『甘图本』。

东方既白　译注

整理说明

这部《重修灵州志》抄本无纂修年代，甘肃省图书馆藏另一部《重修灵州志》抄藏本与本志卷数及内容完全一致，其封面有“光绪戊申”四字，故断定本志当修于光绪戊申年即光绪三十四年（1908）。现存卷三、卷四自十四至十八门类内容。本志所载嘉庆以前内容基本同（嘉庆）《灵州志迹》，整理时只收录续载部分。《艺文志第十六上》《历代边防事迹志第十七》内容完全同（嘉庆）《灵州志迹》，故此不再收录。

整理者新编目录

重修灵州志卷三

重修灵州志卷四

人物乡献志第十四

[人物乡献]

国朝

张松年，字寿山。州拔贡，道光辛卯举人。授狄道州训导。淡于仕进[①]，归家授徒，立教以德行为先，尝谓“士不敦品[②]，虽学富五车，亦糟粕耳。”学者多所成就。

王灴，以举人挑[③]知县，分发直隶，任定兴、河间诸县，所至有声，嗣移平山县。适同治年间捻匪为乱，某师督队往剿，道经平山，限一宿供应[④]面饼万斛[⑤]。或告之曰：“此因办差不周，非为面饼耳。”灴曰：“予肃然一吏，焉能遂所求索于民？吾弗忍也。”愤极自刎。民闻灴被创，争献面饼，翌晨即足万斛之数。灴以宦途险巇[⑥]，开缺[⑦]回籍。未几，刎伤复发，卒于里。

道以德，岁贡生。讲学名山，不求宦达，然极关心时事。咸丰季年，陕回肇乱，以德见金积堡马化漋之蓄谋不轨也，数上书当道。同治元年，平远预望城回酋马兆元，窜扰灵界，马化漋起为之应，破州陷郡，荼毒生灵。以德悲愤不已，因假道河套赴京吁诉，有旨下陕甘总督查办。是时，兵单饷绌，而当事者娄[⑧]多怯懦无能，徒付之，无可奈何

① 仕进：入仕，做官。指在仕途中进取。
② 敦品：砥砺品德。
③ 挑：选，拣。
④ 应：原本作“友”，据上下文意改。
⑤ 斛（hú）：旧量器名，也是容量单位，一斛本为十斗，后来改为五斗。
⑥ 险巇：险阻崎岖。喻仕途艰难。亦作“险戏”。
⑦ 开缺：清代规定，官员因故经奏准免去原任职务，待另选他人充补者，称开缺。
⑧ 娄：通“屡”。

而已。以德归至花马池，卧病不起，慷慨悲歌，作诗六十首，以写其愤。事虽未就志，足悲矣。

张煦，字南浦，松年之子。少笃学，目不窥园。咸丰癸丑进士，授刑部主事，擢员外郎，迁郎中，京察一等①，授贵州镇远府知府，调贵阳府知府。丁母忧，归服阕②，补贵东道，迁陕西按察使，升广东布政使，历任山西、陕西、湖南各巡抚。因长沙地湿，得臂痛疾，疏请开缺。上惜其去，仍量移③山西巡抚。光绪二十一年，以疾薨于位。遗疏入，天子轸惜④，赐祭葬⑤，议恤有加⑥。榇归，过关中，父老相率⑦哭奠，如丧考妣。留葬于陕，遂家焉。

张俊，字杰三，原籍固原州人。同治元⑧年，关陇贼氛⑨四起，俊与董公福祥集民结团体。三年，环县告急，俊等率团勇八百破贼万众。八年，率众投湘军，分为董字三营，俊管带左营。是年七月，进兵金积堡，俊以州吴忠堡地方秀丽，遂家焉。十三年，攻克西宁，署永安营游击。光绪元年，补北川营都司。二年，大军出关，分统⑩新疆东四城马步各军，于克复新疆乌鲁木齐各处，无役不从。洊保⑪头品顶戴，尽先题奏⑫提督，并赏戴花翎倭欣巴图鲁⑬，赏穿黄马褂。十五年，

①京察一等：京察为清代京官考核制度。其标准为四格：一守、二才、三政、四年。根据四格，分定等第：一等为称职，二等为勤职，三等为供职。

②服阕（què）：古丧礼规定，父母死后，报丧三年，期满除服。阕，终了。

③量移：泛指迁职。

④轸惜：痛惜。

⑤赐祭葬：大臣身故，皇帝派遣使者进行追悼、安葬的仪式和活动。

⑥议恤有加：议恤，对立功殉难人员，评议其功绩，给予褒赠抚恤。有加，在古文中有“超过，比……更”的意思。

⑦相率：相继。

⑧元：原本作“六”，据历史事实和下文文意改。

⑨贼氛：指敌人的气势、凶焰。

⑩分统：统辖，管辖。

⑪洊（jiàn）保：保举。

⑫题奏：谓上奏章。题本、奏本的并称。

⑬巴图鲁：满语“英雄”。

署乌什副将，补甘肃西宁总兵，兼统库精等营，旋调新疆伊犁总兵。二十一年，简授[①]喀什噶尔提督。二十四年，调署甘肃提督。二十五年，晋京陛见，蒙派充武卫全军翼长兼领中军，赏紫禁城骑马。二十六年，在武卫中军差次[②]病故。蒙恩予谥壮勤。原籍及立功省分，建立专祠。战功事迹，宣付[③]国史馆立传，以彰勋劳。子儒珍由军功历保二品顶戴盐运使衔，以道员记名简放[④]，并赏给武能依巴图鲁。二十五年，管带武卫后军右营兼带副中营。寻丁忧，服阕，赴引，卒于京。孙超以二品荫生，赏员外郎，分部行走[⑤]。

李双梁，字玉堂，原籍平远县人。幼年丧父。同治元年，籍遭回乱，负母逃居陕西定边县。同治八年，湘军过定边，双梁投军效力。时刘帅松山知双梁深识贼情，令幕董字右营。双梁进兵金积堡，以州属崇兴寨地方辽阔，因家焉。嗣随进军西宁、河州、肃州各处，迭著战功。历保总兵衔，留陕西补用副将，并赏戴花翎武能依巴图鲁，署西宁永安营游击。光绪二年，大军出关，双梁以母老陈情，终养十余年。先意承志，无间言，乡党咸以孝称之。二十年，以疾终于里。

石蕴玉，字辉山。同治八年，投效湘军。攻克金积堡、西宁、河州、肃州各处，无役不从。光绪二年，随同大军出关，委带定边右营，于“克复新疆全省”各案内，历保头品顶戴，赏戴花翎琫武巴图鲁，以提督记名[⑥]，遇缺简放。九年，请假回籍，灰心仕进，为农夫以没世[⑦]云。

田九福，字祝三。同治八年，投效湘军，迭著战功。光绪二年，随同大军出关，先后管带董字左右两营，兼带蒙古中旗马队，克复玛

---

①简授：铨叙授职。

②差次：分别等级次序。

③宣付：明令交付。

④简放：清代谓经铨叙派任道府以上外官。

⑤行走：清代称在京师担任非专任差事的人。

⑥记名：清制，官吏有功绩，交吏部或军机处记名，以备提升。

⑦没世：终身，永远。

瑙斯、玛拉巴什各处，出力尤多。历保头品顶戴，以提督记名简放，并赏戴花翎霍隆武巴图鲁，历署喀什噶尔副将、阿克苏总兵各缺。请候回籍，终于里。

姚炳义，字杰臣。同治十二年，由武童投效董军。光绪十四年，管带董军后旗马队。二十二年，管带甘肃军副中旗马队，于“新疆荡平”及“勘定河湟”各案内，历保提督衔，以总兵记名简放，并赏戴花翎进勇巴图鲁。三十四年，管带甘肃巡防步队第二旅，兼带小马队，驻防宁灵、灵州一带。巡防严密，州人赖之。

季平，同治二年，州城失陷，在东山团集逃亡，剿杀三窑等处回匪，州民多赖生全。后投效宁夏道宪辕下，带团剿捕河东、河西贼匪，并力保平罗、洪广、宁夏各处城池。蒙保都司衔，补用守备，并赏戴花翎。八年，河东西两岸回匪平定，散团归农，终于里。

胡登华，前管带定远右营，历保头品顶戴，以提督记名简放，并赏戴花翎。殁于陕西营次。

张进昌，前管带甘军正后营，历保头品顶戴，以提督记名简放，并赏戴花翎，赏穿黄马褂。殁于阵。

张果，字锦亭。前管带宁夏镇标左旗，历保头品顶戴，以提督记名简放，并赏戴花翎，赏给三代正一品，封典[①]依伯德恩巴图鲁。殁于营次。

张淮，前管带伊犁镇标中骑马队，历保总兵衔，留陕西补用副将，并赏戴花翎英勇巴图鲁。

赵官，投效金军出力，历保副将衔，留甘补用参将，并赏戴花翎振勇巴图鲁。

石恒林，投效湘军出力，历保总兵衔，留甘补用副将，并赏戴花翎确勇巴图鲁。

① 封典：封建帝王以爵位名号赐予臣下及其家属的荣典。

梁国桢，投效金军出力，历保参将，归宁夏镇标补用，并赏戴花翎顺勇巴图鲁。

李少雄，投效湘军出力，历保留陕甘补用参将，并赏戴花翎蒙勇巴图鲁。

张毅，投效湘军出力，历保参将衔，留陕补用游击，并赏戴花翎。先假旋里，令帮办吴忠堡巡警事务，趋公勤慎，历任州牧咸器重之。

吴连科，投效湘军出力，历保总兵衔，留陕补用副将，并赏戴花翎。

张国珍，廪生。投效董军出力，历保五品衔，以县丞分省补用，并赏戴蓝翎。

胡沂，投效甘军出力，历保以巡检[①]分省补用，并赏戴蓝翎。

张萃，投效董军出力，历保参将衔，留甘补用游击，并赏戴花翎。

聂青山，前带董字左营右哨，历保参将衔，留陕补用游击，并赏戴花翎。

董三畏，前带董字左营左哨，历保游击衔，留甘补用都司，并赏带花翎。

李成芳，前带董字左营前哨，历保参将衔，留陕补用游击，并赏戴花翎。

科贡附

进士

张俊选　咸丰庚申[②]。官陕西三原县事。

张　煦　咸丰癸丑[③]，刑部主事，历官山西、陕西、湖南各省巡抚。

---

① 巡检：官署名巡检司，官名巡检使，省称巡检。明清时，凡镇市、关隘要害处俱设巡检司，归县令管辖。

② 咸丰庚申：原本作“咸丰庚申，科分失考。”后四字显为衍文，删去。

③ 癸丑：原本作“癸卯”，据本书《光绪灵州志·艺文志十六下·张公南浦墓志铭》改。

举人

何种桂　高凤骞　赵合璧　科分均失考。

李　绰　道光戊子。石万朴　宋文林　科分均失考。

赵尚任　光绪甲午。梁联第　葵卯。

贡生

冉光翔　道光乙酉拔贡。　易生兰　陈铭新　周作对　汤　悟　戴　熙　张恒丰　张恒年　王廷俊　道以德　陈　赐　孙　灿　常　恕　伍　相　李兴荣　官陇西县训导。潘锡光　许　檀　梁嘉佑　孙承基　陈尚义　吴定邦　许裔昌　吴立邦　柴维栋　以上科分均失考。

杨生荣　光绪乙酉拔贡。官西宁府学教谕。　王廷赞　丁酉拔贡。

武举

王　柱　李九官　以上科分均失考。　李登榜　光绪甲午。

【译文】

人物乡献志第十四

[人物乡献]

清朝

张松年，字寿山。灵州拔贡，道光辛卯（道光十一年，1831）举人。授官狄道州训导。因淡于入仕做官，回家授徒为生，教导学生以德行为先，曾说“读书人不砥砺品德，虽然学富五车，也是糟粕。”他的学生多有所成就。

王灯，以举人出身被选拔担任知县，分发直隶使用，先后任定兴、河间知县，在所任职的地方都有声望，嗣后移任平山县。正碰上同治年间捻军作乱，某支军队的将军率队前往镇压，路过平山县，限令一夜之间提供面饼万斛。有人告诉王灯说：“这是因为办差不周到［报复你]，不是为面饼。”王灯说：“我堂堂一个知县，怎么能顺应他们求索于百姓？我不忍心做此事。”气愤至极割断脖颈自杀。百姓听闻王灯受伤，争献面饼，第二天早晨即凑足万斛之数。王灯因为仕途艰难，经奏准免去原任职务返回原籍。没多久，伤口复发，终了在故里。

道以德，岁贡生。一直在名山讲学，不求官位显达，然而极为关心时事。咸丰（1851—1861）末年，陕西回民开始造反，道以德看到金积堡马化漋蓄谋不轨，多次上书掌权的官员反映情况。同治元年（1862），平远县预望城回民头领马兆元，窜扰灵州地界，马化漋起事为之呼应，破州陷郡，残害生灵。道以德悲愤不已，借道河套赴京控告，皇帝有旨命令陕甘总督查办。此时，兵力不足，粮饷缺乏，而当权者多属怯懦无能之辈，白白托付给他们，无可奈何而已。道以德归至花马池，卧病不起，慷慨悲歌，作诗六十首，以抒发其悲愤。事情虽未遂其心愿，但足以称得上悲壮。

张煦，字南浦，张松年之子。年少时专心好学，不为外事分心。咸丰癸丑（咸丰三年，1853）进士，授官刑部主事，擢升员外郎，升迁郎中，京官考核一等，授职贵州镇远府知府，调贵阳府知府。遭逢母亲的丧事，辞官归家服丧，期满后补任贵东道道员，升迁为陕西按察使，擢升为广东布政使，历任山西、陕西、湖南各省巡抚。因长沙天气潮湿，落下了手臂疼痛的疾病，上疏朝廷请求免除其职务。皇上舍不得他离开，依然调任山西巡抚。光绪二十一年（1895），因病在任上去世。遗疏上奏朝廷，天子痛惜，派遣使者进行追悼、安葬，评议其功绩，给予褒赠抚恤的规格超过了规定。棺木返归灵州，路过关中，父老相继哭吊祭奠，如同自己失去了父母。最后留葬在陕西，于是家人就在那儿定居。

张俊，字杰三，原籍固原州人。同治元年（1862），关陇敌人的凶焰四起，张俊与董福祥聚集民众结团练。三年（1864），环县告急，张俊等率团勇八百人击破回民军上万人。八年（1869），率众投湘军，分为董字三营，张俊管带左营。这一年七月，进兵金积堡，张俊因为灵州吴忠堡地方秀丽，遂把家安在此地。十三年（1874），攻克西宁，代理永安营游击。光绪元年（1875），补授北川营都司。二年（1876），大军出关，管辖新疆东四城马步各军，在武力收复新疆乌鲁木齐各处战役中，没有一次不参加。保举为头品顶戴，优先奏保提督，并赏戴花翎倭欣巴图鲁，赏穿黄马褂。十五年（1889），代理乌什副将，补授甘肃西宁总兵，兼统库精等营，不久调任新疆伊犁总兵。二十一年（1895），铨叙授职喀什噶尔提督。二十四年（1898），调任甘肃提督。二十五年（1899），到京城谒见皇帝，蒙派担任武卫全军翼长兼领中军，赏紫禁城骑马。二十六年（1900），在武卫中军的职位上因病去世。蒙受皇恩授予壮勤的谥号。原籍及立功省分，建立专祠祭祀。战功事迹，明令交付国史馆立传，以表彰其功勋和辛劳。其子张儒珍由军功历保二品顶戴盐运使衔，以道员记名派任道府以上外官，并赏给武能依巴图鲁。二十五年（1899），管带武卫后军右营兼带副中营。不久遭逢父亲的丧事，辞官归家服丧，期满后赴京参加皇帝的接见，死于北京。其孙张超以二品荫生，赏赐员外郎，分派担任行走的官职。

李双梁，字玉堂，原籍平远县人。幼年丧父。同治元年（1862），家乡遭逢回民起事，背着母亲逃居陕西定边县。同治八年（1869），湘军过定边，李双梁投军效力。当时统帅刘松山知道李双梁深知敌方的情况，令其统领董字右营。李双梁进军金积堡，因为灵州所属崇兴寨地方辽阔，就以此为家。嗣后跟随湘军进军西宁、河州、肃州各处，接连不断立下战功。历保总兵衔，留陕西补用副将，并赏戴花翎武能依巴图鲁，暂代西宁永安营游击。光绪二年（1876），大军出关，李双梁以母老陈述衷情，［要求脱离军职侍奉母亲，］最后奉养母亲十余年，以终其天年。不等母亲开口就能顺着母亲的心意去做，没有非议，乡里都因其孝行称赞他。二十年（1894），因为疾病终老于乡里。

石蕴玉，字辉山。同治八年（1869），投效湘军。在攻克金积堡、西宁、河州、肃州各处战役中，无役不从。光绪二年(1876)，随同大军出关，委任统领定边右营，于“克复新疆全省”各案内，历保头品顶戴，赏戴花翎琫武巴图鲁，以提督记名，遇缺经铨叙派任道府以上外官。九年(1883)，请假回到故乡居住，灰心仕进，终身为农夫。

田九福，字祝三。同治八年(1869)，投效湘军，连续立下战功。光绪二年(1876)，随同大军出关，先后管带董字左右两营，兼带蒙古中旗马队，在克复玛瑙斯、玛拉巴什各处战役中，出力尤多。历保头品顶戴，以提督记名遇缺经铨叙派任道府以上外官，并赏戴花翎霍隆武巴图鲁，先后代理喀什噶尔副将、阿克苏总兵等职务。请求回籍候补，终老于乡里。

姚炳义，字杰臣。同治十二年(1873)，由武童生投效董福祥军。光绪十四年(1888)，管带董军后旗马队。二十二年(1896)，管带甘肃军副中旗马队，于“新疆荡平”及“勘定河湟”各案内，历保提督衔，以总兵记名遇缺经铨叙派任道府以上外官，并赏戴花翎进勇巴图鲁。三十四年(1908)，管带甘肃巡防步队第二旅，兼带小马队，驻防宁灵厅、灵州一带。巡防严密，灵州人对其十分仰赖。

季平，同治二年(1863)，灵州城失陷，在东山聚集出走逃命之人，剿杀三窑等处回民军，灵州百姓多依赖其得以保全生命。后投效宁夏道台门下，带团剿捕河东、河西回民军，并力保平罗、洪广、宁夏各处城池。蒙保都司衔，补用守备，并赏戴花翎。八年(1869)，黄河东西两岸回民军被平定，散团归农，终老于故里。

胡登华，前管带定远右营，历保头品顶戴，以提督记名经铨叙派任道府以上外官，并赏戴花翎。死于陕西军队驻扎地。

张进昌，前管带甘军正后营，历保头品顶戴，以提督记名经铨叙派任道府以上外官，并赏戴花翎，赏穿黄马褂。死于战阵。

张果，字锦亭。前管带宁夏镇标左旗，历保头品顶戴，以提督记名经铨叙派任道府以上外官，并赏戴花翎，赏给三代正一品，赐予他的爵位名号及其家属的荣典依照伯德恩巴图鲁标准。死于军队驻扎地。

张淮，前管带伊犁镇标中骑马队，历保总兵衔，留陕西补用副将，并赏戴花翎英勇巴图鲁。

赵官，投效金顺军队出力，历保副将衔，留甘肃补用参将，并赏戴花翎振勇巴图鲁。

石恒林，投效湘军出力，历保总兵衔，留甘肃补用副将，并赏戴花翎确勇巴图鲁。

梁国桢，投效金顺军队出力，历保参将，归宁夏镇标补用，并赏戴花翎顺勇巴图鲁。

李少雄，投效湘军出力，历保留陕西、甘肃补用参将，并赏戴花翎蒙勇巴图鲁。

张毅，投效湘军出力，历保参将衔，留陕西补用游击，并赏戴花翎。先是请假返回故乡，让其帮办吴忠堡巡警事务，正直无私，勤勉谨慎，历任知州对其都十分器重。

吴连科，投效湘军出力，历保总兵衔，留陕西补用副将，并赏戴花翎。

张国珍，廪生出身。投效董福祥军队出力，历保五品衔，以县丞分省补用，并赏戴蓝翎。

胡沂，投效甘军出力，历保以巡检使分省补用，并赏戴蓝翎。

张萃，投效董军出力，历保参将衔，留甘肃补用游击，并赏戴花翎。

聂青山，前带董字左营右哨，历保参将衔，留陕西补用游击，并赏戴花翎。

董三畏，前带董字左营左哨，历保游击衔，留甘肃补用都司，并赏带花翎。

李成芳，前带董字左营前哨，历保参将衔，留陕西补用游击，并赏戴花翎。

科贡附

进士

张俊选　咸丰庚申（咸丰十年，1860）。任官陕西三原知县。

张　煦　咸丰癸丑（咸丰三年，1853），刑部主事，历官山西、陕西、湖南各省巡抚。

举人

何种桂　高凤骞　赵合璧　科分均失考。

李　绛　道光戊子（道光八年，1828）。石万朴　宋文林　科分均失考。

赵尚任　光绪甲午（光绪二十年，1894）。　梁联第　癸卯（光绪二十九年，1903）。

贡生

冉光翔　道光乙酉（道光五年，1825）拔贡。易生兰　陈铭新　周作对　汤　悟　戴　熙　张恒丰　张恒年　王廷俊　道以德　陈　赐　孙　灿　常　恕　伍　相　李兴荣　任官陇西县训导。　潘锡光　许　檀　梁嘉佑　孙承基　陈尚义　吴定邦　许裔昌　吴立邦　柴维栋　以上科分均失考。

杨生荣　光绪乙酉（光绪十一年，1885）拔贡，任官西宁府学教谕。王廷赞　丁酉（光绪二十三年，1897）拔贡。

武举

王　柱　李九官　以上科分均失考。李登榜　光绪甲午（光绪二十年，1894）。

忠孝义烈志第十五

忠

讷公，讳穆栋额，新疆驻防旗人。咸丰十一年，知州事。同治元年，张公瑞珍接任，公因道梗未行。先是陕西逆叛西窜，平远预望城把总马兆元乘乱起事，而金积堡马化漋应之，以故灵属回民纷纷从贼。是年九月，马兆元等率众围城，公与张公协力守御戒严者四十余日。经宁夏道督队来援，城围始解。马化漋者，回教中之阿洪，奸巧诈伪，兵来则降，兵去则叛，率以此术愚人，而当事者亦以为该逆为回信服，可资弹压，忽未深究。二年二月，公复任。十月，贼复围城，城回为之内应。二十五日夜间，城遂陷。公率民巷战，血溅征衣，授命①于乱锋之下，眷属家丁同与之殉。五年，宁夏将军穆②始率队前来收抚。事隔三年，公尸骸无可辨认。六年，前知州尹公泗据禀奏请议恤③，驿夫中途被杀，未奉覆准④。光绪六年，前知州孙公承弼复具禀奏恳，并请附祀⑤尹、钟二公祠，奉旨照守御所千总例，给恤银二百，补书牌位，供奉入祠，易曰三忠祠作记刊石。见“艺文”。

尹公，讳泗，云南昆明人。道光丁未进士。同治五年三月，知州事，勤政爱民。七年五月，卸篆留办城防。先是二年州城破，后五年，经宁夏将军穆督队前来收抚，囫囵了事，以故回酋马艾、周斌、王洪

---

①授命：贡献生命。

②穆：指穆图善。清满洲镶黄旗人，那拉塔氏，字春岩。同治四年（1865）调任宁夏将军，督办甘肃军事。同治六年（1867）署理陕甘总督。

③禀奏：禀报奏明。议恤：对立功殉难人员，评议其功绩，给予褒赠抚恤。

④覆准：覆核批准。

⑤附祀：配享、从祀。

等仍踞城内。八年八月，马化漋因老湘大军进逼，嗾使[①]夺城以截其后。当湘军之初来也，刘军门松山本拟留一营驻城，时有为留营恐反起抚回之疑者，遂只留兵二十名驻扎会馆，转运粮草。是月初五日，该逆等围攻会馆，营兵矢尽力竭，同死于会馆之内。迄今壁上血迹犹存。公与接任钟公闻警趋御，手刃数贼。知事不可为，即回署端服望北叩头，与钟公坐堂服毒同尽。自公孀母马氏以下家属、丁仆、婢女十九名，无一存。十一年，前署州王公翔据禀奏请议恤，公与弟候选从九品溱均奉旨照四品以下阵亡例，给云骑尉世职，并建祠与钟公同祀，为记刊石。见“艺文”。

钟公，讳兰，云南昆明人。道光辛卯举人。同治七年五月，接署州事。公以回氛正炽，留前任尹公同办城防。先同治二年，州城之陷也。五年，宁夏将军穆徒以招抚为事，以故回酋马艾、周斌、王洪等仍踞城内。八年八月，金积堡逆首马化漋嗾使内乱，事详尹公传。是月初五日，该逆等仓猝起事，公与尹公率民趋御，手刃数贼。知城陷罔救，即回署，端服望北叩头，与尹公坐堂服毒同尽。公长子尔规、戚赵登瀛、家丁孙凯、祁升均死之。十一年，前署州王公翔据禀奏请议恤，奉旨照四品以下阵亡例，给云骑尉世职。与尹公建祠同祀，颜曰双忠祠，并扦拨王家湖荒绝地六十亩，为岁修香火之资。光绪六年，前知州孙公承弼禀请讷公附祀，易名三忠祠。又拨入养济院地七十亩。年久废弛。三十二年，权知州陈公必淮以祠田归入小学堂，经理岁修祀事，由学堂斋长[②]禀州承办，俾垂久远。

李公，讳绣春，兰州皋兰人。由行伍荐升花马池守备。同治七年，调署灵州营守备。是时，回贼充斥，数扰州城，而城内抚回马艾等又

① 嗾使：煽动指使人干坏事。

② 斋长：元代国子学中学舍的舍长。明代亦称国子监的班长为斋长，后沿用为塾师的敬称。

蠢蠢欲动。公与前后州牧尹公、钟公督率兵民同办城防，昼夜登陴[①]稽查弹压。八年八月，金积堡逆首马化漋嗾使马艾等内乱，事详尹公传。公知逆谋已急，与尹、钟公谋曰："非请湘军来援，城民必无生理。"公潜缒城而下，夺获贼马，驰至五里墩，被贼围裹。先是公为花马池守备，时贼数来扰，叠受惩创，至是争欲生致之，以献渠魁[②]。绐[③]之曰："降则不死。"公大骂，力斩数贼，贼益憾[④]之，群矛猬集，马伤堕地，争磔[⑤]其尸。当公之缒城也，人皆以公降贼。迨事平，而抚回言其当日捐躯惨烈情形，历历如绘。十一年，前署州王公翔谓："不咨于绅，不谋于友，独效申胥[⑥]之哭。其事未可使之轶而不传。"为作传以纪其事，并据禀请议恤，附祀尹、钟二公祠。旋蒙宁夏道批"守备李绣春临难不屈，久应表彰，候据情转详[⑦]核奏，以励末俗[⑧]而慰幽魂"等，因未奉覆准，州人惜之。

张公，讳维清，陕西华州人。以从九署灵州吏目。同治二年十月解任，未行，适回贼蚁附登城。公闻城陷，泣告母曰："城破身殉，分也，母年老，奈何？"母曰："儿为忠臣，吾独不能为忠臣？毋乎[⑨]顾张氏宗祀不可斩，天如锡福，延先人一线之祀，吾瞑目矣。"随呼仆携公之子匿他所。公冠带端坐以待。俄贼入，公持戟大骂，贼杀之。母杨氏、妻王氏同遇害，仆与子竟得免。同时不屈而死者：新任吏目孙公兆麟、

① 登陴（pí）：升登城上女墙，引申为守城。

② 渠魁：首领。旧指武装反抗集团或敌对者的首领。

③ 绐（dài）：欺骗，欺诈。

④ 憾：怨恨。

⑤ 磔（zhé）：裂也。

⑥ 申胥：指申包胥。春秋时楚国贵族，又称王孙包胥。楚君蚡冒的后代，申氏，名包胥，和伍子胥为知交。楚昭王十年，吴国用伍子胥计谋攻破楚国，他到秦国求救。在宫廷痛哭七天七夜，终使秦国发兵救楚。

⑦ 候据情：候情，察觉实情。转详：将案情呈报上级官府。

⑧ 末俗：末世的衰败习俗。

⑨ 毋乎：不要，不可以。

前知州和公塞布之子玉琨也。事闻，并议恤如例。

叶公，讳生莲，恩骑尉世职。署灵州营守备。同治二年，城陷阵亡。

张公，讳宝，宁夏人。镇标右营千总，署横城营都司。同治三年，在本汛阵亡。

李生美，署灵州营把总。同治二年，城陷，贼开东门，美持刀迎击，在月城阵亡。

万仓，本州人，灵州营经制，恩骑尉世职。同治二年，城陷，与贼迎击，力竭阵亡。

王振邦，灵州营外委[①]。同治三年，赴西路侦探，行至中卫县之长流水，遇贼，引刀自刎。

麻如陌，灵州营外委。同治二年，城陷阵亡。

邵顺德，本城人。充灵州营骑卒。同治二年，城陷，顺德守东门，持刀御贼，杀伤多人。未几，西、南、北三门皆陷，贼纷集，顺德只身无援，力竭殁于阵。

李绮，号词垣。原籍山西平定州人，前州牧李公之子，随侍任所，因家焉。道光戊子，公邀乡荐[②]，授陕西宜川县训导。致仕旋里，聚徒讲学，如张煦、张隽选皆出其门。同治二年，城陷，公率二子州庠生镜藻、镜苏与身俱焚。适回酋马化凤经过，掳令从降，公大骂不屈，遂与二子同遇害。

何种桂，道光乙酉[③]举人。同治二年，城陷，公端服北面再拜，扑火而死，妻杨氏并子皆死于火中。

冉光翔，乙酉拔贡。同治二年，城陷，在大街骂贼，不屈，为贼所杀。

---

①外委：清代武官名。初为额外委派，后成定制。外委千总，正八品；外委把总，正九品；额外外委，从九品。

②邀乡荐：邀，取得。乡荐，唐宋应试进士，由州县荐举。按：后世也称乡试中式为领乡荐。

③乙酉：原本作“乙卯”，清道光年间没有乙卯纪年，疑为乙酉，据此改。

张垣年，本城贡生。同治二年，城陷，偕弟延年手执利刃，与贼争战，寡不敌众，俱为贼害。

张纳，州廪生。同治二年，城陷，儒服从容，服毒而死。

高春梓，州庠生，居城外。同治元年，贼至，入其家，大骂不屈，为贼所害。

汤悟，贡生。同治二年，城陷，贼入其家，大骂不屈，被害。妻王氏、子芝苏皆服毒死。

戴熙，岁贡生[①]。同治二年，城陷，在街道大骂不绝，被贼所杀。母李氏、妻文氏并服毒死。

【译文】

忠

讷穆栋额，新疆驻防旗人。咸丰十一年（1861），担任灵州知州。同治元年（1862），张瑞珍接任知州，讷穆栋额因道路阻塞未能成行。先是陕西反叛者向西流窜，平远预望城把总马兆元乘乱起事，而金积堡马化漋响应，因为这个缘故灵州回民纷纷依顺回民军。这一年九月，马兆元等率众包围州城，讷穆栋额与张瑞珍协力防守州城，戒严四十余天。经宁夏道道员督率军队前来支援，城围始得化解。马化漋，是伊斯兰教中的阿訇，奸巧诈伪，兵来则降，兵去则叛，大略以此种办法愚人，而当权者也认为其为回民所信服，可以帮助镇压回民起事，对其也就没有深究。同治二年（1863）二月，讷穆栋额复任知州。十月，回民军又包围州城，城中回民为之做内应。二十五日夜间，州城遂陷落。讷公带领民众巷战，血溅征衣，在乱锋之下献出生命，眷属与家丁一同和他殉难。同治五年（1866），宁夏将军穆图善才率领军队前来收容安抚。事隔三年，讷穆栋额尸骸无从辨认。同治六年（1867），时

①岁贡生：明清时，每年或二年、三年从各府、州、县学中选送生员升入国子监就读的读书人。

任知州尹泗据此禀报奏明上司请求给予褒赠抚恤，因为传递公文的驿站差役中途被杀，没有得到覆核批准。光绪六年（1880），时任知州孙承弼又恳切向上奏请，并请求让讷穆栋额配享尹泗、钟兰二公祠，随即遵从旨意按照守御所千总的标准，给予抚恤银二百两，补书牌位，将其供奉祠堂，改祠堂为三忠祠，写下《重修三忠祠碑记》一文刊刻立碑。见“艺文志十六下”。

尹泗，云南昆明人。道光丁未（道光二十七年，1847）进士。同治五年（1866）三月，任灵州知州，勤政爱民。七年（1868）五月，辞去官职留办城防。先是同治二年（1863）州城陷落，后来同治五年（1866），经宁夏将军穆图善率领军队前来收容安抚，囫囵了事，因此回民首领马艾、周斌、王洪等仍占据城内。同治八年（1869）八月，马化潆因老湘大军进逼，煽动指使他们夺城以截断老湘军后路。当时湘军初来乍到，刘松山军门本来准备留下一支军队驻扎州城，因为担心留下军队恐怕引起已受招抚回民的疑虑，于是只留下二十名士兵驻扎在会馆，负责转运粮草。这个月初五日，马艾、周斌、王洪等围攻会馆，营兵矢尽力竭，同死于会馆之内。迄今墙壁上血迹犹存。尹泗与接任知州钟兰接到危急的消息，亲手杀掉数个敌人。知道大势已去，当即回到官署整理其衣饰望北叩头，与钟兰坐在大堂服毒同尽。自尹公守寡的母亲马氏，以及家属、丁仆、婢女十九人，没有一个幸存者。同治十一年（1872），时任代理知州王翔据此禀报奏明请求予以褒赠抚恤，尹泗与其弟候选从九品官尹溱均遵从旨意按照四品以下官员阵亡标准，给予云骑尉世职，并修建祠堂与钟兰共同祭祀，为之撰写文章刊刻立碑。见“艺文志十六下”。

钟兰，云南昆明人。道光辛卯（道光十一年，1831）举人。同治七年（1868）五月，暂代灵州知州。钟公考虑到回民军的气焰正盛，就留前任知州尹泗共同办理城防。早在同治二年（1863），州城曾经陷落。五年（1866），由于宁夏将军穆图善以招抚为能事，因此回族头领马艾、周斌、王洪等仍占据城内。八年（1869）八月，金积堡回民军首领马化漋煽动指使他们内乱，事件详见尹公传。这个月初五日，马艾、周斌、王洪等仓猝起事，钟公与尹公带领民众紧急抵御，亲手杀掉数个敌人。知道州城陷落无法挽救，即回到官署，整理衣冠望北叩头，与尹公坐在大堂服毒同尽。钟公长子钟尔规、亲戚赵登瀛、家丁孙凯、祁升均死难。十一年（1872），时任代理知州王翔据此禀报奏明请求予以褒赠抚恤，遵从旨意按照四品以下官员阵亡标准，给予云骑尉世职。修建祠堂与尹公一起祭祀，命名为双忠祠，并划拨王家湖荒绝地六十亩，作为每年整治祠堂、进行祭祀的资本。光绪六年（1880），时任知州孙承弼向上请求让讷穆栋额配享，改名为三忠祠。又拨入养济院土地七十亩。祠堂年久废弛。三十二年（1906），暂任知州陈必淮把祠田归入小学堂，经办三忠祠每年的整治、祭祀事宜，由学堂塾师禀报灵州官府承办，以使长久传流后世。

李绣春，兰州皋兰人。由行伍出身保荐升迁为花马池守备。同治七年（1868），调任灵州营守备。这时候，回民军充斥，多次侵扰州城，而城内已被招抚的回民马艾等又蠢蠢欲动。李绣春与前、后任知州尹泗、钟兰监督率领士兵、民众同办城防，昼夜登上城墙稽查镇压。八年（1869）八月，金积堡回民头领马化漋煽动指使马艾等内乱，事件详见尹公传。李绣春深知叛逆的军情已急如星火，与尹泗、钟兰商议说："不请湘军来援，城内民众必无生存的希望。"李公悄悄缒城而下，夺获回民军马匹，奔驰到五里墩，被回民军层层包围。在此之前李绣春担任花马池守备，当时回民军多次前来侵扰，屡屡受到惩戒，这时就争着要活捉他，以献给首领。欺骗他说："投降就不死。"李公大骂，力斩数人，回民军对他更加仇恨，像刺猬的硬刺般丛集的长矛一齐刺向他，李公马伤堕地，回民军争着分割其尸体。当初李公缒城而下的时候，人们都认为他投降了回民军。等到事件平息，而被招抚的回民说到他当日捐躯的惨烈情形，历历如绘。十一年（1872），时任代理知州王翔说："不和绅士商议，不和朋友谋划，唯独效法申包胥哭泣搬救兵。他的事迹不可让其散失而不流传。"专门为其作传以记载其事，并据此向上请求予以褒赠抚恤，配享尹泗、钟兰二公祠。随即承蒙宁夏道批复"守备李绣春临难不屈，久应表彰，掌握实情后将案情呈报上级官府核准，以改变颓废的世风而告慰幽魂"等，因为没有得到覆核批准，灵州民众深为可惜。

张维清，陕西华州人。以从九品官衔代理灵州吏目。同治二年（1863）十月解除职务，还没有动身返回原籍，正好碰上回民军蚁附登城。张公听闻州城陷落，悲痛地告诉母亲说："城破以身殉难，是我的本分，母亲您年纪大了，怎么办？"母亲说："儿子你为忠臣，难道唯独我不能为忠臣吗？只是张氏家族的祭祀不能不管不顾，上天如果赐福，延续先人一线血脉，我死也瞑目了。"随即叫来仆人带着张公的儿子藏匿到其它地方。张公端衣正冠端坐以待。不久回民军入，公持戟大骂，被回民军杀害。母亲杨氏、妻子王氏一同遇害，仆人与儿子竟然得以幸免。同时不屈而死的还有：新任吏目孙兆麟、前任知州和塞布的儿子玉琨。事情奏明后，一并按标准予以褒赠抚恤。

叶生莲，恩骑尉世职。代理灵州营守备。同治二年（1863），城陷阵亡。

张宝，宁夏人。镇标右营千总，代理横城营都司。同治三年（1864），在驻防地阵亡。

李生美，代理灵州营把总。同治二年（1863），城陷，回民军打开东门，李生美持刀迎击，在月城阵亡。

万仓，本州人，灵州营经制，恩骑尉世职。同治二年（1863），城陷，迎击回民军，力竭阵亡。

王振邦，灵州营外委。同治三年（1864），赴西路侦探敌情，行至中卫县长流水，遇到回民军，引刀自刎。

麻如陌，灵州营外委。同治二年（1863），城陷阵亡。

邵顺德，本城人。担任灵州营骑兵。同治二年（1863），城陷，邵顺德守卫东门，持刀抵御敌人，杀伤多人。没有多久，西、南、北三门皆陷落，敌人纷集，邵顺德只身无援，力竭死于阵地。

李绰，号词垣。原籍山西平定州人，前任知州李公之子，跟随侍奉父亲在任职的地方，因此就以灵州为家。道光戊子（道光八年，1828），李绰考取举人，授官陕西宜川县训导。后辞官回到家乡，聚徒讲学，如张煦、张隽选皆出自其门下。同治二年（1863），州城陷落，李绰和两个儿子州庠生李镜藻、李镜苏与身俱焚。当时刚巧回民军首领马化凤经过，抓获李绰命令其投降，李公大骂不屈，遂与两个儿子一同遇害。

何种桂，道光乙酉（道光五年，1825）举人。同治二年（1863），城陷，何种桂端衣正冠向北面再拜，扑火而死，妻子杨氏和儿子皆死于火中。

冉光翔，乙酉（道光五年，1825）拔贡。同治二年（1863），城陷，在街上大骂回民军，宁死不屈，被回民军杀害。

张垣年，本城贡生。同治二年（1863），城陷，和弟弟张延年手执利刃，与回民军争战，寡不敌众，都被回民军杀害。

张纳，州廪生。同治二年（1863），城陷，儒服从容，服毒而死。

高春梓，州庠生，居住在城外。同治元年（1862），回民军至，入其家，大骂不屈，被回民军杀害。

汤悟，贡生。同治二年（1863），城陷，回民军入其家，大骂不屈，被杀害。妻子王氏、儿子汤芝苏皆服毒而死。

戴熙，岁贡生。同治二年（1863），城陷，在街道大骂不绝，被回民军所杀。母亲李氏、妻子文氏一起服毒而死。

孝

冉光翔，道光乙酉拔贡。母早逝，事继母如生母，凡事禀承①，无

① 禀承：听命；承受指示、旨意。

敢自专[①]，出入必以告[②]，如是者二十余年，乡里贤之。

王永，东门农民。事母无忤色[③]，母殁，每朝必临墓拜奠羹汤[④]，虽风雨必至，如是者三年，乡里称之。

孙铎，附贡生[⑤]。秉性至孝，事亲无忤色。叔父建垣性极严厉，亦先意承志，虽盛怒之下，承顺[⑥]无怨言。尤友爱兄弟，一堂怡怡如也。州人咸敬羡之。

俞有，州农民。事父极孝，家道[⑦]甚寒，每获异味[⑧]，必以献。定省视问[⑨]，数十年如一日，时人以俞孝子呼之。

【译文】

孝

冉光翔，道光乙酉（道光五年，1825）拔贡。母亲早逝，侍奉继母如生母，凡大小事情皆听命于继母，不敢自作主张，出门、进门一定打招呼，如此这样二十余年，乡里人人称贤。

王永，东门农民。侍奉母亲没有怨怒之色，母亲逝世后，每天早晨必定到墓前用肉菜做成的羹汤祭奠，虽风雨必至，如此这样三年，同乡们都称赞他。

孙铎，副贡生。秉性至孝，侍奉长辈没有怨怒之色。叔父孙建垣

① 自专：自作主张，独断专行。

② 以告：告诉。

③ 忤色：怨怒之色。

④ 羹汤：用肉菜等做成的汤。

⑤ 附贡生：副贡生。清代科举取士，在乡试中备取的列入副榜，得入太学肄业，称为副贡。清梁章钜《称谓录·副榜》："《会典》：'乡试中式举人，副于正榜，曰副贡生。'"

⑥ 承顺：遵奉顺从。

⑦ 家道：家境。

⑧ 异味：难得的美味。

⑨ 定省视问：定省，子女早晚向亲长问安；视问，看望慰问，犹安抚。

性格极其严厉，也能随顺其心意去做，虽在盛怒之下，遵奉顺从也毫无怨言。尤其友爱兄弟，一家人和谐融洽。灵州人全都敬仰羡慕。

俞有，本州农民。侍奉父亲极为孝顺，其家境甚为贫寒，每次有美味的食物，一定送给父亲食用。早晚看望问安，数十年如一日，当时的人以俞孝子称呼他。

义

孙翰垣，字香齐，邑贡生。世居东郭，以书法名。仗义疏财，遇有地方应办公事，不惜重资①。尤友爱，八世同居，未尝诟谇②，乡党义之。

张国栋，邑监生。光绪五年，奉禁罂粟，不遗余力。愚民怨之，积愤而卒。州牧德公赠联云："直道开乡愚，谁知顽梗竟难化；公心布闾里，不辞劳瘁以归泉。"

孙树垣，本城人。捐从九职衔。光绪四、五、六年间，扑捕蝗蝻，勤劳自任，州牧孙公奖给"急公好义"四字扁额。

桂三级，邑武生。光绪四、五、六年间，扑捕蝗蝻，不辞劳瘁③，州牧孙公奖给"急公好义"四字扁额。

王玉清，回绅王鹏之子，家道殷实。光绪三十年，慨捐五百缗，以为建修秦渠龙王庙费。州牧廖公葆泰具详④督宪，奖给"急公好义"四字扁额。

许相，字荩臣，本城人，家道殷实。光绪三十年，慨捐五百缗，以为建修秦渠龙王庙费，州牧廖公葆泰具详督宪，奖给"急公好义"四字扁额。

---

①重资：重金，巨款。

②诟谇（gòu suì）：辱骂。

③劳瘁：辛苦劳累。

④具详：完全清楚。

许李氏，监生许裔俊之妻。早寡，明大义，事姑至先孝。光绪三十二年，诏天下设立学堂，州牧陈公必淮苦费无出，李氏闻之，与姑侯氏商曰："学校为一州造就人才之地，勷①成此举，亦美事也。"立命报效②千金。噫！古有女子亦解谈兵③，今有女子亦知兴学，巾帼中固大有人在哉！陈公详请奏奖④，奉旨给予"乐善好施"四字扁额，并建坊旌表，士林颂之。

【译文】

义

孙翰垣，字香齐，本州贡生。世代居住东门，以书法闻名。仗义疏财，遇有地方应办公事，不惜捐献重金。尤其友爱，八世同居，未尝发生口角，乡里十分赞赏他的仁义。

张国栋，本州监生。光绪五年（1879），奉命查禁罂粟，不遗余力。愚昧无知之人怨恨他，郁结愤怒而亡。知州德公赠送挽联云："直道开乡愚，谁知顽梗竟难化；公心布闾里，不辞劳瘁以归泉。"

孙树垣，本城人。捐从九品职衔。光绪四、五、六年（1878、1879、1880）三年间，扑捕蝗蝻，勤劳自任，知州孙承弼奖给"急公好义"四字牌匾。

桂三级，本州武生。光绪四、五、六年（1878、1879、1880）三年间，扑捕蝗蝻，不辞辛苦劳累，知州孙承弼奖给"急公好义"四字牌匾。

王玉清，回族绅士王鹏之子，家境殷实。光绪三十年（1904），慷慨捐献五百缗钱，作为修建秦渠龙王庙的费用。知州廖葆泰将详细情况上报陕甘总督，奖给"急公好义"四字牌匾。

① 勷（xiāng）：古同"襄"。助，辅助。

② 报效：旧指以财物奉献官府、上司。

③ 谈兵：议论军事。

④ 详请：上报请示。奏奖：报请皇帝或上司奖赏。

许相，字荩臣，本城人，家境殷实。光绪三十年（1904），慷慨捐献五百缗钱，作为修建秦渠龙王庙的费用，知州廖葆泰将详细情况上报陕甘总督，奖给“急公好义”四字牌匾。

许李氏，监生许裔俊之妻。早年守寡，深明大义，侍奉婆婆至孝。光绪三十二年（1906），皇帝诏令天下设立学堂，知州陈必淮为办学经费所苦，许李氏听闻这件事，与婆婆侯氏商量说：“学校是一州造就人才的场所，助成此举，也是一件美事。”婆婆侯氏立即让捐献千金。唉！古代也有女子懂得谈论用兵，今天也有女子知道兴办学校，巾帼中原本大有人在啊！知州陈必淮报请奖赏，遵从旨意给予“乐善好施”四字牌匾，并建坊表彰其功绩，知识界赞扬推重。

烈

程杨氏，前州牧程公敏达之妾。光绪二十七年，公在任病故，氏朝夕号泣，不进饮食，侍女守护之，日久倦怠，氏潜仰药①自尽。州人之焚香礼拜者，朝夕盈庭前。兼理州篆方公仰叹②，详请旌表，未奉覆准，州人惜之。

李郭氏，武生李芝之妻。芝早卒，氏矢志柏舟③，人无间言④。生子五：长鸣凤、次鸣鸾、又次鸣鹏、鸣鹦、鸣鹭，俱抚养成人。鸣鸾食饩⑤，鹦、鹭俱入庠⑥。学宪叶⑦奖给“女中有道”四字扁额。

吴鲍氏，军功吴琀之母也。早寡，性急烈，人不敢干一笑语。守

① 仰药：服毒药。

② 仰叹：赞叹仰慕。叹，原本作“欧”，据上下文意改。

③ 柏舟：指“柏舟之节”，也称“柏舟之誓”，指妇女丧夫后守节不嫁。

④ 间（xián）言：间通“闲”。作“闲言”之意。

⑤ 饩（xì）：指饩廪，公家按月供给的粮食等生活物资。

⑥ 入庠：明清时，儒生经考试取入府、州、县学为生员。

⑦ 叶：指时任甘肃学政叶昌炽。叶昌炽（1847—1917），清末苏州长洲人，字鞠裳。光绪进士，选庶吉士，授编修，迁国子监司业、翰林院侍讲。1902—1906年担任甘肃学政。学识渊博，著有《语石》《缘督庐日记》《藏书纪事诗》《滂喜斋藏书记》等书。

节三十余年，学宪叶奖给“节操冰霜”四字扁额。

李张氏，李保生之祖母也。早寡，矢志守节，抚养幼子，甫成而卒。又抚孤孙，针浣度日，志不少渝。卒年八十，已见曾元[①]，人皆以节烈之报为不爽[②]云。

兰徐氏，兰世莫之妻，附生瑶之母。世莫即世[③]，瑶亦旋亡，氏誓死靡他[④]，抚养孤孙增荣、增熙、增勋三人俱成立[⑤]，增荣入庠，增熙纳监[⑥]。学宪叶奖给“玉台炜管”四字扁额。

孙石榴，职员孙翰垣之女，附贡孙铎之姊。性贞静，工诗文。同治之乱，邑有廪生常恺者，素慕女才貌，降于贼，将劫诸室。女知势不能拒，随仰药作命诗二首，及劫者至，女已毙矣，时年十六岁。事与诗均采入《甘肃忠义录》。

邓张氏，邓文衡之妻，生员云槎之祖母也。同治二年，州城将陷，尽出余蓄，举以与夫，曰：“妾本女子，不能远行，君速携幼子潜逃，勿以妾为念。”遂与七龄弱息[⑦]闭门仰药自尽。

卢陈氏，贡生卢芳之母。守节三十余年。同治二年[⑧]，城陷，贼入宅抢掠，氏大骂不绝，遂被害。

张梁氏，吴忠堡张喜之妻。同治之乱，贼慕其色，缚诸马上，氏大骂不屈，数缚数跌，竟被贼杀，至死骂不绝口。

张高氏，张椿年之妻。椿年早死，父母怜其少，欲嫁之，氏誓死不二，守节三十九年，乡里咸称其贞操焉。

---

① 曾元：指隔两代的亲属，如曾孙、曾祖父等。
② 不爽：不差，没有差错。
③ 即世：去世。
④ 靡他：谓无二心。
⑤ 成立：成人自立。
⑥ 纳监：明清科举时代富家子弟纳资为监生。
⑦ 弱息：幼弱的子女。
⑧ 二年：原本作“元年”，据历史事实与上下文改。

徐俞氏，徐金龙之妻。金龙病故，守节四十年而卒，年八十五。

王李氏，王永之母。同治元年，夫殁于难，氏携幼子东西奔走，备尝辛苦，克复[1]归里。守节四十余年，卒年八十八。

姚穆氏，姚天顺之妻。令管带巡防步队提督衔、记名简放总兵姚炳义之祖母也。同治二年，城陷，氏誓不降贼，从夫天顺将住宅自燃火焚，扑火自尽。

姚陈氏，姚炳义之母。性贞静，事姑最孝。同治二年，城陷，氏痛翁姑之扑火，且恐贼至之污辱也，携小女从市铺房檐投井自尽，时年二十九岁。

张杨氏，张广绪之妻。早寡，守节四十余年，卒年八十五。

张刘氏，职员张延年之妻，孝廉照之母也。延年于同治二年城陷殉难。氏携子逃至山西汾州，事平旋里，备尝辛苦。守节四十余年，乡里钦仰之。

张原氏，邢部郎中张煦之伯母也。守节多年。同治城陷之时，骂贼不屈，被害。

王毕氏，举人王灯之媳。早寡守节。同治二年，城陷，骂贼不屈而死。

毛田氏，贡生毛怡之妻。早寡，守节六十余年。同治二年，城陷被害，人多哀之。

陆胡氏，职员陆煜之庶母[2]。守节多年。同治二年，城陷，骂贼不屈而死。

陆梁氏，陆象均之母。同治八年，城陷，惧受贼辱，携女端娥仰药同尽。

黄孙氏，贡生黄炤之妻。同治八年，城陷不愿从贼，率合家及婢仆十四口仰药同尽。

---

① 克复：用武力收复失地。

② 庶母：旧时嫡出的子女称父亲的妾为庶母。

邓陈氏，邓文法之妻，军功邓芝之母。同治二年，城陷，与弟妇张氏恐被贼污，仰药自尽。

孙徐氏，职员孙翰垣之妻，附贡铎之母也。同治城陷之时，恐为贼污，与弟妇王氏、刘氏及侄女雪姐，仰药同尽。

周张氏，周鸣来之妻。早寡，旋痛丧明[①]，遗孙三，氏均抚养成人。守节三十余年。学宪叶奖给“清河贞范”四字扁额。

【译文】

烈

程杨氏，前任知州程敏达之妾。光绪二十七年（1901），程敏达在任病故，程杨氏朝夕号泣，不进饮食，侍女看守保护，日子长了懈怠，程杨氏就暗中服毒自尽。州人前往焚香礼拜者，早晚挤满庭院门前。兼任代理知州方公赞叹仰慕，上报请示予以表彰，没有得到覆核批准，州人深为可惜。

李郭氏，武生李芝妻子。李芝早亡，李郭氏矢志守节不嫁，人们从无闲言碎语。有五个儿子：长子李鸣凤、次子李鸣鸾、三子李鸣鹏、四子李鸣鹦、五子李鸣鹭，都一一抚养成人。李鸣鸾享受公家按月供给的粮食等生活物资，李鸣鹦、李鸣鹭都考入官学为生员。甘肃学政叶昌炽奖给“女中有道”四字牌匾。

吴鲍氏，军功吴瑢母亲。早年守寡，性情急烈，人不敢和她开一句玩笑。守节三十余年，甘肃学政叶昌炽奖给“节操冰霜”四字牌匾。

李张氏，李保生祖母。早年寡居，矢志守节，抚养幼子，儿子刚成年就去世了。李张氏又接着抚养孤孙，依靠做针线和浣洗衣物度日，志节没有丝毫的改变。终年八十岁，已经见到曾孙，人们都认为节烈的回报没有差错。

兰徐氏，兰世莫妻子，副贡生兰瑶母亲。兰世莫去世，兰瑶不久

① 丧明：眼睛失明。

也亡故，兰徐氏誓死无二心，抚养孤孙兰增荣、兰增熙、兰增勋三人都成人自立，兰增荣考入官学为生员，兰增熙纳资为监生。甘肃学政叶昌炽奖给“玉台炜管”四字牌匾。

孙石榴，职员孙翰垣女儿，副贡生孙铎姐姐。节操贞纯，情性淑静，工诗善文。同治之乱，本州有廪生常恺，向来仰慕孙石榴才貌，投降了回民军，要到家里来抢夺她。孙石榴自知无法抗拒，随即服下毒药并作绝命诗两首，当劫掠者到来时，孙石榴已经离世，时年十六岁。其事迹与绝命诗均采入《甘肃忠义录》一书。

邓张氏，邓文衡妻子，生员邓云槎祖母。同治二年（1863），州城即将陷落，邓张氏拿出节余的积蓄，交给丈夫，说：“我身为女子，不能远行，你快快带着幼子潜逃，不要牵挂我。”遂与七岁幼弱的女儿闭门服毒自尽。

卢陈氏，贡生卢芳母亲。守节三十余年。同治二年（1863），州城陷落，回民军入宅抢掠，卢陈氏大骂不绝，遂被杀害。

张梁氏，吴忠堡张喜妻子。同治之乱，回民军有人贪慕其美色，把她捆绑在马上[，意图抢走]。张梁氏大骂不屈，一次次捆绑，张梁氏就一次次挣脱跌落马下，最终被杀害，至死骂不绝口。

张高氏，张椿年妻子。张椿年早死，父母怜惜其年纪轻，准备让其改嫁，张高氏誓死不二，守节三十九年，乡里都称赞其坚贞的节操。

徐俞氏，徐金龙妻子。徐金龙病故后，守节四十年逝世，享寿八十五岁。

王李氏，王永母亲。同治元年（1862），丈夫死于灾祸，王李氏携带幼子东奔西走，备尝辛苦，武力收复灵州后回到家乡。守节四十余年，终年八十八岁。

姚穆氏，姚天顺妻子。令管带巡防步队提督衔、记名简放总兵姚炳义祖母。同治二年（1863），城陷，姚穆氏誓不投降回民军，随从丈夫姚天顺将住宅点燃火焚，投火自尽。

姚陈氏，姚炳义母亲。节操贞纯，情性淑静，侍奉婆婆最为孝顺。同治二年（1863），州城陷落，姚陈氏痛惜公婆投火自尽，还担心受到回民军的污辱，携带小女儿从市铺房檐投井自尽，时年二十九岁。

张杨氏，张广绪妻子。早年守寡，守节四十余年，终年八十五岁。

张刘氏，职员张延年妻子，举人张照母亲。张延年于同治二年（1863）城陷殉难。张刘氏携带儿子逃至山西汾州，事件平息后回到家乡，备尝辛苦。守节四十余年，乡里对她十分钦仰。

张原氏，刑部郎中张煦伯母。守节多年。同治年间州城陷落之时，大骂回民军不屈，被杀害。

王毕氏，举人王灯儿媳。早寡守节。同治二年（1863），城陷，大骂回民军不屈而死。

毛田氏，贡生毛怡妻子。早年守寡，守节六十余年。同治二年（1863），城陷被害，人多为其哀伤。

陆胡氏，职员陆煜庶母。守节多年。同治二年（1863），州城陷落，大骂回民军不屈而死。

陆梁氏，陆象均母亲。同治八年（1869），州城第二次陷落，担心受回民军侮辱，携带女儿端娥一起服毒自尽。

黄孙氏，贡生黄炤妻子。同治八年（1869），城陷不愿随顺回民军，带领全家及婢女、仆人十四口人服毒同尽。

邓陈氏，邓文法妻子，军功邓芝母亲。同治二年（1863），州城陷落，与弟媳妇张氏担忧被回民军侮辱，服毒自尽。

孙徐氏，职员孙翰垣妻子，副贡生孙铎母亲。同治年间城陷之时，担忧被回民军侮辱，与弟媳妇王氏、刘氏及侄女雪姐，服毒同尽。

周张氏，周鸣来妻子。早年守寡，不久因痛苦而眼睛失明，有三个遗留下的孙儿，周张氏均抚养成人。守节三十余年。甘肃学政叶昌炽奖给“清河贞范”四字牌匾。

艺文志第十六下

吕祖[1]庙碑记 监生 罗森

且自混沌辟而天地分，仙道固无闻矣。迨真君李祖暨钟离辈迭出[2]，道教始阐扬[3]于世焉。然钟离以天心为心，以度人[4]为念，非功深力到者弗遇，非纤翳不存[5]者弗遇，非风生虎啸[6]、火发龙飞[7]者弗遇。迄唐贞元间，有崇儒吕姓讳岩，道号洞宾者，春秋四襄[8]，志取功名。一旦遇而心契[9]黄粱一梦，事事了然，遂弃功名，宗道诀亵[10]。然依依黄冠野服[11]之风，静室修心，灵山养道，炉攒八卦，鼎备三才[12]，而登

① 吕祖：指吕岩，字洞宾，道号纯阳子，自称回道人，河东蒲州河中府（今山西芮城永乐镇）人，一说为唐京兆府（今陕西长安）人，曾以进士授县令。相传其遇郑火龙真人传剑术，遇钟离权真人传丹法，道成之后，普度众生，世间多有传说，被尊为剑祖剑仙。道教主流全真派祖师，八仙之一。

② 真君：道教神仙体系中地位较高者。真君即真宰。李祖：指道家李聃。钟离：指钟离权。唐朝咸阳人。号合谷子，一号真阳子，又号云房先生。传道入崆峒山，后仙去。与吕洞宾同时。尝自称天下都散汉钟离权，见《宣和书谱》。又称汉钟离。迭出：一次又一次出现。

③ 阐扬：阐明并发扬。

④ 度人：教导别人觉悟。

⑤ 纤翳（yì）不存：没有私心杂念。纤翳，微小的障蔽；事物的障碍。这里引申为内心的障碍。

⑥ 风生虎啸：比喻英雄人物顺应时代潮流而出现，并且产生极大的影响。

⑦ 火发龙飞：比喻帝王或圣人兴起。

⑧ 四襄：同“四象”，指春、夏、秋、冬四时。

⑨ 心契：心中领会，心中向往。

⑩ 宗道：宗法的原则。诀亵（xiù）：诀别华美的服饰。亵，服饰华贵美丽的样子。

⑪ 黄冠野服：粗劣的衣着。指草野高逸，也借指平民百姓。

⑫ 三才：天、地、人。《易·说卦》：“是以立天之道，曰阴与阳；立地之道，曰柔与刚；立人之道，曰仁与义。兼三才而两之，故《易》六画而成卦。”

仙界矣。无论霞朋云友[①]，水色山光，即其驾青鸾，跨黄鹤，携琴佩剑，而仙风道骨，巍然睹闻[②]。若夫岳阳三醉[③]，果耶？否耶？抑道之玄妙也耶？

矧[④]道之感化，后人班班可考。古灵城隍庙旧有蒲庵，道人黄冲觉修行所也。冲觉化而去矣，遗址尚存。众道徒邓时会等远宗圣教，企慕玄机[⑤]，群而议曰："吾辈欲明心见性[⑥]，胡不与祖师相对？越此基，宜建殿宇，朝夕焚修，求见本来面目[⑦]。"佥曰："然。"于是，同心喜施，募财鸠工，不三月告成，岂非神助欤？上栋下宇[⑧]，美轮美奂，金碧辉煌，俨然祖师在位也，岂徒象貌已哉？远迩士民，敬信崇祀，虔诚焚诵[⑨]，以衍道真[⑩]于不坠云。

【译文】

吕祖庙碑记　监生　罗森

自混沌开辟而天地划分，仙道固然没有听闻。等到太上老君李聃到钟离权等人一次又一次出现，道教才在人世间阐明并发扬。然而钟离权以天地之心为心，以自觉度人为念，不是功深力到者不能与之遇合，不是毫无私心杂念者不能与之遇合，不是风生虎啸的英雄、火发龙飞的圣人不能与之遇合。等到唐朝贞元（785—805）年间，有位尊

① 霞朋云友：与云霞为朋友。谓避世隐居。

② 睹闻：谓亲见亲闻。

③ 岳阳三醉：传说吕洞宾曾三过岳阳，题诗于岳阳楼上。后常用为歌咏吕洞宾的典故。

④ 矧：文言连词，况且。

⑤ 企慕玄机：企慕，仰慕；玄机，道家、佛家称奥妙的道理。

⑥ 明心见性：佛教语，指摒弃世俗一切杂念，彻悟因杂念而迷失了的本性。

⑦ 本来面目：原为佛家语，指人的本性。后多比喻事物原来的模样。

⑧ 上栋下宇：指宫室的基本结构形式。

⑨ 焚诵：焚香诵经。原本作"俸诵"，据上下文意改。

⑩ 衍道真：衍，延长、开展；道真，谓道德、学问的真谛。

崇儒家的读书人名叫吕岩，道号洞宾，一年四季，［刻苦攻读］，立志获取功名。一旦与神仙遇合而心中领会［人世间的功名利禄、荣华富贵］终究是黄粱一梦，事事了然于心，于是就放弃对功名的追逐，诀别华美的服饰一心向道。然而依稀可见其黄冠野服的高风亮节，在静室修心，在灵山养道，在八卦炉炼丹，天地人鼎力配合，而最终登上仙界。不要说其与云霞为友，还是置身于水色山光，就是其驾青鸾，跨黄鹤，携琴佩剑，而仙风道骨，高大雄伟的形象就像亲见亲闻。至于他岳阳三醉的故事，是真的？还是假的？或者就是仙道的玄妙所在呢？

况且道教的感化，源流始末清清楚楚，可以考证。古灵州城隍庙旧有草庵，是道人黄冲觉修行的场所。黄冲觉飞升成仙而去后，遗址尚存。邓时会等一众道教徒信奉圣教由来已久，仰慕奥妙的道理，聚在一起商量说：“我们想要摒弃世俗一切杂念，彻悟因杂念而迷失了的本性，为什么不与祖师面对面？扩大这个遗存的基址，应该修建一座雄伟的宫殿建筑，这样就可以在这里早晚焚香修行，求见人的本性。”都说：“好。”于是，众人同心，乐善好施，募集金钱聚集工匠，不到三个月吕祖庙就告完工，这样的速度岂不是有神灵相助吗？吕祖庙上栋下宇，美轮美奂，金碧辉煌，吕祖师俨然供在神位，岂止仅仅为他塑像画貌而已？为的是让远近的绅士和民众，尊重崇信奉祀，虔诚焚香诵经，以延续道教的真谛，不要让其流失。

忠义碑记　失名

万历壬辰岁二月中旬，宁夏降胡哱拜、戍卒刘东旸等煽乱，戕杀[1]抚、道，据城以叛，遂谋取灵州，以通关陕，大肆猖獗。一岁人情汹汹[2]，各怀反侧[3]，城危如累卵。

---

①戕（qiāng）杀：残杀。

②人情汹汹：形容人心动荡不安。

③反侧：身体翻来覆去。形容睡卧不安。

生员苏汇等首倡忠义，誓众[①]死守，军民始有固志[②]。贼计既不克，遂复厚遣北虏匈引内侵，相为犄角，亦赖生等劝谕[③]主兵者遏之河上，使不敢浮水东驰，生灵悉免锋刃。卒之[④]灵州安，则夏州之势孤，贼坐是困灭。书生料敌，追踪往哲[⑤]。事平，直指使者[⑥]至，甄[⑦]其勋劳，命勒诸石而表扬之，庶有闻风而兴起者。则诸生之功，将遍寰宇、垂来祀[⑧]矣。其旌扬奖语[⑨]名次，则序之如左：

为表扬忠义以励士风事，窃照[⑩]“宁贼荡平命下核功行赏”，查得生员苏汇等矢心协力，或守城，或御虏，倡率[⑪]能固众志，城堡始终保全，内免强寇之侵，外免骄虏之扰，均于王事[⑫]有裨，相应勒名[⑬]旌表。即将单开生员一十五人，勒名贞珉[⑭]，竖于明伦堂[⑮]。仍备一筵，盛张鼓吹导引，以励忠义仍行。提学道知会优奖[⑯]，镌勒于石，永垂不朽云。

生员：苏汇、金佩、李枝、吕筒、卢养正、赵鹊、彭克达、孙学优、周继武、周士奇、王之民、张应律、张枢、江万水、王笃泰。

---

① 誓众：誓师，告诫众人。

② 固志：指稳定的情绪，坚定的主张。

③ 劝谕：劝勉晓谕。

④ 卒之：终于。

⑤ 追踪往哲：追踪，追随、效法；往哲，前贤、先哲。

⑥ 直指使者：汉武帝时朝廷设置的专管巡视、处理各地政事的官员。又称绣衣直指或直指绣衣使者。

⑦ 甄（zhēn）：鉴别；审察。

⑧ 垂来祀：德泽流传后代久远。

⑨ 旌扬奖语：旌扬，表扬；奖语，奖励。

⑩ 窃照：衙门知道，我或我们知道。明清时公文术语。窃是本衙门或本官员的自谦。照是动词，表示查明、明白。按照明清公文规范，提及常识时用窃维，提及常例时用窃照，提及生例时用窃查。

⑪ 倡率：率先从事；引导。

⑫ 王事：特指朝聘、会盟、征伐等王朝大事。

⑬ 相应：旧时公文用语，应该。勒名：刻石记功。

⑭ 贞珉（mín）：碑石的美称。

⑮ 明伦堂：旧时孔庙的大殿。

⑯ 提学道：官名。明清设置，每省一人，掌本省学政。知会：通知。优奖：优厚的褒奖。

【译文】

忠义碑记 失名

万历壬辰年（万历二十年，1592）二月中旬，宁夏招降的蒙古将领哱拜、防守的士兵刘东旸等煽动作乱，残杀巡抚、道员，占据城池叛乱，准备谋取灵州，以打通关陕通道，毫无顾忌地凶残放肆。这一年灵州人心动荡不安，睡卧不宁，灵州城危如累卵。

生员苏汇等最先倡导忠义，告诫众人死守，这时军队和民众才有坚定的主张。敌贼的计谋既然没有得逞，就又派人带着厚礼勾结北边的蒙古部落向内侵略，企图与自己构成掎角之势，也依赖苏汇等生员劝勉晓谕带兵的将领把敌人阻截在河上，使其不敢渡过黄河向东进兵，百姓全都避免了战火的戕害。终于灵州得以保全，则使夏州敌人势力孤单，敌贼由于这个原因困守而灭亡。书生判断敌情，追随、效法前贤先哲。事件平定后，直指使者到来，审察苏汇等人的勋劳，指令将他们的事迹镌刻在石碑上予以表扬，希望有人响应、效法他们。这些生员的功勋，将要传遍寰宇、德泽流传后代久远。其表扬奖励名次，依次排列在左边：

为表扬忠义以激励良好的士大夫风尚，本衙门知道在“宁贼荡平命下核功行赏”案内，查得生员苏汇等人齐心合力，有的守城，有的抵御敌虏，首先倡导坚定众人的信心，城堡自始至终得以保全，对内免除强大敌寇的侵略，对外避免骄横胡虏的扰乱，对于王朝大事均有裨益，应该刻石记功加以表彰。即将生员名单十五人，刻在碑石上，竖立在孔庙的大殿。按照旧例预备一桌酒席，大肆宣扬引导，以激励忠义之士不断出现。提学道通知予以优厚的褒奖，将他们的功业镌刻在石碑上，永垂不朽。

生员名单：苏汇、金佩、李枝、吕筒、卢养正、赵鹊、彭克达、孙学优、周继武、周士奇、王之民、张应律、张枢、江万水、王笃泰。

关帝庙碑记

庙之设，莫稽其所昉①。岁乙酉②，大兵围城四十余旬，危急存亡只争俄顷，缘庙壁靠城，不获已③而毁之，以救燃眉。尔际当事者方致叹于御侮之惟艰，凛凛抱釜鱼幕燕④之忧。卒之，亿万生灵得以保全无恙，虽河山巩固，人心止齐，非神灵之呵护，不致此。

灵武，朔方要区，于东南为咽喉，于西为襟带，于北为户牖，往往变生叵测，赖于神灵之保障，尤实匪浅鲜⑤。矧我关圣帝君，明代敕封三界伏魔，神威远镇，非仅福善祸淫⑥已也。烽息烟净之后，过其墟者，未尝不凭而吊⑦曰："睹兹败壁颓垣，安忍寒烟蔓草而不亟为之缔造也？"

山西商贾各发愿念⑧捐资重建，遂于是岁孟秋鸠工兴作。凡一切木植砖瓦等项，悉皆从新置买。且以前狭小之规模而便恢廓之⑨，增其未有，全其未备，工程浩大。合城乡绅、士、庶，随心量施，共成圣事。若大殿，若西廊，若舞庭，若道舍⑩，以逮⑪塑像妆新⑫，烨然⑬改观。牵

① 昉（fǎng）：曙光初现。引申为开始。

② 乙酉：明末清初之交，战火频仍，故当断定此年为清顺治二年，即1645年。

③ 不获已：不得已。

④ 釜鱼幕燕：釜中之鱼，筑窠在帷幕上的燕子。比喻处境极不安全。

⑤ 浅鲜：微薄，轻微。

⑥ 福善祸淫：指行善的得福，作恶的受祸。

⑦ 凭而吊：凭今吊古。凭吊今日所存古迹，追忆往昔，对现今状况有所感怀。

⑧ 发愿念：佛家语。发下宏大的普世心愿。后指表明心愿或愿望，起誓。

⑨ 且以前狭小之规模：原本作"且狭小以前之规模"，语序错置，据意改。恢廓：宽宏，博大。

⑩ 道舍：道士的居住之处。

⑪ 逮：达到，及。

⑫ 妆新：原意为新婚服饰和床上用品。这里引申为给神像装饰。原本中"妆""新"之间多一个"重"字，疑为衍文，删去。

⑬ 烨（yè）然：光彩鲜明貌。

牲荐豆[1]者，往来如缕。令人人入庙思敬，缘像作福[2]，是又功德无量也。故勒诸石以为之志。

【译文】

关帝庙碑记

灵州关帝庙，没有办法稽考其始建年代。清顺治二年（1645）岁次乙酉，大兵围城四百多天，危急存亡只在一时间，因为关帝庙墙壁靠近城墙，不得已拆毁了［用作防守州城的材料］，以救燃眉之急。当时身当其事的人还感叹抵抗外来欺侮的艰难，内心凛凛抱着釜鱼幕燕的忧惧。最终，亿万生灵得以保全无恙，虽然河山巩固，人心一致，如果没有神灵的呵护，不会有这样的结果。

灵武，是朔方的要区，对于东南方向来说为咽喉，对于正西方向来说为襟带，对于正北方向来说为户牖，往往发生不可预测的重大事变，都有赖于神灵的护佑，［而免危为安，］这种事例尤其不少见。况且我关圣帝君，在明代被敕封为三界伏魔大帝，神威远镇，并非仅仅让行善的得福、作恶的受祸而已。战火平息之后，凡是路过关帝庙废墟的人，没有不凭今吊古叹息说："目睹这样的败壁颓垣，怎么能够忍心让其湮没在寒烟蔓草之中，而不急切地重新修建？"

山西商人各发愿念希望捐资重建，就于这一年农历七月聚集工匠开始动工。大凡一切木料、砖瓦等建筑材料，全都重新购置。并且扩大了以前狭小的规模，增添以前没有的内容，补全以前没有的设备，工程浩大。全灵州城乡官绅、读书人、平民百姓，随心捐助，共成圣事。如大殿，如西廊，如舞庭，如道舍，都与重塑装饰后的关帝神像一一相配，光彩鲜明，蔚然改观。牵着牛、羊、猪进献祭品的人，络绎不绝。人人入庙顿生敬重，同时因为关公的缘由，让人们都愿多做善事而获

① 牵牲荐豆：牵牲，即牲牵，指牛、羊、猪，因可牵行，故称；荐豆，进献祭品。

② 作福：谓做善事而获福祉。

得福报，这又是一件功德无量的大事。因此把修建关帝庙这件事刻在石碑上记载下来。

重修城隍寝宫碑记　岁贡　李孕英

五岳以视三公[①]，四渎[②]以视诸侯，此古制也；郡城隍视公，州与县城隍视侯伯，卫所城隍则视州县，此前太祖封神制也。城隍之神为一方土主[③]，御灾捍患，福善祸淫，与岳渎之威灵常存于天地之间，而终古[④]莫之或易，实非寻常淫祠[⑤]可与并论者。

我灵武城隍庙，自明神宗朝建立，至今百余年所[⑥]。大殿以前，人人共见，间有凋残[⑦]葺修者，连渎不乏，惟寝宫人迹罕至，独倾圮难堪。宫内合会[⑧]李洁、汪若汉等，发心[⑨]重葺，募化[⑩]合郡善信以及诸匠役，为之塑神像、建献殿，而是月功成。

是役也，自会首而外，独身[⑪]任其事，而出力最多若安石供桌、大碑、卧碑、雌雄二狮，株于山、运至庙，费出于己而不受工价，则汪若海、赵用中等尽为捐助；其铁器等项，则铁工尽为捐助；修殿宇、安宅门、补承尘[⑫]、造窗格，而木工捐助者亦半；妆严[⑬]神像、彩画

① 视：比照。三公：周以太师、太傅、太保为三公，汉以丞相、大司马、御史大夫为三公。

② 四渎：江、淮、河、济皆独流入海，故名四渎。《尔雅·释水》："江、淮、河、济为四渎。四渎者，发源注海者也。"

③ 土主：泥塑的神像。这里指本地的神灵。

④ 终古：自古以来，往昔。

⑤ 淫祠：滥建的祠庙，不在祀典的祠庙。

⑥ 年所：年数。

⑦ 间有：或有、偶有。凋残：零落衰败。

⑧ 合会：聚集，聚会。

⑨ 发心：特指萌动善心。

⑩ 募化：化缘。指佛、道徒求人施舍财物。

⑪ 独身：只身一人。

⑫ 承尘：天花板。

⑬ 妆严：装束，打扮。

栋梁，而丹青[①]各献其长。至若余工：土瓦、墁砖、修墙、平地，泥水匠役亦各捐施不等。而就中总其成者，则有始终不怠之会首李洁急力完工之，唐有相同心劝赞[②]之，周祥经理收掌[③]之，孙弘起朝夕化募、捐资协助之。众会友故费力不多，而成功甚速，所谓“众轻易举”[④]者是也。

自今上辛巳[⑤]春兴工，至癸未五月落成，虽官府、士农、商贾、兵民以及老叟、弱息，各随心喜舍[⑥]，量力布施，要以首事[⑦]诸人为善不倦，秉公无私，乃获不三年而告厥成功，宜胪列[⑧]其名，详悉其事，而为之记。

【译文】

重修城隍寝宫碑记 岁贡 李孕英

东岳泰山、南岳衡山、西岳华山、北岳恒山、中岳嵩山这五岳视作太师、太傅、太保三公，长江、黄河、淮河、济河这四渎视作诸侯，这是古代定下的规矩；郡、府城隍视作公爵，州与县城隍视作侯爵、伯爵，卫所城隍则视作州、县官，这是前朝明太祖朱元璋定下的封神制度。城隍之神作为一方神灵，控制灾害，抵御祸患，让行善的人得福、作恶的人受祸，与五岳四渎的威灵常存于天地之间，而自古以来没有

---

① 丹青：画师。

② 劝赞：宣扬，劝导。

③ 收掌：收存掌管。

④ 众轻易举：同“众擎易举”。许多人一齐用力，容易把东西举起来。比喻大家同心协力就容易把事情办成。

⑤ 辛巳：自明万历之后，在二百年的时间内，只有 1641 年、1701 年、1761 年、1821 年分别为辛巳年，因文中提到“我灵武城隍庙，自明神宗朝建立，至今百余年所”，所以断定施工的时间为 1761 年，即乾隆二十六年。

⑥ 喜舍：行善施舍。

⑦ 首事：谓为首主持其事。

⑧ 胪列：罗列，列举。

人可以改变，确实不是平常滥建的祠庙可以与之相提并论。

我灵武城隍庙，自明神宗（1573—1620）时代建立，至今有一百多年的年数了。大殿前面的面貌，人人共见，偶有零落衰败就予以维修，中间有很多次，只有寝宫人迹罕至，倒塌严重让人无法忍受。城隍庙协会的李洁、汪若汉等人，萌动善心要重新维修，向全灵州的善男信女以及各种匠役化缘，要为城隍塑神像、建献殿，就在这个月大功告成。

这个维修工程，除了会长以外，只身一人担负一个方面工作，而出力最多比如安置石供桌、大碑、卧碑、雌雄二狮，从山中开采、又运送到城隍庙，费用全部自理而不接受工价，是汪若海、赵用中等人竭尽全力捐助；其中铁器等项目，由铁工竭尽全力捐助；维修殿宇、安装宅门、补装承尘、修造窗格的花费，木工的捐助也占了一半；装束神像、彩画栋梁，画师们各献其长。至于其余的工序：如土瓦、墁砖、修墙、平地等，泥水匠等匠人也各捐施不一。而居中调度总其成者，则有坚持不懈的会长李洁让工程疾力完工，唐有相同心宣扬，周祥经营收存掌管，孙弘起早晚化缘、捐资协助。众会友因此费力不多，而成功甚为快捷，这就是所谓“众擎易举”的道理。

自当今圣上辛巳年（乾隆二十六年，1761）春开工重修城隍寝宫，至癸未年（乾隆二十八年，1763）五月落成，虽然官府、士农、商贾、兵民以及老人、孩童，各随心行善施舍，量力捐助，主要还是靠为首主持其事诸人为善不倦，秉公无私，用了不到三年时间就大功告成，应该罗列其姓名，把这件事详细记载下来，故此写下这篇文章。

精忠庙碑记 举人 张松年 撰

精忠庙者，宋少保枢密副使武昌公岳武穆①庙也。公事宋，早有显名。当南渡之时，父子戮力，将士倾心②，提兵捍御③，所向无前。使

① 岳武穆：岳飞，谥号武穆。

② 倾心：尽心，竭尽诚心。

③ 捍御：保卫，防御。

内无权奸擅国①，将金虏不足平，中原必恢复。夫何颁师②诏下，冤狱构成，至令尽忠报国之臣卒于无辜，悲哉！虽然，武穆何尝卒乎？卒武穆者又何尝晏然于地下乎？百世之后流芳遗臭，盖有昭昭不爽者。

今天下以公为人伦之表，率名教纲常③，作庙立像，伸其瞻拜④。吾灵僻在偏偶，庙貌阙如⑤。嘉庆丁丑，邑绅士贺君邦直起心⑥创建，约同邑士民联结状元助神会。道光辛巳，于州城北购基焉，贺君又慨然捐施，宋桷欂栌⑦，多取诸其室，而督工选料，殊少老成练达之人。癸未，贺君侄纬自粤宦归，知国学安君如磐，能办工，相与量度经营。殿宇楼榭、陪廊道院，无不结构庄严，磨砻密致⑧。武穆端冕正位⑨，将校执锐披坚，环座而立，见者不敢仰视。彼误国谗佞铸金像形⑩，虽妇人小子，皆得易而侮之。其贤不肖，何如也？乃甲午，工方告竣，而大门戏楼旋灾，储项不支，众苦无措。贺君子缤毅然继起，偕武庠张君登第并朱君绍闽，复联助神会，与安君并力重建。又捐吴忠堡典当市房一处，以供香火。盖是庙之成，贺氏之力居多，而终始其事者，安君与有功焉。

今年工程告备，众嘱为记，以详颠末⑪。呜呼！一庙之兴，前后十余年始克完成，盖地小财乏，成功若斯之难也！后之君子，无坠前型⑫，倘有残缺，及时修葺。则为之前者有美既彰，为之后者无盛不传

① 擅国：独揽国政。
② 颁师：军队出征归来。
③ 率：遵循。名教纲常：名教，以正名分为中心的封建礼教；纲常，三纲五常。
④ 伸：舒展开。瞻拜：瞻仰参拜。
⑤ 庙貌阙如：庙貌，指庙宇及神像；阙如，空缺、缺失。
⑥ 起心：产生某种念头。
⑦ 宋桷欂栌（máng jué bó lú）：宋，房屋的正梁；桷，方形的椽子；欂栌，斗拱，即立柱上承托大梁的方木。
⑧ 磨砻：磨治。密致：周密细致，紧密。结构坚实致密。
⑨ 端冕：玄衣和大冠。古代帝王、贵族的礼服。正位：谓主其位。
⑩ 像形：与某事物形状相似。
⑪ 颠末：本末。
⑫ 型：样式。

焉，岂不休哉①！

【译文】

精忠庙碑记 举人 张松年 撰

精忠庙，就是宋少保枢密副使武昌公岳武穆庙。岳公奉事于宋朝，早年就有显扬的名声。当南渡之时，父子同心戮力，将士竭尽诚心，率领军队防御敌人，所向无前。假使内无权奸独揽国政，那么将会出现金国敌虏不难于平定，中原一定恢复的局面。为何班师的诏书颁布，就冤狱构成，致使尽忠报国之臣死于无辜，悲哀啊！虽然如此，但岳武穆何尝死了呢？杀害岳武穆者又何尝能在九泉之下安宁呢？百世之后流芳遗臭，大概天理昭昭，善有善报、恶有恶报，不会有什么差错。

当今天下以岳公为人伦的表率，遵循名教纲常的人们，纷纷为其修庙立像，方便瞻仰参拜。我们灵州地处偏僻，庙宇及神像缺失。嘉庆丁丑（嘉庆二十二年，1817），本州绅士贺邦直萌发念头修建庙宇，与同州绅士和民众相约联结状元助神会。道光辛巳（道光元年，1821），在州城北面购置地基，贺邦直又慷慨捐献施舍，正梁、椽子、斗拱，多取之于其家，而监工选料，缺乏老成练达之人。癸未（道光三年，1823），贺邦直的侄子贺纬从广东宦游而归，知道国子监学生安如磐，能办理建筑工程，就与其一起审度筹划。殿宇楼榭、陪廊道院，无不结构庄重肃穆，坚实致密。岳武穆身着玄衣和大冠主其位，将校手执武器，身披铠甲，环绕而立，见者不敢仰视。那些误国谗佞小人也被按其相貌铸成金属跪像，虽妇人小男孩，都可很容易对其进行侮辱。其贤良之人与不肖相比，如何呢？不料到甲午（道光十四年，1834），精忠庙工程方才告竣，而大门戏楼随即发生火灾，积存的钱物不能支撑重建，众人为无法置办所苦。贺邦直的儿子贺缤毅然承接这副重担，与武庠生张登第和朱绍闽，再次联结助神会，与安如磐合力

① 休哉：美哉。

重建。又捐出吴忠堡典当门面房一处，以保障精忠庙的香火费用。总的来说修建这座庙，贺氏家族出力最多，而自始至终主持其事，安如磐也有很大的功劳。

今年工程完备，众人嘱托我写篇后记，把修建精忠庙的前后经过情形记载下来。唉！修建这座庙，前后经过十余年才完成，大概是因为地小缺钱，成功才会如此之难！但愿后来的君子，不要丢失这座庙宇的样式，倘若有残缺，就及时修补。这样一来，前人兴建精忠庙的功劳既得以彰显，后人维修精忠庙的辛劳，也能凭借这座庙宇的传承得以流传，岂不美哉！

文光会敬惜字纸[①]碑记 举人 李绮

今夫人有日饱食而不知菽粟之珍者乎？日暖衣而不知布帛之贵者乎？何日读书而不知字之当敬惜耶！忘其所自始矣。夫上古结绳而治，后世圣人易之以书契[②]，使天下无文字，万古如长夜矣。则夫文字之在天壤，殆不啻[③]若布帛、菽粟之不可一日而无也，惜之诚是也。然而贤者惜之，愚者不惜。夫愚者不惜，不知惜也；而世之贤且智者，又往往博虚名[④]而无实际，惜犹不惜也。然则[⑤]当如之何？

灵邑旧无文光会，自道光辛卯贺君述祖与张君松年、尹君煃、季君映奇、文君绍先、马君顺德，首倡是举。其时规模初创，张君诸公先各捐钱七串，以制造焚贮器具，而贺君特捐资三百串文[⑥]，存协盛永记营运生息，募人收买。爰[⑦]于殿之西偏建焚字炉，每值朔望[⑧]，监视

①字纸：有字而弃之不用的纸。
②书契：指文字。《尚书·序》："始画八卦，造书契。"
③殆：大概，几乎。不啻（chì）：不止，不只。
④博虚名：获取虚假的好名声。
⑤然则：用在句子开头，表示既然这样，那么……
⑥文：量词，指旧时小铜钱。
⑦爰（yuán）：于是。
⑧朔望：农历每月的初一和十五，即朔日和望日。

焚化，投其灰于河，迄今十已有二年。积利为本，又添足四百串整。而同社诸人渐次凋谢，张君松年慨人事之日非，恐后来之难继，爰勒碑记事，以昭示来兹①，后之人踵而行之②。即不修德望报③而作善降祥④之说，亦或有其理，况乎为我辈分内事也。苟视为具文，略不郑重爱惜，而一切无益之物，斤斤宝贵，则是惜其所不当惜，而不惜其所当惜。有识者必慨然惜之矣！

【译文】

文光会敬惜字纸碑记 举人 李绂

当今的人有每天吃饱饭而不知道菽粟珍贵的吗？每天穿暖衣而不知道布帛贵重的吗？为何每天读书而不知道文字应当敬惜呢！［这是因为］忘记了文字的由来。上古社会结绳而治，后世圣人以文字代替，假使天下没有文字，万古如长夜。所以文字在天地之间，几乎像布帛、菽粟一样，不能一天没有，对其敬惜是应该的。然而贤良的人敬惜文字，愚昧的人不敬惜。愚昧的人不敬惜文字，是因为不知道应该敬惜；而世上贤良且智慧的人，又往往为获取虚假的好名声而无实际行动，表面敬惜文字实际上仍然没有敬惜。既然这样，那么应该怎么办呢？

灵州原来没有文光会，自道光辛卯（道光十一年，1831）贺述祖与张松年、尹烽、季映奇、文绍先、马顺德等君子，首先倡议联结文光会。其时规模初创，张松年诸公先各捐钱七串，用以制造焚烧、贮藏字纸的器具，而贺述祖专门捐资三百串钱文，在协盛永记商号储存营运赚取利息，雇人收买字纸。于是在大殿偏西的位置修建焚字炉，农历每月的初一和十五，监视焚化字纸，将纸灰投入河中，持续到目

① 昭示来兹：昭示，明白地表示或宣布；来兹，泛指今后。

② 踵而行之：仿照实行。

③ 修德望报：修德，修养德行；望报，期望得到报答。

④ 作善降祥：旧指平日行善，可获吉祥。

前已经十二年了。后来把赚取的利息作为本钱，又把这笔经费添足到四百串整。[随着时间推移，]文光会同社诸人逐渐凋谢，张松年感慨人事日非，恐怕后来难以为继，于是刻碑记事，明白地昭告今后，让后来者仿照实行。即使不相信修养德行，期望得到报答；平日行善，可以获得吉祥的说辞，也有其道理，何况这是我辈分内的事情。如果视为一具空文，一点儿也不郑重爱惜，而对一切无益之物，则斤斤宝贵，就是珍惜其所不应当珍惜，而不珍惜其所应当珍惜。有识者对此一定会感慨万端而为之叹息！

捐修三门外道路碑记 拔贡 易生兰

盖以立德、立功并垂不朽之事，考之往古，证之来今①，或有镌贞珉而著旗常②者，要③皆以一事之奇，一行之杰，而使当时后世历久不忘，以为之表暴④焉。

我灵武，边邑也。地界黄河，路多水泽⑤，而城池之壕堑，尤为下湿⑥。道光十九年，州城南门外，数被潮水浸润，往来行人多以陷溺为忧。时有本城绅士贺念之先生，嗟其行道之苦，慨然以⑦修途为己任，捐金募化，登筑芟夷⑧。自北而南迤逦数十里，有荡平⑨之观矣。越数岁，至道光二十四年，有先生之堂叔掖堂先生者，念南郊之如砥⑩，悯东北

①来今：从今往后。

②著旗常：功勋显赫。著，即绩著；旗常，旗画交龙，常画日月，是王侯的旗帜，借指王侯。

③要：要点，纲要。

④表暴：表襮，炫耀。

⑤水泽：指遍布河湖沼泽的地区。

⑥下湿：谓地势低而潮湿。

⑦以：原本脱此字，据意补。

⑧登筑芟夷：登，立刻；筑，修筑；芟夷，铲除、削平。这里引申为修筑道路。

⑨荡平：平坦。

⑩砥：磨刀石。引申为平直、平坦。

之成渠，踵起而修治之。而勇于为义，急于赴功[①]，自行捐金，不须募化，乃于三月上旬鸠工，晨夕劳心。协其成者，有北门外绅士党中廉、刘建杰，农官[②]刘倬、李寅、杨德萱等，同时修筑。时经四旬，计费百金，厥功成焉。由东而西，人不劳跋涉之步；自南而北，马不惜锦幛[③]之泥。数十里中，未闻有隔断虹桥[④]者矣。

嗟乎！乐施济众，自古为难。若掖堂先生者，叔侄济美[⑤]，至德兆[⑥]于一门；先后同心，厥功树于周道[⑦]。此何如事业哉！以示[⑧]古今创业之奇、致行之杰、镌贞而著旗常者，又何多让乎？工峻之日，邑之人不欲掩先生之善也，爰叙其始末，以勒于石，以使当时后世历久为之不忘云尔。是为记。

【译文】

捐修三门外道路碑记　拔贡　易生兰

总的来说立德、立功是并垂不朽的事业，推究往古，验证来今，有的人功绩卓著，姓名镌刻在石碑上，要旨都在于因为一件奇伟的事件，一个杰出的行为，而使当时后世历久不忘，以之对其进行表扬。

我灵武，是一座边城。以黄河作为分界线，路途多河湖沼泽，而城池的护城河，地势低下尤其潮湿。道光十九年（1839），州城南门外，多次被潮水浸润，往来行人多因为被水淹没而忧虑。时有本城绅士贺念之先生，嗟叹行人行路的苦处，慷慨以修路为己任，自己捐出钱财，同时向各界化缘，立即开始修筑道路。新修的道路自北而南延伸数十

① 赴功：建立功业，出力。
② 农官：古代主管农事的官吏。
③ 不惜：用不着；不顾惜。锦障：遮蔽风尘或视线的锦制行幕。
④ 虹桥：拱曲如虹的长桥。
⑤ 济美：在前人基础上发扬光大。
⑥ 至德：最高的道德，盛德。兆：预示，显现。
⑦ 周道：大道，官路。
⑧ 示：表明。

里，一片平坦的景象。过了几年，到道光二十四年（1844），贺念之先生的堂叔贺掖堂先生，惦记州城南郊的道路已经平坦如砥，哀怜东北地势低洼，积水之多几乎要成渠水，于是仿照贺念之先生也开始修整道路。他勇于做正义的事情，急于建功立业，自己主动捐献钱财，不用化缘集资，就于三月上旬聚集工匠开工筑路，早晚为此劳心费神。帮助他推动这项工程者，有北门外绅士党中廉、刘建杰，主管农事的官员刘倬、李寅、杨德萱等人，一起同时修筑。经过四十天，共计花费上百金，成就了他的功业。自此以后，由东而西，人不用付出跋山涉水的辛劳；自南而北，马用不着担心锦幛沾上泥巴。数十里中，没有听闻道路有阻隔而不相通的情况。

唉！乐善好施，救助众人，自古为难。如贺掖堂先生，叔侄济美，盛德显现在一家；先后同心，功业建立于大道。这是怎样的事业啊！以其与古往今来创业的奇才、行为的豪杰、建立功勋而镌刻在石碑上的人相比，又哪里会差呢？道路工程竣工的时候，灵州人不愿遮掩先生的善举，于是记叙下这件事的来龙去脉以及缘由，镌刻在石碑上，以使当时后世历久不要忘记。这就是我写的后记。

创修灵文书院碑记 知州 孙承弼 撰

甚矣书院者，风化之本。而万物之理、世道治乱之原，一以贯之者也。兰山建书院，各书院之本立①。自兵燹②废，士皆外本内末③，不务实学。而左相国④捐廉，因之镌五经⑤颁州县，继《吕子节

①本立：根基树立。

②兵燹（xiǎn）：因战乱而造成的焚烧破坏等灾害。

③外本内末：指以德为外，以财为内。

④左相国：指左宗棠。清代湖南湘阴人，字季高，道光举人。咸丰十年（1860），以四品京堂统军与太平军作战，转战浙江、福建等省。同治五年（1866），调陕甘总督，进攻捻军。后又率军镇压陕甘回军，定天山南北路。累官总督，拜东阁大学士，封恪靖侯，卒谥文襄。所谓相国，清代专指任大学士者，故此称左宗棠为左相国。

⑤五经：指《诗》《书》《易》《礼》《春秋》五部儒家经典。

钞》[1]，俾知身体力行。而书院兴，士风变。噫，如相国诚得治之本舆！士束发就傅[2]，咸各读经，然或视为科举之资，其能本身实践者，盖鲜矣，岂国家求贤士之意哉？

余解高平之灵，有客言曰："灵武，古盐州也，地限大河，有喉唇襟带之势，其间伟人杰士代不乏也，如汉、唐傅氏、何进，宋、明周美、周镛及国朝孟之珪、谢王宠诸公类，皆焜古耀今[3]。近虽风会殊[4]，而蕴真抱独[5]之士，或可得一二舆。"余闻而心焉数之[6]。暨抵灵，触目荒凉，大非昔比，且城内房屋，半遭回炬。询士人多新进，少老成。月余，州试应考不过十余人，间有二、三完卷者，余皆糊涂。不禁怅然曰："异乎！吾所闻，抑何远不如古之甚也？嗟乎！人材不振，因学校不兴；学校不兴，由书院不立。官斯土者，不务本而末，治者否矣。"

书院者，修身之本也；修身者，国家之本也。子舆氏[7]视天下之本在国，国之本在家，家之本在身，非虚语也。因商于颜海洲主政[8]，并集绅耆[9]议立书院。然前钟灵废而奎文继之，奎文书院亦遭毒焰。前署州牧王鹤卿刺史，有新垦荒田五百余亩，禀归书院，准未举办。兼有奎文铺房三十间，贼未焚，查明注册。更于同好中倡捐有数[10]，交商

① 吕子节钞：又名《吕子节录》，清陈宏谋编，为明代吕坤《呻吟语》的节本。

② 束发：将头发束起来；成童的年龄。就傅：从师。

③ 焜（kūn）古耀今：显耀于古代，闪烁于当世。焜，明亮。

④ 风会：风气，时尚。殊：不同，特别。

⑤ 蕴真抱独：蕴独。怀藏抱负。

⑥ 心焉数之：记住并反复琢磨。数，计算、辨别。引自《诗经·小雅·巧言》："往来行言，心焉数之。"

⑦ 子舆氏：指孟子。孟子，名轲，字子舆。战国时著名思想家、政治家、教育家。其言行被编为《孟子》一书。

⑧ 主政：官名。旧时各部主事的别称。

⑨ 绅耆：旧称地方上的绅士和年老有声望的人。

⑩ 有数：数目不多。

生息，统作山长束脩①及书院要需②。立定章，列款目③，垂远而振士气。奖资，余捐廉也。颜之曰灵文书院，欲灵佑斯文化野。为文之意，即钟灵、奎文之意也。

入此院者，或禀天地秀灵，或读古今至文。研经史，察物理④，能于平时所诵习者反求诸己⑤，身体之，力行之，就硕师哲友讲明切究之，无浮、无怠、无躐等⑥，朝夕孜孜不已。学以兴人材、以振风俗，亦因之以厚处⑦为纯儒，出为名臣；即以其绪余见诸文章，亦皆根理道系，治忽⑧灿然，垂世立教⑨，消患未萌，几乎⑩古人之言。庶无愧相国镌书之意，亦稍慰牧者之深心也。

本之不可已也。如是夫故曰书院者，风化之本。而万物之理、世道治乱之原，一以贯之者也。除条款列后，遂援笔略为之记。

【译文】

创修灵文书院碑记　知州　孙承弼　撰

书院的功能实在是太强大了，是风俗教化的根本。而通达万物之理、探求世道治理混乱的缘由，始终贯穿在书院教育之中。甘肃省会建立兰山书院后，树立了各书院的根基。自从［同治年间］因战乱而造成焚烧破坏，书院荒废，读书人皆以德为外，以财为内，不脚踏实

---

①束脩：指致送教师的酬金。脩，干肉。

②要需：急需，需要。

③款目：条目。

④物理：“格物致理”四字的简称，即考察事物的形态和变化，总结研究他们的规律。

⑤反求诸己：指反过来追究自己，从自己方面找原因。

⑥躐（liè）等：谓不循次序，越级而进。

⑦厚处：立身敦厚。出自老子《道德经·三十八章》：“是以大丈夫处其厚，不居其薄；处其实，不居其华。故去彼取此。”

⑧治忽：亦作“治曶”，治理与怠忽。一说“忽”读为“滑”，意为“乱”。“治忽”即“治乱”。

⑨垂世立教：垂世，流传后世；立教，树立教化，进行教导。

⑩几乎：接近。

地的追求实学。因此，左宗棠相国捐出俸禄，镌刻《诗》《书》《易》《礼》《春秋》五部儒家经典颁发州县，继而又镌刻《吕子节钞》，使读书人都知道身体力行的道理。而书院复兴后，读书人的风气为之一变。噫，如左相国这样的人确实是掌握了世道治理的根本啊！读书人束起头发从师学习，都在学习研究儒家经典，然而有人将此视为科举的资本，其能［理论结合实际］，身体力行者，大概很少，这岂是国家征求志行高洁、才能杰出之士的本意？

我解任高平的职务到灵州上任，有客人对我说："灵武，就是古代的盐州，受大河限隔，有喉唇襟带的地势，这里伟人杰士代不乏人，如汉朝、唐朝的傅氏家族、何进等人，宋朝、明朝的周美、周镛以及本朝的孟之珪、谢王宠各位人士，都显耀于古代，闪烁于当世。近来虽然风气不同，而怀藏抱负之士，或可找得到一两个人。"我记住这话并在心里反复琢磨。及至到达灵州，满目荒凉，大非昔比，而且城内房屋，一半遭回民军烧毁。问及读书人多属少年新进，很少有老练成熟者。一个多月后，参加州试应考的不过十余人，中间有两三个能答完试卷，其余的都是一塌糊涂。我不禁惆怅地说："奇怪啊！我所闻见的人和事，为什么与古代如此遥远呢？唉！人才不繁盛，是因为学校没有兴起；学校没有兴起，是由于书院没有建立。在这片土地任职的官员，如果没有务本而只是求末，要想取得治理的长效是不可能的。"

书院，是陶冶身心，涵养德性的根本；陶冶身心，涵养德性，是国家的根本。孟子认为天下的基础是国家，国家的基础是家庭，家庭的基础是个人，这不是一句空话。因此与颜海洲主事商量，并召集地方上的绅士和年老有声望的人商议建立书院。然而因为灵州旧有钟灵书院，废弃后虽然又续建了奎文书院，但奎文书院后来也惨遭毒焰的吞噬［，所以必须重新购置房产用作书院的院舍］。前任代理知州王鹤卿刺史，掌握有新垦荒田五百余亩，我禀告请求划归书院，已经批准尚未办理手续。奎文书院同时拥有商铺三十间，未被回民军焚毁，查明后也注册登记在新书院名下。再在有相同志趣爱好的人中募集数量不多的经费，交给商人经营赚取利息，统一用来支出院长的报酬及书院各项急需。订立书院章程，罗列条目，以使书院远垂不朽而提振读书人的士气。奖金，出自我捐出的俸禄。为书院题匾为灵文书院，意为保佑灵州以文化改变人心风俗。从文字的意蕴来说，和钟灵、奎文是同样的意思。

能进入此书院深造的生员，有的聚合天地灵秀之气，有的饱读古今最好的文章。他们认真研读经史，深入考察事物的形态和变化，总结研究它们的规律，能将平时所学与实际结合，遇到问题先从自己方面找原因，亲身实践，竭力而行，追随大师和智慧的学友，讲明深究学问，不浮躁、不懈怠、循序渐进，早晚不肯停息。办学是为了繁盛人才、提振风俗教化，生员也因为立身敦厚而成为纯粹的儒者，出山即为有名的贤臣；就是将其绪余见之于文章，也都植根于儒家仁、义、礼、智、信的伦理准则，治乱的成效灿然，树立教化，流传后世，消除祸患于未形成以前，接近古人所阐述的理论。但愿无愧于相国镌刻书籍的深意，也稍稍宽慰知州的一片深心。

世间的根本不可以罢止。既然这样，所以说书院是风俗教化的根本。而通达万物之理、探求世道治理、混乱的缘由，始终贯穿在书院教育之中。除了将书院条款列在后面，就执笔略为之写了后记。

重修精忠庙碑①记 监生 孙翰垣

岳庙创自嘉庆五年②间，有邑功德主③贺君邦直诚心起建，约邑绅

① 碑：原本作“牌”，据灵武市档案馆藏 1959 年抄本《灵州志·艺文志第十六下·重修精忠庙碑记》改。

② 嘉庆五年：据本卷张松年《精忠庙碑记》记载，灵州岳庙的始建年代为嘉庆丁丑，即嘉庆二十二年(1817)，不知孰是。但从后文“至道光甲午，前后十余年来，始告厥成”则显有矛盾。

③ 功德主：佛教中称进行布施的人。

安君如磐、孙君登科、张君登第等，前后联状元助会六次，集资创建。至道光甲午，前后十余年来，始告厥成。殿宇墙榭、陪廊道院，无不结构庄严。供奉岳武穆王尊像，将校执锐披坚，环座而立，凡瞻拜者，无敢仰视。彼误宋奸谗像形铸铁，庸人孺子皆得易而侮之以为快。其忠奸之相去何如也？

不忆①同治元年，逆回猖乱，所在②迁器毁庙，惟岳庙未经折毁③，而殿宇、门楣、陪廊均存。邑人每叹遭此蹂躏，地僻民稀，何时方能兴及斯庙。癸酉夏，谭冠英军门④于监建忠壮祠之暇，谒入斯庙，慨然曰："岳公当宋南渡之时，提兵捍御，父子戮力，所向无前，一意恢复中原。若内无奸权矫诏班师，金虏何难平、中原何难复乎？不图⑤志未立，而怨已成；计未从，而父子受刑。此千古之大恨，忠臣义士所尤扼腕而不平者也。"军门于是慨然捐资。董其事者，徐馥堂协戎，受军门之命，庀材鸠工，共费银一千两有余。适以军事倥偬，赴调贺兰，即告邑绅孙翰垣等续修。数月，知州事王协亭⑥太守出廉资，并委员陈于冈诸公以蒇⑦其事。今工告竣，特为之记，以详颠末。

呜乎，先武穆而致忠⑧者，非斯无以显之；后武穆而致忠者，非斯无以效之。即今之殉难捐躯者，闻武穆之风，莫不兴起⑨也。斯庙

① 不忆：不去回忆、不想回忆、不愿回忆。

② 所在：到处。

③ 折毁：拆毁。

④ 谭冠英：指谭拔萃。谭拔萃（？—1884），字冠英。银田寺人。幼贫朴，习骑射，投湘军刘松山营当兵勇。同治十年（1871），署宁夏镇总兵。光绪元年（1875），率西征军随刘锦棠入新疆。廉洁自律，善待部下，累建功勋。光绪十年(1884)，因积劳成疾，卒于军中。清廷以记名提督加赏一等轻车都尉，战功宣付史馆。军门：清代对提督或总兵加提督衔者的尊称。

⑤ 不图：不料。

⑥ 王协亭：指王镇墉，字协亭，湖南湘乡人。同治十二年（1873），知州事。

⑦ 蒇（chǎn）：完成，解决。

⑧ 致忠：尽忠。

⑨ 兴起：因感动而奋起。

复兴，乃谭冠英军门之功德并捐资善信[1]，书列于左。尚望后之仁人君子，遇有破坏，即时修葺，无坠前贤。是为序。

【译文】

重修精忠庙碑记　监生　孙翰垣

岳庙创建自嘉庆五年（1800）间，有本州功德主贺邦直诚心建造，约同本州绅士安如磐、孙登科、张登第等人，前后发起联结状元助神会六次，集资创建。至道光甲午（道光十四年，1834），前后十余年来，工程才告完工。殿宇墙榭、陪廊道院，无不结构庄严。供奉的岳武穆王尊像，将校执锐披坚，环绕岳武穆坐像而立，凡是前来瞻拜的人，没有人敢于仰视。那些误宋的奸谗小人也被按其相貌铸成铁质跪像，凡夫、小孩子都能毫不费力对其侮辱而以此为快事。忠臣与奸贼相比如何呢？

不愿回忆同治元年（1862），回民军起事肆意妄为，到处迁除器物、拆除破坏庙宇，唯有岳庙未经拆毁，而宫殿、门框上部的横梁、陪廊均还存在。灵州人每每叹息遭受此番蹂躏，地处偏僻，居民稀少，不知何时方能修复这座庙。癸酉（同治十二年，1873）夏天，谭冠英军门在监督修建刘忠壮公祠堂的闲暇，进入精忠庙拜谒，感慨地说："岳公当宋南渡之时，率领军队防御敌人，父子同心戮力，所向无敌，一意恢复中原。假若内无权奸矫诏班师，平定金国敌虏有什么困难、恢复中原有什么困难？不料壮志未酬，而怨谤已成；大计没有听从，而父子受刑。这是千古大恨，忠臣义士尤其为之扼腕而不平。"军门于是慷慨捐出钱财重修精忠庙。具体监督管理此事者，是徐馥堂协戎，他受谭冠英军门指派，备齐建筑材料，聚集工匠，共花费白银一千两有余。恰好因为军务紧迫，徐馥堂协戎赴调贺兰，即请求本州绅士孙翰

① 功德：功能福德。善信：谓对佛法虔诚信仰。

垣等人接续修复。数月后，知州王镇墉（字协亭）太守捐出自己的俸禄，并委派陈于冈诸公一起努力完成这项工程。现在工程告竣，专门为此写篇后记，以细说其前后经过情形。

唉，在武穆之前而尽忠者，没有精忠庙就无以彰显其忠；在武穆之后而尽忠者，没有精忠庙就无以效法其忠。即如当今殉难捐躯者，也是闻听武穆的风采，无不因感动而奋起。这座庙能够复兴，乃是谭冠英军门以及捐资善信的功德，名单书列在后面。还希望后来的仁人君子，遇有精忠庙破坏，立刻修理，不要湮没亡失前代贤人的一片苦心。就以此作为序文。

重修三忠祠碑记 知州 孙承弼

灵州，古之盐州，地属朔方。承平著称巨邑，士庶蕃富[①]甲于一郡。土饶物厚，水利兴焉。同治元年，陕回作乱，窜入境内，煽惑本地土回马化漋等倡首[②]为患。二年十月，州城不守，讷公木敦阿[③]力战身亡，全家同遭残戮。五年收抚[④]，尹公泗莅任[⑤]。八年，钟公兰奉委[⑥]接署。时值回逆复叛，尹公卸篆[⑦]，又以忠君报国为怀，与之后任钟公相交守护，誓死同心。不期民力平薄，失陷州城，尹、钟二公立时被戮，全家男妇大小同时均以身殉。

呜乎！三公忠勇，合属死亡，允宜[⑧]俎豆千秋，以彰忠荩[⑨]。十一年间，蒙左相国荡平，王公鹤卿来守州篆。查明尹、钟二公殉难缘由，

①蕃富：繁息富庶。蕃，生息、繁殖。

②倡首：领先；提倡。

③讷木敦阿：甘图本《灵州志·忠孝义烈志第十五》卷三作“讷穆敦额”。

④收抚：收容安抚。

⑤莅任：官吏上任。

⑥奉委：接受委任。

⑦卸篆：卸印。谓辞去官职。

⑧允宜：合宜。

⑨忠荩（jìn）：犹忠诚。

具详请奏，仰沐皇仁①，获邀旷典②，为之建祠，设立尹、钟二公牌位，以便按时致祭③。

今于光绪五年，重莅斯邑，惟念④尹、钟二公祠宇将倾，忠魂犹在，特为捐廉，并拨公款钱六十缗补修祠宇，俾壮观瞻⑤。且以祠内必须拨田作为香火祭祀之费，方足以慰忠灵。查养济院，经予禀请，按名给粮，同沐圣朝雨露，其原拨之田计七十亩，是以改拨尹、钟二公祠。内给种收租，由书院斋长等轮流经管，以杜侵吞。

再查讷公系于同治二年死于回叛，曾经尹公具详请奏，允邀盛典。王公鹤卿时因兵燹，无案可稽，予令详请⑥抄发原案，忠义昭彰，应与尹、钟二公并列同祀。予为补书讷公牌位，供奉入祠，合之尹、钟二公，因名曰三忠祠。从此享祀，千载馨香。虽然冥路难凭⑦，同是忠魂允在，因以为序，永垂不朽。

【译文】

重修三忠祠碑记 知州 孙承弼

灵州，即为古代盐州，归属朔方管辖。天下承平时以大城著称，百姓繁息富庶甲于一府。土地肥沃物产丰厚，水利兴盛。同治元年（1862），陕西回民作乱，窜入灵州境内，煽惑本地回民马化漋等带头为患。同治二年（1863）十月，州城不守，知州讷木敦阿力战身亡，全家同遭残杀。同治五年（1866）收容安抚，尹泗上任知州。同治八年（1869），钟兰接受委任接手代理知州。时值回民军再次反叛，尹泗

① 皇仁：皇帝的仁德。

② 旷典：谓稀有难逢的盛大典礼；前所未有的典制。旷，空绝。

③ 致祭：前往祭祀。

④ 惟念：思念；考虑。

⑤ 观瞻：具体的景象和景象给人的印象；外观和对外观发生的反应。

⑥ 详请：向上请示。

⑦ 难凭：不可凭信。

已经辞去官职，又以忠君报国为怀，与他的后任钟兰交叉守护城池，誓死同心。不料民力薄弱，州城又一次失陷，尹泗、钟兰二公立时被杀戮，全家男人、妇女、老幼同时以身殉难。

唉！三公忠勇，合家大小死亡，合宜千秋享受祭祀，以表彰其忠诚。同治十一年（1872）间，承蒙左宗棠相国扫荡平定，王鹤卿来此担任知州。查明尹泗、钟兰二公殉难缘由，备文上奏，[请求予以褒恤，]仰沐皇帝的仁德，邀准前所未有的典制，为其修建专祠纪念，设立尹泗、钟兰二公牌位，以便按时进行祭祀。

我于光绪五年（1879），重到此地担任知州，考虑到尹泗、钟兰二公祠堂将要倾塌，忠魂犹在，特此捐出自己的俸禄，并拨公款六十缗补修祠堂，使其更加庄严肃穆，给人留下深刻印象。并且祠堂内必须拨给田产作为香火祭祀之费，方足以告慰忠灵。查验养济院，经我向上请求，按供养的鳏寡孤独人头分配粮食，同沐圣朝恩泽，原来划拨养济院田产共计七十亩，因此改拨尹泗、钟兰二公祠堂。给租户提供种子收取租金，由书院塾师等轮流经管，以杜绝侵吞。

再次查验讷木敦阿系于同治二年（1863）死于回民军叛乱，知州尹泗曾经备文上奏，[请求予以褒恤，]希望允邀前所未有的典制。王鹤卿知州当时因战乱而造成的焚烧破坏等灾难，没有案卷可供稽考，我指令抄发最初的案卷上报请示，其事迹忠义昭彰，应该与尹泗、钟兰二公并列共同享受祭祀。我为讷木敦阿补书牌位，放入祠堂供奉，与尹泗、钟兰二公合在一起，因此将祠堂命名为三忠祠。他们从此享受祭祀，千载德化远播。虽然冥路不可完全凭信，同是忠魂真实存在，因而以此为序，永垂不朽。

刘忠壮公[1]祠堂记 长沙 徐树铭[2]

咸、同间，以节相[3]荡寇。东南数行省繄维湘乡毅勇曾侯[4]肇建谋策；继荡涤百越[5]，北遏奔寇，靖西域数万里，终始兵事，猗维湘阴枢相[6]恪靖左侯。奋义与曾侯犄角定吴会，从左侯遏奔寇，定秦陇、西夏，不及与定西域，以义烈死，则维湘乡侯相邑人忠壮刘公其人。

吁嗟悲乎！其亡也，年三十有八，所转战八、九行省，往还万数千里，获捷百数十，下郡邑十有七，轹[7]坚垒五十，犁盗巢穴九十，斩馘贼数万，输降十七万众。当是时，英雄奋薄，所向无坚城，豪敌追蹑[8]，劲疾[9]或出其前，或突其后，或蹶其左，或薄其右，詟刘氏军，殆如小儿闻万福威名矣。朝廷倚为干城心膂[10]，所恃佐翼指为谲[11]回、准诸部[12]

① 刘忠壮公：指刘松山。刘松山（1833—1870），字寿卿，湖南湘乡人，晚清湘军将领。以功擢升千总、守备、肃州镇总兵、广东陆路提督。赐黄马褂，予三等轻车都尉世职。后在宁夏金积堡与回民军作战中阵亡，加一等轻车都尉，并世职为二等子爵。

② 徐树铭：字寿衡，湖南长沙人。道光二十七年（1847）进士，选庶吉士，授编修，官终于工部尚书。幼颖异，曾问学于何桂珍、曾国藩等，生平无私蓄，惟嗜钟鼎、书画，藏数十万卷。

③ 节相：持节的相国。清代尊称内阁大学士一级的官员为相国。

④ 曾侯：指曾国藩。湖南湘乡人，字涤生，号伯涵。道光十八年（1838）进士，后入礼部、兵部任侍郎。太平天国军兴，在湖南办团练，后扩编为湘军，成为镇压太平军的主力，最终攻陷天京（南京）。后任两江总督并节制浙苏皖赣四省军务，卒谥文正。

⑤ 百越：古代越族居住在江、浙、闽、粤各地，各部落各有名称，而通称百越。

⑥ 枢相：清代对官至大学士军机大臣的尊称。

⑦ 轹（lì）：车轮碾轧。

⑧ 追蹑：跟踪追寻。

⑨ 劲疾：迅捷而有力。

⑩ 干城心膂（lǚ）：干城，盾牌和城墙，比喻捍卫者；心膂，犹言股肱。心、膂都是人体重要器官，比喻亲信得力的人。

⑪ 所恃：可以依仗的。佐翼：翼佐，辅佐。谲：诡诈。原本作“潏”（水涌出貌），据上下文意改。

⑫ 准诸部：准格尔诸部。这里泛指新疆境内阿古柏、金相印、白彦虎等集团。

逋寇①。灵州一隅之地②，其险阻不能越太行孟门③；其寇麕聚④，不必铜头铁额大枪尤来⑤也；回众智略，不敌穰苴、孙膑也。且其时贼堡若吴忠、金积之属既荡决之矣。破浪之聚、石庄之援⑥，若迅风急雷，拉折枯朽，卷黄落⑦然。然而一矢石⑧之微，上将遂賈曜⑨于关云塞雾间，岂非天哉？闻公将死，嗔目历群将："灭此而后食。"既死，戈马之声殷殷⑩，如怒霆如潮，又或声呜呜，闻主将帐中异之。吁哉悲乎，忠毅魂魄不死，其然乎？其不然乎？

京师昭忠祠，国朝死事⑪诸臣神爽⑫所凭也。天子特诏祀公于其祠，与曾文正以往诸大臣之灵魄陟降庭庑⑬，岁时致祭享焉。而灵州父老、部曲子弟哀攀寤思⑭，即公受命⑮之乡、藁葬⑯之墟，凿楹构堂，刲⑰羊

① 逋（bū）寇：逃寇，流寇。

② 一隅之地：形容地域狭小。隅，角落。

③ 孟门：古山名。在陕西宜川东北，山西吉县西。绵亘黄河两岸。

④ 麕（qún）聚：群集，聚集。麕，通"群"。成群。

⑤ 必：必定，必然，一定。尤来：指尤来军。西汉新莽末年琅邪（治今山东诸城）人樊崇在莒县发动农民起义，曾以尤来山（即徂徕山）为根据地，号尤来军。所部发展至十余万人，称赤眉军，后被刘秀镇压。

⑥ 破浪：即波浪湖，在金积堡东北。同治八年（1869）十一月，清军与回民军在此激战，是为著名的波浪湖之战。石庄：即石家庄，同治九年（1870）一月，刘松山督军在此围剿回民军。

⑦ 黄落：指枯草落叶，谓草木枯萎凋零。

⑧ 矢石：箭和垒石，古时守城的武器。

⑨ 賈曜（yǔn yào）：賈，通"殒"，死的讳饰语；曜，日光，引申为光芒。

⑩ 戈马：戎马，也指战火。殷殷：形容忧伤、忧郁。

⑪ 死事：指为国事而死。也指为国事而死的人。

⑫ 神爽：谓神魂，心神。

⑬ 陟降：升降，上下。庭庑：堂下四周的廊屋。

⑭ 寤思：寤思，犹悟思。

⑮ 受命：授命，献出生命。

⑯ 藁（gǎo）葬：同"槁葬"，草草埋葬。

⑰ 刲（kuī）：刺杀。

割豕，馨香于堂上。公之从子毅斋节使[①]以公志定诸寇，禽割中公者之心，沥祀[②]于公之灵，剚[③]仇以明义。既而悉定伊吾、车师、莎车、于阗、疏勒诸部，与左侯相先后疏请，悉设[④]郡县以治其民而固边圉[⑤]，然则公亦可以无憾矣。昔岳、于二少保[⑥]志业未竟以殁，后人哀之，公荷[⑦]追赠少保，与二少保争烈[⑧]；而节使继成公志，耆定[⑨]西极，盖尤荣焉。夫前事之不忘，后事之师也。所立功行省祠者以有司承祀，其他所疏闻者亦如之。天子恩异[⑩]洋溢海内，海内良有司瞻谒[⑪]于其堂，诚念曾侯、左侯所以奖擢公者，则思尊贤而育才；念公所以不朽，则思怀忠毅劝学兴化，使四海贤子弟奋于义，佐圣天子安内攘外，桀骜囿[⑫]风，气染旧污[⑬]，俗者濯[⑭]焉、惕焉，为寡过[⑮]之身。兹祠之兴，庸维妥神灵、扬勋绩、彰义烈、伸孝享[⑯]云尔哉？

① 毅斋：指刘松山侄子刘锦棠。刘锦棠，字毅斋，咸丰年间从松山转战江西、皖南，同治年间复破回民军于金积堡，平肃州。刘松山死后，刘锦棠统其军。光绪年间随左宗棠平定天山南北路，官至甘肃、新疆巡抚，封男爵，加太子太保衔。卒谥襄勤。节使：节度使的省称，持符节的使者。引申为统兵一方的大员或将军。

② 沥祀：沥，以酒洒地而祭。这里引申为血祭。

③ 剚（zì）：用刀刺入。

④ 设：原本脱此字，据《清史稿·刘锦棠传》卷四五四补。

⑤ 圉（yǔ）：通“御”。阻止，抵御。

⑥ 岳、于二少保：即宋代岳飞、明代于谦。二人生前皆曾授少保衔，后皆被冤致死，故在此合称之。

⑦ 荷：肩负，担负。

⑧ 争烈：比功勋。犹争光，争辉。

⑨ 耆（qí）定：平定，达成。

⑩ 恩异：帝王对臣子特别优待的规定。

⑪ 良有司：优良的官吏，好官吏。瞻谒：谒见，谒拜。

⑫ 囿（yòu）：局限，被限制。借指事物荟萃的地方。

⑬ 旧污：陈垢。引申为旧时不良的政治和习俗。

⑭ 濯（zhuó）：濯沐，洗涤。比喻风化所被。

⑮ 寡过：少犯错误。

⑯ 孝享：祭祀。

树铭与公无一日之雅①，而慨念遗烈，低徊②往事，因节使君之以书相闻，奋然援笔，伸纸飏言③于诸君子之后，盖纪实无愧色云。

祠成于同治十年八月，萧提军开章实始之。经纪其事，灵之人董提军福祥、张提军俊尤尽心焉。归义从节帅④君，与定西域有大功，今家于灵，然则灵之人思公益无已时矣。

【译文】

刘忠壮公祠堂记 长沙 徐树铭

咸丰、同治年间，朝廷依靠持节的相国统兵平定敌寇。东南数行省依靠湘乡人一等毅勇侯曾国藩创建谋策；继而荡涤江、浙、闽、粤，向北阻止奔溃的敌寇，平定西域数万里，始终主持战局，则依仗湘阴人军机大臣二等恪靖侯左宗棠。奋发扬威与曾国藩侯爵互相支援，平定吴会，跟随左宗棠侯爵阻止奔溃的敌寇，平定秦陇、西夏，来不及与其一起平定西域，以忠义节烈而死，则只有侯爵、相国曾国藩的湘乡同乡人忠壮公刘松山。

让人悲叹啊！其死亡的年龄，只有三十八岁，所转战的地方有八九个行省，往还一万数千里，取得胜利一百几十次，攻取府、州、县十七个，踏破坚固的堡垒五十个，剿灭敌人的巢穴九十个，战场杀敌数万人，招降十七万众。当此时，英雄奋发，所向无坚城，豪气冲天跟踪追寻敌人，迅捷而有力地发起攻击，有时冲出敌前，有时突出其后，有时从左边挫败敌人，有时从右边迫近进行攻击，一提到刘松山军队的威名，几乎如同小孩子听到万福威名。朝廷倚重为干城栋梁，依仗其军力，兵锋一意指向狡诈的回民军、准格尔诸部逃寇。灵州地

---

① 一日之雅：短暂的交往。指交情不深。

② 低徊：徘徊，流连。萦绕回荡。

③ 飏言：犹大力宣扬。

④ 节帅：指左宗棠。清各省所置总督与巡抚合称督抚，也称节帅。左宗棠前后任浙江巡抚、闽浙总督、陕甘总督等职，故称。

域狭小，其险阻不能超越太行山、孟门山；敌寇群聚，力量不一定超过铜头铁额大枪尤来军；回民军智略，不能匹敌司马穰苴、孙膑。况且其时回民军堡寨如吴忠、金积之类已经被荡平。刘松山统军的波浪湖聚歼战、石家庄援助战，消灭敌人如同迅风急雷，摧枯拉朽，秋风扫落叶一般。然而一枚小小的武器，就让一颗明亮的将星陨落在关云塞雾间，岂不是天意吗？听说刘公将死，瞪大眼睛扫视了一遍众将说："消灭掉此股敌人再吃饭。"死去以后，军马凄楚之声殷殷，如愤怒的霹雳又如迅猛的波涛，有时又有呜呜声，能听到主将军帐中有异常的动静。可叹可悲让人痛心，忠毅魂魄不死，是这样吗？还是不是？

京师昭忠祠，是为国事而死的各位大臣神魂所依凭的地方。天子专门颁布诏书将刘松山供奉在昭忠祠，与曾文正以往诸位大臣的灵魄升降堂下四周的廊屋，四季供奉祭品。而灵州父老、部曲子弟对其哀悼思念不已，就是他献出生命的地方、坟墓所在之处，也大兴土木，构筑祠堂，杀羊宰猪，烧香的香味弥漫在堂上。刘公的侄子刘锦棠（字毅斋）将军继承他的遗志平定诸路敌寇，擒获并挖出杀害他的仇敌的心脏，血祭于刘公的灵前，手刃仇人以表明心志。不久全部平定伊吾、车师、莎车、于阗、疏勒诸部敌人，与左宗棠侯爵、相国先后上疏朝廷，请求［在新疆］全部设立郡县治理人民而巩固边防，既然如此，那么刘公也可以说没有什么遗憾了。从前岳飞、于谦二位少保志业未竟而身亡，后人为之哀悼不已，刘公肩负追赠少保的荣誉，与二位少保争辉；而将军继承刘公的志愿，平定西方极远的国土，实在是尤其荣耀的功业。前事不忘，后事之师。刘松山建立功勋的各省祠堂由官吏主持祭祀，其他奏报朝廷同意修建的祠堂也照此办理。天子特别优待的恩情洋溢海内，海内优良的官吏在其祠堂瞻拜，诚心诚意念及曾国藩侯爵、左宗棠侯爵之所以奖拔刘公，就会想到要尊重贤良而培育人才；念及刘公之所以不朽，就会想到心怀忠正刚毅劝学振兴教化，使四海贤子弟忠义奋发，辅助圣天子安定内部，排除外患，以礼仪教化感染凶暴倔强者，熏陶改变不良的社会习俗，使庸俗者沐浴风化、戒惧反省，做一个少犯错误的人。这座祠堂的兴建，其目的难道只是为了妥善安置神灵、弘扬功绩、表彰义烈、延伸祭祀的吗？

我徐树铭虽然与刘忠壮公没有一面之交，但萦绕回荡往事，感慨怀念坚贞不屈之士的心情是一样的，因刘锦棠将军给我来信相托，就奋然提笔，铺开纸张写了这篇后记附在诸位君子的大作之后，因为是纪实文章也就没有写不好让人羞惭的担忧了。

祠堂建成于同治十年（1871）八月，萧开章提军最先筹建。具体经办其事者，是灵州人董福祥提军、张俊提军，二人尤其尽心出力。他们归附正义追随左宗棠总督，参与平定西域有大功，现今都把家安在灵州，既然这样，那么灵州人对刘公的思念就更加没有休止的时候。

御制张公南浦①祭文

奉天承运，皇帝制曰②：奉玺书于中禁③，位重旬宣④；领节镇于外台⑤，职司抚辑⑥。任专锁钥⑦，绩奏澄清⑧。尔头品顶戴、兵部侍郎、

① 张公南浦：指张煦。张煦，字蔼如，号南浦。详见甘图本《光绪灵州志 ·人物乡献志第十四》及下文《张公南浦墓志铭》。

② 制曰：凡是圣旨中表达皇恩浩荡时，都以“奉天承运，皇帝制曰”开头。“制曰”只为宣示百官之用，并不下达于百姓。

③ 玺书：秦代以后专指皇帝的诏书。中禁：同“禁中”，指皇帝居住的地方。

④ 旬宣：周遍宣示，语本《诗经·大雅·江汉》：“王命召虎，来旬来宣。”毛传：“旬，徧也。”

⑤ 节镇：设置节度使的重镇。泛指驻有军事统帅的要塞。外台：官名，后汉刺史的别称，为州郡的长官。这里引申为巡抚。

⑥ 职司：职务，主管某职的官员。抚辑：安抚辑和。

⑦ 锁钥：本意为锁与钥匙，此引申为军事防守的重镇。

⑧ 绩奏：奏绩，取得成绩，建立功绩。澄清：使混浊变为清明，比喻肃清混乱局面。

陕西巡抚张煦才本优长，躬能表率①，六条秉宪②；人瞻列戟③，清霜④百郡；承流⑤地偏，随车膏雨⑥。特颁庆典，诞播徽章⑦：兹以覃恩特授尔为光禄大夫，锡之诰命⑧。於戏！厘纪持纲，资奠安⑨于伟略；诚民饬吏，慰宵旰之深衷⑩。罔替成劳⑪，用彰令誉。

制曰：持纲秉宪，良臣奏节钺⑫之勋；履顺⑬思庄，淑女著珩璜⑭之范。芳型无忝懋奖⑮。于加尔头品顶戴、兵部侍郎、陕西巡抚张煦之妻文氏，名家作配，内则是娴⑯，励妇节于缟綦⑰，每觉霜威辉映；谨家闲于阃阈⑱，益彰铃阁清严⑲。兹以覃恩，封尔为一品夫人。於戏！贲

---

①躬能表率：自身先做出榜样。躬，自身。

②六条：汉朝制度，刺史颁行六条诏书，以考察官吏。秉宪：执掌法令。

③列戟：官庙、官府以及显贵之府第陈戟于门前，以为仪仗。

④清霜：比喻头发花白。

⑤承流：谓接受和继承良好的风尚传统。

⑥随车膏雨：谓时雨跟着车子而降。比喻官吏施行仁政，及时为民解忧。

⑦徽章：指褒崇封赠的策命。

⑧诰命：在明清之际，五品以上官员，如果功绩超群，都有机会得到皇帝的封赠命令。据《清会典》载，诰命针对官员本身的叫诰授（即“奉天诰命”）；针对官员之妻的叫诰封（即“凤冠诰命”）。赐诰命时会随圣旨赋有专用的服饰配饰品等物，诰命箱用来存放这些衣物和圣旨，箱内设一摆放圣旨的木架。

⑨奠安：安定。

⑩宵旰：“宵衣旰食”的略语。旧时用来称谀帝王勤于政事。深衷：内心，衷情。

⑪罔替成劳：罔替，不更替、不废除；成劳，成功。

⑫节钺：符节与斧钺。古代天子拜将帅时授予节钺，作为加重权力的象征。

⑬履顺：处于顺利的境遇中。

⑭珩璜（háng huáng）：杂佩。珩与璜皆佩玉之名，上曰珩，下曰璜。这里借指妇女。

⑮无忝：不玷辱，不羞愧。懋（mào）奖：大奖。懋，通“茂”，盛大。

⑯内则是娴：内则，指妇职、妇道。是，的确、实在。娴，熟练；文雅。

⑰缟綦（gǎo qí）：缟衣綦巾的简称，指妻室。《诗经·毛传》：“缟衣，白色，男服也。綦巾，苍艾色，女服也。”

⑱阃阈（kǔn yù）：旧指妇女居住的内室。阃，内室。阈，门槛。

⑲益彰：指两个人或两件事物互相配合，使双方的能力、作用和好处能得到充分展示。益，更加。彰，明显。铃阁：指翰林院以及将帅或州郡长官办事的地方。清严：清廉严正，清正严肃。

锡龙章[①]，播休声于闺闼[②]；诞敷嘉泽[③]，扬令闻于巾袿[④]。式受荣施[⑤]，祗承显命[⑥]。

皇帝谕祭[⑦]原任山西巡抚张煦之灵曰：鞠躬尽瘁，臣子之芳踪[⑧]；赐恤报勤[⑨]，国家之盛典。尔张煦性行纯良，才能称职，方冀遐龄，忽闻长逝，朕用悼焉。特颁祭葬[⑩]，以慰幽魂。呜乎！宠锡重墟[⑪]，庶沐匪躬[⑫]之报；名垂青史，聿[⑬]昭不朽之荣。尔如有知，尚克歆享[⑭]。

【译文】

御制张公南浦祭文

奉天承运，皇帝制曰：在禁中为皇帝效劳，周遍宣示的职务重要；任职巡抚统领要地，执掌一方的安抚辑和。专门负责防守军事重镇，肃清混乱局面建立功绩。头品顶戴、兵部侍郎、陕西巡抚张煦才能杰出，自身做出表率，执掌法令督察官吏；瞻望威仪，治理百郡，白发染上双鬓；礼仪教化，遍布僻野，施行仁政为民解忧。专此颁布庆典，大力传布褒崇封赠的策命：兹因广布德泽特授你为光禄大夫，赐予封

---

① 贲（fén）：宏大，盛美。锡：赐，引申为与。龙章：对皇帝文章的谀称。借指诏书、敕令。

② 休声：赞美声。闺闼：妇女所居内室的门户。

③ 诞敷：遍布。嘉泽：及时雨。

④ 令闻：美好的声誉。巾袿（guī）：借指妇女。袿，古时妇女所穿的上等长袍。

⑤ 式：楷模。荣施：赞誉人施惠之辞。

⑥ 祗承：恭敬地接受。显命：对上天旨意或天子诏命的美称。

⑦ 谕祭：谓天子下旨祭臣下。

⑧ 芳踪：美好的形影踪迹。

⑨ 赐恤报勤：赐恤，专指官吏死后，根据其生前的功劳大小，追赠官爵，褒封谥号，并给其家属抚恤金；报勤，酬报勤劳。

⑩ 祭葬：指对死者进行追悼、安葬的仪式和活动。

⑪ 宠锡重墟：宠锡，帝王的恩赐；重墟，丘墟、坟墓，此借指逝去的大臣。

⑫ 匪躬：谓忠心耿耿，不顾自身。

⑬ 聿（yù）：古代称笔，用笔写文章。

⑭ 尚克歆享：尚克，但愿；歆享，旧指鬼神享受祭品、香火。

赠命令。呜呼！执持政纲，治理整顿，伟略辅助天下安定；训诫民众，整肃官吏，深慰宵衣旰食皇帝的内心。罔替成功，彰显美名。

制曰：贯彻法令，执持政纲，良臣为国建立殊勋；身处顺境，端严庄重，淑女昭著女性贞范。美好的楷模无愧于大奖。头品顶戴、兵部侍郎、陕西巡抚张煦之妻文氏，名家作配，十分娴熟妇职，砥砺节操于闺房，每觉严威辉映；勤俭持家于内室，与清正严肃的将帅公廨相得益彰。兹因广布德泽，封你为一品夫人。呜乎！盛赐诏书，传扬休声于闺门；遍布嘉泽，称颂美誉于女界。楷模受领天子施惠，恭敬接受上天旨意。

皇帝下旨祭原任山西巡抚张煦之灵曰：鞠躬尽瘁，是臣子美好的形影踪迹；赐恤报勤，是国家宏大、隆重的仪式。张煦性行纯良，才能称职，期望高寿，忽闻长逝，朕沉痛悼念。专此颁布祭葬，以告慰幽魂。呜乎！恩赐旧臣，希望沐浴忠心耿耿的酬报；名垂青史，写下昭示不朽的荣光。你如有知，但愿享受祭品、香火。

张公南浦墓志铭 刑部尚书 薛允升①

公讳煦，字蔼如，号南浦，甘肃灵州人。曾祖继贤，本身曾祖习贤，祖骏翮，考松年，举人，狄道学正，妣氏王，皆以公贵封赠如例。公以道光己酉拔贡，举乡试，咸丰癸丑成进士，授刑部主事，擢员外郎，迁郎中，京察一等。出为贵州镇远府知府，调贵阳府。丁王太夫人忧，归服阕，补贵东道，迁陕西按察使、广东布政使。调山西，擢陕西巡抚。又调湖南、山西。光绪二十一年八月初十日，以疾薨于位。

遗疏入，天子轸惜，赐祭葬，敕所司②议恤如故事。其孤体元、

① 薛允升：字克猷，号云阶、云陔，陕西长安人。咸丰六年进士，历任刑部主事，江西饶州知府，四川龙茂道道员，山西按察使，山东布政使，署理漕运总督，礼、兵、工、刑诸部侍郎、刑部尚书等职。主要著作有《读例存疑》《汉律辑存》《汉律决事比》《服制备考》《唐明律合编》《薛大司寇遗集》。晚清著名廉直大臣，法律学家。

② 所司：有司，指主管的官吏。

赞元扶丧归西安，将启公配文夫人之厝[①]，卜地而合葬焉。关中民闻公薨，咸巷哭。洎丧归，扶老携幼，相率[②]吊祭，愿公留葬于陕。

乌乎贤哉！公起家儒素[③]，服官郎署[④]，以经术谳狱[⑤]，当事知其能，俾[⑥]总司秋审。公不懈益虔[⑦]，缒幽刳隐[⑧]如烛照，数计吏詟[⑨]囚服，海内无冤狱。

其出守镇远也，时黔中大乱，楚、蜀道梗，不克往。官文恭公方以使相[⑩]镇畿辅，念公才，奏调入幕府[⑪]，襄治军事[⑫]，悉中窍要。直隶肃清，黔寇亦稍熸[⑬]，遂奉母之官属。镇远尚为贼踞，大吏檄公权思南。思南故无城，距郡四十里有荆竹园者，箐深林密，为贼窟穴，时时伺便出焚掠，冀犯郡治。公部署[⑭]壮丁，授之方略，分守要害，乘便出击，辄得胜。贼党或受公钩致[⑮]，反为我用，遂以平黔贼。在西南万山

① 厝（cuò）：停柩，把棺材停放待葬，或浅埋以待改葬。

② 相率：相继，一个接一个。

③ 起家：古代指由平民出身而晋升为官员。儒素：指读书人家。

④ 服官：为官，做官。郎署：明清时称京曹为郎署。清代称朝廷各部衙门司官以下的属官。

⑤ 经术谳（yàn）狱：经术，经学；谳狱，审判定案。

⑥ 俾（bǐ）：使。秋审：明清两代在秋季复审各省死刑案件的一种制度，由司法部门审核案件，奏请皇帝裁决。

⑦ 益虔：原本作“益度”，据牛济《张煦张赞元父子年谱·张公南浦墓志铭》改。

⑧ 缒（zhì）幽刳（kū）隐：缒幽，缘绳下坠于幽深之处；刳，剖开；隐，隐藏，隐蔽。

⑨ 詟（zhé）：惧怕，震慑。原本作“警”，据牛济《张煦张赞元父子年谱·张公南浦墓志铭》改。

⑩ 官文恭：指官文。字秀峰，王佳氏，满洲正白旗人。历任蓝翎侍卫、头等侍卫、副都统、荆州将军，累擢湖广总督。以镇压太平军之功官至大学士，一等果威伯，卒谥文恭。使相：唐代中期凡为宰相者必曰同中书门下平章事，故称加同中书门下平章事官衔的节度使为使相。这里借指大学士。

⑪ 幕府：本指将帅在外的营帐，后亦泛指军政大吏的府署。

⑫ 军事：原本作“军书”，据《清史列传·张煦》卷五九改。

⑬ 熸（jiān）：熄灭；溃败。

⑭ 署：原本作“分”，据《清史列传·张煦》卷五九改。

⑮ 钩致：招致，求取。

中，瘠苦为天下最。兵事甫定，悍苗骄卒，良莠麕处，民志懔懔[①]。公即莅首郡，埽地赤立[②]，严缉捕以诘奸暴[③]，密保甲以安良懦，机牙[④]四张，奸宄愓息[⑤]。迨分巡贵东，一如其治郡时。

天子亦稍稍知公才，将大用矣。其按察陕西也，蒲城[⑥]有杨孝子者，母为仇殴，隳其妊死，叔某救之亦死。孝子幼而贫，愤欲复仇，蔑为申理[⑦]。蓄匕首十余年，卒得仇，手刃之，诣官自首。承审者苟欲结案，弗深察，以故杀拟抵刑[⑧]有日矣。公视事[⑨]，廉[⑩]得其冤，出之狱。方是时，杨孝子之名震都下[⑪]，乡民益感泣颂神明也。

十二年[⑫]，太原汾水溢入城，坏民居无数。公至，则慎选官绅，筹赈筑堤，惠得下究流氓，用鸠其开府[⑬]。

吾秦也，三辅自寇盗扰攘之后，继以大祲[⑭]，公私凋瘵[⑮]，府藏支绌[⑯]。顾[⑰]官吏习为华侈，诛求无艺[⑱]，民气日弊。公涤除封靡，综核名

---

① 懔懔（lǐn）：惊惧，戒惧。愤怒的样子。

② 埽（sǎo）地赤立：谓干净彻底。埽，同“扫”，扫除、清扫。

③ 暴：原本作“虣”，同“暴”。

④ 机牙：弩上发箭的含矢处和钩弦制动的机件。比喻关键或要害之处。

⑤ 奸宄（guǐ）愓息：奸宄，盗窃或犯法作乱的人；愓息，谓心跳气喘，形容极其恐惧。

⑥ 蒲城：今陕西渭南市蒲城县。

⑦ 蔑：杀伐、灭杀。申理：为受冤屈的人昭雪。

⑧ 抵刑：受刑。

⑨ 视事：旧时指官吏到职办公。

⑩ 廉：考察，查访。

⑪ 都下：京城。

⑫ 十二年：原本作“十一年”，据牛济《张煦张赞元父子年谱·张公南浦墓志铭》考证，汾河发大水应为光绪十二年，据此改。

⑬ 鸠：聚合，集聚。开府：古代指高级官员（如三公、大将军、将军等）建立府署并自选僚属之意。此引申为行使职权。

⑭ 大祲（jìn）：指大灾难、大灾害。祲，古代称阴阳相侵所形成的不祥云气、妖气。

⑮ 凋瘵（diāo zhài）：衰败，困乏。

⑯ 支绌（chù）：左支右绌的省称。谓处境窘促，顾此失彼，穷于应付。绌，短缺、减损。

⑰ 顾：连词，表示转折，相当于“但是”。

⑱ 无艺：没有极限或限度。

实[①]，革除陋规，上下肃然。科场[②]供应，为百余年积弊，奏请裁革，商民快之。及移抚湖南，攀然[③]泣送者，数百里不绝。

三湘[④]号难治甲诸行省，公不动声色，消患未萌，闾阎安堵。盖自海禁大开，疆场之事日益以瘁，一二慷慨激发之士，平时务为恢张，以破除故常，愿疏于民事，民亦不获其利。逮时势艰阻，俛首[⑤]无济，然后思公之廉静悫实[⑥]，不为赫赫名者，犹足以得人心而集事[⑦]也。长沙地痺[⑧]湿，益以积劳，遂得臂疾，疏请开缺。

上重公惜去，乃量移山右[⑨]。甫下车，边外大旱，千里赤民死亡略尽。公竭力筹抚，转粟数千里，经万山中以馈饥黎。事甫定，而辽祸[⑩]亟，海内驿骚[⑪]。公选士厉兵[⑫]，勖以忠义，俾入援畿辅。外筹供亿[⑬]，内廑[⑭]吏职，不遑寝食。迨和议告成，公疾深矣。会言事[⑮]者微及公，上知公深，特诏入觐，以塞群疑。既至，召对数四[⑯]，恩礼有加，命还任。公感激知遇，誓以身报，遂致不起，乌乎哀哉！

---

①综核名实：全面考核事物的称说是不是与实际相符。综，综合；核，考核；名，名声、名称；实，实际、实绩。

②科场：排场。

③攀然：牵挽的样子。

④三湘：湖南省的别称。

⑤俛首：低头，比喻屈服。俛，同“俯”。低头，屈身。

⑥廉静悫（què）实：廉静，谓秉性谦虚沉静；悫实，朴实。悫，恭谨、诚实。

⑦集事：成功、成事。

⑧痺（bēi）：通“卑”。低，低下。

⑨量移山右：量移，泛指迁职。山右，山的西侧。特指山西省，因位居太行山之右，故称。

⑩辽祸：指中日甲午战争。

⑪驿骚：扰动、扰乱。驿，同“绎”。络绎。

⑫选士厉兵：挑选士兵，磨利武器。厉，磨。兵，武器。

⑬供亿：按需要而供给。

⑭廑（qín）：通“勤”，勤劳。

⑮言事：古代专指向君王进谏或议论政事。

⑯召对数四：召对，君主召见臣下令其回答有关政策、经义等方面的问题；数四，犹言再三再四，多次。

公生于道光二年七月初二日，春秋七十有四。配文夫人，先卒，侧室章。子二：体元，候选郎中；赞元。女三：长适吏部主事昆明钱霈珊，次适秦安府知府安定康敉，三适贵州通判会稽梁长生。体元及三女皆文夫人出，赞元章出。孙二：柄，二品荫生；权，令卜吉。

光绪二十四年二月吉日①，公葬于咸宁之凤栖原②卯首酉趾。体元等以余与公同官秋曹③十余年，知公有素④，以状⑤来请铭。铭曰：

繄吏而儒，唯古是师。经术吏术，一以贯之。繄吏而循，视民如身。胞与之量，宏於斯人。公实兼之，贞为事干。帝曰俞哉，戎有良翰。节钺三秉，艰屯迭致。始终一节，以殁其世。长安之原，公惠所臻。神之往来，以福我民。

【译文】

张公南浦墓志铭 刑部尚书 薛允升

张公讳煦，字蔼如，号南浦，甘肃灵州人。曾祖父张继贤，本身曾祖父张习贤，祖父张骏翩，父亲张松年，举人，狄道学正，母亲王氏，都因为张公的贵显，朝廷按规定予以封赠。张公以道光己酉（道光二十九年，1849）拔贡，乡试获得通过，咸丰癸丑（咸丰三年，1853）考中进士，授予刑部主事，擢升员外郎，升迁为郎中，京察一等。出任贵州镇远府知府，又调贵阳府知府。丁王太夫人忧，期满除服，补授贵东道道员，升迁为陕西按察使、广东布政使。调任山西，擢升为陕西巡抚。又先后调任湖南巡抚、山西巡抚。光绪二十一年（1895）八月初十日，因为疾病逝世于任内。

遗表上奏朝廷，天子痛惜，赐祭葬，命令主管的官吏按照先例给

①吉日：阴历每月初一。

②凤栖原：在今陕西西安市长安区韦曲镇东韦村的东原。

③秋曹：刑部的别称。

④有素：由来已久。

⑤状：行状。履历，事迹。

予褒赠抚恤。其遗孤张体元、张赞元扶丧回到西安，将开启张公配偶文夫人停柩之所，选择吉地而合葬。关中黎民百姓听闻张公逝世的消息，都在里巷中聚哭。等到灵车回到西安，扶老携幼，一个接一个祭奠，希望张公留葬在陕西。

呜呼贤哉！张公由读书人家出身晋升为官员，担任刑部衙门司官以下的属官，以经学审判定案，掌权者了解他的才能，让他总负责秋审。张公更加坚定信心，不懈努力，深入研究、挖掘案件的疑难之处，如同暗夜中烛光照耀，［推翻的案件］以数字来计算让官吏震慑囚徒心服，时称海内没有冤狱。

其由京官出任镇远知府，正值黔中大乱，楚地、蜀地道路梗阻，交通中断，无法前往上任。官文方以大学士的官衔镇守京畿要地，欣赏其才干，将他奏调到自己的衙署，共同参赞军机，所提建议全都切中要害。直隶肃清以后，贵州盗匪的气焰也有所减弱，于是就侍奉母亲到贵州上任。这时镇远府城仍然被盗贼占据，长官指令张公权且驻守思南办公。思南本来就没有城池，距镇远府四十里远有个地方叫荆竹园，竹深林密，是盗贼的巢穴，时时乘机外出焚烧抢掠，企图进犯府治。张公部署年壮的男子，教给他们方法策略，各路分守要害，乘便出击，总是能够取得胜利。盗贼的同党有的受公招致，反为我所用，于是就此平定了贵州的盗贼。在西南万山中，瘠苦为天下之最。战事刚刚结束，强悍的苗人骄横的士卒，良莠群杂在一起，百姓忧惧担心。张公莅任号称贵州第一府的贵阳府，干净彻底地［扫除一切不法行为］，严厉缉捕镇压奸暴，密织保甲安定良懦，要害之地四处设防，让犯法作乱者心跳气喘。等到出巡贵东道，和他担任知府时同样的作风。

天子也逐渐了解张公的才干，将要对其重用。其任陕西按察使时，陕西蒲城有个杨孝子，母亲被仇人殴打，堕胎而死，叔叔救之也被杀死。当时杨孝子幼小贫弱，愤欲复仇，要以杀伐为受冤屈的亲人昭雪。私存匕首十余年，终于抓获仇人，亲手杀了他，然后到官府投案自首。

审理此案的官员草草结案，不深入调查，就判处其故意杀人罪等待执行已经有一段时间了。张公到职办公，察访到杨孝子的冤屈，［按法律规定］将其释放。这个时候，杨孝子的名号震动京城，乡村百姓更是感动得下泪，赞颂张公办案神明。

光绪十二年（1886），太原汾河水泛滥，溢入省城，毁坏民居无数。张公抵任后，慎选官吏、绅士，筹款救灾，修筑河堤，惠政得以下达到流民身上，款项集中使用，用于抢险救灾。

我们陕西，长安京畿地区自寇盗暴动纷乱之后，接着又受大的自然灾害侵袭，官方和民间困乏，财物左支右绌。但官吏习惯了豪华奢侈，诛求没有限度，民气日益凋敝。张公清除敛财骄奢的习气，综核名实，革除陋规，上下肃然。排场供应，是百余年来形成的积弊，张公上奏朝廷请求裁汰革除，商人称快。等到他调任湖南巡抚，哭泣牵挽送别他的人，数百里不绝。

三湘号称难以治理冠诸各行省，张公不动声色，消患未萌，民众安居。推想自海禁大开，疆场之事日益凋瘁，一二慷慨激发之士，平时极力扩大宣扬，以破除旧规，他们的诉求很少涉及民事，民众也得不到实惠。到了后来时势艰难险阻，即使屈服也无济于事的时候，然后才想到张公秉性谦虚，沉静朴实，不追求赫赫虚名，才是足以得人心而成功的办法。长沙地势低下潮湿，加上长期劳累过度，就落下了手臂疼痛的疾病，上疏请求开缺回籍。

皇上器重张公，舍不得他离开，乃迁职山西。刚到任，边外大旱，千里赤贫的百姓死亡略尽。张公竭尽全力筹款抚恤，转运粮食数千里，经万山中供应饥饿的百姓。此事刚刚平息，而甲午战争爆发，形势愈来愈紧迫，海内扰动。张公挑选士兵，磨利武器，以忠义之道勉励军队，命令他们入援京畿要地。同时对外筹措供给，对内恪尽职守，没有时间休息、吃饭。等到和议告成，张公的疾病也加重了。恰巧碰上进谏者略微涉及张公，皇上非常了解他，专门下诏让他入京觐见，以堵住众人的疑虑。到京后，多次召对，恩礼有加，命其还任。张公感激知遇之恩，发誓要以身报答，遂致一病不起，呜呼哀哉！

张公生于道光二年（1822）七月初二日，享年七十四岁。原配文夫人，先去世，继配章夫人。两个儿子：张体元，候选郎中；张赞元。三个女儿：长女婚配吏部主事昆明钱霈珊，次女婚配秦安府知府安定康敉，三女婚配贵州通判会稽梁长生。张体元及三个女儿都是文夫人所出，张赞元章夫人所生。两个孙子：张柄，二品荫生；张权，令卜吉。

光绪二十四年（1898）二月初一，张公葬于陕西西安市长安区韦曲镇东韦村东凤栖原卯首酉趾。张体元等人认为我与张公同在刑部做官十余年，素来了解张公，就带着他的行状来请求我为其撰写墓志铭。铭曰：

繄吏而儒，唯古是师。经术吏术，一以贯之。繄吏而循，视民如身。胞与之量，宏於斯人。公实兼之，贞为事干。帝曰俞哉，戎有良翰。节钺三秉，艰屯迭致。始终一节，以殁其世。长安之原，公惠所臻。神之往来，以福我民。

创立灵州高等小学堂碑记 邓云路

从来国运之隆替①，视乎人才；人才之盛衰，由乎学校，学校之系重矣。灵邑旧有灵文书院一所，规模狭小，多士苦无栖止②。庚子之变③，皇上锐意维新，诏天下设立学堂。京师立大学堂，直省④立高等学堂，府立中学堂，各厅、州、县立高等小学堂，下此各乡又分立蒙养等学堂，以期⑤无地不学，无人不学。法良意美，亦古者家有塾、

① 隆替：盛衰、兴衰。

② 栖止：居住。

③ 庚子之变：指清光绪二十六年五月（1900年6月）至次年十二月（1902年1月）义和团进入北京及八国联军侵占北京的重大事变。1900年，是中国农历庚子年，这场动荡也被称为“庚子国变”“庚子国难”。

④ 直省：指各省。

⑤ 以期：表示通过上文所说的做法，希望达到下文的目的。

党有庠、州有序、国有学之遗意[①]焉。

乙巳春，前任廖寅阶公祖[②]议将书院改作，预悬扁额，颜曰灵州小学堂，适因解组寝事[③]。是年冬，欣逢陈三洲[④]公祖来守是邦。下车之始，殷殷[⑤]以筹办学堂为先务，爰集都人士[⑥]而告之曰："学堂一日不兴，则人才一日不出；人才一日不出，则国家一日不强。顾何以安内攘外，自立于竞争之域哉？凡此不特守土者[⑦]之责，亦都人士之耻也。"佥应之曰："韪[⑧]。"公于是将旧存款项力为整顿，并首捐百金，以为邑之急公好义者倡。越明年三月，率作兴事。购买书院后面隙地，以为营治之基，择邑贡生孙铎、龙腾云，廪生黄钟毓、窦桂林、王文炳等以董其事，鸠工庀材，晨夜展力[⑨]。增建上房三大间，东西斋房各十间，并于旧有讲堂头门照壁重加修葺。故生师有舍，庖廪有次[⑩]，条分缕举[⑪]，费七百余缗，而功用告成。公念朝廷兴学至急，刻即延聘教习[⑫]，招考生徒，涓吉释菜[⑬]，一堂济济，弦诵[⑭]相闻。异日[⑮]人才辈出，为吾灵开新学之风而得备国家之用者，非公其谁与归！

① 遗意：前人或古代事物留下的意味、旨趣。

② 廖寅阶公祖：廖寅阶，即廖葆泰，字寅阶。公祖，明清时士绅对知府以上地方官的尊称，对地位较高者称大公祖、老公祖和公祖父母。

③ 解组寝事：解下印绶。谓辞去官职。组，印绶。寝事，息事、完事。

④ 陈三洲：陈必淮，字三洲。

⑤ 殷殷：情谊深厚的样子。

⑥ 都人士：原意指居于京师有士行的人。这里引申为本州绅士。

⑦ 守土者：地方官。

⑧ 韪（wěi）：是，对。

⑨ 展力：犹效力，效劳。

⑩ 庖廪有次：庖廪，厨房和仓廪；有次，有顺序、次序。

⑪ 缕举：列举。

⑫ 延聘教习：延聘，聘请；教习，旧称教师、老师。

⑬ 涓吉：犹择吉，选择吉利的日子。释菜：亦用"舍采"，古代读书人入学时以苹蘩之属祭祀先圣先师的一种典礼。

⑭ 弦诵：弦歌和诵读。指学校教学。

⑮ 异日：以后的一天或一段时间。

虽然，余尚有说焉。昔韩文公[①]有言曰："莫为之前，虽美弗彰；莫为之后，虽盛弗传。"公既为之前矣，所赖后之人继公之志，如树木然，日加培养，则吾灵人文之发达，诚尚有未可思量者。至于旧存新筹各款，谨将除用实存数目刊附于后，藉得持守[②]而垂久远。从公命也。

丙午冬，公解任之省，余适忝主讲席，州之人追思公德，请纪事以勒贞珉。余虽愧不文，然深沐公之化，且乐公之志有成，不能不一为邑人道也，于是乎记。

时在光绪丁未仲春吉日，邑人邓云路敬撰并书。

【译文】

创立灵州高等小学堂碑记　邓云路

向来国运的兴衰，要看人才；人才的盛衰，归属学校，可以说学校关系重大。灵州旧有灵文书院一所，规模狭小，多位读书人为无法住宿所苦。庚子之变以后，皇上锐意维新，诏令天下设立学堂。京师设立大学堂，各省设立高等学堂，各府设立中学堂，各厅、州、县设立高等小学堂，下此各乡又分别设立蒙养等学堂，通过这些做法，希望达到处处办学，人人入学的目的。制度良善愿望美好，也符合古代家有塾学、党有庠学、州有序学、国有国学的旨趣。

乙巳（光绪三十一年，1905）春，前任知州廖葆泰公祖提议将书院变更，预先悬挂校牌，称之为灵州小学堂，正好因为他辞去官职而此事作罢。这年冬天，欣逢陈必淮公祖来这里任职。刚刚上任，就殷切地以筹办学堂为首要事务，于是召集本州绅士劝告说："学堂一日不兴，则人才一日不出；人才一日不出，则国家一日不强。而用什么来安定内部，排除外患，自立于竞争之域？所有这些不仅是地方官员的责任，也是本州绅士的耻辱。"众人全都说："是。"陈公于是大力

① 韩文公：指唐代文学家韩愈。卒谥文，故称。
② 持守：守成。保持前人创下的成就和业绩。

整顿旧存款项，并带头捐献一百两白银，作为对灵州急公好义者的倡导。到了第二年三月，他带头兴建土木。购买书院后面空地，作为扩建小学堂的地基，挑选本州贡生孙铎、龙腾云，廪生黄钟毓、窦桂林、王文炳等监督管理其事，聚集工匠，筹办建材，早晚效力。增建上房三大间，东西居室各十间，并对旧有讲堂头门照壁重加修葺。因此师生有宿舍，厨房和仓库也次第排列，条分列举，共花费七百余缗，工程宣告完成。陈公念及朝廷兴学最要紧，立即聘请教师，招考学生，选择吉日祭祀先圣先师，师生济济一堂，教学之声相闻。他日人才辈出，为我们灵州开创了新学之风，从而具备供国家选拔使用条件，这个人不是陈公还有谁能与他同道呢！

虽然如此，我却仍然有话要说。从前唐代的韩愈曾经说过："没有做在前面，虽是好事却无人知晓；没有做在后面，虽然盛大却不能流传下去。"陈公已经做在前面了，所能够依赖的是后来的人承继陈公的志向，如同种树一样，日日加以培养，那么我们灵州人文教育的发达，确实尚有不可思量的发展空间。至于原有以及新筹集到的各种款项，谨将已经开销的以及实际还存留的数目刊附在后面，借此保持前人创下的成就和业绩，将其长久地传下去。这是陈公的意见。

丙午（光绪三十二年，1906）冬天，陈公解任回到省城，我正巧荣幸地在灵州小学堂主持讲席，灵州人回想他的恩德，请我把这件事记下来刻在石碑上。我虽然惭愧没有文采，然而深深沐恩于陈公的开导教诲，并且为其心愿已经达成而高兴，不能不为州人一一道来，于是就写下了这篇后记。

时在光绪丁未（光绪三十三年，1907）农历二月初一，灵州人邓云路敬撰并书丹。

历代祥异志第十八

[历代祥异]

道光三十年夏六月，山水大发①，东路数牌②被灾甚重，湮没禾苗庐舍无算。

咸丰三年春三月十八日晦时③，昼雾晦，咫尺不见人，越翌日始明。

同治二年秋八月，一道士披发赤足，巾系柿子二枚于左右眼前，手执枣、李歌于途，曰："枣李，枣李，柿在眼皮。"以枣与早、以李与离、以柿与事同音。当时人不解，未几回匪变。

八年秋九月，桃、李华。

是年冬，惠安堡民人④惠泽之妻怀孕三岁不产，忽小腹溃裂，子从孔出，如人形，顷子死，腹复合无痕。

光绪四年夏，旱，蝗大起，飞蔽天日，经宁夏道龙顾⑤民捕捉，按斤给钱，投坑焚之，三逾寒暑⑥，扑捕始尽。

十五年秋八月，地大震，摇倒房屋甚多。九月，地又震。

十八年秋七月，西南星陨⑦如雨。

---

① 大发：严重，超过适当限度。

② 牌：户籍板。犹今之户口簿。《宋史·兵志六》"保甲"条："置牌以书其户数姓名。"《清史稿·食货志一》："户给印牌，书其姓名丁口。出则注所往，入则稽所来。"这里引申为乡村。

③ 晦时：夜晚。此与文意不符，疑有误。

④ 民人：百姓。

⑤ 顾：通"雇"，雇赁。

⑥ 寒暑：冬天和夏天，常用来表示整个一年。

⑦ 星陨：天星坠落。

十九年春正月，东门外井中青龙见，报官作清醮[①]。浃旬[②]，霹雳一声，天上黑云如盖，一巨龙夭矫[③]其中，移时[④]始没。

二十年夏六月，天晴无云，东南有声如雷，一点钟止。

二十二年春正月，城内东北井中黄龙见，卢参戎[⑤]令设醮[⑥]。半月，天忽雨，霹雳一声，腾空而去。

三十年夏六月，河水陡涨[⑦]，硖口龙王庙被冲，并决长埆十数里。先是[⑧]客从硖口来，见水面浮一物，头方身如蛇状。未几，水涨。闻山东、河南有谓之："大王者见，必遭水灾。"此殆其大王之出见也。

三十一年冬月[⑨]十六日申刻[⑩]，有星大如斗，从东方起，落入正西，其声如雷，落后光芒冲入天中，其形蜿蜒，越时始灭。

【译文】

历代祥异志第十八

[历代祥异]

道光三十年（1850）夏六月，山水严重泛滥，东路数个乡村受灾甚重，淹没的庄稼、房屋无法计算。

咸丰三年（1853）春三月十八日晦时，大白天雾气弥漫，昏暗不明，咫尺之间看不见人，到了第二天天气才开始晴明。

同治二年（1863）秋八月，有一位道士披发赤足，头巾上系着两

① 清醮（jiào）：谓道士设坛祈祷。
② 浃旬：十天。
③ 夭矫：屈伸自如。此形容巨龙纵姿腾跃的姿态。
④ 移时：少顷，一段时间。
⑤ 参戎：明清武官参将。
⑥ 设醮：道士设立道场祈福消灾。
⑦ 陡涨：原本作"徒涨"，疑为形误，与文义不符，据上下文意改。
⑧ 先是：在这之前。
⑨ 冬月：农历十一月别称。
⑩ 申刻：指十五时至十七时。申为十二支的第九位。

个柿子悬垂在左右眼前，手里拿着枣子、李子边走边唱，歌词是："枣李，枣李，柿在眼皮。"因为枣与早、李与离、柿与事同音。当时人们不解其意，没有多久回民起事。

同治八年（1869）秋九月，桃树、李子树开花。

这年冬天，惠安堡百姓惠泽的妻子怀孕三年不生产，忽然小腹溃裂，孩子从孔中出来，像人形，很快就死了，其妻腹部又合住没有一点痕迹。

光绪四年（1878）夏天，天旱，蝗虫大起，飞蔽天日，宁夏道龙道台雇佣百姓捕捉，按斤给付报酬，投坑焚烧，过了三年，才捕杀干净。

光绪十五年（1889）秋八月，发生大地震，摇倒房屋甚多。九月，再次发生地震。

光绪十八年（1892）秋七月，西南方向天星坠落如雨。

光绪十九年（1893）春正月，东门外井中出现青龙，报告官府后由道士设坛祈祷。十天后，霹雳一声，天上黑云如盖，一巨龙纵姿腾跃其中，经历一段时间才隐没不见了。

光绪二十年（1894）夏六月，天晴无云，东南方向有声如雷，一点钟停止。

光绪二十二年（1896）春正月，城内东北井中出现黄龙，卢参将命令道士设立道场祈福消灾。半个月后，天上忽然下雨，霹雳一声，黄龙腾空而去。

光绪三十年（1904）夏六月，黄河水势急剧上涨，硖口龙王庙被冲毁，并冲决长堺十几里。在这之前有客人从硖口来，看见水面漂浮着一个动物，方头，身子像蛇一样。没有多久，河水暴涨。听闻山东、河南一带有这样一种说法："大王出现，必遭水灾。"这大概就是其所说的大王出现了。

光绪三十一年（1905）十一月十六日十五时至十七时，有颗星状大如斗，从东方起，落入正西方向，其声如雷，落后光芒冲入天中，其形状曲折延伸，过了一段时间才熄灭。

附：

灵州旧志介绍与评价

东方既白

地方志具有存史、资治、育人的功能和作用，大凡政治、经济、军事、地理、风俗、教育、文化、物产、人物等无不涉及，号称一地之全史，具有不可或缺的重要作用。诚如丰延泰在《灵州志跋》中所言："国有史，家有乘，而邑有志，皆所以汇辑宪章、维护政教也。"古灵州现存世两种旧志，在此予以简要介绍。

一、嘉庆《灵州志迹》

这部志书共四卷，杨芳灿监修、郭楷纂修、丰延泰捐修，清嘉庆三年（1798）修成。三人在《灵州志迹》的序与跋中皆记述了编纂过程。

（一）主要编修者生平

杨芳灿（1753—1815 年），江苏常州府金匮（今江苏无锡）人，字蓉裳，又字才叔，乾隆四十二年（1777）拔贡生。廷试，钦取一等第三名，特用知县，从此步入仕途。先后署理甘肃陇南西和县知县、庆阳府环县知县，实授甘肃巩昌府伏羌县（今甘谷）知县。乾隆五十二年（1787）因功升授甘肃宁夏府灵州知州，在任十二年。后又先后署理甘肃平凉知府、宁夏水利同知。共计在甘肃、宁夏任职二十年。后徙官京师，任户部广东司行走，陕西司坐办、员外郎，被推举为会典馆纂修官，参与修纂《大清会典》，旋为会典馆总纂修官。辞官归里后，先后主讲浙江衢州正谊书院、陕西关中书院、四川锦江书院，受聘重修《四川通志》。著有《真率斋初稿》《真率斋词》《芙蓉山馆诗稿》《芙蓉山馆词稿》《荆圃唱和集诗》《荆圃唱和集词》《芙蓉山馆词》《拗莲词》《移筝词》。在诗词、骈体文方面都有很高的造诣，《清史稿·文苑传》载：“与其弟揆并负时名。”世谓盈川（唐代文学家杨炯别名）复生，是清乾嘉时期著名的文学家，他题汤显祖《牡丹亭》“识破繁华都是梦，临川犹是为情痴”堪称名句。杨芳灿在灵州任职期间，余暇时，即“留心于网罗史籍，搜采方志。”[①]聘请武威郭楷任奎文书院山长，并与之时时商榷，又得到《大清一统志》，借鉴此书的考证成果，同时参阅几部明代宁夏旧志及乾隆《甘肃通志》、乾隆《宁夏府志》，最后“粗立条理，抄撮成编[②]”，形成灵州志书初稿。杨芳灿实际上是《灵州志迹》的草创者。

郭楷（1760—1840），字仲仪，号雪庄，甘肃凉州府武威（今甘肃武威）人。清代教育家、文学家。幼年丧父，家道中落，母亲知书达理，鼓励郭楷“惟学是务”[③]，还不时谆谆告诫他：“积金如山，不若立名；立名惟勤，不惟希幸。”[④]对他人生产生极大影响。先后投师甘肃名儒孙俌（号韦西）、吴镇（字信辰，号松崖）门下，于清乾隆五十一年（1786）中丙午科举人，乾隆六十年（1795）中乙卯科进士。曾任河南原武县知县，任内政绩卓著，百姓称颂。但因不愿曲意奉上，愤而辞官归里。从此，绝意仕进，设帐授徒，终身从事教育。先后任灵州（今宁夏灵武市）奎文书院、凉州天梯书院山长。郭楷任奎文书院山长时，曾和灵州知州杨芳灿诗词唱和，交谊深厚，他以西汉教育家文翁为榜样，全力办好奎文书院，辛勤教读，以期灵州那像“修鳞”“翙凤”的潜在人才赶快兴起。郭楷在教学之余，写了大量的诗歌，集为《梦雪草堂诗稿》八卷、《续稿》三卷，还有《读诗录》《梦雪草堂读易录》等著作存世。在灵州期间，与杨芳灿、丰延泰先后合作，编纂《灵州志迹》。他是《灵州志迹》的主要纂修者，实际执笔人。

① 杨芳灿《灵州志迹·灵州志序》。
② 杨芳灿《灵州志迹·灵州志序》。
③ 博雅人物网“郭楷”条。
④ 博雅人物网“郭楷”条。

丰延泰，字岐东，长白满洲正白旗人，廪膳生员，任过皋兰县知县等职。嘉庆三年（1798），接替杨芳灿，代理灵州知州。丰延泰叹惜于灵州“典文散佚，志迹不存”[①]的现状，慨然以修志为己任，积极支持郭楷将杨芳灿未竟之业完成。郭楷于是在杨芳灿去任时留下的初稿基础上，“取而整齐之，删其繁复，益其疏漏”[②]，分门别类，几易其稿，经二月始成书。丰延泰又捐资刊行，使其传之于世。《灵州志迹》最后能成书并流传于今，与丰延泰的大力支持和协助是分不开的。

（二）嘉庆《灵州志迹》的价值

《灵州志迹》自草创至修订成书，到最后刻版印刷，历时约九年时间。这是迄今能见到的最早、也是保存最完整的灵州专志。该书内容从汉唐一直延续到清代嘉庆三年（个别条目有嘉庆四年的资料），时间跨度长达二千多年，使一州地里、人文、经制备载其中，内容丰富，记叙完整，保存了大量政治、经济、军事、文化、农业、水利、手工业等方面的宝贵资料，具有很高的史料文献价值，是“当时官辑书中较佳之作也。”（张维《陇右方志录补》）

《灵州志迹》横排门类，纵叙事实，分为十八门类，共三十三目，每一门类前冠以小序，以便让读者“提纲挈领，豁然心目”[③]。其分类为：卷一，历史沿革、星野、地里山川、城池堡寨、公署学校、坛庙坊市桥梁津渡名胜、风俗物产、古迹；卷二，丁税赋额、水利源流、职官姓氏、兵额营汛驿递、历朝宦迹；卷三，人物乡献、忠孝义烈、艺文上；卷四，艺文下、历代边防事迹、历代祥异。

灵州自汉惠帝四年（前191）设立县治，直接归属中央朝廷管辖，迄今已有两千二百多年，是中国历史最悠久的县份之一。在长达两千多年的历史长河中可以说代不乏书，但这些史料散存在各种古籍

① 郭楷《灵州志迹·序》。
② 郭楷《灵州志迹·序》。
③ 郭楷《灵州志迹·序》。

中，即使是乾隆元年（1736）许容等修撰的《甘肃通志》、尤其是乾隆四十五年（1780）张金城等修纂的《宁夏府志》刊行，虽然较之其他古籍，收录的灵州文献资料更多、更集中，但也是散见于各卷、各门类，《灵州志迹》不仅将这些资料按类辑录出来，重新编辑排布，还新增了《宁夏府志》没有的资料，特别宝贵的是增补《宁夏府志》刊行后至嘉庆三年（1798）间与灵州有关的各类资料，填补了近二十年的空白，使得《灵州志迹》成为灵武市现存旧志中成书最早、内容最丰富、保存最完整的一部。另外，该志保存的一些文献，也是世间仅存，如“艺文志”中广玉《奎文书院碑记》，诗歌部分如同时与杨芳灿在灵州为官的梁楚翘、俞讷、周为汉、侯士骧、秦仑源、杨承宪等人的诗作，也只见载于《灵州志迹》，不见于其他著述。即使作者有文集传世，也未必收纳这些作品，如杨芳灿《奎文书院碑记》《初夏放舟青铜峡口因登百塔寺用〈松陵集〉中楞伽精舍倡和韵》，这两篇诗文据宁夏大学胡玉冰教授考证[1]，在杨芳灿的诗文集《芙蓉山馆文钞》《芙蓉山馆诗钞》中均未收录，这样，《灵州志迹》又有了辑轶的作用，愈发宝贵。书前附有两张灵州州城图、灵州州境图，也是现存灵州古文献中最早的地图文献，提供了难得的古灵州研究资料。

除此之外，《灵州志迹》的价值还主要表现在以下几个方面：

灵州具有悠久的历史，既是历代边防重镇，也是多民族聚居之地，纂修者搜集、转录的大量历史资料，反映出灵州作为中国北边要区的特点。在“历代边防事迹”一门中，引录了自汉朝至清初，灵州地区的边防战事、军事资料，仅唐朝在灵州地区和突厥、回纥等民族的战事资料就有十六条，宋朝和西夏战事资料也有十一条之多。

水利源流部分，比较详尽地记载了历代封建王朝兴修水利，引黄灌溉，发展农业生产的状况，同时列举了不同历史时期数十位为修治

① 胡玉冰《（嘉庆）〈灵州志迹〉（光绪）〈灵州志〉·前言》。按：本文引述胡玉冰教授观点，均来自此文。

黄河、秦渠、汉渠等工程做出过重要贡献的历史人物，如唐朝的李听、元朝的郭守敬等人。

在手工业生产方面，记叙了灵州烧制陶器、采煤和生产池盐的历史以及当时的生产状况。据记载，在嘉庆时“宁夏盐捕厅灵州花马小池产盐，地方周围三十六里”，有盐井四〇二眼，年产盐六万七千四百四十石，清政府每年由此征收盐税白银一万四千五百多两。由此可见，食盐的生产极一时之盛，已达到了相当的规模。

另外，在历代祥异部分，记载了地震和自然灾害，有十多条，对地震、水文研究有一定的参考价值。

把嘉庆《灵州志迹》与乾隆《宁夏府志》两相对照，可以清楚地看到，前者不仅大部分内容抄自后者中与灵州有关的内容，而且在编写体例上也是明显仿照后者。在历代沿革中，《灵州志迹》因袭旧说，把汉朔方郡，魏、周以后夏州误为宁夏，因此，在其他卷目中误收、误录了一些古迹、人物、艺文等资料，这是一个较大的失误。另外，在抄录乾隆《宁夏府志》有关灵州相关内容时，有一些漏抄、错抄之处，如“艺文志”部分，乾隆《宁夏府志》收录同一位作者的几首诗，只在第一首篇目下署作者名，《灵州志迹》在收录有关作品时，有将作者姓名漏抄的情况，如《峡口山》一诗，便遗漏了作者张舜民，像这样佚失作者姓名的情况，共有九处之多。同时，抄录时还有误字、脱字现象，如将《三受降城碑铭》作者唐代的吕温误刻为石温。早在民国年间，西北方志专家张维就在《陇右方志录》中评价嘉庆《灵州志迹》：“条理秩如，甚便考览。惟《沿革表》因袭旧说，以宁夏为夏州，相因致误，遂于夏州职官多所泛载。又以地图附星野后，以为天统乎地，野系乎星，此真支离之说，不可解也。北魏南北朝表分二格，而所载皆北魏事，梁祚以北魏人而列入晋代人物，俱为微误。志签题《灵州志书》，而每卷首行均标《灵州志迹》，夫曰志书，盖辞已赘矣，今又曰志迹，是不辞也。志载灵州田赋，田之名凡三十……琐碎繁复，不易究诘。”这个结论，可以说把嘉庆《灵州志迹》的缺点和不足概括的十分到位。但是，瑕不掩瑜，嘉庆《灵州志迹》仍不失为一部很有价值的地方专志，其重要性不言而喻。

其价值除了上文所述外，对后来的宁夏方志修撰也有很大影响，受其影响最大的莫过于光绪《灵州志》和光绪《宁灵厅志草》。从内容上看光绪《灵州志》完全是在《灵州志迹》的基础上增修，除了《丁税赋额志第九》等类部分内容差异较大，部分门类前的小序也有补充、改写、新增的情况，其他部分凡是嘉庆三年（1798）以前的资料几乎完全照搬《灵州志迹》，其中《艺文志第十六上》《历代边防事迹志第十七》内容则完全等同《灵州志迹》。不仅史料的裁减、编纂体例完全与《灵州志迹》一致，即使抄录格式与《灵州志迹》的版刻格式也完全相同。成书于光绪三十四年（1908）的《宁灵厅志草》，虽然在类目设置上参仿《甘肃通志》，但在内容上多同《灵州志迹》，或全文抄录，或融合使用。在结构安排、编写方法和文字风格上也受到《灵州志迹》的影响。

（三）嘉庆《灵州志迹》的主要版本

现存《灵州志迹》的早期版本据笔者所见有以下四种：

1.《灵州志迹》嘉庆三年刊本

四册，线装，书皮为黄色，封面有“灵州志书”四个字，扉页印有“灵州志”和“长白岐东氏丰捐廉修辑，嘉庆戊午季冬”两行字。另外，在郭楷、杨芳灿的序言和丰延泰的跋语后，分别有“郭楷之印”“雪庄氏”“杨芳灿印”“蓉裳”“丰延泰印”“岐东”等六个印章。

《灵州志迹》据作者序、跋，书成于嘉庆三年，但在嘉庆三年刊本中，却有两条嘉庆四年的资料，一是卷二“水利源流”中李培荣的《南北涝河记》一文，内有“嘉庆己未（即嘉庆四年）春，余署篆灵州”；二是卷三“忠孝义烈”烈妇黄氏条中有“具以状上闻，嘉庆四年，诏旌其闾”的记载。因此，应该肯定的是，《灵州志迹》最后完成的时间应是嘉庆四年，而不是嘉庆三年。

这个刊本应为“灵州志迹”原刻本，误刻、错漏较少，传播较广，今藏甘肃省图书馆。另外，据查《中国地方志联合目录》，嘉庆三年刊本在国家图书馆、故宫博物院、清华大学图书馆、辞书出版社、天津图书馆、石家庄图书馆、甘肃博物馆、武汉大学图书馆和台湾也有收藏。据胡玉冰教授研究，在海外藏书机构如日本东洋文库也有收藏。灵武市档案馆存有这个刊本的复印本。

2.《灵州志迹》嘉庆三年抄本

这个抄本保留了原刊本的行文格式，基本上反映出原书的风貌，但误抄、漏抄之处非常多。1968 年，台湾成文出版社根据这个抄本影印出版了《灵州志迹》（编号中国方志丛书·塞北地方·第四号），该影印本注明这个抄本的抄录时间是嘉庆三年（1798）。另外，由吴忠礼先生主编、天津古籍出版社影印出版的《宁夏历代方志萃编·灵州志迹》卷，用的也是这个抄本。将这个抄本与嘉庆三年刊本相比较，书内所附的星野图、灵州州城图、灵州州境图放在目录的前面，而嘉庆三年刊本中这三幅图则放在目录的后面。胡玉冰教授经考证后则认为台湾成文出版社所用底本之内容确系嘉庆三年（1798）本《灵州志迹》，但该底本并非抄成于嘉庆三年（1798），而是抄成于光绪三十三年（1907）。《宁夏历代方志萃编》又影印台湾成文出版社影印本。

3.《灵州志迹》1943 年抄本

线装，一册，所用纸为宁夏省通志馆稿纸，抄自嘉庆三年刊本。前有张维《序》，后有张令瑄《跋》。张维《序》即他在《陇右方志录》中对《灵州志迹》的评述。

这个抄本因为抄自原刊本，校订精慎，错误较少，是《灵州志迹》比较完善的一个抄本。这个抄本是甘肃省图书馆 1951 年 8 月从兰州书市上收购所得，现藏甘肃省图书馆。

4.《灵州志迹》甘肃省图书馆1965年油印本

线装，两册。所依底本为嘉庆三年刊本。除个别误字、讹字外，错误较少，但行文格式与原刊本多有不同。此油印本流传较广，在各大图书馆都有收藏。

另外，据查《中国地方志联合目录》，在中国科学院图书馆、北京大学图书馆、兰州大学图书馆、南京地理所、浙江图书馆也分别藏有《灵州志迹》抄本，但因条件所限，未能见到，不知抄录年代和版本情况。

二、光绪《灵州志》

自嘉庆三年（1798）《灵州志迹》刊刻印行，此后一百多年的时间，灵州再无新修的方志出现，直到光绪朝末年，才有一部重修的地方专志。这部光绪《灵州志》没有刊刻，所存仅为部分抄本，没有全本，缺第一卷即《历代沿革表志第一》《星野志第二》《地里山川志第三》《城池堡寨志第四》《公署学校志第五》《坛庙坊市桥梁津渡名胜志第六》《风俗物产志第七》《古迹志第八》，第二卷中的《职官姓氏志第十一》也是有目无文，殊为可惜。

（一）光绪《灵州志》简介

限于条件，笔者见到的只有五种抄本残卷，有两种只存卷二即《丁税赋额志第九》《水利源流志第十》《兵额营汛驿递志第十二》《历朝宦迹志第十三》，其中《职官姓氏志第十一》有目无文。有三种只存卷三、卷四，即《人物乡献志第十四》《忠孝义烈志第十五》《艺文志第十六上》《艺文志第十六下》《历代边防事迹志第十七》《历代祥异志第十八》。早在1934年刊印问世的张维《陇右方志录补》一书就评点此书："光绪《灵州志》四卷，存，写本（不全），清光绪三十三年修，卷一（未见），卷二税赋、水利、职官、兵制、驿递、宦迹，卷三人物、艺文，卷四边防、祥异。维案：此志初见第三、四两卷，其后江右赵敦甫又于旧肆得第二卷，亦当时官辑书中较佳之作也。"由此可见，这部光绪《灵州志》第一卷亡佚由来已久。

两种一卷抄本《丁税赋额志第九》条中都有“光绪三十二年（1906）、三（1907）两年又改为百货统捐、土药统捐、羊只皮毛统捐，设局分收”的记载，三种两卷抄本《忠孝义烈志第十五》“许李氏”条中，都有“光绪三十二年（1906）诏天下设立学堂”的记载；在“李郭氏”“吴鲍氏”“兰徐氏”“周张氏”等四条中，分别有“学宪叶奖给女中有道四字匾额”“学宪叶奖给节操冰霜四字匾额”“学宪叶奖给玉台炜管四字匾额”“学宪叶奖给清河贞范四字匾额”的内容，查相关资料，叶昌炽在光绪二十八年（1902）二月被任命为甘肃学政，六月到兰州上任。光绪三十一年（1905）九月，袁世凯、张之洞等大臣奏请立停科举，以便推广学堂，咸趋实学。清廷诏准自光绪三十二年（1906）开始，所有乡会试一律停止，各省岁科考试亦即停止，因而也就废除主管科举的学政官职，叶昌炽随即告病还乡。这些材料说明这五种抄本残卷都是光绪《灵州志》的不同分卷抄本，同时也足资证明这部志书的纂修时间是在光绪末年。

关于《光绪灵州志》最后编定或抄成的具体时间，学术界有不同的看法，如张维在《陇右方志录补》一书中就称光绪《灵州志》为“清光绪三十三年（1907）修”，一般的著录也多从这种观点。笔者比较认同高树榆先生和胡玉冰教授的观点，即该志当编定或抄成于光绪三十四年，即1908年，理由如下：

第一，现存甘肃省图书馆的光绪《灵州志》蓝德昌一册卷二线装抄本，1944年抄录，所依底本为国家图书馆藏抄本光绪《灵州志》，书名为《重修灵州志》，书名之后有注文：“卷贰，光绪戊申”，“戊申”即为光绪三十四年（1908）。

第二，光绪《灵州志》甘肃省图书馆藏两册线装抄本，即卷三、卷四，没有抄写时间，所依底本不详。内题《灵州志迹》，封面有“光绪戊申”几个字，书内盖有“甘肃省立兰州图书馆”印章。作为早期的这两种不同分卷抄本，既然都在抄本的显要位置明确写着“光绪戊申”，即光绪三十四年（1908），必然其来有自。

第三，笔者所见光绪《灵州志》卷二两种抄本中的“水利源流志”部分记载维修秦渠都有以下内容：“（光绪）三十三年，（秦渠）堤复溃决。三十四年，陈公必淮重守是邦，大加修理，又费银四万之谱。”并且对其这一年如何具体治理秦渠，也有明确的记载：“是年，陈公以东河下之曹河江家湾受害较甚，先将东河筑坍以挑其水，成效昭然。又察其猪嘴码头犹存故址，议图规复，已禀，蒙督宪升（指时任陕甘总督升允）赏赐万金，又准在粜仓粮项下提盈接济。果能有成，则上有猪嘴码头，下有东河新坍，行见河复故道，水不东趋，是又吾灵秦渠之一大转机也，亿万苍生引领望之矣。”由此可见，光绪三十四年（1908），陈必淮复任灵州知州后，千方百计筹措款项，计工估料，调集人力、物力，对秦渠进行维护，已取得了阶段性成效。在编定或抄录光绪《灵州志》时，陈必淮正在积极筹划修复猪嘴码头，意图一劳永逸地解决秦渠的溃涝问题，志书的作者也对达成修复猪嘴码头这一关涉民瘼的大工程表达了良好的期盼。时任陕甘总督的升允对此也十分支持。据查升允任职陕甘总督的时间为光绪三十一年（1905）三月至宣统元年（1909）五月，与本志的最后编定或抄录时间也是吻合的。

第四，《光绪灵州志》卷二抄本中的“历朝宦迹志第十三”部分记载陈必淮的事迹最为详尽，不啻为他的一篇简要传记，记载其初任灵州知州的时间为“（光绪）三十一年（1905）冬，权知州事”、离任灵州知州的时间为“丙午（光绪三十二年，1906）冬，公解任回省”、复任灵州知州的时间为“戊申（光绪三十四年，1908）二月，蒙省宪俯念灵事维艰，仍命公重守斯土”。陈必淮复任灵州知州后，全力推进秦渠的整修，“工竣后，水小不能上渠，民情惶迫。公沿河相度，见东河可以决水灌渠，旋筑坍，塞河决口引水。故是年宁灵汉渠及河西各渠皆苦无水，而秦渠独无缺水忧者，皆公力也。”陈必淮两任知州，因为勤政爱民，在任上办了许多好事，灵州的官绅和百姓对其十分拥戴，都盼望时任知州的陈必淮任职时间长久一些，以更多地造福灵州，志书作者不禁深情写道："但祝久于其位，福我灵民，是则亿兆苍生所馨香而默祷者耳。"因为陈必淮还在知州任上，所以才祝愿其能"久于其位"。是则资料表明，光绪《灵州志》的编定或抄录时间，或者说其资料的最后截取时间为光绪三十四年（1908）。

综上所述，无论物证、引述材料还是官员的仕履时间都足以证明，光绪《灵州志》的编定或抄录时间，为光绪三十四年，即 1908 年。

（二）光绪《灵州志》的价值

将嘉庆《灵州志迹》与这五种抄本内容相比较，从内容上看光绪《灵州志》是在嘉庆《灵州志迹》的基础上增修，除了《丁税赋额志第九》《水利源流志第十》《兵额营汛驿递志第十二》差异较大，部分门类前的小序也有补充、改写、新增的情况，其他部分凡是嘉庆三年（1798）以前的资料几乎完全照搬嘉庆《灵州志迹》，其中《艺文志第十六上》《历代边防事迹志第十七》内容则完全等同嘉庆《灵州志迹》。从编纂体例上看也完全依照嘉庆《灵州志迹》，不仅分类完全与嘉庆《灵州志迹》对应，也保留了每一门类之前的小序。抄录格式与嘉庆《灵州志迹》的版刻格式也完全相同。

因此，光绪《灵州志》的价值也主要体现在对灵州自嘉庆三年（1798）以后一个多世纪历史事实的记叙和文献史料的汇辑上，这些文献下延嘉庆《灵州志迹》，对我们认识了解、研究掌握灵州乃至宁夏在历史大潮中的社会、政治、经济、军事、教育、文化等，均有十分重要的价值。

主要体现在以下几个方面：

"丁税赋额"一节，记叙了同治朝至光绪朝灵州田地等级及征粮数目，还记载了清末灵州的税收种类及数额，其中光绪元年（1875）设置六个厘金局的记载，是研究宁夏近代税收史的重要资料。"盐法""茶法”条，分别收载了历代盐法资料和茶引数额及其变化情况。

“水利源流”记载光绪三十四年（1908）在峡口旧址重新修筑“猪嘴码头”，以改进秦渠引水工程，是研究宁夏水利史的重要资料。

“兵额营汛驿递”记载同治十年（1871），灵州划出宁灵厅、平远县之后的烽堠数额、驻军人数、驿递情况，这部分内容可作为嘉庆《灵州志迹》的补充。

“历朝宦迹”记载了清末“百日维新”等重大历史事件在灵州的影响，如设巡警、立学堂等。其中收录的同治、光绪两朝几位人物宦记资料，一定程度上反映了清末灵州的一些实际情况，可资历史研究。

“人物乡献”一节收录的部分清末人物传记资料，反映了当时灵州社会、经济、文化、教育等方面状况，价值较大。其中收载的进士、举人、贡生、武进士、武举人名录，既是对嘉庆《灵州志迹》科贡资料的后延，也是研究晚清灵州教育、人物的重要资料。

“艺文志下”收录的14篇碑记、铭文，不仅是研究晚清灵州社会、文化的重要资料，也是研究相关历史事件、人物的重要资料，甚至是第一手材料。如《张公南浦墓志铭》（薛允升撰）记叙了清末名臣张煦的生平，对研究这一历史人物具有重要参考价值。庚子事变后，清王朝被迫实施“新政”，废科举、兴学堂，《创立灵州高等小学堂碑记》（邓云路撰）一文详细记叙了灵州在原灵文书院基础上创办高等小学堂的经过，是灵州教育史上的一篇重要文献。将其与《创修灵文书院碑记》（孙承弼撰）两相对照，深刻反映了晚清教育制度由延续上千年的传统教育模式向现代教育模式艰难转变的过程。

（三）光绪《灵州志》的几种抄本

笔者所见光绪《灵州志》有五种抄本，四种收藏在甘肃省图书馆，一种收藏在灵武市档案馆，现分别予以简要介绍。

1. 光绪《灵州志》蓝德昌抄本

一册，线装，1944年抄录，现存甘肃省图书馆。分“丁税赋额志第九、水利源流志第十、职官姓氏志第十一、兵额营汛驿递志第十二、历朝宦迹志第十三”，其中“职官姓氏志”有目无文，是否漏抄，不能确证。书名为《重修灵州志》，书名之后有注文：“卷贰，光绪戊申”，“戊申”为光绪三十四年（1908），书内第二页有“据国立北平图藏稿本录副，原书眉端帖红签若干……皆间有注语，惜不可见矣。又有圈点处，均一一录出。琴城赵二[①]，三十三、五、十一。赠国立西北图，卅三年七月”。卅三年是指民国三十三年，即1944年。该书末有“大部分系蓝德昌君录”几个字，这个抄本所依底本藏北京图书馆，由吴忠礼先生主编、天津古籍出版社影印出版的《宁夏方志萃编·重修灵州志》卷，用的底本即是蓝德昌抄本。

蓝德昌抄本讹误较少，是一个质量较高的抄本。

2. 光绪《灵州志》甘肃省图书馆藏抄本

一册，线装，没有抄录时间。书名为《灵州志》，封面有“光绪三十三年修、卷二”几个字，内题《灵州志迹》。存“丁税赋额志第九、水利源流志第十、兵额营汛驿递志第十二、历朝宦迹志第十三”。

这个抄本所依底本不明，也没有资料证明此本就是张维在《陇右方志录补》中提到的江右赵敦甫于旧肆中购得的那部第二卷。这个抄本与蓝德昌抄本同缺“职官姓氏志第十一”，除个别字与蓝本不同外，基本一致。现藏甘肃省图书馆。

3. 光绪《灵州志》1947年抄本

线装，两册，即卷三、卷四，抄录时间为1947年，所依底本不详，所用纸为国立兰州图书馆抄藏专用纸，书内盖有“国立兰州图书馆珍藏”印章，现藏甘肃省图书馆。这个抄本存“人物乡献志第十四、忠孝义烈志第十五、艺文志第十六上、艺文志第十六下、历代边防事迹

① 赵二：原文“琴城赵”字后一字模糊不清，据胡玉冰教授在蔡淑梅《（嘉庆）〈灵州志迹〉（光绪）〈灵州志〉》一书前言中考证，甘肃省图书馆藏1944年抄本《乾隆盐茶厅志》后有“琴城赵二”识语，据此改。

志第十七、历代祥异志第十八”。

这个抄本讹误很少，是一个质量较高的抄本。灵武市档案馆藏有这个抄本第四卷的复印本。

4. 光绪《灵州志》甘肃省图书馆藏抄本

线装，两册，即卷三、卷四，没有抄写时间，所依底本不详。内题《灵州志迹》，封面有“光绪戊申”几个字，书内盖有“甘肃省立兰州图书馆”印章。存“人物乡献志第十四、忠孝义烈志第十五、艺文志第十六上，艺文志第十六下、历代边防事迹志第十七、历代祥异志第十八”。现藏甘肃省图书馆。这个抄本与1947年抄本比较一致，估计这两个抄本是源于同一种底本。

5. 光绪《灵州志》灵武市档案馆抄本

线装，两册，内题《灵州志迹》，抄录时间为1959年，所依底本不详。存卷三、卷四，即“人物乡献志第十四、忠孝义烈志第十五、艺文志第十六上、艺文志第十六下、历代边防事迹志第十七、历代祥异志第十八”。

这个抄本与1947年抄本和甘图藏抄本比较，错误较多，有不少错抄、误抄、漏抄之处，其中“艺文志”部分所收诗文，排列顺序与上述两个抄本也不一致，有些还脱漏了作者姓名，其中将霍冀《杨王二公祠记》与赵时春《重修边墙记》两篇文章混抄在一起，几乎让人无法阅读，类似的错误也不少。

参考文献

一、古代文献

（一）陕甘宁旧志

《陕西通志》：（清）贾汉复、李楷等纂，中国国家图书馆藏清康熙六至七年（1667 至 1668）刻本。

《甘肃通志》：（清）许容等修撰，中国国家图书馆藏乾隆元年（1736）刻本。

《正统宁夏志》：（明）朱㮵撰，宁夏人民出版社 1996 年版吴忠礼笺证本；中国社会科学出版社 2015 年版胡玉冰、孙瑜校注本。

《弘治宁夏新志》：（明）胡汝砺撰，中国社会科学出版社 2015 年版胡玉冰、曹阳校注本。

《嘉靖宁夏新志》：（明）管律等修，宁夏人民出版社 1982 年版陈明猷校勘本；中国社会科学出版社 2015 年版邵敏校注本。

《万历朔方新志》：（明）杨寿等编，中国社会科学出版社 2015 年版胡玉冰校注本。

《乾隆银川小志》：（清）汪绎辰纂，方志出版社 2016 年版王岩森、黄学军编译本。

《乾隆宁夏府志》：宁夏人民出版社 1992 年版陈明猷整理本，省称《宁夏府志》。

《嘉庆灵州志迹》：（清）杨芳灿监修，郭楷纂修，甘肃省图书馆藏嘉庆四年（1799）刻本；甘肃省图书馆藏民国三十二年抄本；甘肃省图书馆 1965 年油印本；台湾成文出版社 1968 年版影印本（编号中国方志丛书·塞北地方·第四号）；宁夏人民出版社 1996 年版张建华、苏昀校注本；中国社会科学出版社 2015 年版蔡淑梅校注本。

《光绪灵州志》：甘肃省图书馆藏蓝德昌抄本（卷二）；天津古籍出

版社 1988 年版吴忠礼主编《宁夏方志萃编》本；甘肃省图书馆藏抄本（卷二）；甘肃省图书馆藏国立兰州图书馆 1947 年抄藏本（卷三、卷四）；甘肃省图书馆藏抄本（卷三、卷四）；灵武市档案馆藏 1959 年抄本（卷三、卷四）。

《光绪宁灵厅志》：（清）成谦纂修，宁夏人民出版社 2008 年版胡建东点校本。

《康熙朔方广武志》：（清）俞益谟、高嶷纂修，宁夏人民出版社 1993 年版吴怀章校注本。

《光绪平原县志》：（清）陈日新纂修，宁夏人民出版社 1993 年版宁夏同心县地方志编纂委员会办公室整理本。

《道光中卫县志》：（清）黄恩锡编纂，郑元吉修纂，宁夏人民出版社 1990 年版宁夏中卫县县志编纂委员会点注本。

（二）经部

《十三经注疏》：（清）阮元校刻，中华书局 1980 年版。

《诗经》：上海古籍出版社 1980 年版高亨注本；上海古籍出版社 2006 年版程俊英译注本。

《周礼注疏》：（汉）郑玄注，（唐）贾公彦疏，北京大学出版社 2000 年版。

《论语译注》：杨伯峻译注，中华书局 2006 年版。

《孟子正义》：（清）焦循撰，中华书局 1988 年版《新编诸子集成》本。

（三）史部

《史记》：（汉）司马迁撰，中华书局 1959 年版。

《白话史记》：台湾六十教授合译，岳麓书社 1987 年版。

《汉书》：（汉）班固撰，中华书局 1962 年版。

《后汉书》：（南朝宋）范晔撰，中华书局 1965 年版。

《晋书》：（唐）房玄龄等撰，中华书局 1974 年版。

《魏书》：（北齐）魏收撰，中华书局 1974 年版。

《隋书》：（唐）魏征等撰，中华书局 1973 年版。

《北史》：（唐）李延寿撰，中华书局 1974 年版。

《旧唐书》：（后晋）刘昫等撰，中华书局 1975 年版。

《新唐书》：（宋）欧阳修、宋祁撰，中华书局 1975 年版。

《旧五代史》：（宋）薛居正等撰，中华书局 1976 年版。

《新五代史》：（宋）欧阳修撰，徐无党注，中华书局 1974 年版。

《宋史》：（元）脱脱等撰，中华书局 1977 年版。

《辽史》：（元）脱脱等撰，中华书局 1974 年版。

《金史》：（元）脱脱等撰，中华书局 1975 年版。

《元史》：（明）宋濂等撰，中华书局 1976 年版。

《明史》：（清）张廷玉等撰，中华书局 1974 年版。

《清史稿》：赵尔巽等撰，中华书局 1977 年版。

《清史列传》：中华书局 1987 年版王钟翰点校本。

《资治通鉴》：（宋）司马光编著，岳麓书社 1990 年版；陕西人民出版社 1998 年版《资治通鉴新注》编纂委员会编纂本。

《元和郡县图志》：（唐）李吉甫撰，贺次君点校，中华书局 1983 年版。

《太平寰宇记》：（宋）乐史撰，王文楚等点校，中华书局 2007 年版。

《通典》：（唐）杜佑撰，王文锦等点校，中华书局 1988 年版。

《文史通义》：（清）章学诚撰，罗炳良译注，中华书局 2012 年版。

（四）子部

《十一家注孙子校理》：（春秋）孙武撰，（三国）曹操等注，杨丙安校理，中华书局 2016 年版《新编诸子集成》本。

《荀子集解》：（清）王先谦撰，沈啸寰、王星贤点校，中华书局 2016 年版《新编诸子集成》本。

《庄子集释》：（清）郭庆藩撰，王孝鱼点校，中华书局 2016 年版《新编诸子集成》本。

《新校正梦溪笔谈》：（宋）沈括撰，胡道静校注，中华书局 1957 年版。

《太平御览》：（宋）李昉等修撰，夏剑钦等校点，河北教育出版社1994年版。

《册府元龟》：（宋）王钦若等撰，中华书局1960年版。

《南村辍耕录》：（元）陶宗仪撰，中华书局1980年版。

（五）集部

《文苑英华》：（宋）李昉等编，中华书局1966年版。

《全唐诗》（增订本）：中华书局编辑部点校，中华书局1991年版。

《唐文粹》：（宋）姚铉编，影印文渊阁《四库全书》本，（台北）商务印书馆1986年版。

《乐府诗集》：（宋）郭茂倩编撰，中华书局1979年版。

《唐人选唐诗（十种）》：中华书局上海编辑所编辑，上海古籍出版社1958年版。

《白居易集》：顾学颉校点，中华书局1979年版。

《五百家注韩昌黎集》：（唐）韩愈撰，郝润华、王东峰整理，魏仲举集注，中华书局2019年版。

《唐诗别裁集》：（清）沈德潜编，上海古籍出版社1979年版。

《明诗别裁集》：（清）沈德潜、周准编，上海古籍出版社1979年版。

《清诗别裁集》：（清）沈德潜等编，上海古籍出版社1984年版。

二、现当代文献

（一）著作

《中国地方志联合目录》：中国科学院北京天文台编，中华书局1985年版。

《甘肃省图书馆藏地方志目录》：甘肃省图书馆编，兰州大学出版社1996年版。

《〈明实录〉宁夏资料辑录》：杨新才、吴忠礼主编，宁夏人民出版社1988年版。

《〈清实录〉宁夏资料辑录》：吴忠礼、杨新才主编，宁夏人民出版社1986年版。

《陇右方志录》：张维编，兰州古籍书店1990年版《中国西北文献丛书》本。

《宁夏方志述略》：高树榆等编著，吉林省图书馆学会1985年内部发行。

《明清进士题名碑录索引》：朱保炯、谢沛霖，上海古籍出版社1989年版。

《宁夏历史地理考》：鲁人勇、吴忠礼、徐庄编著，宁夏人民出版社1993年版。

《中国历史地图集》：谭其骧主编，中国地图出版社1982年版。

《宁夏历代碑刻集》：银川美术馆编，宁夏人民出版社2007年版。

《中外历史年表》：翦伯赞主编，齐思和、刘启戈、聂崇岐合编，中华书局1961年版。

《中国历史年表》：万国鼎编，万斯年、陈梦家补订，中华书局1978年版。

《张煦张赞元父子年谱》：牛济著，陕西人民教育出版社2011年版。

《董福祥传》：薛正昌著，甘肃人民出版社1994年版。

（二）论文

《〈灵州志迹〉的史料价值》：白述礼撰，《宁夏社会科学》1985年第1期。

《浅谈〈灵州志迹〉的作者和版本》：白述礼撰，《宁夏图书馆通讯》1985年第3期。

《〈灵州志迹〉评析》：白述礼撰，载高树榆等编《宁夏方志述略》，吉林图书馆学会1985年内部发行。

《宁夏方志考》：高树榆撰，《宁夏图书馆通讯》1980年第1期。

《宁夏方志录》：高树榆撰，《宁夏史志研究》1988年第2期。

《宁夏方志评述》：高树榆撰，《图书馆理论与实践》1993年第3期。

后 记

《嘉庆灵州志迹》是迄今为止，灵武自设立行政建置以来现存最早的地方志。1994年，灵武县志办曾约请张建华、苏昀二位先生对该志进行标点、注释、整理，1996年出版时，定名为《嘉庆灵州志迹校注》。这本书实际上是几个版本《灵州志》的合编整理本，其中包含了光绪版《重修灵州志》残卷。之所以没有将《重修灵州志》（即《光绪灵州志》）单列出版，主要是因为该志的主体内容与《嘉庆灵州志迹》相同，只是作了部分的补充和后延，而且一部分内容完全缺失。当然，需要指出的是《重修灵州志》实际上是《嘉庆灵州志迹》的续志，是独立的一部志书。

《嘉庆灵州志迹校注》自1996年出版以来，已经二十多年。随着时间推移，图书存世量日渐稀少，对历史的传承、挖掘乡土教材多有不便，读者也有要求再版。为了适应新时代的要求，进一步挖掘旧志价值，充分发挥地方志的历史传承作用，深入挖掘地方文化，为社会经济发展服务，古灵州志书又一次被列入自治区新一轮旧志整理出版规划。2016年，灵武市档案局（馆）、灵武市地方志办公室（今灵武市委党史和地方志研究室），积极行动，认真安排部署，报请市委、市政府研究同意，组织人力，再次启动这两部旧志的整理工作。2018年旧志整理经费划拨到位，工作正式启动。

我们约请东方既白先生，承担这两部旧志的整理工作。在数年的工作过程中，本着严谨、求实的原则，相关人员多次交流沟通，商讨商议，不断调整工作节点，将原定的《嘉庆灵州志迹（文白对照）》书名更改为《（嘉庆）灵州志迹　（光绪）灵州志〔全注全译〕》。

同时，进行了大量的补充和完善，核对史料，纠错补遗，润色文字，力求书稿忠实于原著，注释更丰富、准确，译文更明白、畅达，符合“信、达、雅”的翻译规则，力求整理出一个较完善的版本，为读者读志、用志提供方便。

呕心沥血，历时四载。本次旧志整理工作，得到宁夏回族自治区地方志办公室贠有强主任的鼓励和支持，向我们推荐了宁夏师范学院副院长田富军教授作为本书的审读。宁夏人民出版社管世献、刘丹老师对该书做了认真细致的编辑加工。值此书稿即将付梓面世之际，我们对关心、支持该书顺利出版的有关领导和单位，对直接参与编纂工作的有关人士，一并表示诚挚的谢意。

灵武市委党史和地方志研究室

2021年11月